LA PHILOSOPHIE

DES

MÉDECINS GRECS

PAR

EMMANUEL CHAUVET

PROFESSEUR A LA FACULTÉ DES LETTRES DE CAEN

PARIS

ERNEST THORIN, ÉDITEUR

LIBRAIRE DU COLLÈGE DE FRANCE, DE L'ÉCOLE NORMALE SUPÉRIEURE
DES ÉCOLES FRANÇAISES D'ATHÈNES ET DE ROME

7, rue de Médicis, 7

1886

LA PHILOSOPHIE

DES

MÉDECINS GRECS

DU MÊME AUTEUR

Des Théories de l'Entendement humain dans l'Antiquité. 1855. 1 fort vol. in-8°.

Œuvres complètes de Platon, traduction française, avec arguments et notes, en collaboration avec M. Amédée Saisset. 1861-1863. Dix volumes, bibliothèque Charpentier.

Les Médecins philosophes contemporains (M. Lélut). 1870. 1 vol. in-18.

L'Éducation, 1868. 1 vol. in-18.

LA PHILOSOPHIE

DES

MÉDECINS GRECS

PAR

EMMANUEL CHAUVET

PROFESSEUR A LA FACULTÉ DES LETTRES DE CAEN

PARIS

ERNEST THORIN, ÉDITEUR

LIBRAIRE DU COLLÈGE DE FRANCE, DE L'ÉCOLE NORMALE SUPÉRIEURE
DES ÉCOLES FRANÇAISES D'ATHÈNES ET DE ROME

7, rue de Médicis, 7

1886

PRÉFACE

En 1855, je soutenais en Sorbonne une thèse latine sur la philosophie d'Hippocrate, et l'année suivante je lisais à l'Académie des sciences morales et politiques un mémoire sur le même sujet, plus approfondi, sans l'être encore assez. Depuis cette époque, à travers d'autres préoccupations, d'autres travaux, et les mille misères humaines, je n'ai cessé de poursuivre, à bâtons rompus, les mêmes recherches sur les autres médecins grecs, lesquels sont tous, en des mesures diverses, des médecins philosophes, et notamment sur Galien, le médecin philosophe par excellence. C'est de là qu'est né ce livre, composé de ces études successives, corrigées ou développées, fondues ensemble, et complétées par des études nouvelles sur des points qui m'avaient d'abord échappé.

Sans rien préjuger du sort réservé à une publication si sévère, je suis du moins certain de ne regretter jamais le temps que j'y ai employé. Convaincu, dès la première heure, comme on l'est généralement aujourd'hui, de la nécessité d'allier étroitement la philosophie et les sciences, singulièrement les sciences médicales, j'estime avoir fait œuvre utile en montrant comment les médecins grecs entendaient et pratiquaient cette alliance-là. J'ai en même temps tiré de l'injuste oubli où elles gisaient au fond de traités que tout le monde honore sur la foi de la tradition, que personne ne lit, maintes théories logiques, morales, physiques, les unes vraies, les autres ingénieuses, quelques-unes fort analogues à nos plus récentes découvertes, presque toutes de nature à éclaircir des obscurités de la philosophie ancienne, ou à combler des lacunes. Enfin, il ne me déplaît pas, ayant commencé ma carrière par un essai sur les *Théories de l'entendement humain dans l'antiquité*, de la terminer par un essai sur *La philosophie des médecins grecs* : deux ouvrages à plus d'un égard complémentaires l'un de l'autre, et qui se rapportent également à cette belle antiquité, qui procure à ses fervents tant de solides et sérieuses satisfactions, et ne laisse indifférents que ceux qui ne la connaissent pas.

Je crois pouvoir dire que j'ai souvent marché en des chemins infréquentés. Si, toutefois, personne avant moi, à ma connaissance, n'avait entrepris de ce point de vue un si long voyage à travers de si vastes espaces, plusieurs, et des illustres, m'avaient aplani la voie, ouvert des éclaircies, par de savantes éditions, de profonds commentaires, des études circonscrites sur une période, une école ou un médecin. Littré et Daremberg m'ont été une lumière et un secours perpétuels. M. Guardia, également compétent en philosophie et en médecine, en science et en histoire, m'a souvent guidé ou averti. Je n'ai pas consulté sans profit le Dr Houdart, trop peu connu. J'ai trouvé peu de renseignements exacts chez nos modernes historiens de la médecine, trop peu familiers avec la philosophie, mais je n'ai eu garde de négliger celles de leurs vues qui m'ont paru justes. Si ces études avaient quelque valeur, elles la devraient sans doute à tous ces savants hommes, et je voudrais oser les mettre sous leur protection.

Emmanuel CHAUVET.

INTRODUCTION

LA PHILOSOPHIE ET LA MÉDECINE EN GRÈCE, LEURS RAPPORTS.

Le génie grec est éminemment synthétique. Dans les sciences, il distingue les objets, les points de vue, les questions; il ne les sépare pas. Il embrasse tout sans confusion, c'est sa vertu comme son besoin. Cela se voit surtout lorsqu'on observe en regard l'une de l'autre la philosophie et la médecine. Indépendantes de bonne heure, ou même dès le principe, elles se développent dans de constants rapports. Le philosophe ne dédaigne pas les enseignements de la médecine, et le médecin ne croit pas déroger en demandant à la philosophie des lumières et des directions. Platon applique à l'étude de l'homme la méthode du « grand Hippocrate », et celui-ci, ou quelqu'un des siens, proclame le médecin-philosophe « l'égal des dieux. » Magnifique unité, fécond accord, qui met au service de chaque science toutes les autres sciences, et forme, par le concours de toutes les connaissances réunies, ces grandes et belles intelligences, objet de l'admiration universelle, un Hippocrate, un Platon, un Aristote.

Il n'est pas sans intérêt de considérer comment, en

Grèce, la philosophie et la médecine, à peine sorties du berceau, vont au devant l'une de l'autre, et se sentant sœurs, cimentent une alliance qui dure autant que l'antiquité.

I.

La philosophie naît en Grèce au sein des mystères, dans l'ombre des temples, parmi les cérémonies et les croyances religieuses. Mais, comme son essence est la liberté et son premier besoin la lumière, dès qu'elle a conscience d'elle-même, elle brise ses entraves, elle se développe en plein jour et en pleine indépendance. Ignorant tout, elle veut tout apprendre. Avec une confiance téméraire, mais qui l'honore, elle embrasse à la fois l'univers entier, et se met à la recherche du premier principe des êtres, de l'élément générateur des choses, de l'intelligence qui les soumet à ses lois, et enfante d'abord mille systèmes analogues, divers, contradictoires, en Asie-Mineure, en Sicile, en Italie, partout où souffle le libéral esprit de la Grèce. Dans ses spéculations sans bornes, comme le monde, elle n'a garde d'oublier l'homme. Mais elle ne croit pas possible de connaître l'homme sans la nature, ni la nature sans l'homme; et, dans l'homme, l'âme sans le corps, ni le corps sans l'âme, la santé sans la maladie, ni la maladie sans la santé. Elle appelle donc la médecine à son aide et lui donne franchement la main.

Cette union de la philosophie avec la médecine est singulièrement remarquable dans l'école ionienne. Il semble que ces philosophes prennent leur point de départ dans l'étude de l'organisation vivante et demandent à ce qui sera un jour la physiologie leurs explications de la nature en général et de la nature humaine. N'est-ce pas parce que Thalès est frappé de ce grand phénomène de la vie qu'il fait du monde un tout vivant, et, comme diront plus tard d'autres philosophes, un animal? Et n'est-ce pas parce qu'il voit la vie paraître et se développer dans l'élément humide qu'il place dans cet élément l'origine universelle (1)? — Anaximène ne procède pas autrement. C'est encore la vie qu'il observe, non au moment de l'éclosion, mais dans les conditions nécessaires à son entretien. L'homme, comme l'animal, ne vit que par la respiration, et ne respire que par l'introduction de l'air : donc rien ne vit, rien n'existe que par la vertu de l'air, aliment universel (2). — Diogène d'Apollonie recueille cette idée et la développe, en la suivant dans ses applications particulières. Constatant la présence de l'air dans le sang, il rend compte de la sensation et de la pensée par la diffusion de l'air qui, mêlé au sang, voyage avec lui dans les veines, du cœur aux extrémités (3). Il distingue les ventricules du cœur, appelant le ventricule gauche *artériaque*, ce qui semble indiquer une certaine connaissance des artères, et décrit à sa façon la distribution des veines, tout cela dans un passage conservé par Aristote (4) et qui devait faire partie de son traité *De la nature* (5). — Si Héraclite

---

(1) Arist., *De anima*, I, II, 23. — Plutarq., *De plac.*, IV, 2.
(2) Plut., *De plac.*, I, 3.
(3) Arist., *De anima.*, I, II, 23. — Simpl., *Phys.*, fol. 32, 33. — Plut., *De plac.*, IV, 5.
(4) *De part. animal.*, III.
(5) Simpl., *Phys.*, III, fol. 39.

substitue le feu à l'air, comme Anaximène avait substitué l'air à l'eau, ce n'est pas qu'il change de méthode. Le feu est à ses yeux le fond même de la vie, et par conséquent le fond de toute existence. En lui et par lui respire tout ce qui vit, tout ce qui est. Il faut même ajouter : tout ce qui pense ; car cette atmosphère universelle, essentiellement intelligente, en se communiquant, communique la pensée (1). — Anaxagore s'élève évidemment de l'organisation humaine à la pensée humaine, et de celle-ci à la pensée divine. C'est parce qu'il constate au sein de l'organisation une intelligence particulière qui la meut et la dirige, qu'il conçoit dans le grand corps de l'univers une intelligence universelle, motrice à la fois et ordonnatrice. Il distingue les êtres organisés de ceux qui ne le sont pas, et fait de l'organisation la condition sans laquelle un être ne saurait participer à l'intelligence. Il étudie les sens, mais bien moins en eux-mêmes ou dans leurs objets que dans leurs conditions organiques, et arrive à la *théorie des contraires*, inventée par lui ou renouvelée d'Héraclite (2). Cette organisation, non moins essentielle à la pensée qu'à la vie, il la considère à l'état morbide, aussi bien qu'à l'état sain, puisque Aristote nous apprend qu'Anaxagore plaçait la cause des maladies aiguës dans la surabondance de la bile (3).

(1) Diog. Laerce, IX. — Stob., *Eclog.*, II, p. 916; I, p. 500. — Orig., *Cont. Cels.*, VI, p. 196. — Sext. Emp., *Adv. math.*, VII, 126.
(2) Arist., *Mét.*, I, III. — Simpl., *Phys.*, fol. 33, 35. — Stob., *Eclog.*, I, 790. — Théoph., *De sensu*, I, 27. — Voir, pour plus de détails, mon histoire *Des théories de l'entend. hum. dans l'antiquité*, p. 1-53.
(3) *De part., animal.*, IV, 2.

— On le voit donc, la philosophie ionienne, cosmologique par son objet et son ambition, est biologique et physiologique par sa méthode, insciemment, mais certainement. Sa parenté avec la médecine est manifeste et saute aux yeux, même en cet éloignement, même en cette disette de documents.

Sur les côtes de la Grande-Grèce, dans les instituts de Pythagore, mêmes rapports intimes entre la philosophie et la médecine. Nous n'avons plus affaire à des physiciens, mais à des mathématiciens, il est vrai ; mais dans leur préoccupation des nombres et de l'harmonie, ces mathématiciens n'oublient pas la matière dont il s'agit d'expliquer l'ordre et les mouvements, et dans l'homme en particulier ils ne tiennent pas moins compte du corps que de l'âme. L'âme est un nombre, mais elle anime le corps, qui vit, d'ailleurs, par la vertu d'un principe différent, le feu, ou la chaleur qui en émane. Cette âme a ses facultés, savoir, l'intelligence et le courage ; cette vie a ses fonctions, savoir, la nutrition et la procréation. Facultés et fonctions ont leurs sièges et leurs instruments dans des organes spéciaux : l'intelligence dans le cerveau, le courage dans le cœur, la nutrition dans le foie et la procréation dans l'organe générateur. C'est là qu'il faut les chercher, si l'on veut les trouver ; là qu'il faut les étudier, si l'on veut les connaître. La sensation, cette partie inférieure, mais nécessaire, de l'intelligence, s'explique par la *théorie des semblables*, chacun des cinq sens correspondant à chacun des cinq éléments. Notez que les pythagoriciens cultivent en outre la médecine, soit pour elle-même, soit dans ses applications à la morale. La théorie médicale des jours critiques, des périodes ternaires et quaternaires est sans nul doute d'origine pythagoricienne. La diététique, qui tient tant de place dans l'ancienne médecine (1), pourrait bien venir aussi des pythagoriciens, que l'histoire nous montre si préoccupés de l'alimentation et si partisans de l'abstinence. Et n'est-ce pas à Crotone que l'on commença de comprendre l'importance des exercices gymnastiques et autres et de l'hygiène au point de vue des mœurs (2)?

Les écoles d'Elée et d'Abdère, greffées en quelque manière sur les précédentes, en continuent les traditions. Il suffit de citer Empédocle dans la première (3) et Démocrite dans la seconde. Empédocle est si peu étranger à la médecine qu'il est médecin aussi bien que philosophe (4). S'il a écrit un poëme, *De la Nature*, il a écrit un ouvrage, poëme ou non, sur la médecine, ἰατρικὸς λόγος, dit Diogène Laerce. Si peu et si mal que nous le connaissions aujourd'hui, on discerne facilement le médecin dans le philosophe, comme le philosophe dans le médecin. Sa théorie de la sensation est d'un naturaliste, d'un physiologiste, d'un médecin enfin. Comme les pytha-

---

(1) Voir le traité *De l'ancienne médecine*.

(2) Bœckl., *Philol.*, 21. — Diog. Laerce, *Vie de Pythagore*. — Arist., *Métaph.*, I. 5. — Voir aussi Renouard, *Hist. de la Méd.*, t. I, p. 124; Sprengel, *Hist. de la Méd.*, t. I, p. 136 et suiv.; Guardia, *La méd. à travers les siècles*, p. 132 et suiv.; Chauvet, *Des théories de l'entend. hum. dans l'antiquité*, p. 54-68.

(3) Voir, *Des théor. de l'entend. hum.*, p. 85 et suiv., quelles raisons me font ranger Empédocle parmi les éléates.

(4) Il est même allé de la médecine à la philosophie, en sorte qu'il conviendrait de voir en lui un médecin-philosophe bien plutôt qu'un philosophe-médecin. Je ne sais pourquoi l'usage contraire a prévalu.

goriciens, il professe la *théorie des semblables*, et il y ajoute celle des *émanations* et des *pores*, ceux-ci servant de chemin à celles-là. Il donne de chacun des sens des explications qui supposent une étude attentive de l'organisme (1). Sa théorie de l'intelligence proprement dite accuse le même esprit et les mêmes préoccupations. « L'intelligence humaine, dit-il, trouve son aliment dans les flots bouillonnants du sang ; c'est là que réside proprement la raison ; le sang qui environne le cœur, telle est la raison de l'homme (2). » Le médecin paraît plus visiblement dans les théories de la respiration, de la nutrition et surtout de la génération ; ses idées sur cette dernière fonction vitale ayant survécu même à l'antiquité et laissé des préjugés qui durent encore (3). Enfin c'est un médecin et même un praticien qui rappelle à la vie une femme asphyxiée qu'on croyait morte (4), qui met fin à une épidémie causée par un vent malsain, en lui bouchant le passage entre deux montagnes (5), et qui bannit les fièvres en conduisant des eaux vives et pures à travers un marais pestilentiel (6).

---

(1) Platon. *Menon*, édit. Charp., t. IV, p. 336. — Arist., *De sens. et sensil.*, III. — Plutarq., *De plac.*, I, 9. — Voir l'exposition détaillée de toute cette théorie de la sensibilité, *Des théories de l'entend. hum.*, p. 87-92.

(2) Empédocle, *De la Nat.*, vers 315.

(3) Plutarq., *De plac.*, V, XII ; — Galien, *De semine*, II ; — Arist., *De generat. animal.*, II, I.

(4) Diog. Laerc., VIII.

(5) Plutarq., *Adv., Colot.* — Diogène Laerce et Suidas, dans l'article qu'ils consacrent à Empédocle, racontent ce fait d'une manière absurde.

(6) Diog. Laerce, *ibid.* — Voir Sprengel, *Hist. de la Méd.*, I, p. 243 ; et Guardia, *La Méd. à travers les siècles*, p. 134.

Sans être expressément médecin comme Empédocle, Démocrite n'est guère moins que lui versé dans la médecine. Sa doctrine en porte de frappantes marques. Il procède du corps à l'âme, qui lui ressemble par sa composition, et explique la continuité de la vie par la respiration, sur laquelle il a une ingénieuse théorie. Il adopte la *théorie des semblables* et rend compte de la sensation par les émanations de l'objet et les pores du sujet, sans qu'on puisse savoir si ces idées ont été empruntées par Démocrite à Empédocle, ou par Empédocle à Démocrite, ou inventées des deux côtés à la fois. Tout ce qu'on peut dire, c'est que Démocrite paraît les avoir développées davantage et y a attaché son nom. On l'a accusé de folie : ne serait-ce pas que, philosophe-médecin, il s'est beaucoup occupé de cette lamentable maladie, qui n'est ni du corps ni de l'âme, mais de l'homme tout entier ? Enfin on a pu sans invraisemblance lui prêter ces remarquables paroles : « Tous les hommes, ô Hippocrate, devraient être initiés aux secrets de la médecine. Quelle belle chose que cet art, et combien utile, et combien digne d'un savant homme ! La sagesse et la médecine, ce sont deux sœurs faites pour vivre dans une étroite intimité. La sagesse calme les passions de l'âme, la médecine guérit les maladies du corps (1). » Tout indique que Démocrite cultivait la médecine pour elle-même. Il disséquait des animaux, et Pline assure qu'il avait consacré tout un livre à décrire l'anato-

---

(1) Plutarque, *Symp.*, VIII, v, 2. — *Lettre de Démocrite à Hippoc.*, sect. VIII,

mie du caméléon (1). Il avait étudié les principales fonctions vitales, singulièrement la génération, avait observé les épidémies, placé la cause des maladies dans les irrégularités de la nutrition et les influences du dehors, leurs remèdes dans le régime. Et toutes ces recherches avaient fait le sujet de plusieurs ouvrages de médecine, qui lui sont formellement attribués par Cœlius Aurelianus, savoir: *De la nature de l'homme ou de la chair;* — *Des humeurs;* — *Des pestes, ou des maux pestilentiels;* — *Le pronostic;* — *De la diète;* — *Sur les fièvres;* — *Sur les maladies convulsives.*

Ainsi, durant tout cet âge, la philosophie est dans un étroit et constant rapport avec la médecine. Elle se livre à mille recherches médicales, à mille observations médicales, d'où elle tire ses explications générales ou particulières des choses; et, comme elle embrasse tout dans ses ambitieux systèmes, elle donne toujours, ou presque toujours, à ses doctrines de l'homme en santé leur corollaire naturel, une doctrine de l'homme malade.

Socrate, qui apporte cependant une méthode nouvelle, des directions nouvelles, des inspirations nouvelles, ne modifie pas notablement ces habitudes de la philosophie. Après lui comme avant lui, l'organisation vivante, telle qu'elle apparaît dans l'homme ou l'animal, continue de servir de type à la conception de l'univers. Après lui comme avant lui, l'âme humaine est considérée, étudiée dans son union au corps, sans lequel elle serait comme si elle n'était pas, même lorsqu'on admet qu'elle en diffère essen-

---

(1) L. XXVIII, ch. VIII.

tiellement. Après lui comme avant lui, l'état morbide des organes n'est pas plus négligé que l'état normal, et la pathologie, la thérapeutique, pas plus oubliées que la morale et la politique. C'est toujours le même esprit de synthèse qui, amoureux d'unité et d'universalité, distingue tout sans rien séparer.

Cela saute aux yeux dans Platon. Ce chantre de l'idéal a une cosmologie qui est comme la biologie de l'univers; ce coryphée du spiritualisme, comme l'appelle Galien, a une physiologie, au sens moderne de ce mot; ce philosophe mystique, ou peu s'en faut, a un système médical.

La cosmologie de Platon se trouve dans le *Timée*. Là on voit d'abord que le monde a un corps et une âme, et qu'il est proprement un animal raisonnable. Puis le corps du monde est décrit, ses éléments, sa forme, ses propriétés, ses mouvements, qui se réduisent à un seul. Puis l'âme du monde est décrite, son origine, les essences qui la composent, ses facultés, dont les unes ne s'élèvent pas au-dessus de l'opinion, et les autres atteignent jusqu'à la science parfaite. Et c'est cette âme dans ce corps, ou plutôt ce corps dans cette âme, qui est l'univers, le vivant univers (1).

Dans l'étude de l'homme, Platon n'oublie pas plus le corps qu'il n'oublie l'âme dans celle du monde. Le corps humain est partagé en trois compartiments pour loger les trois parties de l'âme humaine. Le rôle du cerveau, placé dans le crâne avec l'âme raisonnable; celui du cœur, placé dans le thorax avec l'âme virile; celui du foie et de la rate, placés dans

(1) Platon, édit. Charp., t. VI, p. 181-193.

le ventre avec l'âme bestiale ; celui de la moelle, divisée en formes rondes et allongées, lesquelles sont comme les ancres où seraient enchaînées les âmes inférieures ; celui des nerfs et de la chair ; celui des veines, qui sont comme les canaux destinés à porter partout le liquide nourricier, tout cela est déterminé avec le soin qu'il mérite et les développements qu'il comporte. Les sens, à commencer par celui qui est répandu par tout le corps, c'est-à-dire le toucher, sont observés dans leurs organes, et les diverses impressions et sensations, ainsi que le plaisir et la douleur, expliqués par le rapport qui s'établit entre ces organes et les objets étrangers (1).

C'est là l'homme normal ; mais il y a aussi l'homme malade, qui attire l'attention de Platon. Il connaît si bien les maladies, qu'il croit pouvoir les classer. Il en distingue de trois sortes. Une première catégorie a pour cause l'excès et le défaut, le déplacement et enfin les altérations des quatre genres de substances qui entrent dans la constitution du corps : l'air, le feu, l'eau et la terre. Ces maladies, entre lesquelles sont les fièvres, sont de beaucoup les plus nombreuses. Une seconde classe de maladies, moins fréquentes, mais plus graves et douloureuses, a son origine dans les compositions secondaires, c'est-à-dire dans les substances animales, la chair, le sang, les os, la moelle, etc. Elles ont lieu lorsque ces substances, loin de se produire les unes les autres dans leur état naturel, se décomposent et retournent chacune à la substance d'où elle procède. La plus terrible de ces maladies est sans doute celle qui

---

(1) Platon, édit. Charp., t. II, p. 202-213, 240-271.

attaque la moelle. Enfin, une troisième classe comprend les maladies qui viennent de l'air respiré, de la pituite et de la bile. L'une d'elles est la maladie sacrée (1).

La cosmologie d'Aristote a un caractère plus abstrait que celle de Platon ; la métaphysique y joue un rôle prépondérant. Néanmoins, quoique ce point de vue soit moins développé, il n'est pas douteux que la conception de la vie, telle qu'on l'observe chez les êtres organisés, ne l'inspire d'un bout à l'autre. Le mouvement même, ce mouvement sans commencement ni fin qui agite l'univers, est comme une vie infuse dans tous les êtres de la nature (2). Si les plantes et les animaux naissent et croissent, c'est en vertu d'une chaleur vivifiante partout répandue, et le monde entier est en quelque sorte rempli d'âme et de vie (3). Le monde est un être vivant et animé, et à cause de cela principe de vie et de mouvement (4). Et ce qui est vrai du tout l'est des parties : la terre, elle aussi, est vivante, est animée, et, pareille à l'animal et à la plante, elle est sujette à la jeunesse et à la vieillesse (5). Les parties sont les organes, le tout est le corps, et corps et organes vivent également, sont également animés, parce qu'ils participent également de la vie et de l'âme universelles.

Mais où paraît d'une manière frappante le médecin

---

(1) Platon, édit. Charp., t. VI, p. 280-288.
(2) Οἷον ζωή τις οὖσα τοῖς φύσει συνεστῶσι πᾶσιν, Aristote, *Physiq.*, VIII, 1.
(3) Arist., *De generat. animal.*, III, 1.
(4) Idem, *De cœlo*, II, 2, 5.
(5) Idem, *De gen. animal.*, IV, 10.

dans le philosophe, c'est lorsque Aristote étudie l'homme sans le séparer des animaux, c'est-à-dire en naturaliste, et l'âme sans la séparer du corps, c'est-à-dire en anatomiste et en physiologiste. C'est bien un naturaliste, c'est bien l'auteur de l'*Histoire des animaux* et de tant d'autres traités qui s'y rapportent (1) qui, distinguant dans l'âme trois âmes, savoir, l'âme nutritive, qui est celle de la plante, l'âme sensitive et motrice, qui est celle de l'animal, et l'âme intellectuelle, qui est celle de l'homme, les observe tour à tour avec le même soin, et les observe là où elles doivent être observées, savoir : la première chez tous les êtres vivants, à commencer par les plantes ; la seconde chez tous les animaux, à commencer par les moins parfaits ; et la dernière chez l'homme seulement, puisqu'on ne la trouve que là. C'est bien un anatomiste et un physiologiste, c'est bien celui que l'on a pu regarder comme le créateur de l'anatomie et de la physiologie comparées qui, considérant que les trois âmes là où elles coexistent n'en font qu'une, leur assigne dans le cœur un siége unique ; discute et détermine le rôle du cerveau dans ses rapports à cette âme triple et indivisible, comme aussi celui des autres organes dont l'ensemble est le corps vivant ; explique enfin les différentes opérations vitales, les plus élevées comme les plus humbles, par la nature et le jeu des instruments que la nature leur a préparés, aussi bien que par les qualités de leurs objets respectifs. Pour ne parler ni de la nutrition, ni de la géné-

---

(1) *Des parties des animaux ; — Du mouvement des animaux ; — De la marche des animaux ; — De la génération des animaux ; — De la génération et de la destruction.*

ration, sa conséquence, qui sont des fonctions plutôt que des facultés, et qui appartiennent exclusivement à l'anatomie et à la physiologie, la sensibilité, qui comprend l'imagination et la mémoire, la locomotion et enfin l'intelligence même sont observées, analysées et expliquées dans leur rapport au corps, fait pour elles, organisé pour elles. C'est en décrivant l'organe particulier de chaque sens particulier, et l'organe commun du sens commun, et en montrant leur appropriation aux objets sentis, qu'Aristote rend compte de la sensation (1). C'est en notant et exposant, à côté du rôle de l'appétit et du souffle, celui du cœur, de l'épine dorsale, des nerfs et des os, des articulations, qu'il rend compte de la locomotion (2). Et s'il n'attribue pas d'organe particulier à l'intelligence, s'il en fait une faculté *hors ligne*, je ne veux pas dire *divine* (3), il la met cependant dans la dépendance du sensorium commun, ou du cœur, en la mettant dans la dépendance de l'imagination, qui s'exerce là et par là (4). Voilà comment procède Aristote, et je demande si un médecin, traitant les mêmes questions, pourrait procéder plus médicalement.

Enfin, il n'est pas douteux qu'Aristote n'eût une théorie proprement médicale, une doctrine des maladies. On est allé jusqu'à dire qu'il avait exercé la médecine à Athènes (5), ce qui est peu vraisemblable;

---

(1) *De anim.*, II, 5-12; III, 1, 2.
(2) *Ibid.*, III, 9-11. — *De motu animal.* tout entier.
(3) Voir *Des théories de l'ent. hum.*, 359-370.
(4) *De anim.*, III, 8.
(5) *Franc. Patricii discutionum peripateticarum*, t. IV, Bas· 1581, fol. p. 3.

on lui a attribué des ouvrages de médecine, ce qui n'est pas certain. Mais ce qui l'est, c'est qu'il appartenait à la famille des Asclépiades, c'est qu'il était fils de médecin, c'est qu'il était fort versé dans la médecine, ses livres en font foi. On peut donc affirmer qu'il avait, comme tous les philosophes avant lui, et à plus forte raison, un système médical, soit qu'il l'eût ou ne l'eût pas couché par écrit.

Épicure, pas plus que Démocrite, son maître, ne paraît avoir conçu l'univers à la ressemblance des êtres organisés, sous la forme d'un immense animal. C'est le point de vue physique qui domine ici. Le monde n'est qu'un assemblage de corps, formés par la rencontre et les combinaisons des atomes éternellement mobiles dans le vide éternel. Ce qui fait les êtres vivants, c'est au sein de corps autrement agencés des atomes d'une nature plus subtile; ce qui fait les êtres pensants, c'est au sein des mêmes corps des atomes encore plus déliés. Si ces conceptions ne sont pas précisément celles d'un médecin, elles sont moins encore celles d'un philosophe qui ne serait que philosophe.

Le médecin se montre davantage, sans effacer le physicien, dans ce qu'on pourrait appeler la psychologie d'Épicure. Le principe vivant est distingué du principe pensant et répandu dans tout l'organisme, par cette raison que l'organisme vit dans toutes ses parties. Le principe pensant est renfermé dans la poitrine exclusivement, par cette raison que c'est là seulement que se font sentir le plaisir et la douleur, toutes les impressions en général. Et ces deux principes, qui sont l'âme sous ses deux formes, raisonnable et irraisonnable, étant composés de quatre éléments, le premier du souffle, de la chaleur et de l'air, et l'autre d'un quatrième élément sans nom, rendent compte des différents tempéraments, par la prédominance de tel ou tel de ces éléments sur les trois autres (1). La vie a ses fonctions, qu'on explique physiologiquement. La pensée comprend, outre la sensation et l'imagination, l'anticipation ; mais celle-ci n'est que le souvenir d'une sensation ou d'une représentation souvent répétée, donc une simple généralisation. Quant à l'imagination et à la sensation, elles ont une double cause, l'une au dehors, ce sont les images et autres particules (2) ; l'autre en nous-mêmes, ce sont les organes et les pores dont ils sont percés. Telle est même l'importance de ces pores et de ces organes, qu'il faut dire : les yeux voient, et non : l'âme voit par les yeux ; les oreilles entendent, et non : l'âme entend par les oreilles, etc. (3). On n'est pas plus physiologiste, ni, quant à ce dernier point, plus aveuglément.

Epicure s'est-il préoccupé de l'homme malade ? Il est difficile de ne pas le croire, quand on songe qu'il a été malade toute sa vie, à ce point qu'un de ses disciples a pu écrire un traité *De la langueur d'Epicure* (4). Ajoutez qu'il lui arrive d'attester la maladie, pour prouver soit la matérialité (5), soit la mortalité de l'âme (6). Souvenez-vous enfin que Diogène Laerce lui attribue positivement un traité *Des maladies*,

---

(1) Lucrèce, *De nat. rerum*, III, p. 232-325.
(2) Voir *Des théor. de l'entend. hum.*, p. 387-401.
(3) Lucr., *De nat. rerum*, III, 325-370.
(4) Métrodore, περὶ τῆς Ἐπικούρου ἀρρωστίας.
(5) Lucr., *De nat. rerum*, 460-474.
(6) Id., *Ibid.*, 509-519.

περὶ νοσημάτων. Et ne peut-on pas supposer que Lucrèce s'est inspiré de ce traité à la fin du livre VI du *De natura rerum* (1), où il détermine l'origine des maladies, il serait plus exact de dire des épidémies, et décrit la terrible peste d'Athènes? Il est certain que les explications du poëte latin sont absolument conformes à la physique épicurienne, puisqu'il rapporte les causes des maladies aux particules répandues dans l'air, les unes vivifiantes, les autres délétères, soit que ces dernières nous arrivent à travers les espaces, comme des nuages chargés de venin, soit qu'elles s'exhalent du sein de la terre, comme d'impures vapeurs.

Avec les stoïciens, nous retrouvons dans toute sa netteté et sa précision la conception biologique de l'univers. L'univers est un être organisé, animé, puissant, raisonnable. Tout ce qui est dans les parties est en lui, parce qu'il vient de lui; et voilà pourquoi on ne peut lui refuser ni la vie, ni l'âme, ni l'intelligence (2). C'est un animal parfait, comme dans le système platonicien, avec cette différence que cet animal parfait est Dieu même. Et cet animal divin est si bien un animal, qu'il est le générateur des choses, la semence de laquelle tout s'engendre, suivant une loi rationnelle, λόγος σπερματικός (3). Un médecin matérialiste pourrait-il s'exprimer autrement et d'une manière plus précise et plus forte?

Lorsque, au lieu d'expliquer le monde en général, les stoïciens considèrent l'homme spécialement, le

---

(1) V. 1089, jusqu'à la fin.
(2) Diog. Laerce, *Vie de Zénon*; — Cic., *De nat. Deor.*, II, 6-8.
(3) Diog. Laerce, *Ibid.* — Stobée, *Eclog.*, I, p. 372.

rôle de la médecine dans leurs spéculations est sinon plus réel, au moins plus évident. Au-dessous de l'âme, ils distinguent la *nature,* φύσις, qui se trouve aussi dans les animaux; au-dessous de la nature, *l'habitude,* ἕξις, qui se trouve aussi dans les plantes, et ils étudient les facultés *naturelles* et *habituelles,* c'est-à-dire les fonctions, aussi bien que les facultés intellectuelles ou psychiques (1). L'âme est la force, mais cette force est le *souffle* qui se répand du centre, c'est-à-dire du cœur, où il s'appelle la raison, aux extrémités, où il s'appelle les sens, la parole, la génération. La théorie de la raison même, ou plutôt du siège de la raison, nous montre les stoïciens familiers avec la médecine et les controverses des médecins (2). Zénon, Chrysippe, Diogène de Babylone, démontrent à l'envi que la raison réside au cœur, par ce motif qu'elle se confond avec le discours ou la voix, et que celle-ci part de la poitrine et traverse le pharynx avant de venir éclater sur les lèvres. Ils discutent l'opinion des médecins contemporains qui, mettant le point de départ des nerfs dans la tête, y mettent aussi l'âme et la raison. Après avoir essayé de prouver que, les nerfs ayant leur origine dans le cerveau, il ne s'ensuivrait pas que la partie directrice y a son siège, ils soutiennent avec Aristote que le système nerveux tout entier a ses racines au

---

(1) Sextus Emp., *Adv. math.*, IX, 81.

(2) Diogène Laerce (*Vie de Zénon*) nous dit en propres termes, parlant de la physique des stoïciens, que la partie qui traite des causes est double, et que la première comprend *les recherches des médecins et les questions qu'ils traitent sur la partie directrice de l'âme, sur les choses qui s'y passent, sur les germes et autres sujets semblables.*

cœur (1). Voilà, ce semble, beaucoup de médecine dans une doctrine qu'on eût pu croire exclusivement philosophique.

Il est difficile de supposer que les stoïciens, si fort mêlés à la médecine, et dans un temps où celle-ci faisait de notables progrès, n'aient pas eu leur doctrine médicale proprement dite, conformément à la tradition antique. Mais là-dessus les renseignements font complètement défaut. Si quelqu'un d'entre eux avait écrit, comme Épicure, son traité *Des maladies*, il n'y en a pas trace dans les catalogues de Diogène Laerce : il est vrai que ce médiocre auteur annonce la liste des ouvrages de Zénon sans la donner, et que sa liste des ouvrages de Chrysippe s'arrête dans nos éditions précisément aux livres de physique.

Il n'y aurait pas lieu de nous occuper des écoles toutes critiques de Pyrrhon et d'Arcésilas, si le scepticisme pyrrhonien ne comptait au nombre de ses représentants Sextus Empiricus. Il en est de Sextus comme d'Empédocle : les historiens de la philosophie les ont inscrits sur leurs listes, probablement parce que les seuls de leurs ouvrages qui aient surnagé sont leurs œuvres philosophiques ; en réalité, ce sont deux médecins. Mais, si l'on persiste à subordonner, dans la personne de Sextus, le médecin au philosophe, il ne faut cependant pas le méconnaître ; il faut se souvenir, au contraire, que ce philosophe-là est essentiellement un médecin, un médecin de la secte empirique, et qui a écrit des ouvrages de médecine aussi bien que de philosophie. S'il n'a pas allié la médecine à la philosophie dans des recherches que sa qua-

---

(1) Galien, *Des dogm. d'Hipp. et de Platon*, l. II, p. 256 et suiv.

lité de sceptique lui interdisait, il avait sans nul doute une doctrine médicale, celle de son école, peut-être avec des vues personnelles dont ses *Mémoires empiriques* gardent le secret.

Nous voici arrivés à l'école philosophique d'Alexandrie. Or, le mysticisme oriental de cette école ne l'empêche pas de s'inspirer en quelque mesure de la médecine, à l'exemple de Platon, son premier maître. Et ce qui le prouve d'abord, c'est la manière dont Plotin conçoit l'univers et les parties de l'univers. L'univers, c'est l'animal universel, composé, comme les animaux terrestres, d'une organisation et d'un principe de vie, d'un corps et d'une âme; les parties de l'univers, les astres, sont des animaux; la terre elle-même est un animal (1). Et dans toutes les recherches auxquelles Plotin croit devoir se livrer sur la nature de l'animal universel et des autres animaux divins, c'est toujours dans la considération des animaux terrestres qu'il prend son point de départ. C'est ainsi qu'il se demande si l'animal universel persiste dans son individualité, conservant toujours les mêmes éléments dans le même état, ou si, semblable aux animaux qui meurent sans que la forme de l'espèce périsse, il persiste seulement dans sa forme spécifique, son corps étant dans un flux et un écoulement perpétuels (2). C'est ainsi qu'il se demande si l'animal universel a besoin d'aliments, comme les animaux qui, perdant sans cesse quelque chose de leur substance, ont sans cesse besoin de la réparer (3). C'est ainsi qu'il se demande si l'animal universel est

---

(1) *Ennéades*, II, I, 1; IV, IV, 24 et suiv.
(2) *Ibid.*, II, I, 1-4.
(3) *Ibid.*, 1, 6, 8.

doué de sensibilité, et si cette sensibilité s'exerce par des sens distincts, ayant des organes distincts, ou si elle ne se réduit pas plutôt à cette sensation intime de soi-même (συναίσθησις) par laquelle l'homme perçoit son propre corps, comme il perçoit les autres corps par les autres sensations (1). Même méthode quand il s'occupe de l'animal que nous appelons la terre. Il veut savoir s'il a la puissance d'engendrer et de croître, qui est la vie proprement dite, la vie végétative, commune à la plante et à l'animal (2); s'il a seulement la sensation interne de soi-même, ou les mêmes sensations externes et diverses que les animaux particuliers qui s'agitent dans son sein; si ses sensations ont lieu par des organes; si ses organes sont semblables aux nôtres (3), etc., etc. Dans tout cela, on reconnaît sans doute le disciple de Platon, mais de Platon observant et raisonnant à la façon d'un naturaliste et d'un médecin.

Dans la sphère de la nature humaine, Plotin se montre encore animé du même esprit. Il n'oublie pas de constater, au-dessous de l'âme proprement dite, c'est-à-dire de l'homme, l'animal, qui est un composé du corps et de l'âme, et le corps, c'est-à-dire le corps vivant, on pourrait dire la plante (4). Et c'est seulement après avoir étudié le corps vivant et l'animal dans l'homme, qu'il arrive à l'homme même et s'y arrête avec complaisance. Dans le corps vivant, il distingue deux facultés, celle de végéter, de croître

---

(1) *Ennéades*, IV, IV, 24.
(2) *Ibid.*, 27.
(3) *Ibid.*, 26.
(4) *Ibid.*, I, I, 1-12.

et de se nourrir, celle d'engendrer. Sans se livrer à des recherches très-personnelles et très-approfondies sur ces fonctions, il les étudie cependant comme elles veulent l'être, au point de vue physiologique (1). Dans l'animal, il distingue la faculté de pâtir, ou la passion, la faculté de se mouvoir, ou la locomotion, et la faculté de sentir proprement dite, c'est-à-dire la connaissance des corps par les cinq sens ; et sur chacun de ces points le médecin paraît clairement dans le philosophe. La passion comprend : 1º le plaisir et la douleur : Plotin les explique par les modifications du corps, tantôt altéré et tantôt perfectionné dans sa constitution ; 2º les appétits : Plotin les explique par les nécessités ou les besoins de la vie, et les loge dans le foie, le propre organe de la vie végétative ; 3º la colère : Plotin l'explique par un certain état du sang, et conséquemment de la bile, et la place dans le cœur où le sang, venu du foie, s'élabore et se perfectionne (2). La locomotion n'attire guère l'attention de notre philosophe ; mais en la refusant à l'âme, qui donne seulement l'ordre du mouvement (3), et en chargeant l'animal de l'exécution, il montre assez qu'il la considère comme une opération physiologique. N'est-ce pas un anatomiste, ou un disciple des anatomistes alexandrins, qui, plaçant dans le cerveau l'origine des nerfs, et dans les nerfs la puissance de mouvoir, fait résider celle-ci dans le cerveau (4) ? La théorie de la sensibilité rapportée, comme la locomotion, au cerveau et aux

(1) *Ennéades*, IV, III, 19, 23 ; VI, 28. — I, I, 8. — V, IX, 6.
(2) *Ibid*, I, I, 1, 5, 7. — IV, VI, 18, 19, 20, 21, 28.
(3) *Ibid.*, I, I, 3, 4.
(4) *Ibid*, IV, III, 23.

nerfs (1) ; expliquée, non par les milieux, comme dans la doctrine péripatéticienne, mais par les impressions sympathiques de l'animal universel dont nous faisons partie (2), nous atteste encore les préoccupations physiologiques et médicales de Plotin. Et lorsque, s'élevant de degré en degré, il arrive à l'âme pure et à ses facultés supérieures, si le métaphysicien les déclare indépendantes des organes, c'est le médecin qui ajoute du moins ce correctif que, liées à la sensibilité, elles sont liées indirectement, mais réellement, au système nerveux encéphalique (3).

Plotin, ou quelqu'un des siens, a-t-il eu une doctrine médicale, une pathologie, une thérapeutique? La question, d'ailleurs insoluble, paraîtra moins étrange après tout ce qui précède, après surtout que nous aurons remarqué que Plotin cherche quelquefois ses arguments dans l'état de maladie, ou même dans certaines observations sur le cadavre, où toute vie ne s'éteint pas immédiatement à l'instant de la mort, comme le prouve la croissance posthume des ongles, des poils, etc. (4).

Voilà le spectacle que nous présente la philosophie grecque. Du commencement à la fin, elle ne cesse de s'allier à la médecine, soit pour concevoir l'univers, soit pour étudier dans la nature humaine les fonctions aussi bien que les facultés, soit pour lui emprunter des faits à l'appui de telle ou telle théorie

---

(1) *Ennéades.*
(2) *Ibid.*, IV, v, 1-8. — Voir *Des théories de l'entend. humain*, p. 491-498.
(3) *Ibid.*, IV, III, 23.
(4) *Ibid.*, IV, IV, 21, 29.

particulière, soit enfin pour se donner à elle-même un système sur les maladies et les moyens de les guérir.

La médecine grecque va mettre sous nos regards le spectacle inverse. Du commencement à la fin, nous la verrons s'allier de son côté à la philosophie, soit qu'elle s'en inspire dans la détermination des règles à suivre dans la recherche, des devoirs à observer dans la pratique ; soit qu'elle lui demande des théories sur des objets étrangers, pour s'éclairer en s'étendant et se complétant.

II.

La première origine de la médecine en Grèce est fort obscure et se perd dans les nuages de la mythologie. Ce qui paraît certain, c'est qu'elle a son berceau dans la religion, comme la philosophie, comme la civilisation même. Esculape en serait le père et le dieu tout à la fois. Podalire et Machaon l'auraient introduite, avec le culte d'Esculape, le premier dans le Péloponèse, le second en Asie Mineure. Des Asclépions furent alors bâtis çà et là, en des endroits salubres, sur les hauteurs, parmi des bois sacrés ; et, dans ces temples, les malades furent traités et quelquefois guéris par les prêtres, au moyen de remèdes plus ou moins efficaces, mêlés à des cérémonies superstitieuses (1). C'est l'âge des

---

(1) Voir Littré, *Œuv. compl. d'Hipp.*, t. I, p. 9. 10; Bouchut, *Hist. de la méd.*, t. I, p. 15-18.—Voir d'intéressants détails dans l'*Asclepeeion d'Athènes*, par Paul Girard.

temples ; c'est l'enfance de la médecine grecque, d'abord exclusivement religieuse (1).

Mais un mouvement se fait bientôt dans les esprits. Du libre génie grec sort spontanément la philosophie, c'est-à-dire la curiosité universelle, qui s'applique à tout pour tout expliquer. Or la philosophie ne se livre pas seulement pour son propre compte à toutes sortes de recherches médicales, elle provoque, à côté d'elle, la naissance d'écoles médicales, qui s'inspirent d'elle, d'écoles libres comme elle. Telles sont les écoles de Crotone et d'Agrigente, et peut-être l'école de Cyrène, citée et vantée par Hérodote, mais dont le vrai caractère est mal connu (2). — A peu près dans le même temps, les gymnases prennent de l'importance. Les directeurs de ces établissements, gymnasiarques et gymnastes, invités par leurs fonctions même à donner à leurs clients des soins hygiéniques, à remédier aux accidents, construisent peu à peu un système médical qui leur est propre, et fondent une sorte de médecine populaire, qu'on peut appeler, qu'on appelle la médecine des gymnases (3). — Or, de cette publicité et, si je puis le dire, de cette laïcité des écoles médicales issues de la gymnastique et de la philosophie, résulte cette chose grave : soit entraînement, soit nécessité de lutter contre une rivalité menaçante, les Asclépions, jusque-là hermétiquement clos, s'ouvrent, et les Asclépiades, jusque-là sédentaires, en sortent, pour aller de ville en ville, de maison en maison, exercer la médecine

---

(1) Littré, *Œuv. comp. d'Hipp.*, t. I, p. 5, 6.
(2) Houdart, *Hist. de la méd. grecq.*, I, III, p. 128-133.
(3) Sprengel, *Hist. de la méd.*, t. I, p. 273-275.

au grand jour. Les voiles se déchirent, et l'ancienne médecine, celle de la tradition, se sécularise. De là trois grandes écoles médicales, trois écoles asclépiadéennes, celle de Rhodes, celle de Cnide, celle de Cos. C'est l'âge des écoles ; c'est la jeunesse de la médecine grecque, maintenant émancipée (1).

Puis Alexandrie se fonde, aux confins de deux mondes et de deux civilisations ; les Ptolémées y rassemblent des livres et des collections, y créent la bibliothèque et le musée, appellent les philosophes, les savants, qui accourent ; un grand mouvement intellectuel naît, se développe, se propage. La médecine en reçoit une impulsion nouvelle. Le génie des anciennes écoles de Cnide et de Cos se rallume plus ardent en ce vaste et brûlant foyer, et leurs doctrines contraires s'accusent avec plus de netteté et de force, en s'opposant et se combattant. L'empirisme et le dogmatisme, armés de toutes pièces, se mesurent, s'enlacent, comme deux athlètes, tour à tour vaincus et vainqueurs. Un troisième lutteur paraît enfin dans l'arène, le méthodisme, issu du scepticisme de Pyrrhon et de l'atomisme d'Épicure. C'est l'âge des sectes ; c'est la virilité de la médecine grecque, enfin scientifique.

Or, si vous mettez à part la médecine exclusivement religieuse du premier âge, et, dans le second, la médecine exclusivement pratique des gymnases, vous constaterez partout une alliance perpétuelle, intime, entre la médecine et la philosophie.

Peut-être y aurait-il lieu, même dans la médecine des gymnases, de chercher quelque idée philoso-

---

(1) Littré, *Œuv. comp. d'Hipp.*, t. I, p. 6, 9.

phique ou du moins morale. C'est ce que donne à penser un passage remarquable (1) où Platon blâme Hérodicus d'avoir employé les exercices et le régime à prolonger la vie des valétudinaires. Cet art de faire vivre des gens qui n'en ont pas la force, de quelle utilité est-il à l'État ? A ce point de vue tout républicain, qui est celui de l'antiquité, Hérodicus a-t-il songé à opposer le point de vue, qui sera le nôtre, de l'individu rendu sacré par sa qualité d'agent moral ? Nul doute qu'il n'ait été conduit par le soin de sa santé chancelante à se préoccuper de celle de ses pareils ; mais, une fois sur cette voie, il n'est pas impossible que lui ou quelqu'un des siens se soient élevés à une conception qu'il est si naturel d'y rencontrer.

Mais où il n'est pas douteux que la philosophie ait sa place au sein de la médecine, c'est dans les écoles médicales issues de la philosophie, notamment dans celle que Galien appelle *italique* (2) et qui comprend les écoles de Crotone et d'Agrigente.

L'école de Crotone, la plus célèbre de toutes du temps d'Hérodote, qui l'affirme et qui devait le savoir (3), ayant son siège au siège même du pythagorisme, fille du pythagorisme, ne pouvait pas ne pas être toute pénétrée de philosophie et de philosophie pythagoricienne. Le peu que l'on sait de Démocède ne nous apprend rien à cet égard ; mais un renseignement sur Alcméon nous est une lueur dans ces obscurités. Alcméon définissait la santé

(1) Édition Charpentier, t. VII, p. 173 et suiv.
(2) Littré, *Œuv. compl. d'Hipp.*, t. I, p. 16.
(3) Exilé dans la Grande Grèce, il composait son histoire à Thurium.

« l'harmonie » et la maladie « la discordance, » Sprengel veut qu'il s'agisse de l'harmonie et de la discordance des fonctions (1) ; mais j'en croirais plutôt, quoi qu'il dise, Stobée (2) et Plutarque (3), qui entendent l'harmonie et la discordance des qualités élémentaires : le sec et l'humide, le chaud et le froid, l'amer et le doux. Comme l'observe Littré (4), ces oppositions étaient connues dès ce temps-là. Quoi qu'il en soit, cette harmonie et cette discordance sont toutes pythagoriciennes et laissent deviner un philosophe de cette école dans le médecin Alcméon (5).

L'école d'Agrigente ne paraît pas moins imbue de philosophie. Epicharme, né à Cos, mais qui passa sa vie en Sicile, nous est donné comme un disciple de Pythagore, et l'on trouverait sans doute des traces de pythagorisme dans ses ouvrages de médecine, s'il en restait quelque chose (6). Il est permis de croire que Pausanias, ami d'Empédocle, en partageait jusqu'à un certain point les idées philosophiques (7). Quant à Acron, également contemporain d'Empédocle, mais son rival, quelques-uns en font un

(1) *Hist. de la méd.*, t. I, p. 243.
(2) *Disc.*, 99, p. 542.
(3) *Phys. phil. decret.*, l. V, ch. xxx.
(4) *Œuv. compl. d'Hipp.*, t. I, p. 14.
(5) Diog. Laerce (*Vie d'Alcméon*) fait d'Alcméon un disciple de Pythagore lui-même et dit que, suivant lui, toutes les choses humaines sont doubles, ce qui semble bien se rapporter à l'opposition des qualités élémentaires.
(6) Diog. Laerce, VIII (*Vie d'Epicharme*); — Pline, *Hist. nat.*, l. XX, ch. II. Non-seulement ces ouvrages sont perdus, mais aucun auteur n'en cite de passages.
(7) Houdart, *Hist. de la méd. grecq.*

pythagoricien, tandis que Pline et même Galien le considèrent comme le premier ancêtre de la secte empirique. Peut-être a-t-il ressenti l'influence de l'école ionienne, plus particulièrement vouée à l'observation ; peut-être, dans l'ardeur de la lutte, a-t-il opposé l'expérience aux visées spéculatives de son adversaire. Il serait alors le premier médecin qui se serait spécialement occupé de la logique de son art (1).

Avec les écoles asclépiadéennes, plus de lumière va se faire, grâce à de nombreux ouvrages subsistants. — Je pense à l'école de Cos, car nous savons peu de chose de l'école de Cnide, et rien de celle de Rhodes.

L'école de Rhodes paraît avoir brillé de bonne heure, mais d'un éclat peu durable. Dès l'époque d'Hippocrate et d'Euryphon, elle était en pleine décadence et ne comptait plus. Comment n'est-il rien resté de recherches de médecins qui furent célèbres, pas même les noms, et rien de livres qui furent nombreux (2), pas même les titres ? C'est le secret du temps. Tout ce qu'on peut conjecturer, en cette complète absence de renseignements, c'est que l'école de Rhodes, plus ancienne, a dû faire une moindre place à l'élément philosophique.

Le grand nom de l'école de Cnide est Euryphon, cité comme tel par Galien. Contemporain d'Hippocrate, il était son aîné. On nomme après lui Ctésias, plus jeune qu'Hippocrate, qu'il paraît avoir critiqué

(1) Diog. Laerce, VIII *(Vie d'Empédocle)* ;— Renouard, *Hist. de la méd.*, t. I, p. 129, 130.

(2) Car Rhodes a eu sa bibliothèque, comme Cnide, comme Cos (Houd., ouvrage cité).

sur une pratique chirurgicale ; Eudoxe, astronome aussi bien que médecin ; et Chrysippe (de Cnide), son disciple (1). Tous ces médecins avaient sans doute écrit. On attribue à Euryphon les *Sentences cnidiennes*, éditées deux fois, la seconde avec des changements notables (2) ; quel qu'en soit l'auteur, cet ouvrage, cité et critiqué par Hippocrate (3), nous fournirait certainement de précieuses données. On attribue encore à Euryphon, ou tout au moins à son école, le traité *Des affections internes*, le 2ᵉ livre du traité *Des maladies*, et peut-être le traité *Du régime des gens en santé*, égarés dans la *Collection hippocratique*. Dans ces divers ouvrages, et surtout dans les deux premiers, on voit à l'œuvre ce qui paraît avoir été la méthode propre des médecins de Cnide, savoir l'observation pure et simple, l'observation enfermée dans le détail des cas particuliers. On s'arrête, pour ainsi dire, à chaque symptôme, et on compte autant de maladies différentes que de symptômes différents. Le traité *Des affections internes* nomme et décrit quatre phthisies, quatre maladies des reins, quatre hydropisies, trois hépatites, cinq maladies de la rate, quatre ictères, six espèces de typhe (fièvre inflammatoire?), trois espèces de passion iliaque, quatre espèces de grossissement (du ventre), quatre espèces de sciatique, trois espèces de tétanos, etc. On trouve des énumérations analogues dans le traité *Des maladies* ; le traité *Du régime des gens en santé* présente encore le même caractère. Le

---

(1) Houdard, *Ibid.*; – Sprengel, t. I, p. 276, 286, 365, 447.
(2) Galien cité par Littré, t. I, p. 8.
(3) Galien l'avait encore sous les yeux.

particulier, sans rien de général ; l'observation, qui constate les faits sur les individus, sans le raisonnement qui, éliminant l'accidentel, détermine de véritables *espèces* morbides. C'est du reste le reproche qu'Hippocrate adresse à la médecine cnidienne, au commencement du traité *Du régime dans les maladies aiguës.* « Ceux qui ont recueilli les *Sentences cnidiennes,* dit-il, ont bien décrit les symptômes dans chaque maladie particulière, et sa terminaison ; mais le premier venu, sans être médecin, en ferait autant, en s'informant près des malades de ce qu'ils éprouvent. Il est des choses que le malade ne peut dire, que le médecin doit savoir, et sans lesquelles on ne connaît ni le mal ni le remède qui lui convient. » Voilà de visibles traces d'une lutte dont l'histoire a consacré le souvenir entre Cnide et Cos, et dont la méthode à suivre dans la détermination des maladies et des remèdes aurait été le principal objet. De sorte qu'il y a lieu de penser que Euryphon et les Cnidiens ont eu leur logique médicale, ce qui est une manière d'avoir une philosophie.

La philosophie médicale, si l'on peut ainsi parler, gagne du terrain avec l'école de Cos, autrement dit avec Hippocrate, qui la représente glorieusement.

Cette école, qui est sans contredit la grande école médicale de l'antiquité, est encore enveloppée d'ombres que ni l'érudition ni la critique ne sont en mesure de dissiper. La famille hippocratique, qui en est le centre et la lumière, est à peu près connue dans ses représentants et leur ordre chronologique. Un historien ancien, y mettant la dernière précision, et par cela même un peu suspect, nous donne la généalogie suivante : « Esculape, père de Podalire, père de Sostrate Ier, père de Dardanus, père de Chrysamis Ier, père de Théodore Ier, père de Sostrate II, père de Chrysamis II, père de Théodore II, père de Clomittadès, père de Sostrate III, père de Nebrus, père de Gnosidicus, père d'Hippocrate Ier, père d'Héraclide, père d'Hippocrate le Grand. » Nous avons, d'autre part, les noms des successeurs immédiats d'Hippocrate, savoir Polybe, son gendre, Thessalus et Dracon, ses deux fils. Mais dans l'école de Cos, comme dans les autres écoles asclépiadéennes, il y avait, outre les Asclépiades de naissance, les Asclépiades par initiation. Or, de ceux-là, on ne cite qu'un seul, Apollonidès. Voilà une singulière lacune. Et puis, les noms propres ne sont pas tout, il y a les doctrines et les œuvres où elles sont consignées. Or il est absolument impossible de partager ce qui subsiste des théories et des écrits de la médecine de Cos entre les divers membres, soit de l'école, soit de la famille d'Hippocrate. C'est tout au plus si l'on peut attribuer à Polybe le traité *De la nature humaine*. Il est arrivé ceci : Hippocrate a jeté un tel éclat que sa famille a fini par absorber l'école, et lui sa famille. Il est devenu à lui seul toute la médecine de Cos. On lui a tout rapporté. Les ouvrages de sa famille et de son école sont devenus ses propres ouvrages. Et c'est là la *Collection hippocratique*, du moins dans ce qu'elle a de vraiment hippocratique.

A cette distance où nous sommes, l'Hippocrate de la tradition n'est donc pas l'Hippocrate de la réalité. C'est moins un individu qu'une famille, moins une famille qu'une école. C'est un cycle. Et il ne faut pas oublier qu'en lisant Hippocrate, c'est l'école de Cos qu'on lit ; qu'en analysant la philosophie d'Hippocrate, c'est la philosophie de l'école de Cos qu'on analyse.

Or, ainsi compris, Hippocrate allie dans une large mesure la philosophie à la médecine.

Non qu'il se livre, en dehors de la médecine, aux recherches propres aux philosophes. Ce grand médecin sait se montrer grand philosophe sans cesser d'être médecin exclusivement. Sa philosophie, c'est la philosophie de la médecine. Il ne traite pas de la logique en général, mais de la logique du médecin ; ni de la morale en général, mais de la morale du médecin ; ni de la physique en général, mais de la physique du médecin (c'est-à-dire de la physique circonscrite dans les limites de la nature humaine et des choses utiles ou nuisibles à la santé). Il a une logique médicale, une morale médicale, une physique médicale, constituant une philosophie médicale : rien de plus. Il ne sort pas de là. Mais sur ces objets particuliers, nettement définis, il a des vues admirables en des ouvrages profonds.

Dans le traité *De l'ancienne médecine,* il établit la réalité et l'antiquité de la médecine comme art ; son origine, qu'il place dans l'observation des aliments et de leurs effets, soit sur les gens en santé, soit sur les malades ; sa méthode, qui consiste toute dans l'expérience, laquelle constate les faits, et le raisonnement, lequel en tire les conséquences ; sa condition, qui est de s'abstenir des recherches générales sur la Nature, à la manière d'Empédocle, et de se borner à l'étude des rapports des objets à la santé.

Dans la *Loi,* il traite de la dignité de l'art médical, compromis par les mauvais médecins ; des dispositions naturelles et des efforts sans lesquels on ne peut ni l'étudier avec fruit, ni le pratiquer avec succès.

Dans le traité *De l'art*, véritable apologie de la médecine, il entreprend de la défendre contre les attaques des sophistes, discutant une à une les objections qu'on lui oppose, prouvant son efficacité, aussi bien que sa réalité, et que ce qu'elle ne fait pas, elle ne peut pas le faire.

Dans les *Préceptes*, ou du moins la première partie, il montre la nécessité de l'expérience et du raisonnement, et qu'il n'y a de salut pour la médecine que dans leur alliance.

Or, n'y a-t-il pas là tous les éléments d'une logique, la logique hippocratique de la médecine ?

Dans le *Serment*, Hippocrate affirme magistralement les devoirs du médecin envers son maître, ses disciples, ses malades, et les place sous l'égide de la religion.

Dans le traité *De la bienséance*, il expose que la sagesse et la médecine sont essentiellement faites pour s'unir l'une à l'autre ; que la médecine doit pratiquer toutes les vertus qu'enseigne la sagesse ; que la sagesse doit ratifier tous les devoirs professionnels du médecin. Il énumère ces devoirs, sans craindre d'entrer dans les détails les plus techniques et les plus minutieux.

Dans le traité *Du médecin*, il reproduit les mêmes devoirs, en y ajoutant des règles de prudence médicale et chirurgicale.

Dans le traité *Des préceptes*, mais cette fois dans la seconde partie, sans négliger les prescriptions qui concernent les mœurs, les qualités extérieures, etc., il traite deux questions nouvelles et qui n'ont pas perdu leur à-propos, celle des honoraires et celle des consultations.

Or, n'y a-t-il pas là tous les éléments d'une morale, la morale hippocratique de la médecine ?

Dans le traité *Des airs,* il explique que l'air est partout et principe de tout ; que sa puissance paraît plus visiblement encore dans les êtres animés ; qu'il est proprement, en ceux-ci, et singulièrement en l'homme, l'âme ou la vie, et que, à cause de cela, il est la première origine de la santé et de la maladie.

Dans le traité *De la maladie sacrée*, il fait voir que cette maladie, qui n'a rien de sacré, a son principe dans le cerveau, comme la plupart des maladies, le cerveau étant le lieu où réside l'âme, l'organe où l'air apporte la sensibilité avec la vie, l'intelligence avec la sensibilité. Il établit cette doctrine du siège de l'âme dans le cerveau, directement, c'est-à-dire par l'observation des faits, et indirectement, par la réfutation des doctrines qui la mettent dans le diaphragme ou dans le cœur.

Dans le traité *Du régime* (livre I), il expose que la constitution humaine résulte de deux principes contraires, mais également nécessaires, le feu et l'eau ; que du mélange et des proportions diverses de ces deux éléments naissent des différences, des *tempéraments*, comme on dit ; que la pensée, avec tout ce qui s'y rapporte, varie selon ces tempéraments : d'où l'on voit l'extrême importance du régime qui, modifiant la pensée avec le tempérament, modifie tout l'homme, et le fait meilleur en même temps que mieux portant.

Dans le traité *Des airs, des eaux et des lieux*, il note et décrit les influences, bonnes ou mauvaises, des vents, de la configuration du sol, de la qualité des eaux, des climats, des contrées orientales et occidentales, sur le corps et sur l'âme, sur la santé et les mœurs, sur la vie publique et privée.

Dans le traité *Des lieux dans l'homme*, s'il ne nomme pas les autres facultés de l'âme et de l'intelligence, il commence du moins par une description physiologique des sens de l'ouïe, de l'odorat et de la vue, qui n'est pas absolument sans intérêt.

Enfin, dans le traité *Des songes*, il analyse l'état de l'âme sous l'influence du sommeil et comment l'intelligence, momentanément affranchie des organes, s'exerce dans sa force et sa plénitude, ce qui fait des rêves de véritables indications pathologiques et thérapeutiques.

Or, n'y a-t-il pas là tous les éléments d'une physique, la physique hippocratique de la médecine?

Conclusion : Hippocrate n'a pas seulement donné à la médecine sa philosophie, mais une philosophie complète, pourvue de tous ses organes.

Aux écoles asclépiadéennes à leur déclin succèdent dans la faveur publique et la renommée les sectes alexandrines.

Et d'abord le dogmatisme. Cette secte, qui prétend remonter jusqu'à Hippocrate par Praxagoras et Diogène de Caryste, commence véritablement avec Hérophile de Chalcédoine et Érasistrate de Céos, venus de Grèce en Égypte, sous le règne de Ptolémée Soter. Ces deux médecins remarquables semblent avoir fait école dans l'école, et les historiens, par exemple Sprengel, rangent les dogmatiques en Hérophiliens et Érasistratéens (1). Les différences qui séparent les uns des autres sont difficilement appréciables aujourd'hui, et nous nous bornerons à dire que les noms les plus célèbres du dogmatisme, après Hérophile et Érasistrate, sont ceux de Démétrius d'Apamée, Mantias, Andreas de Caryste, Icésius, etc.

Or, tous ces dogmatiques sont également philosophes par un même endroit, la préoccupation de la méthode applicable à la médecine; et c'est de celle qu'ils adoptent qu'ils tirent leur nom. Ce sont des logiciens, à la manière d'Hippocrate, des logiciens de l'art médical spécialement. On peut même affirmer qu'ils approfondirent cette question, soit à cause de son intérêt, soit par la nécessité de se défendre contre leurs adversaires, les empiriques et les méthodiques. On voit dans les traités de Galien relatifs à la méthode médicale, et notamment les traités *Des sectes aux étudiants* et *De la meilleure secte à Thrasybule*, avec quel soin ils avaient déterminé, avec quelle rigueur ils avaient défini les divers procédés de la méthode dogmatique, et, sans proscrire ni l'*observation*, ni l'*histoire*, ni le *passage du semblable au semblable*, avaient mis en lumière le rôle et la nécessité du *raisonnement*, qui, appuyé sur la connaissance de la nature humaine, de la nature en général et de leurs rapports, cherche dans la cause du mal l'indication du remède. Sans doute cette méthode ne

---

(1) Voici les listes de Sprengel. Hérophiliens : Démétrius d'Apamée, Mantias, Bacchius de Tanagre, Zénon de Laodicée, Apollonius de Libicum, Callimaque, Andréas de Caryste, etc. Erasistratéens : Strabon de Baryte, Straton de Lampsaque, Apollonius de Memphis, Icésius, etc.

s'était pas constituée tout d'un coup et dès le premier jour. Elle fut l'œuvre progressive du temps et des médecins qui se succédèrent, unis dans la même inspiration hippocratique. Il ne serait certes pas sans intérêt de suivre ce développement, et de faire à chacun sa part dans ce commun travail. Malheureusement, les renseignements font défaut. Galien et Celse, qui nous parlent assez longuement des méthodes médicales et des sectes, citent en bloc les dogmatiques, les empiriques, les méthodiques, et ce n'est que rarement et par exception qu'on rencontre dans leurs expositions les plus développées un nom propre. Hérophile n'est jamais nommé par Galien (1), et Erasistrate une seule fois. Il paraît qu'Erasistrate faisait une demi-concession aux empiriques. Il admettait que l'expérience (2) permet de découvrir des remèdes simples contre des maladies simples, mais non des remèdes compliqués contre des maladies compliquées, de sorte qu'il ne faut ni lui accorder ni lui refuser toute espèce d'utilité (3). Quoi qu'il en soit, il reste avéré que les médecins de la secte dogmatique attachèrent tous une extrême importance à la logique dans la sphère médicale et travaillèrent tous, chacun à son rang et à sa date, à la constitution de la méthode qui leur semblait être la vraie.

On ne peut guère douter non plus qu'ils aient tourné leur attention du côté des devoirs particuliers du médecin, continuant ainsi de marcher sur les traces d'Hippocrate et des hippocratistes. Une fois

---

(1) Dans les traités de logique médicale, bien entendu.
(2) Comprenez l'expérience réduite à elle-même.
(3) *Des sect. aux étud.*, ch V.

entrée dans cette voie, la médecine n'en pouvait guère sortir, et de fait elle y est toujours restée (1). Une indication de Galien (2) recueillie par Sprengel (3) nous apprend qu'un de ces médecins, Mantias, avait écrit un traité *Des devoirs du médecin*, et rien ne prouve qu'il ait été le seul.

Dans le champ de la physique, et je dirais volontiers dans le champ médical de la physique, il ne se peut pas que les dogmatiques n'aient pas rencontré et plus ou moins discuté plusieurs questions philosophiques. Ils avaient fondé l'anatomie, l'anatomie directe, qui observe l'homme sur l'homme, par la dissection de cadavres humains (4). Ils avaient étudié spécialement le système nerveux et y avaient fait de précieuses découvertes. Cela les menait tout droit à la philosophie ou, comme nous disons aujourd'hui, à la psychologie ; car, entre le système nerveux et l'âme, les rapports sont trop étroits, ou même trop intimes, pour qu'on puisse s'occuper beaucoup du premier, sans s'occuper en quelque mesure de la seconde. Et, en effet, les rares documents que nous pouvons consulter nous montrent tous ces médecins soucieux de déterminer le siège de l'âme, l'agent de la sensibilité et du mouvement. Hérophile ouvre la marche, ici comme ailleurs. Il avait reconnu le rôle psychique du système nerveux, et constaté que c'est par lui que nous imprimons le mouvement et rece-

---

(1) On écrit encore aujourd'hui des traités de morale médicale, témoin le livre récent : *Le Médecin; Devoirs privés et publics*, de M. Dechambre.
(2) *Commentaire de l'off. du médecin.*
(3) *Hist. de la méd.*, t. I, p. 453.
(4) Celse, *De re medica*, sub initio.

vons la sensation (1). Il avait même suivi la sensation de nerf en nerf jusque dans le cerveau, et plus précisément jusqu'à la partie postérieure de la voûte à trois piliers, où la sensibilité aurait son siège et son foyer (2). — Erasistrate avait pris le même chemin. Il avait aussi rapporté la sensibilité et le mouvement aux nerfs, comme à leurs instruments, au cerveau, comme à leur centre. Il s'était même d'abord trompé, puis corrigé, sur ce point particulier. Il avait cru, étant jeune, que les membranes qui enveloppent les nerfs et le cerveau en sont la partie essentielle ; mais, devenu vieux, et plus libre de disséquer et d'observer, il avait rendu à la substance intérieure du nerf et du cerveau sa juste importance, et reconnu que c'est par elle qu'ont lieu les actions psychiques (3). Est-ce lui qui avait d'abord fait résider l'âme dans les méninges (4), ce qui semble assez conforme à sa première opinion ; et l'a-t-il ensuite fait résider dans le cerveau même, ce qui semble conforme à la seconde ? Cette dernière supposition ne paraîtra pas douteuse, si l'on songe à cette vue d'Erasistrate, rapportée par Galien : il avait semblé à ce grand anatomiste-psychologue qu'il existe un rapport naturel entre les circonvolutions cérébrales et l'intelligence (5), et que, si l'intelligence humaine a des facultés plus hautes, c'est que le cerveau humain a un développement plus

---

(1) Rufus, *De apellat. part.*, c. h. l. II.
(2) Galien, *De l'usage des parties*, l. VIII.
(3) Id., *Des dogm. d'Hipp. et de Plat.*, l. VII, ch. III.
(4) Id., *De l'us. des part.*, l. I, ch. VIII.
(5) On ne s'attendait pas à trouver si loin dans l'histoire le premier antécédent de la phrénologie.

grand (1). — S'il fallait en croire Tertullien (2), Andréas de Caryste, dogmatique comme les précédents, et sans doute anatomiste comme eux, se serait refusé à localiser l'âme, par cette raison, qui n'en semble pas une, qu'elle se confond avec les sens.

Mais ces questions du siège de l'âme et des organes propres de la sensibilité et de la motilité, que les dogmatiques, en leur qualité d'anatomistes, devaient nécessairement toucher, ne sont pas les seules dont ils se soient inquiétés. On peut affirmer que les recherches médicales, toujours voisines des recherches psychologiques, en ont mis d'autres sur leur chemin, et qu'ils y ont au moins jeté un regard. C'est ainsi qu'Erasistrate, étudiant dans son traité *De la paralysie* l'influence de l'habitude dans l'état de santé et de maladie, notait avec un soin égal les habitudes de l'esprit et les habitudes du corps, par un heureux et fécond mélange de la psychologie et de la physiologie. Cela se voit clairement, et avec intérêt, dans un long passage conservé par Galien (3).

Enfin, il n'est pas jusqu'aux questions les plus générales et les plus hautes de la physique philosophique auxquelles les dogmatiques ne se soient intéressés. Erasistrate, qui paraît être le plus philosophe des médecins de cette secte et de cet âge, avait une forte teinture péripatéticienne, comme l'atteste Galien (4), qui lui reproche, peut-être à tort,

---

(1) Gal., *Des dogm. d'Hipp. et de Plat.*, l. VIII, ch. III; *De l'us. des part.*, l. VIII, ch. XIII.

(2) *De anima*, ch. V.

(3) *Des habitudes*, ch. I, sub fine.

(4) *Des fac. naturelles*, l. II, ch. IV.

d'avoir mal compris Aristote. Sur les traces du maître, dans un livre que Galien cite plusieurs fois (1), sans nous en révéler le véritable objet, *De l'universalité des choses,* il semble bien qu'il ait embrassé la nature en général avec la nature humaine, et qu'il ait étudié les êtres, et singulièrement l'homme, du point de vue de la finalité. Nous voyons partout, dans le traité *Des facultés naturelles* (2), dans le traité *De l'usage des parties* (3), que Erasistrate affirmait que la nature a toujours un but et ne fait rien en vain; qu'il célébrait l'art, l'industrie de la nature allant toujours par les meilleurs moyens aux meilleures fins. Galien, il est vrai, l'accuse d'avoir souvent manqué de fidélité à ses principes dans l'explication particulière de tel ou tel organe du corps humain; mais, en supposant le grief fondé, il reste toujours que Erasistrate avait tenté d'expliquer la nature humaine au moins du point de vue téléologique.

L'empirisme est aussi ancien que la médecine, dont il est nécessairement le premier début et naturellement la première forme : comme secte, il ne remonte pas au-delà de Philinus de Cos, disciple d'Hérophile, dont il se sépara par une raison inconnue, pour marcher dans une voie différente (4). Sérapion d'Alexandrie, que Celse regarde comme le chef des empiriques, paraît avoir été le plus remarquable d'entre eux. Il faut encore citer les deux Apollonius, père et

---

(1) *Des fac. natur.*, ch. III, IV; *De l'us. des part.*, l. IV, V, VII.
(2) L. II, ch. III, IV, VI.
(3) L. IV, ch. XV; l. V, ch. VI; l. VII, ch. VIII.
(4) Les empiriques avaient la prétention peu fondée de procéder de l'Agrigentin Acron.

fils, d'Antioche, Ménodote, Héraclide et Theutas (1). On peut ajouter Glaucias, nommé avec honneur par Celse.

Or ces médecins-là sont encore philosophes en quelque mesure, quoique malgré eux, à leur corps défendant. En leur qualité d'empiriques, ils n'ont aucun goût pour les choses cachées, qui sont celles précisément auxquelles la philosophie s'intéresse ; ils ne se livrent donc sciemment à aucune recherche philosophique. Ils n'aiment pas l'anatomie, qui leur paraît inutile, sinon dangereuse ; ils ne sont donc conduits à s'enquérir ni du siège de l'âme, ni des instruments de ses facultés. Mais cette même qualité d'empiriques les condamne à discuter les questions de méthode, et les voilà bon gré mal gré logiciens, donc philosophes.

Dégoûtés de la méthode dogmatique, peut-être par l'abus qui s'en faisait autour d'eux, peut-être par l'influence du pyrrhonisme, comme le veulent nos modernes historiens de la médecine (2) ; résolus à se passer du raisonnement, qui scrute les causes, et à s'en tenir à l'expérience, qui constate les faits, les empiriques, pour satisfaire aux nécessités de leur art, comme pour répondre aux attaques de la secte rivale, durent faire une étude approfondie du procédé expérimental appliqué à la médecine. Il ne paraît pas qu'ils y aient manqué. Ces ennemis superbes de l'anatomie ont fait celle de l'observation, si je

(1) Galien, *Du médec.*, ch. III ; *De l'empirisme*, ch. XIII. Héraclide est perpétuellement cité par Cœlius Aurelianus, *De morb. acut.*, l. I, 17 ; II, 9, 24, 29, 38 ; III, 8, 17.

(2) Sprengel, t. I, p. 470 ; — Bouchut, *Hist. de la méd.*, t. I, p. 426, 427.

puis ainsi dire, et distingué avec un art merveilleux ses divers organes. Par une analyse pénétrante, ils ont discerné dans l'expérience en général l'observation proprement dite, l'histoire, qui est l'observation dans le passé, et le passage du semblable au semblable, qui est l'observation concevant l'inconnu à l'image du connu. C'est là le fameux trépied empirique. Et ils ne s'en sont pas tenus à ces généralités. Dans chacun de ces genres, ils ont compté et décrit des espèces. L'observation proprement dite comprend, selon eux, l'observation *fortuite* et l'observation *cherchée :* la première qui a une double source, savoir le *hasard*, comme lorsqu'une chute nous ouvre un abcès et nous en débarrasse, et la *nature*, comme lorsqu'un saignement de nez nous délivre de la fièvre ; la seconde qui consiste tantôt dans un *essai* qui réussit et tantôt dans l'*imitation* d'un procédé déjà heureusement employé. — L'histoire est de deux sortes, avec ou sans contrôle, et n'a de valeur que dans le second cas. Le contrôle s'opère par trois moyens : les mœurs de l'écrivain, qui déposent pour ou contre son intelligence et sa bonne foi ; l'analogie des faits racontés avec ceux que nous avons nous-même observés ; la concordance entre les témoignages. Mais la concordance est très-différente selon qu'elle se rapporte à des choses cachées et de raisonnement ou à des choses évidentes et d'expérience. Cette dernière mérite seule considération (1). — Le passage du semblable au semblable est également de deux sortes : s'il se fonde sur une prétendue connaissance des causes des

---

(1) Galien, *De l'empir.*, ch. x, xii.

maladies et des propriétés des médicaments, toutes choses qui se dérobent, c'est l'*analogisme*; s'il n'a égard qu'aux ressemblances sensibles, aux phénomènes qui sautent aux yeux, c'est l'*épilogisme*, qu'on pourrait définir un raisonnement évident, parce que toutes les données en sont évidentes, mais qui, n'engendrant qu'une certitude provisoire, pourrait bien, tout en étant indispensable dans la pratique, ne pas faire partie de la science (1).

Harcelé par le dogmatisme, et le harcelant à son tour, l'empirisme était amené à bien d'autres distinctions. Il distinguait deux espèces de définitions, la définition dogmatique, laquelle détermine la nature de la maladie; la définition empirique, laquelle décrit ses principaux phénomènes et pour ainsi dire son aspect extérieur (2); il appelait cette dernière, pour la mieux caractériser, une *hypotypose* (3).—Il distinguait deux espèces de *concours des symptômes*, le concours dogmatique, lequel comprend une série de symptômes considérés comme essentiels, c'est-à-dire comme se rapportant à la nature du mal et la déclarant; le concours empirique, lequel comprend une série de symptômes concomitants, c'est-à-dire qui paraissent ensemble, croissent ensemble, décroissent ensemble, disparaissent ensemble. Ce concours-là est la propre définition de la maladie; un concours

(1) Galien, *Des sect. aux étud.*, ch. v.
(2) Au lieu de définir la fièvre, avec Erasistrate, une affection provenant du passage du sang des veines dans les artères, ils disaient: La fièvre est une affection qui se manifeste par l'accélération du pouls et l'augmentation de la chaleur, accompagnée de soif.
(3) Gal., *De l'empir.*, c. VII.

qui n'est pas constant est sans valeur pathologique. Dans le concours tel qu'il l'entend, l'empirisme distinguait encore le propre et le commun. Le propre, qui est plus compliqué, est celui qui ne représente qu'une seule maladie; le commun, qui l'est moins, en représente plusieurs (1).—Il distinguait de même différentes espèces de prévision, différentes espèces de traitement, etc. (2).

Tout ce travail logique ne s'était pas fait, bien entendu, en une heure et par les méditations d'un seul. Il s'était opéré petit à petit, par une action et réaction entre les partis adverses, et par les efforts successifs de leurs représentants. Sans la nécessité de faire face aux attaques du dogmatisme préconisant le raisonnement, et défiant ses rivaux de s'en passer, ceux-ci n'eussent sans doute pas songé à étudier l'expérience de si près et à en analyser toutes les diversités pour en montrer toutes les ressources. Sans la nécessité d'opposer à la rigueur systématique du dogmatisme une pareille rigueur, les empiriques n'eussent sans doute pas songé à distinguer l'hypotypose de la définition proprement dite, et le concours des symptômes concomitants du concours des symptômes essentiels. Mais là-dessus nous sommes réduits aux conjectures. Il est également impossible de déterminer la part de chaque ouvrier dans l'œuvre totale. Le dernier chapitre du traité *De l'empirisme* donne au lecteur une

---

(1) La fièvre, la difficulté de respirer, la toux, des crachats colorés : voilà un concours commun qui convient à la fois à la pleurésie et à la péripneumonie; ajoutez une douleur de côté aiguë, un pouls dur avec tension : voilà un concours propre qui ne convient qu'à la pleurésie.

(2) Gal., *De l'empir.*, ch v.

fausse joie. Galien annonce d'abord qu'il dira en quoi diffèrent les empiriques Sérapion, Ménodote, Héraclide et Teutas ; mais il nous entretient seulement ensuite de leur jactance, de leur orgueil effréné, de leurs violences et de leurs injures à l'égard des dogmatiques, sans excepter Hippocrate. Il faut recueillir ailleurs quelques indications douteuses et de peu d'intérêt. Il est à remarquer que, parmi les auteurs, les uns (c'est le plus grand nombre) attribuent la fondation de la secte empirique à Philenus (1), les autres à Sérapion (2) : on peut induire de là que le premier a seulement émis l'idée générale du système, qui est de s'en rapporter à l'expérience seule, et que le second a commencé à la développer (3), en analysant l'expérience et en distinguant ses espèces. La division en observation, histoire et passage du semblable au semblable, paraît en effet remonter jusqu'à lui (4). Ménodote est l'inventeur du mot épilogisme, en opposition au mot analogisme (5). Il est probable que, avertis par l'empirisme, les dogmatiques, tout en maintenant la nécessité du raisonnement, admettaient l'utilité du passage du semblable au semblable dans certains cas et l'expliquaient à leur façon ; Ménodote l'aurait alors expliqué à la sienne, dans le sens empirique, et aurait consacré cette interprétation par un mot nouveau, pour la mieux distinguer de l'interprétation adverse. Il aurait de plus considéré le passage du semblable au semblable comme un

(1) *Introd. attribuée à Galien, ou du Médecin*, ch. IV.
(2) Celse, *De re medica.*, præfatio.
(3) Sprengel, *Hist. de la méd.*, t. I, p. 483.
(4) Gal., *De l'empir.*, ch. III et XIII.
(5) Id., *ibid*, ch. XIII.

procédé indispensable dans la pratique, mais nullement scientifique. Teutas, partageant la même opinion, se fût également refusé, dans son livre *Des parties*, à admettre le passage du semblable au semblable parmi les parties de la médecine (1). Il semble, avec Héraclide, et peut-être sur ses traces, avoir fait justement remarquer que, si les empiriques n'emploient pas le raisonnement, comme les dogmatiques, pour découvrir les causes des maladies, ils en usent, comme le commun des hommes, pour distinguer le général du particulier, le vrai du faux et le clair de l'obscur (2). — Une dernière indication : si j'entends bien un passage de Galien (3), le mot trépied appliqué aux trois opérations de la méthode empirique serait de Glaucias.

Le méthodisme, le dernier venu dans la famille des sectes alexandrines, a une autre patrie, comme il a un autre caractère. Plus étroitement lié à la philosophie, ou du moins à une certaine philosophie, c'est à Rome qu'il prend naissance et se développe avec un succès aussi rapide qu'éclatant. Il est représenté tour à tour par Asclépiade, Thémison, Celse, Thessalus, Soranus, Cœlius Aurelianus. L'auteur de *l'Introduction ou du médecin* cite encore parmi les méthodiques Mnaséas, Denys, Proclus, Antipater (4). Mais les premiers noms, plus célèbres, expriment cette doctrine médicale dans tout ce qu'elle a d'essentiel et de notable.

Il faut encore distinguer entre ces noms : Asclé-

(1) Gal., *De l'empir.*, ch. II, III, IV.
(2) Id., *ibid.*, ch. II, III, IV, XIII.
(3) Id., *ibid.*, ch. II, III, IV.
(4) Id., *ibid.*, ch. IV.

piade, Thémison et Thessalus sont évidemment les trois grandes personnalités méthodiques. Ils sont cités comme tels par tous les anciens, singulièrement Galien et Cœlius Aurelianus. Celui-ci met toujours en première ligne Asclépiade et Thémison (1); il cite moins souvent Thessalus, mais encore avec honneur (2). Celse, qui n'était peut-être pas même médecin, n'a fait que rédiger excellemment la doctrine de ses maîtres; on ne saurait rien de Soranus sans Cœlius Aurelianus; et, si celui-ci n'est pas un simple traducteur, il est difficile toutefois de voir autre chose qu'un commentaire ou une compilation dans le traité *Des maladies aiguës et chroniques* (3).

Or Asclépiade, Thémison et Thessalus paraissent avoir chacun leur rôle spécial. Asclépiade est le physicien de la doctrine, et, quoiqu'il tire de son système de la nature en général et de la nature humaine en particulier une méthode médicale conséquente et des applications médicales rigoureuses, il laisse sur ces deux points beaucoup à faire à ses successeurs : ce qui nous explique comment Galien attribue la fondation de la secte à Thémison, et fait figurer Asclépiade parmi les dogmatiques, à la suite

---

(1) *De morbis acutis et chronicis*, I, 14, 15, 16; II, 9, 12, 23, 38, etc.

(2) *Ibid.*, II, 33, 37; III, etc.

(3) De cette phrase de Cœlius : « *Soranus autem, cujus verissimas apprehensiones latius sermone describere laboramus* (II, 27) », on a conclu qu'il n'avait fait que traduire Soranus. C'est exagérer le sens de *describere*. On voit par mille passages que Cœlius reproduit la pensée de Soranus, mais librement. Quand il cite simplement, il l'indique (II, 19, 22, 26, 29, 31, 33, 34, 37 etc., etc.).

d'Erasistrate (1). Thémison est le logicien par excellence du méthodisme, et comme le méthodisme, ainsi que l'indique le terme même, est tout dans la méthode, on conçoit qu'il ait pu en être considéré comme l'auteur. Thessalus, esprit inférieur, bien que trop maltraité par Galien, est encore un logicien à sa façon. Il simplifie la méthode déjà si simple de Thémison, sans y apporter de modifications essentielles.

On voit que ces médecins sont en même temps philosophes dans une large mesure, on pourrait dire sont premièrement philosophes, puisque leur thérapeutique est toute dans leur logique, et celle-ci toute dans leur physique. Ainsi que l'a remarqué l'auteur d'une thèse sur Asclépiade (2), les méthodiques ne s'inspirent pas seulement de l'esprit philosophique, ou ne traitent pas par occasion seulement telle ou telle question philosophique, comme l'avaient fait leurs prédécesseurs, Hippocrate en tête ; ils mettent le point de départ et le fondement de leur doctrine médicale dans une doctrine philosophique, ils déduisent la médecine de la philosophie.

Comme il a été dit, c'est Asclépiade qui jette les bases philosophiques du méthodisme. Contemporain et peut-être ami de Lucrèce, venu à Rome en pleine faveur de l'épicurisme, tous les témoignages nous montrent en lui un disciple d'Épicure. Même conception du monde, même conception de l'homme, corps et âme. Il explique toutes choses par les atomes éternels, leurs rencontres, leurs combinaisons, sans but

---

(1) *Introd. ou du Méd.*, ch. IV; *Des fac. nat.*, I, 17; *De l'us. des part.*, pass.

(2) Raynaud, *De Asclepiado Bythino, medico et philosopho.* ch. I.

sous la seule loi du hasard, qui n'en est pas une. Il explique le corps humain de la même manière : ce sont des atomes aussi, qui se sont rencontrés aussi, se sont combinés aussi, et ont formé cet agrégat particulier, ce composé déterminé, qui doit sa constitution et ses propriétés à la forme et aux rapports des éléments composants, fortuitement rassemblés. Il explique l'âme de la même manière : ce sont encore des atomes, plus subtils, plus mobiles, dans une agitation et une activité perpétuelles, qui se sépareront comme ils se sont réunis, par aventure (1). C'est précisément la physique épicurienne, avec la physiologie et la psychologie épicuriennes, ses dépendances.

Mais il y a lieu de croire que Asclépiade ne s'est pas traîné servilement sur les traces d'Epicure. Il a dû avoir son originalité (2). Galien, dans plusieurs chapitres du traité *Des facultés naturelles* et du traité *De l'usage des parties*, nous signale des différences ; Cœlius Aurelianus, dans le chapitre 14, l. 1er du *De morbis acutis et chronicis*, chapitre qui est un résumé complet, malheureusement un peu obscur par trop de concision, du système philosophico-médical d'Asclépiade, nous signale des différences. On conçoit d'ailleurs qu'un philosophe-médecin et un médecin-philosophe regardant les choses avec des préoccupations différentes, tout en professant la même doctrine générale, diffèrent sur des points particuliers, soit par la nature des théories, soit même seulement par leur développement, selon qu'elles intéressent plus ou

---

(1) Gal., *De l'us. des part.*, VI, 13 ; XI, 8 ; XVII, 1 ; *Des fac. natur.*, I, 12, 13, 14. Cœl. Aurel., *De morb. acut.*, I, 14.

(2) Raynaud, ch. iv, p. 23.

moins l'objet spécial de leurs études. Et enfin Asclépiade eût-il écrit un traité *Des éléments* (Περὶ στοιχείων), comme l'atteste Galien, s'il eût dû répéter mot à mot son maître Épicure?

Dès les premiers fondements de la doctrine générale, on entrevoit une différence entre Épicure et Asclépiade. « Celui-ci, nous dit Cœlius Aurelianus, avait d'abord établi comme principes des corps les atomes, corpuscules perçus par l'entendement, sans qualité déterminée et originelle, éternellement en mouvement (1). » Ces corpuscules, connus de l'entendement seul, sans qualités primitives, éternellement mobiles, ce sont bien les atomes d'Épicure (2). Mais Cœlius Aurelianus ajoute que ces corpuscules se heurtent dans leur marche et, par l'effet de leurs chocs mutuels, se brisent en une infinité de fragments, différents par la grandeur et la figure (3); que ces fragments, se mouvant à leur tour, donnent naissance, par adjonction ou conjonction, à toutes les choses sensibles, susceptibles d'un quadruple changement, selon la grandeur, le nombre, la figure et la disposition (4). Or, ces corpuscules qui se brisent

---

(1) « *Primordia namque corporis primo constituerat atomos, corpuscula intellectu sensa, sine ulla qualitate solita, atque ex initio comitata, æternum se moventia.* »

(2) Lorsqu'Asclépiade, comme le dit plus loin Cœlius Aurelianus, expliquait que les corpuscules n'ont aucune qualité sensible, disant : « Autre est le tout, autres les parties; l'argent est blanc en bloc, et noir en poudre, » il était encore en parfaite conformité de pensée avec Épicure.

(3) « *Quæ suo incursu offensa, mutuis ictibus in infinita partium fragmenta solvantur, magnitudine atque schemate differentia.* »

(4) « *Quæ rursum eundo, sibi adjecta vel conjuncta, omnia*

en se rencontrant, qui se résolvent en une multitude de fragments, lesquels se meuvent à leur tour et par leurs combinaisons forment les choses sensibles, ce ne sont plus les atomes d'Epicure, ni même des atomes quelconques. Des corpuscules qui se divisent ne sont pas des éléments indivisibles. Et l'on est amené à se demander si ce n'est pas par inadvertance que Cœlius Aurelianus emploie ici le mot atome, si parfaitement impropre. Galien, dans le traité *De l'usage des parties*, emploie constamment le mot ὄγκοι (molécules) pour désigner les éléments d'Asclépiade, et ailleurs il lui arrive d'écrire στοιχεῖα ἄναρμα (les éléments inharmoniques). Ces expressions sont aussi justes que celle de Cœlius Aurelianus l'est peu. Je dois toutefois mentionner une conjecture de M. le Dr Raynaud (1) : les ὄγκοι seraient les fragments résultant du choc des corpuscules, les στοιχεια ἄναρμα seraient les corpuscules eux-mêmes, et enfin ces derniers supposeraient avant eux les atomes, dont ils seraient les premières et imparfaites combinaisons. Mais les textes ne se prêtent pas à cette interprétation. Ce sont proprement les corpuscules que Cœlius Aurelianus désigne par le mot atomes, et dans la langue de Galien les ὄγκοι et les στοιχεῖα ἄναρμα sont dans le système d'Asclépiade ce que sont les atomes dans celui d'Épicure. Il reste donc qu'Asclépiade a modifié sur ce point capital la doctrine du maître, sans qu'on sache ni pourquoi ni comment. Pour dissiper cette obscurité, qui enveloppe comme un nuage le point de départ de la doctrine de notre

faciant sensibilia, aut per magnitudinem sui, aut per multitudinem, aut per schema, aut per ordinem. »

(1) Ch. IV.

médecin philosophe, il faudrait pouvoir lire son Περὶ στοιχείων (1).

Pour Asclépiade comme pour Épicure, la nature n'est que l'ensemble des corpuscules, molécules ou atomes et de leurs combinaisons, les éléments des corps et les corps, les principes de l'univers et l'univers. Elle n'est pas une force intelligente, car les corpuscules, les molécules ou les atomes se meuvent, s'agrègent, se désagrègent au hasard; et elle n'est pas même une force aveugle, car il n'y a rien autre chose dans les corpuscules, les molécules, comme dans les atomes, que la forme et le mouvement. Tous ces points sont communs au maître et au disciple. Mais, sur le dernier, il paraît qu'Asclépiade était plus explicite, plus exclusif qu'Épicure. Épicure, sans admettre la force ou les forces naturelles, admettait cependant les faits qui semblent en dénoncer l'existence, sauf à les expliquer selon ses principes. Il admettait, par exemple, que le fer est attiré par l'aimant, que la paille est attirée par l'ambre. De cette double attraction, il rendait compte à sa manière, par des rapports de configuration entre les atomes du fer et de l'aimant, entre les atomes de la paille et de l'ambre. Asclépiade était plus radical : il niait les faits, si évidents qu'ils fussent, au nom de la doctrine. Il niait l'attraction, il niait toute propriété, il niait toute force, parce que sa doctrine ne lui paraissait comporter ni attraction, ni propriété, ni force. Et Galien, qui nous a conservé ces renseignements (2), conclut un peu témérairement et sans

---

(1) Ou bien le traité perdu de Galien, en 8 livres, *Des dogmes d'Asclépiade*.

(2) Lire, *Des facult. nat.*, l. I, tout le chapitre IV.

nulle politesse qu'Asclépiade, qui conteste ce qui lui saute aux yeux, est un menteur, et Épicure, qui explique ce qu'il ne peut expliquer, un sophiste (1).

Sur la nature humaine, et d'abord sur le corps humain, Asclépiade, sans sortir de l'Épicurisme, semble avoir encore sa physionomie propre. En sa qualité de médecin, préoccupé de la santé, de la maladie et de leurs causes, il attache une importance particulière aux *pores*, qui sont le vide présent à l'intérieur du corps, comme partout. Le corps humain est composé de pores aussi bien que de molécules. Ces molécules, en s'unissant et s'enchevêtrant de mille façons, forment des chemins, des conduits, des sinuosités que nous concevons par l'entendement sans les voir et qui diffèrent par la grandeur et la figure (2). A travers ces pores, dans ces imperceptibles canaux, coulent sans cesse, du dehors au dedans et du dedans au dehors, des flots de molécules d'une grande subtilité, et singulièrement le souffle, formé des plus subtiles de toutes; et ainsi naît et s'entretient la vie, ainsi s'expliquent la santé, qui n'est que le libre mouvement du flux vital, et la maladie, qui en est l'arrêt et le désordre (3).

Dans ce petit monde, pas plus de nature intelli-

---

(1) Epicure était cependant, n'en déplaise à Galien et à sa doctrine, sur le chemin du vrai, témoin la théorie contemporaine de l'équivalence des forces et de leur réduction au mouvement.

(2) « *Fieri etiam vias et complexione corpusculorum, intellectu sensas, ex magnitudine atque schemate differentes* » (Cœl. Aur., I, 14).

(3) « *(Vias) per quas succorum ductus solito meatu percurrens, si nullo fuerit impedimento retentus, sanitas maneat, impeditus vero corpusculorum statione, morbos efficiat* (Cœl. Aur., ibid.).

gente, si l'on regarde à l'organisation, pas plus de forces et de propriétés, si l'on regarde au jeu de la vie et aux fonctions, que dans le grand. Si certains tendons sont épais et d'autres grêles ; s'il y a une différence de volume entre les veines du corps en général et les veines du poumon en particulier, ne dites pas : C'est la nature qui a fait cela, pour procurer tel ou tel avantage ; — la nature n'a rien fait, et ces différences s'expliquent par l'exercice. Les parties, plus exercées, se développent davantage ; moins exercées, se développent moins ; laissées inertes, s'atrophient (1). Si certains éléments sont introduits dans l'organisme et d'autres rejetés, ne dites pas : C'est la force attractive qui attire les premiers, la force expulsive qui repousse les seconds ;— il n'existe ni force expulsive ni force attractive. Tout s'explique par le seul mouvement des fluides à travers les pores (2). Il n'y a partout que corps et mouvement (3).

Asclépiade n'avait pas plus négligé l'âme humaine (4) que le corps humain. Et là comme ailleurs, il semble différer d'Épicure par plus de simplicité et d'exclusion. On ne voit pas figurer l'*élément sans nom* du maître dans la composition de l'âme, qui paraît même réduite au seul souffle, à ce fluide des fluides, ce gaz des gaz (5). Tandis qu'Épicure distin-

---

(1) Gal., *De l'us. des part.*, I, 21.
(2) Id., *Des fac. natur.*, I, 12, 13.
(3) « *Negat naturam aliud esse quam corpus, vel ejus naturam* » (Cœl. Aur., *ibid.*).
(4) Galien nous dit qu'il avait écrit un petit livre : « *De l'essence de l'âme suivant Asclépiade.*
(5) Gal., *De usu respirat.*; Cœl. Aurel., *ibid.*

guait l'âme pensante de l'âme vivante et logeait la première dans la poitrine. Asclépiade disperse l'âme entière dans le corps entier (1). Il confond proprement l'âme avec les sens, dont elle n'est que l'assemblage, y rapportant la mémoire et l'entendement même (2). Par conséquent, rien d'inné. Pas d'idées innées, cela va sans dire ; ni celles de la conséquence et de la contradiction, ni celles de la division et de la composition, ni celles du juste et de l'injuste, du beau et du laid, etc. Toutes les idées sans exception ont leur berceau dans les sens. Pas de facultés innées, non point même celle de raisonner. Ni moralité ni liberté. Nous sommes guidés par des impressions sensibles, pareils à des troupeaux, sans les pouvoir discuter, donc sans y pouvoir résister : courage, sagesse, modération, tempérance, radotages que tout cela. Enfin, pas d'affections innées, ni l'amour de soi, ni l'amour des enfants (3). C'est la plus rase des tables rases.

On voit dans quelle large mesure Asclépiade pratique la philosophie, et comment, disciple, mais disciple indépendant d'Épicure, il place dans une physique, qui devait être complète, le solide fondement d'une nouvelle doctrine médicale.

Cette physique, dans sa partie physiologique, con-

---

(1) « *Regnum animæ in parte corporis constitutum negat* » (Cœl. Aurel., *ibid.*).

(2) « *Nihil aliud dicit animam esse quam sensuum omnium cœtum : intellectum autem occultarum vel latentium rerum, per solubilem fieri motum sensuum, qui ab accidentibus sensibilibus atque antecedenti perspectione perficitur. Memoriam vero alterno eorum exercitio fieri dicit* » (Cœl. Aurel., *ibid.*).

(3) Galien, *Des fac. natur.*, I, 12.

tenait en germe une méthode : il était réservé à Thémison de l'en dégager et de la mettre en pleine lumière.

Ce n'est pas que Asclépiade se fût arrêté aux prémisses du méthodisme. Il en avait tiré toutes les conséquences, en logique comme en thérapeutique ; et, pour nous borner à la logique, il avait esquissé d'une main ferme les principaux linéaments de cette méthode qui a fait le méthodisme.

Le corps étant formé uniquement de pores et de molécules, et celles-ci n'ayant d'autres propriétés que la figure et le mouvement, il en avait conclu qu'il n'y a pas de corruption possible dans un tel composé. La vie n'étant qu'un va-et-vient de molécules à travers les pores, il en avait conclu que la santé consiste dans la libre circulation des molécules, la maladie dans leur arrêt ou leur désordre. Cet arrêt ou ce désordre ne pouvant provenir que de deux causes, ou bien des molécules, c'est-à-dire de leur grandeur, ou de leur forme, ou de leur nombre, ou de leur rapidité (1) ; ou bien des voies dans lesquels elles passent, c'est-à-dire de leur courbure ou de leur occlusion (2); la nature, d'autre part, qui n'a ni prévoyance ni puissance, qui n'est rien, ne pouvant rien pour la guérison ; il en avait conclu que le médecin, qui ne doit compter que sur lui-même, n'a jamais que deux choses à faire : agir sur les molécules, si le mal vient des molécules ; sur les pores, si le mal vient des

(1) « *Fit autem eorum statio, aut magnitudinis, aut schematis, aut multitudinis, aut celerrimi motus causa* » (Cœl. Aur., *ibid.*).

(2) « *Aut viarum flexu, conclusione atque squammularum exputo* (Id., *ibid*), » passage évidemment altéré, mais dont le sens général n'est pas douteux.

pores. Méthode très-simple, comme on le voit, et qui devait naturellement conduire à une thérapeutique non moins simple (1).

Mais, dans cette méthode si simple, il y avait cependant encore une certaine complexité. Asclépiade distinguait, dans les maladies, le flux des molécules, lesquelles peuvent être trop grandes, ou mal conformées, ou trop nombreuses, ou trop rapides, et les conduits par où elles cheminent, lesquels peuvent être infléchis ou bouchés ; il distinguait également, dans les maladies, outre ce qu'elles ont de commun, certains traits particuliers, dont il tenait compte dans le traitement (2). L'originalité de Themison est d'avoir effacé ces distinctions. Sans se préoccuper de la grandeur, de la figure, du nombre, de la rapidité des molécules en circulation, il ramène tout à l'état des pores, dans lesquels on ne peut noter que deux modifications anormales : un trop grand resserrement, ou un trop grand relâchement. Sont-ils trop resserrés, les molécules ne circulent plus, ou avec trop de difficulté et de lenteur ; sont-ils trop relâchés, les molécules circulent trop vite ou s'échappent en trop grande abondance. D'où trois espèces de maladies seulement : les maladies par resserrement, les maladies par relâchement, les maladies mixtes, les pores d'une partie pouvant être dans le même instant trop resserrés, et ceux d'une autre partie trop relâchés. Quant aux caractères individuels des maladies, Themison les négligeait aussi, ne retenant d'autre différence que celle des maladies aiguës et des

---

(1) Il la réduisait au régime et au mouvement, sous toutes les formes (Id., *ibid.*).

(2) Voir Raynaud, ch. V.

maladies chroniques, lesquelles rentrent toutefois dans la classification précédente, les maladies aiguës se rapportant au genre resserré, et les chroniques au genre relâché (1).

Il arrivait ainsi à la théorie des affections communes, ou *communautés* (κοινότητες), qui est proprement la méthode du méthodisme. Comme avait dû le faire Asclépiade, mais sans doute avec plus d'insistance, il prenait position entre le dogmatisme et l'empirisme, ou plutôt contre l'un et l'autre à la fois, en opposant au premier, égaré à la recherche des causes cachées, l'évidence des affections communes, et au second, abîmé dans la multiplicité des maladies particulières, la communauté des affections évidentes. Car le resserrement et le relâchement sont des affections à la fois communes et évidentes : communes, puisque toutes les autres se ramènent à celles-là ; évidentes, puisque le resserrement et le relâchement sont des états qui se révèlent par des signes extérieurs et visibles (2). Or ces affections communes et évidentes, ces communautés évidentes, sont proprement des indications. Elles indiquent naturellement le remède. Il est trop clair en effet qu'il faut, dans le cas de resserrement, relâcher, et, dans le cas de relâchement, resserrer, sans s'inquiéter jamais de la cause de l'affection, puisque c'est l'affection qui fait la maladie et que, quelle qu'en soit la cause, elle est ce qu'elle est, resserrement ou relâchement. Toute la thérapeutique est là ; et quand elle a tenu compte, dans le traitement de l'affection, c'est-à-dire de la

---

(1) Celse, *De re medica*, præf., *sub fine*.
(2) Galien, *Introduct. ou du Méd.*, ch. III. Voir en outre les traités de logique médicale.

maladie, des trois moments de celle-ci, l'accroissement, le summum et le déclin, elle a fait tout ce qu'elle doit (1). Pas plus que la cause, la conformation des organes, le siège du mal, l'état des forces et l'âge du malade, la saison et le climat ne lui importent (2). L'affection et rien que l'affection ; c'est elle et rien qu'elle qu'il faut combattre par les médications contraires.

Voilà dans ses principaux traits la méthode conçue et pratiquée par Themison. Était-il entré dans plus de détails ? On voit dans les traités de logique médicale de Galien que les méthodiques, pour déterminer dans chaque cas particulier de resserrement et de relâchement le traitement approprié, introduisaient des communautés secondaires ou additionnelles (3). On y voit également que les méthodiques, toujours pour accommoder le traitement aux variétés et aux variations que présentent les affections communes, après avoir distingué, comme tous les médecins, les temps de la maladie (4) et les temps du traitement (5), prétendaient établir entre les uns et les autres un accord invariable et transformer ainsi les premiers en

---

(1) Celse, *ibid.* ; Gal., *ibid.*

(2) Je dois toutefois noter ici une contradiction entre Celse et Galien ; tandis que celui-ci affirme partout que les méthodiques ne tenaient compte ni de la saison ni du climat, Celse écrit : « Les méthodiques conviennent qu'il faut avoir égard à la saison et au climat. » Mais c'est évidemment Galien qui est dans le vrai.

(3) *De la meill. secte, à Thrasyb.*, ch. XXXIII.

(4) On appelle ainsi la marche de la cause morbide, ou le progrès de l'affection.

(5) On appelle ainsi les moments opportuns pour appliquer les remèdes.

indications (1). Est-ce à Themison même, ou à quelqu'un de ses successeurs, qu'il faut attribuer ces développements, ces perfectionnements de la doctrine générale? Les documents dont nous disposons ne permettent pas de répondre certainement à cette question. On peut supposer que ce progrès s'est fait postérieurement à l'inventeur des grandes communautés, sous le feu de l'ennemi, c'est-à-dire par la nécessité de répondre aux écoles rivales. Mais c'est là une conjecture qui ne peut se réclamer d'aucun texte.

Tout porte à croire que la méthode des méthodiques était complète et parfaite quand parut Thessalus; elle avait dû recevoir, dans l'intervalle qui le sépare de Themison, toutes les additions et corrections dont elle était susceptible. Tout indique que Thessalus n'y ajouta rien, qu'il n'en voulut être et qu'il n'en fut que l'abréviateur. C'était un homme sans visées scientifiques, plein de lui-même et vantard, et qui se faisait fort d'enseigner toute la médecine dans l'espace de six mois. Pour obtenir un tel résultat, il ne fallait pas approfondir, mais réduire; il ne fallait pas développer, mais simplifier. On peut donc affirmer qu'il simplifia la méthode de ses devanciers. Et on ne courrait guère risque de se tromper en pensant qu'il est l'inventeur de cette extrême systématisation, qui, transportant les communautés dans le traitement, inscrivait en regard des deux communautés morbides : le resserrement et le relâchement, deux communautés curatives : le laxatif et l'astringent, et deux communautés chirurgicales : le retranche-

---

(1) Galien, *De la meill. secte à Thr.*, ch. XXXV.

ment d'un corps étranger et celui d'une partie de notre propre corps (1). Il passe pour avoir inventé, en thérapeutique, la métasyncrèse, qui, renouvelant totalement les pores, doit guérir toutes les maladies (2).

Telle est la physique, telle est la logique, en un mot, telle est la philosophie des méthodiques. Cette philosophie comprenait sans doute plus d'une théorie particulière dont nous ne pouvons même soupçonner l'existence, les ouvrages des maîtres n'ayant pas survécu, et ceux des disciples étant exclusivement consacrés à la thérapeutique. Le *De re medica*, sauf la préface, n'est qu'un traité des maladies et de leurs remèdes ; et de même le *De morbis acutis et chronicis*, à l'exception du chapitre 14 du livre premier, consacré à la doctrine générale d'Asclépiade. Il y a toutefois dans ce dernier ouvrage un autre chapitre, où l'on voit la trace de l'esprit philosophique qui animait cette école médicale : c'est celui où Cœlius Aurelianus débat la question de savoir si l'hydrophobie est une maladie du corps ou de l'âme, énonçant l'opinion de ceux qui la rapportent à l'âme, parce que c'est le propre de l'âme de craindre, aussi bien que de désirer ; et y opposant, comme la vraie, l'opinion de ceux qui la rapportent au corps, parce que l'affection de l'âme n'est ici que le contre-coup de l'affection corporelle, qui la précède et la suscite.

Or toutes ces sectes médicales, le dogmatisme, l'empirisme, le méthodisme, comme elles ont leur

---

(1) Galien, *Introd. ou du Médecin,* ch. III.
(2) Lire la description du fameux cercle métasyncrétique, Cœl., Aurel. *De morbis chronicis,* ch. I.

point de départ, et je dirais leur source sacrée, dans ce grand homme : Hippocrate, ont leur terme naturel et leur glorieux couronnement dans cet autre grand homme : Galien. On pourrait dire du premier qu'il est l'alpha et du second qu'il est l'oméga de la médecine grecque. En tout cas, ils sont trop grands pour être renfermés dans telle ou telle catégorie de médecins : ils les dominent toutes de leur génie incomparable et de leur immense savoir, l'un en les préparant, l'autre en les résumant (1).

Galien est dans l'antiquité le médecin philosophe par excellence.

D'abord, il est philosophe à la manière d'Hippocrate et de ses successeurs, médicalement, si je puis ainsi parler. Il s'inspire de la philosophie et de ses plus illustres représentants, pour donner à la médecine sa logique, sa morale et sa physique. Mais ce n'est pas tout. Il est également philosophe en philosophe, c'est-à-dire d'une manière désintéressée. Il aime la philosophie pour elle-même; il la cultive pour elle-même, et n'estime pas qu'on puisse être médecin excellent si l'on n'est premièrement philosophe. Il développe même cette proposition en un petit traité, auquel elle sert de titre (2), montrant tour à tour que la logique philosophique, que la morale philosophique, que la physique philosophique sont nécessaires au médecin digne de ce nom.

Dans ses innombrables ouvrages, il est une multitude de traités, perdus ou subsistants, qui se rap-

---

(1) Galien dit lui-même qu'il faisait profession de choisir dans chacun ce qu'il avait de meilleur (*De mes propres écrits*, ch. I). Voir aussi *Des lieux affectés*, l. III, ch. II.

(2) Ὅτι ἄριστος ἰατρὸς καὶ φιλόσοφος.

portent à ce double point de vue de la philosophie médicale et de la philosophie philosophique.

Il avait tourné et retourné en tous sens, discuté, développé de toutes manières les questions qui intéressent la méthode de la médecine dans vingt traités différents : les traités historiques contre les empiriques et les méthodiques (1), consacrés à la réfutation des fausses méthodes médicales; le traité *Des sectes aux étudiants* et celui *De la meilleure secte à Thrasybule*, où il leur oppose la vraie; les traités *De la constitution de l'art médical à Patrophile*, *De l'introduction ou du médecin*, *Des définitions médicales* (2), où il ébauche cette dernière; surtout le traité *De la démonstration*, malheureusement disparu, où il devait l'exposer avec tous les développements qu'elle comporte et cette abondance d'aperçus qui est dans ses habitudes. On trouverait là tous les éléments d'une logique médicale complète.

Mais Galien n'avait consacré ni moins de soins ni moins d'écrits à la logique générale ou philosophique, principe et règle de l'autre. Il l'avait étudiée historiquement à l'école de Platon, d'Aristote et de Chrysippe. Témoin le traité *De la théorie logique suivant Platon* (3); les commentaires sur le traité *De l'énonciation* d'Aristote, sur les *Premiers analytiques*, ou *Traité du syllogisme*, sur les *Derniers analytiques*, ou *Traité de la démonstration* (4), peut-être sur les *catégories* (5); les traités intitulés : *De la*

---

(1) Voir *De mes propres écrits*, ch. IX, X.
(2) Ces deux derniers probablement apocryphes.
(3) *De mes propres écrits*, ch. XIV.
(4) *Ibid.*, ch. XV.
(5) Galien, sur ce point, se contredit lui-même dans l'opuscule

Théorie logique suivant Chrysippe, Premières syllogistiques de Chrysippe, Secondes syllogistiques de Chrysippe, Que les analyses géométriques l'emportent sur celles des Stoïciens (1). Comme on en peut juger par ce dernier énoncé, et comme il nous l'apprend en toute occasion, nourri aux mathématiques dès son enfance, Galien était arrivé à concevoir comme la vraie méthode universelle la méthode de démonstration des péripatéticiens et des stoïciens, mais mathématiquement corrigée et amendée, et il l'appelait la méthode de démonstration géométrique ou linéaire. Or cette méthode, il l'avait exposée, par morceaux, si je puis ainsi dire, dans une multitude d'écrits : *Des choses requises pour la démonstration, Des démonstrations équivalentes, Théorie de la démonstration, De l'usage des syllogismes, Des propositions contingentes et des syllogismes contingents, Des syllogismes formés de propositions mêlées* (2), etc.; et dans sa totalité et sa suite, ainsi que dans ses applications diverses, et singulièrement à la médecine, dans son magistral traité *De la démonstration*, en quinze livres (3).

La question des devoirs professionnels du médecin, débattue à tous les points de vue, et à maintes reprises, dans l'âge hippocratique, agitée encore dans l'âge suivant, on s'en souvient peut-être, peut-elle n'avoir pas sollicité la plume si féconde et si

---

De mes propres écrits, disant ch. XI : « Je n'ai rien écrit sur les dix catégories, » et inscrivant, ch. XV, parmi ses œuvres aristotéliques un commentaire sur les dix catégories en 4 livres.

(1) *De mes propres écrits*, ch. VI.
(2) *Ibid.*, ch. XI, XII, XV.
(3) *Ibid.*

alerte de Galien ? On s'étonnerait à bon droit de ne pas la voir traitée dans une si vaste encyclopédie, par un esprit si universellement curieux ; d'autant plus que les médecins de ce temps-là étaient loin d'être devenus irréprochables. Pline nous peint leur charlatanisme effronté avec une singulière énergie. Galien lui-même s'exprime avec force sur l'ignorance et la mauvaise foi de beaucoup d'entre eux ; sur leur habitude d'en imposer aux simples par leur toilette, leur luxe, leur cortège ; sur leurs rivalités, leurs luttes, leurs violences, voire même leurs crimes (1). Comment n'eût-il pas éprouvé le besoin de les rappeler à la vérité, à la simplicité et à la modération ! J'estime donc que plus d'un, parmi les traités inscrits par Galien sur la liste de ses œuvres morales, est, malgré l'insuffisante clarté du titre, un traité de morale médicale, inspiré par les circonstances. Je lis d'abord ces deux titres presque identiques : *Discours contre les sectes* et *Discours contre les sectes tenus sous Pertinax* : qu'ils fussent en effet deux ouvrages, ou le même deux fois cité par mégarde, ces discours contre les sectes, puisqu'ils appartenaient à la morale, ne pouvaient être que des exhortations aux médecins de sectes différentes à se supporter patiemment. Nous savons par Galien lui-même que les sectes avaient vécu et vivaient dans un état d'hostilité perpétuelle. De son temps et à Rome, on pouvait tout craindre de leurs fureurs (2) ; de tout temps et partout, elles s'étaient injuriées réciproquement. Chiens enragés, imbéciles

(1) *De præcognitione*, ch. I, IV.
(2) *Ibid.*, ibid.

enragés, telles étaient les aménités qu'elles se renvoyaient. Hippocrate lui-même n'était pas épargné (1). Il n'était donc pas sans opportunité de leur conseiller le calme et de leur prêcher la paix. Ce devait être l'objet des *Discours contre les sectes*. Ne devait-ce pas être aussi celui d'un autre traité intitulé *De la concorde*? De quelle concorde Galien pouvait-il s'inquiéter, si ce n'est de la concorde entre des médecins si belliqueux? Et quand il écrivait un traité *De la discussion*, un traité *De la calomnie*, ne songeait-il pas encore à ces médecins toujours prêts à donner à leurs raisons le supplément du mensonge et de l'insulte? Et quand il écrivait un traité *De la compétition de ceux qui font montre de leurs auditeurs*, un traité *Jusqu'à quel point il faut poursuivre l'honneur et la gloire auprès du vulgaire*, des *Discours contre les flatteurs*, ne songeait-il pas encore et toujours à ces mêmes médecins, qui se faisaient suivre par des cortèges de clients et d'admirateurs, qui s'efforçaient de séduire la foule par tous les moyens, même la flatterie? N'est-il pas fort naturel de supposer que le traité *De la pudeur* visait les médecins qui profitent des occasions de l'offenser, et le traité *Des testaments* ceux qui ont l'art de s'y ménager une place? La captation était trop en usage à Rome pour que les médecins en fussent tout à fait exempts; et, quant à la réserve à laquelle ils sont tenus envers les femmes, on ne peut douter qu'ils ne s'en affranchissent souvent : témoin les amours d'Eudême, disciple d'Asclépiade, et de Sivilla, belle-fille de Tibère. Je citerai encore le traité *Des mœurs*,

---

(1) *De l'empirisme*, ch. XIII.

en quatre livres, souvent mentionné par Galien, et qui devait tenir dans sa morale la même place capitale que le traité *De la démonstration* dans sa logique. Sans doute, ce traité *Des mœurs* devait avoir un caractère général ; mais se pouvait-il que les mœurs médicales n'y eussent pas leur livre ou leur chapitre? D'où l'on voit, si mes conjectures sont justes, que Galien n'avait pas plus négligé la morale de la médecine que Hippocrate et les siens.

Mais ce qu'on ne trouverait ni chez Hippocrate ni chez les siens et qu'on trouve dans Galien, c'est une morale générale ou philosophique, où l'autre s'inspire. Parmi les ouvrages perdus de la liste de Galien, il en est un assez grand nombre qui se rapportent manifestement à cet objet. Outre le traité *Des mœurs*, déjà mentionné, je citerai les suivants, dont les titres me paraissent significatifs : *Du plaisir et de la douleur* (un livre) ; *Des divers genres de vie et de leurs conséquences* ; *Qu'il faut proportionner la punition à la faute* (un livre) ; *De l'indolence* (un livre). Sur la liste, non plus des œuvres morales, mais des écrits relatifs à l'école épicurienne, je note également plusieurs ouvrages perdus, où les questions morales étaient certainement débattues : *De la vie heureuse suivant Épicure* (deux livres) ; *Que ce qu'il y a d'effectif dans la volupté a été imparfaitement exprimé par Épicure* (un livre) ; *La philologie importe-t-elle à la morale* (un livre) ? — Tous ces titres d'ouvrages nous prouvent que Galien s'était fort préoccupé de la morale, au sens compréhensif du mot, sans rien nous apprendre de sa doctrine. Mais quelques livres subsistent, en trop petit nombre, qui nous renseignent là-dessus, quoique incomplètement. Il est un double traité qui se présente sous ce double titre : *Du discernement et du traitement des passions, Du discernement et du traitement des vices,* dont l'intérêt est extrême. Ce sont proprement deux chapitres de morale personnelle et pratique, ou abondent les fines analyses, les préceptes moraux les plus élevés, et tout pleins du plus noble souci de la vie intérieure et de la perfection spirituelle. Ils nous font la surprise de nous montrer, dans Galien, dans un médecin, un de ces directeurs de conscience qui honorèrent l'antiquité à on déclin, et inspirèrent peut-être ceux des chrétiens qui ont joué ce rôle et s'en sont attribué la découverte. — L'*Exhortation aux arts,* que je trouve dans les éditions des œuvres de Galien, tout en la cherchant vainement sur ses catalogues, apporte aussi un précieux contingent à la morale privée. Les *arts,* ici, c'est proprement le travail intellectuel, et Galien consacre son traité à la démonstration de cette thèse, à noter chez un ancien : le travail intellectuel est un devoir ; il oblige tous les hommes, quelles que soient leur naissance, leur fortune, les qualités extérieures de leur personne. — Une autre question, fort actuelle, celle des exercices corporels, dans leur rapport non-seulement à la santé du corps, mais à la santé morale, est développée par Galien, non sans un vif intérêt, dans l'opuscule *De l'exercice de la courte paume;* et la gymnastique, si choyée des Grecs, jugée avec une sévérité qui surprend et une autorité qui impose, dans plusieurs chapitres du traité : *L'art de conserver la santé se rapporte-t-il à la médecine* (1)?

---

(1) Ch. XXXIII, XXXVI, XXXVII, XLI, XLVI, LI.

En voilà plus qu'il n'est nécessaire, parmi tant de pertes, pour nous donner une idée, et la plus haute, de la morale philosophique de Galien.

Est-il besoin d'informer le lecteur que Galien a une physique, comme il a une morale et une logique? et que cette physique n'est pas restreinte aux seules questions plus ou moins impliquées dans les recherches médicales, mais s'étend à tous les problèmes que les philosophes ont coutume d'agiter, notamment à ceux qui concernent l'homme et Dieu (1)? Il ne s'inquiète pas seulement de la nature de l'âme et de son siège dans l'organisation (2), ce qui serait encore d'un médecin; il veut connaître les diverses facultés générales de l'âme et les facultés particulières qu'elles comprennent, ce qui est proprement d'un philosophe. C'est ainsi qu'il adopte, en la confirmant et la développant, la division platonicienne de la raison, de la colère et de l'appétit (3). C'est ainsi qu'il analyse la raison, dans laquelle, infidèle à Platon, qu'il prétend suivre, il distingue deux facultés élémentaires : les sens, auxquels il rattache l'imagination, la compréhension et le raisonnement; et la puissance de mouvoir les organes,

---

(1) La physique chez les anciens est proprement la science des êtres réels et actuels, et elle comprend un triple objet, la nature, l'homme et Dieu.

(2) *Que les mœurs de l'âme suivent le tempérament du corps*, ch. I, X. *Des dogm. d'Hippoc. et de Platon*, l. I, III, IV.

(3) *Que les mœurs suiv.*, ibid.; *Des dogm. d'Hipp.*, ibid. = Galien avait écrit, en trois livres, un traité, aujourd'hui perdu, *Des parties de l'âme et de ses facultés*. Il le range parmi ceux de ses ouvrages qui concernent Platon, ce qui nous autorise à penser qu'on y trouvait à peu près la théorie platonienne des trois facultés (*De mes propres écrits*, ch. XIV).

et par ceux-ci les objets environnants (1). C'est ainsi que, sans nommer la volonté, et à plus forte raison sans l'analyser en elle-même, il discute le libre arbitre, le nie formellement, et réfute la doctrine contraire, soutenue par les stoïciens (2). Non content d'avoir observé l'âme d'une manière générale, il étudie l'habitude, dans son opposition au régime naturel (3) ; le sommeil, dans son opposition à la veille (4); la maladie, dans son opposition à la santé (5), notant avec soin les modifications introduites dans la vie ordinaire par ces trois états nouveaux. Et ces recherches spéciales, il les pousse bien au-delà du point où elles intéressent la médecine. — Mais où Galien vogue à pleines voiles dans les eaux de la physique générale, c'est lorsqu'il aborde le problème de l'existence et de la nature de Dieu. Le médecin ne s'efface pas sans doute ; c'est dans la nature humaine, dans la nature organique, dans l'exacte appropriation des organes aux fonctions, qu'il cherche et qu'il recueille les traits divins ; et le traité où il se livre à cette haute recherche est intitulé : *De l'usage des parties* (6) ; mais cette préoccupation de l'action et de la présence divines, cette attention à suivre la trace de la suprême intelligence

---

(1) *Des dogm. d'Hipp.*, l. VII ; *De l'us. des part.*, l. V, VI, VIII, etc. ; *Du mouvem. des muscles*, l. I.

(2) *Que les mœurs de l'âme*, dernier chapitre.

(3) *De l'habitude*, passim.

(4) *Du mouvem. des muscles*, II, 5 ; *Du diagn. pendant le sommeil* ; *Du coma*.

(5) *Des lieux affectés*, l. III et IV.

(6) Voir aussi, *Des dogm. d'Hipp.*, l. IV, ch. VIII et IX, deux passages intéressants sur la Providence divine.

dans les détails comme dans l'ensemble de l'organisme, cette perpétuelle démonstration de l'ouvrier par l'œuvre, de l'ouvrier parfaitement sage par l'œuvre parfaitement belle, tout cela est d'un médecin supérieur à son art et qui, d'un vigoureux coup d'aile, s'élève aux sommets de la philosophie. Galien nous apparaît donc encore sur le terrain de la physique doublement philosophe, en médecin et en philosophe désintéressé.

De ces constatations, il résulte qu'il y a en Galien tout à la fois un médecin-philosophe, en quoi il ressemble à ses devanciers dans la médecine, et un philosophe proprement dit, en quoi il en diffère.

Et c'est ce qui nous explique ce phénomène peu commun dans les fastes de la médecine ancienne et moderne : quoique Galien soit loin d'avoir en philosophie la même originalité et la même supériorité qu'en médecine, c'est cependant le philosophe qui domine le médecin. Galien ne procède pas, selon l'usage des médecins, de la médecine à la philosophie ; il procède, au contraire, de la philosophie à la médecine. Et cela chronologiquement aussi bien que logiquement. Il s'était élevé de l'étude des mathématiques et des arts libéraux à celle de la philosophie, et il eût passé sa vie au sein de cette dernière, si son père, averti par un songe, ne l'eût voué à la science et à la profession médicales. « Sous la discipline d'un père sage et attentif, j'ai d'abord été exercé et nourri dans l'arithmétique, la grammaire et les arts libéraux, jusqu'à ma quinzième année ; je passai ensuite aux exercices de la dialectique, afin de me mettre en état de vaquer seul aux recherches de la philosophie. J'avais dix-sept ans, lorsqu'un songe très-clair signifia à mon père de me mettre sur le chemin de la médecine, *que je devais allier à la philosophie* (1). » Je souligne ces derniers mots, aussi justes que précis. Galien allie véritablement la médecine à la philosophie, empruntant toujours à celle-ci les lumières dont il éclaire celle-là. Sa logique médicale n'est qu'une application et un détail de sa logique philosophique, ainsi que tout le prouve, les propres déclarations de Galien, les textes qui nous restent, et l'analogie des deux méthodes, qui ne diffèrent que de la différence du particulier et du général. De même, nul doute que sa morale médicale ne vienne en ligne droite de sa morale philosophique; et, quant à sa physique, les parties qui touchent de plus près à la médecine ne forment qu'un tout indivisible avec celles qui s'en éloignent le plus. La médecine galénique est partout pénétrée et, si je puis le dire, imprégnée de la philosophie galénique; elle y vit et elle en vit.

De là la perpétuelle application de Galien aux recherches et aux exercices philosophiques; de là ces innombrables traités sur toutes les écoles philosophiques et leurs principaux représentants, lesquels, s'ils n'étaient perdus, nous feraient comme une histoire complète, et combien curieuse de la philosophie (2). Le philosophe Galien est en même temps un historien de la philosophie, aussi bien que de la médecine. Il a le génie de l'histoire, comme il a le génie de la science. C'est un dernier trait à ajouter à cette grande physionomie.

(1) *De l'ordre de mes écrits.*
(2) *De mes propres écrits*, voir les listes de Galien.

III

On voit par cette longue et laborieuse enquête que si la philosophie en Grèce fait une large place à la médecine, celle-ci, réciproquement, fait une place non moins large à la philosophie. De sorte qu'il y a bien véritablement, en ce pays de curiosité et de synthèse universelles, d'une part, une médecine des philosophes, d'autre part, une philosophie des médecins, l'une et l'autre d'un incontestable intérêt.

C'est cette dernière, c'est la philosophie professée par les médecins grecs que, en ma qualité de philosophe, j'ai essayé d'écrire.

Dans un travail de ce genre, il faut s'attendre à d'innombrables et immenses lacunes, faciles à concevoir et à marquer, après l'étude qu'on vient de lire. De tous les livres des écoles médicales issues de la philosophie et des écoles asclépiadéennes, sauf celle de Cos, il ne reste rien; des livres des sectes alexandrines, dogmatisme, empirisme, méthodisme, jusqu'à Galien exclusivement, il ne reste rien. Ce n'est pas dans les traités *Des affections internes.* — *Des maladies.* — *Du régime des gens en santé*, uniquement consacrés à la pathologie et à la thérapeutique, qu'on pourrait espérer de trouver la philosophie cnidienne; ni dans le *De re medica* de Celse, et le *De morbis acutis et chronicis* de Cœlius Aurelianus, non moins uniquement consacrés aux mêmes objets, qu'on aurait chance de rencontrer la philosophie méthodique. Donc, dans la période proprement grecque, rien avant ni après Hippocrate, et dans la période alexandrine, rien avant ni après Galien.

Hippocrate et Galien demeurent seuls, debout au milieu de ce désert, appuyés sur leurs œuvres immortelles. Et l'histoire de la philosophie des médecins grecs, par la force des choses, se trouve nécessairement n'être que l'histoire de la philosophie hippocratique et de la philosophie galénique.

La philosophie hippocratique et la philosophie galénique ne sont que deux fragments dans ce tout imposant de la médecine grecque, mais deux fragments du plus grand prix. Si donc il était donné à la critique contemporaine de les reproduire dans leur intégrité, si elle pouvait rétablir dans leurs éléments et enchaîner dans leurs rapports tant de belles théories de logique, de morale et de physique, médicales ou philosophiques, elle aurait encore lieu de se complaire en son œuvre. Malheureusement, il n'en est pas ainsi : la philosophie hippocratique et la philosophie galénique elles-mêmes ne nous sont parvenues que déplorablement mutilées par le temps et les circonstances.

En ce qui concerne Hippocrate, nos pertes sont moins grandes. Comme on l'a vu, il n'est pas sorti de la médecine, et sa logique, sa morale, sa physique, sont exclusivement médicales. Cette logique médicale, cette morale médicale, cette physique médicale, nous les possédons au moins dans leurs principaux traits ; et si la critique ne peut se flatter d'en développer une exposition complète, elle peut du moins espérer d'en tracer une esquisse fidèle.

Pour Galien, nous sommes à la fois dans une plus grande abondance et une plus grande disette. Sur certains points, il y a comme une accumulation de documents, des traités conservés entiers, où les questions sont débattues dans tous les sens, creusées à toutes les profondeurs ; sur d'autres, tout a sombré, et l'on n'a que le néant devant soi. Le lecteur se souvient que Galien a tout ensemble une logique philosophique et une logique médicale, une morale philosophique et une morale médicale, une physique philosophique et une physique médicale. Vainement essaierait-on de reconstruire sa logique philosophique ; nous en pouvons à peine déterminer le caractère général, et ce ne sont pas seulement les détails, c'est la lumière même qui nous manque sur ce point capital. En revanche, il n'est pas impossible, en réunissant, complétant et éclaircissant les uns par les autres un certain nombre de traités, de reconstituer sa logique médicale assez complètement, surtout dans la partie critique. — C'est, au contraire, la morale médicale de Galien qui se dérobe absolument ; son existence même ne se constate pas sans efforts. La morale générale nous est mieux connue ; il n'en subsiste que des débris, mais d'une vraie valeur, et d'autant plus précieux qu'ils sont représentés par des traités spéciaux, qui ne paraissent pas avoir souffert. — De la physique galénique, considérée au point de vue philosophique ou médical, il reste beaucoup. Il reste une psychologie. Il reste une théologie. La théologie, conclusion d'une vaste étude sur la finalité physiologique (1), n'est qu'une ébauche ; mais la psychologie comprend plusieurs théories, dont quelques-unes sont même fort savantes et développées. — Enfin, Galien n'est pas seulement un philosophe, c'est aussi un historien

---

(1) Cette étude remplit le traité *De l'usage des parties*.

de la philosophie. Avouons d'abord que ses ouvrages historiques ont tous disparu ; ajoutons qu'un traité mi-partie historique et philosophique (1), quoique tronqué, offre à l'historien des renseignements qu'il ne trouverait nulle part ailleurs sur la morale des stoïciens et leur théorie des passions. On voit, en résumé, ce que peut être aujourd'hui une exposition de la philosophie de Galien : des chapitres, quelques-uns complets et approfondis, alternant avec des *desiderata* sans espoir ; de grandes et belles études séparées par d'insondables lacunes, et, pour parler le langage de l'antique philosophie, le plein et le vide tour à tour.

Mais de ce que l'histoire de la philosophie médicale en Grèce est condamnée, quoi qu'on fasse, à rester incomplète et fragmentaire, il n'en faudrait pas conclure qu'elle manque d'intérêt. J'ose dire que, même en cet état, elle est intéressante au dernier point. A la considérer en soi, elle a une valeur dont il est impossible de ne pas être frappé ; à la considérer par rapport aux systèmes des écoles philosophiques et au milieu dans lequel elle s'est développée, elle fait la lumière sur maints points obscurs et la redouble sur maints points déjà éclairés. La logique d'Hippocrate, telle qu'on peut se la représenter, ne manque, certes, ni de solidité ni d'étendue ; et il n'est pas hors de propos de se demander si elle n'a pas contribué en quelque chose, soit à la méthode de Platon, soit à celle d'Aristote. Sa morale est d'une beauté parfaite ; elle prévoit tout, règle tout, avec une sûreté, une pureté, une dignité qui ne laissent

---

(1) *Des dogmes d'Hippocrate et de Platon.*

rien à désirer à nos consciences modernes et chrétiennes ; et naturellement la pensée se tourne vers Socrate, et l'on admire comment ces deux grands contemporains ont pu, sans se connaître, se rencontrer dans la même inspiration morale, la même élévation d'idées et de sentiments. Sa physique a au moins deux grandes parties, celle qui traite des influences extérieures, celle qui traite du siège de l'âme. Il est impossible de noter avec plus de précision, de décrire avec plus d'exactitude la multiple action des agents étrangers sur le corps et l'âme, la santé et la pensée, la vie individuelle et collective ; si bien que Aristote, rencontrant la même question dans la *Politique*, n'a rien trouvé de mieux à faire que de résumer le traité *Des airs, des eaux et des lieux*. Il est impossible de mieux établir que l'âme réside au cerveau, de mieux réfuter les systèmes qui la mettent ailleurs ; doctrine non-seulement vraie, mais remarquable, si l'on songe aux opinions environnantes, toutes diversement fausses, les unes qui dispersent l'âme divisée dans plusieurs compartiments, les autres qui, ne la divisant pas, la concentrent indûment dans le cœur. Voilà pour Hippocrate. Galien, malgré tant de ruines, comme il est plus proprement philosophe, est aussi plus instructif à étudier. Ce qu'on entrevoit de sa logique générale nous montre, d'une manière bien inattendue, de singulières analogies avec l'auteur du *Discours de la méthode ;* sa logique médicale, application de l'autre, nous fait pénétrer jusqu'au plus secret des méthodes empirique et méthodique, et, par une savante et profonde réfutation de ces dernières, établit solidement la vérité, la nécessité de la méthode dogmatique, seule en état de conférer à la médecine le caractère scientifique. En morale, ses théories sur l'art de discerner et de guérir la passion dominante, de découvrir et d'éviter désormais la faute commise; sur le travail intellectuel, obligatoire sans acception de personnes ni de conditions; sur les exercices corporels, surtout les jeux, et leur rapport à la santé morale aussi bien que physique, nous présentent sous un aspect nouveau l'Antiquité, qu'on se figure généralement peu soucieuse des vertus privées et de la vie intérieure, assez disposée à sacrifier les labeurs de l'esprit à ceux du gouvernement, admiratrice à outrance de la gymnastique et de l'athlétique. En physique, il discute avec autant de sagacité que d'érudition toutes les principales questions psychologiques : la nature de l'âme; ses facultés générales; leur siège dans les organes; la raison, laquelle comprend à la fois la sensibilité et la motilité; la volonté, fatalement déterminée; l'habitude, et ses effets sur la pensée, non moins réels, non moins certains que ses effets sur la vie; le sommeil, et en quoi il diffère de la veille; la maladie, et comment elle modifie l'intelligence, la sensibilité, la motilité. Il est théologien original, faisant aboutir la description des organes et des fonctions en leurs rapports (1) à la proclamation de l'intelligence qui conçut ces rapports, de la Divinité qui réalisa cette harmonie, et mettant ainsi son empreinte sur cette grande preuve par les causes finales, dont les racines semblent plonger au plus profond de notre âme. En histoire de la philosophie,

---

(1) Voir le traité *De l'usage des parties* du commencement à la fin.

outre toute sorte de données précieuses sur le stoïcisme et singulièrement sur certaines doctrines de Chrysippe, il lui arrive de citer de si nombreux fragments de ce philosophe, et avec de telles indications, qu'on peut presque reconstruire des ouvrages perdus du plus grand des stoïciens, ou certains livres de ces ouvrages. Voilà pour Galien.

L'histoire de la philosophie médicale chez les grecs, même réduite aux proportions que je viens de dire, vaut donc la peine d'être cherchée, rassemblée et rédigée. Si le résultat ne trompe pas mes espérances, ces études ajouteront quelques traits nouveaux à la grande figure de cette sereine Antiquité, dans le commerce de laquelle il fait si bon vivre.

HIPPOCRATE.

La critique moderne, si habile à rassembler, à discuter et à interpréter les textes, s'est épuisée à restituer la personnalité d'Hippocrate (1). Définitivement une seule chose reste démontrée : c'est que le problème est insoluble. Ni l'existence, ni le génie d'Hippocrate ne sont contestables, bien qu'on les ait contestés (2) ; mais sur les évènements de sa vie, sur ses doctrines et ses œuvres, plane un doute invincible (3) ; c'est la nuit noire, *nox sine sidere*.

(1) Voir les savants travaux de Leclerc, Schulze, Ackermann, Pierer, Kühn, Link, Petersen, Littré, Daremberg.

(2) L'existence d'Hippocrate a été contestée plus ou moins sérieusement par le Dr Boulet, dans une thèse intitulée : *Dubitationes de Hippocratis vita, genealogia, forsan mythologicis, et de quibusdam ejus libris multo antiquioribus quam vulgo creditur.* — Son génie était plus ou moins méconnu des médecins empiriques, comme nous l'apprend Galien, dernier chapitre du traité *De l'empirisme.* Erotien avait déjà porté le même témoignage, au commencement de son Lexique : « Un grand nombre de médecins, ne voulant apprendre que les choses faciles, ne se donnent pas même la peine d'ouvrir Hippocrate, et trouvent plus commode de le tourner en ridicule. »

(3) Petersen, après Link (*Zeit und Lebensverhæltnisse des Hippocrates*), s'est efforcé de rendre quelque vraisemblance

Hippocrate est né à Cos, dix ans après Socrate (460) : quand et comment est-il mort, et par quelles étapes est-il arrivé de l'une de ces extrémités à l'autre? C'est ce que nul ne saurait dire aujourd'hui. On peut accumuler les négations : il n'a pas voyagé en compagnie d'Euryphon ; il n'a pas chassé la peste d'Athènes ; il n'a pas refusé ses secours au grand roi, qui ne les a pas demandés ; il n'a pas écrit à Démocrite et ne l'a pas visité à Abdère ; il n'a pas protégé sa patrie contre les Athéniens ; il n'a pas brûlé la bibliothèque de Cnide ou de Cos ; il n'a pas fourni une carrière démesurée ; il n'a pas plus guéri miraculeusement mort que vivant : voilà ce qu'il n'a pas fait. Mais qu'a-t-il fait, et de quels fils se compose le tissu de sa vie? L'érudition n'a rien à répondre.

Hippocrate a écrit, mais qu'a-t-il écrit? Quels sont, parmi les innombrables traités de la *Collection hippocratique*, ceux qu'on peut lui attribuer avec certitude? J'ose dire que pas une question n'a été plus tourmentée que celle-là, ni plus vainement. Les plus grands esprits et les plus savants hommes dans l'antiquité et les temps modernes, l'ont prise à cœur, l'ont tournée et retournée, sans jamais arriver à un

---

aux fables de la légende Hippocratique ; le Dr Malgaigne (*Rev. médico-chirurgicale de Paris*, janv. 1851, p. 54 et suiv.), a soutenu la même thèse. Littré (*Œuvr. compl. d'Hipp.*, t. I, ch. II, p. 27), et Daremberg (*Œuvr. choisies d'Hippocr.*, introduction, p. XXX et suiv.), ont amplement et savamment discuté et réfuté leurs arguments.—Schulze (*Hist. médic.*, Lips. in-4º 1798), avait déjà conclu en ces termes, p. 24 : « *Unicum itaque quod de Hippocrate coo certum habemus, est illud : fuisse eum temporibus belli pelopponnesiaci, et libros de medicina græce, dialectio ionico, scripsisse.*

résultat définitif. Chez les anciens, nombre de lexicographes et de commentateurs, de Bacchius (1) à Erotien, et de celui-ci à Galien, ont tour à tour dressé des listes des œuvres d'Hippocrate, sans qu'aucune se soit imposée par son évidence. Ces listes sont perdues, sauf celles d'Erotien et de Galien (2) ; mais ni Erotien, ni Galien n'auraient repris ce travail, si celui de leurs prédécesseurs les eût satisfaits (3). Les modernes n'ont pas été plus heureux. Sans parler de Lemos, Mercuriali, Gruner, Ackermann, Grimm, Sprengel, Link, Petersen, si peu d'accord entre eux, et si justement critiqués par Littré (4) et Daremberg (5), je m'arrête à ces deux derniers. La vaste et sûre érudition de Littré, sa sagacité, sont universellement connues. Après de longues et patientes études, après s'être posé de nouvelles règles de critique, armé d'une méthode sévère, éclairé, averti par les recherches, les systèmes et les erreurs de ses devanciers, il a proposé une nouvelle classification des traités de la *Collection*, et l'on pouvait croire la question enfin résolue et

(1) Bacchius de Tanagre mis en lumière par Daremberg, (*Œuvr. chois. d'Hipp.*, introduction, p. LI).

(2) Le livre spécial que Galien avait consacré à discuter les titres d'authenticité de chacun des écrits hippocratiques est perdu ; mais il nous reste beaucoup d'indications éparses dans divers traités.

(3) Jugement de Daremberg (*Œuvr. chois.*, introd., p. LXXII): « Les anciens ne sont arrivés à aucun résultat satisfaisant dans cette œuvre difficile de la classification des productions scientifiques de l'école de Cos. Galien lui-même, plus érudit peut-être que ses devanciers, n'est pas plus ferme dans ses jugements. »

(4) *Œuvr. compl.*, t. I, ch. VIII, p. 169.

(5) *Œuvr. chois.*, introd., p. LXXIII-LXXV.

fermée. Il n'avait pas achevé la grande publication à laquelle il doit la meilleure part de sa notoriété, qu'elle était rouverte par Daremberg. Il faut lire dans l'introduction des *Œuvres choisies d'Hippocrate* la savante discussion de ce dernier, et les profondes et nombreuses modifications qu'il apporte, non sans vraisemblance, au groupement de Littré. Pour ne citer qu'un exemple, et qui est aussi ce qu'il y a de plus essentiel, Littré avait établi cette liste des œuvres appartenant proprement à Hippocrate : *De l'Ancienne médecine; — Pronostic; — Aphorismes; — Épidémies*, 1ᵉʳ et 3ᵉ livres; — *Régime dans les maladies aiguës; — Des airs, des eaux et des lieux; — Des plaies de tête; — Articulations; — Fractures; — Instruments de réduction; — Le serment; — La loi*. Daremberg y porte le fer et le feu, et la réduit, par une simplification extrême, à deux seuls traités : *Articulations; Fractures* (1). Ce qui fait naturellement penser à cette affirmation encore plus radicale d'un critique antérieur (Link) : il n'est pas certain que Hippocrate ait écrit un seul des traités qui portent son nom. Il semble donc que le dernier mot de la critique, qu'elle s'exerce sur la vie ou les œuvres d'Hippocrate, soit précisément le mot de Montaigne : que sais-je ?

Ainsi l'individualité d'Hippocrate échappe à toutes nos prises.

Par conséquent, je considère comme une entre-

---

(1) Pour être juste, il faut dire que sa 2ᵉ classe comprend des écrits appartenant *à peu près certainement* à Hippocrate, savoir : *Aphorismes; — Pronostic; — Régime dans les maladies aiguës; — Airs, eaux et lieux; — Plaies de tête; — Mochlique; — Officine; — Ancienne médecine*.

prise vaine de vouloir exposer la philosophie personnelle d'Hippocrate. Sans doute, il y aurait un intérêt supérieur à suivre le progrès de la pensée philosophique dans l'école de Cos, en faisant, en même temps que la part d'Hippocrate, celle de ses prédécesseurs et de ses successeurs. Mais, ce partage étant impossible, se vouer à ce travail serait se vouer à la conjecture, à l'incertitude, à d'inévitables et interminables contestations.

Que faire donc?

Une chose très-simple et très-sûre. — Pourquoi Hippocrate se dérobe-t-il? D'une part, parce que l'admiration a peu à peu substitué aux évènements réels de sa vie des faits merveilleux, des fables, qui les ont fait oublier; d'autre part, parce qu'elle lui a peu à peu rapporté toutes les doctrines, tous les ouvrages, et confondu en lui les personnalités médicales antérieures, postérieures et contemporaines. L'homme s'est ainsi perdu dans le grand homme, et l'individu dans le mythe. A la place du personnage historique que connurent les grecs du V° siècle, la gloire a mis un personnage symbolique, créé par elle, et qui représente toute la médecine hippocratique, on pourrait presque dire toute la médecine coaque. De cette haute personnalité que ses contemporains appelaient Hippocrate, elle a fait ce cycle célèbre que nous appelons encore Hippocrate, mais qui est toute une période médico-philosophique.

Il faut donc distinguer deux Hippocrates, celui de l'histoire et celui de la tradition; le premier qui nous fuit comme une ombre impalpable, le second substantiel, matériel, si je puis ainsi dire, et qui se laisse saisir à pleines mains.

Or, s'il est impossible de déterminer avec précision et certitude les idées philosophiques d'Hippocrate pris au sens historique, il est au contraire très-facile de déterminer les idées philosophiques d'Hippocrate pris au sens traditionnel.

En effet, la *Collection hippocratique* est là, et l'immense majorité des traités qu'elle renferme appartient incontestablement au cycle hippocratique. Il est vrai que des traités étrangers se mêlent à ceux-là ; mais ils sont relativement peu nombreux et faciles à discerner. Tandis que les critiques, même les plus récents, ne s'entendent pas quand il s'agit de distribuer les écrits hippocratiques entre Hippocrate et les divers membres de sa famille ou de son école, ils diffèrent à peine, et d'une façon à peu près insignifiante, sur le point de savoir quels traités portent ou ne portent pas la marque hippocratique. Il est une série de traités certainement cnidiens ; il est une série de traités sans origine connue et sans caractère déterminé de l'aveu de tous les critiques. Sur deux ou trois traités seulement, il y a désaccord (par exemple, le traité du *Régime des gens en santé*, attribué à Polybe par Littré, et mis parmi les ouvrages cnidiens, mais non sans hésitation, par Daremberg); on est libre alors de les joindre à la liste hippocratique ou de les en exclure. Sauf ce point faible, que je devais signaler, la partie hippocratique de la *Collection* se présente avec évidence, et permet au lecteur attentif d'en extraire des idées philosophiques qui, sans nul doute, sont celles d'Hippocrate, considéré non comme une personne, mais comme une école, ou un âge dans cette école.

On voit le sens et la portée du travail qui suit.

Quand je dis Hippocrate, j'entends la famille hippocratique, et jusqu'à un certain point l'école de Cos tout entière; et quand j'expose la philosophie d'Hippocrate, c'est la philosophie hippocratique, ou même coaque, que j'expose.

Or, sur cette philosophie là, j'ai à faire une double remarque préliminaire :

1° Elle est exclusivement médicale. Comme je l'ai déjà expliqué, ni Hippocrate ni les hippocratistes en général ne sortent du cercle de la médecine. Et cela se conçoit, s'il est vrai, comme l'affirme Celse, que Hippocrate ait plus que personne à cette époque distingué les recherches médicales des recherches philosophiques. Cos s'est donc strictement enfermé dans l'enceinte de la médecine. Il n'en a pas moins cultivé la philosophie, mais dans l'intérêt de son art, et pour lui demander seulement les règles, les préceptes, les lumières dont il avait besoin. La philosophie coaque est la philosophie de la médecine, ni plus ni moins;

2° Elle est complète. Une division qui domine dans toute l'antiquité, qui s'accuse plus nettement dans les écoles épicurienne et stoïcienne, et que Galien reproduit comme chose consacrée dans l'opuscule, déjà cité, où il expose que la médecine ne peut se passer du concours de la philosophie, est celle qui partage cette dernière en trois parties : Logique, Morale et Physique. Hippocrate et son école ne sont restés étrangers à aucune de ces parties; ils ont leur logique, leur morale et leur physique, c'est-à-dire une logique médicale, une morale médicale, une physique médicale.

Le moment est venu de les exposer.

CHAPITRE I.

LOGIQUE HIPPOCRATIQUE.

Il y a deux âges dans toute science, comme dans la pensée en général. Nous pensons d'abord, parce qu'il est dans notre nature de penser, sans le vouloir, presque sans le savoir. De même les philosophes et les médecins appliquent d'abord leur esprit, les uns à la philosophie, les autres à la médecine, sans se rendre compte ni du but à atteindre, ni des moyens à employer. C'est l'âge de la spontanéité; mais un moment vient où l'homme, arrêté par quelque obstacle, fait un retour sur lui-même et prend en main son intelligence pour la diriger; où le philosophe, où le médecin, avertis par l'expérience, se demandent ce qu'ils veulent, ce qu'ils peuvent, et cherchent le meilleur usage à faire de la raison dans l'intérêt de la science. C'est l'âge de la réflexion.

Hippocrate appartient à l'âge de la réflexion. Il apprend, il pratique la médecine, comme ses prédécesseurs dans l'école de Cos, mais en se demandant : qu'est-ce que la médecine ? son objet, son but, ses conditions ? Qu'est-ce que l'esprit humain ? ses facultés, leur ordre et leur mode de développement ? Ces questions, il les discute avec habileté et les résout avec précision. Bref, il a une logique.

Toujours attaquée, la médecine l'était déjà du temps d'Hippocrate, et même ardemment. C'était le règne de la Sophistique, et cette Critique, plus brillante que sérieuse, sans foi ni bonne foi, ne devait pas plus épargner la médecine que la philosophie. Il fallait donc défendre la médecine, en montrer la réalité, l'utilité, la légitimité. Hippocrate et les siens n'ont eu garde de manquer à cette tâche. C'est l'un des objets du traité *De l'ancienne médecine*, et le propre objet du traité *De l'art*.

La médecine est un art, le premier et le plus utile, car elle a tout le prix de la santé conservée ou recouvrée. Son objet est de protéger l'homme sain et de guérir le malade; sa règle de s'abstenir de donner des soins illusoires à l'incurable.

L'existence de la médecine comme art est un fait incontestable. Il faut le reconnaître, ou nier qu'aucun malade ait jamais été guéri par des remèdes bien choisis et appliqués à propos. Il y a de mauvais médecins; oui, mais il y en a de bons, et sans l'art médical, tous les hommes seraient également ignorants, le hasard seul décidant des remèdes (1).

Que manque-t-il à la médecine pour être un art véritable? On ne niera pas que ce qui se voit par les yeux et se comprend par l'esprit, soit réel. Or la médecine a un objet parfaitement visible et intelligible, savoir, le corps humain, les phénomènes morbides qui s'y manifestent, le traitement qu'on y applique, les résultats qu'on obtient; sa substantialité est donc hors de doute, ainsi que les services qu'elle rend.

Elle a des ennemis; c'est vrai, mais quels enne-

---

(1) *De l'Anc. méd.*, § 1.

mis? Des gens « qui se font un art d'avilir les arts », ne visant en cela qu'à étaler leur vain savoir et leur triste habileté ! Méprisable engeance, et qui le paraîtra d'autant plus qu'on y réfléchira davantage. Découvrir quelque vérité inconnue, et qui profite aux hommes ; porter à leur perfection des découvertes ébauchées : voilà un honorable emploi de notre intelligence. Mais s'attaquer aux découvertes d'autrui, non pour les corriger, mais pour les flétrir ; calomnier la vérité et triompher dans l'erreur ; prostituer à ce vil usage l'art de la parole et du raisonnement, c'est se ravaler aux yeux mêmes de ceux qui goûtent ces honteux artifices. La médecine peut en souffrir ; elle ne risque pas d'y succomber.

Pauvres arguments que les leurs, et auxquels il est en vérité facile de répondre.

Ils disent : si la médecine guérissait toujours, il faudrait bien lui en faire honneur ; mais le nombre de ses échecs égalant au moins celui de ses guérisons, rien ne prouve que celles-ci ne soient pas dues au hasard. Ce que les médecins regardent comme un effet de leur art est tout simplement une rencontre de la fortune. — Mais, sans médire de la fortune, est-il raisonnable de lui attribuer une si extraordinaire puissance ? Et quand un malade guérit à la suite d'un traitement approprié, ne saute-t-il pas aux yeux que le traitement est la cause, et la guérison l'effet ? Tout le monde en juge ainsi, puisque tout le monde appelle le médecin, puisque personne ne s'abandonne à la fortune. Notez que si les médecins étaient plus attentifs, et les malades plus dociles, les guérisons seraient moins rares.

Ils disent : nombre de malades recouvrent la santé

sans l'intervention des médecins ; donc, par la seule faveur de la fortune. — Mauvais raisonnement; ils recouvrent la santé sans médecins, mais non sans remèdes. Ils recouvrent la santé en faisant ou évitant telle ou telle chose, en s'abstenant de boire ou de manger, en prenant certains médicaments : or, tout cela, c'est un traitement ; tout cela suppose la médecine et en relève. C'est donc bien la médecine qui guérit, même en l'absence des médecins. Elle est donc bien l'art de guérir ; art réel, nécessaire, légitime ; art fort imparfait chez les hommes qui n'y sont pas versés, et qui raisonnent plus ou moins rigoureusement sur un petit nombre de faits plus ou moins bien observés ; art qui, chez le praticien, chez le savant, arrive à une perfection relative chaque jour plus grande.

Ils disent : la mort de tant de malades qui succombent entre les mains des médecins ne démontre que trop, et trop cruellement, l'impuissance et la vanité de la médecine. Étrange art de guérir qui laisse mourir les gens qu'il a pour objet de sauver ! — Mais, si la médecine est un art, elle n'est pas pour cela infaillible et toute-puissante. Elle ne fait pas profession de détruire le mal quand le malade s'applique à l'entretenir. Dans les conjonctures fâcheuses, on accuse le médecin, on plaint le malade : il serait souvent plus juste d'accuser celui-ci et de plaindre celui-là. Tandis que le médecin, qui sait ce qui convient, et qui est de sens rassis, ordonne, le malade, sans connaissances spéciales, et qui souffre, et qui perd la tête, désobéit ; il fait cause commune avec la maladie contre le médecin, qui n'en peut mais ; il est à son insu le bourreau aussi bien que la victime.

Ils disent : la médecine se condamne elle-même en refusant de soigner les maladies incurables. Le devoir d'un art de guérir digne de ce nom serait de tout guérir. Un art qui s'attaque aux maladies légères, qui se guériraient sans lui, et se détourne des maladies graves, qui réclament son secours, est moins un art qu'une duperie. Ils se moquent, les médecins qui se présentent quand ils sont inutiles, et se dérobent quand ils sont nécessaires. — Mais ce reproche est insensé. Demander à la médecine de réparer l'irréparable, c'est lui demander de faire des miracles. On le concevra mieux, si l'on se représente qu'au lit du malade une lutte s'établit entre la maladie et les moyens thérapeutiques dont le médecin dispose : si la maladie est plus forte que les moyens thérapeutiques les plus forts, le médecin est nécessairement désarmé. C'est à la nature des choses, non à la médecine, qu'il faut s'en prendre.

Veut-on rendre pleine justice à la médecine, il faut distinguer entre les maladies apparentes et les maladies cachées. Les premières sont celles qui se manifestent à la surface du corps par des changements de couleur, des tumeurs, et autres modifications perceptibles aux sens. Ces maladies, la médecine les constate sans peine comme sans erreur et y applique avec succès le remède convenable. On ne voit pas ce qu'on pourrait lui reprocher. Les maladies cachées sont celles qui ont leur siège dans les os et les innombrables cavités du corps ; innombrables, car les os même, les articulations même ont leurs pores, leurs anfractuosités, comme le prouve l'*ichor* (synovie), qui s'en échappe lorsqu'elles sont ouvertes. Or, ces maladies profondes ne se laissent ni voir ni percevoir, et de là la difficulté de les combattre. Cette difficulté tient, non à la nature du mal, mais à cette circonstance qu'il se dérobe. Comment en effet le traiter si on ne le connaît pas, et comment le traiter efficacement si on le connaît trop tard? Mais ici encore c'est la nature qu'il faut accuser, non l'art. L'art fait tout ce qu'il peut, c'est-à-dire fait merveille. Ne pouvant ni voir le mal, ni l'induire des explications défectueuses du malade, il le devine par le raisonnement. Il interroge la clarté et la rudesse de la voix, la rapidité et la lenteur de la respiration, les caractères des flux quotidiens et des parties qui en sont le siège, concluant de ces signes visibles l'affection secrète. La nature refuse-t-elle de fournir des indications, l'art l'y contraint par d'innocentes violences. Il a des moyens, connus de lui, de provoquer des excrétions, des transpirations, des exhalations qui, par les qualités inusitées qu'elles présentent, lui sont de clairs indices, et le mettent sur la voie de ce qu'il cherche. De sorte que c'est précisément dans ce champ des maladies cachées, où l'incertitude est plus grande et les échecs plus fréquents, que la médecine se montre plus féconde en ressources et plus admirable (1).

Telle est la médecine : un art vrai qui, observant, raisonnant, poursuivant la nature jusqu'en ses dernières retraites, dispute efficacement à la douleur, à la mort, tous les malades que la nature n'a pas condamnés sans appel. Si elle abandonne les autres, c'est qu'à tenter l'impossible, elle perdrait son temps et se compromettrait.

(1) *De l'Art* tout entier.

Mais, pour que la médecine soit tout ce qu'elle peut, tout ce qu'elle doit être, il faut deux choses : 1° que ses adeptes possèdent les qualités requises; 2° qu'ils y appliquent la méthode que réclament sa nature et son objet.

Si la médecine est irréprochable, il n'en est malheureusement pas de même des médecins. L'auteur du traité de *La loi* n'est pas plus indulgent aux médecins qui déshonorent leur art, que celui du traité de *L'art,* aux sophistes qui le bafouent. Il est des médecins incapables, qui ne savent ni observer, ni raisonner, ni se faire des idées précises dans leur généralité; il en est d'ignorants, qui n'ont pas étudié, pas pratiqué suffisamment, n'ayant pas parcouru les villes, n'ayant pas acquis par conséquent ce trésor de l'expérience, que rien ne remplace. Les uns et les autres sont moins des médecins que des simulacres de médecins. Ils ressemblent à des figurants de théâtre, qui n'ont de l'acteur que l'habit et le masque; et ils mériteraient d'être punis autrement que par l'ignominie.

Il faut qu'on le sache bien : la médecine n'est pas à la portée de tous. Pour l'embrasser et la pratiquer avec succès, il faut le rare concours des six conditions suivantes : une nature généreuse, un maître savant dans son art, un lieu favorable à de sérieuses études, de la jeunesse, du travail et du temps.

Sous ce rapport, on peut utilement comparer la médecine à l'agriculture. Cette nature généreuse, sans laquelle il n'est point de médecin digne de ce nom, c'est le champ fertile qui portera une moisson abondante; le maître expérimenté, c'est le laboureur qui répand la semence à pleines mains; le lieu propice, c'est l'air qui baigne et nourrit les plantes; la jeunesse, c'est la saison printanière; le travail, la culture donnée à la terre. Enfin, avec l'aide du temps, les champs comme les âmes, les âmes comme les champs, verdissent, fleurissent et fructifient (1).

Le premier soin, quand on a l'aptitude médicale, doit être de circonscrire la médecine dans ses limites naturelles. Hippocrate et les hippocratistes ont une juste défiance de cette curiosité universelle qui avait égaré les philosophes, et probablement aussi les médecins de l'âge cosmologique. Ils entendent que le médecin mesure son ambition à ses forces, et n'étende pas ses recherches au-delà des nécessités de son art. Vouloir s'élancer jusqu'au ciel, ou pénétrer jusqu'aux entrailles de la terre, c'est se préparer un inévitable échec. Il n'est pas donné à notre esprit, faible et borné, de monter si haut, de descendre si bas. Notre vue, étendue au-delà de sa portée naturelle, se trouble, et ne sait plus distinguer la chimère de la réalité. Le moyen de bien voir, c'est de peu voir; c'est de regarder autour de soi, ou plutôt en soi. Le véritable objet de la science, singulièrement de la médecine, c'est l'homme.

Encore faut-il s'entendre. Il est des médecins et des sophistes qui prétendent que l'art médical ne saurait être connu, si l'on ne sait premièrement quelle est la nature de l'homme, de quels éléments il est formé, comment ils se sont assemblés, agencés, et enfin quelle est sa première origine (2). Il n'en est

---

(1) *La Loi.*

(2) Je crois devoir interpréter ce passage autrement que M. P. de Rémusat (*Rev. des Deux-Mondes*, 1ᵉʳ août 1855). Hippo-

rien : ces connaissances générales, excellentes pour l'étalage, sont parfaitement inutiles à la médecine. D'ailleurs, ces habiles gens renversent la relation naturelle des choses : ils veulent que la médecine s'appuie sur la science de l'homme, et c'est la science de l'homme qui dérive de la médecine, comme il est évident à quiconque possède cet art dans toute son étendue. Soyez d'abord médecin, et par la médecine vous arriverez infailliblement à pénétrer le double mystère de l'origine et de la constitution humaines. — Quant à la Nature, il importe et il suffit de connaître ses rapports à notre corps ; en quoi elle peut nous être utile, en quoi nuisible ; les aliments et les breuvages qu'elle fournit à l'homme sain et à l'homme malade (1).

A ces recherches exclusivement médicales, quels procédés appliquer ? Ce point essentiel n'a échappé à la sagacité, ni d'Hippocrate, ni des siens.

Il faut bannir les hypothèses de la médecine. Il faut les laisser à ceux qui, prétendant deviner des

---

crate ne blâme que les systèmes *a priori* sur l'homme ; s'il avait en vue l'anatomie, comment pourrait-il écrire plus loin dans le même traité : « Le médecin doit connaître le degré et la force des humeurs, et les figures des parties, c'est-à-dire leur conformation. Les unes sont plates, les autres rondes, etc. »

(1) *De l'Ancienne médecine.* — On pourrait croire, au premier abord, que ces vues, essentiellement restrictives, sont démenties par ce passage de Platon :

« Socrate : Penses-tu qu'on puisse connaître suffisamment la nature de l'âme, sans connaître la Nature universelle ? — Phèdre : *S'il faut en croire Hippocrate, le descendant des fils d'Esculape, il n'est même pas possible, sans cette étude préparatoire, de connaître la nature du corps* (Phèdre, édit. Charp., t. II, p. 384). »

Il semblerait donc que Hippocrate, dans l'estime de Platon,

choses impénétrables à l'esprit humain, n'ont rien de mieux à faire que de s'abandonner aux rêveries de leur imagination. L'objet de la médecine n'a rien de transcendant, sa méthode ne doit rien avoir d'hypothétique.

On trouve dans la *Collection* un passage fort explicite, qui se peut résumer ainsi :

« La méthode propre à la médecine se compose d'un double procédé de l'esprit, savoir : l'observation et le raisonnement, τριβὴ μετὰ λόγου. L'observation recueille les faits, qui tombent sous les sens, et laissent dans la pensée une claire représentation d'euxmêmes. Le raisonnement, avec le secours de la mémoire, rapproche ces faits, les compare et les résume en quelque chose de général. Si le raisonnement n'est pas précédé de l'observation, il s'exerce dans le vide et n'est qu'une arme de parade; si l'observation n'est pas suivie du raisonnement, elle est insuffisante (1). »

---

considérait la science de la Nature en général comme l'antécédent nécessaire de la science du corps humain en particulier : doctrine absolument opposée à celle du traité *De l'Ancienne médecine*. Mais la contradiction n'est qu'apparente et s'évanouit dès qu'on lit les lignes suivantes du *Phèdre*, dans lesquelles l'auteur se commente lui-même. Il y expose en effet que *ce que disent sur la* NATURE *Hippocrate et la droite raison*, c'est que, étant donné un objet, il faut examiner *quelles sont ses propriétés; comment et sur quoi il agit, comment et par quoi il peut être affecté; en un mot, ses vertus actives et passives* (p. 385). D'où il parait clairement que Hippocrate, au témoignage même de Platon, entend par la connaissance de la Nature universelle, nécessaire à la connaissance du corps humain, celle de l'action et réaction qui s'établit entre les corps étrangers et le nôtre.

(1) *Les préceptes.*

Ces considérations, je l'avoue, appartiennent à un traité que Littré n'avait cru pouvoir être rapporté, ni à Hippocrate, ni même aux hippocratistes. Mais, averti par Daremberg (1), Littré s'est ravisé. Et, lors même que ce traité serait d'une main étrangère, on pourrait toujours se demander s'il n'y a pas lieu de penser que l'auteur, quel qu'il soit, des *Préceptes*, n'a fait qu'exposer, en des termes qui lui sont propres, la méthode conçue, recommandée, pratiquée par Hippocrate et les hippocratistes? Je le crois.

D'abord, on ne peut douter que Hippocrate ait connu l'observation et en ait fait une règle. Il faut rendre cette justice aux premiers médecins, même à ceux de l'Égypte, c'est-à-dire aux plus anciens, qu'ils observaient déjà, et qu'ils observaient bien. Non-seulement ils observaient, mais ils consignaient leurs observations dans des livres qui devenaient sacrés, ou les gravaient sur les colonnes des temples. On conçoit d'ailleurs que, dans l'ignorance à peu près complète de l'anatomie et de la physiologie, les médecins de l'antiquité ne pouvaient guère se livrer à des spéculations *a priori* sur les causes et les remèdes des maladies. Ils étaient observateurs par nécessité. Hippocrate l'a peut-être été plus qu'aucun autre. Qu'est-ce, je vous prie, que le premier et le troisième livre des *Épidémies*, sinon un double recueil de faits

---

(1) Littré avait relégué les *Préceptes* dans sa 9ᵉ classe, celle des ouvrages dont les critiques de l'Antiquité n'ont rien dit. Daremberg a trouvé dans un manuscrit du Vatican une scholie inédite qui prouve que Chrysippe s'est occupé de ce traité, que Archigène en a parlé, et qu'enfin Galien en avait fait l'objet d'un commentaire perdu.

curieusement observés, curieusement décrits ? Il a donc pu, il a donc dû dire : Il faut observer.

Reste à savoir s'il a ajouté : Il faut raisonner, c'est-à-dire généraliser ?

Or, je remarque qu'avant lui, dans l'école de Cos, on avait déjà joint le raisonnement, qui généralise les faits, à l'observation, qui les constate seulement. Lisez les *Prénotions de Cos*, lisez le *Prorrhétique*, vous n'y trouverez pas, comme dans l'ouvrage que je citais tout à l'heure, des cas particuliers constatés et analysés avec soin, mais partout des maximes, partout des propositions générales. Exemples : « La couleur livide dans les fièvres est bientôt suivie de mort; » — « les fièvres à la suite de vives douleurs, sont longues » ; etc. Voilà le raisonnement à l'œuvre. Le moyen de supposer que Hippocrate n'ait pas raisonné, comme ses prédécesseurs, ou que, raisonnant, il ne l'ait pas su; ou que, le sachant, il n'ait pas dit : vous n'observerez pas seulement les faits, vous y appliquerez encore le raisonnement pour les généraliser ?

Est-ce que ce n'est pas là l'objet même du débat entre l'école de Cos et celle de Cnide ? Est-ce que ce n'est pas sur ce terrain que Hippocrate et Euryphon en viennent aux mains ? A Cnide comme à Cos, les médecins observent. On en peut voir la preuve dans le IIe livre *Des maladies* et dans le traité *Des affections internes*, deux ouvrages égarés dans la *Collection*, et qui appartiennent à Euryphon, ou tout au moins à son école. Mais à Cnide les médecins se bornent à observer, distinguant autant de maladies que de symptômes, et ne sortant pas du détail des cas particuliers. A Cos, après avoir observé, ils raisonnent sur ces observations et les généralisent, groupant les cas particuliers, les symptômes, et ramenant toutes les affections à un petit nombre de maladies. Vous ne raisonnez pas, vous ne généralisez pas : tel est le perpétuel reproche d'Hippocrate à son rival. Hippocrate veut donc qu'on raisonne pour généraliser, et la méthode à ses yeux consiste bien dans l'alliance de l'observation et du raisonnement, τριβὴ μετὰ λόγου.

Il est instructif de rapprocher de ces considérations une page fort connue du 1ᵉʳ chapitre du Iᵉʳ livre de la *Métaphysique,* où Aristote expose avec une remarquable netteté la théorie des opérations de notre esprit et la formation de l'art et de la science. Voici comment il s'exprime :

« Les animaux ont naturellement la faculté de sentir. Mais tandis que les uns sont bornés à la sensibilité, les autres ont en outre la mémoire. Ces derniers sont seuls en état d'apprendre. Toutefois, les plus favorisés entre les animaux atteignent à peine à l'expérience, tandis que l'homme a le pouvoir de s'élever par le raisonnement jusqu'à l'art. L'expérience prend naissance dans la mémoire, car elle se forme de plusieurs souvenirs relatifs à une même chose, souvenirs que l'on ramène à l'unité. De l'expérience dérivent la science et l'art. Plusieurs concepts de l'expérience réunis en une notion générale applicable à tous les cas semblables : voilà l'art. Ainsi savoir que Callias, ayant telle maladie, a été guéri par tel remède, et de même Socrate, et de même plusieurs autres, c'est de l'expérience ; savoir qu'un certain remède guérit généralement tous ceux qui sont atteints d'une certaine maladie, la fièvre ou la jaunisse, c'est de l'art. Dans la pratique, l'expérience ne paraît pas différer beaucoup de l'art, et nous voyons même les gens expérimentés réussir beaucoup mieux que ceux qui raisonnent sans prendre conseil de l'expérience. C'est que l'expérience est la connaissance du particulier, et l'art celle du général ; c'est que la pratique roule toute dans le cercle du particulier. En effet, ce n'est pas l'homme que le médecin rend à la santé, c'est Callias, ou Socrate, ou tel autre. Si donc quelqu'un néglige l'expérience pour le raisonnement, et connaît le général sans savoir le rapporter aux cas particuliers, il commettra mille fautes dans le traitement des maladies. Cela n'empêche pas, qu'au point de vue de la connaissance et de la sagesse, l'art ne l'emporte de beaucoup sur l'expérience, etc. »

N'est-on pas frappé, en lisant ces lignes, d'y retrouver exactement les deux mêmes procédés que nous considérons comme constituant la méthode hippocratique ? Il y a bien quelques mots nouveaux : l'expérience, l'art ; mais l'expérience représente les notions particulières, acquises par l'observation ; et l'art, les notions générales, formées par le raisonnement. N'est-on pas frappé aussi d'y voir Aristote emprunter tous ses exemples à la médecine ? N'y a-t-il pas bien de l'apparence qu'il conçoit l'art en général sur le modèle de l'art médical ? Dans les médecins expérimentés, qui ne font guère usage du raisonnement, et dans ceux qui, raisonnant plus qu'ils n'observent, ne savent pas assez rapporter le général aux cas particuliers, n'est-on pas tenté de reconnaître les deux écoles rivales de Cnide et de Cos ? Ce qui prouve, à mon avis, qu'on avait beaucoup observé dans les écoles de médecine, et beaucoup raisonné, beaucoup généralisé dans celle de Cos ; que Hippocrate avait élevé ces deux procédés à la hauteur d'une méthode ; que Aristote, traitant des sens et de l'expérience, du raisonnement et de l'art, n'a fait que répéter Hippocrate, en le perfectionnant.

Aristote disciple d'Hippocrate : voilà une thèse qu'on jugera d'abord singulière, bien qu'elle ne soit que nouvelle, mais que l'on trouvera d'autant plus vraisemblable qu'on y réfléchira plus mûrement. La théorie d'Aristote sur les sens et les notions particulières qui sont l'expérience, sur le raisonnement et les notions générales qui sont l'art, est trop précise, trop parfaite pour n'avoir pas d'antécédents : *Nulla res consummata est dum incipit.* Ces antécédents, où peut-on mieux les placer que dans la médecine, que dans l'école de Cos, que dans l'esprit supérieur et la réflexion d'Hippocrate ? Qui a plus et mieux observé que les médecins ? Qui a plus et mieux raisonné, généralisé, que les médecins de Cos ? Qui était plus en état de comprendre ces deux procédés, de les unir et de les ériger en préceptes, en méthodes, que le plus célèbre des médecins de Cos, que Hippocrate ? Et qui était plus digne que lui de partager avec Platon l'honneur de donner des leçons à Aristote ?

L'observation et le raisonnement, la première qui constate les faits, le second qui les généralise ; la première qui s'arrête à l'*expérience*, le second qui s'élève jusqu'à l'*art :* voilà bien dans l'opinion des Hippocratistes la vraie méthode médicale. Mais est-ce *toute* la méthode médicale, et Hippocrate en particulier n'a-t-il ajouté rien de plus précis à ces notions fondamentales, mais un peu vagues dans leur généralité ?

Il y a ici un point obscur à éclaircir.

On ne trouve dans les traités hippocratiques aucune règle en dehors de ce qui précède ; mais il y a dans Platon une indication, dans Galien une exposition dont il est impossible de ne pas tenir compte.

Dans un passage fort remarquable du *Phèdre*, dont il a déjà été parlé en note, Platon, discutant la méthode à suivre dans les recherches, introduit Hippocrate. Après avoir déclaré que Hippocrate n'admet pas qu'on puisse connaître le corps *sans la Nature universelle*, il poursuit ainsi : « Examine tout ce que disent sur la Nature Hippocrate et la droite raison. » Or ce que disent sur la Nature Hippocrate et la droite raison, c'est que, étant donné un objet, il faut : 1° examiner s'il est simple ou composé ; 2° s'il est simple, rechercher ses propriétés, comment il est affecté par ce qui l'entoure et comment il l'affecte réciproquement, et s'il est multiple, répéter ce travail tour à tour sur ses diverses parties considérées une à une. Textuellement : « D'abord nous examinerons si l'objet dont nous voulons nous rendre compte et que nous prétendons faire connaître aux autres est simple ou composé ; ensuite, s'il est simple, quelles sont ses propriétés, comment et sur quoi il agit, comment et par quoi il peut être affecté ; s'il est composé, nous compterons les parties qu'on y peut distinguer, et nous ferons sur chacune d'elles le même examen que nous aurions fait sur l'objet ramené à l'unité, pour en déterminer toutes les propriétés actives et passives (1). »

Dans un ouvrage où il se propose d'exposer les analogies qu'il croit constater entre Hippocrate et Platon, Galien consacre tout un livre et neuf chapitres (2) à démontrer que Platon et Hippocrate ont pratiqué une même méthode, l'un en philosophie, l'autre en médecine. Dans ce livre, dans ces neuf chapitres, Galien développe tour à tour deux points, d'ailleurs étroitement liés. Le premier, c'est que l'art de discerner la vérité n'est que l'art de distinguer les ressemblances et les différences des choses, ce qui se fait au moyen de deux critères naturels, les sens et l'intelligence. La règle essentielle de cette méthode est de commencer par observer les ressemblances et les différences les plus considérables, lesquelles sont aussi les plus faciles à connaître. Or cette méthode est également celle d'Hippocrate et de Platon. On la trouverait partout indiquée ou exposée dans les *Dialogues*; elle est très-nettement formulée par Hippocrate dans les premières lignes de l'*Officine*. Il y déclare qu'il faut d'abord rechercher en quoi les choses se ressemblent ou diffèrent, en commençant par celles qui importent le plus et sont aussi les plus accessibles, et en s'en référant aux sens et à l'esprit. Textuellement : « Il faut, dès le principe, noter par où les choses sont semblables ou différentes, en prenant pour point de départ celles qui présentent, et plus d'intérêt, et plus de simplicité, et en faisant usage de la vue, du tact, de l'ouïe, et en

---

(1) *Phèdre*, édit. Charp., t. II, p. 384, 385.
(2) *Les Dogmes d'Hippocrate, de Platon*, l. IX.

général des sens, comme aussi de l'intelligence ; car ce sont là les instruments de la connaissance. » Cette méthode de discerner le semblable et le dissemblable, commune au plus grand des médecins et au plus grand des philosophes, Galien s'applique à en montrer des exemples dans les écrits de l'un et de l'autre. En ce qui concerne Hippocrate, il cite un passage du *Pronostic* (1) et un passage du traité *Des articulations* (2); plus prolixe avec Platon, il cite plusieurs passages de la *République* (3) et du *Phèdre* (4), en les commentant avec complaisance.

Le second point, c'est qu'il ne faut pas séparer de l'art de distinguer les ressemblances et les différences le double procédé de division et de composition, qui y fait naturellement suite et le complète. La division se prend en effet aux caractères différents et la composition aux semblables. Diviser, composer, c'est toute la science, c'est tout l'art, ou du moins c'en est le principe et la condition. Il n'y a de scientifique et d'artistique que ce qui est distinct, et sans la

---

(1) En voici le commencement : « Dans les maladies aiguës, il faut d'abord observer le visage du malade, s'il ressemble à celui des personnes en santé, et surtout s'il se ressemble à lui-même. S'il en est ainsi, c'est un très-bon signe. C'en est au contraire un très-mauvais, s'il s'écarte beaucoup de cette ressemblance, si le nez est mince, les yeux caves...... (§ 21). »

(2) En voici le commencement : « Voici à quels signes on reconnaît s'il y a luxation du bras. Il faut comparer le membre malade du patient au membre sain du même patient, et non à celui d'une autre personne. C'est le vrai procédé pour reconnaître s'il y a dérangement, bien que des erreurs soient encore possibles... »

(3) Édit. Charp., t. VII, p. 241, 243, 249.
(4) Ibid., t. II, p. 363, 364, 366, 367.

division, tout est confus ; que ce qui est rationnellement lié et coordonné, et sans la composition, tout est épars et incohérent. Or c'est encore là un point de vue commun à Hippocrate et à Platon. Attestant le *Phèdre*, Galien n'a pas de peine à démontrer que cette méthode, qui consiste à s'élever pas à pas de ce qu'il y a de plus particulier à ce qu'il y a de plus général, et à descendre par une marche inverse du plus général au plus particulier, est celle de Platon. Il cite notamment ce passage significatif entre tous : « Socrate. Il y a deux procédés dont il serait fort utile de comprendre toute la portée. — Phèdre : Lesquels ? — Socrate : C'est d'abord d'embrasser sous une seule idée beaucoup de choses particulières éparses, afin de faire comprendre par une définition exacte le sujet qu'on veut traiter. — Phèdre : Et quel est l'autre procédé ? — Socrate : C'est de savoir inversement diviser l'idée générale comme en autant d'articulations naturelles, en se gardant de mutiler les éléments primitifs, comme un mauvais écuyer tranchant (1). » Mais elle est aussi celle d'Hippocrate. Hippocrate, dit-il, bien avant Platon, avait déjà donné les mêmes préceptes dans le traité *Du régime dans les maladies aiguës*. Là, en effet, il blâme les médecins cnidiens qui méconnaissent les différences et les ressemblances des maladies selon les genres et les espèces. Prêchant d'exemple, il introduit des distinctions qui font voir que ce qui paraît un, dans les maladies comme en toutes choses, est souvent susceptible d'être divisé. Mais, en même temps, il avertit qu'il faut prendre garde de diviser sans fin et sans mesure. Il

---

(1) Édit. Charp., t. II, p. 272, 273.

y a un double écueil à éviter : se perdre dans d'infimes détails ou en d'extrêmes généralités. Certains médecins, même très-versés dans la connaissance des maladies et de leurs formes, se sont heurtés au premier et n'ont pu classer les maladies, pour n'avoir pas su grouper celles qui se ressemblent plus qu'elles ne diffèrent (1). Cette méthode qui par l'analyse cherche le multiple dans l'un et par la synthèse l'un dans le multiple, et qu'il croit commune à Hippocrate et à Platon, Galien s'applique à en montrer des exemples dans leurs écrits. D'une part, il cite, parmi les *Dialogues*, outre le *Phèdre*, le *Politique* et le *Sophiste*, qui

(1) Voici *in extenso* et littéralement traduit par Daremberg le passage auquel Galien fait allusion. « Ceux qui ont composé les *Sentences* qu'on appelle *Cnidiennes* ont décrit convenablement quels symptômes éprouvent les malades dans la maladie, et aussi la manière dont certaines se terminent : on en pourrait faire autant sans être médecin, pour peu qu'on s'informe avec soin auprès de chaque malade de ce qu'il souffre ; mais les notions que le médecin doit acquérir sans que le malade lui dise rien, sont presque toutes omises, bien qu'elles varient suivant les cas et que plusieurs soient essentielles pour arriver à la connaissance des signes positifs... Ceux qui ont soumis les *Sentences* à une nouvelle révision ont traité plus médicalement des remèdes qu'il convient d'administrer dans chaque maladie ; mais les anciens n'ont rien écrit sur le régime, rien du moins qui soit digne de remarque : en cela ils ont négligé une partie très-essentielle. Cependant ils n'ignoraient ni les formes diverses que revêt chaque maladie, ni la multiplicité de leurs espèces. Quelques-uns même, voulant donner un dénombrement bien exact des maladies, ne l'ont pas fait convenablement ; car un dénombrement n'est point facile si on établit, pour chaque malade, une espèce particulière de maladie sur la seule différence d'un cas avec un autre, et si, à chaque état pathologique qui ne paraît pas identique avec un autre, on impose un nom différent » (*Du régim. dans les mal. aig.*, § 7).

ne sont que deux longues séries de divisions aboutissant chacune à une définition, le *Philèbe* où la volupté est successivement considérée et jugée dans ses différentes espèces ; et, d'autre part, sans sortir *Du régime dans les maladies aiguës*, il cite les distinctions établies par Hippocrate entre les divers médicaments, entre les différentes qualités d'un même médicament, tel que le vin, qui convient ou ne convient pas à une maladie donnée, suivant qu'il est sucré, généreux, blanc, noir, etc.

Voilà ce que nous révèlent, sur la méthode que Hippocrate aurait recommandée et pratiquée, Platon, son contemporain, et Galien, son disciple. D'où semblent découler ces deux conséquences très-graves, que Galien, d'ailleurs, accepte ou plutôt professe absolument, savoir : 1° que la méthode d'Hippocrate n'est pas seulement la méthode d'observation et de raisonnement, commune aux médecins dogmatiques en général, mais ce procédé supérieur, qui parcourt dans un mouvement inverse tous les degrés des espèces et des genres, ne s'arrêtant dans sa marche ascendante qu'à la plus haute généralité possible, et dans sa marche descendante qu'à la particularité la plus concrète, en un mot, la *Dialectique*, sinon en son épanouissement, du moins dans son premier germe ; 2° que Hippocrate ayant connu et employé cette méthode avant Platon, qui la mentionne en s'y ralliant *comme à la droite raison*, le médecin est positivement le précurseur du philosophe et son maître en logique. — Mais les textes de Galien et de Platon disent-ils tout ce qu'ils paraissent ou prétendent dire ? C'est ce qui vaut la peine d'être examiné.

Commençons par Galien. Certes, l'autorité de Galien est grande, mais moins en philosophie qu'en médecine, moins dans le traité *Des dogmes d'Hippocrate et de Platon* que partout ailleurs. Ce long et diffus parallèle entre ces deux grands penseurs, et qui est nécessairement tout à l'honneur du premier, ressemble à une gageure contre la vérité. On en verra plus loin une preuve frappante. Galien attribue, sans sourciller, à Hippocrate, la théorie des trois facultés, ou des trois âmes, en dépit de l'histoire, qui nous en montre l'origine dans l'école pythagoricienne, et au mépris des traités hippocratiques, ou même de toute la *Collection*, qui n'en présentent pas la moindre trace. J'ai peur que Hippocrate n'ait pas plus inventé la *Dialectique* que la psychologie platonicienne.

Et, en effet, comment Galien s'y prend-il pour montrer que la méthode de composition et de division est la vraie méthode hippocratique? Il cite, en des traités qui n'ont pas du tout pour objet la méthode, des passages qui renferment bien moins un précepte général, une règle, qu'une prescription toute particulière. De ce que, au commencement du *Pronostic*, Hippocrate recommande d'observer le visage du malade et d'examiner en quoi il ressemble ou ne ressemble pas à celui d'une personne bien portante; de ce que, au commencement du traité *Des articulations*, il expose que pour reconnaître s'il y a luxation du bras il faut le comparer au bras à l'état normal, conclure d'une manière générale et absolue que la méthode à ses yeux consiste à observer d'abord les ressemblances et les différences des choses, c'est un procédé qu'on peut juger aussi hardi qu'arbitraire.

Il y a, il est vrai, le commencement de *L'officine* où Hippocrate semble bien poser des règles générales : Il faut noter si les choses se comportent semblablement ou différemment ; il faut commencer par ce qui est plus considérable et plus apparent ; il faut interroger tour à tour les sens et l'intelligence. C'est fort bien. Mais si l'on considère que *L'officine* est un traité chirurgical, et si l'on rapproche ces paroles de celles qui ouvrent les *Articulations*, autre traité chirurgical, on sera porté à croire que, sous une forme différente, le sens est le même, la portée la même, et qu'il s'agit ici d'un cas particulier, non d'une méthode générale. Voilà pour la comparaison et le rôle qu'elle joue dans la logique hippocratique. Quant au rôle de la division et de la composition, il n'est ni beaucoup plus considérable ni surtout mieux établi par Galien. Galien n'atteste que le seul traité *Du régime dans les maladies aiguës*. Il voit la méthode de composition implicitement affirmée dans le reproche d'Hippocrate aux médecins de Cnide, et la méthode de division dans le reproche du même aux médecins de son temps qui ne distinguaient pas assez entre les médicaments ou les différentes modifications et propriétés d'un même médicament. C'est à coup sûr se contenter de peu ; et, en supposant la provenance hippocratique de ce double procédé suffisamment prouvée, on conviendra que nous sommes loin de la généralisation au sens platonicien, et du double mouvement ascensionnel et descensionnel de la dialectique.

La vérité est que Hippocrate veut qu'on donne aux sens le supplément de l'intelligence, à l'observation le supplément du raisonnement, et qu'on se serve de celui-ci pour généraliser quand il y a lieu, pour diviser quand il y a lieu, comme aussi pour comparer l'état morbide à l'état sain, afin de mieux constater l'existence et les caractères du premier. Galien n'a nullement prouvé que ses vues se soient étendues plus loin ou plus haut. — Reste Platon.

Il est positif que Platon indique d'un trait rapide la méthode d'Hippocrate, lui fait l'honneur de l'associer à la *droite raison*, et déclare se l'approprier. Mais quelle est cette méthode, et en quoi consiste-t-elle précisément d'après le texte du *Phèdre* judicieusement et loyalement interprété ?

En ces deux choses : d'abord, étant donné un objet, examiner s'il est simple ou composé, et dans ce dernier cas le diviser en ses parties ; ensuite, rechercher quels sont les rapports de l'objet simple ou des parties de l'objet complexe avec les objets voisins, comment il les affecte et en est affecté, quelles sont enfin ses propriétés actives et passives. De plus, il convient d'ajouter que tout cela vient comme explication de cette proposition attribuée à Hippocrate : il n'est pas possible de connaître le corps humain sans la Nature universelle, avec laquelle il est dans une relation perpétuelle, recevant son action et lui faisant subir la sienne. De sorte que de ces deux préceptes : diviser les objets complexes, les étudier dans leurs relations, c'est évidemment le second qui est l'essentiel. Voilà toute la méthode hippocratique du *Phèdre*. Or ce n'est là qu'une manière de concevoir l'observation, qui n'est sûre que si elle procède analytiquement, et complète que si elle joint à l'étude de l'objet en lui-même l'étude de ses rapports. Que Hippocrate l'ait pratiquée, je ne dis pas non ; que Platon la lui ait empruntée, je ne dis pas non ; mais, nonobstant cette communauté de méthode, la dialectique, qui en diffère essentiellement, hors de cause, demeure l'invention de Platon, inspiré de l'esprit de Socrate.

Je ne crois donc pas que Hippocrate, bien que connu et admiré de Platon, ait exercé sur lui une notable influence. C'étaient deux esprits de trempe trop différente. Il allait mieux au génie d'Aristote, dont je l'ai déjà rapproché, dont je dois le rapprocher encore.

Hippocrate n'a pas seulement des idées très-justes sur la nature et les limites de son art, sur les qualités qu'il réclame, sur les procédés de l'esprit qui y sont applicables : il comprend encore que cet art a une histoire, puisqu'il a un passé, et que cette histoire peut lui être d'un grand secours. Il écrit le traité justement célèbre *De l'ancienne médecine*.

Le traité *De l'ancienne médecine* n'est pas ce qu'on pourrait croire d'abord. Il ne s'y rencontre pas une date, pas un nom propre. Hippocrate néglige complètement les médecins, pour ne s'occuper que de l'art, de sa naissance, de ses premiers développements, de ses erreurs, de ses progrès. Il ne raconte pas seulement, il juge aussi, approuve, blâme, rectifie, et de la sorte fait servir l'histoire de l'art à son avancement. L'ancienne médecine, pour laquelle il est plein de respect, ne doit pas être seulement étudiée par un sentiment de curiosité, c'est une leçon, et une leçon nécessaire à quiconque a l'ambition des découvertes. Cette pensée, aussi juste que neuve, Hippocrate l'exprime en termes singulièrement clairs et précis :

« La médecine, déjà vieille dans le monde, est en possession de principes certains, et, par une route sûre, est arrivée à mille précieuses découvertes, que le temps et l'usage confirment de jour en jour. Des découvertes nouvelles se feront infailliblement, pourvu que les médecins aient l'art de s'élever du connu à l'inconnu. C'est en partant de ce qui est déjà trouvé qu'on peut espérer de trouver encore. Celui qui, ne tenant aucun compte des travaux de ses devanciers, prétendrait être arrivé par des chemins nouveaux à de nouveaux résultats, se tromperait soi-même et tromperait les autres (1). »

Cette méthode historique, si bien décrite par l'auteur du traité *De l'ancienne médecine*, vous la retrouvez identiquement la même dans le traité *Du régime*, où vous pourrez lire les lignes suivantes :

« Si ceux qui ont traité avant moi du régime avaient toujours dit la vérité et l'avaient dite tout entière, il ne me resterait qu'à transcrire leurs découvertes en les approuvant. Mais aucun d'eux ne me satisfait complètement. Il est des points où ils ont bien vu, d'autres où ils se sont trompés, d'autres qu'ils ont omis. Je leur emprunterai leurs vérités, je corrigerai leurs erreurs, je comblerai leurs lacunes ; et, de cette façon, prenant la science où ils l'ont laissée, et profitant de leurs travaux, je pourrai la porter plus loin (2). »

Ainsi il y a dans Hippocrate un historien de la mé-

---

(1) *De l'ancienne médecine*, § 1, 2.
(2) *Du régime*, § 1.

decine, comme il y a dans Aristote un historien de la philosophie ; l'un et l'autre conçoivent de la même manière le rôle de l'histoire par rapport à l'art et à la science ; et l'on ne peut lire le traité *De l'ancienne médecine* sans songer incontinent au premier livre de la *Métaphysique*. Ce sont là des faits : on en tirera la conclusion. On jugera si Aristote, que Platon appelait *le liseur*, qui était fils de médecin, de la famille des Asclépiades, qui disait d'Hippocrate *le grand Hippocrate*, qui cite dans l'un de ses ouvrages les plus considérables (1) un long passage du traité hippocratique *De la nature de l'homme*, a pu ne pas lire le traité *De l'ancienne médecine*, l'un des plus importants de la *Collection*, ou le lire sans le comprendre, ou le comprendre sans être frappé, éclairé, mis dans la voie où il a marché d'un pas si ferme, d'une si libre allure.

J'ai dit que la médecine me paraissait être tout naturellement le berceau de la méthode d'observation, et l'école de Cos celui de la méthode de généralisation : il me semble que c'est encore à la médecine et à ses diverses écoles qu'il appartenait de découvrir et de mettre en œuvre cette méthode historique qui n'est pas moins que l'éclectisme bien entendu.

Il ne faut jamais perdre de vue le caractère particulier de l'ancienne médecine. Elle ne s'appuyait ni sur l'anatomie, que l'on soupçonnait à peine, ni sur la physiologie, que l'on ne soupçonnait même pas. Elle ne pouvait connaître les diverses maladies et leurs divers remèdes que par l'étude patiente des

---

(1) *Histoire des Anim.*, l. III, ch. III.

cas particuliers, dont le nombre est pour ainsi dire infini. Ce qui faisait dire à Hippocrate : « La vie est trop courte, et l'art trop long. » Cet art, en effet, dans de telles conditions, ne pouvait être l'œuvre ni d'un seul homme, ni d'une seule génération. C'était donc une nécessité pour chaque homme d'interroger ses devanciers, pour chaque génération de recueillir les découvertes des générations antérieures, et pour la médecine en général de procéder historiquement. A la rigueur, on pourrait être tenté de retrouver par l'anatomie et la physiologie des conclusions tirées de ces deux sciences ; on ne saurait songer à retrouver par l'observation personnelle les résultats de l'observation des siècles. En sorte que si l'histoire est encore fort utile à la médecine actuelle, elle était la condition *sine qua non* de la médecine anté-hippocratique.

Aussi voyez comment procèdent les médecins avant Hippocrate. Ils inscrivent leurs observations sur les colonnes des temples ; chaque siècle profite ainsi des découvertes des siècles passés et y ajoute les siennes, pour les transmettre au siècle suivant, qui recueillera à son tour ce précieux héritage, en l'augmentant encore. Puis, quand la médecine sort des temples, et se répand dans le monde, un ancêtre d'Hippocrate copie à Cos les *Prénotions coaques*, Euryphon copie à Cnide les *Sentences cnidiennes*, et la science du passé, divulguée, sert de point de départ, d'appui et de règle aux efforts et aux travaux du présent. Et qu'est-ce que cela, sinon la méthode historique en action ?

Telle est la logique hippocratique. On y peut

compter les parties suivantes : valeur de la médecine, ses conditions, ses limites, ses procédés d'investigation. Or, il semble bien que Hippocrate et son école aient vu juste sur presque tous ces points.

Et d'abord leur apologie de la médecine est excellente. On ne peut contester ni que la médecine ait un objet, puisque ce serait nier l'existence des maladies ; ni qu'elle soit un art, puisque ce serait nier qu'elle en puisse guérir une seule : ce qu'on lui reproche, non sans vraisemblance ; ce qu'on lui reprochera éternellement, c'est de ne guérir qu'un petit nombre de malades, et ceux-là seuls qui ne sont pas gravement atteints. Or, là-dessus les hippocratistes ont bien l'air de répondre victorieusement.

Sur la rareté des guérisons, ils font une double observation, absolument juste. Il s'en faut bien que tous les échecs de la médecine soient imputables à la médecine. Beaucoup sont le fait du médecin, beaucoup sont le fait du malade. Il y a de mauvais médecins, soit par pesanteur d'esprit, soit par ignorance, soit par distraction ; il est impossible qu'ils ne commettent pas d'erreurs, mais ces erreurs, infiniment regrettables, la médecine en est innocente. Il y a, d'autre part, des malades indociles, qui ne se plient pas aux ordonnances de leur médecin et paralysent ses efforts par leur résistance ; la médecine est encore innocente de résultats qu'elle eût prévenus si elle eût été obéie. Faites qu'il n'y ait que des malades soumis et des médecins habiles, et vous verrez croître d'une manière merveilleuse le nombre des malades rendus à la santé.

Mais il restera toujours que la médecine demeure impuissante devant les maladies très-graves. Le fait est malheureusement trop vrai, mais les hippocratistes l'expliquent à leur honneur. — D'abord, pour guérir une maladie, il faut la connaître, la connaître dès le début. Or, quand les maladies sont très-profondément cachées, le diagnostic est d'une extrême difficulté. Cette difficulté, la médecine en triomphe souvent par les plus ingénieux moyens ; si elle n'en triomphe pas toujours, c'est qu'elle a ses bornes infranchissables, comme toute chose humaine. — Ensuite, parmi les maladies graves, il faut distinguer : il y en a qui peuvent être guéries, et que la médecine guérit quelquefois ; il y en a qui ne peuvent être guéries, et que la médecine ne guérit jamais. En quoi la trouvez-vous répréhensible ? Il faut la féliciter d'avoir réussi dans le premier cas, et l'absoudre d'avoir échoué dans le second.

Les hippocratistes eussent pu ajouter que la médecine est un art d'une complication infinie, dont les progrès, à cause de cela, sont nécessairement très-lents, mais qui marche cependant, et destinée à acquérir toujours plus d'efficacité avec plus de savoir.

Un seul détail, de grande importance, il est vrai, appelle une réclamation et une correction, c'est celui qui concerne les maladies incurables.

L'Antiquité n'a jamais été tendre. Elle était très-dure aux valétudinaires (1), et on a vu Platon faire

---

(1) L'école anglaise contemporaine paraît se porter son héritière. C'est surtout Herbert Spencer qui déplore les excès d'une aveugle philanthropie, laquelle a pour effet d'encombrer la société de non-valeurs. « La charité, dit-il, s'exerce en sens inverse de la sélection. » Mais, sans sortir de cette doctrine de la sélection, ne pourrait-on opposer à la sélection des mieux doués physiquement celle des mieux doués moralement ? — Voir

un crime à Hérodicus d'avoir inventé l'art de défendre leur inutile vie. Elle n'était pas moins dure aux incurables. Hippocrate interdit aux médecins de perdre leur temps et de se compromettre à les soigner. Celse reproduit la même interdiction, et Galien aussi. Les modernes ont corrigé cette erreur, et j'ai le plaisir de rencontrer une première protestation dans Avicenne. Avicenne fait remarquer, avec un grand sens médical, que les ressources de la nature sont infinies, et que, d'ailleurs, si l'on ne peut sauver le malade, on peut du moins adoucir son mal. Voilà la vérité et voilà la justice. La médecine n'a pas le droit de prononcer l'incurabilité. Ce qui est incurable chez un individu peut ne pas l'être chez un autre. Ce qui était incurable hier ne le sera peut-être plus demain. Et puis, la médecine n'est pas seulement l'art de guérir, elle est aussi l'art de soulager ; et comme elle ne doit jamais désespérer de soulager un malade, quel que soit son état, elle ne doit jamais lui refuser ses soins. J'ajouterai une dernière considération, qui a échappé à Avicenne : à côté de l'incurable, autour de l'incurable, il y a la famille. La famille d'un malade ne comprendra jamais, c'est son honneur, qu'on l'abandonne à son sort. Elle a un invincible besoin de lutter et d'espérer jusqu'au bout. Le médecin doit la soutenir dans cette lutte, et l'encourager dans cette espérance. Qu'il ne craigne ni de perdre son temps ni de se compromettre : le temps employé à bien faire n'est

---

Caro, *Problèmes de Morale sociale* ; Espinas, *Études sociologiques*, dans la *Revue philosophique*, nov. 1882. — Voir aussi, même *Revue*, févr. 1881, p. 189, les craintes et les espérances d'un disciple français de Spencer.

jamais perdu, et on ne se compromet pas à consoler les malheureux.

Quant aux conditions de la médecine, je goûte extrêmement Hippocrate et les hippocratistes exigeant des adeptes de leur art certaines qualités nécessaires. Tout le monde peut être médecin, mais non bon médecin. Il s'en faut bien que la médecine soit à la portée de toutes les intelligences, et j'ajouterais volontiers : de toutes les âmes. L'auteur du traité de *La loi* réclame six conditions : une nature généreuse, un bon maître, un lieu favorable, de la jeunesse, du travail et du temps ; il n'insiste sur aucune, il fallait au moins insister sur la première. Une nature généreuse, c'est-à-dire une intelligence très-ouverte, très-pénétrante, très-persévérante, d'une part ; une âme tendre, aimante, capable de désintéressement et de dévouement, d'autre part : ce sont là des qualités qui ne se rencontrent pas partout, et cependant que peut-on attendre d'un médecin dont l'esprit est sans étendue ni souplesse, dont la sensibilité n'a ni chaleur ni émotion ? Voilà pourquoi il y avait du temps des hippocratistes tant de mauvais médecins ; et voilà pourquoi ce fléau ne cessera de sévir tant qu'on s'appliquera à la médecine sans une vocation spéciale. C'est un grand malheur que nos examens, d'ailleurs infiniment trop faciles, ne puissent constater qu'une certaine somme de connaissances acquises tellement quellement, et qui ne sont nullement une garantie : ce qu'il importerait de constater chez nos jeunes gens, avant de leur ouvrir une carrière, où ils peuvent faire tant de bien, ou tant de mal, c'est l'aptitude médicale, et, si je puis ainsi dire, la générosité médicale.

Sur les limites dans lesquelles la médecine doit circonscrire ses recherches, on peut ne pas être entièrement de l'avis des hippocratistes. Ils ont raison de bannir les ambitieuses rêveries de l'âge cosmologique, dont l'art médical ne peut retirer aucun profit. Mais ne vont-ils pas trop loin lorsque, dans le cercle de la nature humaine, ils interdisent à la médecine de se préoccuper des éléments constitutifs du corps et de leur agencement? Que vous importe, disent-ils, l'origine du corps? Cela n'importe pas, en effet, si par là on entend la cause première du corps ; mais si l'on entend sa composition intime, cela importe extrêmement ; et la médecine contemporaine est allée jusqu'à créer des sciences qui sont précisément les sciences des éléments anatomiques. Il suffit de citer comme exemples l'histologie et la chimie organique.

Enfin, en ce qui concerne les procédés applicables aux études médicales, on peut trouver insuffisantes, trop peu explicites, les vues d'Hippocrate sur l'observation, qu'il ne décrit pas assez, et sur le raisonnement, qu'il a l'air de réduire à la généralisation. Mais ces vues d'Hippocrate sont-elles toutes les vues d'Hippocrate? De ce que nous n'en avons pu recueillir d'autres, il ne s'en suit pas qu'il n'en ait pas existé d'autres. En fût-il autrement, elles témoigneraient encore d'une réflexion prolongée, d'un grand et heureux effort d'esprit. Hippocrate, on peut le dire hardiment, est le premier logicien de l'Antiquité, avant Platon, qui le déclare, avant Aristote, et peut-être le maître de ce dernier, sinon de tous les deux. Ce qui est certain, c'est qu'il a pratiqué et décrit, avant Aristote, la méthode expérimentale du premier chapitre de la *Métaphysique*, et la méthode historique du premier livre du même ouvrage. Ce mérite, qu'on ne peut lui contester, il le doit sans doute à l'ouverture et à la rectitude de son esprit, mais aussi à son art même, où l'observation et le raisonnement, ainsi que l'histoire, étaient en usage et en honneur dès la plus haute antiquité.

CHAPITRE II.

MORALE HIPPOCRATIQUE.

Les devoirs de l'homme sont en nombre infini. Outre les devoirs communs envers nous-même, nos semblables et Dieu, qui se rapportent à ce que Rousseau appelle si bien le « métier d'homme, » il y a les devoirs particuliers de chaque état, qui se rapportent à ce que j'appellerais le métier social. Car les divers états, issus d'un fait éminemment social, savoir la division du travail, comme ils ont des objets différents, des conditions et des résultats différents, donnent lieu à des devoirs différents aussi, dont on ne peut méconnaître la gravité, si on regarde à l'individu, et la portée, si on regarde à la communauté. Tels sont les devoirs professionnels du médecin, du magistrat, de l'avocat ; tels sont les devoirs professionnels en général.

Les devoirs professionnels du médecin sont peut-être les plus importants de tous (ce qui tient à l'objet de la médecine, qui est la santé ou la vie, c'est-à-dire le plus grand intérêt de ce monde, et aux rapports qui s'établissent nécessairement entre le médecin, le malade et la famille du malade); ils sont incontestablement les premiers qui aient été étudiés, rédigés en un code, imposés comme une loi inviolable. Deux choses qui s'enchaînent d'ailleurs : des devoirs si essentiels, dont l'oubli est aussi terrible qu'il est facile, devaient de bonne heure attirer l'attention des médecins, surtout de médecins philosophes. Leur nécessité a fait leur antiquité.

La morale médicale date en effet de la famille hippocratique. C'est l'immortel honneur des hippocratistes d'avoir, dès ce temps-là, clairement compris les obligations d'un art aussi délicat à pratiquer qu'ardu à apprendre, d'en avoir dressé la liste, et de nous les avoir transmises revêtues d'une telle autorité que personne aujourd'hui même n'oserait les décliner.

Le plus ancien traité de morale médicale appartenant à l'époque hippocratique est aussi de tous le plus célèbre. C'est celui qui est connu sous le titre de *Serment d'Hippocrate*. Ce titre nous dit que ce livre n'est pas proprement un livre ; c'est une formule. C'est la formule du serment que Hippocrate, ou tel autre personnage considérable de cette école, imposait à celui qui demandait à entrer dans la carrière médicale. Le récipiendaire s'exprimait d'abord ainsi : « Par Apollon, par Esculape, par Hygie et Panacée, par tous les dieux et déesses qui président à la médecine, et que je prends ici à témoin, je jure d'observer scrupuleusement, dans la mesure de mes forces et de mon intelligence, les prescriptions écrites que je vais lire. » Puis il lisait l'énumération des devoirs de la profession. Enfin, il terminait par ces paroles : « Si je remplis fidèlement ces promesses, puissé-je passer ma vie entière entouré de l'estime publique, et recueillir une abondante moisson des fruits de mon art; si je les viole, au contraire, qu'il m'arrive malheur! »

Ce qui nous importe surtout dans ce remarquable document, c'est l'énumération des devoirs du médecin. Cette énumération est parfaitement méthodique. Elle comprend trois séries distinctes : devoirs du médecin envers son maître, devoirs du médecin envers ses disciples, devoirs du médecin envers les malades.

D'abord, envers son maître. — Il lui doit tout ce qu'on doit à un père, et à ses enfants tout ce qu'on doit à des frères. A l'un, le respect, le dévouement, les tendres soins pendant la vieillesse; aux autres, l'éducation, l'enseignement gratuit de la médecine, s'ils en ont le goût et le talent, de sages conseils, des directions, une attentive et infatigable vigilance.

Ensuite, envers ses disciples. — Il n'acceptera comme tels que des jeunes gens heureusement doués et, après qu'ils auront juré entre ses mains, il leur révèlera tous les secrets de son art, tous les résultats obtenus par sa propre expérience et par ses réflexions.

Enfin, envers les malades. — 1° Il ordonnera aux malades le régime le mieux approprié à leur état, luttant contre les progrès du mal de tout son pouvoir, de toute sa science acquise;

2° Jamais il ne conseillera, jamais il n'accordera aux plus vives prières une potion empoisonnée;

3° Jamais il ne procurera un avortement; il conservera purs ses mains et son art;

4° Il ne taillera point les malades attaqués de la pierre, laissant cette opération aux spécialistes;

5° S'il entre dans une maison, ce sera pour y

porter ses soins et ses remèdes, et non pour insulter à la pudeur de l'un ou l'autre sexe ;

6° Enfin, si dans l'exercice de son art, ou dans la vie ordinaire, il reçoit ou surprend un secret, il le gardera avec une inviolable fidélité.

Deux autres traités hippocratiques, moins anciens ou moins connus que le précédent, se rapportent encore aux devoirs du médecin, et aux prescriptions qu'on vient de lire en ajoutent de nouvelles ; c'est à savoir le traité *De la bienséance* (1) et le traité déjà mentionné *Des préceptes*.

Dans le traité *De la bienséance*, trois choses sont recommandées au médecin. La première concerne la philosophie, la seconde la tenue, la troisième les visites et l'à-propos.

Le médecin ne doit pas être étranger à la philosophie ; il doit même la posséder parfaitement. Il doit apprendre d'elle la pratique et l'exercice de toutes les vertus, nécessaires à tous, mais plus particulièrement au médecin, la pudeur, la tempérance, le désintéressement, la discrétion, l'amour du vrai et du bien. Il doit apprendre d'elle la sagesse, qui nous élève à la conception, à l'adoration de la Divinité et de la Providence, si manifestes dans les phénomènes des corps vivants, les accidents des maladies, les

---

(1) Ce traité, relégué par Littré dans son 9ᵉ groupe, comme celui des *Préceptes* (Voir la note 1 de la page 18), avec lequel il a tant d'analogie, n'en peut être séparé. Daremberg a retrouvé les titres de l'un : qui sait si un autre critique ne retrouvera pas ceux de l'autre ? Voir là-dessus d'intéressantes observations exposées par M. Boyer, ancien professeur à la Faculté de médecine de Montpellier, dans l'opuscule intitulé : *Préceptes, Bienséance, Traités hippocratiques*, p. 55 et suiv.

vicissitudes des guérisons. Il n'y a de vrai médecin que le médecin-philosophe, mais celui-là est presque un Dieu, ἰσόθεος.

Le médecin doit veiller sur son maintien. Il doit éviter tout ce qui choquerait la vue, blesserait un esprit délicat. Qu'il n'ait aucune partie du corps découverte, et que ses vêtements soient élégants sans recherche. L'austérité serait aussi à contre-temps que des airs dissolus ; elle déplaît encore plus aux malades qu'aux bien-portants. Point d'étalage, point de longs discours. Tout juste ce qu'il faut de paroles pour s'édifier sur l'état du malade, et pour expliquer le traitement à suivre. Que le médecin se montre calme, sûr de lui-même et prêt à agir suivant les occasions.

Le médecin doit visiter ses malades souvent, ou du moins assez souvent pour n'être pas surpris et mis en défaut par les progrès de la maladie. Des changements imprévus peuvent survenir tout à coup ; il y a d'ailleurs un moment propice, un à-propos qu'il faut saisir. Combien de malades meurent par la négligence de leur médecin, et qui fussent revenus à la santé, s'il eût été plus assidu, plus attentif à les disputer au mal, à appliquer le remède convenable dans l'instant opportun !

Dans le traité *Des préceptes*, l'auteur, quel qu'il soit, insiste sur l'occasion, qu'il faut surveiller attentivement, et saisir au passage, la guérison étant presque toujours à ce prix; et sur la tenue du médecin, auquel il interdit le luxe de la toilette et la recherche dans les discours. Il le prie d'éviter l'affectation à s'essuyer le visage avec son mouchoir, et de vouloir bien ne pas abuser des parfums, la propreté suffisant parfaitement. Il lui demande, d'autre part, de s'abstenir des beaux discours et de né pas citer les poëtes à tout propos. La poésie n'a rien à faire ici. Au contraire du freslon qui fait beaucoup de bruit et peu de besogne, le médecin doit agir beaucoup et en silence. — Mais ces prescriptions se trouvent déjà dans le précédent traité ; en voici qui paraissent pour la première fois : elles ont trait au traitement moral, aux consultations et aux honoraires.

L'auteur des *Préceptes* fait un devoir au médecin d'agir sur l'esprit du malade, de calmer ses appréhensions, de l'encourager et de le rasséréner par l'espoir d'une prompte et heureuse guérison. Naturellement le malade s'inquiète, se tourmente : ces alarmes sont funestes ; elles aggravent la maladie ou empêchent l'effet des remèdes. Le médecin doit voir cela, ou le deviner si on le lui cache, et faire tout ce qui est en lui pour ramener la paix dans cette âme troublée. Il obtiendra ce résultat en faisant bon visage au malade, en se montrant plein de confiance dans les ressources de son art, et dans le concours de la nature, qui tend d'elle-même à revenir à l'état normal. Cela, c'est aussi un traitement, non moins nécessaire que l'autre, et quelquefois plus efficace.

Le médecin ne doit pas répugner aux consultations, qui ne sont ni un aveu ni une preuve d'ignorance et d'incapacité. Quel homme peut se mesurer avec la nature, et lui dire : je connais tous tes secrets? Ce langage, ces prétentions n'appartiennent qu'aux charlatans qui débitent sur les places publiques leurs sottises avec leurs drogues. Le médecin digne de ce nom a d'autres sentiments. Quand il est embarrassé sur l'état d'un malade, troublé par la nouveauté d'un cas imprévu, ou inconnu, sans hésiter, il appelle à son aide d'autres médecins, afin d'ajouter leurs lumières à ses lumières et leur expérience à la sienne. Mais, dans ces réunions, tout amour-propre doit être mis de côté. Il ne s'agit pas de lutter à qui fera triompher son avis, il s'agit de trouver la vraie nature du mal, le vrai traitement, et de soulager ou de sauver le patient.

Enfin, la question des honoraires est posée et discutée ici, et, à ma connaissance, pour la première fois. L'auteur estime que, dans les cas ordinaires, quand rien ne presse, le médecin fera sagement de convenir d'abord de son salaire, non-seulement parce qu'il aura plus de chances d'être payé, mais parce que le malade en sera rassuré. Il ne craindra pas d'être abandonné ou négligé. Mais dans les maladies aiguës, qui se précipitent au dénouement, où l'occasion ne se présente pas deux fois, le médecin, sans retour personnel, doit d'abord voler au danger et s'efforcer de le détourner. Il est des malades ingrats qui, une fois guéris, perdent le souvenir des soins qui leur ont été donnés, et trouvent mille prétextes pour frustrer le médecin : ces risques ne doivent pas l'empêcher de faire son devoir, qui est d'aller d'abord à l'ennemi, à la maladie, et de lui livrer combat. Le médecin, d'ailleurs, ne doit jamais voir dans les honoraires qu'un moyen de plus de se perfectionner en son art, et doit renfermer ses exigences dans cette mesure. Il doit ne pas répugner aux soins gratuits, car la reconnaissance est aussi un salaire ; courir d'abord aux étrangers et aux pauvres, car l'humanité le veut ainsi. Celui-là n'aime pas la médecine qui n'aime pas les hommes. La médecine n'est pas l'art de s'enrichir, mais de faire du bien.

Il n'est ni sans intérêt ni sans profit de rapprocher de ces prescriptions morales celles qu'on trouve exposées dans quelques ouvrages de l'école de Salerne. Malgré la distance des temps et la différence des civilisations, c'est en général le même fond et la même inspiration ; et l'on voit de reste que les salernitains n'ont guère fait que commenter, à leur manière, les hippocratistes. Mais ce commentaire est instructif par ces deux points : il ramène sous une autre forme les mêmes idées ; il y mêle un certain alliage, qui est comme la marque du temps, et qui fait mieux ressortir la pureté et la beauté du modèle qu'il altère.

De tous les ouvrages salernitains, le plus intéressant, sans contredit, au point de vue de la morale médicale, c'est celui que Archimathæus a écrit, vers l'an 1100, et qui a pour titre *Sur la manière dont le médecin doit se comporter auprès des malades,* ou encore : *De l'instruction du médecin,* ou encore : *Introduction à la pratique médicale.*

Archimathæus, dans ce traité, dicte au médecin la conduite qu'il doit tenir, et jusqu'à ses moindres faits et gestes, depuis le moment où, la maladie débutant, il est appelé, jusqu'à celui où, la maladie étant finie et le client guéri, il est remercié. — L'auteur salernitain ne paraît pas prévoir le cas où le malade meurt, ce qui est aussi une manière de finir pour une maladie, et malheureusement aussi fréquente que l'autre, si ce n'est plus.

Le médecin est requis de venir soigner un malade.

Il se met en route. — Placez-vous d'abord, lui dit Archimathæus, sous la protection de Dieu et sous la garde de l'ange qui accompagnait Tobie. Chemin faisant, informez-vous auprès de la personne qui est venue vous chercher de l'état du patient, et mettez-vous en quelque manière au courant de l'affection que vous allez avoir à soigner. De cette façon, si vous ne reconnaissez pas la maladie, vous pourrez néanmoins, grâce aux renseignements que vous aurez pris, inspirer confiance à votre malade, en lui donnant à penser par vos questions que vous devinez ses souffrances.

Le médecin arrive chez son client. — En entrant, lui dit Archimathæus, saluez avec un air modeste et grave; asseyez-vous pour prendre haleine (1); louez, s'il y a lieu, la beauté du site, la bonne tenue de la maison, la générosité de la famille : vous captiverez ainsi la bienveillance des assistants, et vous laisserez au malade le temps de se remettre de sa première émotion.

Le médecin a tâté, ausculté, diagnostiqué ; il s'est ou ne s'est pas éclairé sur l'état du malade ; il va se retirer. — Au patient, lui dit Archimathæus, promettez la guérison ; à ceux qui le soignent, assurez qu'il est fort malade: s'il guérit votre réputation s'en accroîtra; s'il succombe, on s'écriera : il l'avait bien dit ! — N'arrêtez pas vos yeux sur la femme, la fille ou la servante, quelque belles qu'elles soient ; ce serait forfaire à l'honneur, et compromettre le salut du malade, en attirant sur sa maison la colère de Dieu (2).

— Si on vous engage à dîner, comme c'est l'habitude,

---

(1) Ou pour boire un coup, suivant d'autres manuscrits.
(2) Singulière justice distributive !

ne vous montrez ni indiscret ni exigeant. A moins qu'on ne vous y force, ne prenez pas la première place, bien qu'elle soit réservée au prêtre et au médecin. Informez-vous de temps en temps de l'état du malade, qui sera charmé de voir que vous ne pouvez l'oublier, même parmi les délices d'un festin. En quittant la table, allez auprès de son lit, assurez-le que vous avez été bien traité, et surtout n'oubliez pas de montrer beaucoup de sollicitude à régler son propre repas.

Enfin, le malade étant guéri, le médecin doit prendre congé de lui et de sa famille, heureuse de le voir en pleine convalescence. — Ayez, vous aussi, lui dit Archimathæus, l'air joyeux et satisfait; hasardez même quelques petites plaisanteries. Après quoi, vous demanderez honnêtement votre salaire, et vous vous retirerez en paix, le cœur content et la bourse pleine, non sans avoir adressé à votre client mille actions de grâces, accompagnées de pieuses recommandations.

D'autres médecins de la même école ont disséminé dans leurs écrits des préceptes de morale médicale, mais sans suite, sans développement, et surtout sans en faire l'objet, soit d'un traité, soit d'un chapitre spécial. Ainsi, l'on trouve dans les ouvrages de Cophon, médecin salernitain du XII siècle, une distinction importante, et qui paraît avoir cours alors, entre la médecine des pauvres et celle des riches. Le médecin, nous dit Cophon, doit s'intéresser également à tous ses clients; mais, dans le choix des remèdes, il doit faire des différences suivant leurs différentes fortunes. Aux pauvres, plus robustes et endurcis, il doit prescrire des médicaments plus grossiers, qui ne seront pas moins salutaires, et qui leur coûteront moins cher ; aux riches, plus délicats, amollis par le bien-être, il doit prescrire des remèdes plus agréables et plus doux, qui conviendront mieux à leur nature efféminée, sans imposer de trop lourds sacrifices à leur bourse bien garnie. Purger un archevêque comme on purge un maçon, ajoute notre auteur, ce serait un crime de lèse-médecine aussi bien que de lèse-église.

Mais où nous retrouvons une plus constante préoccupation de la morale médicale, c'est dans le poëme didactique appelé *Schola salernitana*, mais qui porte aussi les titres de *Flos medicinæ*, ou *Regimen saninatis*, ou *Regimen virile*. Comme le dit la dénomination de *Schola salernitana*, cette œuvre, à laquelle on ne peut assigner ni un auteur particulier ni une date précise, n'est pas celle d'un homme, mais de l'école entière, dont elle traduit évidemment l'esprit et les sentiments, aussi bien que les doctrines courantes. La morale n'en paraît pas trop sévère. Ainsi, chapitre de la tenue, on conseille au médecin de porter un rubis au doigt et de faire ses visites monté sur un coursier superbe, afin d'imposer au malade qui, ébloui, se montrera plus généreux. Voici les vers latins traduits en vers français, les uns valent les autres :

> Vêtu d'habits décents, affable et plein de zèle,
> Le médecin s'empresse à la voix qui l'appelle.
> De rubis l'étincelle à son doigt brillera ;
> Sur un coursier superbe en visite il ira.
> Ce splendide attirail rehausse son mérite ;
> Sur l'esprit du malade il réussit plus vite,

Reçoit cadeaux sans nombre : un mince accoutrement
Lui vaudrait profit mince et sec remerciment.

Le chapitre des honoraires ne respire pas non plus une bien grande fierté. Vu l'ingratitude des malades après guérison, on conseille au médecin de choisir le moment où ils poussent des cris de douleur pour se faire remettre un gage, ou même pour se faire payer d'avance :

Lorsque son patient de plaintes l'importune,
Le docteur attentif à sa propre fortune,
Profitant de ses cris, obtient sur le moment
Quelque gage bien sûr, un bon nantissement,
Ou mieux argent comptant fait solder son mémoire;
Du malade sauvé chétive est la mémoire.
En ennemi l'on sait qu'il traite sans égard
Le maladroit qui parle honoraires trop tard (1).

On voit que la morale des hippocratistes a quelque peu dégénéré entre les mains de leurs disciples salernitains; mais, considérée en elle-même, elle est fort belle. Il y a là, dans ces irréprochables préceptes, la morale médicale tout entière, ou peu s'en faut. Il suffit d'effacer quelques prescriptions, aujourd'hui sans objet, grâce au progrès de nos mœurs et de nos institutions, d'en corriger ou d'en déve-

(1) Par une exception unique dans tout ce livre, je n'ai pas eu sous les yeux les ouvrages que je viens d'analyser sommairement. N'ayant pu me les procurer, j'ai dû puiser à une source indirecte, mais digne de toute confiance, le savant article du D*r* Daremberg, intitulé : De l'école de Salerne, son histoire et ses doctrines (*La Médecine, Histoire et doctrines*, p. 147 et suiv.).

lopper quelques autres, d'ajouter quelques conseils, pour avoir des devoirs professionnels du médecin une liste complète et parfaite. C'est ce qu'il est facile de montrer en peu de mots.

On se rappelle que le *Serment d'Hippocrate* impose au médecin trois sortes de devoirs : envers son maître, envers ses disciples, envers les malades. Les deux premières séries sont à retrancher. La médecine ne s'enseigne plus chez nous comme chez les anciens. Nous avons des écoles secondaires de médecine, des facultés de médecine; et c'est-là que les jeunes gens vont étudier l'art difficile de rendre la santé à ceux qui l'ont perdue. Les anciens n'avaient rien de tel. Chaque médecin, outre les malades qu'il soignait, avait ses adeptes qu'il instruisait, par le précepte et l'exemple. Il avait même son officine, car il cumulait les fonctions de pharmacien; il avait son officine comme le peintre a son atelier, et c'est dans cette officine, et au lit des malades, où ils le suivaient, qu'il formait les futurs médecins. Il résultait de là que chaque médecin ancien avait un maître, donc des devoirs envers ce maître; des disciples, donc des devoirs envers ces disciples. Le médecin contemporain, issu d'une école ou d'une faculté, n'a ni devoirs envers son maître, n'ayant pas proprement de maître, ni devoirs envers ses disciples, n'ayant pas de disciples. — Il ne lui est toutefois pas défendu de conserver un souvenir reconnaissant de ses professeurs, et si par hasard il devenait professeur lui-même, de suivre avec intérêt ses élèves dans la carrière qu'il aurait contribué à leur ouvrir.

Quant aux devoirs du médecin envers les malades, ils subsistent, ils sont en quelque sorte éternels;

mais il en est qui peuvent être sous-entendus sans inconvénient, ou plutôt que la politesse commande de sous-entendre.

Ainsi l'auteur du *Serment d'Hippocrate* a cent fois raison quand il dit au médecin : si l'on vous demande du poison, refusez ; si l'on vous sollicite de procurer un avortement, refusez. Il faut croire qu'en ce temps-là des médecins pouvaient être tentés de commettre ces crimes, et même succomber à la tentation. La vie humaine en général, celle de l'enfant en particulier, était loin d'avoir aux yeux des Anciens le caractère d'inviolabilité qu'elle a aux nôtres. Mais précisément, à cause de cette différence, ce serait faire injure à nos médecins que de leur dire sérieusement : vous n'empoisonnerez pas, vous n'assassinerez pas. Ils ont le droit de penser qu'on les prend pour d'honnêtes gens, incapables de donner la mort à leurs semblables, lorsqu'ils sont faits au contraire pour les protéger contre ses atteintes.

C'est encore avec grande raison que l'auteur du *Serment d'Hippocrate* avertit le médecin de respecter la pudeur de ses clients, et que Archimathæus, répétant la même prescription, lui dit : n'arrêtez vos regards ni sur la femme, ni sur la fille, ni sur la servante de la maison. Il faut croire qu'au IVe siècle avant notre ère, qu'au XIIe siècle de notre ère, il y avait des médecins susceptibles de commettre de telles erreurs, et qui les commettaient ; mais nos mœurs sont sans doute beaucoup plus sévères, nos médecins plus rigides, et je n'aurais garde de leur recommander une vertu qu'ils pratiquent si bien.

Pour la tenue, nos auteurs hippocratiques sont encore dans le vrai. Ils n'auraient toléré ni le rubis au doigt, recommandé par un vers de la *Schola salernitana*, ni le coursier superbe, recommandé par un autre vers. Mais, grâce à Dieu, nos médecins n'ont pas besoin d'être avertis là-dessus. Dans l'uniformité de notre costume contemporain, ils sont vêtus comme tout le monde, ni plus ni moins austères, ni plus ni moins élégants; ils parlent démocratiquement comme tout le monde, en prose et en français; ils ne portent pas, que je sache, de rubis au doigt, et s'ils en portaient, personne ne s'en apercevrait; ils ne montent pas des coursiers superbes, ils vont à pied, quand il le faut, et en carrosse, quand ils le peuvent. Rien à dire.

Rien à dire non plus quant aux honoraires. Nos médecins sur ce point sont dans les principes de l'auteur des *Préceptes*, et ne sont pas dans les principes de l'auteur de la *Schola salernitana*. Il ne leur viendrait pas à l'esprit de profiter des angoisses de leur malade pour se faire payer d'avance; ils ont parfaitement la patience d'attendre sa guérison ou sa mort. Ils soignent les pauvres comme les riches, et avec plus d'empressement. Ils n'ont nul souci de s'enrichir, et quand cela se fait, cela se fait tout seul: ils sont pénétrés de ces belles paroles de l'écrivain hippocratique : « Celui-là n'aime pas la médecine qui n'aime pas les hommes ; la médecine n'est pas l'art de faire fortune, mais de bien faire.

Outre ces préceptes excellents, mais qu'on pourrait passer sous silence, tant ils sont entrés dans nos mœurs médicales, il en est deux qui méritent plus particulièrement d'attirer l'attention. Je ne veux pas dire que nos médecins n'en tiennent pas suffisamment compte, mais je veux dire qu'ils sont si essentiels, d'une importance si capitale, qu'on ne saurait trop y insister. L'un vise la fréquence des visites, de peur de laisser échapper l'occasion ; l'autre le traitement moral.

Dans les maladies graves, les visites ne sauraient être trop fréquentes, par cette raison très-simple que le mal a ses péripéties soudaines, lesquelles demandent un remède immédiat : le moment passé, il est trop tard. Les ravages produits dans l'organisation sont tels que tout l'art médical, toute la science médicale n'y peuvent plus rien. Grande serait donc la responsabilité du médecin qui ferait trop attendre ses visites, soit par distraction, soit par le fait d'une clientèle trop nombreuse, soit même en vertu de quelque point d'honneur mal entendu. L'intérêt des malades, dont la vie est en jeu, doit primer toutes les considérations. Le médecin n'a pas le droit d'avoir des préoccupations étrangères à son art ; il n'a pas le droit d'accepter plus de clients qu'il n'en peut visiter ; il n'a pas le droit de sacrifier à des préjugés. Je lisais, il y a quelque temps, dans une revue médicale cette question : « Un malade qui s'est livré à un charlatan, et qui se trouve en danger de mort, appelle un médecin à son secours : ce médecin doit-il répondre à cet appel et endosser ainsi la responsabilité des méfaits du charlatan ? » Ce doute m'étonne ; je déteste le charlatanisme autant que qui que ce soit, mais un homme qui se meurt est un argument auquel il n'y a rien à répliquer.

Le traitement moral n'est pas moins nécessaire que le traitement proprement dit, et il est souvent plus efficace. Le diagnostic n'est pas tellement sûr que les médecins ne se trompent jamais sur la nature des maladies ; la thérapeutique n'est pas tellement avancée que les remèdes employés procurent toujours l'effet attendu : le traitement moral ne se trompe pas et n'est jamais vain. Le malade a toujours besoin d'être relevé, encouragé ; et quand il trouve ce secours chez son médecin, il en devient plus fort pour résister à son mal, et pour retrouver l'état normal, qui est l'état naturel. On raconte qu'un malade renvoya son médecin, quoique fort habile, après lui avoir dit : « Vous ne me consolez pas. » Ce reproche est plein de profondeur. Un médecin qui ne console pas ne guérit pas. — Je n'irais cependant pas jusqu'à demander qu'on rétablisse l'usage du *baiser d'amitié* qu'au temps de saint Jérôme le médecin donnait à ses malades : ce baiser-là serait peu dans nos mœurs, et pourrait avoir des inconvénients ; mais la consolation médicale n'implique pas nécessairement le baiser médical.

Je finis par un précepte, ou un vœu, que je ne trouve ni dans les auteurs hippocratiques ni dans les auteurs salernitains, et que je demande la permission d'ajouter à leur liste.

On a beaucoup parlé du malade, et c'est en effet le principal personnage dans le sombre drame qui se joue alors ; mais ce n'est pas le seul, car il y a la famille du malade. Or je ne vois pas qu'on ait rien dit de la famille du malade : serait-ce donc que le médecin n'aurait aucun devoir envers ces infortunés ?

Il en a, j'ose l'affirmer. Ces infortunés sont les gardiens du malade et, sinon les seuls, certainement les meilleurs. Lors donc que leur situation ne les rendrait pas dignes du plus tendre intérêt, il faudrait encore ménager leur douleur, et leur laisser quelque espoir, même dans les cas désespérés, afin de ne pas paralyser leur intelligence et leur activité. Les médecins ne savent peut-être pas assez ce qu'il y a de poignant à donner des soins à un malade bien-aimé, avec la certitude que ces soins sont inutiles : il faut avoir soi-même passé par ce supplice d'enfer pour en concevoir l'horreur. Je conjure donc les médecins, si instamment qu'on les interroge, de voiler la terrible vérité. Ceux qui la demandent ne la demandent que parce qu'ils l'espèrent favorable. Laissez-leur donc leur illusion. Que si vous la leur ôtez, ah ! du moins ne les abandonnez pas en tête à tête avec ce moribond qui ne peut mourir, sous prétexte qu'il n'y a plus rien à faire. Je vous demande pardon, Docteur, mais s'il n'y a plus rien à faire pour celui qui s'en va, il y a quelque chose à faire pour ceux qui restent, et qui ne comprennent pas, qui ne peuvent comprendre qu'on ne lutte pas jusqu'à la dernière minute. Le dernier devoir du médecin comme le premier, et qui résume excellemment tous les autres, c'est l'humanité.

CHAPITRE III.

PHYSIQUE HIPPOCRATIQUE.

Il ne faut pas chercher une physique complète dans les livres d'Hippocrate, ni même dans ceux de son école. Les lacunes sautent aux yeux et sont immenses. La physique, au sens antique, est aussi vaste que l'univers, et comprend à la fois la science de la nature, celle de l'homme, celle de Dieu. De ces trois parties, ni la première ni la dernière ne sont représentées dans l'œuvre hippocratique telle qu'elle nous est parvenue. On trouve bien dans le traité *Des chairs* un système cosmologique, où le feu est posé comme le principe universel ; mais le traité *Des chairs* est postérieur à Aristote, et ne fait que reproduire la doctrine d'Héraclite, en l'empruntant aux Stoïciens. On trouve bien dans le traité *De la maladie sacrée,* dans le traité *De la bienséance,* de belles et judicieuses paroles sur la Divinité. Dans le premier, réfutant ceux qui attribuent à l'intervention des Dieux les hideux phénomènes de l'épilepsie, l'auteur s'écrie : « Non, Dieu qui est la pureté même, ne saurait souiller le corps d'un homme ! C'est nous qui nous souillons, et c'est Dieu qui nous purifie. Et voilà pourquoi, autour des temples, nous plantons des bois sacrés, nous dressons des barrières : elles sont là pour avertir qu'on ne doit approcher des Dieux qu'après avoir, avec leur aide, recouvré sa première vertu et sa première candeur. » Dans le second, après avoir parlé de la nécessité d'allier la philosophie à la médecine, l'auteur ajoute : « La médecine a cela de particulier et d'excellent qu'elle nous élève sans cesse à la pensée de la Divinité. Comment douter de la Providence à la vue de ces phénomènes extraordinaires du corps humain, par lesquels la maladie succède à la santé et celle-ci à la maladie ? Comment ne pas lui faire sa part dans les guérisons qui surviennent à la suite des opérations de la chirurgie, des remèdes de la thérapeutique ? Le médecin ne peut se faire illusion : Dieu est de moitié dans ses succès, si même il n'en est pas le seul auteur. C'est là la vraie Puissance devant laquelle il ne saurait trop s'incliner. » Mais ces nobles pensées, qui mettent dans un si beau jour l'esprit religieux d'Hippocrate, ou de celui qui a tracé ces lignes, quel qu'il soit, nous édifient plus qu'elles ne nous instruisent ; on n'y saurait voir même l'ébauche d'une doctrine de Dieu et de ses rapports avec l'univers. La physique hippocratique ne va ni plus haut ni plus loin que l'homme, et encore s'en faut-il bien qu'elle donne une solution telle quelle à toutes les questions dont il peut être l'objet.

Celles d'entre ces questions qu'un médecin ne peut manquer de rencontrer dans ses études, et sur lesquelles on peut interroger les livres hippocratiques, avec l'espoir d'obtenir une réponse, sont les suivantes :

Qu'est-ce que l'âme ?

Dans quelle partie du corps a-t-elle son siège ?

En quelle mesure subit-elle l'influence du corps, auquel elle est unie ?

En quelle mesure subit-elle l'influence de la Nature, avec laquelle elle communique ?

Quelles sont ses facultés, et leurs conditions organiques ?

Comment se comporte-t-elle pendant le sommeil ?

I. Avant Socrate, tous les philosophes s'étaient évertués à déterminer la nature de l'âme. De là, mille définitions diverses, et toutes plus ou moins grossières dans leur diversité. Parmi ces définitions, deux étaient de nature à faire impression sur l'esprit d'un médecin, et peut-être avaient-elles leur origine première dans la médecine : l'une qui mettait l'âme dans le sang, l'autre qui la confondait avec l'air, ou le souffle, ou l'*esprit*, en prenant ce mot dans le sens où nous disons *les esprits*. La première de ces théories était fort ancienne, puisque Hippon la combattait déjà (1), et n'avait jamais cessé d'avoir des partisans, puisque Empédocle la reproduisait dans ses doctrines et l'exposait dans son poëme *De la nature* (2), puisque, à l'extrémité de la période anté-socratique, Critias la défendait encore contre je ne sais quels adversaires (3). La seconde, plus récente, mais appelée à une plus brillante fortune, avait été longuement et savamment développée par Diogène d'Apollonie. Ce philosophe, suivant les traces d'Anaximène, faisait de l'air le principe de la vie universelle, c'est-à-dire

---

(1) Arist., *De anima,* I, II, 26.
(2) V. 315.
(3) Arist., *De an.*, I, II, 27.

l'âme du monde, et celui de la vie humaine, c'est-à-dire l'âme de l'homme. Mais il ne repoussait pas absolument la doctrine qui attribue ce dernier rôle au sang, puisqu'il croyait que l'air vital, le souffle, l'esprit est mêlé au sang, et que, porté avec lui dans le canal des veines, il parcourt sans cesse l'organisation qu'il anime (1). C'est cette dernière théorie qui paraît avoir été adoptée par Hippocrate.

C'est du moins celle qu'on lit dans le traité *Des airs*. L'auteur y remarque d'abord la puissance souveraine de l'air dans la Nature en général. C'est l'air qui porte la terre et qui soutient la lune. C'est l'air qui alimente le feu. C'est l'air qui fait la variété des saisons. C'est l'air qui donne naissance aux vents. Partout invisible, il est partout présent, et rien ne se fait sans lui. Il est la cause universelle.

Il est aussi la cause particulière de la vie dans les animaux et dans l'homme, où il s'appelle le souffle, l'esprit. On ne vit guère sans manger ni boire, on ne vit pas du tout sans respirer. Respirer, c'est vivre ; cesser de respirer, c'est mourir. Toutes les autres fonctions peuvent être suspendues et le sont plus ou moins souvent, plus ou moins longtemps : la respiration n'a pas d'intermittences, et n'en peut pas avoir. Le souffle qui nous apporte la vie, en pénétrant en nous, la remporte, en se retirant.

Mais le même auteur, dans le même livre, après avoir identifié la vie avec l'air, en commençant, est bien près de confondre le sang et la raison, en finissant. « Je pense, dit-il, que le sang est la chose

---

(1) Arist., *De anima*, I, II, 23. — Simplic., *Phys.*, f. 32, B. — Id., *ibid.*, f. 33. — Plutarq., *De plac.*, IV, 5.

du corps qui a le plus de part aux opérations de la raison. Le sang est-il à l'état normal, la raison s'exerce régulièrement; se corrompt-il, elle se trouble. C'est ce qui est sensible dans le sommeil. Lorsque le sommeil s'empare du corps, le sang devient plus froid et son mouvement plus lent. Dès lors, les membres s'appesantissent, les paupières s'affaissent, les idées se confondent, et la raison tombe du haut de la pensée dans le rêve. »

Ces vues sur la nature de l'âme, que l'auteur du traité *Des airs* ne prend pas la peine de concilier dans son livre, et qui ne se conciliaient peut-être pas dans son esprit, ont, je l'avoue, un intérêt dogmatique assez mince; en revanche, elles ont un très-grand intérêt historique. C'est là, en effet, le point de départ d'une théorie à laquelle travailleront sans relâche les philosophes et les médecins de l'antiquité, qui jouera un rôle considérable dans les doctrines des Cartésiens, et qui refleurit en notre siècle, corrigée et transformée par les physiologistes.

Aristote, qui était également familier avec Diogène et avec Hippocrate et les siens, comme le prouvent les passages qu'il en rapporte (1), attribue au souffle une fonction particulière dans l'économie animale. C'est le principe du mouvement et le premier ressort de notre activité (2). Mais, toujours philosophe, même dans ses hypothèses, Aristote n'accueille le souffle qu'après lui avoir demandé d'où il vient; et, par un premier progrès, il examine subtilement s'il a son origine dans la respiration, ou s'il n'est pas plutôt

---

(1) Dans l'*Histoire des animaux*, III, II.
(2) *Du mouvement des animaux*, X.

un des produits du travail interne de la coction des aliments (1).

Dans la philosophie épicurienne, le souffle est encore le principe moteur, et il ne se confond pas avec l'air aspiré, puisque l'air, qui fait partie de l'âme, aussi bien que le souffle, est le principe du repos (2). Il est l'âme tout entière aux yeux des stoïciens (3), qui semblent avoir distingué un double souffle, l'un *vital*, l'autre *animal* (4).

Cependant, la théorie du souffle fait de nouveaux et sensibles progrès avec les médecins. L'auteur inconnu du traité *Du cœur* (ouvrage postérieur à Aristote, et antérieur à Galien, qui en copie un passage) considère le souffle comme un élément *sui generis*, et, repoussant la théorie indiquée par Aristote, revenant aux vues d'Hippocrate, pour les accorder, le fait dériver du sang par voie de sécrétion. De là à Galien, il n'y a qu'un pas.

Galien compte trois organes principaux dans le corps entier, savoir : le foie, origine des veines ; le cœur, origine des artères ; et le cerveau, origine des nerfs. Le foie extrait des aliments digérés le sang, qui remplit les veines ; le cœur extrait du sang, un autre sang plus pur et plus subtil, le souffle vital, qui remplit les artères ; et le cerveau enfin extrait du souffle vital, un autre souffle plus pur et plus subtil, le souffle animal, qui remplit les nerfs. Nous pensons, sentons, agissons par le souffle animal. Et si le souffle

---

(1) *Du souffle*, ch. i.
(2) Plutarq., *De plac.*, IV, 3. — Luc., *De nat. rer.*, V, 234, 258.
(3) Diog. Laërce, *V. Zenon.* — Plutarq., *De plac.*, III, 112 ; IV, 3. — Id., *De stoïc. repug.*, 41.
(4) Galien, *Des dogmes d'Hippocr. et de Platon*, I, 6.

animal n'est pas l'âme elle-même, il en est le nécessaire instrument (1). De là à Descartes, il n'y a qu'une nuance.

En effet, changez le mot souffle en celui d'*esprits*, et la théorie du souffle animal devient la théorie des *esprits animaux*. La seule différence, laquelle est de nul intérêt, c'est que dans la doctrine cartésienne les esprits animaux sont directement extraits du sang par le cerveau, d'où ils se répandent dans tout le système nerveux.

Nos physiologistes, il est vrai, ne croient pas aux esprits animaux, et il savent fort bien que les nerfs ne sont rien moins que des tubes ; mais certains d'entre eux sont-ils bien loin d'admettre un fluide spécial, dont les nerfs seraient les conducteurs naturels ? Et cette hypothèse n'est-elle point le dernier perfectionnement où devaient arriver, de progrès en progrès, les anticipations de Diogène et d'Hippocrate ?

II. Galien, dans le traité *Des dogmes d'Hippocrate et de Platon*, fait honneur à Hippocrate de la théorie platonicienne qui, partageant l'âme humaine en trois âmes, savoir : la raison, la colère et l'appétit, lui assigne un triple siège, savoir : la tête ou le cerveau, la poitrine ou le cœur, la partie inférieure du tronc ou le foie. Assurément, Galien est une autorité fort respectable, mais une autorité plus respectable encore est celle des livres hippocratiques eux-mêmes. Or, il n'y a pas trace dans les livres

---

(1) *Des dogmes d'Hipp. et de Platon,* voir les 7 premiers livres, pass.

hippocratiques de cette théorie, que Platon emprunta aux pythagoriciens, et renouvela selon son génie.

Parcourez, en effet, les livres hippocratiques, et voici ce que vous constaterez. Dans les uns, la question du siège de l'âme n'est pas même effleurée ; dans les autres, elle est au contraire résolue avec la plus grande netteté, mais de manière à donner un démenti formel à Galien.

L'auteur du remarquable traité *De la maladie sacrée* réfute d'abord ceux qui font résider l'âme dans le diaphragme (dans le *phren*), opinion singulière, dont il n'y a pas d'autres vestiges, et ceux qui la mettent dans le cœur ; après quoi, il établit à sa façon qu'elle a son siège dans le cerveau. Rien ne permet de penser qu'il divise l'âme en plusieurs parties, et tout prouve le contraire. C'est l'âme tout entière qui n'est pas dans le diaphragme, qui n'est pas dans le cœur ; et c'est l'âme tout entière que renferme l'encéphale. Voici, du reste, les propres paroles d'Hippocrate, ou de son disciple :

« Le *Phren* (de φρονέω, penser) doit son nom au hasard, et non à la réalité et à la nature. Je ne vois pas quelle influence il peut avoir sur la pensée et l'intelligence. A la vérité, quand on éprouve à l'improviste un excès de joie ou de chagrin, il tressaille et cause des soubresauts, mais cela tient à ce qu'il est très-mince et très-large. Il n'a point d'ailleurs de cavité où il puisse recevoir le bien ou le mal qui survient, et il n'est troublé par les passions qu'à cause de la faiblesse de sa nature. Il ne ressent rien avant les autres parties du corps, et s'appelle ainsi sans raison, comme une des parties du cœur s'appelle oreillette, quoiqu'il ne contribue en rien à l'audition (1).

« D'autres rapportent au cœur la pensée, ainsi que la tristesse et en général tous les sentiments. C'est encore une erreur. Les contractions du cœur ne prouvent pas plus que les mouvements du diaphragme, et elles s'expliquent par des causes analogues. Les veines de toutes les parties du corps se rendent au cœur, et s'y attachent, en sorte que rien ne peut se passer en aucun point des organes, sans que le cœur n'en reçoive le contre-coup. Le corps tressaille-t-il de plaisir, ou frissonne-t-il d'horreur, il faut que le cœur tressaille et frissonne avec lui. Il ne s'ensuit pas qu'il soit le principe du sentiment, non plus que de la pensée. Pensée et sentiment, tout cela a son origine dans le cerveau.

« Le cerveau, voilà l'organe par lequel nous éprouvons tous nos plaisirs et nos joies, toutes nos douleurs et nos tristesses ; par lequel nous connaissons tout ce qui nous entoure, car les yeux, les oreilles, les mains, la langue sont à son service, et prennent ses ordres ; par lequel nous raisonnons, distinguant le bon du mauvais, l'agréable du pénible, jugeant chaque chose selon sa nature et selon les circonstances ; par lequel nous tombons dans l'erreur, dans les frayeurs sans objet et sans cause, dans le délire, dans la manie, dans les folies de toute espèce. Le cerveau serait-il donc l'âme elle-même ? Non, mais il en est le siège naturel, et le principal instrument.

« C'est l'air, c'est le souffle qui donne au cerveau

---

(1) Traduct. de M. P. de Rémusat (*Rev. des Deux-Mondes*, 1ᵉʳ août 1855).

la capacité d'exercer toutes ces fonctions (1). Le souffle se rend d'abord au cerveau, pour se disperser ensuite dans toute l'économie animale. S'il traversait premièrement les autres organes, il y perdrait sa vertu, et arriverait au cerveau chargé des grossières émanations de la chair et du sang, épais, brûlant, impropre au sentiment et à la pensée. Au contraire, passant d'abord par le cerveau, il y porte et y laisse sa fleur, et tout ce qu'il contient de sensibilité et d'intelligence. Tel est le siège de l'âme. »

Il faut distinguer dans cette théorie du siège de l'âme, les preuves et le résultat. Les preuves sont faibles, sans valeur; mais le résultat est singulièrement vraisemblable, puisque, savants et ignorants, nous croyons tous aujourd'hui, comme Hippocrate, que les principales fonctions de l'âme s'exercent par le cerveau et les nerfs. Et ce qui rend ce résultat encore plus digne de remarque, c'est que, entre tous les philosophes et les médecins antérieurs ou contemporains, Hippocrate paraît être seul de son opinion.

Après comme avant Socrate, jusqu'à l'époque alexandrine exclusivement, il n'y a guère que deux théories en présence, celle des philosophes et des médecins qui laissent à l'âme son unité, et celle des philosophes et des médecins qui la divisent en trois ou quatre parties, distinctes et séparables. Les premiers renferment l'âme indivisible dans un organe unique, le cœur, ou même le diaphragme. Tels sont Anaximène, Diogène d'Apollonie, et probablement tous les physiciens d'Ionie ; Leucippe et Démocrite ;

---

(1) Remarquez que le traité *Des airs* et celui *De la maladie sacrée* s'accordent parfaitement sur ce point.

Empédocte, dans l'école éléatique; tous les épicuriens et les stoïciens; tels sont les médecins qui ont précédé Hippocrate, tel est le médecin inconnu qui a écrit le traité *Du Cœur*. Les autres dispersent l'âme triple ou quadruple dans trois ou quatre organes différents. Tels sont les pythagoriciens et les platoniciens, parmi les philosophes; tel est Galien parmi les médecins. Aristote diffère de tous les philosophes et de tous les médecins, sans ressembler davantage à Hippocrate. Il distingue dans l'âme plusieurs facultés, plusieurs âmes, mais ne les séparant pas dans leur essence, il ne les sépare pas non plus dans leur siége, et les met toutes dans le cœur.

Ainsi l'opinion que l'âme réside dans le cerveau est exclusivement hippocratique. C'est donc à Hippocrate que Platon fait allusion dans le passage unique (1) où il parle, non sans quelque dédain, de ceux qui confondent l'âme avec le cerveau. C'est à Hippocrate que pense Aristote affirmant que le cerveau n'a d'autre rôle que celui de refroidir le sang, et n'est pour rien dans nos sensations (2). Et c'est encore Hippocrate, aussi bien que les médecins alexandrins, que Chrysippe combat, sans les nommer, dans la seconde partie du premier livre de son traité *De l'âme* (3), où il entasse contre une théorie au moins fort appro-

---

(1) Voir le *Phédon*, voir aussi Cicéron, *Tuscul.*, I, ix.
(2) *De partibus animal.*, II, x; III, iv.
(3) Cette 2ᵉ partie du 1ᵉʳ livre du traité de Chrysippe est presque toute reproduite par Galien dans les premiers livres de son traité *Des dogm. d'Hipp. et de Plat.*, comme on le verra ci-après, dans la partie de cet ouvrage intitulée: *Galien historien de la philosophie*.

chante de la vérité les plus détestables arguments d'une anatomie et d'une physiologie complètement fausses.

III. La question du tempérament, c'est-à-dire du rapport des divers éléments qui entrent dans la constitution du corps, et des effets de ce rapport sur l'intelligence et sur l'âme, a de bonne heure occupé les philosophes. Il y a même lieu de croire qu'ils ont donné aux médecins l'exemple de cette curieuse et utile recherche. Toujours est-il qu'aucun médecin ne paraît avoir dirigé son attention sur ce point avant l'auteur du traité *Du régime*, c'est-à-dire avant Hippocrate, ou quelqu'un de ses disciples, et que le principal représentant de l'école éléatique en avait déjà fait l'objet de ses méditations. Voici en effet comment Parménide s'exprime dans son poème *De la nature* (1) :

« Tel est le mélange des éléments dans la constitution des organes, telle est l'intelligence de l'homme; car, soit que l'on considère tous les hommes, ou un seul, c'est la nature des organes qui fait celle de la pensée. L'élément prédominant en détermine le caractère. »

Cette théorie, qui n'est qu'indiquée ici, et d'une manière très-vague, devait être plus nettement dessinée dans des vers que nous n'avons plus, puisque Théophraste écrit dans le précieux traité *De la sensibilité* :

« Sans y mettre beaucoup de précision, Parménide se borne à dire que la connaissance dépend de

(1) V. 145-149.

celui des deux éléments qui prédomine. Selon que le chaud ou le froid l'emporte, la pensée se trouve modifiée. Si c'est le chaud, elle est meilleure et plus pure ; néanmoins, elle suppose toujours une certaine proportion de l'un et de l'autre (1). »

Parménide avait donc remarqué la différence des tempéraments, et il en avait distingué deux, celui où le chaud l'emporte sur le froid, celui où le froid l'emporte sur le chaud. La théorie hippocratique, il faut l'avouer, n'est guère moins grossière, mais elle est plus compliquée.

Elle se fonde sur la considération, non plus du chaud et du froid, mais du sec et de l'humide, du feu et de l'eau. Elle comprend : 1° un tempérament parfait, résultant du juste équilibre de ces deux éléments ; 2° deux séries de tempéraments diversement imparfaits, résultant de la prédominance de plus en plus grande de l'eau sur le feu, ou du feu sur l'eau. Entrons dans les détails.

Lorsque le feu et l'eau se combinent dans une exacte proportion, de telle sorte que, participant également l'un de l'autre, le feu soit aussi humide, et l'eau aussi sèche que possible, chacun de ces éléments se suffit à lui-même, et leur concours forme un excellent tempérament, où la raison est tout ce qu'elle peut être.

Lorsque le feu et l'eau étant très-purs, celle-ci surpasse quelque peu celui-là, la constitution de l'homme laisse déjà à désirer, et si l'esprit ne manque pas de solidité, il pourrait être plus actif et plus pénétrant.

(1) I, ɪ.

Plus d'eau et moins de feu, et la constitution est inférieure encore. Les impressions ne sont pas plus tôt reçues qu'elles s'effacent, surtout celles de la vue et de l'ouïe. Le mouvement est lent, l'esprit lourd, et l'homme stupide.

Enfin, si l'eau prédomine autant que possible sur le feu, c'est une des pires constitutions ; et ceux qui l'ont reçue en partage sont condamnés à l'imbécillité et à l'idiotisme. Ils végètent plutôt qu'ils ne vivent, s'effraient sans cause, se désolent sans raison, pleurent sans mal, et ne savent ce qu'ils sentent.

D'un autre côté, si c'est le feu qui a la plus grande part dans le mélange, sans l'avoir cependant de beaucoup supérieure à celle de l'eau, le corps et l'âme sont encore en fort bon état. Les mouvements sont rapides, les sensations vives et fortes, et l'esprit singulièrement actif et perspicace.

Si la proportion du feu est plus grande, la constitution devient vicieuse par l'excès même de ses qualités. L'activité est fébrile, les sensations se succèdent comme en un tourbillon, et l'esprit se dissipe entre mille objets, sans se fixer jamais à un seul.

Enfin, si le feu prédomine autant que possible sur l'eau, c'est encore une des pires constitutions, quoique en tout contraire à celle dont il a déjà été parlé. Ceux qui sont ainsi faits sont le jouet d'une imagination sans règle. Leur vie est un perpétuel délire ; et, au moindre accident, ils tombent dans la fureur et la frénésie.

Tout cela fait voir que l'âme est dans une étroite dépendance du corps, et que la proportion variable des éléments qui constituent celui-ci, impose fatalement à celle-là ses qualités et ses défauts. Cela fait voir aussi l'influence du régime sur la vie morale et intellectuelle, puisque par un bon et sage régime, on peut corriger les tempéraments imparfaits, et s'approcher incessamment du tempérament parfait (1).

Lorsqu'on sait le singulier rôle que joue dans la médecine et la philosophie des anciens la double contrariété du chaud et du froid, du sec et de l'humide, on conçoit que la théorie de Parménide et celle d'Hippocrate dûrent également paraître incomplètes à leurs successeurs, la première ne tenant pas compte du sec et de l'humide, et la seconde négligeant le chaud et le froid. De là, des théories nouvelles où figurent à la fois le chaud et le froid, le sec et l'humide, et leurs combinaisons diverses.

La plus simple de ces théories est celle qui réduit tous les tempéraments à deux, savoir, l'humide et froid, le chaud et sec, l'humidité étant supposée incompatible avec la chaleur, et le froid avec la sécheresse (2).

Une autre théorie plus compliquée est celle qui, n'admettant pas cette incompatibilité, reconnaît quatre différents tempéraments, savoir, le sec et chaud, le sec et froid, l'humide et chaud, l'humide et froid. C'est, au témoignage de Galien, ce que philosophes et médecins avaient dit de plus sensé et de plus ingénieux, avant lui, sur cette délicate question des tempéraments (3).

Et cependant, cette théorie des quatre tempéraments lui paraît doublement vicieuse. D'abord, elle

---

(1) *Du régime.*
(2) Gal., *Des tempér.*, l. I, *sub initio.*
(3) Id., *Ibid.*

oublie le tempérament parfait, où le chaud et le froid, le sec et l'humide s'unissent et se balancent dans un exact équilibre, le seul tempérament digne de ce nom. Ensuite, parmi les tempéraments imparfaits, elle omet les simples, savoir: le sec, l'humide, le chaud, le froid. Il y a donc neuf tempéraments bien différents, un parfait et huit imparfaits, et entre ces derniers, quatre simples, quatre composés. Telle est la théorie de Galien (1). Je reviens à Hippocrate.

La théorie hippocratique des tempéraments qu'on vient de lire n'a à coup sûr qu'un assez médiocre intérêt, et il n'y a guère lieu de s'y arrêter. Cette question des différentes constitutions organiques et de leur influence sur la pensée est du reste l'une de celles où l'Antiquité a été le moins heureuse. Enchaînée de bonne heure, et jusqu'à la fin, à la considération des contrariétés du chaud et du froid, du sec et de l'humide, elle était par là même condamnée aux vues superficielles et arbitraires. De plus, ne s'étant préoccupée que fort tard de la volonté, de la liberté interne, elle n'a pas songé à débattre le délicat problème des rapports du tempérament avec le libre arbitre. Ni Hippocrate, malgré son génie, ni les hippocratistes, malgré leur science, n'ont pu se soustraire à cette fatalité du milieu philosophique et médical où ils ont vécu.

Il y a cependant deux points dignes de remarque dans la théorie hippocratique. Partant de cette conception d'un tempérament parfait (le juste équilibre du sec et de l'humide), et de deux séries de tempéraments de plus en plus imparfaits en sens contraire

---

(1) *Des temp.*, sub fine.

(l'excès de plus en plus grand de l'eau sur le feu et du feu sur l'eau), l'auteur a mis en regard la conception réciproque de la raison parfaitement équilibrée et de la raison, d'une part, s'affaiblissant graduellement jusqu'à l'idiotisme, et d'autre part, s'exaltant de degré en degré jusqu'à la folie et la manie. Or, si les combinaisons diverses du sec et de l'humide sont chimériques, ce double mouvement d'une intelligence qui, sortant de la mesure, se dégrade ou s'emporte par un excès de force ou de faiblesse, est un fait d'observation acquis à la science. — Il faut encore savoir gré à l'auteur de cette théorie d'avoir nettement formulé cette conclusion, que nous connaissons bien, mais dont nous ne tenons guère compte dans notre conduite, qu'on peut modifier l'âme même, en modifiant le tempérament, par un régime sagement conçu et constamment pratiqué.

IV. Mais les hippocratistes ne se sont pas bornés à noter l'influence du corps ou des tempéraments; ils ont observé avec le même soin, et décrit avec plus d'exactitude, n'étant sous le joug d'aucune préconception, l'influence de la Nature, c'est-à-dire des climats, influence qui s'exerce sur l'homme tout entier, corps et âme, et sur les peuples comme sur les individus. L'un d'eux, si ce n'est Hippocrate lui-même, a écrit le remarquable traité *Des airs, des eaux et des lieux* (1).

(1) Il est intéressant de comparer à ce traité le IIe livre du traité *Du régime*. Les deux premiers paragraphes de ce livre sont consacrés, l'un aux lieux, l'autre aux vents, et à leur influence sur la santé. Quoique le point de vue ne soit pas le même, il y a lieu à des rapprochements.

Cette recherche était-elle absolument nouvelle? Il est permis d'en douter. L'attention des philosophes avait dû se porter de ce côté. Un détail nous a été conservé sur Héraclite qui le prouve. Ce philosophe pensait que les pays secs sont les plus favorables à notre espèce. Il en tirait cette conclusion que la Grèce est la vraie patrie de l'homme (1). Mais ce que les philosophes n'avaient sans doute qu'effleuré, les hippocratistes l'ont approfondi.

Les climats, c'est-à-dire les vents, les eaux et les lieux, modifient considérablement le physique et le moral de l'homme. Et d'abord les vents : dans un pays inégal, exposé aux vents froids, où les variations des saisons sont brusques et fréquentes, les habitants sont de haute taille, robustes, fiers, pleins de courage et d'ardeur, portés aux grandes entreprises, habiles aux arts et aux exercices. Au contraire, dans les pays de plaines et de pâturages, sans abri contre le soleil, où les vents ne sont que de tièdes haleines, où les saisons se succèdent par des nuances insensibles, ils sont de petite taille, faibles, craintifs, sans ressort et sans énergie, adonnés à l'oisiveté qui énerve, à la volupté qui dégrade.

Les eaux limpides ou épaisses, courantes ou stagnantes, froides ou chaudes, ont également une influence très-sensible. Le pays que vous habitez est-il arrosé par des eaux provenant des hauteurs, et dont les sources sont profondément cachées dans le sein de la terre, par des eaux chaudes en hiver, froides en été, vous aurez la netteté et la pénétration de l'esprit, la décision et la fermeté de la volonté, la

---

(1) Phil. apud Euseb. *Præpar. evangel.*, VIII, 14.

hardiesse et à la fois la constance. Est-il baigné par des marais, trempé d'eaux à peine dissimulées à leur origine sous la surface du terrain, que la chaleur du soleil putréfie pendant la chaude saison, et que le froid glace durant les mauvais jours, vous aurez l'esprit lourd, la volonté molle, la timidité qui recule devant les entreprises et l'impuissance qui échoue.

Chose étrange! il en est du sol comme des eaux, comme des vents. Le sol n'agit pas seulement sur les plantes qu'il nourrit, mais sur les hommes qu'il porte; et il y a entre la configuration de chaque contrée et le caractère de ses habitants de merveilleux rapports. Certains hommes ont des analogies avec les pays hérissés de bois et de montagnes, d'autres avec les contrées coupées de marécages ou semées de prairies, d'autres avec les plaines nues et arides.

De là les différences profondes qui ont été de tous temps observées entre les Asiatiques et les Européens. Les premiers sont pusillanimes, amis du repos et de la paix, indolents, esclaves des plaisirs sensuels : pourquoi? Parce qu'ils habitent un pays où de grandes plaines sont arrosées par de grands fleuves, où une température toujours égale fait comme un perpétuel printemps. Point de chaleurs excessives, point de froids rigoureux ; par conséquent point de changements violents, point de secousses, mais une vie calme dans un air tiède, où le corps et l'âme s'alanguissent dans la même torpeur. Les Européens sont intrépides, amateurs de la guerre et des périlleuses aventures, ardents au travail, capables de tout concevoir et de tout exécuter : pourquoi ? Parce qu'ils habitent un pays où les forêts couvrent les montagnes, où les marécages sillonnent les plaines, où les accidents de toute sorte se suivent ou s'entassent, nature tourmentée et sauvage ; où les saisons se succèdent en se heurtant par leurs oppositions : des froids extrêmes subitement remplacés par d'extrêmes chaleurs, des pluies qui inondent et des sécheresses qui brûlent, puis tous les vents déchaînés, enfin ces brusques et continuelles vicissitudes qui trempent le caractère, irritent l'activité, éveillent et aiguisent l'esprit.

Ces influences sont fatales. Cependant elles peuvent être combattues, comme elles peuvent être favorisées par la forme des gouvernements auxquels obéissent les peuples. Le despotisme, en ôtant à l'homme l'espoir d'un meilleur sort, lui ôte la volonté de le chercher ; la liberté politique, en lui assurant le prix de ses efforts, lui inspire le courage qui ose tout. Et voilà pourquoi les peuples libres de l'Asie, grecs ou barbares, sont belliqueux et entreprenants, en dépit du climat. Leur autonomie fait leur force, comme l'esclavage des autres leur faiblesse.

Ces considérations, aussi justes que profondes, si elles avaient été inspirées par les philosophes, les inspirèrent à leur tour. Je ne vois pas que Platon en ait été touché. Le passage du *Menexène* cité par M. Barthélemy Saint-Hilaire (1) ne me paraît pas en porter la trace ; mais on n'en saurait dire autant d'Aristote. Il y a dans la *Politique* (2) une page où le

---

(1) *Traité de la production et de la destruction des choses d'Aristote*, Introduct., p. CLV et suiv.

(2) L. IV, ch. VI.

philosophe reproduit la pensée du médecin avec une telle exactitude qu'on ne peut douter qu'il eût sous les yeux le traité *Des airs, des eaux et des lieux*. Le lecteur en jugera. Parlant des qualités requises dans les citoyens d'un état bien organisé, Aristote dit : « Pour se faire une idée de ces qualités, on n'a qu'à jeter les yeux sur les cités les plus célèbres de la Grèce et sur les diverses nations qui se partagent la terre. Les peuples qui habitent les climats froids, même dans l'Europe, sont en général pleins de bravoure; mais ils sont certainement inférieurs en intelligence et en industrie. Aussi ils conservent bien leur liberté; mais ils sont politiquement indisciplinables, et ils n'ont jamais pu conquérir leurs voisins. En Asie, au contraire, les peuples ont plus d'intelligence et plus d'aptitude pour les arts; mais ils manquent de cœur, et ils restent sous le joug d'un esclavage perpétuel. La race grecque, qui, topographiquement, est intermédiaire, réunit les qualités des deux autres. Elle possède à la fois l'intelligence et le courage. Elle sait en même temps garder son indépendance et former de très-bons gouvernements, capable, si elle était réunie en un seul état, de conquérir l'univers (1). » Ou je me trompe fort, ou la filiation est ici manifeste. Aristote *hippocratise*. On me permettra peut-être de remarquer que ce rapprochement, qui n'a rien de hasardeux, confirme sans doute celui que j'ai fait dans un autre chapitre entre la logique hippocratique et la logique péripatéticienne; ou plutôt ils se confirment réciproquement (2).

---

(1) Trad. de M. B. Saint-Hilaire, t. II, p. 41.
(2) Comment ne pas songer, à propos du traité *Des airs, des*

V. Tels sont, dans la physique hippocratique, les rapports de l'âme avec le corps, où elle réside, et la Nature, avec laquelle elle communique sans cesse. Mais, soit qu'on la regarde en elle-même, ou dans ses relations, elle a des facultés et les exerce : quelles sont ces facultés?

eaux et des lieux, à certains livres (XIV, XV, XVI, XVII, XVIII) de l'*Esprit des lois*, où l'influence du climat est longuement et savamment étudiée? Que se propose Montesquieu? De déterminer le rapport des lois en général, et singulièrement des lois de l'esclavage civil, de l'esclavage domestique, de l'esclavage politique avec la nature du climat. L'esclavage civil, domestique, politique, considéré comme résultant du climat, n'est-ce pas une vue tout hippocratique? Mais, chemin faisant, Montesquieu ne peut manquer de marquer, sinon avec beaucoup de développement, du moins en quelques traits énergiques, l'influence du climat sur l'esprit, les passions, le caractère, en un mot le moral; et là l'analogie entre le médecin de l'antiquité et le publiciste moderne devient singulièrement frappante. Voici en effet le sommaire des idées de Montesquieu, sur ce point particulier. Les hommes diffèrent très-notablement suivant les climats divers. Ils ont plus de vigueur dans les climats froids. Cette force plus grande, qui est elle-même l'effet de la température, produit à son tour d'autres effets: par exemple, plus de confiance en soi-même, c'est-à-dire plus de courage; plus de connaissance de sa supériorité, c'est-à-dire moins de désir de la vengeance; plus d'opinion de sa sûreté, c'est-à-dire plus de franchise. La réunion de ces qualités et d'autres encore forme un certain caractère, variable seulement par les détails, uniforme dans le fond, et qui est celui des hommes du nord. — Par les raisons contraires, si les peuples des pays froids ont la vaillance des jeunes gens, ceux des pays chauds ont la timidité des vieillards. La chaleur du climat peut être si excessive que le corps y soit absolument sans force. L'abattement se communique aussitôt à l'esprit. Aucune curiosité, aucune noble entreprise, aucun sentiment généreux. Les inclinations sont toutes passives. La paresse fait le bonheur. La servitude même est moins insup-

Il faut bien le dire : nous ne trouvons dans les traités hippocratiques qu'une très-insuffisante réponse à cette question d'un intérêt capital en psychologie.

On ne peut douter que Hippocrate n'ait distingué l'intelligence dans l'âme et, dans l'intelligence, une faculté supérieure aux cinq sens. Dans le traité *De l'art*, il oppose les yeux de l'esprit à ceux du corps. Dans le traité *De l'ancienne médecine*, il félicite ses prédécesseurs d'avoir fait usage du raisonnement. Dans le traité *Des préceptes*, on s'en souvient, il veut que le médecin joigne à l'observation, qui s'arrête aux faits, le raisonnement, qui en tire des conclusions générales. Voilà bien l'intelligence conçue en sa partie supérieure. Mais il ne paraît pas avoir eu souci de préciser la nature et de déterminer le mode de développement de cette haute faculté intellectuelle.

Au contraire, les sens, si étroitement dépendants du corps et des organes spéciaux par lesquels ils s'exercent, semblaient devoir attirer de préférence l'attention d'Hippocrate. Ils ont du moins fixé celle de l'auteur du traité *Des lieux dans l'homme*.

Deux petites veines (évidemment les deux nerfs optiques), traversant les enveloppes du cerveau, se dirigent vers les yeux, et y apportent une humeur

---

portable que la force d'esprit nécessaire pour se conduire soi-même. C'est le caractère des hommes du midi. — On le voit : à vingt-deux siècles de distance, ce sont, sous une forme différente, des idées absolument semblables. Je ne dis pas que Montesquieu ait mis Hippocrate à contribution, je ne dis pas qu'il l'ait lu, je ne sais ; mais si cette analogie des pensées n'est que la rencontre de deux grands esprits méditant sur le même sujet, c'est une rencontre merveilleuse.

parfaitement limpide, qui est le propre instrument de la vision. C'est dans cette humeur que se réfléchissent les images des objets. Est-elle troublée, altérée, les images se déforment, et, au lieu des réalités, nous n'apercevons plus que de vains fantômes. Si elle se dissipe, les yeux devenus secs perdent la faculté de voir. Aussi la Nature lui a-t-elle donné le triple rempart d'une triple membrane.

De chaque côté de la tête, s'ouvre un chemin qui va rendre, à travers les enveloppes du cerveau, dans le cerveau même. Un son pénètre-t-il par ce double conduit, et arrive-t-il au cerveau, il y a audition. Toute la partie extérieure de l'oreille n'a d'autre rôle que de recueillir les sons, et de les rendre plus intenses en les concentrant.

Les narines, destinées à une autre fonction, ont aussi une autre constitution. Elles n'ont ni humeur, comme les yeux, ni ouverture, comme les oreilles : elles sont essentiellement formées d'une certaine substance spongieuse. Nous sentons l'odeur lorsque cette substance s'en est imprégnée.

Le goût a lieu par la langue, et le toucher par le corps entier. Ces deux derniers sens semblent participer de la grossièreté de leurs objets.

Voilà des indications bien incomplètes, et je n'ai nullement dessein de leur attribuer une importance qu'elles n'ont pas. Il est toutefois juste de remarquer que, vraies ou fausses, elles sont le résultat d'une méthode excellente, c'est à savoir l'observation appliquée aux organes, conditions et instruments de la sensation. Jusque-là, les philosophes s'étaient perdus dans les hypothèses des contraires agissant sur les contraires, des semblables modifiés par les semblables, des émanations, des images : Hippocrate, avec moins d'imagination et plus de bon sens, cherche dans l'étude des organes le secret des sensations, et, sur ce point encore, ouvre la voie où Aristote devait le suivre. Voilà son mérite. Son tort, c'est de n'avoir pas compris qu'il ne suffit pas d'étudier les sens dans les organes, qu'il faut encore les observer en soi-même par la conscience et la réflexion. Mais un médecin ne pouvait donner cette leçon aux philosophes.

VI. Quelles que soient les facultés de l'âme, et quelle que soit l'âme elle-même, il est un fait connu de tous, c'est que l'âme et ses facultés ont un double exercice, pendant la veille et pendant le sommeil. Ce grand phénomène du sommeil, qui nous paraîtrait si étrange s'il nous était moins familier, avait singulièrement frappé les anciens. Les poëtes eux-mêmes s'en étaient préoccupés, et, n'y remarquant que l'apparence, avaient cru y voir une image de la mort. Il appartenait aux médecins et aux philosophes d'y voir autre chose.

Autant qu'il est possible et permis d'en juger aujourd'hui, ce sont encore les philosophes qui auraient ouvert la marche. Il y a dans Héraclite une théorie du sommeil, laquelle fait partie de sa doctrine générale de l'intelligence universelle et de l'intelligence humaine.

Il faut rappeler cette doctrine assez étrange. Le principe des choses, c'est le feu, le feu divin. Ce feu divin est parfaitement intelligent, et voilà l'intelligence universelle, qui est partout, pénètre tout, enveloppe tout, comme le feu dont elle est inséparable. L'intelligence humaine n'est qu'une étincelle de cette atmosphère enflammée, étincelle localisée, emprisonnée dans l'organisation. Séparée de sa source, elle s'éteindrait bientôt ; mais les organes des sens sont comme des fenêtres par lesquelles le feu intérieur et le feu extérieur communiquent entre eux : ce qui permet à notre intelligence de se rallumer sans cesse à l'éternel foyer de l'intelligence divine. Là est le principe de toute lumière et de tout savoir.

De ces prémisses découle naturellement une certaine théorie du sommeil, qui paraît avoir été très-explicitement professée par Héraclite. Le sommeil est funeste à l'intelligence humaine, qu'il isole de l'intelligence divine. Ce qui constitue en effet le sommeil, c'est l'occlusion des sens qui, leurs organes fermés, se reposent. Mais les organes des sens fermés, toute communication est nécessairement interrompue entre le feu du dedans et celui du dehors, et notre esprit, privé de cet aliment nécessaire, devient incapable de penser. Il ne fait plus que rêver, c'est-à-dire divaguer. L'homme endormi, c'est l'homme déchu (1).

Hippocrate, qui a écrit un traité *Des rêves*, ou l'auteur inconnu de ce traité, se fait, comme on va le voir, une idée toute contraire de l'homme qui dort.

Il faut dire toutefois que les hippocratistes, peu d'accord entre eux, paraissent avoir professé des opinions différentes sur le sommeil et l'état de l'âme

---

(1) Sext. Empir., *Adv. Math.*, VI, VII, 126, 129. — Plutarq., *De superst.*, 3. — Voir *Des théories de l'Entend. humain dans l'antiquité*, p. 12-15.

sous son influence. Le lecteur se rappelle la page du traité *Du régime* ci-dessus analysée en ces termes : « Lorsque le sommeil s'empare du corps, le sang devient plus froid et son mouvement plus lent (1). Dès lors, les membres s'appesantissent, les paupières s'affaissent, *les idées se confondent, et la raison tombe du haut de la pensée dans le rêve.* » C'est le point de vue d'Héraclite. Le sommeil est considéré comme une cause de dégradation pour l'intelligence et l'âme. Et c'est encore cette même idée que l'on rencontre dans le traité *De la maladie sacrée*, où l'auteur cite les rêves et les phénomènes somnambuliques (2) comme des exemples d'erreurs et de délires causés par un état anormal du cerveau. Mais ce sont là des échappées et non une théorie du sommeil. Cette théorie ne se trouve que dans le traité *Des rêves*, et on a quelque droit de la considérer comme la vraie pensée hippocratique.

Le traité *Des rêves*, attribué à Hippocrate, est bien celui d'un médecin, et surtout d'un médecin ancien. Ce que l'auteur s'y propose, c'est de déterminer, par la nature des rêves, l'état de santé ou de maladie

---

(1) Remarquez l'analogie de cette idée avec cette définition moderne du sommeil : une anémie du cerveau. Les anciens, dans la nuit où ils observaient, observaient quelquefois fort bien.

(2) Voici le passage auquel je fais allusion : « Je vois des gens devenir, sans cause occasionnelle manifeste, maniaques et aliénés, et faire beaucoup de choses étranges. Il y en a qui dans le sommeil crient et gémissent ; certains se sentent pris de suffocation, d'autres sortent de leur lit, s'échappent de la maison et délirent jusqu'à ce qu'ils soient éveillés : après quoi ils se trouvent aussi bien portants, aussi sensés qu'auparavant (trad. Daremb., *Œuvr. chois. d'Hipp.*, p. 696). »

du corps, et de tracer à chacun les moyens hygiéniques ou curatifs qu'il doit employer selon qu'il a fait tel ou tel songe.

Mais d'où vient que les rêves révèlent ainsi la santé ou la maladie de ceux qui les font? On ne peut répondre à cette question qu'en examinant la nature du sommeil, et singulièrement l'état de l'âme dans le sommeil. Hippocrate se livre en effet à cet examen tout au commencement de son traité, et il est à regretter qu'il ne s'y livre qu'un instant.

Le sommeil est un phénomène exclusivement corporel, c'est-à-dire qu'il n'atteint que le corps. C'est le corps qui dort, et qui dort seul; quant à l'âme, elle veille dans le corps endormi, comme elle veille dans le corps éveillé : elle veille toujours.

Pendant le sommeil, l'âme accomplit toutes les opérations de la veille. Elle pense ; elle connaît même les choses sensibles, c'est-à-dire voit, entend, perçoit en général, *sans les organes des sens ;* elle se meut et elle marche ; elle se réjouit, s'afflige, s'irrite, éprouve tour à tour toutes les passions. Elle veille comme à l'ordinaire : la seule différence est qu'elle veille seule.

Mais cette différence en produit une autre, qui est considérable, et tout à l'avantage de l'âme. Lorsque le corps veille lui-même, l'existence de l'âme est comme partagée ; l'âme n'est pas entièrement à elle-même. Il faut, en effet, qu'elle pourvoie aux besoins du corps et à leur satisfaction ; il faut qu'elle prête son concours aux cinq sens ; il faut qu'elle s'emploie à mouvoir les membres ; il faut qu'elle donne ses soins à mille affaires. Mais le corps s'est-il endormi, l'âme s'appartient ; elle est indépendante et maîtresse absolue dans sa demeure ; elle pense par elle-même et pour elle-même, avec une netteté, une étendue et une puissance extraordinaires. Aussi celui qui connaîtrait ces pensées, c'est-à-dire ces rêves, et saurait les interpréter, pourrait-il être réputé sage entre les sages.

On comprend maintenant quelle est, dans l'opinion d'Hippocrate, la valeur des rêves en général, et par conséquent au point de vue médical. Et l'on s'étonnera moins de le voir tirer le plus sérieusement du monde les inductions les plus étranges des rêves évidemment les plus insignifiants.

Voici quelques exemples :

Inductions tirées des rêves où l'on voit le firmament serein ou trouble. — Lorsque le soleil, la lune, les astres et le ciel en général nous apparaissent éclatants et limpides, c'est signe de santé. Le contraire indique un état maladif. L'observation a appris que le ciel répond à la surface du corps, le soleil aux chairs, la lune aux cavités où sont les viscères. Le ciel est-il altéré, l'un ou l'autre de ces astres est-il obscurci, le siège du mal est dans la partie correspondante. Si le désordre du ciel est causé par l'air ou par les nuages, le mal est moins grave que s'il est produit par la pluie ou la grêle : celles-ci annoncent une altération dans les humeurs aqueuses et pituiteuses, qui se portent à la peau.

Inductions tirées des rêves où l'on voit des objets célestes tomber vers la terre. — Des astres brillants qui semblent se détacher du firmament, et se précipiter vers nous, marque de bonne santé. Cela signifie que les humeurs du corps, convenablement sécrétées et pures, se portent de la circonférence au centre, c'est-à-dire aux viscères. Or, c'est là une disposition excellente. Quelque globe sombre qui se dirige vers le couchant, pour se perdre dans l'air, dans la mer ou sur la terre, signe de maladie. La chute de ces tristes météores, dans l'air, annonce des fluxions à la tête; dans la mer, des affections abdominales; sur la terre, des amas d'humeurs à la partie périphérique.

Inductions tirées des rêves où l'on voit des rosées. — Lorsqu'on croit voir une rosée pure, qui rafraîchit l'atmosphère, signe de santé. L'âme dans ce cas a le sentiment des salutaires influences que le corps subit à son avantage. Voit-on, au contraire, d'impures et noires vapeurs se répandre dans l'air en l'obscurcissant : le corps est en mauvais état, et ce mauvais état est la conséquence d'émanations malsaines.

Il serait parfaitement superflu de multiplier ces exemples. Il suffit qu'on soit averti que Hippocrate ne tarit pas en indications de ce genre, que chaque songe expliqué est suivi de prescriptions thérapeutiques que je n'ai pas cru devoir reproduire, et enfin, que les songes, leur signification médicale et les remèdes appropriés sont le propre objet de ce traité.

Ces idées sur la nature du sommeil, la portée des songes et le traitement conforme aux affections *indiquées*, tout cela, qui nous paraît fort extraordinaire aujourd'hui, et sans fondement comme sans vérité, se conçoit fort bien à la date du traité hippocratique *Des rêves*; et témoigne même d'un généreux effort pour échapper aux explications théologiques, dont le moindre défaut est de ne rien expliquer. Si l'on se rappelle que, pendant la phase religieuse de la médecine grecque, les malades en traitement dans les

Asclépions s'endormaient par les soins des prêtres, révélaient par le caractère de leurs rêves, inspirés des Dieux, celui de leur mal, et étaient traités en conséquence, on comprendra d'abord que le traité hippocratique n'est dans son économie générale qu'une réminiscence ou un legs du passé. Mais on comprendra en outre que l'auteur de ce singulier petit livre, tout en admettant avec les prêtres d'Esculape la valeur médicale des songes, se refuse cependant à faire intervenir les Dieux, et préfère chercher, à un fait qui demanderait examen, une explication qui ne le supporte pas, mais qui a du moins le mérite d'être tout humaine et toute psychologique. C'est une chose fort remarquable que cette application des hippocratistes à expliquer naturellement les faits naturels. On en voit un frappant exemple au commencement du traité *De la maladie sacrée*, où l'écrivain démontre avec une extrême insistance et l'énergie d'une forte conviction que les Dieux sont encore moins les auteurs de cette immonde maladie que des autres. C'est la même défiance du *surnaturel*, comme nous dirions aujourd'hui, qui inspire l'auteur du traité *Des rêves*, et le conduit à chercher, non dans la volonté des Dieux, qui nous les enverraient, mais dans l'état de l'âme pendant le sommeil, la raison de la valeur *indicative* qu'il attribue aux songes des malades. Et cette première manifestation de l'esprit scientifique, à un tel moment, dans un tel milieu, ne fait pas médiocrement honneur à Hippocrate et à sa famille.

Mais si la théorie hippocratique a le mérite d'être d'ordre naturel, elle n'en est pas plus vraie pour cela. Elle a un premier tort, qui est de ne pas contrôler avant tout le fait à expliquer. Ce fait est-il réel, ou controuvé? Aristote, suivant encore en cela la trace hippocratique, ne tardera pas à faire ici la part du vrai et du faux. Il exposera avec une admirable précision qu'en certains cas, plus ou moins rares, tel état morbide du corps peut déterminer dans l'âme tel rêve, qui le traduit par quelque image analogue, et le déclare par conséquent (1). Mais de cette proposition particulière : il y a des rêves qui indiquent la maladie et par conséquent le remède, à cette proposition générale : tous les rêves de tous les malades sont des indications, il y a loin ; et si la première est une vérité incontestable, la seconde est une incontestable erreur. C'est cependant la proposition générale que l'auteur hippocratique s'efforce d'expliquer, après l'avoir acceptée les yeux fermés.

Or, l'explication n'est pas moins inadmissible que le fait lui-même. Si les songes sont des révélations, dit-on, ce n'est pas qu'ils nous viennent des Dieux ; ils nous viennent de l'âme seule (2). Fort bien ; mais quand on ajoute, pour rendre compte de ces révélations nocturnes, que l'âme veille encore lorsque le corps est endormi, et qu'étant alors affranchie des organes, elle s'élève au-dessus d'elle-même et pense supérieurement, on commet une double erreur. D'abord, l'âme n'échappe pas au sommeil. Lorsque le corps est endormi, l'âme est elle-même endormie.

---

(1) *De la divination dans le sommeil*, ch. I, II. Voir, dans la partie de cet ouvrage consacrée à Galien, l'exposition complète de la très-profonde et très-intéressante doctrine d'Aristote sur le sommeil.

(2) Il serait plus juste de dire : l'âme en sa naturelle connexion avec le corps.

Dans l'homme qui dort, tout dort, l'âme comme le corps, la pensée comme la vie. Car, s'il en était autrement, si l'âme pensante demeurait éveillée, s'expliquerait-on l'incontestable différence de la pensée proprement dite et du rêve, qui en est la dégradation, quelquefois l'exaltation, mais toujours la confusion dans l'incohérence? D'ailleurs, ne sentons-nous pas notre âme s'endormir peu à peu le soir, après la fatigue et l'épuisement du jour, et se réveiller graduellement le matin, après le repos réparateur de la nuit? Dans le premier cas, les paupières alourdies se ferment, les perceptions s'éteignent, les idées indécises et vagues flottent au hasard, et la pensée, en quelque manière désagrégée, se perd, s'évanouit dans l'inconscience et l'inertie. Dans le second, nous la sentons renaître d'elle-même, secouer sa torpeur, renouer les fils brisés, se ressaisir, et finalement se posséder et se gouverner en pleine conscience et en pleine activité. L'âme pensante a donc son sommeil, comme le corps vivant le sien ; et ce sont là deux faits désormais mis hors de doute par une observation impartiale et complète (1).

Ce qui n'est pas moins faux que la conception de

---

(1) Cette question du sommeil corporel et spirituel était naguère encore contradictoirement résolue. Jouffroy avait reproduit la théorie hippocratique de l'âme continuant de veiller dans le sommeil du corps (*Mélanges*). Alb. Lemoine soutenait au contraire que la vie de relation seule s'endort, et que la vie organique, sans tomber dans le sommeil, qui serait la mort, se repose néanmoins par l'alternative de deux mouvements contraires et successifs, tels que la diastole et la systole du cœur, l'inspiration et l'expiration des poumons, etc. (*Du sommeil*, ch. I.)

l'âme perpétuellement vigilante, c'est celle de l'âme trouvant dans son affranchissement des organes plus de force avec plus de liberté, plus de lumière avec plus de puissance. Cette idée de l'âme soustraite à la servitude organique dans les conditions de la vie terrestre n'est pas moins qu'un non-sens. Il n'est pas plus possible de penser sans les organes que de vivre sans les organes. Si le cerveau, singulièrement, n'est pas le principe de la pensée, il en est tout au moins l'instrument nécessaire. Tel cerveau, telle pensée ; tel état du cerveau, tel état de la pensée : voilà l'indéniable vérité. D'où cette conclusion que, si l'âme pouvait veiller dans le sommeil du corps, elle serait cent fois plus empêchée ; loin d'échapper à ses chaînes, elle les sentirait peser plus lourdement sur elle. Mais elle partage le sort de l'organisation, et répond à l'engourdissement des organes par l'engourdissement consécutif de ses facultés.

De tout cela il appert qu'il y a peu à recueillir dans le traité hippocratique *Des rêves*. Mais n'est-ce pas déjà beaucoup d'avoir agité de telles questions à une telle époque, et se pouvait-il que le premier mot de l'hypnologie en fût le dernier ?

ORIGINES DE LA PHILOSOPHIE HIPPOCRATIQUE

Au terme de cette laborieuse exposition de la philosophie d'Hippocrate et des hippocratistes, il serait intéressant de résoudre cette question : — Ces théories logiques, morales, physiques, sont-elles originales, ou empruntées? empruntées aux médecins antérieurs, ou aux philosophes? empruntées dans quelle mesure?

Mais c'est là un problème qui semble défier la curiosité moderne. En effet, pour juger si les idées philosophiques des hippocratistes sont nouvelles, ou seulement renouvelées des médecins et des philosophes du passé, il faudrait connaître les doctrines de ces médecins et de ces philosophes : or nous connaissons très-imparfaitement celles des philosophes, et point du tout celles des médecins.

Qu'il y ait eu un grand développement philosophique avant Socrate, personne ne l'ignore. Les noms et la succession des écoles, leurs caractères distinctifs, leurs systèmes en ce qu'ils ont de plus général, on sait cela à peu près. Mais les théories particulières, les détails nous échappent complètement. Ces détails, ces théories particulières pourraient donc avoir inspiré les hippocratistes sans que nous eussions aucun moyen de le reconnaître. Et si l'on songe que tous les philosophes de cet âge se sont fort occupés de médecine, ont même écrit des traités de médecine, comme le lecteur a pu le voir dans notre introduction, on se dira nécessairement que ces lacunes dans les documents dont nous disposons peuvent dissimuler bien des emprunts.

Qu'il y ait eu un grand développement médical avant Hippocrate, c'est ce qui n'est plus contesté aujourd'hui. Tous les critiques, Houdart, Littré, Daremberg, pour ne citer que les français, ont remarqué l'inexactitude du titre glorieux de *Père de la médecine* décerné à Hippocrate. Hippocrate lui-même parle en maints traités, en maints endroits, de ses prédécesseurs et de leurs travaux; il recommande de les étudier, soit pour profiter de leurs découvertes, soit pour corriger leurs erreurs, esquissant ainsi, on l'a vu, les principaux traits de la méthode historique. On sait d'ailleurs que l'école de Cos datait de loin; qu'il en était de même de l'école de Cnide; qu'elles avaient été précédées de l'école de Rhodes, un moment florissante; qu'avant ces écoles asclépiadéennes, il y avait eu les écoles de provenance philosophique, notamment celles de Crotone et d'Agrigente; qu'on avait écrit dans toutes ces écoles : en sorte que, avant l'époque hippocratique, il y avait un long passé médical, une riche littérature médicale, où les hippocratistes avaient pu puiser à pleines mains. Mais que savons-nous de cette riche littérature? Rien. De ce long passé? Rien. Tout a péri. Les plus anciens livres de médecine que nous puissions lire, ce sont les livres hippocratiques. Impossible, par conséquent, de savoir ce qu'ils doivent ou ne doivent pas à leurs aînés.

Dans ce dénûment, il est peut-être permis cependant de hasarder quelques conjectures en faveur de l'originalité des idées philosophiques d'Hippocrate et des siens.

Que d'une manière générale ils doivent beaucoup comme philosophes à la médecine et à la philosophie antérieures, je n'aurais garde de le nier. Si fort qu'on soit le fils de ses œuvres, on l'est aussi des œuvres de ceux qui ont précédé. Mais, outre cette filiation générale, qui fait la continuité de la tradition et le progrès, en est-il une plus particulière, et y a-t-il lieu de supposer que les hippocratistes aient mis à contribution leurs devanciers sur tel ou tel point spécial de logique, de morale et de physique? Il ne paraît pas.

A prendre la Logique hippocratique en ce qu'elle a d'essentiel, on a droit d'en faire honneur à Hippocrate personnellement. C'est, en effet, le témoignage de Platon, qui devait savoir à quoi s'en tenir. Le lecteur a vu Platon élever aux nues la *méthode d'Hippocrate*, et déclarer qu'il ne peut mieux faire que de l'appliquer à la résolution du problème qu'il agite en cet endroit du *Phèdre*. Platon appellerait-il cette méthode la *méthode d'Hippocrate*, si celui-ci l'eût extraite des ouvrages des médecins ou des philosophes de l'âge antérieur? Ou peut-on supposer que ces ouvrages, lus et copiés par Hippocrate, fussent inconnus de Platon, son contemporain, ou peu s'en faut? — Quant aux parties accessoires, il ne semble pas non plus qu'elles aient pu être empruntées. Lorsque l'auteur du traité *De l'ancienne médecine* blâme l'introduction dans les études médicales des recherches cosmologiques, évidemment il ne s'inspire pas du passé, puisqu'il lui fait le procès. Lorsque l'auteur du traité *De l'art*, luttant *pro aris et focis*, fait une si belle défense contre les détracteurs de la médecine, contre ces sophistes *qui se font un art d'avilir les arts*, évidemment il ne prend rien à personne, puisqu'il a affaire à des contemporains, comme on le devinerait à l'ardeur qu'il déploie, si l'on ne savait d'ailleurs que les sophistes sont de cette époque, et si l'on ne faisait cette réflexion que la médecine, avant d'être attaquée, devait avoir fourni une assez longue carrière pour laisser voir ses endroits faibles et ses imperfections.

Je jurerais que la Morale hippocratique est bien originellement hippocratique. D'abord, elle est trop spécialement médicale pour que les philosophes aient pu y contribuer en rien. La morale était d'ailleurs la moindre de leurs préoccupations. Il y a bien Socrate, qui eût pu communiquer à Hippocrate quelque chose de l'élévation morale de ses sentiments et de ses pensées; mais Socrate est un contemporain, et n'est jamais sorti d'Athènes, où vraisemblablement Hippocrate n'est jamais entré. On ne peut admettre une influence tout à la fois si lointaine et si rapide. Quant aux médecins anciens, ils n'ont rien fourni, parce qu'ils n'ont rien pu fournir. La nature même des obligations médicales inscrites sur les listes hippocratiques s'y oppose. Les devoirs envers les maîtres et leurs enfants, envers les disciples; le devoir de réserve envers les femmes et les jeunes gens; le devoir de discrétion, tout indique une époque fort postérieure à la phase religieuse de la médecine grecque, c'est-à-dire relativement récente. Il en faut dire autant, et à plus forte raison, des détails sur la tenue, sur la fréquence des visites, sur le traitement moral;

autant, et à plus forte raison encore, des prescriptions concernant les honoraires et les consultations. Une longue pratique médicale, au grand jour et en pleine liberté, des abus souvent répétés ont dû amener lentement ces préceptes, qui ne se présentent pas à l'esprit d'abord et d'eux-mêmes.

On pourrait avec plus de vraisemblance douter de la nouveauté de la Physique hippocratique. Sur un terrain si longtemps exploré, et en tous sens, par les philosophes et les médecins de l'âge cosmologique, il était difficile que les hippocratistes fissent de grandes découvertes, surtout les circonstances scientifiques étant restées les mêmes. Et cependant si, sur certains points il y a reproduction, sur d'autres, en plus grand nombre, il y a manifestement invention. L'auteur du traité *Des airs* emprunte sans doute sa définition de l'âme, partie à Diogène d'Apollonie, partie aux philosophes qui la mettent dans le sang ; mais à qui l'auteur du traité *De la maladie sacrée* emprunte-t-il sa théorie du siège de l'âme dans le cerveau ? à personne évidemment, puisque personne, ni parmi les médecins ni parmi les philosophes, n'avait songé à la localiser dans cet organe. Or cette localisation est d'autant plus remarquable que l'auteur ne renonce pas à la théorie de l'âme-souffle, à laquelle Diogène avait assigné le cœur pour centre et pour foyer. La théorie des tempéraments semble nouvelle : toujours est-il qu'elle diffère essentiellement de celle de Parménide, puisqu'elle substitue à la contrariété du chaud et du froid celle du sec et de l'humide ; et qu'elle la surpasse, puisqu'elle note, non sans exactitude, le double mouvement de l'âme allant aboutir et se perdre en haut dans la manie, en bas dans l'idiotisme. La théorie des climats est trop étendue, trop précise, trop évidemment le résultat d'une attentive et pénétrante observation pour n'être pas personnelle. La théorie des facultés de l'âme n'est qu'une ébauche, mais dans cette ébauche il y a lieu de noter un progrès sur tous les philosophes et médecins connus, à savoir l'explication des sensations par la structure et la configuration des organes des sens. Enfin, la théorie du sommeil, au moins celle du traité *Des rêves*, tranche assez avec l'apparence et tout ensemble la réalité, pour être à bon droit considérée comme la création d'un esprit désireux d'expliquer, sans intervention de la Divinité, ce qu'il croit, avec presque tous les anciens, apercevoir de merveilleux dans les pensées de la nuit, dans les songes.

Si ces conjectures sont vraies, comme il semble bien, il en résulte que les hippocratistes n'ont pas seulement donné à la médecine de leur temps et de leur école la philosophie qui lui convenait, mais qu'ils l'ont faite de toutes pièces, et pour ainsi dire tirée de leurs entrailles, ou plutôt, pour rappeler une de leurs idées les plus heureuses, de leur *cerveau*.

GALIEN

Il n'en est pas de Galien comme d'Hippocrate. Le médecin de Pergame nous est aussi connu que le médecin de Cos nous l'est peu. Tandis que celui-ci, type de son école, se confond avec elle, dans sa gloire, celui-là, nettement distinct de tout ce qui l'entoure, nous apparaît dans tout le relief de son originalité et de son génie particulier. Hippocrate est un personnage légendaire, Galien un personnage historique.

Sa vie n'a rien de mystérieux. Les évènements dont elle est tissue ne sont pas des fables, mais des faits. Tout y est clair, précis, certain : le lieu et la date de sa naissance, le nom et la condition de son père, son éducation, sa vocation philosophique et sa destination médicale (1), ses maîtres, ses voyages pour s'instruire, sa fonction professionnelle à Pergame, ses deux séjours à Rome, d'où il est chassé par le dégoût que lui inspirent les intrigues et les violences de ses confrères, où il est rappelé par la faveur de deux empereurs, son retour définitif dans sa patrie, où il meurt, en lui laissant sa gloire avec

(1) Il nous dit lui-même qu'il se serait voué aux méditations philosophiques, si son père, averti par un songe, ne lui eût imposé la carrière médicale.

sa dépouille. C'est à peine si la critique remarque et regrette quelques lacunes dans cette suite de documents, quelques détails obscurs dans ce lumineux ensemble.

Ses écrits n'ont rien d'équivoque. Les *OEuvres complètes de Galien* ne sont pas, comme la *Collection hippocratique*, un assemblage désordonné de traités d'origines diverses, mais la réunion authentique de compositions sorties de la même source abondante, le génie du maître. Quelques rares apocryphes, connus comme tels, tempèrent cette assertion sans la démentir. Nous avons même cette fortune de trouver, parmi les œuvres galéniques, deux petits traités intitulés : le premier, *De mes écrits*, le second, *De l'ordre de mes écrits*, qui, rapprochés et complétés l'un par l'autre, nous sont comme un fil pour nous diriger dans les complications de ce labyrinthe d'écrits si nombreux et si divers. Le traité *De mes écrits* est une véritable classification, où les ouvrages de Galien sont soigneusement distribués en un certain nombre de catégories : commentaires; livres anatomiques, thérapeutiques, prognostiques ; livres sur la méthode, sur celle des empiriques et des méthodiques, sur la vraie, qui est la démonstrative ; livres de philosophie morale ; livres sur les différentes écoles philosophiques, le platonisme, l'aristotélisme, le stoïcisme, l'épicurisme. Le traité *De l'ordre de mes écrits* a pour objet d'indiquer, non l'ordre dans lequel ils doivent être rangés, c'est-à-dire l'ordre logique, mais celui dans lequel ils doivent être étudiés, c'est-à-dire l'ordre psychologique. On ne saurait désirer ni plus de renseignements ni plus de clarté, et il n'est que juste de dire que les *OEuvres complètes* de Galien nous le rendent présent et vivant.

Elles ont cependant un défaut, ces *OEuvres complètes :* elles sont incomplètes. Elles renferment tout ce qui reste, non tout ce qui fut. Or, entre ce qui reste et ce qui fut, l'écart est grand. Sans doute, nous possédons l'essentiel, du moins en médecine. Les œuvres capitales, magistrales, sont là, sous nos yeux, dans ces énormes et vénérables in-folio, où nous pouvons les lire, les apprécier, les goûter ou les critiquer. Nous pouvons entrer de plain-pied dans la pensée de Galien, nous y orienter et nous y mouvoir avec confiance. Voilà la face de la médaille. Nous avons le droit de nous y complaire ; mais nous avons le devoir de ne pas oublier le revers. Si les œuvres qui ont survécu sont nombreuses, celles qui ont péri le sont peut-être encore plus. En supposant que Galien n'ait pas commis d'omissions dans ses catalogues, ce dont il est permis de douter (1), c'est par centaines que se comptent

---

(1) Dans la première page du traité *De l'ordre de mes écrits*, il se montre en effet très-peu empressé de communiquer et de transmettre ses écrits, à cause des dispositions des savants contemporains, médecins et philosophes, lesquels n'usent d'aucun discernement, d'aucun désintéressement dans le choix des livres et des maîtres. Il y a là une peinture de mœurs scientifiques qui vaut la peine d'être reproduite. « Ce n'est pas sans raison que tu me demandes l'ordre de mes livres, car ils n'ont tous ni le même but, ni le même mode de composition. Quelques-uns ont été écrits à la prière de mes amis et pour leur faire plaisir, d'autres pour guider les premiers pas des jeunes gens. Ni dans les uns, ni dans les autres, je ne me suis proposé de passer de mains en mains et d'arriver à la postérité, car je voyais le peu de cas que l'on fait de ceux qui ont été écrits dans les siècles antérieurs.

les traités dont il ne subsiste plus que les titres. La seule liste des œuvres morales comprend vingt-trois traités : vingt-deux sont perdus. La liste des œuvres logiques en comprend trente-deux : trente-et-un sont perdus. Toutes les œuvres d'histoire de la philosophie et de la médecine, sauf deux ou trois exceptions, ont disparu. Quoique les œuvres proprement médicales aient moins souffert, les lacunes sont loin d'être rares. Or il ne se peut pas que, parmi ces traités qui ne répondent pas à l'appel de la critique, plusieurs n'eussent un sérieux intérêt. Au témoignage même de Galien, les deux traités absents *De la démonstration* et *Des mœurs*, avaient une importance capitale en logique et en morale. La médecine elle-même a fait des pertes regrettables. Voici donc, en résumé, notre situation vis-à-vis de Galien : nous avons affaire à un être personnel, nullement collectif; à des livres certainement authentiques, écrits de la même plume, animés du même esprit ; mais ces

Les médecins ne se font pas faute d'admirer tels ou tels ouvrages, quoique peu versés dans l'art de la démonstration et hors d'état de distinguer les discours vrais des faux; mais ils les admirent, ou parce que leurs pères ont été empiriques, dogmatiques, méthodiques ; ou parce qu'ils ont des maîtres ou des amis dans telle de ces sectes ; ou parce que l'une d'elles a le pas sur les autres dans la ville. De même, en philosophie, c'est pour des motifs tout aussi misérables qu'on choisit une école et qu'on se range à la suite des platoniciens, des péripatéticiens, des stoïciens et des épicuriens. C'est pourquoi, persuadé que si les Muses même écrivaient un livre, il ne serait guère mieux reçu que les écrits du premier ignorant venu, je ne désirais nullement faire part de mes travaux au public. Mais ils étaient aux mains de plusieurs, bien malgré moi, car vous savez avec quelle peine je communique mes méditations à mes amis. »

livres ne sont qu'une partie des œuvres galéniques, de sorte que si, en l'état des choses, c'est-à-dire des textes, nous pouvons connaître sûrement les idées et les théories de Galien, nous ne pouvons les connaître ni toutes ni tout entières.

Cela est vrai de la médecine, mais bien plus de la philosophie; car, ainsi qu'il a été dit, et qu'on peut le constater par la facile comparaison des éditions les plus complètes de Galien et de ses listes, les pertes de la philosophie sont bien plus grandes que celles de la médecine. Ce qui est tout simple. Les œuvres médicales intéressaient naturellement les médecins : protégées par ce juste souci, elles ont surnagé ; les œuvres philosophiques ne touchaient beaucoup ni les médecins, trop indifférents à la philosophie, ni les philosophes, qui la cherchaient ailleurs : trahies par ce dédain immérité, elles ont sombré. D'où il suit que la totalité de la philosophie galénique nous échappe nécessairement, que nous n'en pouvons acquérir, par une lecture fragmentée, qu'une connaissance fragmentaire.

La philosophie galénique était absolument complète, soit au point de vue proprement philosophique, soit au point de vue médical. Galien est bien autrement philosophe que les médecins des sectes alexandrines, que les hippocratistes eux-mêmes ; non pas peut-être par la profondeur des vues, mais par l'étendue et la variété. Les hippocratistes ont bien dit, en un passage remarquable, que l'alliance de la philosophie est nécessaire à la médecine, et que, accomplie dans l'esprit du médecin, elle l'égale aux Dieux : en conséquence de quoi, appliquant la première de ces sciences à la seconde, ils ont constitué une logique, une morale, une physique médicales; mais Galien a fait plus. Il a écrit sous ce titre : *On n'est bon médecin qu'à la condition d'être philosophe*, un livre pour montrer combien il importe au médecin qui veut mériter ce titre de posséder la philosophie, non-seulement en spéculatif, mais pratiquement, d'une manière générale et à la fois spéciale à son art. S'il est étranger à la physique, comment le médecin connaîtra-t-il les maladies sans le corps, le corps sans l'âme, l'homme sans le monde? S'il est étranger à la morale, où trouvera-t-il assez de force et de constance pour vaincre les difficultés de son art, assez de désintéressement et de vertu pour résister aux tentations? S'il est étranger à la logique, qui lui apprendra l'art de constater les faits, de scruter les causes, de déduire les remèdes? Et Galien, joignant l'exemple au précepte, a fait dans ses œuvres, comme dans ses études, une large place à toutes les parties de la philosophie, de la philosophie en elle-même et de la philosophie appliquée. Ses listes en font foi. Il avait une logique générale, témoin les traités *De la démonstration,— Des choses requises pour la démonstration,—Du nombre des syllogismes,—De l'exemple, — De l'induction*, etc.; et une logique médicale, témoins les traités *Des sectes aux étudiants;— De la meilleure secte à Thrasybule. — De la secte démonstrative*, etc. Il avait une morale générale, témoin les traités *Des mœurs,—Des passions et des fautes de chacun, comment les discerner et les traiter, — Des différents genres de vie et de leurs conséquences,— Exhortations aux arts, — De l'exercice*, etc.; et une morale médicale, témoins les traités *Discours contre les sectes,—De la calomnie et de la vie privée, — De la pudeur*,—*Des testaments*, etc. Il avait une physique générale, témoins les traités *Des éléments*, — *Des dogmes d'Hippocrate et de Platon* (l. VIII), — *Des facultés naturelles*,—*De l'usage des parties*, etc. ; et une physique médicale, témoins les traités *Que les mœurs de l'âme suivent le tempérament du corps*, — *Des parties de l'âme et de ses facultés*, etc. C'était, on le voit, un système complet, universel de philosophie générale et un système non moins complet, non moins universel de philosophie médicale, servant de préparation, d'introduction et de commentaire à la médecine ; c'était la philosophie tout entière éclairant la médecine de sa lumière et la nourrissant de sa sève.

Mais de toutes ces doctrines philosophiques et de toutes ces applications médicales, que nous reste-t-il ? Des débris infiniment précieux, mais des débris. Le temps a démantelé l'édifice si complaisamment élevé par les savantes mains de Galien, et ne nous laisse à visiter çà et là que des pans de murs à demi écroulés, quelques salles intactes, quelques tourelles encore debout : glorieux vestiges d'un monument qui eût dû être éternel. Voici la logique, ou ce qui fut la logique : la théorie de la méthode générale de démonstration géométrique, applicable à toutes les sciences sans exception, manque à peu près complètement ; la théorie de la méthode médicale, cas particulier de la précédente, subsiste seule ; encore y faut-il regretter de très-graves lacunes. Voici la morale : trois études sur trois points d'un intérêt général : l'obligation du travail intellectuel, ou de l'étude ; l'utilité et l'efficacité des exercices corporels, et singulièrement des jeux ; le perfectionnement intérieur par le discernement et le traitement de la passion dominante et de la faute habituelle; c'est tout. Rien sur les devoirs particuliers du médecin, si ce n'est quelques titres plus ou moins énigmatiques, qu'il faut interpréter avec plus ou moins de vraisemblance. Voici enfin la physique : des recherches et des controverses, aujourd'hui un peu surannées, sur les éléments dans l'univers et dans les corps vivants, c'est-à-dire une esquisse de cosmologie; de nombreuses et belles discussions sur l'âme et son essence, sur les facultés et leur siège, sur la raison, par où il faut entendre les facultés de sentir et de mouvoir, sur le libre arbitre, ou ce qu'on nomme ainsi, sur le sommeil, sur l'habitude, sur la maladie, et les modifications que ces états apportent à la pensée comme à la vie, c'est-à-dire une psychologie très-savante et presque complète; quelques idées sur l'existence et la nature de Dieu, servant de conclusion à un traité sur l'appropriation des organes aux fonctions, c'est-à-dire une sorte de théologie très-sommaire : telles sont les portions survivantes de la science galénique de la nature, les deux dernières étroitement rattachées à la médecine, l'une par la nature même de son objet, l'autre par l'occasion qui l'amène, et par la manière dont elle est traitée. En résumé, des fragments, quelques-uns considérables, il est vrai, et des fragments entre lesquels il n'est souvent ni naturel ni possible d'établir un lien logique.

Mais du moins ces fragments ont une incontestable valeur, soit par leur intérêt intrinsèque, soit par les lumières qu'ils projettent sur la médecine, sur la philosophie et sur l'époque où ils ont été écrits.

LOGIQUE DE GALIEN

Galien s'est appliqué de toute son intelligence et de toute son âme à la philosophie tout entière. Mais, s'il n'a négligé, ni la physique ni la morale, il est juste de dire que la logique paraît avoir eu ses préférences. Il s'en montre préoccupé sans cesse et par dessus tout. La question de la méthode à suivre, soit pour juger les découvertes des autres, soit pour en faire soi-même, est à ses yeux la question capitale : elle domine la médecine comme la philosophie, la philosophie comme la médecine (1). Or, la question de la méthode, si on l'embrasse dans toute son étendue, n'est pas moins que la logique tout entière.

Il faut lire Galien nous rendant compte de son état mental, de ses soucis intellectuels à l'entrée de la carrière, et finalement de la méthode qu'il découvrit, dans le onzième chapitre de l'opuscule *De mes propres écrits*, chapitre qui est comme son *Discours de la méthode*. Il est impossible, en effet, en parcourant ces pages intéressantes, de ne pas rapprocher Galien de Descartes, avec lequel il a, ici, de frappantes analogies.

Galien remarqua de bonne heure que les hommes, divisés de sentiments sur toutes choses, sont sans

---

(1) *De mes propres écrits*, ch. II.

cesse occupés à démontrer leurs propres opinions et à réfuter celles des autres. Il jugea donc nécessaire, dans cet universel conflit, d'avoir un moyen sûr de discerner le vrai du faux. C'est pourquoi il s'adressa aux philosophes, qui se font fort, dans la partie logique de leurs systèmes, d'enseigner l'art de penser juste et de juger droit. Il voulait apprendre d'eux quelle est la méthode qui met celui qui la possède en mesure, d'une part, d'apprécier les arguments d'autrui, s'ils sont rigoureusement démonstratifs, ou si, comme la fausse monnaie, ils n'en ont que l'apparence; et, d'autre part, d'arriver soi-même, en suivant une certaine voie, à la découverte de la vérité en tout genre de recherches. Il s'adressa, dans ce dessein, aux péripatéticiens et aux stoïciens les plus célèbres de l'époque, et apprit sous leur direction un grand nombre de théorèmes logiques. Mais, à un examen attentif, il se convainquit que toutes ces belles connaissances ne servaient en rien à l'art de la démonstration. Ce n'étaient que des questions oiseuses, faites pour amuser la curiosité, et non pour éclairer et guider l'esprit. La plupart étaient d'ailleurs fort controversées, et quelques-unes contraires à la saine raison. Il se serait jeté de désespoir entre les bras des pyrrhoniens; mais la lumière lui vint d'un autre côté. Il avait étudié avec son père, qui les avait lui-même apprises de ses parents, l'arithmétique, la géométrie, l'astronomie et la dialectique (1). Or, la certitude était là, car les prédictions des éclipses, les indications des cadrans solaires et

---

(1) Voir la même pensée plus développée dans l'opuscule *De l'ordre de mes écrits*.

des clepsydres sont incontestablement vraies. Il pensa donc qu'il devait abandonner les philosophes, qui ne s'entendent jamais entre eux, et pas toujours avec eux-mêmes, et demander à ces sciences la démonstration vraiment démonstrative, qui est la démonstration par les figures et les lignes, en un mot, la démonstration géométrique (1). C'est à cette méthode qu'il s'arrêta, comme à la seule vraie, dans la recherche comme dans la discussion, en philosophie, en médecine et en toutes choses. Il commenta les ouvrages logiques d'Aristote, sauf le traité des Dix Catégories, ceux des stoïciens et surtout de Chrysippe, mais seulement pour s'exercer. Quant à la notion définitive de la démonstration géométrique, c'est dans les entretiens de son père, dans la méditation des sciences, c'est-à-dire des mathématiques, et dans ses propres réflexions, qu'il la puisa. Il l'exposa ensuite dans un grand nombre d'ouvrages, qui s'y rapportent diversement (2), mais surtout dans son traité *De la Démonstration*, qui ne comprenait pas moins de quinze livres (3).

Voilà le logicien dans Galien. On voit quelle importance souveraine il attache à la question de la méthode, et comment il la résout à la fois en disciple

---

(1) Il avait écrit un traité : *Que la démonstration géométrique est préférable à celles des stoïciens* (*De mes propres écrits*, ch. XVI).

(2) Voir la liste de ces ouvrages : *De mes propres écrits*, ch. XI, *Sub fine*.

(3) Cet important ouvrage, malheureusement perdu, n'est pas seulement cité dans ce onzième chapitre du traité *De mes propres écrits*, mais partout, notamment dans les traités : *De l'ordre de mes écrits; De la meilleure méthode d'enseigner*, sub fine : *De l'art de conserver la santé*, ch. I. V ; etc., etc.

et en maître; en disciple, car la méthode qu'il préconise, c'est la méthode de démonstration des péripatéticiens et des stoïciens; en maître, car, versé dans les mathématiques, il en fait la méthode de démonstration géométrique. On voit aussi que cette méthode est à la fois universelle, car elle convient à tout généralement, soit pour juger ou pour inventer, et particulière, car elle convient spécialement à la médecine, soit qu'il s'agisse de choisir entre les différentes sectes la meilleure, soit qu'il s'agisse de faire des découvertes et de pousser la science en avant (1).

Cette méthode de démonstration géométrique étant tout ensemble celle de la philosophie, celle de la médecine, celle de toute science véritable, Galien n'a pas pu n'en pas tracer la théorie générale. C'était sans nul doute l'objet de traités comme ceux-ci : *Que la démonstration géométrique est supérieure à celle des stoïciens; — Des choses requises pour la démonstration; — Des propositions sous-entendues dans l'énoncé des démonstrations; — Des démonstrations suivant le sujet auquel elles se rapportent; — De la démonstration par l'impossible; — Des hypothèses; — De l'usage des syllogismes formés de propositions mêlées* (2), etc., etc. C'était aussi, en grande partie, l'objet du traité *De la démonstration,* puisque Galien y renvoie sans cesse philosophes et médecins, comme

(1) Le caractère à la fois général et spécial de la méthode de démonstration géométrique ne ressort pas seulement du chapitre que je viens d'analyser, mais des traités *De mes propres écrits, De l'ordre de mes écrits,* et de tous les passages où Galien parle méthode, et ils sont innombrables.

(2) *De mes propres écrits,* ch. II, XII.

aussi tous ceux qui se mêlent de discuter ou de proposer quelque théorème. D'ailleurs, il était trop profondément imbu de philosophie pour ne pas procéder philosophiquement, c'est-à-dire pour ne pas s'élever d'abord à la plus grande généralité possible. — Mais il était médecin aussi, médecin écrivant, parlant et pratiquant. A ce titre, il devait joindre à sa théorie générale de la démonstration géométrique, une théorie particulière de la même démonstration spécialement appliquée à l'art médical. C'est certainement ce qu'il a fait encore dans le traité *De la démonstration*, où il s'occupait de médecine, comme il convenait à un médecin, puisqu'il nous apprend lui-même qu'il discutait certains dogmes d'Asclépiade, dans les Ve, VIe et XIIIe livres de ce traité (1) ; puisqu'il dit en propres termes à un médecin à qui il adresse l'opuscule *De l'ordre de mes écrits :* « A toi, mon cher Eugène, et à ceux qui se livrent exclusivement à la médecine, notre traité *De la démonstration* peut suffire ; ceux qui se sont voués à la philosophie devront lire aussi les autres. » D'où il paraît clairement que Galien a tracé tout à la fois dans ses très-nombreux traités de logique la théorie générale de la démonstration géométrique applicable à tout, et une théorie particulière de la démonstration géométrique applicable à la médecine singulièrement.

(1) *De l'ordre de mes écrits.*

LA MÉTHODE GÉNÉRALE.

De la théorie générale de la démonstration géométrique nous ne pouvons savoir que bien peu de chose aujourd'hui. Les commentaires de Galien sur les traités de logique péripatéticiens et stoïciens, où il l'indiquait peut-être, les divers traités que je nommais tout à l'heure, y compris celui *De la démonstration*, où il l'exposait certainement, ont péri en totalité. — Il nous reste bien un traité *Des sophismes qui tiennent à la diction*; mais ce n'est, à propos d'un passage obscur d'Aristote, qu'une ingénieuse théorie du double sens des mots, et une non moins ingénieuse classification des différentes sortes d'ambiguïtés. — On a bien découvert, il y a quelques années, au mont Athos, un manuscrit de l'*Introduction logique* (1); mais, en supposant cet ouvrage authentique, ce qui est contesté (2), il n'a guère d'intérêt que parce qu'on y trouve une allusion à cette 4° figure du syllogisme, négligée par Aristote, et dont les Arabes attribuent la découverte à Galien. Ni dans l'un ni dans l'autre ouvrage, rien qui soit de nature à nous renseigner sur la démonstration géométrique en général, et à nous apprendre au juste en quoi elle diffère de la démonstration telle que l'entendaient Aristote, Chrysippe et leurs disciples.

S'il nous vient sur ce point quelque lumière, ou plutôt quelque lueur, c'est de traités où nous ne songerions à chercher rien de tel. L'un, en effet, *Des*

---

(1) Publié par Mynas, Paris, 1844, chez Didot.
(2) M. Prantl, *Histoire de la logique*, p. 560 et 581.

dogmes d'Hippocrate et de Platon, est tout historique, comme l'indique le titre ; et l'autre, *Du discernement et du traitement des fautes*, est tout moral, au moins par l'objet. Ils n'en renferment pas moins, le second surtout, quelques indications précieuses sur la démonstration géométrique.

Dans le premier, Galien distingue la démonstration géométrique de tout ce qui n'est pas elle, à savoir : l'argumentation sophistique, qui n'est qu'une ruse des habiles, à l'effet de tromper les simples ; l'argumentation oratoire, qui n'est qu'une pompe destinée à éblouir la multitude ; et l'argumentation dialectique, qui n'est qu'un art ingénieux d'enseigner aux jeunes gens les vérités que l'on sait, ou de réfuter ceux qui les nient ou les travestissent (1). Cette démonstration géométrique, il en indique aussi le point de départ et le procédé. Le point de départ, c'est le principe. Car, en toute recherche, il y a un principe qui domine tout le sujet, et qu'il faut d'abord mettre en lumière, sans quoi on irait à la dérive, on s'égarerait loin du grand chemin en des sentiers perdus. Le procédé, c'est, une fois le principe découvert, grâce à l'évidence des sens et de l'intelligence, de chercher, à la lumière du même *critère*, une seconde vérité qui s'y rattache logiquement, puis une troisième et ainsi de suite (2). — Dans le second, Galien entre dans quelques détails sur la nature de la démonstration. La théorie de la démonstration comprend deux parties : la première concerne le caractère qui permet de

---

(1) L. II, ch. ii.
(2) L. IX, ch. i.

juger si une chose est vraie ou non, le *critère.* Ce critère n'en doit supposer aucun autre; il doit avoir la vertu de nous convaincre avec la même force qu'une démonstration; d'un seul mot, il doit être premier. C'est l'évidence. Il y a deux sortes d'évidence : celle des choses qui se rapportent à l'intelligence, celle des choses qui tombent sous les sens. Il ne faut se refuser ni à l'une ni à l'autre, mais il faut prendre garde d'admettre pour évident ce qui n'en a que l'apparence. Soit dans les choses sensibles, soit dans les choses intellectuelles, le secret, c'est de retenir son assentiment jusqu'à l'instant où la lumière, inondant l'esprit, lui fait violence et le subjugue.

La seconde partie de la théorie de la démonstration enseigne, étant posé le premier critère, à y rapporter les choses particulières, et à juger ainsi de leur vérité ou de leur fausseté, procédé que quelques philosophes désignent par le mot *analyse* : ils veulent exprimer par là le mouvement de l'esprit s'élevant des choses douteuses vers le principe de toute lumière et de toute certitude. Il n'y a pas d'autre moyen de parvenir à la science, car il n'y a de scientifique que ce qui est démontré, et de démontré que ce qui découle évidemment de propositions évidentes. Ainsi procèdent les géomètres, les astronomes, les mathématiciens en général; ainsi doivent procéder les philosophes, les médecins, tous ceux qui, ayant l'amour de la vérité, y veulent marcher par le droit chemin (1). — Dans l'un et l'autre traité, Galien insiste beaucoup sur un point, selon lui

---

(1) Ch. I, v.

capital, c'est la nécessité, une fois la vraie méthode découverte, de s'y exercer. Ce n'est pas tout en effet d'avoir dans la main un instrument excellent, il faut savoir s'en servir. Or, on n'apprend à se servir de la démonstration que par une longue pratique, comme on ne fait bien une addition ou une soustraction qu'après avoir mille fois soustrait ou additionné. Il y a même un art de s'exercer au raisonnement et à la démonstration. Cet art consiste à se placer dans l'ordre scientifique. Grande est la différence entre l'ordre scientifique et l'ordre philosophique. Dans celui-ci, a-t-on résolu une question, par exemple celle de la durée ou de l'étendue du monde, on n'a aucun moyen de contrôler expérimentalement le résultat trouvé. Dans la sphère des sciences, c'est bien différent; ce contrôle est presque toujours possible ou même facile : telles les prédictions astronomiques; tel un grand nombre de théorèmes de la géométrie. C'est donc là, où l'on peut se juger et mesurer ses progrès, qu'il faut se former à la pratique de la méthode démonstrative, pratique sans laquelle la théorie n'est rien (1). — Ces données sur la méthode générale, à grand'peine recueillies, sont, je suis loin de me le dissimuler, fort incomplètes. Telles que les voilà, elles ne me paraissent cependant manquer ni d'intérêt ni d'originalité. Et ce qui me frappe encore, c'est de retrouver ici l'analogie déjà signalée entre Galien et Descartes. Le premier n'est pas moins catégorique que le second sur la nécessité de partir d'un principe et d'y enchaîner une suite de

---

(1) Mêmes passages et *passim*.

vérités, sur le critère, l'évidence, l'analyse, l'habileté à acquérir dans l'usage de la même méthode, et il est le premier.

La méthode médicale.

Sur la théorie de la démonstration géométrique appropriée à la médecine, nous sommes à la fois très-riches et très-pauvres : très-riches au point de vue historique. Galien a consacré plusieurs traités, qui nous restent, et notamment les deux suivants : *Des sectes aux étudiants*, — *De la meilleure secte à Thrasybule*, à réfuter les méthodes des écoles empirique et méthodique, qu'il juge vicieuses, et à exposer la méthode de l'école dogmatique ou rationnelle, qui se fonde sur le raisonnement et la démonstration, et qui est la vraie (1). Il y a là une profusion de détails singulièrement intéressants sur le passé médical de la Grèce, et qu'on ne trouverait nulle part ailleurs. Mais cette abondance nous laisse dans une grande disette de renseignements à l'égard de la démonstration géométrique et de son application à la médecine. En effet, le traité *Des sectes aux étudiants* manque de conclusion, et le traité *De la meilleure secte à Thrasybule* n'est pas terminé. C'est-à-dire que la partie réfutative, où les fausses méthodes de l'empirisme et du méthodisme sont critiquées, est complète, et que la partie confirmative,

---

(1) Aux deux traités ci-dessus mentionnés, ajoutez : *De l'Empirisme*, — *De la Constitution de l'art médical à Patrophile*,— *Introduction, ou du médecin*,—*Définitions médicales*. Ces deux derniers traités d'une authenticité douteuse.

où la vraie méthode du dogmatisme, la méthode de démonstration géométrique et médicale devait être exposée et défendue, est absente. Nul espoir, nul moyen de combler cette lacune. Les traités analogues à ceux dont il vient d'être parlé ne touchent pas à ce point, ou l'effleurent à peine. Et comme je l'ai déjà dit, le traité *De la démonstration*, où nous trouverions amplement à nous satisfaire, n'a pas surnagé dans le naufrage de tant de belles œuvres à jamais regrettables. On ne s'étonnera donc pas si l'étude qui va suivre est incomplète, comme les documents mêmes, et on n'en voudra pas à celui qui l'a écrite de n'avoir pas fait l'impossible.

Le problème de la vraie méthode médicale, tel que Galien le conçoit et le pose, est fort simple. Il ne s'agit pas de savoir comment on peut connaître le corps, comment la vie, comment les désordres qui s'y produisent, mais *comment, étant donnée la maladie, on peut découvrir les remèdes*. Voici, en effet, en quels termes il s'exprime au commencement de l'opuscule *Des sectes aux étudiants :* « L'objet de la médecine est la santé ; son but, de la rendre à ceux qui l'ont perdue. Elle rend la santé à ceux qui l'ont perdue par la vertu des remèdes. *Comment donc découvrir les remèdes ?* »

Or, à cette question : comment découvrir les remèdes ? trois réponses ont été faites par trois sectes différentes, les Empiriques et les Dogmatiques, aussi anciens que la médecine même, et les Méthodiques, plus récents, et qui sont comme un moyen terme entre ceux-ci et ceux-là. De là trois méthodes qui prétendent également et contradictoirement être la vérité : l'Empirisme, le Dogmatisme et le Méthodisme (1).

L'Empirisme, comme le mot l'indique, c'est la souveraineté de l'expérience, qui ne sort pas de la sphère des faits perceptibles aux sens. Vous avez observé que tel remède a guéri telle maladie? Fort bien ! quand la même maladie se représentera, vous appliquerez le même remède. Des observations et des observations, il ne faut rien de plus (2).

Le Dogmatisme, qui serait mieux appelé le rationalisme (3), c'est la souveraineté du raisonnement, qui part des faits, mais pour découvrir par l'analyse de ces faits la cause du mal, et par la cause le remède. On ne s'en tient plus à de simples observations, et à ce qui saute aux yeux ; on cherche ce qui se cache dans ce qui se montre; la raison de la maladie, et par conséquent, les moyens de guérison, dans ses caractères, dans le tempérament du malade, dans la constitution du corps, dans les influences locales, etc. En un mot, on procède par indications (4).

Le Méthodisme, ainsi appelé parce qu'il propose la méthode systématique par excellence, combine l'expérience et le raisonnement, l'observation et l'indication, mais à très-petite dose, pour la plus grande simplicité possible. On observe les états généraux seulement, les *communautés;* et ces communautés une fois constatées, on s'en sert comme d'in-

---

(1) *Des sect. aux étud*, ch. I et VI ; — *De la meilleure secte à Thras.*, ch. VII :—*Introd. ou du Méd.*, ch III ;—*Définit. méd.* pass.

(2) *Des sect., aux étud.* I et pass.—*De la meill. secte à Thr.*, VIII.

(3) *De la meill. secte à Thr.*, VII.—*Introd. ou du médecin*, pass.

(4) *Des sect.*, III; IV ;—*De la meill. secte*, VII et pass.

dications, d'où l'on déduit sans effort comme sans erreur le traitement convenable (1).

Tels sont l'empirisme, le dogmatisme, et le méthodisme (2). Mais l'empirisme a tort, le méthodisme a tort; le dogmatisme a seul raison. Les deux premières méthodes sont diversement, mais également fausses, la dernière est seule vraie.— Voilà la pensée de Galien; voilà ce qu'il prétend établir. C'est sa manière, historique et savante, instructive et solide, de résoudre la question de la méthode médicale. Et le lecteur voit qu'elle consiste en ces trois choses : réfuter l'empirisme, réfuter le méthodisme, confirmer le dogmatisme, en le défendant contre ses adversaires et l'expliquant.

(1) *Des sect.*, VI;—*De la meill. secte*, VIII.

(2) L'auteur de l'*Introduction ou du Médecin*, ch. III, donne sur ces méthodes, ou plutôt sur les écoles qui les préconisent, les détails historiques suivants :

« L'auteur et le prince de la secte rationnelle fut Hippocrate, de Cos. Après lui : Dioclès, de Caryste; Protagoras, de Cos; Hérophile, de Chalcédoine; Erasistrate, de Chio; Mnésithée, d'Athènes; Asclépiade, de Bythinus; Cienus, qu'on nomme aussi Prusias. — Le chef de l'empirisme fut Philenus, de Cos, qui le premier le sépara de la secte rationnelle, l'occasion lui en ayant été fournie par Hérophile, son maître. Mais comme les empiriques voulaient que leur opinion fût la première en date, ils la firent remonter jusqu'à Acron, d'Agrigente, afin qu'elle fût plus ancienne que la secte rationnelle. Après Philenus, fleurit Serapion, d'Alexandrie. Puis les deux Apollonius, père et fils, d'Antioche. Menodotus et Sextus, qui suivirent, y mirent la dernière main. — La secte méthodique commence avec Themison, de Laodicée en Syrie, qui prit occasion d'Asclépiade, de la secte rationnelle, pour en inventer une nouvelle. Thessalus, de Tralle, la perfectionna. Après eux : Mnaseas, Denys, Proclus, Antipater. Elle eut dans son sein des dissidents, Olympiacus, de Milet; Mnemochus, d'Aphrodise, et Soranus, d'Éphèse. »

I. — Quoique l'empirisme, qui emploie l'expérience à l'exclusion du raisonnement, et s'attache aux faits sans souci des causes, semble devoir être une méthode très-peu compliquée, cependant, forcé par la rivalité des écoles ennemies de se développer pour se défendre, il comprend un assez grand nombre de procédés divers, sur lesquels il importe d'abord de se bien entendre. Cela est d'autant plus nécessaire que ces procédés ne paraissent pas identiques dans les divers traités de logique médicale de Galien, et que l'esprit, pour voir clair dans une argumentation quelquefois subtile, a besoin de savoir au juste le sens et la portée de ces variations.

Dans le traité *Des sectes aux étudiants*, ch. II, Galien fait consister la méthode empirique dans les deux procédés suivants. D'abord, l'expérience, qui est de deux sortes, l'une inférieure, l'autre supérieure. L'expérience inférieure est double elle-même : c'est tantôt une simple *rencontre* (περίπτωσις), comme il arrive lorsqu'on aperçoit d'abord et sans recherche avec le mal même l'opération qui le soulage, avec le rhume la sueur, avec une chute l'hémorrhagie ; c'est tantôt un *essai qu'on improvise* (αὐτοσχέδιον), comme il arrive lorsqu'on tente avec intention un moyen curatif suggéré en songe ou autrement. L'expérience supérieure est essentiellement *imitative*. Elle consiste à imiter, c'est-à-dire à appliquer de nouveau un traitement qui a réussi. Un certain remède a guéri une certaine maladie, vous l'employez dans les maladies identiques ; et lorsque vous avez constaté plusieurs fois les mêmes effets dans les mêmes cas, vous faites de ce remède une règle. Cette règle, c'est un théorème médical. Un grand nombre de ces théorèmes coordonnés, c'est l'art, c'est la médecine.

Mais l'expérience sous ces différentes formes ne suffit pas toujours, et telle conjoncture peut se présenter où il faut nécessairement recourir à un procédé nouveau. Ce procédé, c'est le *passage du semblable au semblable* (τοῦ ὁμοίου μετάβασις). Avez-vous affaire à des maladies inconnues ou à des maladies connues, mais sans pouvoir appliquer le médicament ordinairement employé, soit parce que le pays ne le fournit pas, ou par toute autre raison ? Vous sortez d'embarras en passant du semblable au semblable, c'est-à-dire en transportant à la maladie qui vous occupe le remède d'une maladie analogue, ou bien en employant, au lieu du médicament qui vous manque, un médicament analogue. Ce passage du semblable au semblable, c'est l'*expérience pratique* (πεῖρα διατριβική), ainsi nommée parce qu'elle est à l'usage des praticiens exercés exclusivement.

Voilà la méthode empirique nettement décrite, et, ce semble, définitivement. — Mais dans le traité *De la meilleure secte à Thrasybule*, ch. VII, VIII, X, XII, nous trouvons une autre description assez différente. Après avoir mis au compte de l'empirisme l'*indication*, l'*observation médiate*, l'*analogisme*, Galien réduit à trois les procédés de cette méthode, savoir : 1° l'*observation du traitement convenable sur le concours des symptômes*; 2° l'*histoire*; 3° le *passage du semblable au semblable* (1). Que veut dire ce changement ? et cette modification, est-elle

---

(1) On retrouve à peu près les mêmes procédés nommés et étudiés dans le traité *De l'empirisme*.

aussi considérable dans les idées que dans les mots ?

D'abord, l'indication dont il est parlé ici, ce n'est pas l'indication dans le vrai sens médical du mot, c'est-à-dire l'indication par les causes ; c'est tout simplement l'indication par les faits et par le hasard. Voici une maladie ; en même temps que vous constatez les phénomènes qui la révèlent, vous apercevez le traitement qui lui convient, la nature elle-même ayant mis le remède à côté du mal : c'est le genre d'indication dont il s'agit. On reconnaît l'expérience inférieure, et singulièrement cette sorte d'expérience inférieure que Galien a nommée dans l'autre traité la *rencontre*. — Ensuite, il est clair comme le jour que l'observation médiate répond à l'expérience imitative, puisqu'elle consiste, après avoir plusieurs fois constaté la guérison d'une même maladie par un même remède, à ériger ce remède en une loi de l'art de guérir. — Enfin, il est encore plus clair que l'analogisme, mot emprunté comme le premier à la logique des dogmatiques, ne diffère en rien du passage du semblable au semblable, lequel se fonde sur l'analogie des maladies et des médicaments. La pensée de Galien n'a donc pas varié jusqu'à présent, et ce sont bien toujours les mêmes procédés autrement désignés.

Quant à sa réduction de la méthode empirique à l'observation du traitement convenable sur le concours des symptômes, à l'histoire et au passage du semblable au semblable, elle n'a rien d'embarrassant. Il n'y faut voir qu'une systématisation plus profonde et plus complète, en un mot, plus savante. L'observation sur le concours des symptômes est la même que l'observation médiate, la même que l'expérience imitative, ou du moins c'en est la partie délicate et essentielle, car pour découvrir les remèdes, il faut observer les maladies, et pour observer les maladies, il faut observer les symptômes dont le concours forme la physionomie propre et distinctive de chacune. Galien supprime l'expérience inférieure, et cela est tout simple, puisque, supplément utile de l'art, elle n'en fait pas partie ; il ajoute l'histoire, et cela est tout simple, puisqu'elle est l'observation dans le passé, et que l'observation dans le présent, c'est-à-dire individuelle, est trop bornée pour suffire aux nécessités de l'art et aux besoins de la science. Rien à dire du passage du semblable au semblable qui figure sur toutes les listes de Galien : sur la première, sous le même nom, sur la seconde, sous celui d'analogisme. D'où il paraît clairement que la pensée de Galien, sous la différence des mots, demeure constante ; que la méthode empirique consiste essentiellement dans ces trois procédés : observation sur le concours des symptômes, histoire, passage du semblable au semblable ; et enfin que déterminer la valeur de cette méthode, c'est déterminer la valeur de ces procédés.

On pourrait, dit Galien, avant d'arriver aux détails, considérer l'expérience en bloc. Il serait alors facile de démontrer : 1° que l'expérience est instable, attendu qu'on ne peut voir plusieurs fois une même chose de la même manière, d'où suit l'impossibilité de faire aucune découverte ; 2° que si, comme l'accorde Erasistrate, on peut par l'expérience découvrir des remèdes simples contre les maladies simples, on ne saurait par le même moyen trouver des remèdes composés contre les maladies composées; 3° que, conduisît-elle à toutes les découvertes du monde, l'expérience est longue, indéfinie, sans rien de scientifique et d'artistique (1). Mais il vaut mieux serrer d'abord l'empirisme de plus près, et faire toucher du doigt l'imperfection de l'expérience, en l'examinant sous ses formes précises et médicalement scientifiques.

Or, l'observation du traitement sur le concours des symptômes n'est rien, ne vaut rien, ne peut rien, si on la réduit à elle-même. Le secours du raisonnement lui est absolument nécessaire (2).

En effet, force est aux empiriques d'accorder que l'observation médicale ne porte pas sur tous les symptômes indifféremment. D'abord, cela ne saurait être ; car si l'on devait observer tous les phénomènes, ces phénomènes étant innombrables dans leur diversité et leur succession, on serait condamné à observer l'infini. Ensuite, la plupart de ces phénomènes sont dépourvus d'intérêt et de valeur, et parmi les symptômes, il en est de parfaitement insignifiants, qu'il serait par conséquent oiseux d'observer. Impossible de méconnaître cette vérité, et les empiriques ne la méconnaissent pas.

L'observation se concentre donc sur certains symptômes, à l'exclusion des autres. Cela est juste et nécessaire. Oui, mais de quel droit et comment les empiriques font-ils cette distinction des symptômes utiles, qu'il faut considérer, et des symptômes inu-

---

(1) *Des sect. aux étud.*, ch. v.
(2) *De la meill. secte à Thr.*, ch. IX, XII, XIII.

tiles, qu'il faut négliger? En tant que phénomènes, tous les symptômes sont semblables et se valent. Pour discerner entre eux, il faut donc voir dans le phénomène autre chose que le phénomène même, quelque vertu secrète, quelque rapport caché. Or, le moyen de découvrir cette vertu secrète, ce rapport caché? et puisque les sens y sont impuissants, n'est-ce pas une nécessité de faire appel au raisonnement? D'où il résulte que les empiriques se trouvent placés dans cette alternative, ou de ne voir dans les symptômes que des phénomènes quelconques et de les observer tous, ce qui est impossible ; ou de voir dans quelques-uns une valeur, un sens qui manquent aux autres, ce qui introduit le raisonnement, c'est-à-dire l'ennemi, et renverse leur méthode.

Il n'est pas facile d'échapper aux serres de ce dilemme. Cependant les empiriques s'efforcent de trouver une issue. Ils disent: le raisonnement ne nous est pas nécessaire pour choisir entre les symptômes, l'expérience nous suffit parfaitement. En effet, en se prolongeant, en se répétant, l'expérience nous montre quels symptômes doivent être pris en considération, quels sympômes doivent être omis. Mais cette réponse n'est pas satisfaisante ; car les symptômes à omettre sont en nombre innombrable, et l'expérience ne saurait jamais venir à bout de nous édifier sur l'insignifiance de chacun d'eux. Traqués de toutes parts, que reste-t-il à dire aux empiriques? Une seule chose, c'est que, embarrassés parmi les symptômes, ils les tirent au sort (1).

On peut démontrer encore par un autre biais que

---

(1) *De la meill. secte à Thr.*, ch. IX, XII.

l'observation du traitement sur le concours des symptômes, si on ne lui vient d'ailleurs en aide, est impraticable.

Voici, en effet, ses conditions. Il faut d'abord que le traitement cherché soit fondé sur de nombreux symptômes : autrement, il n'y aurait pas de concours, et ce qu'on observerait, ce qu'on traiterait, ne serait pas une maladie. Il faut ensuite que ces symptômes soient de même espèce; car, s'il n'en était ainsi, ce n'est pas à un traitement qu'on arriverait, mais à plusieurs. Il faut qu'ils soient, dans les différents cas, en nombre égal; car, si les symptômes étant les mêmes, tous ne se représentent pas, c'est un autre concours, et ce doit être un autre traitement. Il faut qu'ils soient d'une semblable intensité; car le traitement varie suivant l'intensité des symptômes. Il faut que le temps soit le même ; car on n'administre pas les mêmes remèdes au début et au *summum* d'une maladie. Il faut enfin que l'ordre soit le même; car, suivant qu'un symptôme précède ou suit, le mal est différent, et doit-être traité différemment. Toutes ces conditions sont nécessaires. Or, se peut-il qu'elles se trouvent réunies chez une multitude de malades, ou plusieurs, ou deux seulement? Songez-y. Les maladies varient suivant la cause, les lieux affectés (1), l'âge, les habitudes, le tempérament, les saisons, les localités, etc., etc. Est-il donc deux hommes qui se ressemblent sous tous ces rapports à la fois? Et s'ils ne se ressemblent pas, comment les symptômes seraient-ils nombreux, de même espèce, en nombre égal, d'une semblable intensité, etc.?

(1) Comprenez : les organes atteints par la maladie.

Et si les symptômes ne sont rien de tout cela, comment donc l'observation déterminerait-elle le traitement cherché ?

Il est vrai que ces difficultés ne sont pas invincibles, mais à une condition, c'est de recourir au raisonnement, qui distingue entre les cas, entre les symptômes, et sait chercher le traitement par la voie convenable. Mais les empiriques rejettent le raisonnement, et, en voulant observer sans raisonner, observer purement et simplement, ils se condamnent à poursuivre par un chemin impossible un résultat insaisissable (1).

L'histoire, dans le sens médical de ce mot, est, suivant la définition même des empiriques : « La narration des choses qui ont été observées souvent de la même manière. » Utile dans l'enseignement, puisque celui qui apprend ne peut être témoin de tous les symptômes et constater de ses yeux toutes les maladies, les empiriques estiment qu'elle est nécessaire à la pratique médicale. Ils s'adressent à elle lorsqu'ils se trouvent en présence de maladies dont le traitement n'est pas fourni par l'observation du présent. L'observation du passé leur est alors un supplément indispensable (2).

Or, il y aurait une manière très-simple, et cependant très-solide, de prouver, contre les empiriques, qu'il leur est impossible d'arriver jamais à instituer le traitement convenable par l'histoire. L'histoire, dirait-on, est un recueil d'observations. Mais on vient

(1) *De la meill. secte*, XIII.
(2) *Ibid.*, XIV.

de montrer que l'observation n'est pas praticable sans le raisonnement. Donc l'histoire n'est pas praticable selon les principes des empiriques (1). Mais ce jugement est bien sommaire; et il est plus intéressant, considérant l'histoire en elle-même, l'histoire telle que l'entendent les empiriques, d'en faire voir la vanité et l'inutilité.

Voici une proposition que les empiriques ne nieront pas : tout ce que rapporte l'histoire n'est pas vrai. La preuve, s'il en était besoin, c'est que l'histoire nous présente, pour la même maladie, des traitements contraires. Elle a donc ses vérités et ses erreurs. Un critérium est donc nécessaire pour discerner les unes des autres. Quel sera ce critérium ? Ce ne peut être que le raisonnement ou l'expérience. Remontez à la cause, et vous verrez tout de suite la valeur du remède. C'est ainsi que procèdent les dogmatiques. Mais les empiriques ferment de parti pris les yeux à la considération de la cause, et repoussent le raisonnement. Il ne leur reste donc que l'expérience. Les voilà donc dans l'obligation de contrôler l'histoire par l'expérience... Mais qui ne voit que l'expérience suffit alors, et que l'histoire n'a plus d'objet !

Si vous ne devez accepter de l'histoire que ce qu'elle a de conforme à votre expérience, elle ne vous apprend rien que vous ne sachiez déjà, et le temps que vous mettez à l'interroger est du temps perdu.

Mais quelques empiriques prétendent que l'expérience n'est pas plus nécessaire que le raisonnement

---

(1) *De la meill. secte*, XV.

pour juger l'histoire. On la juge, suivant eux, par le degré de confiance que mérite l'historien, c'est-à-dire l'observateur. Si celui-ci n'est mû ni par le désir de la gloire, ni par l'attachement à certains dogmes, ni par l'amour de la controverse, il dit vrai. — Fort bien ! Mais tout en n'étant mû par rien de tout cela, ne peut-il pas se tromper? Ensuite, comment savoir certainement qu'il n'obéit à aucun de ces sentiments? Il y a mieux. En concluant de l'absence de ces sentiments la véracité de l'observateur, les empiriques n'emploient-ils pas le raisonnement, condamné par eux; ne considèrent-ils pas la cause, rejetée par eux? et enfin juger le caractère d'un historien, n'est-ce pas bien plus l'office du philosophe que du médecin?

Les empiriques disent encore que l'accord du grand nombre confirme l'histoire, sans recours à l'expérience. Il faut croire aux faits attestés par beaucoup de médecins, comme on croit à l'île de Crète, attestée par beaucoup de voyageurs. — A la bonne heure pour les faits géographiques, car les voyageurs s'entendent ; mais où sont les résultats médicaux sur lesquels les médecins ne disputent pas (1)?

Les maladies étant infiniment diverses, il peut arriver et il arrive qu'on rencontre un cas sur lequel l'observation et l'histoire soient muettes ; de là l'utilité, ou plutôt la nécessité du passage du semblable au semblable. Que peut-on faire en effet qu'appliquer à la maladie inconnue le traitement d'une maladie connue qui lui ressemble (2)? Les médicaments

(1) *De la meill. secte*, XIV. — Voir, pour plus de détails, quelques-uns superflus, *De l'empirisme*, ch. IX, X.

(2) C'est en vertu de ce procédé que les empiriques transpor-

n'étant pas tous et toujours sous la main du médecin, il peut arriver et il arrive que le médicament convenable fasse défaut dans une circonstance donnée : de là encore l'utilité, la nécessité du passage du semblable au semblable. Que peut-on faire en effet que remplacer le médicament manquant par un autre qui s'en rapproche le plus possible (1)? Ce procédé comprend d'autres formes encore, tel que le passage d'une partie à une autre partie semblable (2); mais les deux premières sont de beaucoup les plus importantes. Or, sous quelque forme qu'on le considère, le passage du semblable au semblable n'est entre les mains des empiriques qu'un instrument impuissant, ou plutôt d'un usage impossible.

En effet, comment les empiriques passeront-ils du semblable au semblable, c'est-à-dire comment jugeront-ils de la ressemblance des maladies, ou des médicaments, ou des parties? Par l'observation, ou le raisonnement? Ce ne peut être par l'observation, car l'observation constate seulement les faits un à un. Il faut donc que ce soit par le raisonnement. Mais comment? Prendront-ils tous les phénomènes en considération, ou seulement quelques-uns? Si tous, ils n'arriveront à aucun résultat. Car où sont les choses qui se ressemblent par tous leurs phé-

---

tent le traitement expérimenté contre l'hémorrhagie à la morsure de l'*hémorrhoüs*. (*De la meill. secte*, XVI.)

(1) C'est en vertu de ce procédé que les empiriques emploient les nèfles, au lieu de pommes, dans la dyssenterie. (*Ibid.*, XVI.)

(2) Par exemple, lorsque les empiriques traitent le bras comme la jambe, et réciproquement. (*Ibid.*)

nomènes, c'est-à-dire sous tous les rapports; et s'il en existait, n'est-il pas évident qu'elles seraient identiques, et non pas simplement semblables ou analogues? Si quelques-uns, les voilà en contradiction avec eux-mêmes. Car de toute nécessité ils distingueront entre les phénomènes, et, s'il s'agit de comparer deux maladies, entre les symptômes; tandis qu'ils négligeront les uns, comme insignifiants, ils feront état des autres, comme essentiels; ils iront par conséquent au-delà de ce qui frappe directement les sens; ils ajouteront à la notion de ce qui se montre celle de ce qui se cache; ils éclaireront la première par la seconde : ce qui est absolument contre leur système. De sorte que le passage du semblable au semblable leur est logiquement interdit, en même temps que pratiquement nécessaire.

Veut-on considérer spécialement le passage d'un médicament à un autre, les difficultés sont toujours les mêmes, c'est-à-dire invincibles. En effet, on demandera aux empiriques ce qu'ils entendent par la ressemblance des médicaments. S'agit-il des propriétés essentielles (1)? Mais ils recherchent donc ce qui est intérieur, secret, ce qui se dérobe aux sens, les causes, accessibles à l'esprit seulement : ce qui les mettrait en contravention avec leur doctrine et leurs principes. S'agit-il des qualités extérieures et apparentes ? Il leur reste alors à déterminer les conditions de la ressemblance. Faut-il, pour qu'il y ait ressemblance, que toutes les qualités soient les mêmes ? Non, sans doute, car ce serait l'identité,

---

(1) Par exemple, l'astringence de la pomme et de la nèfle. (*De la meill. secte*, XVII.)

que repousse d'ailleurs la Nature. Suffit-il d'un petit nombre de qualités ? Non, sans doute, car tous les remèdes se ressembleraient, tous les remèdes ayant des qualités communes. Ni toutes ni peu : combien donc ? Supposons que les empiriques répondent : la moitié au moins ; pourquoi alors ne traitent-ils pas de la même manière le squirre et l'inflammation, qui se ressemblent par la plupart des qualités ? Pourquoi, dans les engelures, n'emploient-ils pas le raifort aussi bien que le navet, car rien de plus semblable ? Nul moyen de sortir de cette impasse, si l'on n'avoue pas qu'il faut chercher un remède qui ait quelque chose de contraire aux symptômes observés, en d'autres termes, qu'il faut donner à l'expérience le supplément du raisonnement ; conclusion qui se représente sans cesse, et qui est l'inéluctable condamnation de l'empirisme (1).

Telle est l'irrémédiable faiblesse de cette méthode. Elle comprend trois procédés essentiels : l'observation, l'histoire, le passage du semblable au semblable ; et pas un de ces procédés qui résiste à une juste critique. Ou vous les réduisez à eux-mêmes, et ils deviennent inutiles et impraticables ; ou vous appelez le raisonnement à leur secours, et vous les transformez, vous les vivifiez, mais à l'empirisme vous avez substitué le dogmatisme, son rival.

II. — L'empirisme, malgré les développements qu'il a dû se donner dans la lutte des méthodes et des écoles, est resté d'une grande simplicité, et qui met la médecine et la pratique à la portée de toute

---

(1) *De la meill. secte*, x, xvi, xvii.

intelligence ouverte ; le méthodisme, qu'il faut maintenant considérer, est plus simple encore, est la simplicité même, et il fait de la science médicale, de l'art médical, un art, une science si faciles à acquérir et à exercer, qu'il n'est pas d'esprit, même vulgaire, qui n'y puisse atteindre sans effort (1). Joignez à cela que Galien, constant à soi-même dans ses divers traités, nous présente la méthode des méthodiques d'une manière uniforme. S'il ne se répète pas purement et simplement, si les détails sont différents suivant les chapitres et les ouvrages, ces détails s'accordent, se complètent en s'éclairant, et concourent à former un lumineux ensemble qui n'est pas moins que la doctrine méthodique, que la logique méthodique. Or, en voici l'exact sommaire :

Il faut observer les phénomènes, et l'expérience est sans doute la base comme le point de départ de la médecine ; mais il est inutile d'observer tous les phénomènes en général. Les phénomènes relatifs à la cause (refroidissement ou échauffement, excès ou abstinence), à l'âge, à la saison, au climat, aux parties du corps, et qu'on désigne sous le nom commun de symptômes, doivent être écartés ; une seule chose importe, doit être recherchée, constatée, l'*affection* (2).

A quoi bon s'inquiéter du refroidissement ou de l'échauffement, de l'excès ou de l'abstinence ? Ces choses ont agi sur le corps, mais n'agissent plus. Elles y ont laissé une certaine affection. C'est cette affection qu'il faut guérir. Donc, c'est l'affection qu'il faut considérer et rien que l'affection.

(1) *Des sect. aux étud.*, VI.
(2) *Ibid.*

A quoi bon s'inquiéter des saisons, des âges, des climats? Que ce soit l'été ou l'hiver, l'enfance ou l'âge mur, un pays chaud ou froid, si le malade est relâché, ne faudra-t-il pas toujours combattre son état par le resserrement, et s'il est resserré, par le relâchement, en un mot, l'affection quelle qu'elle soit par l'affection contraire? Donc, c'est l'affection qu'il faut considérer et rien que l'affection.

A quoi bon s'inquiéter des parties du corps? Que ce soit une partie veineuse, artérielle, nerveuse ou autre, le traitement ne sera-t-il pas toujours le même? Ou bien oserait-on dire que l'inflammation, qui est un resserrement, doit être relâchée dans une partie et resserrée dans une autre? Non; dans tous les cas, les moyens thérapeutiques dépendent uniquement de la nature de l'affection. Donc, c'est l'affection qu'il faut considérer, et rien que l'affection (1).

Qu'il faille observer, pour découvrir les remèdes, non pas les symptômes, mais la seule affection, c'est une thèse que mille faits confirment.

Supposez les symptômes différents et l'affection identique, vous appliquerez les mêmes remèdes. Au contraire, supposez les symptômes identiques et l'affection différente, vous appliquerez des remèdes autres. Ce n'est donc pas par la considération des symptômes, mais par celle de l'affection, que vous vous dirigez; et, par conséquent, ce ne sont pas les symptômes, mais l'affection, qu'il vous importe de connaître.

Faut-il insister? La même chose ne peut indiquer des traitements opposés. Or, le malaise, qui est

---

(1) *Des sect. aux étud.*, VII.

symptôme également, soit que le malade soit resserré ou relâché, doit être traité dans ces deux cas par des remèdes contraires. Inversement, les choses différentes ne peuvent indiquer le même traitement. Or, la fièvre et la toux, qui sont des symptômes, doivent quelquefois être traitées de la même manière. Ce qui fait bien voir que les symptômes n'indiquent pas, et par conséquent doivent être laissés de côté, comme inutiles, que l'affection indique, et par conséquent doit seule être constatée et interrogée (1).

L'affection, voilà donc le champ, le champ très-circonscrit, de l'observation médicale.

Mais l'affection est chose naturellement multiple; il y a mille et mille affections. Est-il nécessaire, ou seulement convenable, de les observer toutes indistinctement ?

Point. Il suffit d'observer parmi les affections celles qui réunissent ces deux caractères, d'être générales, ce qui fait que les méthodiques les appellent des *communautés*, et d'être compréhensibles par elles-mêmes, évidentes sans raisonnement, ce qui fait que les méthodiques les appellent des *communautés apparentes* (2).

Quelles sont ces communautés apparentes? Les méthodiques distinguent d'abord deux communautés contraires, et une troisième, qui est mixte. Les deux premières sont le resserrement et le relâchement; la troisième, composée de l'une et l'autre, se nomme à cause de cela *complication* (3). Ajoutez un certain

---

(1) *De la meill. secte*, XXI.
(2) *Des sect. aux étud.*, VII. — *De la meill. secte*, XXVI.
(3) *Des sect. aux étud.*, VI.

nombre de communautés secondaires, telles que l'*intensité*; ajoutez les *temps* qui marquent les différents progrès de l'affection, quelle qu'elle soit, savoir le *début*, l'*augment*, le *summum* et le *déclin*, ou, suivant une autre nomenclature, l'*aigu* et le *chronique*, le *redoublement* et la *rémission* (1); et vous aurez mesuré exactement le cercle où doit s'exercer, sans en sortir jamais, l'observation du médecin et du praticien.

Les communautés apparentes constatées, le raisonnement, un raisonnement très-élémentaire, s'en sert comme d'indication pour trouver les remèdes.

Or, ici, pas l'ombre d'une difficulté, car il est évident qu'une communauté doit être combattue par la communauté contraire. Que faire dans le cas de resserrement? Le plus simple bon sens le dit : relâcher. Et dans le cas de relâchement? Resserrer. Et dans le cas de complication? Relâcher les parties resserrées; resserrer les parties relâchées. Ce sont là en quelque manière des vérités axiomatiques qu'il suffit d'énoncer (2).

Mais peut-on, quand il y a resserrement, employer n'importe quel moyen de relâcher; quand il y a relâchement, n'importe quel moyen de resserrer? Non sans doute, et c'est ici que paraît l'utilité des communautés secondaires. Elles indiquent par leur nature spéciale le traitement approprié à chaque cas particulier. Tandis que les autres nous apprennent qu'il faut relâcher ou resserrer, celles-ci nous ap-

---

(1) *De la meill. sect.*, XXXII et suiv.
(2) *Des. sect. aux étud.*, VI

prennent comment il faut relâcher, comment resserrer (1).

Les temps de la maladie ont le même effet; ils concourent avec les communautés secondaires à spécifier, dans le traitement général, le traitement particulier qui convient à l'état du malade et à la marche graduelle du mal (2).

Telle est la vraie méthode médicale, dans l'opinion des méthodiques, c'est-à-dire des esprits les plus étroitement systématiques qui furent jamais. Ils simplifient, comme on le voit, la science et la pratique au dernier point, puisque la science se réduit à connaître les communautés, et la pratique à les combattre l'une par l'autre. Aussi, les méthodiques ont-ils cru devoir substituer à l'ancien adage d'Hippocrate : la vie est courte et l'art est long, l'adage contraire : la vie est longue et l'art est court (3).

Or, il y a deux manières de critiquer cette méthode, d'en montrer la fausseté et la vanité. On peut, en effet, réfuter le méthodisme au point de vue empirique, c'est-à-dire au nom des phénomènes et de l'expérience; ou bien au point de vue dogmatique, c'est-à-dire au nom du raisonnement (4). Galien se place tour à tour à ces deux points de vue.

Il se fait d'abord le représentant de l'empirisme, ou plutôt il lui donne la parole.

Observer les phénomènes, dit l'empirisme, est fort bien, et même suffit à la constitution de la science,

(1) *De la meill. secte*, XXXIII.
(2) *Ibid.*, XXXIV et suiv.
(3) *Des sect. aux étud.*, VI.
(4) *Ibid.*, VII.

à l'exercice de l'art. Mais c'est à une condition nécessaire, à la condition que l'observation ne sera pas exclusive, qu'elle s'attachera à l'analyse, non pas de telle catégorie de phénomènes exclusivement, mais de tous les phénomènes sans exception. Ne vouloir connaître que les phénomènes relatifs à l'affection, aux communautés, c'est se moquer ; il n'importe pas moins, il est indispensable d'étudier avec un soin au moins égal les phénomènes relatifs à la cause, à l'âge, à la saison, au climat, aux parties du corps, etc.

Les phénomènes relatifs à la cause. Deux hommes sont mordus par un chien enragé, et vont trouver deux médecins différents. L'un ne regarde que la blessure, et y applique le remède qu'il juge convenable. Elle se cicatrise, mais quelque temps après la rage se déclare, et l'homme meurt. L'autre médecin, s'enquérant des circonstances, du chien, de l'état du chien, de la cause enfin, soigne, non la blessure, mais la rage, et l'homme guérit. Preuve frappante qu'il faut tenir compte des phénomènes éloignés, des circonstances, de la cause.

Les phénomènes relatifs à l'âge. N'est-il donc pas évident que les mêmes affections ne doivent pas être traitées de la même manière aux différents âges ? On saignera un pleurétique jeune et vigoureux : quel médecin, même méthodique, oserait ouvrir la veine d'un vieillard ou d'un enfant ?

Les phénomènes relatifs à la saison. Hippocrate a-t-il eu raison ou tort de dire que pendant la canicule les purgations sont difficiles à supporter ?

Les phénomènes relatifs au climat. Qu'ils parlent ceux qui ont voyagé : ils savent parfaitement que les habitants de l'Égypte et du midi s'accommodent mal d'évacuations abondantes, que les habitants du nord éprouvent un grand soulagement des saignées.

Les phénomènes relatifs aux parties du corps. Traite-t-on une inflammation de la jambe comme une inflammation de l'œil? Celle-ci comme une inflammation des oreilles? Et tel médicament, favorable à une partie, ne serait-il pas funeste à une autre (1)?

Ces considérations, prises des faits, sont-elles contestables? Et si elles ne le sont pas, n'est-il pas prouvé que l'observation doit s'étendre à tous les phénomènes? Et si l'observation doit s'étendre à tous les phénomènes, que penser du méthodisme qui la restreint absolument aux temps et aux communautés, c'est-à-dire aux affections? Le voilà réfuté, solidement réfuté par l'empirisme.

Il ne résiste pas mieux au dogmatisme et au raisonnement. Il est, en effet, facile de démontrer contre le méthodisme les propositions suivantes :

1° Ce ne sont pas les affections en général qui indiquent le traitement, et la considération des symptômes n'est nullement oiseuse ;

2° Ce ne sont pas les communautés apparentes qui indiquent le traitement, et d'abord il n'est pas vrai qu'elles soient apparentes ;

3° Les communautés secondaires n'indiquent pas plus que les autres ;

4° Les temps n'indiquent pas non plus.

Et d'abord, c'est une première erreur de prétendre que les symptômes n'indiquent pas, que les affec-

---

(1) *Des sect. aux étud.*, VIII.

tions indiquent; le contraire est le vrai; car il est une foule de cas particuliers où les symptômes nous montrent le traitement à suivre. Les méthodiques eux-mêmes en sont la vivante preuve. Ainsi ils font coucher dans l'obscurité les délirants, soit qu'ils délirent par resserrement ou relâchement, parce qu'ils croient que la lumière augmente la fièvre; et à la lumière les léthargiques, parce qu'ils croient que l'obscurité favorise l'assoupissement. Or, en cela, ils consultent les symptômes et non les affections. Ils vont même contre les affections, puisqu'ils mettent les délirants par resserrement dans l'obscurité, laquelle accroît le resserrement; puisqu'ils mettent les léthargiques par relâchement à la lumière, laquelle accroît le relâchement. Dans ces deux exemples et dans mille autres, ce sont les symptômes qui leur enseignent le remède; et non-seulement la maladie n'est pas consultée, mais ils agissent en sens inverse de ce qu'elle semble réclamer (1).

Les symptômes indiquent donc souvent le traitement; les affections, au contraire, ne l'indiquent jamais.

Pour le démontrer, on peut suivre la méthode des méthodiques voulant prouver l'inutilité des symptômes. 1° Quand les affections sont les mêmes et les causes différentes, on n'emploie pas le même traitement; ainsi, l'ischurie est autrement traitée, suivant qu'elle a pour cause un calcul, une inflammation, une distension exagérée de la vessie. 2° Quand les affections sont différentes et les causes

---

(1) *De la meill. secte*, XXII.

les mêmes, on emploie le même traitement. Ainsi on traite le choléra et l'ictère, qui sont très-différents, par l'évacuation. Donc, si on administre les mêmes remèdes lorsque les causes sont les mêmes, quoique les maladies soient différentes ; et des remèdes différents lorsque les causes sont différentes, quoique les maladies soient les mêmes ; si les maladies existent tant qu'existent les causes, et ne disparaissent qu'avec elles, il faut reconnaître que ce sont les causes qui indiquent le traitement convenable, et non pas les affections.

Soit une affection, par exemple le resserrement. Il peut être causé par le chaud ou par le froid. Est-il causé par le chaud ? On traite par affusions et cataplasmes. Est-il causé par le froid ? On traite par fomentations. On ne pourrait, sans les plus grands dommages, transposer ces deux traitements. Cependant, l'affection est la même, les causes seules diffèrent. Ce sont donc bien les causes, non les affections qui indiquent.

Si les affections indiquaient le traitement, tous les malades sauraient le moyen de se guérir, les médecins seraient inutiles. Mais elles n'indiquent que la nécessité de les éloigner, et voilà pourquoi les malades envoient chercher les médecins, qui savent seuls, par les causes, comment on éloigne les maladies.

Les moyens thérapeutiques employés font bien voir que ce sont les causes, non les affections, qui indiquent. En effet, ces moyens sont manifestement dirigés contre les causes, non pas contre les affections ; et on ne supprime celles-ci qu'en supprimant celles-là. Ainsi l'évacuation n'est pas dirigée contre l'inflammation, contre la fièvre, mais contre la plénitude, ou pléthore; et si elle fait disparaître la fièvre, l'inflammation, c'est en faisant disparaître la pléthore, qui les causait (1).

Les affections, en général, n'ont donc aucune valeur indicative. Mais les méthodiques n'interrogent pas les affections en général; c'est à cette sorte d'affections qu'ils appellent communautés apparentes qu'ils s'adressent. Or, les communautés apparentes ne sont pas moins impropres au rôle qu'on prétend leur faire jouer.

Mais avant tout, existe-t-il des communautés apparentes? Les communautés apparentes des méthodiques sont-elles en effet apparentes?

Si par apparent on entend ce qui est perceptible aux sens, les communautés ne sont pas apparentes. En effet, la diathèse (2) d'une fluxion peut se trouver dans le colon, ou l'intestin grêle, ou la vessie, ou l'estomac. Dans aucun de ces cas, il n'est possible de la constater par aucun sens, du moins sur le vif (3). Si par apparent on entend (c'est la vraie interprétation) ce qui est intelligible de soi-même, évident sans raisonnement, les communautés ne sont pas encore apparentes.

En effet, soit que l'on considère ensemble ou l'un après l'autre le resserrement et le relâchement, il est facile de prouver qu'ils ne sont pas évidents sans raisonnement, intelligibles d'eux-mêmes.

Les méthodiques sont dans la nécessité d'avouer et avouent que toute condensation et rétention ne sont

---

(1) *De la meill. secte*, XXIII, XXIV, XXV.
(2) Caractères distinctifs d'une maladie.
(3) *Des sect. aux étud.*, IX.

pas un resserrement (1), que toute raréfaction et excrétion ne sont pas un relâchement (2) : les symptômes, les phénomènes ne suffisent donc pas à nous faire discerner ces deux états ; et, puisque pour les reconnaître il faut recourir à des moyens particuliers, ils n'ont donc pas cette intelligibilité, cette évidence qui les rendrait apparents.

Et de fait est-il donc si aisé de savoir si une chose est selon nature ou contre nature, en ne regardant qu'aux symptômes et aux phénomènes ? La condensation est selon nature chez un vieillard, et contre nature chez un enfant : ici seulement la condensation est un resserrement. La raréfaction est selon nature chez un enfant et contre nature chez un vieillard : ici seulement la raréfaction est un relâchement. Il faut donc s'aider de considérations étrangères aux phénomènes, surtout de celle de la cause, pour déterminer les communautés qui, dès-lors, ne sont pas intelligibles, pas évidentes, pas apparentes.

Les méthodiques diront qu'on distingue les symptômes selon nature à la *modération*, et les symptômes contre nature à l'*exagération*. Une condensation modérée c'est la santé; exagérée, c'est la maladie. De même la raréfaction. Mais la juste mesure et l'excès ne diffèrent-ils pas selon les cas ? Si les communautés se reconnaissent à l'exagération, elles ne se reconnaissent donc pas d'elles-mêmes ? Et puis, l'excès ne se déclare pas par lui-même, mais par ses effets. Il n'est donc pas évident, il ne rend donc pas la

---

(1) Par exemple, les paysans ont le corps plus dense que les citadins, sans être resserrés.

(2) Par exemple, les hommes qui vivent dans la mollesse ont le corps raréfié, sans l'avoir relâché.

communauté apparente. Prétendez-vous juger l'excès par le degré des forces, les forces n'étant pas apparentes, l'excès ne le sera pas non plus, la communauté non plus.

Les choses selon nature et les choses contre nature nous *apparaissent* dans leur matérialité, et tout le monde les voit, par exemple un nez effilé; mais *il n'apparaît pas* si elles sont selon ou contre nature, et il n'y a que les médecins qui décident cela, en raisonnant de ce qui apparaît à ce qui n'apparaît pas. Donc, encore et toujours, les communautés ne sont pas apparentes (1).

Ne considérons que le resserrement seul, il n'est pas apparent.

Le resserrement, disent les méthodiques, est la condensation et la rétention des matières qui doivent être excrétées. Mais ces matières sont utiles, indifférentes ou nuisibles. Sont-elles utiles, il est déraisonnable de les évacuer; indifférentes, il n'y a pas d'affection. C'est donc quand elles sont nuisibles qu'il y a resserrement. Mais ce qui est nuisible, c'est-à-dire *ce qui fait du mal*, est une cause. On ne peut donc reconnaître les choses nuisibles, par conséquent le resserrement, que par les causes; et comme les causes ne sont pas apparentes, les choses nuisibles ne le sont pas, le resserrement ne l'est pas.

Ne considérons que le relâchement seul, il n'est pas apparent.

Le relâchement, disent les méthodiques, est la raréfaction excessive des parties du corps et l'excrétion des matières qui devraient être retenues. Or, il a

---

(1) *De la meill. secte*, XXVI.

déjà été expliqué qu'une raréfaction excessive ne se comprend pas d'elle-même. Quant à l'excrétion, comment sait-on que telle ou telle matière doit ou ne doit pas rester dans le corps? C'est encore là une chose qui ne se comprend pas d'elle-même. Comment donc le relâchement se comprendrait-il de lui-même, se composant de ces deux choses? Il est étrange, en vérité, que les méthodiques trouvent si clair ce qu'il y a de plus difficile à déterminer, dans l'opinion des dogmatiques. Car le relâchement ne diffère pas de ce que les anciens nomment *colliquation*, et rien n'est si difficile que de distinguer l'excrétion de la colliquation, s'il faut en croire Erasistrate, qui constate seulement la difficulté, et Hippocrate, qui veut qu'on les distingue par la manière dont l'évacuation est supportée, ce qui n'est déjà pas si simple (1).

Le relâchement n'est donc pas apparent, le resserrement n'est donc pas apparent, les communautés ne sont donc pas apparentes. On vient de le prouver. Et l'un des chefs de la secte, Thessalus, ne confesse-t-il pas cette incontestable vérité, lorsqu'il expose que le resserrement se peut conclure d'une transpiration difficile, et en général les communautés de tels et tels signes (2)?

Mais soyons généreux envers nos adversaires et accordons-leur l'apparence des communautés : ces communautés supposées apparentes indiquent-elles le traitement? Point du tout.

Celui qui regarde les choses sans préjugés com-

---

(1) *De la meill. secte*, XXVII, XXVIII et suiv.
(2) *Ibid.*, XXVI.

prend sans peine que les communautés n'indiquent pas, qu'elles sont seulement des intermédiaires à l'aide desquels sont saisis les vrais moyens d'indication. Il comprend, de plus, que ces communautés qui servent ainsi d'intermédiaires pour l'indication, ne sont pas celles des méthodiques, mais bien ces généralités, ces maximes, fruit de l'observation et du raisonnement, que les dogmatiques nomment théorèmes. Un de ces théorèmes est le suivant : « Les lassitudes spontanées sont signes de maladies. » A la réflexion, on trouve que la lassitude ne peut avoir pour cause qu'une surabondance de matière, une pléthore. La lassitude indique donc la pléthore, laquelle indique à son tour le traitement. Voilà les communautés utiles, et comment elles le sont. Mais les méthodiques ferment les yeux à la lumière, méconnaissent les théorèmes des dogmatiques, maintiennent leurs communautés, c'est-à-dire leurs affections communes, et leur confèrent obstinément une puissance d'indication qu'elles n'ont ni ne peuvent avoir.

Leur thèse est donc que les communautés indiquent elles-mêmes, par elles-mêmes, le traitement convenable ; le resserrement, qu'il faut relâcher ; le relâchement, qu'il faut resserrer. Or, cette thèse, c'est l'erreur même, et il est facile de le prouver.

Le propre du traitement est de faire disparaître ce qui empêche la santé. Le traitement se tire donc de ce qui empêche, de la nature de ce qui empêche. Or ce qui empêche la santé, c'est telle ou telle cause spéciale. L'indication du traitement est donc précisément dans les causes spéciales, et les communautés n'ont rien à faire ici.

Le traitement supprime ce qui indique. Si ce sont les communautés qui indiquent, il supprime donc les communautés, tantôt l'une, tantôt l'autre. Mais il suivrait de là que tous les malades par la même communauté devraient être guéris en même temps, ce qui est faux et absurde (1).

Les méthodiques répondent que la communauté est une espèce, non un corps continu qui existerait en une multitude d'individus, et que, détruite par le traitement dans un individu, elle n'en subsiste pas moins dans les autres, comme l'humanité disparaît dans l'individu qui meurt, et persiste dans ceux qui survivent. — Mais si les communautés indiquent le traitement utile à titre de communautés, l'humanité, qui est une communauté, doit l'indiquer aussi. Or, l'humanité n'indique rien ; donc les autres communautés non plus (2).

Le malaise et la rougeur, observés dans maintes maladies, sont par conséquent des communautés. Qu'indiquent-elles ? rien. Donc les communautés en général n'indiquent pas.

Les communautés sont-elles des affections ou non ? Si elles sont des affections, d'où vient que personne ne les a jamais senties ? Car on sent la fièvre, l'inflammation ; on ne sent ni le relâchement ni le resserrement. Si elles ne sont pas des affections, d'où vient que les méthodiques enseignent que les indications se tirent des communautés, c'est-à-dire des affections communes, c'est-à-dire des affections ?

(1) On peut s'étonner de trouver ce singulier sophisme au milieu de l'argumentation sérieuse et savante de Galien.
(2) Les méthodiques répondent fort bien, et Galien se dérobe par un faux-fuyant.

Si les communautés indiquent, la communauté des communautés doit être indicative par excellence. Or, qu'indique la communauté du resserrement et du relâchement, car ces deux états ont encore quelque chose de commun ? Rien. Donc, en soi, la communauté n'a aucune force indicative.

Mais les méthodiques ont été dans la nécessité d'ajouter aux communautés dont il vient d'être parlé d'autres communautés qu'ils appellent secondaires ou additionnelles ; et à leurs deux classes de communautés les *temps*, c'est-à-dire les phases par lesquelles passent les maladies, soit le début, l'augment, le summum et le déclin, soit l'aigu et le chronique, le redoublement et la rémission. Il le fallait bien, puisque dans le cas de resserrement il est impraticable d'employer tout moyen quelconque de relâcher, comme aussi dans le cas de relâchement il est impraticable d'employer tout moyen quelconque de resserrer. Ils ont pensé tourner cette difficulté en introduisant les communautés secondaires et les *temps*, dont la vertu serait d'indiquer les médicaments appropriés aux différents cas spéciaux, c'est-à-dire aux variations de nature et de degré que peuvent présenter les affections. — Mais cette échappatoire leur échappe ; car les communautés secondaires n'indiquent pas plus le traitement particulier que les autres le traitement général, et les temps sont dans la même impuissance de rien indiquer.

Et d'abord les communautés secondaires n'indiquent pas. Soit l'*intensité*. On dit que l'intensité indique l'énergie du médicament à employer. Mais comment cela ? Ce n'est pas assez de déclarer qu'une maladie intense doit être traitée énergiquement.

Énergiquement est trop vague. Il ne s'agit pas d'une énergie quelconque : autrement, tous les médicaments énergiques seraient également bons. Il s'agit donc d'une certaine énergie déterminée. Or l'intensité n'indique pas une certaine énergie déterminée, mais une énergie quelconque. La voilà donc en défaut, et il n'y a rien à en tirer (1). Le même raisonnement appliqué aux autres communautés secondaires en montrerait l'insuffisance.

Ensuite les temps n'indiquent pas. Les méthodiques établissent leur thèse en confondant les temps du traitement avec les temps de la maladie; et en effet, si cet accord était vrai, la thèse serait démontrée. Mais il est faux, et la thèse aussi.

Les médecins ont nettement distingué et clairement défini les temps de la maladie et ceux du traitement. Les temps de la maladie sont les mouvements, ou, si l'on veut, la marche de la cause morbide ; et on en distingue quatre principaux, comme il a déjà été dit : le début, l'augment, le summum et le déclin. Les temps de traitement sont les moments opportuns pour appliquer les remèdes, c'est-à-dire les moments où tout recommande l'emploi d'un certain remède, sans que rien s'y oppose. Or il est bien clair que si les temps de la seconde espèce s'accordaient invariablement avec les temps de la première, ceux-ci indiqueraient le traitement à suivre; c'est là la prétention des méthodiques.

Les méthodiques soutiennent que les temps de la maladie et ceux du traitement, différents par l'idée qu'on s'en fait, sont identiques au fond et coïn-

(1. Est-ce bien là le sens de ce passage obscur?

cident nécessairement. On peut nommer, disent-ils, la même chose de différentes manières, en se plaçant à des points de vue différents, et par exemple on peut appeler le même chemin une montée, si on le regarde d'en bas, et une descente, si on le regarde d'en haut : de même on peut appeler les mêmes temps, temps de maladie, si on regarde aux progrès du mal, et temps de traitement, si on regarde à l'emploi des moyens curatifs ; mais il reste toujours que ces deux sortes de temps n'en font qu'une, et que qui connaît les premiers connaît les seconds ; et par conséquent les remèdes à appliquer.

Mais cette confusion des méthodiques est une incontestable erreur.

En effet, si les deux sortes de temps étaient identiques, il s'ensuivrait qu'à chaque temps de maladie correspondrait un temps de traitement. Mais point du tout. Cette conséquence forcée n'est pas vraie, les faits de chaque jour lui infligent un démenti formel. Une maladie est-elle à son summum, on laisse le malade en repos : voilà un temps de maladie sans temps de traitement. Un homme en santé craint-il quelque indisposition, on le purge, ou bien on le saigne : voilà un temps de traitement sans temps de maladie. Souvent dans un seul temps de maladie il y a plusieurs remèdes également opportuns, c'est-à-dire plusieurs temps de traitement ; souvent dans plusieurs temps de maladie un seul et même remède est également applicable, et par conséquent il n'y a qu'un seul temps de traitement. Où est la coïncidence si hautement proclamée ?

Autre considération. On peut, après avoir déterminé les temps généraux de la maladie, déterminer dans ces temps généraux des temps particuliers, et les mêmes que les premiers. Chaque crise en effet a ses degrés et son progrès comme la maladie entière. Cette détermination est possible, parce qu'on a un critère applicable aux crises de la maladie comme à la maladie elle-même, à savoir le processus de la cause morbide, dont l'action commence, grandit, arrive au paroxisme, pour décroître enfin. Or les temps de traitement ne présentent rien de semblable.

Là on ne peut pas déterminer des temps particuliers dans les temps généraux. Le critère nécessaire pour cette détermination manque. En effet, on ne peut pas recourir au *processus* de la cause comme pour les temps de la maladie. Quant aux temps généraux du traitement, on les déduit bien de la présence des circonstances qui exigent l'emploi de tel ou tel remède, et de l'absence des circonstances qui pourraient l'empêcher, ce qui est bien une sorte de critère; mais les temps particuliers, on les déduit de mille accidents infiniment variables, et par conséquent impossibles à déterminer d'avance. Et par cette raison, comme par la précédente, il est prouvé que les temps de la maladie et ceux du traitement ne vont pas de pair; et les méthodiques, battus sur tant de points, le sont encore sur celui-là.

Les temps de la maladie n'indiquent donc pas le traitement: autrement, il faudrait toujours employer le même remède au début, le même à l'augment, etc., ce qui est contraire à la pratique comme au bon sens. C'est bien plutôt l'état des forces du malade qui indique. Cela paraît assez pour le régime alimentaire. Pourquoi Hippocrate recommande-t-il une diète sévère au summum des maladies? Parce que alors les forces du malade sont épuisées. Il calcule par le temps l'état des forces, et par celui-ci la quantité des aliments à donner. Pourquoi veut-il qu'on nourrisse modérément les convalescents ? Parce que les forces ne leur sont pas encore revenues. C'est toujours le même procédé ; le temps indique l'état des forces, lequel indique le régime.

Enfin, ce qui achève de faire toucher du doigt la vanité du méthodisme prétendant déterminer le traitement par la considération des temps de la maladie, c'est que ces temps peuvent tous faire défaut tour à tour. Dans telle maladie, il n'y a ni début ni augment ; dès le premier moment, elle est au summum, par exemple l'apoplexie. Telle autre maladie, guérie pendant l'augment, n'a ni summum ni déclin. Ce sont là des faits, sur lesquels les méthodiques n'ont pas compté, et qui les condamnent (1).

Donc le méthodisme est dûment convaincu d'erreur et d'inanité. Il n'est qu'un tissu de propositions fausses, de thèses insoutenables, puisqu'il faut observer tous les phénomènes morbides, et non pas un petit nombre de phénomènes privilégiés à l'exception de tous les autres ; puisque ces phénomènes privilégiés, les affections, n'indiquent pas ; puisque les communautés apparentes ne sont ni apparentes ni indicatives ; puisque les communautés secondaires n'ont pas plus de valeur que les principales, ni les temps que tout le reste.

La vraie méthode médicale n'est donc pas plus le méthodisme que l'empirisme proprement dit ; d'où il paraît résulter qu'elle est le dogmatisme.

(1) *De la meill. secte*, de XXVII à XLVII.

III. — La méthode des dogmatiques découle nécessairement de l'objet et de la nature de la médecine bien comprise.

La médecine est une science, si l'on veut, mais une science pratique, c'est-à-dire un art (1).

Il est différents arts. Les uns ont pour fin la contemplation d'une chose, exemple l'arithmétique ; les autres produisent des actions, mais sans laisser de résultat qui persiste après qu'ils ont cessé d'agir, exemple la danse ; d'autres laissent un résultat, une œuvre subsistante, exemple l'architecture ; et d'autres enfin, sans rien produire, s'efforcent d'acquérir quelque chose, exemple la pêche (2).

Or, que se propose la médecine? De rétablir dans leur état naturel les individus dont le corps est atteint d'une affection contre nature. La médecine est donc un art producteur.

Mais les arts producteurs sont de deux sortes. Les uns produisent un objet nouveau, comme l'art de tisser ; les autres réparent un objet préexistant, comme l'art de raccommoder les chaussures. La médecine est un art producteur qui répare (3).

Elle est l'art de produire la santé, en la réparant ; son objet est la santé, et son but de la rétablir quand elle est altérée (4).

Comme tout art, la médecine se compose d'un

---

(1) *De la constitution de l'art médical*, I, II. — *Introduction ou du médecin*, V.

(2) *Ibid.* — Autres classifications des arts, *De la meill. secte*, V; *Introduction ou du médecin*, V.

(3) *De la constitut. de l'art médical*, II, III.

(4) *Ibid.* — *De la meill. secte*, I. — Autres définitions, *Introd. ou du médecin.*

ensemble de théorèmes, c'est-à-dire de maximes applicables à une multitude de cas particuliers (1).

Ces théorèmes, pour être de véritables théorèmes, dignes de ce nom, doivent être vrais, utiles et conséquents.

Vrais. — C'est-à-dire conformes au témoignage des sens, ou à l'observation, ou à l'évidence, ou aux vérités précédemment démontrées, suivant leur nature et leur objet.

Utiles. — C'est-à-dire intelligibles, car à qui serviraient-ils, si l'on ne pouvait les comprendre; au-dessus de la portée du vulgaire, car que nous apprendraient-ils, s'ils étaient universellement connus; allant au but de l'art, car à quoi seraient-ils bons, s'ils ne l'étaient à restaurer la santé?

Conséquents. — C'est-à-dire tels que les deux termes dont ils se composent, comme toute vérité, soient liés par un rapport naturel et nécessaire : de sorte que l'un manquant, l'autre manque aussi; l'un paraissant, l'autre paraît aussi. On comprend sans peine que, sans ce lien, qui fait leur invariabilité, les théorèmes médicaux ne pourraient gouverner la pratique médicale (2).

Vérité, utilité, conséquence, tels sont les caractères dont doivent être marqués les théorèmes dont se compose la médecine.

Or, par quels procédés peut-on, doit-on arriver à des théorèmes ainsi caractérisés?

Comme les théorèmes sont le terme de la médecine,

---

(1) Voir des exemples de théorèmes médicaux, *De la meill. secte*, IV.

(2) *De la meill. secte*, VII.

les phénomènes en sont le point de départ; non que les phénomènes fassent eux-mêmes partie de l'art. Ils sont particuliers, fugitifs, variables. Mais ils conduisent au général, à ce qui demeure, à ce qui ne change pas, aux théorèmes. Ils sont le principe de l'invention des théorèmes, et la condition de l'art. Il faut donc d'abord observer les phénomènes. Là-dessus, point de désaccord.

Mais il y a différentes manières d'observer les phénomènes. Il y a la manière des empiriques, il y a la manière des méthodiques, lesquelles, bien que différentes, sont également défectueuses.

Les empiriques observent, ou doivent observer tous les phénomènes sans distinction; car par quoi et à quel titre distingueraient-ils ceux qu'il importe de considérer, ceux qu'il convient de négliger? — Les méthodiques, par un excès contraire, circonscrivent l'observation dans la sphère très-étroite des phénomènes qui concernent les affections, ou même les affections générales à la fois et évidentes, qu'ils appellent communautés apparentes (1). Or, l'observation dogmatique, c'est-à-dire vraiment scientifique, n'est ni si étendue ni si restreinte.

D'une part, elle ne se borne pas aux phénomènes relatifs aux communautés apparentes; car, ainsi qu'il a été établi, ou ces phénomènes n'indiquent pas, ou ils indiquent mal, ou ils indiquent insuffisamment. D'autre part, elle n'embrasse pas tous les phénomènes indistinctement; car dans la multitude des phénomènes qu'on peut constater au lit d'un malade, s'il en est de significatifs, qui font la lumière, il en est

---

(1) *De la meill. secte*, IX, XXXIII et suiv.

d'insignifiants, qui ne font rien. L'observation vraiment médicale choisit donc entre les phénomènes, et, en choisissant, détermine et mesure le champ où elle doit s'exercer. Elle se place au point de vue de la cause, et se fait rationnelle ou, plus clairement, raisonnée. Elle considère que les phénomènes expressifs, les vrais symptômes, sont ceux qui se rapportent à la cause (1), aux lieux (2) affectés et aux forces du malade. Et elle s'attache à ceux-là, à tous ceux-là, à ceux-là seulement, sûre de déterminer ainsi, un jour ou l'autre, par la cause, la nature du traitement, par l'organe, le mode d'application, et par les forces, la mesure (3).

Le dogmatisme ne repousse pas plus l'observation du passé, c'est-à-dire l'histoire, que l'observation du présent; mais à la condition de la vivifier également par la considération de la cause et des choses cachées. Ce qu'il demande à l'histoire, et ce qu'il en accepte, ce ne sont pas les simples données de l'expérience, qu'il faudrait vérifier en refaisant le travail des premiers observateurs (ce qui la rendrait inutile), mais bien les résultats fournis par l'étude de la cause et par le raisonnement, lesquels, relevant de la logique, s'imposent d'autorité à l'esprit (4).

Le dogmatisme ne s'interdit pas davantage le passage du semblable au semblable; mais il l'entend et le pratique à sa manière, qui n'est pas celle de l'empirisme; et pour mieux marquer cette différence, il se plaît à l'appeler l'*analogisme*. Tandis que l'em-

---

(1) C'est-à-dire la cause efficiente.
(2) C'est-à-dire les organes.
(3) *De la meill. secte*, XII, XIX.
(4) *Ibid.*, XIV, XV.

pirisme considère les phénomènes, les symptômes et leur concours en bloc, le dogmatisme distingue, mettant d'un côté les symptômes utiles (ceux qui concernent la cause proprement dite, les lieux affectés, les forces du sujet), et de l'autre, les indifférents (ceux qui se rapportent à la personne ou à la famille du malade, aux accidents qui l'entourent). Or, cela est de fort grave conséquence, car cela autorise les dogmatiques à appliquer le même traitement, le concours des symptômes changeant, si ce sont les symptômes indifférents qui font le changement; et ce n'est pas tout. La distinction, parmi les symptômes utiles, de ceux qui se rapportent à la cause, ou à l'organe affecté, ou aux forces du malade, n'est pas moins féconde. Elle permet aux dogmatiques de varier heureusement telle ou telle partie du traitement général. Ainsi, les symptômes relatifs à la cause restent-ils les mêmes, les autres se modifiant, ils appliquent le même traitement, mais d'une autre manière et dans une autre mesure. Les symptômes relatifs à la cause changent-ils, au contraire, les autres restant les mêmes, ils appliquent un autre traitement, mais selon la même mesure et le même mode. Les empiriques, qui n'ont égard aux symptômes qu'en tant que phénomènes, entre lesquels ils n'ont pas lieu de distinguer, ne peuvent rien faire de tout cela, ou s'ils le font, c'est par dérogation à la méthode qu'ils préconisent. Telle est la supériorité de l'analogisme sur le passage du semblable au semblable usité chez les partisans exclusifs de l'expérience (1).

(1) *De la meill. secte*, XVIII, XIX, XX.

Mais l'observation raisonnée, même avec le supplément de l'histoire raisonnée et du passage raisonné du semblable au semblable, ne suffit pas à constituer l'art médical.

Il faut encore, il faut surtout le raisonnement qui interprète l'indication. — Non l'indication des méthodiques. Les méthodiques font résider l'indication dans les affections générales ou communautés, mais c'est là une indication chimérique, mensongère. Les affections n'indiquent que la nécessité de les éloigner; quant au remède, il est indiqué par la cause, ou par les causes de l'affection, et par rien autre (1).

L'indication vraie, celle qu'emploie le dogmatisme, c'est donc l'indication par la cause, et en général par les choses cachées. C'est aussi l'indication par la nature des médicaments, leurs propriétés et leurs vertus (2).

La cause, et en général les choses cachées. — La cause, c'est-à-dire le principe morbifique, tel qu'un virus, ou l'action morbifique, telle que la pléthore; ce qui apporte enfin le trouble dans les fonctions de la vie. Les choses cachées, c'est-à-dire, outre la cause dont il vient d'être parlé, les lieux, et en général l'organisation, laquelle ne peut être connue que par la dissection et l'anatomie; le tempérament, l'âge, le régime et les habitudes, lesquels ne peuvent être connus que par une enquête; les influences extérieures, celles des eaux, des airs, des lieux, des saisons, lesquelles ne peuvent être connues que par la réflexion et l'étude. On conçoit, en effet, que tout cela

---

(1) *De la meill. secte.*, XXIII et suivant.
(2) *Des sect. aux étud.*, III.

concourt, avec la cause proprement dite, à la production de la maladie, et en diversifie la nature et les caractères à l'infini.

Les médicaments, leurs propriétés et leurs vertus. — Les médicaments, en effet, sont de nature différente, ont des propriétés et des vertus différentes. C'est à la fois une nécessité des choses, puisque aucune ne ressemble à une autre dans le monde, et une condition de l'art médical, puisque la variété des remèdes doit correspondre à la variété des maladies.

Or, quand tout cela est connu, l'œuvre du raisonnement est aussi simple que rigoureuse. De la cause, il déduit le remède, qui est de la supprimer. Des diversités de tempérament, d'habitudes, d'âge, de saison, de climat, etc., etc., il déduit l'opportunité, l'intensité, etc., du remède. Et quant à la nature même du remède, il la déduit des propriétés, des vertus des médicaments, d'après le principe que la cause d'une maladie ne peut être naturellement et efficacement combattue que par son contraire (1).

Après cette restitution laborieuse et malheureusement écourtée, le lecteur a, je crois, de la logique générale et de la logique médicale de Galien, une idée aussi juste et aussi complète que possible dans l'état des documents. Et cette idée est tout à l'honneur de Galien-philosophe. Car d'abord, on le voit, la méthode qu'il enseigne, il la pratique parfaitement. On ne saurait mieux raisonner, ni plus géométriquement, c'est-à-dire rigoureusement, qu'il ne le fait dans cette longue et savante discussion des méthodes

(1) Traités précédemment cités, *passim*.

empirique et méthodique, étudiées en elles-mêmes et dans leur opposition à la méthode dogmatique. Les arguments se suivent, s'enchaînent, se fortifient, solides comme les faits sur lesquels ils se fondent, vrais et incontestables jusque dans la plus extrême subtilité, sauf une seule exception, signalée en note. C'est là un premier mérite. — Ensuite, générale ou spécialement médicale, la logique de Galien est parfaitement conséquente. La méthode dogmatique n'est, en effet, ni plus ni moins que la méthode de démonstration géométrique appliquée à la médecine, puisqu'elle consiste à déduire de la connaissance de la cause, des lieux affectés et des médicaments la nature du remède, son opportunité et son intensité. Second mérite; — enfin, à nous renfermer dans la sphère de la médecine. Galien n'a-t-il pas évidemment raison contre ses adversaires, et la méthode qu'il défend, qu'il devait exposer avec tous les détails qu'elle comporte dans les traités qui nous manquent, n'est-elle pas évidemment la vraie méthode médicale? Troisième mérite, plus signalé que les autres.

Ce n'est pas que la méthode dogmatique ait définitivement triomphé en médecine. Les deux autres n'ont jamais cessé d'avoir leurs partisans, et aujourd'hui même elles sont loin d'être universellement répudiées.

Cela est vrai même de la méthode des méthodiques. Elle n'est pas plus morte que l'épicurisme, son père, bien qu'elle ait cessé de s'y rapporter étroitement. On peut lire dans nos histoires de la médecine la liste des méthodiques modernes, à commencer par F. Hoffmann, et à finir par Broussais, en supposant que Broussais n'ait pas laissé de postérité (1).—Mais qu'elle persiste ou non, on peut affirmer que cette méthode est condamnée par son essence même, qui est d'expliquer l'infinie variété des maladies, dans une organisation infiniment variée elle-même, par une seule affection et ses excès ou ses défauts. Cette simplicité extrême, née de l'esprit systématique, favorisée par les circonstances extérieures, dont il ne faut cependant pas exagérer l'influence, est contraire à la nature des choses en général, à l'organisation humaine en particulier, où les liquides et les fluides ont leur rôle, aussi bien que les solides, sans compter l'essentielle différence des organes et des appareils.

Cela est vrai à plus forte raison de la méthode des empiriques. Celle-là a toujours eu ses croyants et ses pratiquants. Antérieure au dogmatisme, parce qu'il est plus facile de s'arrêter aux faits que de remonter aux causes, elle est encore florissante à l'heure actuelle. Sans parler des praticiens qui, particulièrement préoccupés de la clientèle, donnent tête baissée dans l'empirisme, parce qu'il est plus à leur portée, il y a les maîtres qui le préconisent avec conviction et le défendent avec ardeur, raisonnant et argumentant non sans habileté ni sans vraisemblance. Si nous voulions citer des noms propres parmi les contemporains, nous n'aurions que l'embarras du choix (2). — Mais, quoi qu'on puisse dire,

(1) Les intermédiaires sont Cullen, Tommasini, Rasori et Brown.
(2) Nous citerions le groupe de médecins réunis en *Société médicale d'observation* ; le savant auteur d'une histoire moderne de la médecine, le D*r* Renouard, qui a consacré à l'apologie de l'empirisme des *Lettres philosophiques et historiques sur la mé-*

et quoi qu'on puisse faire, il est resté avéré que, si l'empirisme est en possession de découvrir des remèdes, même des remèdes infaillibles, tels que les *spécifiques*, s'il fournit un *supplément* nécessaire dans l'ignorance des causes, et un *moyen de vérification* non moins nécessaires après l'invention des remèdes, il est condamné par sa nature même, par ses prétentions même, à ne fonder jamais, dans l'absence de toute explication et de toute lumière, qu'un art aveugle : les clartés supérieures de la science lui sont interdites. Il n'y a de scientifique que ce qui est expliqué, et d'expliqué que ce qui est rapporté à sa cause, ou à ses causes. D'où il suit que la méthode dogmatique, quelles que soient ses difficultés et ses imperfections, est seule en état de constituer une médecine *scientifique* ; l'empirisme, au contraire, quelles que soient ses facilités et ses vertus, quelques services qu'il ait rendus et qu'il doive rendre, ne saurait jamais s'élever au-dessus de l'art ni sortir des ténèbres. Ajoutez que l'empirisme, qui doit se borner à constater le rapport constant entre telle maladie et la guérison par tel remède, sans rien déduire ni de la pathologie, ni de la physiologie, qu'il traite de très-haut, est obligé de faire amende honorable, quand il s'agit du diagnostic, dont la thérapeutique ne peut absolument pas se passer. Pour traiter même empiriquement une maladie, il faut la connaître, et com-

---

decine au XIXe siècle, plusieurs fois rééditées (voir en particulier les Lettres II, § 4 et 5, et IV tout entière) etc. Le même auteur a lu à l'Académie de médecine un mémoire sur le même sujet, mémoire honoré des suffrages de la docte assemblée, en dépit des efforts contraires du Dr Bouillaud.

ment la connaître, comment la diagnostiquer, si l'on ne sait rien ni de l'organisme, ni des modifications anormales auxquelles il est sujet ? Il faut donc bon gré mal gré frapper à la porte de la physiologie et de la pathologie et se renseigner auprès de ces sciences maîtresses. Et ainsi faisant, on renouvelle si bien l'empirisme qu'on est dans la nécessité de lui donner un nom nouveau, pour le distinguer de l'ancien : on l'appelle l'*empirisme raisonné*, ou l'*empiri-méthodisme* (1), ou de quelque autre nom analogue.

Il reste donc que le dogmatisme est la vraie méthode médicale, parce qu'elle est la seule qui puisse produire une *science* médicale, ou faire de la médecine une *science* digne de ce nom. Il reste donc qu'il faut procéder de la physiologie à la pathologie, et de celle-ci à la thérapeutique, la cause des maladies ne pouvant être découverte que par l'étude comparée des organes et des fonctions à l'état sain et à l'état morbide, et le remède ne pouvant être déterminé en pleine lumière et en pleine utilité que par la connaissance de la cause. Je dis en pleine lumière et en pleine utilité. Pour la lumière, c'est évident, puisque alors seulement on se rend compte du point de départ, du chemin suivi et du terme atteint. Lorsqu'on n'avait pas constaté l'existence de l'*acare*, on guérissait la gale cependant par l'application de telle ou telle pommade; mais on ne savait ce qu'on faisait, car on ne savait ni quel ennemi on avait à combattre, ni comment l'onguent employé contre

---

(1) Et qui procède ainsi ? le grand pourfendeur du dogmatisme, le Dr Renouard (*Lelt. phil. et hist.* passim; voir surtout, p. 180).

lui agissait. Aujourd'hui, tout est clair dans le traitement de la gale, car on sait qu'on a affaire à un certain insecte, et qu'une certaine drogue, administrée d'une certaine manière, lui donnant la mort, met nécessairement fin à la maladie. — L'utilité supérieure du traitement déduit de la pathologie et de la physiologie, c'est-à-dire de la connaissance de la cause, moins évidente au premier abord, n'est pas moins incontestable, si l'on prend la peine d'y réfléchir. On guérissait autrefois la gale, ai-je dit : oui, mais lentement, laborieusement, et pas toujours ; à l'heure qu'il est, on la guérit sûrement et pour ainsi dire instantanément. Les empiriques contemporains, le Dr Renouard en tête, parlent avec enthousiasme des spécifiques, et l'on voit de reste que, dans leur opinion, une médecine qui aurait un spécifique à opposer à chaque maladie serait l'idéal médical réalisé. C'est une illusion ; car, outre que cette médecine là s'exercerait un bandeau sur les yeux, les résultats qu'elle atteindrait laisseraient toujours à désirer. J'admire comme un autre la vertu du quinquina, le spécifique des spécifiques ; mais le traitement de la fièvre par le quinquina a cependant ses hésitations et ses vicissitudes fâcheuses ; et l'on conçoit fort bien que le jour où la cause de la fièvre serait connue, on en pourrait déduire un mode de guérison sans tâtonnements comme sans incertitudes. En médecine, comme en toutes choses, il n'est que la science ; et comme la méthode dogmatique seule mène à la science, elle est la vraie méthode médicale, dont le triomphe définitif est assuré.

C'est, en somme, et nonobstant les exceptions dont

il a été parlé, la méthode dominante aujourd'hui, et qui paraît devoir dominer de plus en plus. Les sommités médicales, à l'Académie, à la Faculté et dans le monde, sont pour elle. Et il était pour elle, ce grand et noble esprit, ce génie de l'expérimentation sur le vif, ce créateur inspiré de tant de belles et originales théories, ce puissant rénovateur de la médecine, Claude Bernard, s'il faut le nommer; car il ne faudrait pas que l'expression de *Médecine expérimentale,* adoptée par lui, induisît en erreur. La médecine expérimentale est à cent lieues de la médecine empirique, ou plutôt elle est à l'autre pôle. La médecine expérimentale, c'est proprement la médecine dogmatique; elle fait le même cas qu'elle du raisonnement et de la cause; son originalité, comme sa supériorité, c'est de donner pour point de départ et pour condition à la recherche de la cause par le raisonnement, non la simple observation, mais l'expérimentation pathologique et physiologique. Le lecteur pourra s'en convaincre, et se charmer tout ensemble, en relisant, dans l'*Introduction à l'étude de la médecine expérimentale,* les trois pages qui lui servent de préface, et singulièrement le quatrième et dernier chapitre, paragraphes 2 et 3.

Galien s'est donc rangé à la vérité en prenant fait et cause pour la méthode dogmatique. Il faut lui en faire honneur, et regretter davantage que son œuvre nous soit parvenue si incomplète. On ne pourrait lui faire qu'un reproche, c'est d'avoir abondé dans son sens plus que de raison. C'était bien d'avoir vu que, hors du dogmatisme, il n'y a pas de science médicale à proprement dire; mais il ne fallait pas pour cela bannir absolument l'empirisme. La médecine dogmatique, après tant de siècles, tant de médecins illustres, est encore bien peu avancée. Elle a fait la lumière sur quelques points seulement ; le reste, c'est-à-dire la grande majorité des maladies, demeure dans la nuit. Que faire cependant ? Laisser les malades à leur sort ? L'humanité le défend. Dogmatiser à tort et à travers ? Le bon sens l'interdit. Il ne reste qu'un parti : emprunter à l'empirisme ses recettes, du moins celles qui réussissent ordinairement. L'empirisme doit être accepté à titre provisoire par le dogmatisme, tant que le dogmatisme n'aura pas découvert toutes les causes, et arraché à la pathologie et à la physiologie expérimentales tous leurs secrets. Il constitue ainsi une *médecine provisoire*, dont le sort est de perdre tout le terrain que gagne le dogmatisme, et de disparaître le jour où celui-ci n'aurait plus rien à chercher, rien à trouver. C'est dire qu'il aura longtemps encore, et peut-être éternellement, une raison d'être. — Il faut ajouter que l'expérience, sinon l'empirisme lui-même, est encore nécessaire au dogmatisme comme moyen de contrôle. La cause de la maladie connue, le remède déduit, il reste à s'assurer que la cause est *bien* connue, et le remède *bien* déduit, en s'assurant de l'efficacité de ce dernier. Cette confirmation par l'expérience est absolument nécessaire, et la science médicale ne doit enregistrer parmi ses théorèmes que les découvertes *confirmées*. Galien ne paraît avoir compris ni le rôle de l'expérience, après la découverte, ni celui de l'empirisme avant. Comblez cette lacune, restituez les parties perdues de sa théorie, changez les termes vieillis, et la méthode de Galien, considérée dans son fond et dans son originalité, sera encore la méthode de la médecine contemporaine. Et si de vaillants jeunes hommes, formés à l'école de Claude Bernard, ou inspirés de ses livres, la pratiquent avec constance, soit au lit des malades dans nos vastes hôpitaux, soit à la table de dissection ou de vivisection dans nos merveilleux laboratoires, on pourra espérer de voir la médecine sortir définitivement des limbes de l'empirisme, et prendre place au soleil de la vérité, parmi les sciences, à côté de la physique et de la chimie, ses sœurs.

MORALE DE GALIEN.

On a vu que Galien, dans la totalité, on pourrait presque dire dans l'universalité de ses OEuvres, avait exploré toutes les parties de la Morale, de la morale philosophique ou générale, et de la morale spécialement médicale. Ce qui n'a pas lieu de surprendre, quand on songe par quel père et au milieu de quels exemples il avait été élevé ; à quel point il s'était nourri de la moelle de ces trois grandes écoles de morale, le platonisme, le péripatétisme et le stoïcisme ; et comme il était naturellement enclin aux vertus qui font l'honnête homme et le médecin dévoué. Tout concourait à faire de lui un moraliste tout ensemble éminent et complet. On a vu, d'autre part, le peu qui nous reste de tant de belles œuvres et de nobles recherches. Trois traités seulement subsistent : l'un intitulé *De la courte paume*, où est discutée la question des exercices corporels, nécessaires à tous les âges ; l'autre intitulé *Exhortation aux arts*, où est discutée la question de l'étude et du travail intellectuel, obligatoires pour tous les hommes ; le dernier intitulé : *Du discernement et du traitement des passions et des fautes*, où est discutée la question de la vie intérieure et comment on peut la rendre le plus parfaite possible. Ces trois ouvrages, qui ne sont guère que des opuscules, nous représentent actuellement toute la partie morale des œuvres de Galien, et ces trois problèmes toute la substance de sa morale.

Ainsi composée, cette morale, on le comprend d'abord, n'intéresse pas particulièrement le médecin; c'est l'homme même, quelle que soit ou quelle que doive être sa profession, qui a le devoir d'exercer son corps, de développer son esprit, d'amender son âme. Elle est toute générale, purement philosophique.

Elle est de plus toute personnelle; le point de vue social, cher aux anciens, et qui, presque toujours, absorbe les autres dans leurs préoccupations, ne paraît pas. Ce n'est pas le citoyen, c'est l'agent moral qui est en scène. Et cela même donne un prix singulier à ces trois fragments de la morale galénique. Il n'est pas peu intéressant de constater à quel souci de perfection en étaient venus les anciens à cette époque sous la salutaire influence du stoïcisme.

Enfin, on remarquera que les sujets traités ici par Galien ont un lien logique et forment un ensemble complet. Culture physique, culture intellectuelle, culture morale, voilà de quoi nous entretiennent tour à tour les opuscules ci-dessus mentionnés, et c'est là la division naturelle où viennent se ranger nos devoirs envers nous-mêmes.

CHAPITRE I.

LA CULTURE PHYSIQUE.

Le traité *De la courte paume* est proprement l'apologie des exercices naturels, tels que la marche ou la course, l'équitation ou la chasse, et principalement des jeux, et principalement du jeu par excellence, à savoir la paume, et surtout la courte paume, d'un accès plus facile et plus général. C'est donc par les exercices naturels, par les jeux, par le jeu de paume, que l'homme, suivant Galien, doit développer et entretenir ses forces. Mais cela fait naître aussitôt dans nos esprits cette question : Et la gymnastique ? Galien oublierait-il la gymnastique ? Ou bien la jugerait-il sévèrement, et la bannirait-il de l'éducation et de la vie ?

Or, nous avons la chance de trouver à cette question une réponse péremptoire dans un certain nombre de chapitres d'un traité intitulé : *L'art de conserver la santé fait-il partie de la médecine?* Ces chapitres (1), où Galien s'explique très-catégoriquement sur la gymnastique considérée comme moyen de développer et de perfectionner le corps, doivent être rapprochés du traité *De la courte paume*; ils en sont comme l'introduction naturelle.

(1) XXXVI, XXXVII, XXXVIII, XLI, XLVI, LI.

Mais avant de demander à Galien ce qu'il pense de la gymnastique, examinons rapidement ce qu'en ont pensé les médecins et les philosophes grecs qui l'ont précédé dans cette voie.

Quand on cherche la gymnastique grecque dans les écrits des philosophes et des médecins, on ne tarde pas d'éprouver une surprise : au lieu d'une gymnastique, on en trouve deux. Les grecs avaient, en effet, une gymnastique générale, qui se confondait à peu près avec l'hygiène, et une gymnastique particulière, qu'ils appelaient quelquefois l'*athlétique*, et qui n'était ni plus ni moins que l'art d'exercer les jeunes gens à la lutte (1). Or, ces deux gymnastiques très-différentes, ils les jugeaient très-différemment.

De la gymnastique générale, c'est-à-dire de l'hygiène qu'on pourrait appeler *active*, ils pensaient beaucoup de bien ; de la gymnastique particulière, c'est-à-dire de l'athlétique, ils pensaient d'abord assez de mal, et plus tard beaucoup de mal.

C'est ce qui paraît déjà très-nettement dans Hippocrate. Quand il parle de la gymnastique générale et de l'hygiène, il est tout éloge. Après avoir montré que le corps réclame deux choses : la nourriture pour alimenter la vie ; le travail ou l'exercice pour la développer (2), il entre complaisamment dans les plus intéressants détails sur les différentes sortes d'exercices, et détermine l'utilité particulière de chacun. Il distingue des exercices spontanés, qui se font d'eux-mêmes, par exemple ceux de la vue, de l'ouïe, de la voix ; et des exercices volontaires, que nous

---

(1) Voir ci-après Hippocrate, Galien, et même Platon.
(2) *Du régime*, I.

pratiquons avec réflexion et préméditation, et qui sont très-nombreux et divers. Les principaux sont la promenade, la course, l'équitation, les sauts et les bonds, le jeu de la balle suspendue (1), les frottements dans le sable (2), les onctions d'huile. Rien de plus salutaire que ces pratiques : elles entretiennent la santé générale, l'élasticité des membres et le régulier fonctionnement des organes (3). Mais lorsque, au contraire, Hippocrate parle de la gymnastique particulière et de l'athlétique, ce n'est plus qu'en passant, comme d'une chose de peu d'importance (4); et s'il y insiste une fois, c'est pour en blâmer les effets : elle produit, selon lui, une constitution spéciale, qu'il appelle la *constitution athlétique*, et qu'il déclare détestable. C'est même la pire des constitutions; elle consiste en un embonpoint croissant et bientôt excessif, elle met sur la pente de toutes les maladies (5). Cette gymnastique-là est donc aussi funeste que l'autre est profitable.

Les idées de Platon sur la gymnastique ne sont pas différentes, malgré l'apparence contraire. Sans doute, il fait consister l'éducation du corps dans la gymnastique, comme il fait consister celle de l'âme dans la musique; mais, de même que la musique dont il s'agit ici n'est pas la musique proprement

(1) Quel est ce jeu de la balle suspendue? Hippocrate ne l'explique pas clairement. Il se borne à dire qu'on fait balancer fortement la balle, pour l'arrêter ensuite avec les mains. Cette balle était sans doute suspendue à une courroie.

(2) Il paraît que les anciens se roulaient dans le sable.

(3) *Du régime*, II et III.

(4) Dans le traité *Du régime*, il la nomme trois fois, sans s'y arrêter jamais.

(5) *Aphorismes*, 3.

dite, la gymnastique n'est pas non plus la gymnastique proprement dite. La culture du corps, dit-il, est double : l'une regarde à la maladie, c'est la médecine ; l'autre regarde à la santé, c'est la gymnastique. La gymnastique est l'art de mettre et de maintenir le corps dans le meilleur état possible (1). On le voit, la gymnastique recommandée par Platon, c'est encore l'hygiène. Et il y paraît aux préceptes qu'il donne, dans *La République*, à ses futurs guerriers, lesquels doivent être sobres comme les héros d'Homère, afin d'être sains et forts comme eux. Quant à l'autre gymnastique, celle qui fait les athlètes, il n'en parle que pour mieux faire ressortir les caractères de la vraie gymnastique par son opposition à la fausse. Le régime des athlètes ordinaires est détestable : il accorde trop au sommeil et fait dépendre la santé des moindres accidents. Tout autre doit être celui des athlètes guerriers, lesquels doivent être, comme les chiens, toujours alertes, tout voir et tout entendre, changer souvent de nourriture et de boisson, souffrir le froid et le chaud, et par conséquent avoir le corps à l'épreuve de toutes les fatigues. Quelques lignes après celles-ci, Platon exige que les jeunes gens fassent servir les exercices corporels non-seulement à maintenir leur santé, mais à augmenter leur force morale, à la différence des athlètes, qui ne visent qu'à devenir plus robustes (2).

Même la gymnastique vraie, c'est-à-dire la générale, l'hygiénique, doit être cultivée dans une juste mesure, selon Platon ; en devenant excessive, elle

---

(1) *Gorgias*, édit. Charpentier, t. V, p. 176.
(2) *La République*, t. VII, p. 171, 181.

deviendrait fâcheuse. Comme celui qui donnerait trop à la musique tomberait dans la mollesse, celui qui donnerait trop à la gymnastique tomberait dans la brutalité et la grossièreté. Dédaigneux des lettres et des muses qu'il ne connaîtrait pas, plus fier de ses muscles exercés que de ses facultés négligées, il ne demanderait rien à la persuasion; pareil à une bête féroce, il emploierait en toute occasion la force et la violence. En se livrant à la gymnastique même bien entendue, c'est moins au corps et à son développement qu'il faut penser qu'au perfectionnement de l'âme, dont il doit toujours rester l'instrument et le ministre (1).

Les vues d'Aristote sur le même sujet ont une singulière analogie avec celles de son maître. Ailleurs il le combat, ici il en est l'écho fidèle. Il suffit de le lire pour n'en pouvoir douter.

Aristote, après avoir dit que l'éducation embrasse ordinairement quatre parties distinctes, savoir : la grammaire, la gymnastique, la musique et le dessin, après avoir indiqué en passant que l'objet de la gymnastique est de donner la santé et la vigueur (2), se livre sur celle-ci aux considérations suivantes :

« On a démontré, dit-il, qu'on doit songer à former les habitudes avant la raison, le corps avant l'esprit : il suit de là qu'il faut accoutumer les enfants aux exercices corporels et à la gymnastique, celle-ci pour assurer au corps une bonne constitution, ceux-là pour lui procurer de l'adresse. Dans les gouvernements qui paraissent s'occuper tout particulièrement

(1) *La Républ.*, ibid., p. 181, 183.
(2) *La Politique*, V, II.

de l'éducation de la jeunesse, on cherche le plus souvent à former des athlètes, et l'on nuit également à la grâce et à la croissance du corps. Les Spartiates, en évitant cette faute, en commettent une autre : à force d'endurcir les enfants, ils les rendent féroces, sous prétexte de les rendre courageux ; mais, je le répète, l'éducation ne doit point s'attacher exclusivement à un seul objet, et à celui-là moins qu'à tout autre. Si l'on ne songe qu'à développer le courage, on n'atteint même pas ce but. Le courage, dans les animaux, non plus que dans les hommes, n'appartient pas aux plus sauvages ; il appartient, au contraire, à ceux qui réunissent la douceur et la magnanimité du lion...

« Il faut donc mettre au premier rang le courage et non la férocité. Braver noblement le danger n'est le partage ni d'un loup ni d'une bête fauve ; c'est le partage exclusif de l'homme courageux. En donnant trop d'importance à cette partie toute secondaire de l'éducation, et en négligeant les objets indispensables, vous ne faites de vos enfants que de véritables manœuvres ; vous n'avez voulu les rendre bons qu'à une seule occupation dans la société, et ils restent même dans cette spécialité inférieurs à bien d'autres, comme la raison le dit assez...

« On doit donc nous accorder et l'emploi nécessaire de la gymnastique, et les limites que nous lui posons (1). »

On voit qu'Aristote, en vrai platonicien, distingue la gymnastique hygiénique, *dont l'objet est de procurer la santé et la vigueur*, et la gymnastique athlé-

---

(1) *La Polit.*, *ibid.*, III. Traduct. B. Saint-Hilaire, t. II, p. 155-159.

tique, *qui nuit également à la grâce et à la croissance du corps ;* et la vraie gymnastique, la gymnastique générale même, il entend qu'on lui fasse sa part, sans quoi, au lieu de former des hommes courageux, elle en formerait de féroces.

Voilà comment la médecine et la philosophie grecques concevaient la gymnastique aux plus beaux jours de l'Antiquité (1). Elles distinguaient une gymnastique d'une application universelle, visant par un régime sévère et des exercices variés à faire des hommes sains et dispos, par conséquent fort peu différente de l'hygiène : celle-là ils l'estimaient à tout son prix ; et une gymnastique d'une application très-restreinte, visant par des moyens appropriés à faire des hommes robustes, capables de terrasser un adversaire : celle-là ils la traitaient avec le mépris qu'elle mérite. — Galien n'est pas d'un autre avis. Ce sont précisément les mêmes idées, qu'il expose avec plus de développement et de relief. Mais son témoignage a une particulière importance. Héritier à la fois d'Hippocrate, de Platon et d'Aristote, il a de plus sous les yeux le spectacle de la civilisation grecque tout entière, et peut tirer des faits un enseignement qui manquait à ses illustres devanciers. C'est le suprême jugement de la Grèce sur la gymnastique qu'il va nous donner, avec la double autorité de son génie et de l'expérience des siècles écoulés.

(1) Il faut croire que c'était aussi le jugement des Égyptiens. Diodore de Sicile (l. I, p. 73, édit. Wechel), nous apprend, en effet, que les Égyptiens avaient défendu la gymnastique de la palestre. Ils pensaient, dit-il, que des exercices quotidiens de ce genre procuraient aux jeunes gens, non pas la santé, mais une force peu durable, et qui les laissait exposés aux maladies.

Galien fait d'abord l'historique de la question (1). Il nous apprend que le nom de la gymnastique est relativement récent. Au siècle d'Homère, il n'existait pas : la langue ne connaissait ni le mot gymnastique ni le mot gymnaste. Même chez Platon, ces expressions sont loin d'être fréquentes ; il appelle plus volontiers celui qui enseigne la gymnastique aux jeunes gens *Pédotribe* que gymnaste. C'est qu'alors les gymnases venaient de naître avec l'art de faire des athlètes. Jusque-là, on ne s'était pas avisé de cette préparation spéciale et de cette belle profession. Les hommes d'autrefois excellaient dans tous les exercices naturels. Robustes par le fait d'une bonne constitution, ils savaient combattre non-seulement à la lutte, mais à la course, au trait, à l'arc, au disque, au chariot ; et comme ils savaient combattre, ils savaient labourer, ensemencer, moissonner, tailler les arbres, également aptes à tous les travaux qui intéressent la paix et la guerre. C'est plus tard qu'on distingua ces diverses choses et que parurent des hommes habiles seulement à rivaliser avec un adversaire, et parmi ceux-là des hommes habiles seulement à lutter corps à corps. Ce fut l'âge des athlètes et de la gymnastique. C'est-à-dire qu'à côté de la gymnastique naturelle, encore innommée, se forma cette gymnastique savante, qui serait mieux appelée l'athlétique. Or, ce que vaut cette dernière invention, il est aisé de le deviner. Autant l'ancienne gymnastique est utile, nécessaire même, autant la nouvelle est

---

(1) Tout ce qui suit n'est que l'exacte analyse des chapitres XXXIII, XXXVI, XXXVII, XXXVIII, XLI, XLVI, LI du traité : *L'art de conserver la santé fait-il partie de la médecine ?*

misérable et funeste. Et Galien rappelle sommairement l'opinion d'Hippocrate et de Platon, que je viens de faire connaître avec plus de détails. Il ajoute que ce fut également celle de toute la grande tradition médicale chez les Grecs, de Dioclès, de Praxagore, de Philotime, d'Érasistrate et d'Hérophile, lesquels n'ont jamais voulu voir et approuver dans la gymnastique que l'art qui s'applique au corps entier pour le rendre et le maintenir apte à tous les offices qui dépendent de lui (1). — Il est à regretter que Galien, qui n'est pas toujours sobre de paroles, le soit si fort ici, et se borne à de pures affirmations. Il eût été intéressant de pouvoir recueillir dans ses pages quelques propositions émanées de ces médecins fameux, dont rien n'a survécu, que le souvenir de leurs ouvrages, de leur doctrine et de leur génie.

Il y a donc deux gymnastiques fort différentes par l'âge comme par la nature. Galien insiste sur cette

(1) Je n'ai rien dit et Galien ne dit rien non plus de Philostrate et de son traité *De la gymnastique*. Philostrate n'est ni un médecin ni un philosophe, mais un très-médiocre sophiste. Le traité *De la gymnastique*, dont l'objet est bien moins l'art de fortifier le corps que de façonner des athlètes, n'est qu'une divagation, dont tout l'intérêt est dans la nomenclature des exercices usités aux jeux olympiques et autres jeux, mais où la philosophie et la médecine n'ont rien à recueillir. Il faut toute la partialité d'un éditeur et d'un traducteur pour croire, comme le croit Minoïde Mynas, que Galien avait lu et relu ce traité, et qu'il fut induit par la critique que Philostrate avait faite de la médecine, à critiquer à son tour la gymnastique. Galien a jugé la gymnastique comme l'avaient jugée avant lui la philosophie et la médecine, ou si son jugement est plus sévère, c'est que la décadence de la gymnastique était plus profonde, comme le reconnaît Philostrate lui-même, texte grec, p. 4, traduction, p. 60.

distinction capitale. L'ancienne, qui est, à vraiment dire, de tous les temps, et que les hommes pratiquent naturellement, il l'appelle la vraie. Elle a ce caractère distinctif, et qui en fait le prix, que son objet est le bien du corps, et son but de le rendre propre à tout. La nouvelle, qui est seulement de ce temps-ci, et qui a fini par perdre toute mesure, il l'appelle la fausse, et plus souvent, comme pour la stigmatiser, la vicieuse. Elle a ce caractère particulier, et qui en marque le défaut essentiel, que son objet est l'accroissement excessif de la force musculaire, et son but de triompher d'un adversaire moins robuste ou moins adroit.

Que cette sorte de gymnastique, que la gymnastique proprement dite soit vicieuse en effet, comment en douter? Galien ne tarit pas dans l'énumération de ses défauts, la déduction de ses fatales conséquences; c'est une verve médicale et philosophique à faire envie à un poëte. Et d'abord, cette prétendue gymnastique, en lui supposant la valeur qu'elle n'a pas, ne serait toujours qu'une infiniment petite partie de la gymnastique entendue comme elle doit l'être. Celle-ci, en effet, n'est pas moins que l'art de la santé, et elle comprend tous les exercices qui y servent; mais la gymnastique nouvelle, qu'est-ce donc? L'art de la lutte, c'est-à-dire un exercice unique et toujours le même, et qui, contribuât-il à la santé, y contribuerait bien médiocrement. La vérité est qu'il n'y contribue pas du tout. Cette gymnastique n'est proprement qu'un *art de renverser*. Sans rien connaître des besoins du corps, sans rien entendre aux choses qui lui sont profitables ou dommageables, elle consiste toute dans les prises et surprises, les mouvements variés, appropriés, au moyen desquels on jette bas son adversaire. Elle ressemblerait fort à l'art de danser, si ce n'est que ce dernier n'a pas la prétention de venir en aide au corps et aux organes; il ne veut être, comme il n'est, qu'une source de plaisir dans la cadence et la grâce. Au contraire, la gymnastique vicieuse n'est pas moins ambitieuse que vicieuse; elle s'oublie jusqu'à s'insurger contre la vraie gymnastique, pareille à un vil esclave qui voudrait faire la loi à un maître excellent.

Il vient d'être dit que la gymnastique proprement dite est sans regard à la santé : plût aux dieux ! Elle y touche, hélas ! et pour la compromettre gravement. Elle crée invariablement une constitution malsaine et met sur le chemin de la maladie et des infirmités. Tandis que la santé consiste surtout dans la mesure, cette sorte de gymnastique engendre la surabondance et l'excès, produit trop de chair, et trop solide, augmente la quantité du sang, et l'épaissit. Ce n'est pas seulement la force qu'elle veut accroître, c'est encore le volume et le poids du corps, afin de pouvoir accabler un adversaire de cette façon aussi. Un athlète qui en écrase un autre en tombant sur lui, c'est encore un bel exploit. Comment un tel art profiterait-il aux fonctions naturelles, ou plutôt comment ne les mettrait-il pas en péril, et la vie par conséquent? Tandis que, dans les arts vrais, c'est la perfection d'atteindre complètement le but où l'on tend, ici, c'est tout ce qu'il y a de pis; car on vise, comme si elle était naturelle, à une constitution contre nature. Si les biens naturels sont d'autant meilleurs qu'ils font plus de progrès, qu'ils croîssent et grandissent, ceux qui sont contre nature, tout au contraire, sont d'autant plus à redouter qu'ils sont plus considérables. C'est ce qui ne paraît que trop chez les disciples de la gymnastique proprement dite, chez les athlètes. Il en est qui deviennent muets tout à coup. D'autres perdent la sensibilité et le mouvement, ils deviennent stupides, grâce à cette masse indigeste qui les fatigue, les étouffe, éteint la chaleur naturelle et bouche le passage à l'air et à la respiration. Ceux qui sont moins éprouvés, un vaisseau se rompant, vomissent le sang ou le crachent.

Quelle utilité peut-on espérer d'un tel art et de tels hommes ? Ainsi constitués, ainsi menacés, ainsi atteints, quels services peuvent rendre les athlètes ? Leur force, est-ce la vraie force ? Leur courage, est-ce le vrai courage ? Hors de l'arène, ils ne sont bons à rien. Ils sont impropres à tous les devoirs de la vie, à tous les offices de l'honnête homme et du citoyen. Galien ne craint pas de se citer en exemple : « Je me suis trouvé moi-même, à l'épreuve, plus robuste et plus vaillant que maints athlètes qui passaient pour excellents et, dans les luttes, avaient remporté la couronne. A la guerre, aux champs, dans les voyages, dans les affaires civiles, c'étaient les plus incapables des hommes. S'agissait-il de venir en aide à un ami malade, soit au conseil, soit dans la vigilance à épier l'occasion, soit dans les secours à apporter, ils étaient d'une parfaite lâcheté. » Et Galien conclut crûment : « Sous ce rapport, je ne vois pas qu'ils diffèrent du caractère des porcs. »

Or, ici, l'art ne vaut pas mieux que l'artiste. La gymnastique proprement dite est la chose vaine par excellence. Naviguer, labourer, moissonner, lancer le javelot, courir, sauter, aller à cheval, chasser, combattre les armes à la main, fendre du bois, porter des fardeaux, faire mille autres choses analogues conformément à la nature, voilà ce qui importe à l'homme et à la patrie ; mais lutter avec un adversaire et en triompher, qu'est-ce que cela fait? Quel bien en résulte-t-il ? Où est le profit pour chacun et pour tous ? Et l'art qui ne se propose pas d'autre but, n'est-il pas le dernier des arts, ou plutôt n'est-il pas infiniment au-dessous de l'art ?

Que penser, après cela, de ceux qui le professent, de ces gymnastes aussi suffisants qu'ignorants, aussi satisfaits d'eux-mêmes qu'ils devraient en être mécontents? Qu'est-ce qu'un gymnaste, après tout ? Un athlète de rebut. Quand un athlète lutte en vain, quand, plusieurs fois vaincu, il désespère de vaincre jamais à son tour, alors il fait un coup de maître, il se déclare gymnaste. Ce qu'il n'a pas su pratiquer, du moins avec honneur, il fait profession de l'enseigner aux autres. Et le voilà donnant des leçons, dissertant avec aplomb de la vie et de la santé, des exercices corporels et de tout ce qui s'y rapporte, tranchant sur toutes choses sans sourciller, en homme sûr de son fait. Mais où donc ces gymnastes puisent-ils cette audace? D'où vient qu'ils décident sans hésiter là où demeurent incertains les hommes versés dans les sciences, fruit de longues études et de profondes méditations ? Est-ce pour avoir cessé, depuis deux ou trois jours, de s'appesantir la tête par un sommeil sans fin, et l'estomac par une alimentation sans mesure, qu'ils ont ainsi des lumières sur les choses les plus obscures et les plus difficiles ? Dormir

vaut-il mieux que veiller? Et n'est-il plus vrai le
proverbe qui dit : « Gros ventre n'engendre pas
esprit fin ?» Mais sans doute c'est dans la poussière
qu'ils ont recueilli leur sagesse ; c'est dans la boue
où se vautrent les pourceaux qu'ils ont par hasard
ramassé leur science !

« J'ai vu de près un de ces imbéciles, dit Galien.
C'était tout dernièrement. Il s'en prenait à Hippocrate lui-même, tout simplement. Il l'accusait de
s'être mépris en parlant des frictions, et le traitait du
haut en bas. Il y avait là des philosophes et des médecins qui vinrent à moi et me prièrent de leur expliquer toute cette question ; et, quand je l'eus fait,
il parut que Hippocrate avait parlé là-dessus divinement. Alors, ce gymnaste, qui n'avait eu, en ces
matières, d'autre maître que lui-même, s'avançant et
mettant tout nu un jeune garçon, nous invita à le
frictionner et à l'exercer, ou à nous taire sur l'art des
frictions et des exercices. Puis, criant à tue-tête :
Quand donc, dit-il, quand donc Hippocrate est-il
descendu dans une arène, dans une palestre, lui qui,
peut-être, ne savait seulement pas verser l'huile
comme il convient? Et il vociférait de plus belle,
sans vouloir écouter ce qu'on lui répondait, incapable
d'ailleurs d'y rien comprendre. Mais nous qui demeurions calmes, nous nous disions que ce pauvre homme
ressemblait à un cuisinier ou à un boulanger qui prétendraient discuter sur les vertus de la tisane et du
pain, et s'écrieraient ensuite : Quand donc Hippocrate est-il descendu dans une cuisine ou une boulangerie ? Qu'il nous prépare d'abord un gâteau ou
un bouillon, s'il veut que nous lui permettions d'avoir
une opinion sur ces choses ! »

Voilà ce que pèse la gymnastique proprement dite dans la balance médicale de Galien. Le plus grand service qu'on pût rendre à l'humanité serait de la supprimer absolument. La gymnastique générale resterait seule, au grand profit de la santé du corps, et conséquemment de la santé de l'âme, si fort dépendante de l'autre.

Qu'est-ce que cette gymnastique générale ?

La gymnastique générale, nous l'avons vu, consiste surtout dans les exercices naturels, tels que marcher, courir, sauter, chasser, labourer, transporter un fardeau d'un lieu à un autre ; elle consiste aussi, en grande partie, dans les jeux, qui sont des mouvements combinés en vue de développer les organes en procurant du plaisir.

Les jeux étaient nombreux et divers chez les Grecs, qui nous en ont transmis quelques-uns sous des noms différents des nôtres et avec des modifications qui ne les rendent pas méconnaissables. Sans rappeler le jeu de *la balle suspendue* qu'Hippocrate cite sans l'expliquer suffisamment, ils avaient le jeu du *pot*, qu'un de leurs poëtes décrit ainsi : « Un joueur s'asseoit au milieu du cercle « formé par ses camarades, on l'appelle *le pot*. Les « autres joueurs tournent autour de lui en le frap- « pant et le bousculant. Celui-ci cherche, en se re- « tournant, à atteindre celui qui l'a touché, et qui, « s'il est pris, devient pot à son tour. » Ils avaient le jeu de la *marmite*, que le même poëte décrit encore : « Un joueur place sur sa tête une marmite, « qu'il tient de la main gauche, et tourne dans un « cercle. Les autres le frappent, en lui demandant : « qui tient la marmite ? Celui qui est dans le cercle

« répond : Moi Midas ; et s'il parvient à toucher du
« pied quelqu'un de ceux qui l'ont frappé, il lui fait
« prendre sa place. Celui-ci se coiffe à son tour
« de la marmite, et tourne à son tour dans le
« cercle (1). » Ils avaient le jeu du *trochus*, espèce
de cerceau, non de bois, mais d'airain, et qui, plus
pesant, exerçait plus efficacement les muscles. J'en
passe, sans pouvoir dire si ce sont des meilleurs,
pour arriver à la paume, la longue et la courte, qui
paraît avoir tenu une grande place dans les loisirs
et dans l'estime des anciens. Or Galien, sans entrer
dans le détail de ces jeux, déclare en faire le plus
grand cas. Mais il goûte par dessus tout le dernier,
la paume, la courte paume, préférable à la longue,
je suppose, parce qu'elle est plus à la portée de
tous (2) : c'est le jeu par excellence, supérieur à tous
les jeux comme à tous les exercices naturels, le
sommaire et la quintessence de la vraie et légitime
gymnastique.

Telles sont les vertus de la paume, au point de
vue du développement harmonique des forces corporelles, que Galien n'a pas cru trop faire que de
consacrer à les exposer, j'allais dire à les chanter,
tout un traité en cinq chapitres, le traité déjà cité :
De l'exercice de la courte paume.

Le régime importe fort à la santé et à la bonne
constitution ; l'exercice en général n'y importe pas
moins : tout le monde a vu cela, et l'a dit ; mais ce

---

(1) Il paraît que ce jeu est encore usité en Provence. Je connais
des personnes qui se souviennent de l'avoir pratiqué dans leur
enfance.

(2) Le deux ne diffèrent que par les dimensions du local.

que tout le monde n'a pas vu, et ce qu'il faut dire, c'est que, entre tous les exercices corporels, la paume est l'exercice souverain.

La première qualité d'un exercice vraiment salutaire, c'est d'intéresser l'esprit, et de mêler ainsi le plaisir de l'âme aux mouvements du corps, non-seulement parce que l'homme alors est tout entier en action, mais parce que le plaisir et en général toutes les émotions intellectuelles et morales, dès là qu'elles sont heureuses, ont le meilleur et le plus puissant effet sur l'organisme. Comme le chagrin engendre la maladie, la joie fait naître la santé, ou si elle existe, la maintient et l'affermit. Lors donc qu'elle accompagne un exercice corporel, elle en centuple le prix. C'est ce qui recommande l'art de poursuivre les lièvres, les cerfs, les sangliers, ou toute autre espèce de chasse : là en effet la marche, l'effort des muscles, la fatigue, tout est modifié, vivifié, tourné à bien par le plaisir de se mouvoir au grand air, à travers prés et bois, par les distractions qu'apportent les accidents du paysage ou les aventures de la route, par l'espoir, par les satisfactions d'amour-propre. Il en résulte un grand bénéfice corporel et une sorte de rénovation. Or la paume ne le cède sous ce rapport ni à la chasse ni à aucune autre des variétés de la gymnastique naturelle. Elle n'occupe pas moins l'esprit que le corps, car il y a là un adversaire dont il faut prévoir les ruses pour les déjouer, à qui il faut ménager des coups inattendus pour le surprendre et le déconcerter. Elle ne laisse pas plus le cœur indifférent que la pensée oisive, car c'est un plaisir de rivaliser de force et d'adresse, et celui qui ne jouit pas de la victoire définitive a joui du moins de l'espérance de l'obtenir. Il a eu d'ailleurs ses avantages partiels, c'est-à-dire ses petits triomphes, et à défaut du bonheur final, ses éclairs d'orgueil et de joie. Tout cela fait de la paume un jeu du corps et de l'âme, où l'homme trouve, avec l'agrément qui le charme, le bien-être qui le recrée.

Sous ce rapport, on pourrait dire que le jeu de paume n'est pas sans ressemblance avec l'art du général. Envahir le territoire de l'ennemi à propos et sans qu'il s'en soit douté, agir vigoureusement et habilement, s'emparer des villes, soit de vive force, soit par ruse et temporisation, les défendre contre les retours du vaincu : tout cela, où le corps et l'âme ont chacun leur rôle, constitue l'office du général. Celui du joueur de paume est-il donc si différent? Ce dernier n'a-t-il pas aussi des conquêtes à faire, des positions à défendre, des revers à réparer, ses propres desseins à concevoir et à exécuter, ceux de son adversaire à deviner et à faire échouer? C'est une lutte aussi et comme une guerre pacifique. C'est, par conséquent, une excellente préparation aux devoirs du citoyen. A la palestre, on apprend à devenir lourd, hébété et lâche ; au jeu de paume, on se forme à l'agilité, à l'activité et à la vertu.

Une autre qualité sans laquelle un exercice est nécessairement imparfait, c'est l'universalité et la variété. Par l'universalité, entendez qu'il doit mettre en mouvement, ensemble ou l'une après l'autre, toutes les parties du corps ; et par la variété, qu'il doit les mouvoir de diverses manières. Or, est-il beaucoup de jeux ou d'exercices corporels quelconques qui satisfassent à cette double condition? La plupart ne meuvent que certains organes exclusivement, et d'une certaine façon exclusivement. C'est la tête, c'est la main, c'est le thorax, ce sont les jambes qui sont poussés, tendus, inclinés dans un sens unique. La course, qu'on pourrait croire si salutaire, laisse ainsi beaucoup à désirer. Ce n'est pas un exercice de l'homme, ou même du corps, mais des membres inférieurs seulement. Tandis que ces parties, par un excès d'activité, se fatiguent et s'épuisent, les autres languissent et dépérissent dans la torpeur. La santé s'altère et les forces s'éteignent. Ce n'est pas elle qui fait les victorieux ; la victoire n'est pas aux pieds agiles, mais aux soldats qui demeurent fermes, sans plier, sans céder. Or, cette vertu, qui manque aux autres exercices, la paume l'a surabondamment. Elle embrasse le corps entier, aussi bien que l'âme, pour le transporter, le mouvoir ou l'agiter en tous sens et de toutes manières. Le joueur, quand il lance la balle, n'exerce-t-il pas ses bras ; et quand il empêche son adversaire de la recevoir, ses jambes ; et quand il décrit ces mille figures, allant devant lui, à droite, à gauche, tendant ou évitant des piéges, tous ses organes ? Il n'est pas jusqu'aux yeux qui n'aient leur part d'action, car le moyen d'atteindre la balle si on n'en suit pas la direction du regard ? Et remarquez que toutes les parties ne sont pas nécessairement remuées et exercées à la fois, mais peuvent l'être successivement. Il en résulte cette chose excellente : les divers muscles sont contractés et détendus tour à tour; ils ont leurs intervalles d'action et de repos ; agissant et se reposant alternativement, ils n'ont à redouter ni l'allanguissement de l'inertie, ni l'accablement de la fatigue. Dites-vous enfin qu'il n'est pas impossible de faire tourner la paume à l'avantage de ceux des membres qui réclameraient plus de soins, en la pratiquant diversement, et vous comprendrez que nul exercice ne peut l'emporter en universalité sur celui-là.

Mais, en même temps, nul n'est plus varié. Car pour lancer ou recevoir la balle de près ou de loin, d'un côté ou d'un autre, il faut bien que les bras se tendent en avant ou en arrière, directement ou obliquement. De même les jambes, de même le thorax, les reins, et le reste. De plus, le joueur passe par tous les degrés d'activité, depuis la plus grande véhémence jusqu'à la plus grande modération. Il est des exercices qui ont surtout la mesure, d'autres surtout l'impétuosité : la paume a l'une et l'autre et leurs intermédiaires au gré de ceux qui s'y livrent. Qu'ils tendent tous leurs muscles pour envoyer la balle plus loin, qu'ils courent en même temps de toute leur rapidité pour faire face à l'adversaire ou le surprendre, quoi de plus violent ? Qu'ils demeurent en place ou n'avancent et ne reculent que posément ; qu'ils lancent la balle sans aucun effort, quoi de plus tranquille ? Et comme il dépend d'eux de parcourir toute la gamme de l'extrême mouvement au moindre, quoi de plus divers ? A ce point de vue, comme à tous les autres, la paume est un exercice à souhait.

Elle a encore le rare avantage qu'elle est d'une simplicité parfaite, et qui la rend accessible à tous et à tout moment. Pour les autres exercices, et singulièrement celui de la chasse, que ne faut-il pas ? Un nombreux et dispendieux appareil, de longs loisirs, ce qui en fait un plaisir d'homme riche. Mais la paume ne demande rien de tout cela. Elle n'a besoin ni de rets, ni d'armes, ni de chiens, ni de chevaux ; le premier espace venu et la première balle venue suffisent. Il n'est pas nécessaire d'y consacrer des jours ou des semaines, d'attendre et de saisir la saison ou le temps favorables : on peut n'y donner qu'un instant, et toutes les heures du jour, toutes les époques de l'année sont également propices. N'imposant nulle dépense, ne forçant à négliger nulle affaire, c'est le plaisir de tous.

Enfin, dernier mérite, la paume est exempte de tout péril. Tous les autres exercices ont les leurs. L'équitation : votre cheval peut vous précipiter, et plus d'un cavalier y a trouvé la mort. A part ces cas tragiques, un exercice équestre trop prolongé ou trop violent donne lieu à des accidents pathologiques, des blessures dans la région des reins ou du thorax, et, en compromettant certains canaux, une impuissance temporaire ou définitive. La course : qu'elle soit trop rapide ou qu'elle dure trop longtemps, un vaisseau pourra se rompre et la mort s'ensuivre. Il en faut dire autant du saut, du disque et de tous les exercices qui réclament de fortes inflexions du corps. Ne parlons pas des infirmités des athlètes, les rivaux des Prières d'Homère, boiteux, ridés, les yeux louches comme elles. Mais la paume, quel danger nous fait-elle courir ? Où sont ses blessés ou ses invalides ? Quels accidents, quelles maladies peut-on mettre à sa charge ? Quels organes ont jamais eu à se plaindre d'elle ? Le joueur qui sort de là n'est pas seulement intact et sain, il est fortifié et rasséréné, il est renouvelé de la tête aux pieds ; c'est comme un autre homme ; et la paume est, de tous les jeux, de tous les exercices, le plus inoffensif comme le plus efficace. C'est l'idéal de la gymnastique naturelle, la seule qui vaille.

On voit par tout ce qui précède que les idées des anciens (je parle des philosophes et des médecins) sur la culture corporelle, et les nôtres (je parle de celles de l'heure présente), identiques si l'on ne regarde qu'aux mots, sont au contraire fort différentes si l'on regarde aux choses. Les anciens recommandaient la gymnastique et nous recommandons la gymnastique, mais c'est là une ressemblance purement verbale ; car la gymnastique que recommandaient les anciens, c'est la gymnastique *naturelle*, faite d'exercices naturels et de jeux, et la gymnastique que nous recommandons, c'est une gymnastique tout *artificielle*, faite de mouvements calculés, combinés et réglés en vue de procurer au corps la souplesse, l'agilité et la force, sans nul égard aux vœux et aux satisfactions de la nature. La gymnastique contemporaine est tout à la fois une étude, même difficile, et un art, même pénible.

C'est donc une étrange méprise que d'en appeler ici aux anciens. Il doit être évident au lecteur, et il est trois fois évident à qui a eu l'honneur de vivre avec eux dans un commerce familier, que leurs philosophes et leurs médecins, qui comptent seuls, ne font cas que des exercices spontanés et des libres jeux. Ils auraient pu demander qu'on retranchât de l'athlétique ce régime particulier, fait de sommeil et de goinfrerie, qui altérait si fort la constitution. Ils auraient pu demander qu'on donnât à l'athlétique un caractère plus général et plus désintéressé, de manière à en faire non plus un art de renverser un adversaire, mais un art de s'assouplir soi-même et de se fortifier. Mais non ! Cette idée n'est venue ni à Hippocrate, ni à Platon, ni à Aristote, ni à Galien, ni, paraît-il, à Dioclès, Praxagore, Philotime, Erasistrate, Hérophile, attestés par Galien. Ils n'ont vu que deux choses : l'art et la nature, et ils ont condamné l'art, recommandé la nature. Ils ont condamné dans l'art ce qu'il a de cherché, d'apprêté, de réglé, d'imposé, d'exclusif, et tôt ou tard d'excessif ; ils ont recommandé dans la nature ce qu'elle a d'instinctif, d'inspiré, de libre et d'indépendant, de varié et de diversifié, de mobile et de capricieux au gré de l'humeur et des besoins, et enfin de tempéré et de modéré, parce qu'elle s'exerce dans tous les sens à la fois ou successivement.

De sorte que, si l'on pouvait rappeler à la vie un ancien, Hippocrate ou Galien, Platon ou Aristote, lui donner le spectacle de ce qui nous concerne, et prendre ensuite son avis, je ne sais ce que ce revenant d'une autre civilisation penserait de notre force ou de notre faiblesse corporelles, de notre beauté ou de notre laideur physiques, mais j'ai les trois certitudes que voici : 1° Il ne nous conseillerait pas la gymnastique telle que nous la pratiquons, non-seulement parce qu'elle est un art, mais parce qu'il n'en aurait nulle idée ; 2° il ne nous conseillerait pas la gymnastique proprement dite de son temps, non-seulement parce qu'elle était un art, mais parce qu'il la mépriserait ; 3° il nous conseillerait purement et simplement les exercices naturels, qui sont par cela même de tous les temps, la marche et la course, la chasse, l'équitation, la natation, et les jeux, ceux du moins qui se rapprochent de la nature par leur simplicité et leur facilité, et notamment cet excellent jeu de paume, qui passionna nos aïeux, comme il avait passionné les anciens, et qui n'eût pas dû nous quitter avec notre aristocratie la veille de la Révolution (1).

La gymnastique contemporaine ne saurait donc se réclamer de l'antiquité. S'en suit-il qu'elle ne soit pas excellente, qu'elle ne soit pas digne de l'estime que nous en faisons, de la place que nous lui attribuons dans l'éducation ?

Je ne dis pas cela.

La gymnastique contemporaine est un art, comme l'athlétique des anciens ; cela n'est pas contestable ; mais c'est le seul point commun qu'elle ait avec elle. L'athlétique des anciens n'existe plus, si ce n'est dans les baraques d'hercules forains ; la gymnastique contemporaine est un art tout nouveau. Elle se compose d'exercices savamment conçus et distribués, judicieusement variés, et elle a le même objectif que la gymnastique naturelle : rendre le corps sain, dispos, robuste, et par là même propre à tout. C'est donc une pratique parfaite, et en nous en préoccupant extrêmement, comme nous le faisons, nous ne nous en préoccupons pas trop.

Mais quels que soient les mérites de notre gym-

(1) Il est encore fort en honneur dans plus d'une partie de l'Europe. C'est, notamment, le divertissement préféré des Basques. Chez eux, il n'est guère de hameau qui n'ai son *juego de pelota*, où les dimanches et jours de fête, sous la surveillance des anciens, qui jugent des coups, les jeunes gens viennent exercer leur force et leur adresse (*Rev. des Deux-Mondes*, 15 août 1877).

nastique, quelle qu'en soit l'efficacité, j'estime cependant que Galien et les anciens sont dans le vrai, quand ils élèvent la voix en faveur de la nature, qu'ils préfèrent à l'art. J'estime qu'ils sont dans le vrai quand ils donnent, parmi les exercices naturels, la place d'honneur aux jeux, et par exemple au jeu de paume.

J'ai, je l'avoue, une particulière tendresse pour les jeux. On ne m'ôtera jamais de l'esprit que les jeux sont l'exercice par excellence. Ils ont deux choses, d'un prix infini, et qui manquent à tous les exercices artificiels, savoir la *liberté* et le *plaisir*. Tous les exercices artificiels ont des règles auxquelles il faut se soumettre, et une monotonie à laquelle il faut se résigner. Donc, ni plaisir, à la longue, ni liberté. Mais les jeux, quoi de plus libre et quoi de plus plaisant! Avez-vous jamais assisté aux ébats d'une troupe d'écoliers en pleine campagne? La bande s'est arrêtée en un vaste pré. Des arbres, à l'extrémité, fournissent une ombre propice pour les intervalles de repos. Les habits sont jetés bas; les dimensions sont prises; voici les balles et autres engins nécessaires. Chacun est à son poste. Au signal donné, tout part. Quelle mêlée, et cependant que d'ordre dans ce désordre! Quelle impétuosité, quel feu, et comme tous ces joueurs s'intéressent à la partie! Que d'énergie, que de promptitude, que de souplesse, que d'adresse! Quels éclats de rire! Quelles voix, qui s'appellent, qui se répondent! Et comme tout cela, dans ce grand air pur, sous ce beau ciel bleu, parmi les rayons de ce brillant soleil et l'ombrage de ces arbres touffus, comme tout cela doit être bienfaisant aux organes, aux membres, à tout le corps, à toute la personne! Voilà les jeux; voilà leur vivacité, leur entrain, la passion qui les vivifie et les assaisonne; et voilà leur supériorité. Et cependant, combien nous les négligeons, à l'heure actuelle! Dans nos écoles, j'entends encore quelquefois, aux heures de récréation, de grands bruits, qui me font plaisir, parce qu'ils semblent indiquer qu'on s'exerce et qu'on s'amuse de l'autre côté du mur. Mais nos lycées sont devenus bien mornes, ce me semble, et la gent studieuse bien tranquille. On se promène deux à deux, on cause de riens, on dispute sur des pointes d'aiguille; *on ne joue plus*. Il en est de même plus tard dans la vie. Les hommes faits ne jouent plus. Autrefois il n'en était pas ainsi. *On jouait à tout âge*. Dans la belle société, on jouait à la paume. Dans le peuple, et surtout le peuple des campagnes, on jouait aux quilles. C'étaient de merveilleux exercices, qui avaient de merveilleux résultats, et qu'il faudrait remettre en honneur et en usage. On m'assure que nous sommes en train de revenir au jeu de paume, qu'une société s'est formée à Paris pour s'y livrer et l'encourager; je lis dans une Revue (*Rev. polit. et litt.*, 4 fév. 1882) que les Anglais viennent d'inventer la *paume de pelouse* (lawn-tennis) : ce sont là des signes de bon augure. On ne saurait trop s'engager dans cette voie, qui est celle du plus heureux perfectionnement possible du corps.

CHAPITRE II.

LA CULTURE INTELLECTUELLE.

L'*Exhortation aux arts* (1) est une exhortation à l'étude, aux exercices intellectuels, au travail de l'esprit, pendant la jeunesse et toute la vie, l'étude, les exercices intellectuels, le travail de l'esprit étant à la fois la destination et le devoir de tout homme, quels que soient sa condition, sa fortune et ses dons personnels. Et cela même bat en brèche l'un de nos préjugés sur l'antiquité. On croit généralement que les anciens, tout entiers aux soins absorbants du Gouvernement, qui était le Gouvernement de tous, n'ont jamais songé, en fait de travail, qu'au seul travail manuel, pour le laisser autant que possible aux esclaves et le dédaigner. Cette conception n'a jamais été tout à fait vraie et a fini par ne plus l'être du tout. Les anciens ont parfaitement distingué le travail intellectuel, qui consiste dans la culture et l'exercice des arts libéraux, ils en ont fait le cas qu'il mérite, ils l'ont proposé comme un noble emploi de la vie et des facultés humaines, comme un but élevé, digne de tenter et de satisfaire les plus

(1) C'est-à-dire aux arts et aux sciences, les sciences faisant partie des arts au sens où ils sont pris ici.

généreuses ambitions. Platon défendait déjà cette thèse, en se justifiant de rester éloigné du labeur politique, et en montrant qu'à côté de celui-là, qui ne convient pas à tous, il en est un autre qui, pour être différent, n'en est pas moins beau, ni moins utile, ou même nécessaire. Cicéron développait la même idée lorsque, consacrant les loisirs que lui faisaient les malheurs des temps à tant de belles compositions sur la rhétorique et la philosophie, il plaidait avec sa propre cause celle de ces hautes études, de ces savants travaux, et démontrait leur incontestable intérêt et leur excellence. Et plus tard, chez les Grecs et les Romains, à mesure que la vie politique échappe aux masses, confisquée par l'étranger, les tyrans et les empereurs, cette manière de voir se fortifie chez les penseurs et à la fois se propage autour d'eux. Il faut voir Pline, par exemple, dans une lettre du cinquième livre de sa correspondance, féliciter un jeune homme de noble famille de s'adonner à la culture des lettres et exhorter ses pairs à suivre un si bon exemple. C'est ainsi, dit-il, qu'on se rend digne des images de ses ancêtres, qu'on mérite d'être reconnu pour un des leurs. Galien s'inspire de la même pensée, en se l'appropriant. On va la voir dans les pages qui suivent, exposée avec toute l'étendue qu'elle comporte, défendue avec toute la force de la vérité qui est en elle, recommandée avec une vive éloquence à ceux-là mêmes qu'elle concerne, surtout aux jeunes gens qui, à l'entrée de la vie, doivent choisir entre l'oisiveté et le travail, entre les arts qui honorent et ceux qui ravalent.

Galien exhorte les jeunes gens à s'adonner aux arts;

mais distinguant les arts qui allient l'élévation à l'utilité, et qu'on nomme arts libéraux, des arts qui ne servent qu'à une vaine parade, et que la langue n'a pas pris la peine de nommer, il veut qu'ils s'appliquent aux premiers exclusivement.

Se plaçant dès les premiers mots au cœur de son sujet, il fait voir que l'homme, par sa nature même, est appelé à cultiver et à pratiquer les arts par excellence, les arts divins, et que, comme ils sont dans son essence, ils sont aussi son plus impérieux devoir. Sans doute, il ne faut pas rabaisser les animaux. Quoique privés de la raison *parlée*, ils pourraient bien participer en quelque mesure à la raison *pensée*. Mais la supériorité de l'homme est incontestable et immense. Il a cette intelligence qui le rend capable d'étudier, d'apprendre et de savoir, ce qui manque absolument aux animaux. Par conséquent, il est propre à tous les arts : non-seulement ceux que la bête exerce instinctivement, mais les arts divins. Quand on a dit qu'il imite la trame de l'araignée, qu'il construit comme l'abeille, que, créé pour la marche, il nage comme un habitant de l'Océan, on n'a rien dit. Ce qui le caractérise, ce qui l'élève, ce qui fait son essence à la fois et sa prééminence, c'est que, émule d'Esculape, il se livre à l'étude et à la pratique de la médecine ; rival d'Apollon, il excelle à la musique et à la divination ; ami des Muses, il s'instruit dans l'astronomie et la géométrie ; c'est que, suivant le vers de Pindare, il descend dans les abîmes de la terre et s'envole dans l'infini des cieux ; enfin c'est que, noblement épris de la vérité, il a pu se mettre en possession du plus grand des biens, la philosophie. Tel est l'homme et telle est la sphère où il doit se mouvoir. Seul capable de ces hautes occupations, il est fait pour elles; il est à sa place et dans son rôle lorsqu'il s'y applique; les néglige-t-il pour se livrer à des bagatelles ou se croiser les bras, il tombe misérablement au-dessous de lui-même.

Voilà la vérité sur la destination de l'homme philosophiquement exprimée; mais Galien voulant y insister, lui donner plus de relief, fait appel à la mythologie, et peint en opposition les uns aux autres la Fortune avec ses sectateurs et Mercure avec ses fidèles. Mercure est le dieu des sciences et des arts, le protecteur des hommes qui font œuvre d'homme; la Fortune personnifie l'ignorance en son aveuglement, l'impéritie en sa mobilité, la paresse en sa vaine espérance; elle règne sur ceux qui, sans courage pour penser et agir, attendent ce qu'ils désirent d'une heureuse rencontre.

Qu'est-ce que la Fortune? une déité séduisante, mais perverse. D'abord, les statuaires, les peintres lui ont donné les traits d'une femme, pour en montrer le peu de sens (1); puis, ils ont mis un gouvernail dans ses mains, un piédestal sphérique sous ses pieds, un bandeau sur ses yeux, pour en montrer l'instabilité. Dans une tempête, irait-on confier la direction d'un navire à un homme qui n'y verrait pas et ne se tiendrait pas debout? Il est tout aussi raisonnable, parmi les orages et les naufrages de la vie, d'espérer son salut d'une déesse aveugle et chancelante. D'ailleurs, quoi de plus stupide que la Fortune, qui délaisse les gens de bien, pour combler de ses faveurs les coquins, sans pourtant se fixer à ces der-

---

(1) Le mot grec est dur : ἄνοια.

niers, qu'elle ne tarde pas à dépouiller? Mais la foule des sots ne lui fait pas moins cortège, se bousculant à sa suite, tombant pêle-mêle et périssant, tandis qu'elle s'échappe çà et là.

Combien différent est Mercure, le représentant de la raison et l'artiste universel! C'est un frais jeune homme; sa beauté, sans vains ornements, est le reflet des vertus de son âme. Il se tient ferme et serein sur son solide piédestal à la forme cubique. Ses fervents, qui s'attachent à lui, n'ont jamais lieu de s'en plaindre; ils n'ont pas à redouter d'en être abandonnés; constamment unis à lui, ils jouissent constamment de ses bienfaits.

Ceux qui se pressent sur les pas de la Fortune, quel triste spectacle ils présentent! Les uns l'atteignent: Crésus en Lydie, Polycrate à Samos, Cyrus, Priam, Denys; mais laissez passer quelque temps et regardez: vous verrez Polycrate attaché à une croix, Crésus vaincu par Cyrus, Cyrus accablé de maux, Priam couvert de chaînes et Denys végétant à Syracuse. Les autres, qui restent en arrière, sont des misérables, des démagogues, des traîtres, des courtisans, des voleurs, des assassins, les ennemis des Dieux et des hommes.

Au contraire, qu'ils sont décents et beaux à voir ceux qui cultivent les arts et se tiennent assemblés autour de Mercure! Au premier rang sont les géomètres, les mathématiciens, les philosophes, les médecins, les astronomes et les amis des lettres; au second, les peintres, les sculpteurs, les architectes, les lapidaires; au troisième, tous les autres artistes. Vient ensuite la multitude de ceux qui aiment les arts sans y exceller. Dans ce noble cortège brillent au-dessus de tous les autres : Homère, Socrate, Hippocrate, Platon, et leurs disciples. Mercure veille sur tous, les protège tous, les absents comme les présents. Il monte sur le vaisseau de ceux qui naviguent et les assiste au milieu des naufrages. Ainsi Aristippe, jeté sur les côtes de Syracuse, se rassure en voyant tracées sur le sable des figures géométriques. Il n'a, en effet, qu'à prononcer un vers de Sophocle pour être accueilli ; et à ceux qui, mettant à la voile pour Cyrène, lui demandent ce qu'il veut faire dire à ses concitoyens: recommandez-leur, répond-il, d'acquérir les biens qui surnagent quand le vaisseau est brisé.

Telle est la différence et tel est le destin contraire des hommes qui, conformément à leur nature, cultivent la science et les arts qui en relèvent, et de ceux qui, au mépris de cette même nature, s'abandonnent lâchement et follement aux évènements ; ceux-ci sont le jouet de la Fortune : ou elle les oublie, ou elle ne les élève un instant que pour les précipiter ensuite et rendre leur chute plus terrible ; ceux-là vivent sous la protection de Mercure et trouvent dans leur savoir, leurs talents et leur vertu, une solide garantie contre les accidents de la vie.

D'où il résulte que c'est le propre, l'honneur et le salut de l'homme de travailler ; de se consacrer aux sciences, aux arts, à la géométrie, à la médecine, à la philosophie, aux lettres, à la sculpture, à la peinture ; de marcher sur les traces des Homère, des Hippocrate, des Platon, et de tous ces illustres exemplaires de l'humanité, qui ne sont tels que parce qu'ils ont exercé et développé l'intelligence que les Dieux avaient mise en eux.

Cela une fois établi, Galien montre que cette loi de

la nature humaine ne souffre pas d'exception. Ceux qui, étant riches, s'excusent sur leur richesse, ou qui, étant de noble origine, s'excusent sur leur naissance, ou qui, étant beaux ou se croyant tels, s'excusent sur leur beauté, sont dupes et victimes de la plus regrettable des illusions. Riches ou pauvres, nobles ou non, beaux ou laids, il n'importe; les sciences, les arts, le travail et la culture de l'esprit sont dans les aptitudes et les devoirs de tous sans distinction.

Conçoit-on que des hommes, parce qu'ils ont de l'or et de l'argent, dédaignent les arts et ne se mettent pas en peine de se perfectionner par le travail et l'étude? Quelle contradiction dans leur conduite! Parmi les animaux, lesquels recherchent-ils? Les plus industrieux. Les chiens dressés à la chasse, les chevaux habiles au combat, voilà ceux qu'ils préfèrent. Et ces mêmes hommes ne songent à apprendre quoi que ce soit, à se distinguer par quoi que ce soit! Leurs esclaves, ils leur font enseigner un métier, et paient fort cher pour cela. Et cependant ils ne prennent nul soin d'eux-mêmes! Il résulte de là cette honte que tel de leurs esclaves soit estimé dix mille drachmes, alors que le maître n'en vaut pas une. Bien plus, nul homme sensé ne le voudrait prendre à son service, fût-ce pour rien. Quel cas faire en effet de celui qui s'applique à former les animaux à diverses industries, à instruire ses esclaves, à tenir ses champs dans le meilleur état possible, et qui, quant à lui, se néglige absolument, et ne sait pas même s'il a une âme!... C'est bien à de tels hommes qu'on pourrait dire en toute vérité : « O hommes, vos maisons, vos esclaves, vos chevaux, vos chiens,

vos champs et tout ce que vous possédez est dans un état florissant ; il n'y a d'inculte chez vous que vous ! »
Diogène appelait les riches ignorants et fainéants des moutons à la toison d'or, et il avait raison. Aussi, qu'arrive-t-il à ces riches quand ils deviennent pauvres ? Ils sont aussitôt délaissés et méprisés. Telles des fontaines, où l'on puise l'eau, tant qu'elles coulent limpides et abondantes ; viennent-elles à tarir, on s'en détourne, et quelquefois même on y jette des ordures (1). Et, en effet, que peuvent-ils espérer des autres, ceux qui, ne sachant rien, ne faisant rien, n'ayant aucune valeur propre, ne doivent leur faux éclat qu'à un caprice du sort ?

Il est tout aussi déraisonnable de s'imaginer que la naissance puisse tenir lieu du savoir, du talent, du mérite personnel. Le beau sujet de vanité ! Qu'importe la vertu des ancêtres, si on n'en a pas soi-même ? Les titres de noblesse sont comme les pièces de monnaie : changez de ville, ils n'ont plus cours. Il n'y a de titres vrais que ceux que l'on tire de son propre fonds. La distinction du rang doit seulement nous être une exhortation à ne pas déchoir, ou même à faire mieux que ceux qui firent si bien. Celui qui est étranger à la culture intellectuelle et aux arts est plus coupable, s'il est de noble race, et son déshonneur est plus grand. Qu'un homme de vile extraction demeure dans la médiocrité et l'oisiveté, on lui sera peut-être indulgent ; mais un noble doit avoir l'ambition de valoir par lui-même autant que par ses ancêtres. Donc, c'est le devoir de tout

(1) Le texte grec est infiniment plus énergique et par cela même intraduisible.

homme de s'instruire et de cultiver quelque art : s'il est de bonne famille, il ne dérogera pas; dans le cas contraire, suivant le mot de Thémistocle, il pourra fonder une race par sa propre illustration, il sera le premier de sa lignée. — Il ne faut pas plus se recommander de son pays que de sa famille, car ce ne sont pas les villes qui rendent les citoyens glorieux, mais les citoyens qui rendent les villes glorieuses. Qui a fait la renommée de Stagyre? Aristote. De Soli? Aratus et Chrysippe. D'Athènes? Les hommes supérieurs en tout genre qu'elle a produits, et qui l'ont honorée en s'honorant eux-mêmes.

Il en est de la beauté comme de la naissance, comme de la richesse : elle ne saurait se suffire à elle-même. Les jeunes gens n'ont que trop de penchant à s'exagérer leur beauté et à s'en enorgueillir. Et tandis qu'ils se complaisent dans leurs avantages extérieurs, ils ne se mettent pas en peine de cultiver et d'orner leur âme. C'est aux pères à les rappeler à plus de modestie et à plus de sagesse. C'est aux pères à les forcer de s'instruire et de s'exercer aux arts. Les pères qui négligent l'éducation de leurs enfants sont trois fois coupables, et Solon avait peut-être raison d'affranchir dans ce cas le fils de l'obligation de nourrir son père dans sa vieillesse (1). L'éducation est tout, la beauté rien. La beauté passe en un instant : il est bien dépourvu celui qui n'a acquis aucun talent, qui ne peut remplacer cette fleur fragile du corps par la fleur

---

(1) On ne s'attendait guère à voir l'instruction obligatoire décrétée par Solon.

immortelle de l'âme. Que le jeune homme prenne donc pour règle de conduite certain conseil de Socrate; qu'il se regarde au miroir, et s'il est doué d'un beau visage, qu'il s'efforce de mettre son âme en harmonie avec son corps, car il est malséant qu'une âme déshonnête habite dans un beau corps; mais s'il trouve au contraire son corps difforme, qu'il cherche avec d'autant plus de soin à orner son âme, afin que son éloquence ou toute autre qualité, charmant les hommes, leur fasse oublier sa laideur.

Cette vérité qu'il serait contraire à la raison et au bon sens de se prévaloir de la richesse, ou de la naissance, ou de la beauté, pour négliger la culture des arts, cette vérité, Diogène l'a traduite à sa manière, qui est la manière cynique. Il mangeait un jour dans une maison fort ornée, tandis que le maître n'avait pris aucun soin de sa personne. Le philosophe toussa donc, et, après avoir cherché quelque temps où il pourrait cracher, cracha sur son hôte. Celui-ci se récriant : De quoi t'étonnes-tu, lui dit-il ? Tout dans cette chambre est parfait; les murs sont embellis des plus précieuses peintures, le pavé est formé d'une superbe mosaïque, les tapis et le lit sont d'un travail merveilleux ; il n'y a de sale et de grossier ici que toi ; c'est donc sur toi que j'ai dû cracher.

Jeunes gens, s'écrie Galien par un mouvement oratoire que ne dépare pas la crudité de langage familière aux anciens, jeunes gens, gardez-vous de mériter qu'on vous crache dessus! Si votre entourage est magnifique, veillez à n'y pas faire tache ! Il est rare qu'un seul homme réunisse tous les avantages du dehors : naissance, fortune, beauté ; si par hasard vous avez tout cela, songez combien il serait déplorable que vous seuls, au milieu de tant de splendeurs, vous fussiez dignes de recevoir un crachât.

Voilà par quelles solides et profondes considérations Galien s'efforce de faire comprendre aux jeunes gens l'utilité, la nécessité d'apprendre et d'exercer les arts. Et c'est là la première et la plus essentielle partie de l'*Exhortation*. Mais il en est une seconde, d'un caractère plus spécial, d'un intérêt plus particulier, et qui répond à cette question : quels arts convient-il que les jeunes gens apprennent et exercent?

Galien expose d'abord que toute profession n'est pas digne d'occuper l'activité d'un homme. Il est des professions qui, tout en se donnant pour des arts, n'en sont pas. Le caractère distinctif de l'art vrai est d'avoir un but élevé à la fois et utile. Un art qui ne fait pas l'homme plus homme, et la vie plus heureuse, usurpe un nom qui ne lui appartient pas. Ce ne sont pas des arts, le talent de bondir et de franchir un vaste intervalle, ni celui de marcher en équilibre sur une corde tendue, ni celui de tourner en cercle, ni celui de façonner d'infiniment petits objets sans autre mérite que l'infinie petitesse. Ces vaines occupations sont au-dessous de l'humanité. Jeunes gens, défiez-vous des charlatans qui tenteraient de vous y séduire ; détournez-vous avec mépris de leur vil métier.

Entre ces professions qu'il faut fuir, il en est une dont on doit se garder avec plus de soin, parce qu'elle se présente avec plus d'attrait, c'est la profession d'athlète. Elle procure un grand renom, grâce à la faveur de la multitude ; elle donne à ceux qui l'exercent avec succès une sorte d'illustration ; elle est entretenue, gratifiée, récompensée par l'État; et malgré tout, ce n'est pas un art, et c'est une erreur et une faute de s'y destiner. — Cela, Galien ne l'affirme pas seulement, il le démontre par une longue et savante argumentation. Ce luxe de raisons et de développements a même de quoi nous étonner. Il nous prouve une chose que nous ne devinerions certainement pas, que cette profession d'athlète, qui nous paraît si misérable par l'objet et les résultats, tenait une place distinguée dans la civilisation grecque, qu'elle était un appât offert à l'ambition irréfléchie des jeunes gens, de sorte qu'un moraliste pouvait et devait se faire un devoir de les avertir, de les disputer au danger, en leur montrant, sous la trompeuse amorce, la triste vérité et l'irréparable malheur.

C'est la tâche que s'impose Galien. Il commence par ôter à la profession d'athlète le prestige que lui prête le suffrage de la multitude. Quel prix peut-on raisonnablement attacher à ce suffrage, quand on réfléchit que la multitude n'est que la collection des ignorants et des incapables ? Lorsque vous êtes malade, est-ce à la multitude que vous vous adressez, ou à quelque habile médecin ? Lorsque vous naviguez, mettez-vous le gouvernail entre les mains des passagers ou du pilote ? Pourquoi donc admirer et envier les athlètes sur la foi de la multitude ? C'est à ceux qui sont en état de les juger qu'il faut s'en rapporter. Or, si vous interrogez Euripide, il vous dira que les athlètes sont le fléau de la Grèce, qu'ils la désolent par leurs vices, sans lui rendre aucun service par leur habileté, car ce n'est pas le disque en main qu'on repousse l'ennemi ; si vous interrogez Hippocrate, il vous dira que la complexion athlétique est contre nature et malsaine ; si les philosophes, si les savants, si les honnêtes gens qui estiment les choses à leur réalité, non à leur apparence, ils seront tous unanimes à blâmer le plus inutile et le moins digne des métiers.

Mais Galien ne s'en tient pas à opposer des témoignages, même solides, à des témoignages, même insignifiants. Il entend pénétrer au fond des choses. Un jour, dit-il, Phryné assistait à un banquet, et, comme l'on jouait à ce jeu où chacun commande à son tour ce qu'il veut aux autres, Phryné voyant que les femmes s'étaient peint le visage, ordonna de se tremper les mains dans de l'eau, de se les porter à la figure et de l'essuyer ensuite avec un linge. Toutes les autres femmes ressemblèrent bientôt à des épouvantails, et Phryné, qui était sans fard, en parut plus belle. Il faut voir la beauté en elle-même. Ainsi de la profession athlétique, il faut la considérer en elle-même, et rechercher ce qu'elle vaut, soit par sa nature, soit par ses effets.

Or, si on regarde à sa nature, son infériorité, sa bassesse n'est pas douteuse. L'action des athlètes n'est pas de celles qui se rapportent à l'âme : elle ne fait donc pas partie de ces nobles arts qui nous élèvent au-dessus de nous-mêmes et nous font plus grands ; elle est de celles qui se rapportent au corps : elle fait donc partie de ces métiers infimes qui nous rabaissent et nous font plus petits. Jeunes gens, s'écrie Galien, l'homme tient à la fois des Dieux et des animaux : des Dieux par l'immortelle raison, des animaux par son corps mortel. Les arts, qui dépendent de la raison, nous rendent plus semblables aux Dieux ; les métiers, qui s'exercent par le corps, nous font les émules des animaux. Tel est le métier de l'athlète. Il nous rapproche des brutes, sans même nous permettre de les égaler. Avez-vous jamais vu un athlète aussi vigoureux qu'un lion ou un éléphant? aussi rapide qu'un lièvre ? C'est ce qu'exprime à merveille cet apologue d'un poëte : si l'homme et les animaux luttaient ensemble à Olympie, qui croyez-vous qui serait vainqueur? Les animaux ! Le cheval l'emporterait à la course appelée *dolique*, le lièvre à la course du *stade*, l'antilope dans le *diaule* ; l'éléphant et le lion triompheraient à la lutte, le taureau au pugilat, et si l'on combattait à coups de pieds et que l'âne se mît sur les rangs, l'âne remporterait la palme, et l'on écrirait : en telle olympiade, *Oncesté* (1) fut vainqueur.

Si on regarde à ses effets, le métier de l'athlète n'a pas plus de valeur. Il existe trois sortes de biens : ceux de l'âme, ceux du corps, ceux de l'extérieur ; le métier de l'athlète ne procure ni les premiers, ni les seconds, ni les derniers.

Comment les athlètes possèderaient-ils les biens de l'âme, eux qui ne s'inquiètent jamais de cette partie supérieure de leur être, et ne savent seulement pas si elle existe? Ils amassent toute leur vie une grande quantité de chair et de sang, et leur âme, noyée dans ce bourbier, est radicalement incapable de

---

(1) Ὀγκηστής, d'ὀγκητής, *ruditor*, celui qui brait.

penser avec clarté, avec netteté, avec suite; elle a la stupidité des bêtes.

Ils ne possèdent pas davantage les biens corporels. Et, d'abord, ils n'ont pas le premier de tous, la santé. Il ne faut pas que leur embonpoint en impose : la constitution athlétique est la plus fâcheuse qu'il y ait. Une bonne constitution, en effet, suppose la modération dans le régime, les exercices et le sommeil. Or, les athlètes usent de tout cela sans mesure comme sans méthode; ils se gorgent de nourriture, mangent encore n'ayant plus faim, prolongent leurs repas jusqu'au milieu de la nuit, vivent comme des porcs, sauf que ceux-ci s'arrêtent quand ils sont repus. Les athlètes ne règlent pas mieux leurs exercices; ils s'y livrent tous les jours, et tous les jours avec excès. Ils ne prennent pas plus raisonnablement leur sommeil, se réveillent à l'heure où les autres hommes quittent le travail et s'asseoient au repas du soir. La vie des athlètes est donc absolument contraire aux préceptes de l'hygiène tels que les trace Hippocrate. Aussi, sont-ils bien plus près de la maladie que de la santé. Tandis qu'ils exercent leur profession, ils font illusion; mais les uns meurent jeunes, et les autres, en moindre nombre, qui arrivent à la vieillesse, ressemblent aux Prières d'Homère : *boiteux, ridés et à l'œil louche.* Comme les murailles ébranlées par les machines de guerre tombent ensuite à la première secousse, ainsi les athlètes, dont le corps est ruiné par les excès, la fatigue, les désordres de toute sorte, sans compter les coups qu'ils reçoivent dans l'exercice de leur profession, succombent au premier accident. Ce sont les plus *misérables* des hommes quant à la santé, et le nom qu'ils portent est bien celui qui leur convenait (1).

Ils n'ont pas la santé, premier bien corporel ; ils n'ont pas la beauté. Les maîtres de gymnase les engraissent outre mesure, et ceux-là mêmes qui étaient bien proportionnés deviennent bientôt difformes. Ce que le régime a commencé, le métier l'achève. Quand ils l'ont exercé quelque temps, ils présentent le plus triste aspect : des membres rompus, disloqués, les yeux hors de l'orbite, et les cinq sens réduits à l'impuissance. Beau et athlète, c'est une véritable antithèse.

Ils ont du moins la force, dira-t-on. — Oui, la force inutile, sans usage et sans fruit. Sont-ils propres aux travaux de la campagne, à bêcher, labourer et moissonner ? Point. Sont-ils aptes à la guerre ? Nullement. Rappelez-vous le vers déjà cité d'Euripide : « Combat-on dans la mêlée le disque en main ? » Résistent-ils au froid et au chaud, couverts d'une seule peau hiver et été, à la façon d'Hercule ? Ils sont à cet égard plus faibles que les enfants nouveau-nés. Leur force est donc sans objet et sans résultat, et, d'ailleurs, facilement surpassée par maints animaux. Il était bien fort, Milon le Crotoniate, qui parcourut le stade portant un taureau sur ses épaules ; le taureau, qui se portait lui-même d'une allure facile et agile, était plus fort. Et à quoi lui servit cette force ? A mourir entre les deux parties d'un arbre qu'il avait sottement voulu écarteler ! Ce n'est pas la force de Milon qui eût sauvé les Grecs dans la guerre contre les Barbares ; la sagesse de Thémistocle les rendit victorieux.

(1) Ἀθληταί, ἄθλιοι.

Restent les biens extérieurs. Mais, en vérité, les athlètes sont aussi mal partagés sous ce rapport que sous tous les autres. Nous avons parlé des applaudissements que la multitude leur prodigue. Mais nous avons dit aussi ce qu'est la multitude, et ce que vaut son approbation. C'est en vain que les athlètes compteraient sur la gloire. Nul homme n'a jamais obtenu les honneurs divins pour avoir couru dans le stade, lancé le disque, ou lutté. Ils ont toujours été réservés aux services rendus par ceux qui ont cultivé les arts dignes de ce nom : Esculape, l'inventeur de la médecine ; Bacchus, qui enseigna à ses contemporains l'art de cultiver la vigne ; Socrate, que l'oracle d'Apollon-Pythien déclara le plus sage des mortels, parce qu'il leur apprit à s'étudier et à se connaître ; Lycurgue, à qui le même oracle dit : « O Lycurgue, n'es-tu pas un Dieu ? » Archiloque, dont il chassa l'assassin : « Tu as tué le nourrisson des Muses, sors de mon temple. »

Et qu'on ne dise pas : si la gloire leur manque, la richesse les dédommage. Belle richesse que celle des athlètes ! La plupart sont écrasés de dettes ; les plus fortunés ne le sont pas plus qu'un intendant quelconque d'un homme opulent.

Donc, que les jeunes gens ne l'oublient pas, le métier d'athlète est indigne d'eux, indigne de tout homme qui respecte l'intelligence divine dont il est éclairé. Nous sommes essentiellement faits pour les arts, pour ceux qui relèvent de l'esprit exclusivement encore plus que pour ceux qui emploient la main. C'est entre ces arts que choisira un jeune homme heureusement inspiré, c'est-à-dire entre la rhétorique, la musique, la géométrie, l'arithmétique, la dialectique, l'astronomie, les lettres, la jurisprudence, la peinture, la sculpture. Si c'est la médecine qui le tente, il pourra bien avoir le meilleur lot. Mais s'il préfère les métiers aux arts, il descendra; et s'il préfère l'oisiveté au travail, il tombera plus bas encore, il sera moins qu'un homme.

Ces idées sur le travail intellectuel, obligatoire pour tous les hommes sans exception, sont d'une incontestable justesse. Les raisons à l'appui sont des plus solides, étant tirées du fond même de la nature humaine et de la nature des choses. Mais bien que cela soit sans contredit fort remarquable, ce n'est pas ce qui me frappe le plus. Je suis loin d'être insensible à la vérité, à la beauté, à la profondeur de la doctrine, mais ce que j'admire surtout, c'est de la trouver si conforme à nos sentiments et à nos convictions modernes. Qu'y avons-nous ajouté? Qu'y avons-nous changé? Rien. Le langage est différent, la pensée est la même.

Galien dit que l'homme, parce qu'il a reçu l'intelligence, se doit à lui-même de cultiver et d'exercer les arts, non-seulement les arts instinctifs des animaux, mais les arts réfléchis qu'il appelle divins, parce qu'ils procèdent de la partie divine de notre nature. — Allons-nous plus loin lorsque nous disons que l'homme, étant une force, est naturellement destiné à l'action; étant une force raisonnable, est naturellement destiné à l'action réglée en vue d'un certain but, l'utile, le vrai, le beau, le bien; c'est-à-dire au travail?

Galien dit que la richesse ne dispense pas de la culture et de la pratique des arts, sans lesquels l'âme languit inerte et impuissante. — Allons-nous plus loin lorsque nous disons qu'il n'importe qu'un homme soit riche ou pauvre ; que, par cela seul qu'il est homme, il a le devoir de développer et de perfectionner ses facultés ; qu'il ne peut les développer et les perfectionner qu'en travaillant ? Tout au plus pourrions-nous ajouter que la richesse affranchit si peu du travail, qu'elle en fait, au contraire, un devoir plus rigoureux, car, outre qu'elle nous met au-dessus des soucis de la vie, qui sont une entrave, elle nous permet de rassembler autour de nous les circonstances les plus favorables à la production scientifique, artistique, industrielle ; et celui qui peut davantage doit davantage.

Galien dit que l'illustration de la naissance n'est rien, si on ne s'honore soi-même par ses propres qualités et ses vertus personnelles ; que vivre dans l'ignorance et l'oisiveté est cent fois plus honteux à un homme de noble race qu'à un homme de modeste extraction. — Allons-nous plus loin lorsque nous disons que nul n'est trop bien né pour travailler; que celui qui ne travaille pas ne compte pas ; que celui qui a des ancêtres leur doit de faire quelque chose afin d'être quelque chose par lui-même ; que l'empire est aux travailleurs, et que si la démocratie monte, tandis que l'aristocratie descend, c'est que la première, soit nécessité, soit vertu, travaille presque toujours, et la seconde presque jamais ?

Galien dit que la beauté est un avantage précaire, auquel il ne faut pas se fier ; que les agréments du corps ne sauraient tenir lieu des solides qualités de l'âme, tandis que celles-ci suppléent parfaitement ceux-là ; qu'il faut donc apprendre un art pendant la jeunesse et l'exercer pendant la vie. — Allons-nous plus loin lorsque nous avertissons nos jeunes gens de ne pas s'éprendre d'eux-mêmes ; lorsque nous versons un ridicule mérité sur la catégorie de ceux qui se font une sotte gloire de leurs prétendues grâces, et que le bon sens public flétrit de dénominations qui sont des stigmates ; lorsque nous les rappelons au sentiment de la dignité virile, à une vie sérieuse et laborieuse ?

Après avoir démontré la convenance, la nécessité morale de se consacrer à la pratique des arts, Galien ajoute qu'il faut choisir, qu'il faut se garder des arts auxquels manquent l'utilité et l'élévation, et que, entre toutes les professions vaines et basses, il n'en est pas de plus basse et de plus vaine que celle des athlètes, nonobstant ses apparences trompeuses. — Irions-nous plus loin et ferions-nous une chose bien différente en recommandant à nos contemporains les professions vraiment libérales, celles qui relèvent, celles qui profitent ; en les prévenant contre cette folle et dispendieuse manie du siècle, qui, sous prétexte d'améliorer la race chevaline, ravale la race humaine, et a fait dire à je ne sais quel écrivain spirituel : du temps de Buffon, l'homme avait fait la conquête du cheval ; aujourd'hui c'est le cheval qui a fait la conquête de l'homme ?

Tout ce que nous pensons du travail, l'antiquité l'avait donc pensé avant nous (1). Elle n'a pas là-

---

(1) Sauf en un point : Galien et les anciens n'ont que mépris pour le travail manuel qui, selon eux, nous fait descendre au

dessus, au moins à l'époque de Galien, une autre morale que nous, ni moins étendue, ni moins vraie, ni moins généreuse. C'est une justice à lui rendre; c'est une restitution à lui faire.

rang des animaux. Nous sommes, grâce à Dieu, revenus de cette erreur, qu'il suffit de signaler.

CHAPITRE III.

LA CULTURE MORALE.

Le double traité *Du discernement et du traitement des passions* et *Du discernement et du traitement des fautes*, comme l'indique clairement ces titres, a pour objet le perfectionnement moral de l'individu, son amendement et son progrès dans la vertu. C'est donc bien, au sens moderne et je dirais chrétien du mot, un véritable traité de culture morale. C'est que les philosophes grecs se sont toujours montrés fort préoccupés de la culture morale. On l'avait un peu oublié, et un savant et charmant esprit (1), ces temps-ci, a eu tout l'air de nous faire une révélation en nous montrant dans les derniers philosophes de l'antiquité des prédicateurs de morale, des éducateurs des âmes, des directeurs de conscience. Les *Lettres* de Sénèque, le *Manuel* d'Epictète, les *Pensées* de Marc-Aurèle ont été analysés de ce point de vue et dans cet esprit, non sans un vif intérêt. Ce sont là de belles œuvres, faites de main d'ouvrier, où l'excellence du style se joint à la solidité du fond. Mais on aurait tort de croire qu'elles soient les seules de ce genre, et que les deux premiers siècles de notre ère, où l'influence du christianisme eût pu s'exercer sur

---

(1) Martha, *Les moralistes sous l'empire romain.*

les pensées et les écrits des philosophes, soient les seuls qui en aient vu paraître de telles. Ces études pratiques, où la vertu de l'agent moral, sa pureté, on pourrait presque dire sa sainteté, sont seules en jeu, appartiennent plus ou moins à toutes les époques de la philosophie grecque. Familières au stoïcisme, voire même à l'épicurisme, elles ne sont étrangères ni au Lycée ni à l'Académie.

On sait que les stoïciens s'étaient fort occupés des passions, non-seulement pour les décrire et les dénombrer, mais pour enseigner l'art de combattre ces principes funestes, de traiter et de guérir ces maladies, car les passions dégénèrent facilement en maladies de l'âme, si même elles ne sont pas proprement des maladies de l'âme. Cicéron ne nous laisse aucun doute à ce sujet (1). Galien est bien plus explicite et bien plus instructif. Comme on le verra amplement dans une autre partie de cet ouvrage, il nous apprend (2) que Chrysippe avait écrit un traité *Des passions*, en quatre livres, et que le dernier était proprement une *thérapeutique morale*. On peut même croire que le mot est de Chrysippe. Ailleurs, au commencement du traité même que nous allons étudier, il nous donne une indication encore plus précieuse : Chrysippe avait écrit un traité *De l'art de guérir les passions de l'âme*, θεραπευτικὰ συγγράμματα τῶν τῆς ψυχῆς παθῶν. Et Galien ajoute que Chrysippe avait traité ce sujet *entre beaucoup d'autres philosophes*. Ce qui paraît plus étrange, c'est que les épicuriens avaient marché dans la même voie. Ils avaient, eux aussi, leurs vues

---

(1) *Tuscul.*, 1. IV, ch. XIV et passim.
(2) *Des dogmes d'Hippocrate et de Platon.*

propres sur la manière dont l'agent moral doit se comporter vis-à-vis de ses passions, et ces vues, il les avaient consignées dans des traités exprès. Tel cet Antoine, dont Galien parle à l'endroit ci-dessus indiqué, et qui avait écrit un traité *De l'art de surveiller ses propres passions,* περὶ τῆς τοις ἰδίοις πάθεσι ἐφεδρείας. On le voit, c'est toute une littérature philosophique spéciale, fort antérieure au christianisme, et qu'on pourrait faire remonter jusqu'à Platon et Aristote, au témoignage même de Cicéron qui, dans le quatrième livre des *Tusculanes,* déclare les consulter, non sans fruit, sur l'art de guérir les maux causés par les passions.

Le traité de Galien sur les passions et les fautes est le dernier venu dans cet ordre d'idées et de recherches, mais non au dernier rang. Nous ne pouvons le comparer aux livres analogues des stoïciens et des épicuriens des premiers temps, mais s'il est inférieur par la forme aux écrits de Sénèque, Epictète et Marc-Aurèle, il ne leur cède pas en intérêt philosophique. Le lecteur en jugera.

Du discernement et du traitement des passions de chacun (περὶ διαγνώσεως καὶ θεραπείας ἐν ἑκάστου ψυχῇ ἰδίων παθῶν). *Du discernement et du traitement des fautes de chacun* (περὶ διαγνώσεως καὶ θεραπείας τῶν ἐν τῇ ἑκάστου ψυχῇ ἁμαρτημάτων) : tels sont les titres de ces deux petits traités, qui n'en font qu'un, et qu'on trouve, en effet, réunis dans la plupart des éditions. Or, dans ces deux traités, ou dans ces deux parties d'un même traité, Galien, qui pense sans doute au public comme tous les écrivains, s'adresse cependant plus particulièrement à un ami, qu'il ne nomme pas, et dont il paraît avoir fort à cœur le progrès moral. Interrogé par cet ami sur ce livre de l'épicurien Antoine que nous mentionnions tout à l'heure, et pressé par lui de développer et de rédiger la réponse qu'il lui a déjà faite, il se met à l'œuvre. Or, selon lui, le livre d'Antoine sur *les moyens de surveiller ses passions* serait excellent s'il était plus clair et plus méthodique. L'auteur a un double tort : il confond les passions, ces maladies de l'âme, et les fautes, ces erreurs de la volonté et du jugement : il fallait les distinguer ; il confond le discernement avec le traitement des unes et des autres : il fallait les distinguer. Ces distinctions eussent fait la lumière ; absentes, c'est le chaos. Galien va le débrouiller, et il parlera tour à tour du discernement et du traitement des passions, du discernement et du traitement des fautes.

I.

Pour travailler à se guérir de ses passions, il faut d'abord s'appliquer à les connaître. Or, ce n'est pas là une facile tâche. En effet, il n'est rien de si délicat que de se juger soi-même et de s'apprécier à sa juste valeur. L'illusion est presque inévitable. Quel est l'homme, même parmi les plus coupables, qui ne se suppose pas innocent ou peu s'en faut? et quel est l'homme, même parmi les plus passionnés, qui mesure exactement la gravité de ses égarements? Sans doute il est des passions violentes, excessives, qu'on ne peut méconnaître. Celui qui se livre aux emportements de la colère, qui, dans sa fureur aveugle, frappe, mutile ou tue ses esclaves, ne se félicitera pas de sa modération, ni celui qui, pris de vin, s'en va faire de la débauche chez les courtisanes, de sa chasteté. Mais il est des degrés dans les passions, et quand elles gardent une certaine mesure, il est difficile, quoique nécessaire toujours, de les discerner. Qu'une perte d'argent, qu'une injure nous cause quelque émotion, il pourra se faire que nous ne nous en rendions pas compte. Il en est de la connaissance morale de soi-même comme de la connaissance générale des choses : pour apprécier des caractères saillants, des différences essentielles dans des objets d'art, il ne faut que les yeux du premier venu ; pour distinguer les finesses, les petits détails, il faut ceux d'un artiste. De même, si vous êtes bouleversé par une passion impétueuse, vous le sentirez bien ; mais l'agitation qui vous remue sans vous faire perdre l'équilibre moral pourra bien vous échapper. Le Dieu de Delphes savait ce qu'il faisait quand il nous recommandait de nous connaître nous-mêmes ; cela suppose autant d'art que de vertu, et le sage seul en est capable.

Cette difficulté de se connaître soi-même avait frappé deux hommes forts différents, mais d'une clairvoyance égale, Ésope qui l'a symbolisée, Platon qui l'a expliquée. Ésope disait en effet que nous portons une double besace, l'une par devant pour les défauts d'autrui, ce qui fait que nous les voyons parfaitement, l'autre par derrière pour les nôtres, ce qui fait que nous les ignorons parfaitement. Et Platon a donné la clef de ce mystère : nous nous méconnaissons parce que nous nous aimons. Quel est l'essentiel caractère de l'amour ? D'être aveugle aux imperfections de l'objet aimé ; de sorte que l'extrême amour est accompagné d'un extrême aveuglement.

Mais notre amour pour nous-même a-t-il des bornes? Notre aveuglement n'en a donc pas non plus; et comme il ne paraît pas possible que nous cessions de nous aimer, il semble que nous devions désespérer de jamais voir clair dans notre âme.

Ce problème est-il aussi insoluble qu'il en a l'air? Et faut-il renoncer à se guérir de ses passions par impuissance de les connaître?

Non. Galien croit avoir trouvé un procédé, et il en a usé pour lui-même, non sans succès. Mais avant de le faire connaître, il adjure son lecteur de se livrer lui-même à l'examen de cette difficulté; car, lorsqu'il y va de l'âme et du salut, deux moyens ne sont pas trop.

Un homme ne peut se connaître lui-même, puisqu'il s'aime naturellement et nécessairement; mais ne pourrait-il pas se regarder par les yeux d'un autre, qui n'aurait pas les mêmes raisons de l'aimer? C'est la solution de Galien. Vous êtes partial à vous-même et vous ne pouvez vous juger : adressez-vous à un étranger, qui n'aura pas la même partialité, et qui vous jugera. Fatalement inconnu à vous-même, donnez-vous un censeur qui vous apprenne qui vous êtes et ce que vous valez.

En d'autres termes, car il faut insister pour analyser fidèlement Galien, qui insiste beaucoup, on ne peut se connaître *par soi-même*; il faut donc faire en sorte de se connaître *par autrui*, c'est-à-dire par un censeur qui n'ait pas le bandeau qu'un amour-propre invincible nous met sur les yeux.

Mais ce censeur ne doit pas être pris au hasard. Il faut d'abord que ce soit un honnête homme, un amant de la vertu et de la vérité. Or, cet homme-là, ce n'est pas dans la demeure des opulents ou des puissants qu'on a chance de le rencontrer. Celui qui s'attache aux pas des riches et des grands est nécessairement obséquieux, et l'obséquiosité est une forme du mensonge. Il se corrompt dans ce milieu corrompu. Il devient vicieux en courtisant le vice. Non ! c'est dans la solitude qu'il faut chercher notre censeur, au sein d'une vie modeste, sobre et tempérante. Il vit à l'écart, celui qui vit bien. Et c'est ce qui fait que le censeur dont nous parlons n'est guère à la portée de ceux que favorise une grande fortune ou une haute situation sociale ; ils convertissent à leurs mœurs quiconque les approche. L'homme véridique devient flatteur à leur contact, et le vertueux la proie des mêmes passions qui les dévorent. Il ne faut pas compter sur un second Diogène. Soyez donc vous-même dans une condition médiocre, si vous voulez trouver dans la même médiocrité l'homme de bien qui vous fera toucher du doigt vos défauts et vos passions.

Ce censeur doit être avancé en âge. On n'est vraiment vertueux qu'après s'être longuement exercé à la vertu ; véridique qu'après une longue pratique de la véracité. Il faut donc qu'il ait longtemps vécu ; et il faut que vous puissiez examiner sa vie entière, afin de vous assurer qu'il est à l'épreuve des accidents de la fortune, des assauts des passions, en un mot excellent de tous points, autant du moins que le comporte l'humaine infirmité.

Mais le voici enfin trouvé, ce précieux censeur : comment faut-il en user ?

Il faut s'abandonner complètement entre ses mains, lui ouvrir son âme et sa vie, se livrer à son examen, et le provoquer s'il en est besoin. Après que vous l'aurez prié de vous observer et de vous avertir, laisse-t-il s'écouler les jours, les mois dans le silence, n'en concluez pas que vous êtes sans reproche. Des hommes qui se croient sans reproche, rien de plus commun, car on voit tous les jours des gens qui commettent mille fautes, qui se livrent à leurs passions, et qui ne se doutent de rien, et qu'on étonnerait fort si on leur disait : voilà ce que vous êtes, voilà ce que vous faites. Mais des hommes qui soient en effet sans reproche, rien de plus rare. Où est-il celui qui peut se féliciter d'avoir passé un jour entier dans ce calme que n'altère aucune passion? Vous croyez-vous plus qu'homme? — Mais le sage est plus qu'homme, car il est semblable à Dieu! — Sans doute, mais êtes-vous ce sage, ressemblez-vous à Dieu, vous qui ne vous êtes jamais exercé à l'empire sur soi, tandis que d'autres qui s'y sont exercés toute leur vie ne le possèdent pas encore? Non, c'est par de tout autres raisons que votre censeur se tait. Peut-être est-il distrait, inattentif? Peut-être ne s'intéresse-il pas à l'état de votre âme? Quoi qu'il en soit, s'il ne parle pas, ce n'est pas l'occasion qui lui manque, c'est la volonté. Obtenez donc qu'il veuille.

Vous fait-il de justes réprimandes, vous signalant tel ou tel défaut plus ou moins grave, telle ou telle passion plus ou moins fâcheuse? votre rôle est de l'écouter avec patience, d'un esprit humble et docile. Si vous vous irritez de la vérité, vous le dégoûterez de vous la dire, et vous ne profiterez point. Qu'il lui soit évident au contraire que vous désirez l'apprendre de sa bouche, et connaître toutes vos misères pour travailler à les guérir. Sans doute il

ne vous est pas défendu de jamais discuter ses
appréciations, mais que ce soit avec vous-même
plutôt qu'avec lui. On s'échauffe par la controverse,
on s'emporte loin de la vérité et de la justice. On
est plus sincère et plus calme avec soi. S'il s'est
trompé, eh bien, prenez-en doucement votre parti,
et que ce soit pour vous un exercice à l'égalité
d'âme. Si vous reconnaissez qu'il a raison sur plusieurs points, prenez bien garde qu'il peut avoir
raison sur les autres aussi, étant mieux placé que
vous pour voir les choses, c'est-à-dire vos actions,
sous leur vrai jour.

Mais ce n'est pas encore assez d'écouter avec
modestie, il faut écouter avec reconnaissance. Ce
n'est que justice, car il mérite bien de nous, celui
qui, sans envie, mais par amour du bien, prend la
peine de nous étudier, de noter nos impatiences, nos
violences, et de les signaler à notre attention. C'est
un médecin de l'âme, plus rare, non moins utile
que l'autre, et qui a droit à un salaire. Et puis notre
gratitude l'encouragera à persévérer dans un labeur
où il y a tant de chances de déplaire à celui-là même
à qui l'on se dévoue.

Sans doute il ne faut pas renoncer à s'interroger
soi-même, à sonder le fond de son cœur, à se rendre
compte de ses mouvements et de ses démarches;
mais ce travail sera plus facile, et le succès plus
assuré, si vous êtes aidé, éclairé par un homme de
bien, qui vous guide, vous redresse, vous fasse voir
ce qui vous échappe, et mieux voir ce que vous apercevez à peine dans une ombre trop favorable. Sans
ce censeur nécessaire, vous n'arriverez à rien. Il est
même bon de prêter l'oreille à tout le monde, même

à vos ennemis ; la haine, intéressée à vous trouver en faute, a des lumières qui lui sont propres. Suivant le mot de Zénon, que tous les hommes vous soient des Pédagogues.

Voilà, tel que l'entend Galien, l'art de discerner ses propres passions. Il consiste à se défier de soi-même, à cause de l'amour-propre et de l'aveuglement qu'il engendre, et à en appeler à l'examen d'un étranger, désintéressé, donc clairvoyant, honnête homme, donc sincère. Sur quoi je m'empresse de remarquer que Galien fait paraître ici une parfaite connaissance de la nature humaine. Oui, il y a au fond de notre cœur un invincible amour de nous-mêmes, et par suite une infinie difficulté de nous connaître. Où sont-ils, quels sont-ils, nos défauts ? Nous ne savons pas les voir, si ce n'est sous la forme de qualités précieuses. Avares, nous nous jugeons économes ; jaloux, nous nous croyons prudents. Quant à nous désintéresser de nous-mêmes, et à nous représenter nos imperfections dans toute leur misère et nos vices dans toute leur laideur, c'est un idéal dont la plupart n'approchent guère. Le Christianisme même, pratiqué d'un esprit soumis et d'un cœur croyant, n'y mène pas nécessairement ses pénitents. Ou je me trompe fort, ou le prêtre qui lirait dans les consciences trouverait qu'il y a beaucoup plus de confessions sincères que de confessions entières. S'observer, s'étudier, s'avouer ses défauts et ses passions sans les pallier, ce fut toujours et ce sera toujours une chose d'une extrême délicatesse. Galien a compris cela et l'a fortement exprimé ; il faut l'en féliciter ; je l'en félicite.

Mais, s'il a bien posé les données du problème, l'a-t-il bien résolu ? Et cette idée de se regarder par les yeux d'autrui, de s'en rapporter à un censeur plutôt qu'à sa conscience, est-ce une idée pratique, est-ce une idée juste ?

Galien ne paraît pas douter que chacun ne puisse trouver le censeur dont il a besoin pour se connaître et se corriger, pourvu qu'il n'aille pas le chercher dans la corruption de la richesse et de la puissance. Cela prouve que Galien avait une excellente opinion des hommes en général et de ses contemporains en particulier. Mais ne se fait-il pas quelque illusion ? Y avait-il au IIe siècle de notre ère beaucoup de personnes en état de jouer ce rôle ? Y en aurait-il beaucoup aujourd'hui même, après tant de progrès que nous pensons avoir faits ? J'oserais le nier. Des vieillards, il n'en manque pas, grâce à Dieu, malgré tant d'accidents, malgré tant d'héritages funestes, qui tranchent la vie avant la fin. Des vieillards absolument maîtres de toutes les passions, absolument exempts de tous les vices, ils sont beaucoup plus rares. Des vieillards parfaits qui puissent et veuillent s'attacher à un jeune homme, le suivre pas à pas, l'observer avec un soin jaloux, l'admonester, au risque de le blesser, et de ne recueillir pour prix de leur abnégation que la colère, la haine et l'injure, cherchez et dites combien vous en aurez rencontré, ou même si vous en aurez rencontré. Sans pessimisme aucun, on peut affirmer qu'on ne trouverait pas un moniteur pour mille personnes qui auraient besoin d'être averties. De sorte que si nous ne devions nous observer que par l'œil d'autrui, nous serions condamnés à ne nous point observer, à vivre et à mourir dans l'ignorance finale de nous-mêmes.

Et s'ils sont en infiniment petit nombre ceux qui, avec les qualités requises pour surveiller leurs amis, consentiraient à le faire, sont-ils plus nombreux ceux qui trouveraient bon d'être surveillés? Est-il donc si commode d'avoir ainsi un témoin de toutes ses actions, à toute heure, en toute circonstance? Est-il si facile de s'entendre dire des vérités si offensantes; de répondre au blâme, quelle qu'en soit la forme, par la douceur et la reconnaissance ; de goûter la réprimande comme un bienfait? Et tout cela ne suppose-t-il pas acquises cette domination sur soi-même et cette vertu qu'il s'agit d'acquérir?

L'idée de Galien, si séduisante qu'elle semble d'abord, me paraît donc être une théorie sans application possible. Est-ce du moins une théorie que la critique doive approuver à un point de vue purement spéculatif? Sur ce terrain aussi je ferai des réserves. Qu'il soit malaisé de se connaître soi-même, et par les raisons qui ont été dites, c'est évident. Mais, songez-y, est-il donc si simple de connaître autrui? Outre qu'un homme, même après avoir demandé à être observé et réprimandé, se drape, quoi qu'il en ait, et prend ses mesures pour faire aux autres la même illusion qu'il se fait à lui-même, si ce n'est plus, est-il donc si facile de deviner et d'apprécier, à travers les actions apparentes, les intentions? Et combien d'actions qui échappent à toute observation indirecte? Et combien de pensées, de désirs, de mouvements internes qui sont le secret de l'agent moral? Non, rien ne peut remplacer la conscience, c'est-à-dire l'examen de conscience. C'est toujours là qu'il en faut revenir. Qu'on cherche et qu'on trouve quelque lumière, quelque secours auprès d'un ami très honnête homme, si la Providence nous accorde cette grâce, je ne demande pas mieux, mais l'examen de conscience, pratiqué avec la ferme volonté de se connaître et de s'amender, demeure la vraie méthode à suivre.

Il faut d'abord connaître ses passions, il faut ensuite travailler à s'en rendre maître, à les ranger à la règle du devoir ; et il est même juste de dire que la première démarche serait de peu d'intérêt, si elle ne devait pas être suivie de la seconde. Et ce n'est pas seulement dans l'enfance ou la jeunesse, ce n'est pas seulement lorsqu'on a chance d'arriver à la perfection qu'il faut faire cet effort sur soi-même, c'est à tout âge et dans toute situation morale. Ne dites pas : je suis trop vieux. Un quinquagénaire, un octogénaire, s'il est malade, renonce-t-il à se soigner, et dans l'impuissance de redevenir un homme vigoureux, ne tâche-t-il pas de redevenir du moins un homme bien portant ? La santé de l'âme, plus précieuse encore, mérite une plus constante recherche. Ne dites pas : je suis trop imparfait, trop loin de la sagesse. Il ne faut pas dédaigner le bien parce qu'on ne peut atteindre le mieux. Ici encore il faut se conduire quant à l'âme, comme on se conduit quant au corps. Si avant notre naissance nous eussions pu nous adresser à celui qui y présidait, si nous lui eussions demandé de nous accorder le corps le plus fort et le plus généreux, et qu'il nous l'eût refusé, sans nul doute nous l'eussions alors supplié de nous en donner un qui fût au second rang, ou au troisième, ou au quatrième pour la beauté des formes, la souplesse et la puissance des muscles. Si nous n'eussions pu obtenir le corps d'Hercule, nous eussions encore été fiers de recevoir celui d'Achille, ou, à défaut de ce dernier, celui d'Ajax, ou de Dioméde, ou d'Agamemnon, ou de Patrocle, ou enfin de quelque héros. Qu'il en soit de même dans l'ordre moral. Si nous ne pouvons monter à la plus haute excellence de l'âme, ne méprisons pas les degrés inférieurs. Il est beau encore, au-dessous de ces sages qui dominent tout, d'occuper le second, le troisième ou le quatrième rang. La vertu la plus modeste est cependant la vertu, donc d'un prix infini.

Il ne faut pas non plus que la lenteur de nos progrès nous fasse perdre courage. On ne dompte pas les passions, ou seulement l'une d'entre elles, en une heure ni même en une année. Il faut de longs efforts pendant un long temps. C'est surtout les commencements qui sont difficiles. Qu'on ne s'étonne donc pas de n'avancer d'abord que fort peu; plus tard on avancera davantage, et de plus en plus. C'est d'ailleurs le meilleur emploi de la vie. Mais on voudrait d'abord arriver au but. Quelle honte qu'on travaille des années et des années, qu'on s'exerce indéfiniment pour devenir un médecin, un grammairien ou un rhéteur habile, et qu'on marchande le temps et le zèle quand il s'agit de devenir un homme de bien !

Donc à l'œuvre, qui que vous soyez, jeunes ou vieux, bons ou mauvais, et guerre aux passions ! Dès le matin, au moment de votre lever, représentez-vous la journée qui commence, les occupations qui vous attendent, et combien il sera plus beau de vous diriger par les conseils de la raison et de la sagesse que de vous laisser égarer par les passions aveugles. Concevez fortement en vous-même combien est difforme l'âme qui se livre aux violences et aux impuretés, combien noble et belle celle qui s'en affranchit. Que le vrai homme de bien vous soit présent, et que cette vivante image vous accompagne partout pour exciter et entretenir en vous une généreuse émulation. C'est ainsi que se formera peu à peu l'habitude de vous gouverner, et que sur vos passions soumises ou détruites régnera la vertu triomphante. — Mais ces généralités ne sauraient suffire, il faut venir aux détails.

Par passions, Galien entend les puissances irraisonnables de l'âme, et il en distingue deux différentes. Le propre de l'une est de s'irriter, de s'enflammer contre ceux qui nous paraissent coupables envers nous-mêmes ; à la longue, elle nous rend implacables, et elle est d'autant plus fâcheuse qu'elle dure depuis plus longtemps : c'est la colère. L'autre nous porte vers ce qui nous est doux et agréable, vers ce qui nous plaît, sans nul souci de ce qui est honnête ou honteux, utile ou nuisible : c'est l'amour de la volupté. Et ce sont là deux ennemis qu'il faut combattre, deux maladies qu'il faut guérir.

Et d'abord la colère. Le caractère essentiel de la colère, c'est la violence, aussi bien que la déraison. Or cette violence n'a pas de bornes, et il n'est pas d'excès où elle ne puisse s'emporter. Galien raconte que, étant enfant, il vit un homme qui, voulant ouvrir une porte sans retard et n'y réussissant pas, entra dans une véritable rage. Il frappait la porte de ses pieds, mordait la clef, injuriait les Dieux, les yeux sortis de la tête comme une furie, écumant comme un sanglier : horrible spectacle, et qui n'est pas rare. Il ne faut pas se flatter qu'on maîtrisera d'abord une passion ainsi faite. Ce serait se préparer mille déceptions et compromettre l'avenir. Non, il faut se dire au contraire que c'est là une œuvre de temps et de patience. C'est assez dans les commencements de comprimer cette grande fougue et de ne pas s'exaspérer au premier obstacle. L'irascible qui mordait et qui ne mord plus, qui frappait et qui ne frappe plus, qui criait et qui ne crie plus, a déjà fait de notables progrès. Une fois assuré de ce premier triomphe, qu'il marche à de nouvelles conquêtes, mais pas à pas, sans rien entreprendre au-delà de ses forces. Il se sentira de moins en moins enclin à la colère; bientôt il faudra un crime pour l'émouvoir, et un jour enfin un crime même, tout en lui inspirant un juste mépris, le laissera en possession de lui-même. Et ici Galien s'adressant plus particulièrement à son ami qui manquait, paraîtrait-il, de douceur et de placidité, lui accorde libéralement plusieurs années pour se vaincre petit à petit et arriver de victoire en victoire à un genre de vie véritablement grave et honnête.

Dans ce laborieux effort sur soi-même, il importe surtout de se surveiller à l'endroit des esclaves. Les esclaves ne fournissent que trop d'aliments à la colère, et les maîtres, se sentant les maîtres, n'ont que trop de penchant à se livrer à l'impétuosité de leurs passions. Il est des maîtres qui perdent toute mesure, qui agissent avec la férocité de la bête fauve. Ils frappent, ils blessent, ils tuent. L'empereur Adrien, qui n'était pas un méchant homme, enfonça un jour son stylet dans l'œil d'un esclave et lui vida l'orbite. Après quoi, pris de remords, il lui offrit de le dédommager. La victime se taisant, le bourreau insista. Eh! que voulez-vous que je demande, répondit l'esclave? ce qu'il me faut, c'est l'œil que vous m'avez pris! Galien a été témoin d'une action pareille; il a vu un esclave devenir borgne d'un coup de roseau. Il a vu un autre acte de violence, et il en fait le récit détaillé. Je revenais de Rome, dit-il, et j'avais pour compagnon de voyage un mien ami, originaire de Gortines, en Crète, homme recommandable par mille vertus, de mœurs simples, fidèle en amitié, sobre, libéral, excellent en un mot, mais tellement irascible qu'il châtiait à tort et à travers ses esclaves de ses propres mains, les frappant avec des lanières, des bâtons, tout ce qui s'offrait à lui. Nous étions arrivés à Corinthe. Là il embarque pour Athènes ses esclaves avec ses bagages, et louant une voiture, nous prenons la route de terre par Mégare. Nous avions dépassé Eleusis, nous touchions à Thriasios, lorsqu'il s'avise de demander des nouvelles de je ne sais quel objet à deux esclaves qu'il avait gardés avec lui. Ceux-ci ne peuvent répondre. Alors voilà un homme qui s'emporte, et qui ne trouvant sous sa main qu'un long glaive enfermé dans son fourreau, l'abat sur la tête de ces jeunes gens. Le hasard veut qu'il frappe par le tranchant de la lame. Le fourreau coupé s'ouvre, et les esclaves reçoivent à la tête une double blessure, car deux fois l'arme se lève et retombe. Le sang coule à flots. Cet homme, à cette vue, se calme et revient à lui. Il a honte de sa fureur. Il m'entraîne dans une maison de la ville, s'accuse, me présente une courroie et me conjure de l'en frapper. J'éclatais de rire ; mais lui de se jeter à mes genoux et de me supplier de faire ce qu'il désirait. Plus je le voyais s'obstiner à être battu et plus je riais. Toutefois, quand cela eut assez duré, je lui promis de le satisfaire, s'il me promettait lui-même une toute petite chose que j'allais lui demander. Il consentit. Je le priai alors de prêter l'oreille à un discours que j'allais faire, et que c'était là ce que je réclamais de lui. Alors je lui exposai longuement par quels moyens nous pouvons nous guérir du penchant à la colère, et qu'il ne s'agit pas de recevoir des coups, mais de prendre conseil de la raison. Il comprit, se surveilla et devint meilleur.

C'est donc surtout dans ses rapports avec ses esclaves que l'irascible doit être attentif à lui-même. La première règle, qui doit être inviolable, c'est de ne jamais frapper de sa propre main. Un esclave a fait une faute, il faut qu'il soit puni ; à merveille ; mais qu'il le soit par un autre, non par vous. A frapper, on s'irrite encore, on perd toute mesure ; ce n'est plus le juste châtiment d'un maître, c'est la vengeance d'un furieux. Le père de Galien s'était fait un devoir de s'abstenir, et prêchait l'abstention à ses amis, leur disant, quand il les voyait s'oublier : prenez garde que l'esclave que vous maltraitez ainsi ne succombe à la douleur, vous l'auriez bien mérité. Et notre médecin-moraliste ajoute qu'il se gouvernait par les mêmes principes et les mêmes sentiments.

La seconde règle, c'est de différer la peine encourue par l'esclave. Ce qu'on raconte que Platon fit une fois envers l'un de ses esclaves, il faut le faire et s'imposer la même retenue (1). Et, en effet, qu'y a-t-il de plus aveugle que la colère, et qu'y a-t-il de plus violent? Il faut donc de toute nécessité prendre le temps de se calmer, de revenir à la possession de soi-même et à la raison, si l'on veut éviter les excès, si l'on veut proportionner les coups à la faute, et corriger le coupable, car il n'y a pas de correction sans justice. C'est alors seulement qu'on peut juger de quel poing ou de quel instrument il faut se servir. Parfois même on fera sagement de montrer le châtiment sans l'infliger. On appellera l'esclave, on ordonnera d'apporter les courroies, puis, après une juste réprimande, on pardonnera, en avertissant qu'une nouvelle faute ne rencontrerait pas la même indulgence.

Voilà comment il faut s'exercer à la modération envers les esclaves, comme envers tous les hommes. Et il ne faut pas se satisfaire trop facilement. Il ne

---

(1) Ce fait est raconté par Sénèque, *De la colère*, l. III, ch. XII. « Non potuit impetrare Plato a se tempus, quum servo suo irasceretur, sed ponere illum statim tunicam, et præbere scapulas verberibus jussit, sua manu ipse cæsurus. Postquam intellexit irasci se, sicut sustulerat, manum suspensam detinebat, et stabat percussuro similis. Interrogatus deinde ab amico, qui forte intervenerat, quid ageret ? « Exigo, inquit, pœnas ab homine iracundo. » Velut stupens, gestum illum sævituri, de formem sapienti viro servabat, oblitus jam servi, quia alium quem potius castigaret invenerat. Itaque abstulit sibi in suos potestatem, et ob peccatum quoddam commolior. « Tu, inquit, Speusippe, servulum istum verberibus objurga, nam ego irascor. » Ob hoc non cecidit, propter quod alius cecidisset : « Irascor, inquit ; plus faciam quam oportet ; libentius faciam ; non sit iste servus in ejus potestate, qui in sua non est. »

faut pas, parce qu'on n'extravague pas comme un fou, parce qu'on ne lance pas des regards farouches, parce qu'on ne met pas en pièces tout ce qu'on trouve à sa portée, il ne faut pas se dire : c'est bien ! la colère n'est pas ou n'est plus mon défaut. Eh ! non, vous n'êtes pas une bête fauve, voilà tout. Mais êtes-vous un homme, un honnête homme, un sage ? Non, en vérité. Il y a des degrés dans la colère. Une moindre colère est encore la colère, et la vertu l'exclut absolument. C'est comme la maladie : il n'y a que celui qui n'est pas malade du tout qui puisse se vanter d'avoir la santé.

Et qu'on ne s'écrie pas qu'il est bien difficile de dominer à ce point la colère, de la plier à cette docilité parfaite. Eh quoi ! un cavalier se saisit d'un cheval fougueux, le monte malgré sa résistance, et se servant à propos de l'éperon et du frein, arrive en peu de temps à s'en faire obéir ; et quand un homme se rend maître d'un animal étranger, vous ne pourriez pas dompter cet autre animal qui est en vous, qui fait partie de vous-même, ayant tout près de là, dans la même âme, la raison pour vous éclairer de ses lumières et vous diriger de ses conseils ? Et cela, quand on ne vous demande pas de réussir dans un délai déterminé, mais qu'on vous accorde libéralement le temps nécessaire ! Non, non, vous n'y avez pas songé, ou vous manquez de courage.

D'autant plus, notez-le bien, qu'il ne s'agit pas d'anéantir la colère, mais de la soumettre au joug. La colère, au fond, c'est l'énergie qui a été mise en nous pour nous mouvoir, pour mouvoir ce qui nous entoure, pour produire des œuvres ; c'est l'activité, c'est la force. Elle peut même nous être d'un grand secours contre les passions corporelles et la volupté, si nous savons nous en servir. Donc le devoir, c'est de la gouverner, en la subordonnant à la raison. Contenons-la, modérons-la, disciplinons-la, comme on dresse un chien impétueux, voilà tout ce qu'on exige de nous. C'est une noble tâche et qui ne dépasse pas notre pouvoir.

On ne peut lire ces pages de Galien que nous venons de résumer, sans songer aussitôt aux traités de Sénèque et de Plutarque sur la colère, comme aussi à celui de l'épicurien Philodème, récemment retrouvé (1). Et quand on se dit que ces trois traités, les seuls qui survivent, ne sont très-probablement pas les seuls qui aient été écrits (2) ; quand on pense que Théophraste et Aristote se sont fort occupés de la colère ; quand on se rappelle que Platon en a fait la seconde des trois facultés de l'âme ; quand on se représente, d'autre part, tous les hommes colères et toutes les actions furieuses cités par ces philosophes (3), involontairement on se demande si les anciens n'étaient pas tout particulièrement sujets à cette passion. Il est certain que l'esclavage devait aider très-fort à la développer, par la fréquence des occasions et par la liberté de s'y livrer tout à son aise. Et s'il est vrai qu'une constitution robuste y

(1) Mais dans un état de mutilation qui ôte beaucoup de son intérêt à la découverte.
(2) Dans le traité de Sénèque, surtout à l'article des réfutations, on voit que les philosophes, en dehors de l'école stoïcienne, avaient beaucoup écrit sur la colère.
(3) Sénèque, l. I, ch. I; l. III, ch. II, III, XVII, XXI.

prédispose, les anciens, plus forts et plus sanguins, y devaient être plus naturellement enclins (1). Sans faire les modernes plus doux qu'ils ne le sont, je me figure qu'on trouverait difficilement chez eux un Xerxès faisant battre de verges l'Hellespont ; un Cyrus s'acharnant contre un fleuve, et employant à disperser les eaux en mille canaux son armée qui laisse échapper la victoire ; un Alexandre tuant son meilleur ami au milieu d'un banquet ; un Sylla faisant couper Marius par morceaux, etc., etc.

Je ne voudrais pas soulever de trop grosses questions à propos de la légère esquisse de Galien. Il ne s'est pas proposé d'écrire un traité sur la colère, comme Plutarque, qui déduit avec soin tous les moyens de s'en guérir ; ni surtout comme Sénèque, qui partage son ouvrage en trois livres, et, procédant méthodiquement, expose tour à tour la nature et l'origine de la colère, les moyens de la prévenir, et les moyens de la réprimer. L'objet du traité de Galien est plus général et plus vaste, et où les autres insistent, il court d'une plume rapide. Il est toutefois deux remarques que fait naître la comparaison de Galien à ses deux devanciers, et qui valent peut-être la peine d'être indiquées.

Galien entend la colère à la manière de Théophraste, d'Aristote et surtout de Platon. Comme Théophraste et Aristote, il n'en blâme que les excès ; comme Platon, il y voit une puissance irraisonnable sans doute, mais légitime, et même excellente, dès là qu'elle prend les ordres de la raison.

---

(1) Voir dans Sénèque, l. II, ch. XVIII, XIX, la théorie des tempéraments dans leur rapport à la colère.

Elle lui semble même nécessaire, tant au regard de la raison, dont elle exécute les commandements, qu'à celui des passions, qu'elle plie au frein et à la règle. Or telle n'est pas la doctrine stoïcienne, reproduite par Sénèque et Plutarque. La colère y est confondue avec toutes les passions, dont elle partage la nature essentiellement mauvaise. Elle doit être, non pas tempérée, mais extirpée. Où est le vrai? Sans donner absolument raison à Galien, il est peut-être aussi près de la vérité que ses deux devanciers. La colère n'est certainement pas une passion comme les autres. Elle ne se rapporte pas à un objet étranger, à la possession duquel elle aspirerait, comme la cupidité, l'ambition, le libertinage, etc. La colère ne regarde qu'à soi-même ; c'est comme l'effervescence de l'activité personnelle, comme l'effort impétueux de la personne pour se protéger et se venger. Si elle n'est pas l'énergie volontaire elle-même, elle y semble du moins tenir d'assez près pour que nous comprenions que Platon l'ait confondue avec elle, qu'Aristote et son disciple l'aient traitée avec indulgence.

Ce qui me frappe encore, c'est de voir Galien se préoccuper à ce point des esclaves. Il n'en est pas question une seule fois dans le traité de Sénèque. Plutarque n'y voit qu'une matière à s'exercer à la modération que l'on doit aux hommes libres. Au contraire, Galien, qui condamne la colère, en tant qu'excessive, envers les hommes libres, ne la condamne pas moins envers les esclaves. C'est même à ces derniers que se rapportent ses observations particulières et ses prescriptions. Et dans ce qu'il raconte de l'empereur Adrien et de cet ami avec qui il fit le voyage de Rome à Athènes, on sent un véritable intérêt pour ces malheureux. Sa douceur se révèle et l'on comprend de reste qu'il est le bien nommé (γαληνός, doux). Il y a là un progrès moral à noter et qui console l'ami de l'humanité alors si fort outragée.

Il n'en est pas de l'amour de la volupté comme de la colère. Celle-ci, toute fâcheuse qu'elle est dans ses emportements, a un fond excellent ; celle-là est foncièrement vicieuse, ou plutôt c'est le vice même. L'homme qui s'abandonne à la colère ressemble à un cheval fougueux ; celui qui se fait l'esclave de la volupté, à un vorace sanglier, à un bouc immonde. D'où cette différence : il faut plier la colère à l'obéissance ; il faut, selon le mot des anciens, *châtier* l'amour de la volupté. Espérer que ce honteux penchant obéisse, ce serait méconnaître complètement sa nature ; mais si on le châtie, si on l'empêche de s'emparer et de jouir des choses qu'il convoite, il s'affaiblit, s'éteint et disparaît. Il meurt par impuissance de se satisfaire, faute d'aliment.

Mais ce *châtiment* ne doit pas se faire attendre. Il faut au contraire être aussi diligent qu'attentif. Il est trop clair que si vous donnez à l'amour de la volupté le temps de se satisfaire, il en deviendra plus fort et plus exigeant. Ses progrès seront aussi rapides que redoutables. En peu de jours, il sera comme une citadelle inexpugnable ; il se jouera de vos efforts. Alors, s'écrie Galien, vous direz ce que j'ai ouï dire à un amant : « Je veux la quitter, je ne puis. » Comme lui, vous m'appellerez en vain à votre secours, en vain vous me supplierez de rompre votre chaîne. Vous n'ignorez pas qu'entre les maladies du corps il en est d'incurables ; eh bien, cette puissance de l'âme qui se porte témérairement aux plaisirs grossiers des sens, si on ne la combat dès le principe, est bientôt une maladie aussi, et une maladie qui se rit des remèdes. L'âme qui s'en est une fois laissé posséder ne peut plus revenir à la santé. Elle est morte à la vertu.

Donc il faut se mettre à l'œuvre sans retard. Et comme l'amour de la volupté est multiforme, comme il est l'amour de la nourriture et des liqueurs, c'est-à-dire la gourmandise, l'amour des beaux corps et des plaisirs obscènes ; c'est-à-dire la débauche, l'amour des richesses, c'est-à-dire la cupidité, l'amour de la gloire et du commandement, c'est-à-dire l'ambition, l'amour du bien d'autrui, c'est-à-dire l'envie, il faut combattre toutes ces passions dès leurs premiers symptômes. Il faut les combattre en s'entourant de secours, surtout dans les commencements, où l'ennemi oppose une plus vive résistance. Faites d'abord comme je faisais, dit Galien : vivez, agissez sous le regard d'autrui. Qu'il y ait là quelqu'un qui voie si vous vous gorgez de mets, ou si vous apaisez seulement votre faim ; si vous videz la coupe jusqu'au fond, ou si vous calmez seulement votre soif ; si vous versez sans cesse ni fin dans un gouffre, ou si vous satisfaites seulement des besoins naturels et limités. — Plus tard, quand vous serez aguerri, luttez avec vos seules forces, mais en excitant votre courage par une noble émulation. Par exemple, à table, rivalisez de sobriété avec vos convives. Dans une orgie, entre les buveurs, c'est à qui boira le plus ; entre les gloutons, à qui mangera le plus ;

entre les débauchés, à qui fera le plus de prouesses : mettez votre gloire à l'emporter sur les tempérants par votre tempérance. Vos voisins mangent peu, mangez moins ; boivent peu, buvez moins ; n'écoutent pas les grossiers désirs, écoutez-les moins encore. — Enfin, de progrès en progrès, vous en viendrez à ne plus rivaliser qu'avec vous-même. C'est peu de surpasser ceux qui font le mal ; il est mieux de surpasser ceux qui s'en abstiennent ; mais se surpasser soi-même, voilà ce qui est vraiment beau. Se rendre chaque jour ce témoignage : je suis meilleur qu'hier, voilà ce qui est vraiment digne d'un homme de cœur et d'un amant de la vertu. A se comporter de la sorte, on devient plus fort, en même temps que les passions plus faibles ; on a la paix de l'âme, la satisfaction de la conscience, et, grâce à l'habitude, le bonheur. La modération qui a d'abord été le prix de l'effort, se tourne en bonheur en se tournant en habitude, selon cette belle parole : « Choisis d'abord le genre de vie le meilleur, viendra ensuite l'habitude, qui le rendra le plus agréable. »

Mais ce qu'il importe de ne pas oublier, c'est qu'ici il ne s'agit pas de discipliner l'amour de la volupté et les passions qui s'y rapportent ; il s'agit de les supprimer, d'en arracher jusqu'à la racine. La sagesse demande seulement qu'on assujettisse la colère à la raison, comme l'esclave au maître ; elle exige qu'on détruise le penchant aux grossiers plaisirs. Il faut qu'il n'en reste rien ; car ce qui resterait aurait bientôt poussé des rejetons, étant arrosé incessamment par la malice naturelle à l'homme et l'inclination au mal. C'est aux racines qu'il faut s'attaquer. Si vous ne fouillez le sol, si vous ne rejetez au loin les moindres fibrilles, attendez-vous à voir reparaître bientôt et s'étaler la plante malsaine, et son poison infecter l'âme entière.

Il est facile de s'y tromper. Quand l'amour de la volupté, quand la gourmandise, l'envie, la cupidité, l'ambition débordent au loin comme un torrent fangeux, on est naturellement averti, et la grandeur du mal commande en quelque sorte de lui opposer des digues; mais quand ces passions, dans mille petites circonstances, signalent à peine leur existence par de faibles mouvements, il n'est que trop aisé et trop ordinaire de les méconnaître, même avec la volonté de se juger et de se corriger. Et cependant c'est là qu'il faudrait les surprendre, afin de les étouffer dans le germe. Et Galien, faisant un nouvel appel à son expérience personnelle, ouvre ici une sorte de parenthèse pour nous parler de l'éducation en général, et surtout de sa propre éducation au foyer paternel : digression qui n'en est pas une, puisque, en racontant à son ami les leçons de son père, il expose encore l'art de combattre l'amour de la volupté et les passions. Voici le fil un peu flottant qu'il suit dans ces édifiantes et instructives confidences.

Parmi les jeunes gens qui vivaient dans sa familiarité, il en était un qui se fit longtemps illusion sur lui-même. Il se croyait sûr d'être exempt de passions, de leurs plus faibles mouvements comme de leurs éclats, dans les plus petites circonstances comme dans les plus grandes. Et puis, à un examen plus attentif, il dut reconnaître qu'il s'était trompé. Il vint donc un jour de grand matin, après une nuit agitée, trouver Galien et lui faire sa confession. Il lui dit qu'il n'en pouvait plus douter ; que, maître de ses passions dans les conjonctures graves, il en était troublé dans les petits détails de la vie. Elles ne grondaient pas dans la tempête, elles murmuraient quand passait un nuage. Pourquoi cela, ajoutait-il ? Est-ce l'effet de ma nature ou le résultat de mon éducation ?

Et Galien raconte qu'il lui exposa qu'il y a toujours une part à faire et à l'éducation et au naturel ; — que les enfants apportent en naissant des qualités originelles, des défauts originels, et sont très-diversement doués ; — que cela paraît très-visiblement dans leurs jeux, les uns se montrant gais et toujours dans les rires, les autres sombres et toujours dans les larmes ; ceux-ci aimant à partager ce qu'ils possèdent, ceux-là à s'approprier ce qui ne leur appartient pas ; tels entrant en fureur au moindre prétexte, tels autres supportant avec douceur les plus graves offenses ; — qu'il en est de même des jeunes gens : il en est de gourmands, il en est de sobres ; il en est d'effrontés, il en est de pudiques ; il en est qui cherchent le travail, il en est qui le fuient ; il en est qui s'exaltent par l'éloge, il en est qui se maintiennent par la crainte du blâme ; — qu'il y a ainsi entre les enfants, entre les jeunes gens, des différences naturelles, et non pas seulement superficielles, mais profondes ; — que l'éducation, qui peut beaucoup, ne peut pas l'impossible ; — qu'elle peut rendre meilleur ce qui est bon, moins mauvais ce qui est mauvais, mais non transformer le mal en bien ; — qu'il est des natures absolument réfractaires à toute culture ; — que la ronce, quoi qu'on fasse, ne saurait porter de raisins, ni la vipère ou le scorpion accommoder leur humeur à la nôtre ; — que l'éducation, impuissante dans les cas fâcheux, est nécessaire aux naturels bien doués pour produire tous leurs fruits, comme la vigne veut être cultivée pour donner un vin abondant et généreux, et un cheval dressé, pour plier ses mouvements et sa force à nos volontés et à nos besoins ; — et qu'enfin la nature fournit le terrain que l'éducation laboure, l'arbre que l'éducation taille et dirige, la matière et l'étoffe que l'éducation met en œuvre. Après quoi, Galien ajoute, par un retour sur lui-même plein de vérité et de grâce : « Pour moi, je ne saurais dire quel était mon naturel, car un enfant ne s'observe pas ; mais quelle fut mon éducation, je le sais bien ; et il n'est peut-être pas inutile que vous le sachiez. »

Je laisse maintenant la parole à Galien, me bornant à abréger un récit qui pourrait paraître prolixe à notre goût moderne.

« J'ai eu ce singulier bonheur que mon père était exempt de toute colère, très-juste, très-sobre, très-humain. Ma mère, au contraire, était à tel point irritable qu'elle mordait quelquefois les servantes, poussait des cris, était en guerre avec mon père, mille fois plus fâcheuse à son égard que Xantippe à celui de Socrate. Témoin de ce contraste d'un père bon et honnête, tout à ses devoirs, et d'une mère vicieuse, abandonnée à ses passions, je résolus d'aimer et d'embrasser le premier genre de vie, de me détourner de l'autre et de le détester. Ce qui me poussait encore dans cette voie, c'était de voir mon père supporter tranquillement n'importe quelles disgrâces, tandis que ma mère, au moindre accident, se laissait aller au désespoir. J'étais donc parfaitement disposé à l'éducation que j'allais recevoir.

« On me mit entre les mains des philosophes dès que je fus en état de les entendre. J'avais environ quatorze ans lorsque je commençai à boire à cette source sainte. Je suivis assez longtemps les leçons d'un disciple du stoïcien Philopator. Caïus, qui avait embrassé le platonisme, fut aussi mon maître, mais peu de temps, car il manquait de loisirs; ses concitoyens le forçaient de s'occuper de leurs affaires; à leurs yeux il n'y avait que lui de juste dans la ville, homme incorruptible en effet, facilement accessible à tous, et plein de douceur. Vers cette époque, un autre de nos concitoyens revint d'un long voyage; c'était un disciple d'Aspasius le péripatéticien; je m'attachai à lui. Puis, j'entendis un épicurien venu d'Athènes. Mais au-dessus de tous ces doctes présidait mon père, qui observait attentivement leur vie et leurs doctrines, et m'accompagnait souvent à leurs leçons.

« Or il s'était beaucoup exercé dans la géométrie, l'arithmétique, l'astronomie, l'architectonique, et il voulait que les philosophes exposassent leurs doctrines selon les démonstrations régulières de ces sciences. Il me disait donc : « Dans ces préceptes de
« vertu et de sagesse qu'on t'enseigne, il ne doit
« y avoir aucun désaccord, aucune contradiction,
« mais cette suite, cet enchaînement et cette har-
« monie que les anciens ont fait régner dans les
« sciences à la tête desquelles marchent la géomé-
« trie et l'arithmétique. Ne va donc pas te hâter
« imprudemment d'adopter une secte et d'en prendre
« le nom; il te faut au contraire employer un long

« intervalle de temps à les étudier et à les apprécier.
« Que ta doctrine soit une doctrine solide, qui
« satisfasse l'esprit et fortifie la volonté. Car, n'en
« doute pas, ce que tu dois apprendre, c'est la justice,
« c'est la tempérance, c'est la grandeur d'âme, en
« un mot, c'est la vertu. La vertu, ceux-là mêmes
« qui ne l'ont pas en font l'éloge. C'est qu'en effet
« elle a seule le pouvoir de nous défendre contre
« les chagrins et la douleur. Que ce soit donc ton
« constant objet. »

« Mon père me répétait ces pensées sous toutes les formes, et il m'y trouvait docile. J'étudiai tour à tour toutes les écoles philosophiques, sans m'enchaîner à aucune, et je cherchai toujours dans l'étude et la pratique de la vertu, dans l'empire sur moi-même et les passions, la paix de l'âme et la sécurité au milieu des accidents et des vicissitudes de la vie.

« Ce qu'il me signalait surtout dans l'amour de la volupté et les passions, c'est leur insatiabilité, qui fait que plus on jouit, plus on veut jouir, dans une poursuite éternelle; ce qu'il me recommandait surtout, c'est la modération qui, se contentant du nécessaire et tout au plus de l'utile, s'arrête et se repose dans un honnête bien-être.

« Cette insatiabilité des passions, qui en est
« comme l'essence, voilà, me disait-il, l'origine de
« tous nos chagrins et de tous nos maux. Elle nous
« rend d'abord sensibles à des pertes qui ne devraient
« pas nous toucher. Un peu moins d'argent, un peu
« moins d'honneurs, eh! qu'importe, s'il te reste
« assez de l'un pour te nourrir et te bien porter,
« assez des autres pour marcher la tête haute parmi

« tes pairs? Elle nous empêche ensuite de goûter
« ce que nous possédons par le désir d'en posséder
« davantage. Comme si ce n'était pas une véritable
« folie de vouloir recueillir les éloges de tous les
« hommes, ou posséder toutes les richesses qui
« existent! Savoir se modérer, c'est-à-dire se borner
« à la satisfaction des besoins de la nature, qui sont
« toujours limités, c'est la condition et le principe
« du bonheur. »

« Et mon père se citait lui-même en exemple. Il me demandait si je l'avais jamais vu courir après la gloire, la fortune, tous les biens que convoitent les hommes, ou s'affliger de la mort d'un bœuf, d'un « cheval ou d'un esclave. « Il est vrai, ajoutait-il,
« que je n'ai pas été ruiné et mis dans l'impuissance
« de soigner ma santé; que je n'ai pas subi la mor-
« telle injure de perdre ma place au sénat; ce sont
« là d'extrêmes malheurs, qu'il est permis de res-
« sentir, si on n'a pas su les éviter; mais quand il
« m'arrive de m'entendre blâmer par quelqu'un, ou
« de souffrir quelque dommage dans ma fortune,
« je m'en console par cette pensée : puis-je donc
« plaire à tout le monde? ce que je possède encore
« n'est-il pas plus que suffisant à me protéger contre
« la faim, la soif et le froid? »

« Il ne se lassait pas de revenir sur cette terrible insatiabilité. Il l'attaquait sous tous ses aspects : insatiabilité du gourmand, qui veut toujours plus d'aliments, ou des aliments plus délicats; insatiabilité du cupide, qui veut toujours des richesses plus considérables, ou d'une autre sorte; insatiabilité de l'ambitieux, qui veut toujours plus de dignités, une gloire plus grande.

« Il m'exposait combien est absurde et désastreuse l'insatiabilité au regard des aliments; car enfin quel est le but des aliments? De nourrir le corps. Le corps est-il donc mieux nourri par une plus grande quantité d'aliments, ou par des aliments raffinés? C'est le contraire. Les aliments raffinés sont des aliments malsains, et les aliments trop abondants sont nécessairement mal digérés. Or ce sont les aliments digérés, et non pas engloutis, qui réparent les pertes de l'organisme. Quand la digestion se fait imparfaitement, le ventre se gonfle aux dépens du reste, et, au lieu du liquide vivifiant qu'elles devaient recevoir, les veines ne portent aux diverses parties que le poison et la langueur. Lequel vaut le mieux de la santé ou de la maladie? L'insatiabilité mène droit à celle-ci; la santé est le fruit et la récompense de la sobriété.

« Il ne blâmait pas moins sévèrement l'insatiabilité relative aux richesses, aux honneurs et en général aux biens de l'âme. L'âme ne souffre pas moins de celle-ci que le corps de l'autre. Quel supplice, en effet, que celui de ces gens qui, mécontents de ce qu'ils ont, désirent toujours plus! Accordez-leur le double, ils aspirent au triple; accordez-leur le triple, ils aspirent au quadruple. Ce qu'ils veulent, ce qu'il leur faut, ce qui leur est nécessaire, c'est précisément ce qui leur manque. De sorte qu'ils vont se consumant de soupirs en soupirs, d'attente en attente. Tels sont ces riches, misérables au sein de leur opulence. « Qu'ils désirent, disait mon père, « une chaussure, un vêtement, une maison, tout « ce qui fait le corps bien portant et la vie douce, à « la bonne heure! Mais qu'ont-ils affaire de plu-

« sieurs maisons, d'une multitude de vêtements
« divers et de chaussures diverses? Pourquoi faut-il
« qu'ils aient des perles, des onyx, des pierreries de
« toute sorte? Qu'importent aux femmes les orne-
« ments, l'or et la soie, et toutes les matières tirées
« de régions lointaines? Qu'ils aient tout cela et
« qu'ils s'y tiennent, en seront-ils plus heureux?
« Non. Mais ils ne savent pas s'y tenir. Ils regar-
« dent au-dessus d'eux, et voyant quelques hommes
« mieux partagés, ils n'ont plus de repos qu'ils ne
« les surpassent. Prends garde à cela, mon fils. Tu
« es plus riche que la plupart de nos concitoyens,
« la modération t'est donc bien facile. Si tu veux
« surpasser ceux qui te surpassent, qu'arrivera-t-il?
« Tu ne seras pas satisfait encore. Il est dans telle
« ville tel citoyen plus riche que toi, il faudra l'em-
« porter sur lui aussi. Et comme tu ne seras jamais
« plus riche que tout le monde, l'immensité de tes
« désirs te vouera à une éternelle indigence. Ah!
« crois-moi, ce n'est pas sur ce terrain qu'il faut
« rivaliser avec les autres. Être riche, cela ne dépend
« pas de la vertu, mais de la fortune, laquelle peut
« rendre des affranchis, des esclaves plus riches que
« nous, hommes libres et de noble origine. Être
« juste, libéral, généreux, modéré dans ses désirs et
« en toutes choses, voilà ce qui est en notre pou-
« voir, et voilà ce qui est beau, et voilà ce qui
« conduit au bonheur. »

« Et il ajoutait : « Il faut contenir dans les mêmes
« limites l'amour des honneurs. Que tu recherches
« l'estime de tes concitoyens, mon enfant, rien de
« plus juste et de plus naturel; mais qu'il te suffise
« d'être considéré de ceux que tu fréquentes. S'il te

« prenait fantaisie d'être admiré et loué de la cité
« entière, il faudrait donc te faire connaître de la
« cité entière, ce qui est difficile, et t'en faire agréer,
« ce qui est plus difficile. Et quand tu aurais fait
« cela, tu n'aurais rien fait; car innombrables sont
« les cités, innombrables leurs habitants, et il y
« aurait toujours, quoi que tu pusses faire, des
« foules de gens qui ne t'admireraient pas, qui ne te
« loueraient pas, qui ne te connaîtraient même pas ;
« et cette vaine gloire, que tu poursuivrais sans
« jamais l'atteindre, te ferait souffrir et saigner. Là
« encore la modération n'importe pas moins au
« bonheur qu'à la vertu. »

« Ainsi me parlait mon père. Ainsi m'apprenait-il
à combattre les passions insatiables, sources empoisonnées d'où coulent toutes nos misères avec tous
nos vices. Et je l'écoutais, et je méditais ces hautes
vérités, jusqu'à ce qu'elles me fussent aussi évidentes que les axiomes des mathématiques. Et je
m'exerçais à les pratiquer. J'apprenais à me plaire à
une table simple et frugale, à me contenter de la
fortune et de la réputation qui me venaient. Je me
suis bien trouvé de ce régime, et tu peux me rendre
ce témoignage, dit Galien en terminant cette autobiographie et en s'adressant à son ami, que tu ne m'as
jamais surpris dans les chagrins et les angoisses. »

Voilà donc comment il faut se comporter à l'égard
de l'amour de la volupté et des passions. Et Galien,
revenant à l'exposition didactique un instant suspendue, résume ainsi les préceptes qui précèdent.
Il faut combattre les passions sans trêve ni merci. Il
faut détruire ces appétits sans frein, impatients de
toute mesure. C'est de là que viennent tous les

vices, toutes les tristesses, toutes les douleurs. C'est donc là qu'il faut porter le fer et le feu. C'est en faisant table rase qu'on arrive, par la modération, à la tranquillité, au bonheur. Et que si la nature ne vous a pas préparés à cette vie heureuse et modeste, et que si l'éducation ne vous y a pas formés, eh bien ! rien n'est perdu cependant. Suivez courageusement la méthode ci-dessus indiquée, et vous atteindrez le but ; il faut toutefois ajouter : si vous n'attendez pas trop tard. Comme il a été dit, quand les passions ont longtemps commandé, elles sont invincibles, de même que les maladies, quand elles ont longtemps régné, sont incurables. Mais si vous vous y prenez à temps, si, après avoir découvert l'ennemi que vous portez dans votre sein, vous luttez avec une généreuse ardeur, vous triompherez, n'en doutez pas ; et, au lieu d'une âme vicieuse, tyrannisée par l'amour inassouvi du plaisir, vous vous ferez une belle âme, une âme vraiment maîtresse d'elle-même, vraiment libre.

Est-ce un résultat de peu de prix, et qu'on doive hésiter à payer des plus grands efforts? On se détourne avec horreur de l'esclavage dans la vie domestique et publique, on met au-dessus de tout la liberté fondée sur les lois : on a raison. Mais combien n'est-il pas plus honteux, cet esclavage de l'âme que gouvernent au gré de leurs caprices ces maîtres impurs, l'amour du lucre, l'amour du commandement, et, pour tout dire à la fois, l'insatiabilité de posséder ! Mais combien n'est-elle pas plus noble et plus haute, combien n'est-elle pas plus nécessaire et plus glorieuse, la vraie et naturelle liberté, celle de la conscience qui se conduit avec mesure par les lumières de la raison ! Voilà le souverain mal, qu'il faut fuir; voilà le souverain bien, qu'il faut poursuivre. A l'œuvre donc, vous tous qui voulez vivre au sein de l'honnêteté et de la sérénité ! A l'œuvre, jeunes gens, vous surtout qui, moins avancés dans la vie, avez moins à faire pour vous vaincre, pour assurer le légitime empire de la raison ! Plus tard, c'est trop tard. La jeunesse est le moment favorable. Donc examinez-vous, ou plutôt ayez là, à vos côtés, quelqu'un qui vous examine; écoutez cette voix amie, obéissez à ses conseils salutaires; contenez ce qui doit être contenu, supprimez ce qui doit être supprimé; soyez persévérants; votre raison grandira de jour en jour, et finalement dans votre âme épurée règnera la paix, qui est la félicité.

Cette dernière partie de ce premier traité de Galien donnerait lieu à bien des remarques si l'on voulait s'arrêter aux détails, qui sont pleins d'intérêt. On admirerait et ce père et ce fils, dignes l'un de l'autre; le premier si justement pénétré de l'importance de l'éducation, si attentif aux maîtres et à leurs leçons, si habile à les commenter ou à les rectifier, si préoccupé de la perfection morale, condition du bonheur; le second si docile, si ouvert, si curieux de s'instruire et plus tard d'instruire les autres, plus curieux de la vertu qu'il honore, qu'il pratique, dont il est l'un des plus nobles exemplaires dans l'antiquité en décadence; tous deux d'un esprit élevé, d'une âme généreuse, qui furent heureux en ces temps agités, et qui méritaient de l'être. On s'étonnerait de rencontrer à ce foyer une mère si différente, si violente, si misérablement passionnée, et peut-être aussi d'entendre Galien la juger avec cette froide sévérité, la livrer à l'appréciation publique avec cette souveraine indifférence. On se dirait que ce tort est sans doute celui de la civilisation grecque qui, pour n'avoir pas su estimer la femme à son prix, n'a connu ni l'épouse ni la mère, sans lesquelles la famille n'est pas.—Mais je ne veux pas m'attarder, et je me borne, avant de passer au second traité de Galien, à faire remarquer combien est pure cette morale relative aux passions proprement dites, et combien indépendante de la tradition et des écoles.

Je cherche, sans le trouver, ce qu'un moraliste chrétien pourrait reprendre dans ces idées et ces prescriptions morales. Je cherche même ce qu'il y pourrait ajouter d'essentiel. Impossible de mieux juger les passions, et ce qui en est à la fois le caractère essentiel et le danger, cette avidité qui grandit par l'effort pour les satisfaire ; impossible de mieux montrer la nécessité de les attaquer dès le commencement, de les combattre jusqu'à la destruction ; impossible de mieux exposer l'excellence de la modération, d'où naît la félicité avec la paix de l'âme et le bon témoignage de la conscience. Et dans tout cela, Galien, imbu de toutes les écoles, ne s'inspire que de soi-même et du bon sens.

On pourrait, à une lecture superficielle, croire qu'il répète les exagérations stoïciennes ; il n'en est rien. Il a dit : je ne m'enchaînai à aucune école ; et c'est vrai. Il recommande bien d'extirper jusqu'aux dernières racines des passions, mais il entend les passions autrement que les stoïciens. Les passions chez les stoïciens sont tout ce qui n'est pas la raison, de sorte que, en faisant une règle de détruire les passions, ils tendent à faire de l'homme un être purement intellectuel, sans besoins ni émotions, un être hors nature. Les passions sont tout autre chose, une chose moins étendue, plus fâcheuse, dans la pensée et la théorie de Galien. Les passions à ses yeux (il ne le dit nulle part et le laisse voir partout) diffèrent notablement des appétits et des désirs naturels; elles en sont à la fois la corruption et l'excès. Qu'un appétit, qu'un désir s'exalte par l'appât du plaisir, qu'il devienne l'amour de la volupté, qu'il prédomine, qu'il étouffe la raison et commande, ce n'est plus un appétit, ce n'est plus un désir, c'est une passion. L'appétit et le désir sont légitimes, mesurés, utiles et faciles à satisfaire; la passion est arbitraire, indéfinie, funeste et jamais satisfaite; et tandis que tous les hommes ont les mêmes appétits et les mêmes désirs, chacun a ses passions; de sorte que, en recommandant de détruire les passions, Galien ne retranche aucun des éléments essentiels de la nature humaine; il veut seulement les conserver purs et les maintenir en équilibre. Il dit à son ami, ou à son lecteur : tu ne seras pas gourmand, mais il lui permet de se nourrir; il lui dit : tu ne seras pas cupide, mais il lui permet d'acquérir et de garder ce qu'il faut de richesses pour se vêtir, se mettre à couvert, pourvoir à la santé du corps, développer et fortifier l'âme par la lecture et l'étude; il lui dit : tu ne seras pas ambitieux, mais il lui permet de chercher et de goûter l'estime de ses concitoyens, de ceux du moins dont il est naturellement connu. Son idéal, ce n'est pas un homme qui ne désire rien, n'aime rien, n'ait besoin de rien, un être abstrait et pour ainsi dire une pure idée ; c'est l'homme vrai, dans la plénitude de sa nature, mais modéré en toutes choses et heureux par la modération : en quoi il ne diffère guère moins des épicuriens que des stoïciens, et se rapproche de Platon et d'Aristote, sans leur ressembler. Cette doctrine morale de Galien, c'est l'éclectisme du bon sens et du bon goût.

II.

Après l'art de discerner et de traiter les passions, l'art de discerner et de traiter les fautes. Cet art nouveau, qu'il ne faut pas confondre avec le précédent, est l'objet du second traité de Galien.

Il commence, méthodiquement, par définir la faute.

La passion, soit qu'on entende par là la colère ou l'amour de la volupté, appartient à la partie irraisonnable de l'âme ; la faute se rapporte à la raison ; elle procède d'un jugement, d'un faux jugement. Non de tout faux jugement, mais de celui qui met le mal à la place du bien. C'est, en moins de mots, l'action accomplie en vertu d'un jugement erroné sur ce qui est bon ou mauvais. Ou encore, parce que tout jugement implique un consentement, c'est l'action accomplie par suite du consentement au mal, que l'on prend pour le bien. Il y a une plus large acception du mot faute, mais c'est l'acception vulgaire. Celle-ci est l'acception philosophique. Philosophiquement, la faute est cela, et pas autre chose.

On voit combien la faute est différente de la passion. Un exemple rendra cette différence plus frappante. Que quelqu'un se pose cette règle : il faut aider les autres hommes, et se donne cette fin de venir au secours de ses semblables; puis, l'ambition, la cupidité, l'amour de la volupté en général se jetant à la traverse, qu'il laisse son voisin mourir de misère, ou son rival succomber à de lâches et ténébreuses intrigues, il est coupable par passion. Qu'un autre juge bon de ne rechercher que pour soi-même le bien-être et la félicité, sans souci ni respect des intérêts des autres, auxquels il pense ne rien devoir, il est coupable par fausse appréciation, il commet une faute.

Telle est la faute : une action qui a son principe dans une méprise de la raison, laquelle, ayant à juger de ce qui est bien ou mal, juge d'une façon erronée. — On conçoit du reste que ce jugement erroné peut être de deux sortes : il peut porter sur la fin de la vie, et cette erreur est comme une source d'où jaillissent incessamment mille fautes, car celui qui se trompe là-dessus se trompe sur toute sa conduite ; il peut porter sur les détails, attendu que, étant posée la vraie fin, on peut se tromper sur les actions qui y sont ou n'y sont pas conséquentes, et ce sont là des fautes particulières diversement graves.

Si la faute est cela, le moyen de reconnaître ses fautes et de n'y pas retomber, c'est de savoir juger juste, de savoir discerner le vrai du faux, singulièrement en ce qui concerne la fin de la vie, et les actions qui s'en approchent ou s'en éloignent, c'est-à-dire le bien et le mal.

Mais pour juger juste, pour discerner le vrai et le faux, pour reconnaître la fin de la vie et par conséquent le bien et le mal, il n'y a qu'un moyen, c'est de posséder la méthode démonstrative.

C'est, en effet, une étrange et outrecuidante prétention que de vouloir décider quelles actions sont bonnes, quelles actions sont mauvaises, de se prononcer sur les choses les plus graves de la vie humaine, sans être le moins du monde versé dans l'art du raisonnement et de la démonstration. Ceux qui se comportent ainsi ressemblent à des hommes qui, sans avoir étudié la science des nombres, formuleraient à tort et à travers toutes sortes de propositions concernant les calculs et l'arithmétique. Ces gens tomberaient nécessairement dans mille erreurs, ils iraient de bévue en bévue. Comment n'en serait-il pas de même de ceux qui, ignorant la méthode démonstrative, entreprennent de démontrer, et de démontrer quoi? Ce qu'il y a de plus délicat, de plus subtil et de plus fuyant. De là cette multitude de sectes, qui ne s'accordent pas entre elles, ni bien souvent avec elles-mêmes. De là tous ces faux docteurs de sagesse et de morale, qui font des disciples, c'est-à-dire des victimes, persuadant le faux, comme d'autres persuaderaient le vrai, au moyen de trompeuses ressemblances; car entre la vérité et l'erreur il existe souvent des ressemblances qui font que l'on prend l'une pour l'autre. Ce que Hippocrate disait qui a lieu dans l'art médical arrive aussi en philosophie. Il est des ressemblances entre les symptômes, entre les maladies, entre les remèdes et leurs effets, qui jettent les médecins dans le trouble et les difficultés, et non-seulement les médecins médiocres, mais les meilleurs. Il en est aussi entre les idées, les jugements, les raisonnements surtout, qui jettent les philosophes dans le doute et les perplexités, et non-seulement les moindres, mais les plus grands. Comment donc ne seraient-ils pas induits en erreur, ceux qui sont étrangers à l'art d'apprécier ces ressemblances, à l'art de raisonner, à l'art de démontrer solidement et scientifiquement? Quel aveuglement est le leur! Que ne se souviennent-ils des besaces d'Ésope! Que ne s'en réfèrent-ils au jugement et au discernement de ceux qui sont rompus à la méthode démonstrative, et depuis longtemps familiers avec toutes ces sciences que les Grecs nomment mathématiques, et qui aiguisent si fort l'esprit : la géométrie, l'arithmétique, l'architectonique, l'astronomie? Mais non! sans nulles notions scientifiques, sans nulle teinture même de rhétorique et de grammaire, à ce point inexercés aux discours, qu'ils sont incapables de comprendre celui que je leur adresse maintenant, dit vivement Galien, ils sont cependant satisfaits d'eux-mêmes et tranchent sans sourciller les questions les plus hautes et les plus ardues. Mais la vérité n'est pas si aisée à conquérir. Elle ne se rend qu'à ceux-là qui sont bien nés, qui l'aiment, la désirent, la cherchent, qui ont reçu une libérale et généreuse éducation, qui ont lié un commerce assidu avec les sciences, et qui, finalement et pour tout dire à la fois, sont en possession de la méthode démonstrative.

Le moyen de posséder la méthode démonstrative, c'est d'abord de l'étudier; c'est de l'étudier chez les anciens Grecs qui la connaissaient si bien et en ont fait un si bel usage; c'est de l'étudier, dans le temps présent, parmi des hommes très-épris de la vérité, doués d'une sagesse naturelle, habiles aux recherches scientifiques : en la voyant en action, on en comprendra mieux la nature et les secrets. Ce n'est qu'ainsi qu'on parviendra à la connaître d'une manière exacte et complète.

Mais ce n'est pas assez de la connaître, il faut s'y exercer. Q'importe d'avoir dans la main un instrument excellent, si l'on ne sait pas s'en servir? Il faut donc s'exercer à la pratique de la méthode démonstrative avec la même ardeur et le même soin qu'on a mis à en apprendre la théorie ; il faut s'y exercer jusqu'à ce qu'on soit assuré d'en user si bien qu'on découvre infailliblement la vérité. Et si l'on dit : mais comment reconnaître qu'on est arrivé à ce point d'habileté et de perfection ? il faut qu'on sache bien qu'avant d'appliquer la méthode démonstrative à l'ordre philosophique, où l'on ne peut contrôler la vérité des résultats, on doit en avoir fait l'essai, non pas une fois, mais cent fois, dans les choses de l'ordre purement scientifique, où les résultats peuvent être vérifiés.

Il est, en effet, une distinction fort importante. La plupart des questions philosophiques sont de telle sorte que leur solution, si vraie qu'elle puisse être, ne témoigne nullement de son exactitude. On demande si le monde a eu, ou non, un commencement; s'il est fini, ou infini, dans l'espace. Supposons qu'il soit établi qu'il n'a pas eu de commencement et qu'il n'a pas de bornes, ni cette immensité, ni cette éternité ne se montrent et ne s'attestent. Or il n'en est pas nécessairement de même dans les choses scientifiques. Il arrive souvent que le résultat démontré se confirme lui-même et porte témoignage de sa vérité. Soit, par exemple, une ligne droite qu'il s'agit de diviser en un certain nombre de parties égales; on a méthodiquement fait cette division. Il est alors facile de voir si ces parties sont égales ou non. Cela saute aux yeux. Voilà donc un résultat qui se confirme, qui atteste son exactitude, qui ne laisse pas de doute dans l'esprit. Eh bien! c'est dans la sphère des choses scientifiques, où il y a un contrôle possible, parce qu'il y a une confirmation naturelle, qu'il faut préalablement appliquer la méthode démonstrative. Outre qu'on acquerra ainsi une habileté plus grande, on pourra en constater, en mesurer le progrès. On devra attendre qu'elle soit tout ce qu'elle peut être, avant d'aborder les grandes et redoutables questions de la fin de la vie, des vrais biens et des vrais maux et du bonheur.

Voilà bien des lenteurs et des efforts. Ce n'est pas ainsi qu'ont procédé et que procèdent tous ces faux philosophes qui, venus à la philosophie sans études et sans exercices préparatoires, font montre des plus vaines doctrines. Sans autres mobiles que l'ambition, l'amour du bruit ou du gain, ils ouvrent école, et, ignorants, trouvent moyen de persuader de plus ignorants. A qui s'adressent-ils, en effet? A des ânes, ou à de jeunes hommes qui, avec un esprit pénétrant, sont dépourvus des connaissances les plus élémentaires. A de tels maîtres, gonflés de vent, sans nulle instruction, il faut de tels disciples. Ce n'est pas devant des hommes nourris dans la science et formés à l'art de la démonstration qu'ils pourraient soutenir des propositions manifestement contradictoires aux vérités géométriques, par exemple, ou se jouer et se perdre en d'illogiques déductions. Pour moi, dit Galien, étant adolescent, il m'est souvent arrivé de rencontrer de ces maîtres d'erreur et de sottise, et je leur tournais prestement le dos.

On ne saurait marquer trop nettement la vraie route, ni combattre trop fortement ceux qui, se précipitant au hasard, battent la campagne. La vraie route, c'est d'étudier la méthode démonstrative, de s'y exercer, de s'éprouver soi-même et de s'assurer, en l'essayant sur des sujets scientifiques où la vérité du résultat apparaisse clairement; c'est de faire cela non des jours, non des mois, mais des années, sans se fatiguer, jusqu'à ce qu'on ait la légitime confiance de juger sainement et de raisonner rigoureusement. Quant à ceux qui, livrés à la fureur et à l'emportement des passions, prétendent avoir trouvé un chemin rapide vers la vérité, ce sont tout simplement des imposteurs, d'autant plus coupables et méprisables qu'ils communiquent leurs vices à leurs disciples. Il est assurément facile à un maître qui se donne un visage grave et sévère de persuader à des jeunes gens sans instruction qu'il est en état de les conduire à la sagesse par une voie courte et unie. C'est la prétention des cyniques. A les en croire, leurs principes mènent tout droit et d'abord à la vertu. Il serait plus vrai et plus juste de dire qu'ils mènent à une vaine jactance. Ils sont, en vérité, plaisants ceux qui font gloire de toucher en quelques pas un but placé si loin. A peine ont-ils entendu un de nos faux docteurs, vous les voyez dédaigner de s'entretenir avec les hommes du commun, les bouviers, les chevriers, les laboureurs : ce sont gens grossiers qui ne les comprendraient pas. Quelle insolence ! Que savent-ils donc, ces vaniteux, qui n'ont rien appris ? Comment discerneraient-ils la vérité de l'erreur, ces inhabiles, qui n'ont jamais exercé leur raison ? Ce discernement n'est pas si facile, comme le prouvent les sophismes. Un sophisme est un faux raisonnement, mais construit par la ruse à l'image des vrais. Sans doute l'erreur est ou dans les prémisses, qui sont inexactes, ou dans la déduction, qui est mal faite ; mais il y a un art de voiler l'un et l'autre vice et de faire illusion. Il faut connaître la nature du raisonnement et de ses diverses espèces, il faut être versé dans les sciences où le raisonnement a ses principales applications, pour distinguer dans une discussion les vrais raisonnements et les sophismes, et dans ceux-ci le vice qui les constitue. Telle est la route de la vérité, qui est nécessairement longue. Ceux qui prennent la traverse se perdent dans les fondrières. Ce qui est évident, ils s'efforcent de le démontrer ; ce qui réclame une démonstration, ils l'imposent comme étant d'abord connu de soi. Ils déraisonnent en pensant raisonner, et tranchent sans étude ce qu'une longue méditation pourrait seule éclaircir. Impossible de les arracher à leur propre infatuation et de les disputer à leur incurable ignorance. Guérit-on un squirrhe invétéré ? Quand un homme est atteint du squirrhe de la fausse sagesse depuis des années, c'est bien en vain qu'on tenterait de le ramener à la santé. Oh ! s'écrie Galien, combien j'aime mieux avoir affaire à ces hommes tout simples et modestes, qui, nés avec un bon naturel, ont été élevés selon l'éducation autrefois pratiquée et estimée chez les Grecs ! Ils se forment docilement et lentement à l'art de penser et de démontrer, et après avoir appris dans la sphère des sciences à manier cette vraie méthode, ils l'appliquent avec succès, dans la sphère philosophique, aux choses humaines, à la détermination de la vraie fin de la vie, au discernement des biens et des maux, à la pratique du bonheur et de la vertu.

Dans cette méthode démonstrative, sans laquelle il n'est ni science, ni philosophie, ni morale, il y a deux choses à distinguer, deux choses auxquelles il faut se former avec l'attention et le zèle qui ont été dits. Elles sont également nécessaires pour découvrir la vraie fin de la vie et les actions concordantes. La première concerne le caractère qui permet de juger si une chose est vraie ou non, le *critère*. Il faut, si l'on a souci de connaître ses fautes et de les éviter, il faut chercher, dans la compagnie des sages, de ceux qui savent raisonner et démontrer, quel est le vrai critère, un critère de telle sorte qu'il n'en suppose aucun autre, et qui ait cette vertu de nous convaincre avec la même force qu'une démonstration, un critère enfin qui soit véritablement premier. On conçoit, en effet, que c'est là le point de départ, et sans lequel rien n'est possible. Comment discernerait-il, entre les différentes fins que les philosophes assignent à la vie, la vraie, entre les différentes actions, celles qui s'y rapportent ou y répugnent, celui qui n'aurait pas un principe de discernement, une règle de jugement, c'est-à-dire un premier critère? La seconde partie de la méthode démonstrative consiste, étant posé le premier critère, à y rapporter les choses particulières, et à juger ainsi de leur vérité ou de leur fausseté, procédé que quelques philosophes désignent par le mot analyse ; ils veulent exprimer par là le mouvement ascendant de l'esprit s'élevant des choses douteuses vers le principe de toute lumière et de toute certitude. Il n'y a pas d'autre moyen de parvenir à la science, à la science digne de ce nom ; car il n'y a de scientifique que ce qui est démontré, et de démontré que ce qui découle évidemment de propositions évidentes. Ainsi procèdent les astronomes, les géomètres, les mathématiciens ; ainsi doivent procéder les philosophes ; et c'est d'ailleurs par ce judicieux et légitime emploi de leur raison que s'honorent les hommes qui se prennent au sérieux.

Est-il en nous une plus belle faculté que celle-là ? Sans elle, en quoi différerions-nous des boucs, des ânes, des porcs, ou même des vers ? C'est elle, elle seule, qui nous fait grands, qui nous fait hommes, nous approche des Dieux. Il nous faut donc lui rendre le culte qui lui est dû, la cultiver comme elle veut l'être. Et que veut-elle, sinon saisir la vérité, son aliment ? Et comment la saisirait-elle, sinon par ce procédé analytique qui, étant donné le premier critère, résout les questions à cette lumière ?

Mais nos faux sages ne l'entendent pas ainsi. Comme dans les recherches philosophiques les propositions ne se confirment ni ne se réfutent d'elles-mêmes, ainsi que cela a lieu dans les mathématiques, où, par exemple, celui qui ne sait pas la méthode à suivre pour tracer un cadran solaire est confondu par le résultat, ils en profitent pour se donner carrière et divaguer tout à leur aise. Ils n'ont souci, ni de la raison, dont ils font un si triste usage, ni de la méthode, qu'ils ignorent parfaitement. Qu'ont-ils affaire des procédés rationnels ? Ils ne vont pas à la vérité comme Hésiode prétend qu'on va à la vertu, à petites journées. Ils sont aussitôt arrivés que partis. Et, en effet, ils ont l'insoutenable prétention d'être instruits par les choses elles-mêmes. A les en croire, ce sont les choses qui leur enseignent ce qu'elles sont et leur procurent la science toute faite. Mais les choses ont-elles donc une voix, avec laquelle elles leur parlent? Et que si elles sont silencieuses, le moyen de les connaître sans étude, sans raisonnement et sans méthode? Voyons, répondez, ô vous qui vous piquez d'être les sages par excellence : s'il est dans les choses une vertu par laquelle elles révèlent et enseignent leur propre nature, il faut nécessairement que tous les hommes connaissent toute la vérité! La distinction entre savants et ignorants n'existe plus! L'apprentissage de la science n'existe plus! L'éducation n'a plus d'objet! Mais, dit Galien, ils ont une échappatoire. Ils déclarent que les choses n'enseignent pas tous les hommes; et si on les presse, leur disant : eh! qui sont ceux qu'elles enseignent? ils répondent : nous! nous seuls! A la bonne heure! mais pourquoi eux seuls? Est-ce parce que eux seuls sont dépourvus des premières connaissances, et les plus élémentaires? Mais non, ces connaissances manquent également à la foule. Est-ce parce que eux seuls sont nés pénétrants, capables de discerner ce qui échappe aux autres, à la manière du lynx, dont les yeux voient à travers les corps opaques? Mais point du tout. La preuve qu'ils n'ont ni cette vivacité, ni cette sagacité intellectuelles, c'est que si on les met dans ces problèmes où la découverte même témoigne si ceux qui l'ont faite ont trouvé juste, ils sont aussi ridicules qu'embarrassés. Ils ne savent que dire; ils ne balbutient que des sottises. Il y a plus : exposez leur la vérité, qu'ils n'ont pas su trouver, ils ne vous comprennent pas, ou si par hasard ils vous comprennent, ils sont hors d'état de répéter votre démonstration. Quel aveuglement ! On leur prouve qu'ils sont plus maladroits que le premier venu à concevoir et à retenir ce qui concerne l'arithmétique, la géométrie, l'architectonique, l'astronomie, et ils croient les choses de la philosophie si faciles à découvrir, qu'ils osent soutenir qu'elles se montrent à eux d'elles-mêmes, sans recherche, sans démonstration et sans méthode analytique et rationnelle ! On n'est pas plus insensé !

C'est donc, dans l'ordre philosophique et moral, comme dans l'ordre scientifique, à la méthode démonstrative qu'il faut toujours recourir, partant du premier critère et y rapportant tout le reste par l'analyse. Et il faut sans cesse veiller sur soi-même et se tenir en garde contre les difficultés ; car la méthode démonstrative a les siennes. Il n'y en a pas quant au point de départ. Tout le monde accorde que la démonstration a pour principes des propositions évidentes. Sur le passage de ces principes aux choses obscures, il y a les contestations des académiciens et des sceptiques ; mais nous ne les considérons pas comme sérieuses. Les vraies difficultés sont relatives aux choses évidentes, ou qui paraissent l'être, et à l'assentiment qu'il faut savoir donner ou refuser. Il faut qu'on sache bien qu'il existe deux sortes d'évidence, celle des choses qui se rapportent à l'intelligence, celle des choses qui tombent sous les sens ; que ces deux évidences semblent quelquefois se combattre ; que ce désaccord n'est qu'apparent et doit être éclairci coûte que coûte avant de passer outre. Celui qui donnerait son assentiment à cette contradiction se tromperait nécessairement. Il faut surtout qu'on apprenne à distinguer les choses réellement évidentes de celles qui paraissent avoir ce caractère et ne l'ont pas effectivement. Au fond, toute erreur vient de ce qu'on donne son assentiment à des choses que l'on considère à tort comme évidentes. Et cela n'arrive pas seulement dans la sphère intellectuelle, où l'on a une sorte d'excuse, mais dans la perception des sens, où la moindre attention suffit à distinguer l'évidence vraie de la fausse. Combien de gens, voyant à une distance qui dépasse la portée de la vue quelqu'un qui s'approche, s'écrient d'abord : C'est Dion ! et qui, s'ils attendaient de voir de plus près, et par suite distinctement, reconnaîtraient que c'est Théon ! On n'ignore cependant pas que l'action des objets sur l'œil n'est pas la même de loin et de près, et que dans ce dernier cas seul la perception est claire, donc vraie. On se trompe, parce qu'on veut bien se tromper. Il faut se tenir en garde contre cette fâcheuse précipitation, et, dans les choses sensibles et intellectuelles, contracter la mâle habitude de retenir son assentiment jusqu'à l'instant où la lumière se fait dans l'esprit, l'éblouit et le subjugue. C'est un soin que j'ai eu de bonne heure, nous dit Galien. Je ne crois pas que personne puisse dire que je me sois jamais trompé en donnant légèrement mon assentiment à des simulacres d'évidence. Dès ma jeunesse, j'ai pris le pli de me tenir en garde contre les affirmations téméraires, qu'elles vinssent de l'intelligence ou des sens. Et s'adressant plus particulièrement à son ami, il ajoute : c'est ainsi qu'il faut agir toi-même, si tu attaches quelque prix à la vérité et à la sagesse. Fais en sorte de ne pas suivre l'exemple de nombre de mes amis, qui se confient à tort et à travers. Deux ou trois personnes rapportent-elles la même nouvelle, ils se laissent persuader d'abord, sans examiner si elles n'ont pas une commune raison d'en imposer. Il faut attendre, comme j'ai coutume de faire, sans me soucier d'être taxé d'esprit incrédule et morose. Voici des gens qui, ayant ouï dire qu'un tel est revenu de voyage, accourent aussitôt m'annoncer l'événement; et puis, quand il est avéré que le fait est faux, et que je leur reproche leur légèreté, ils n'en deviennent pas plus prudents, mais ils se fâchent, disant qu'ils ne sont pas les auteurs du mensonge, et que je m'en prenne au nouvelliste qui les a trompés. Or, si dans les choses où le mensonge ne tarde pas à paraître et à les confondre, ils n'en continuent pas moins de donner leur assentiment sans réflexion, que ne doit-il pas leur arriver dans les choses abstruses où la vérité est si difficile à atteindre et demeure contestable? Je me suis demandé quelle pouvait être la cause d'une si désastreuse précipitation, et il m'a semblé qu'ils ne se proposaient que de montrer l'excellence de leur esprit. Il est beau de voir clair d'abord, pendant que les autres tâtonnent dans l'ombre : ces gens ne songent qu'à cela ! Ils pensent se montrer supérieurs au voisin par la rapidité de leur discernement, et ils ne font voir que la rapidité de leur sottise.

Les philosophes, qui font cependant profession de sagesse, ne sont pas plus sages, et tandis que les géomètres, les mathématiciens, les savants dans toutes leurs recherches procèdent démonstrativement, en partant de propositions évidentes, dont ils déduisent rigoureusement les conséquences, eux, ils discutent à tort et à travers sur les choses les plus simples ou les plus compliquées, en prenant pour évidentes les propositions les plus douteuses ou les plus fausses. De sorte qu'ils n'établissent jamais rien, tout en suant sang et eau, et après les avoir entendus, on n'est pas plus avancé qu'auparavant, sauf qu'on demeure plus fortement convaincu de l'inanité de leurs raisons et de la futilité de leur esprit. J'ai récemment assisté à une dispute entre deux philosophes, raconte Galien ; l'un soutenait que l'eau pèse plus que le bois, l'autre que c'est le bois qui pèse davantage. Se jetant à droite et à gauche, ils apportaient à l'appui de leurs opinions des raisons tirées du plus loin. Le principal argument de l'un était qu'une substance dense et serrée doit être plus lourde, d'où il concluait que le bois est plus lourd que l'eau ; l'autre prétendait que l'eau est plus lourde que le bois parce qu'elle a moins de vides. Ils délayaient cela en des discours sans fin, sans rien démontrer et sans se convaincre. De guerre lasse, un architecte se trouvant là, ils le prièrent de leur expliquer comment on pourrait bien trancher cette question. Voilà bien comme vous êtes, vous autres qui vous piquez de philosophie, répondit celui-ci en souriant ; ce qui est par delà les espaces, et qu'on peut à peine conjecturer, sans en avoir jamais une compréhension certaine et scientifique, oh ! vous pensez le connaître le mieux du monde, mais ce qui est là, devant vous, à votre portée, et que le premier venu peut savoir, vous n'en avez pas le moindre soupçon. Après quoi, il exposa la méthode à suivre pour déterminer avec évidence la gravité relative de l'eau et du bois. Et tous ceux qui étaient présents le comprirent parfaitement, hormis nos deux philosophes. Il fallut leur répéter l'explication trois et quatre fois, et ce ne fut pas sans difficulté qu'ils se rendirent à la fin. Ah! que c'est à bon droit, s'écria l'architecte, qu'on n'accorde à vos pareils qu'une vaine prétention dogmatique! S'agit-il de choses inaccessibles à l'intelligence, on les trouve dépourvus de sens; s'agit-il des plus ordinaires, on n'obtient d'eux qu'un inutile bavardage! Que peut-on faire dans l'un et l'autre cas que de les mépriser! Je crois devoir ajouter, continue Galien, qu'ils méritent bien ce qui leur arrive, puisqu'ils ne se mettent pas en peine d'apprendre l'art de découvrir d'abord les choses évidentes et de passer ensuite de celles-là aux obscures; puisqu'ils ne s'exercent jamais dans les recherches scientifiques où s'atteste et se déclare la vérité chez ceux qui la trouvent, et l'erreur chez les autres.

Ces hommes qui font si bon marché et de la méthode démonstrative, et de l'évidence, et de l'art de tirer ce qui est obscur de ce qui est clair, ne sont ni moins vains ni moins ridicules sur leur propre terrain, quand ils prétendent résoudre les hautes questions philosophiques. J'en pourrais donner mille exemples, dit Galien, je me borne à un seul. Un jour, un philosophe péripatéticien s'approcha de moi: il soutenait que le monde est unique et parfaitement plein, de sorte qu'il n'y a de vide ni en lui ni hors de lui. Je connais, lui dis-je alors, deux personnes qui ont là-dessus deux opinions différentes de la tienne et l'une de l'autre, et je lui montrai, tout près de nous, un stoïcien et un épicurien. Le stoïcien, en effet, prétendait qu'il n'y a pas à la vérité de vide dans le monde, mais que hors du monde il existe un espace vide ; et l'épicurien, accordant ces deux points, différait sur un autre : selon lui, le monde ne serait pas unique, comme le voulait le stoïcien, d'accord en cela avec le péripatéticien, mais comme il existe un vide d'une grandeur infinie, il y aurait dans ce vide une multitude infinie de mondes divers. Voilà donc nos trois philosophes aux prises. Nous les écoutions avec admiration, les autres assistants et moi, développer et défendre leurs songes. Ils semaient les vraisemblances et les conjectures, mais sans apporter jamais le moindre raisonnement démonstratif. Nous réclamions, nous disions : mais posez donc quelque proposition évidente, mais raisonnez donc, mais donnez-nous donc une démonstration ! Peine perdue ! Ils ne faisaient que répéter ce qui est écrit dans leurs livres. Nous ne pûmes obtenir autre chose, et il nous fut prouvé une fois de plus que nul de ces philosophes n'est en possession de quelque raison démonstrative et nécessaire, analogue à celles qu'on trouve dans les sciences des nombres, des mesures et des lignes.

C'est cependant à la méthode de ces sciences qu'il faut recourir, en philosophie comme en toutes choses, si l'on veut savoir, conclut Galien ; et il termine en disant : *En voilà bien assez, quant à présent, sur les fautes.*

Je n'ai voulu interrompre par aucune réflexion cette analyse sommaire du second traité de Galien, afin que le caractère en apparût plus visiblement à l'esprit du lecteur. Il aura sans doute été surpris comme moi par cette phrase finale : En voilà bien assez, quant à présent, sur les fautes. Il ne semble pas, en effet, que Galien se soit fort occupé des fautes, et l'on serait tenté de penser qu'il a oublié son sujet pour un autre : l'art de découvrir la vérité, ou la méthode démonstrative.

Il n'en est rien cependant. Il est bien vrai qu'il se propose d'expliquer comment on peut discerner ses fautes, comment on peut les éviter à l'avenir ; il est bien vrai qu'il arrive tout de suite à la méthode démonstrative, et ne s'occupe plus de nulle autre chose. Mais cela est tout simple pour qui comprend la pensée de Galien. Selon lui, toute faute se résout en un faux jugement sur la fin de la vie, ou sur les actions qui se rapportent ou ne se rapportent pas à cette fin. Par conséquent, discerner ses fautes, c'est discerner ses erreurs, éviter de retomber dans ses fautes, c'est éviter de retomber dans ses erreurs. Mais il n'est d'autre moyen de discerner et d'éviter l'erreur que de posséder la méthode qui conduit à la vérité, et si c'est la méthode démonstrative, que de posséder la méthode démonstrative. Donc, un traité des fautes, sous la plume de Galien, devait être nécessairement un traité de la méthode, un traité de la démonstration.

Mais si le traité de Galien est ce qu'il devait être, étant donnée sa conception de la faute, il n'en résulte pas qu'il soit ce que nous autres modernes nous souhaiterions qu'il fût. Il ne nous est pas possible, nous attendant à un traité de morale, de n'éprouver pas quelque déception de ne trouver qu'un traité de logique ; et si belles ou si justes que puissent être les considérations exposées par Galien, il ne nous paraît pas qu'elles soient de nature à contribuer d'une manière directe et efficace à l'avancement du lecteur dans le bien et la vertu.

C'est que Galien se trompe, avec la plupart des anciens, et des plus grands, en confondant la faute avec l'erreur, la mauvaise action avec le mauvais jugement. Où en serait la foule, condamnée à jamais à une ignorance relative, quoi qu'on fasse, si, pour être honnête, elle devait d'abord avoir résolu, comme le veut Galien, le double problème de la fin de la vie et des actions conformes ou non à cette fin? Où en seraient même les hommes instruits, les savants et les philosophes, puisque la première question a reçu dans tous les temps plusieurs solutions différentes, sans qu'aucune ait encore rallié toutes les convictions? Ce serait à désespérer de la vertu, de la civilisation, et de la société, qui n'existe et ne fleurit que par elles.

Sans doute, toute faute implique une erreur. Il se trompe gravement, déplorablement, celui qui préfère le mal au bien, puisque, cherchant son profit, il ne trouve que sa perte. Mais peut-on dire cependant que le passionné qui sacrifie le devoir au plaisir, que l'égoïste qui sacrifie le devoir à l'intérêt, pèchent par ignorance du devoir; qu'ils se méprennent sur le devoir parce qu'ils se méprennent sur la fin de la vie et sur le rapport des actions à cette fin? N'est-il pas de toute évidence, au contraire, que le devoir est parfaitement connu et immolé sciemment? et que la faute, dans tous les cas, est essentiellement l'action d'un homme qui, averti par la conscience qui lui dit: voilà le devoir, sollicité par la passion qui lui dit: voilà le plaisir, et conseillé par l'égoïsme qui lui dit:

voilà le bonheur, choisit de propos délibéré le plaisir ou le bonheur et met le devoir sous ses pieds? La faute, c'est proprement la décision d'une volonté rebelle à la conscience qui l'éclaire sur ce qu'il faut faire ou ne pas faire.

Le tort de Galien et des philosophes anciens en général, c'est d'avoir méconnu la conscience. Elle n'a pas de place dans leurs systèmes. Je veux dire qu'il ne leur a pas paru qu'il y eût dans notre âme, dans notre intelligence, une faculté originale, spéciale, dont le rôle, la vertu, est de déterminer la qualité morale des actions. Ils ont cru que cette détermination était le résultat d'un long et difficile travail, et que, pour savoir quelle conduite il faut tenir dans les différentes circonstances de la vie, l'homme doit d'abord en rechercher et en découvrir la fin. Ils ont fait dépendre la vertu de la science, et assujetti la morale à la métaphysique. Or c'est là une palpable erreur, condamnée d'ailleurs par ses conséquences. Il faut que tout homme, même le plus simple, contraint d'agir sans cesse et sans retard, soit instruit naturellement et à tout instant de ce qui est bien, de ce qui est mal; de sorte que la conscience, de quelque manière qu'on en conçoive la nature et l'opération, n'est pas seulement un fait que constate l'observation, mais une nécessité que démontre la logique.

Voilà ce qui ôte au traité de Galien sur les fautes une partie de l'intérêt qu'il comportait et le rend notablement inférieur au traité sur les passions. Mais il n'est pas méprisable pour cela. A défaut de l'intérêt moral, qui lui manque un peu trop, il a un véritable intérêt historique. Vous n'y trouvez pas les belles considérations et les lumières sur le devoir, le bien et la vertu, que vous aviez droit d'attendre ; vous y trouvez en revanche, avez un goût très-vif pour les vrais procédés scientifiques et un noble amour de la science digne de ce nom, une peinture singulièrement piquante et instructive des sectes qui s'agitaient alors dans l'ombre, après avoir connu la gloire, et des faux sages qui, sans rien apprendre ni rien savoir, déraisonnaient à perte de vue sur toutes choses et quelques-unes encore. Ce péripatéticien, ce stoïcien et cet épicurien qui discutent subtilement et vainement sur le plein et le vide, sur l'unité et la pluralité des mondes, sans partir d'aucun principe évident pour aboutir rigoureusement à une conclusion certaine ; — ces deux philosophes qui se battent les flancs, pour résoudre par des raisons cette question résolue par les faits : lequel pèse le plus de l'eau ou du bois, et qui finissent par s'en rapporter à un architecte ; — ces singuliers savants qui pensent n'avoir pas besoin d'étudier pour apprendre, aux yeux de qui les choses prennent la peine de se dévoiler d'elles-mêmes ; incapables non-seulement de trouver, mais de saisir et de répéter une démonstration quelconque ; qu'une opération d'arithmétique ou un théorème de géométrie déconcertent, et qui se font un jeu de sonder les abîmes de la philosophie ; — ces maîtres pareils à des outres gonflées de vent, qui ne savent rien, n'enseignent rien, et trouvent cependant moyen, grâce à la gravité de leur maintien et à la sévérité de leur visage, de persuader d'autres ignorants, qui se mettent aussitôt à dédaigner la foule, laquelle vaut mille fois mieux qu'eux, car elle garde le bon sens qu'ils ont perdu ; — ces cyniques qui connaissent un chemin pour aller tout droit et en trois pas à la vérité et à la vertu : ne sont-ce pas des scènes vivantes, des tableaux parlants et animés, qui nous rendent présente cette époque de décadence philosophique, où l'on se paie d'un pompeux verbiage, dans l'ignorance des sciences et des méthodes? Et du milieu de ces inanités, n'est-ce pas un plaisir et une consolation d'entendre s'élever la voix généreuse de Galien, rappelant ses contemporains à l'étude, aux procédés scientifiques et aux sciences proprement dites, apprentissage nécessaire et introduction naturelle de la philosophie?

Telle est la morale de Galien dans les deux traités *Du discernement et du traitement des passions* et *Du discernement et du traitement des fautes:* morale, quant aux fautes, qui suppose trop de recherches, trop d'art, trop de science, et qui passe par dessus la tête des foules, trop pressées d'agir et de travailler pour avoir le loisir de réfléchir et d'étudier beaucoup; morale excellente de tout point quant aux passions, qu'elle bannit absolument, mais en les distinguant des besoins naturels, sans lesquels on ne saurait vivre, et des affections légitimes du cœur humain, sans lesquelles on ne saurait vivre dignement et heureusement; morale éminemment pratique, particulière, personnelle, qui va aux derniers détails de la vie, et, dédaigneuse d'une vertu qui ne serait que négative ou moyenne, vise à la perfection même. On ne peut nier qu'elle ne fasse singulièrement honneur et à Galien et aux hommes de son temps. J'ose dire qu'elle nous montre la société de cette époque sous un jour nouveau, qui la recommande et la relève au milieu de tant de misères. Car elle paraît être la grande affaire de tous ceux qui ont quelque valeur et quelque sens. Elle n'est pas seulement la consolation d'un Epictète dans la servitude, la méditation d'un Marc-Aurèle sur le trône, l'occupation des philosophes dans leurs écoles ou leurs retraites ; elle est le souci de toutes les âmes qui ont gardé le respect d'elles-mêmes, à quelque échelon social qu'elles appartiennent. Le père de Galien est à la fois un architecte et un savant qui vit riche et honoré parmi ces concitoyens : il s'inquiète par dessus tout de se juger, de se gouverner, de se modérer et de transmettre cette sollicitude et cet art à son fils. Galien est un médecin arrivé à la célébrité et à la fortune ; il a vu Alexandrie, Athènes et Rome ; il a été distingué par trois empereurs ; il est promis à l'admiration de la postérité, à la gloire ; il est l'oracle médical de ses contemporains ; il a exposé sa science immense en des livres innombrables : dans ce torrent d'affaires, d'études et de travaux, au comble du savoir, du succès et de la réputation, il a un soin de tous les instants, c'est de s'interroger, de se corriger, de se perfectionner, et d'enseigner aux autres comment on s'interroge, comment on se corrige, comment on se perfectionne. Et que vous semble-t-il de ces jeunes gens qui vivent dans la familiarité de Galien, non pour apprendre de lui comment le corps est fait et peut être disputé à la maladie, mais comment l'âme est constituée et doit être arrachée aux passions ; et singulièrement de ce jeune homme qui, après s'être cru parfaitement maître de lui-même, a des scrupules, découvre au fond de son âme de sourdes agitations, passe une nuit tourmentée et s'en vient de grand matin chercher près de Galien une consultation morale? Et que pensez-vous de cet ami de notre médecin-moraliste qui, voyageant avec lui de Rome à Athènes, frappe en chemin ses deux esclaves, puis, saisi de remords, entraîne Galien dans une maison à Mégare, se jette à genoux, et lui mettant une courroie entre les mains, le conjure de châtier son emportement? Tout cela ne nous révèle-t-il pas au sein de la société corrompue que nous connaissons, une société d'élite beaucoup moins connue, qui estime la perfection morale à tout son prix, et fait briller comme une pure lumière dans cette nuit même où le paganisme va disparaître devant la civilisation chrétienne qui grandit? C'est l'incontestable mérite de ces deux traités de Galien de nous fournir, avec d'excellents préceptes et d'éloquentes exhortations, ces renseignements sur l'Antiquité, qui semble se voiler dans la vertu pour exhaler le dernier soupir!

PHYSIQUE DE GALIEN.

La Physique, au sens antique de ce mot, c'est la science des êtres. Elle a donc un triple objet : la Nature, dans son origine, ses éléments, ses êtres divers ; l'Homme, qui les résume en les surpassant; Dieu, ou l'Intelligence, qui meut, ordonne et gouverne tout. Nul doute que Galien n'ait embrassé ces trois parties de la science universelle ; nul doute qu'il ne les ait explorées avec plus ou moins de savoir, d'étendue et de profondeur. Nous l'avons d'ailleurs constaté à deux reprises. Il a dû toutefois leur mesurer inégalement son temps et ses études. Si philosophe qu'il fût, il y avait nécessairement en ce philosophe un médecin, donc des préoccupations médicales. Conséquemment, il a moins insisté sur la cosmologie et la théologie, davantage sur la psychologie. En cosmologie, il ne s'occupe que des éléments de l'Univers, ou plutôt de leur pluralité ou de leur unité, pour arriver de là aux éléments dérivés, aux corps vivants, à leurs organes et à leurs fonctions, ou *facultés naturelles*. En théologie, il se borne à tirer de l'étude détaillée de l'appropriation des organes aux fonctions, cette conséquence générale qu'une intelligence ordonnatrice préside à tout, dans les corps vivants et dans le monde. Il est très-abondant, et je dirais surabondant en psychologie. Il traite tour à tour, philosophiquement et historiquement, toutes les grandes questions de la nature de l'âme, de son siège, de ses facultés, de leurs différents états. Il comprend que ces belles recherches ont un capital intérêt pour la médecine, et que la science de l'homme moral éclaire singulièrement celle de l'homme physique.

Nous serons encore plus exclusif que Galien. Curieux seulement des choses philosophiques, nous ne nous arrêterons pas à ses études cosmologiques, qui sont surtout des études physiologiques. Nous insisterons au contraire avec complaisance sur la partie psychologique de son œuvre. Il ne nous eût pas déplu de nous oublier dans la contemplation de l'Intelligence universelle, mais il nous faudra nous circonscrire dans les limites où Galien lui-même s'est renfermé.

PSYCHOLOGIE.

Il ne faut pas se faire d'illusion sur la psychologie de Galien. Si nombreuses, si diverses, si développées, ou même si approfondies que soient les questions qui ont attiré et retenu son attention, il ne les a pas exposées *uno tenore*, d'une manière suivie, selon un enchaînement systématique, qui en ferait une science méthodique et complète, une science organisée. Il ne s'est pas dit : Voici l'homme, distinguons ses parties, déterminons leur ordre logique, étudions-les chacune à son rang, et de tout cela faisons un harmonieux ensemble, qui nous représente la nature humaine comme en un vivant tableau. Non, sans décision prise à l'avance, sans plan arrêté, au hasard des circonstances philosophiques ou médicales, suivant les accidents de la polémique ou les fortunes de l'inspiration, il a dispersé dans ses œuvres et ses doctrines des théories psychologiques du plus grand intérêt, mais sans lien ; de sorte qu'il y a là tous les principaux éléments de la science de l'homme, mais non cette science même. C'est à l'historien qu'il appartient de la produire, en rassemblant ces membres épars et en restituant l'organisme qu'ils sont naturellement destinés à former.

Galien n'a donc pas un traité *De l'âme*, comme Aristote et plusieurs philosophes grecs avant et surtout après Aristote. Si l'on excepte un opuscule intitulé : *Que les mœurs de l'âme suivent le tempérament du corps ;* un traité perdu, intitulé : *Des parties de l'âme et de ses facultés*, il n'a pas même, comme Aristote encore, ses *parva naturalia*, c'est-à-dire de petits traités relatifs à telle ou telle question particulière de psychologie. A ce point que le lecteur pressé qui, voulant se faire à la hâte une idée de l'œuvre pour ainsi dire encyclopédique de Galien, ne consulterait que les titres de ses ouvrages, arriverait nécessairement à cette conviction que Galien, sauf deux, a négligé les questions qui se rapportent à notre nature intellectuelle et morale.

C'est le contraire qui est le vrai. Quand on parcourt certains traités de Galien avec plus d'attention au contenu qu'à l'étiquette, tels que les traités *Des dogmes d'Hippocrate et de Platon, De l'usage des parties, Du mouvement des muscles*, et quelques autres qui seront cités en temps opportun, on reconnaît sans peine qu'il a étudié, outre la question de la nature de l'âme, outre la question de ses facultés générales, ou de ses parties, celle de leur siège dans l'organisation, celle de la raison, celle de la sensibilité, celle de la motilité, celle du libre arbitre, celle de l'habitude, celle du sommeil, celle de la maladie, ces trois derniers états communs au corps et à l'âme, et qui ne modifient pas moins les facultés que les fonctions, — c'est-à-dire toutes les plus essentielles parties de la science psychologique. C'est du reste ce que nous allons prouver à la manière de Diogène, en reproduisant dans toute leur exactitude les théories de Galien sur ces divers sujets.

CHAPITRE I.

DE L'AME.

C'est dans le petit traité *Que les mœurs de l'âme suivent le tempérament du corps* que Galien s'explique sur cette éternelle question : Quelle est l'essence de l'âme ? Et quoique ce traité se compose de deux parties distinctes, il s'y rapporte tout entier ; car, si le fatalisme est affirmé dans les dernières pages, c'est comme conséquence logique du matérialisme, affirmé dans les premières. Nous réservons toutefois cette question du fatalisme pour une autre partie de ces études.

A la manière dont procède Galien, on reconnaît d'abord un médecin. Il commence par constater avec le plus grand soin l'influence du corps sur l'âme, et fait voir que tel est le tempérament du corps, telles sont les mœurs de l'âme.

Considérez d'abord le tempérament chaud et le tempérament froid, et vous verrez l'âme recevoir de leurs différences des différences analogues. Elle est autre avec le premier, autre avec le second. Tout ce qui refroidit le corps, tel qu'une perte de sang ; tout ce qui l'échauffe, tel qu'une fièvre ardente, la modifie plus ou moins. Trop de bile jaune, la voilà dans le délire ; trop de bile noire, dans la mélancolie. Un vin généreux la fait passer tout à coup de l'abattement du désespoir à l'exaltation du triomphe. Si le froid devient excessif, si le chaud devient excessif, elle périt également.

L'influence du tempérament sec et du tempérament humide n'est ni moins réelle, ni moins grande. Platon lui-même constate que l'humidité ôte à l'âme la mémoire des choses qu'elle connaissait avant d'être liée aux organes. Au contraire, la sécheresse rend l'intelligence plus parfaite. C'est un fait; et c'est aussi l'opinion d'Héraclite, qui a dit : « Ame sèche, âme très sage. » Voilà pourquoi les astres, qui sont parfaitement secs, sont parfaitements intelligents. — Mais la vieillesse est un âge sec, et cependant les vieillards extravaguent? — Oui, mais la vieillesse est aussi un âge froid, et le froid a une action fâcheuse sur les opérations de l'âme.

Il est si vrai que l'âme suit toutes les variations du tempérament, que tout ce qui agit sur celui-ci agit sur elle, et en même façon. Ainsi le régime, ainsi le climat, qui modifient le tempérament, modifient l'âme également, et dans la même mesure.

Les effets du vin, pris avec ou sans excès, sont trop connus pour qu'il soit utile de les décrire. Il n'est besoin d'attester ni Zénon, qui se trouvait si heureusement disposé après un usage modéré de cette bienfaisante liqueur; ni le fameux Centaure qui, en son aveugle ivresse, se livra à mille fureurs dans le palais de Pirithoüs. Tous les aliments ont leur action particulière sur le moral, et une action constante, lorsqu'ils sont pris avec constance. Et quoi d'étonnant? Introduits d'abord dans l'estomac, ils y subissent une première élaboration. De là ils se rendent par le canal des veines au foie où ils forment les humeurs.

Ces humeurs nourrissent les différentes parties du corps, et avec elles les principaux viscères : le foie, le cœur, le cerveau. En même temps qu'ils sont nourris, ces viscères deviennent plus chauds ou plus froids, plus secs ou plus humides; et l'on sait que ces différences se répètent immédiatement, invariablement, dans l'intelligence et dans l'âme tout entière.

L'influence du climat est plus lente, mais plus persévérante, et à la longue plus active. Personne n'ignore combien les hommes qui vivent sous les ourses diffèrent, physiquement et moralement, de ceux qui vivent dans le voisinage de la zone torride. Les habitants des contrées moyennes, à égale distance des uns et des autres, trouvant dans la mesure de toutes choses les conditions les plus favorables au développement du corps et de l'âme, unissent dans un heureux accord à toutes les qualités de l'organisation toutes les perfections de l'esprit. Souvent ces contrastes se montrent dans un faible espace, et n'en sont que plus saillants. L'air épais de la Béotie ne nourrit que des esprits lourds; le brillant soleil de l'Attique échauffe, enflamme le génie.

Tous ces faits sont incontestables, puisqu'ils sont le résultat d'observations désintéressées. Cependant, Galien, voulant en quelque manière combler la mesure de la certitude, leur donne encore la double consécration du temps et du génie, en montrant qu'ils avaient déjà été reconnus et décrits avant lui, par les plus grands hommes entre les médecins et les philosophes: Hippocrate, Platon, Aristote. A cet effet, il met sous les yeux du lecteur, non sans intérêt, de nombreux passages du traité *Des airs, des eaux et des lieux*, du *Timée* de l'*Histoire des ani-*

maux, où l'on voit les mêmes faits diversement exposés, mais avec une unanimité, quant au fond, qui interdirait le doute au plus déterminé sceptique.

Ainsi, il n'est point de vérité mieux constatée, ni plus souvent, ni par de plus rares esprits, que celle-ci : L'âme est dans une relation constante avec le corps; elle varie dans ses mœurs, c'est-à-dire dans ses états, comme celui-ci dans son tempérament; tel tempérament, telle âme.

Donc l'âme n'est que le tempérament. Encore *donc* est-il une inexactitude. Entre ces deux propositions : l'âme suit le tempérament du corps, l'âme est le tempérament du corps, Galien ne met aucun lien logique; la seconde n'est pas la conséquence, mais simplement la traduction de la première. Constater l'accord de l'âme et du tempérament, c'est en constater l'identité.

Reste à expliquer comment l'âme est le tempérament du corps. Ici paraît le philosophe, ou plutôt le péripatéticien, mais le péripatéticien infidèle, soit que Galien se méprenne sur la vraie pensée d'Aristote, soit qu'il lui convienne de la dénaturer pour mieux l'accommoder à ses vues personnelles.

Tous les corps sans exception sont constitués par deux principes : la matière et la forme.

La matière est un mélange des quatre qualités élémentaires : le chaud, le froid, le sec, l'humide. En se combinant diversement, ces qualités donnent naissance aux corps les plus divers, tels que le cuivre, le fer, l'or, la chair, les nerfs, le cartilage, la graisse, etc.

La forme résulte évidemment du rapport, de la proportion des qualités élémentaires; elle en est la mesure, l'harmonie, le *tempérament* (1). Et de la sorte, il n'y a pas plus de corps sans forme, que de corps sans matière.

Mais l'âme, qu'est-elle donc? Un troisième et nouveau principe, ou bien la matière, ou bien la forme? Aristote lui-même nous apprend que l'âme en général est la forme en général, que l'âme humaine est la forme du corps humain. Donc elle en est le tempérament. Et si l'on distingue, comme Hippocrate, comme Platon, trois espèces d'âmes, il faudra dire que l'âme concupiscible est le tempérament du foie, l'âme irascible le tempérament du cœur, l'âme rationnelle le tempérament de l'encéphale.

Il y a deux manières de confirmer une théorie, c'est de renverser les théories contraires, c'est de citer à l'appui les théories semblables. Galien pratique l'une et l'autre méthode. Il combat Platon, qu'il considère à bon droit comme le coryphée des spiritualistes; il atteste Andronique le péripatéticien, Zénon et toute l'école stoïcienne.

Platon veut que l'âme soit incorporelle : à la bonne heure! Mais il faut qu'il explique pourquoi elle émigre (car c'est là ce qu'il appelle mourir), lorsque l'encéphale devient trop chaud ou trop froid, trop sec ou trop humide. Or, c'est ce que n'a jamais pu faire aucun de ses partisans. Et en effet, si l'âme rationnelle est une essence à part, indépendante des organes où elle réside, on ne voit pas la nécessité qu'elle

---

(1) C'est ici que l'on voit combien Galien s'éloigne de la doctrine d'Aristote, dont il conserve seulement la lettre. Dans le péripatétisme, la forme n'est pas un rapport, mais une essence. Elle est supérieure au corps, dont elle est la fin, en même temps qu'elle est sa propre fin à elle-même.

quitte le corps échauffé ou refroidi outre mesure. Au contraire, elle doit périr par l'excès du chaud et du froid, comme par l'excès du sec et de l'humide, si elle est le tempérament de l'encéphale.

Ainsi qu'on l'a mille fois remarqué, toutes les modifications du corps ont aussitôt leur contre-coup dans l'âme, même rationnelle. Or, si l'âme perdait seulement la mémoire, si l'intelligence s'obscurcissait ou s'affaiblissait seulement sous l'influence fâcheuse de certaines causes physiques, on pourrait, en maintenant l'indépendance de l'âme, expliquer ces faits par la difficulté qu'elle éprouverait à se servir d'organes altérés, d'instruments rebelles. Mais on voit souvent, dans le trouble des organes et de la vie, l'âme changer totalement de nature, et se mettre en contradiction avec elle-même. C'est ainsi qu'elle déraisonne dans le délire, et que, dans l'hallucination, elle croit voir des images, entendre des sons qui n'existent pas. Ce bouleversement sans doute est fort naturel, si l'âme n'est qu'une manière d'être du corps; il est incompréhensible, si elle est une essence distincte et supérieure.

Comment l'âme peut-elle s'étendre dans le corps, si elle n'en est une partie?

D'ailleurs, quand on observe le corps, on y voit des organes distincts, des tempéraments divers; personne n'y a jamais vu une essence incorporelle, existant par elle-même; et il est douteux que ceux qui parlent d'une telle essence la conçoivent bien clairement. Non, l'âme n'est rien, si elle n'est la qualité, ou la forme, ou le tempérament du corps.

C'était déjà l'opinion d'Andronique le péripatéticien, qui a eu le courage de la déclarer nettement.

L'âme, a-t-il dit, est le tempérament du corps. C'était fort bien, mais il ne fallait pas ajouter : ou une puissance dérivant du tempérament ; car, d'une part, l'âme a autant de puissances distinctes que d'actes différents ; et, d'autre part, les puissances n'ont aucune réalité essentielle. Ce sont de simples relations.

C'est aussi, au fond, l'opinion des stoïciens. Qu'est-ce que l'âme pour un stoïcien? Le souffle. Et qu'est-ce que le souffle ? Un mélange d'air et de feu. Mais ici la proportion est tout. Trop d'air ou trop de feu, et l'animal ne pense pas, ne sent pas, ne vit pas, n'est pas. L'âme consiste donc précisément dans la juste mesure de ces deux éléments combinés entre eux. Elle en est le tempérament.

Certes, il y a dans les pages qui précèdent, outre des faits plus ou moins habilement observés, un système nettement conçu, clairement formulé, sans déguisement, sans réticences ; et Galien mérite on ne peut plus l'éloge qu'il fait d'Andronique le péripatéticien. Ce système, qui ne l'a reconnu d'abord, et nommé ? C'est le matérialisme le plus positif, le plus sûr de lui-même. La question est de savoir si Galien démontre avec rigueur ce qu'il affirme d'une manière si hautaine, et si la force des preuves est égale à celle des assertions.

La manière dont il procède est à noter. On pourrait croire qu'il établit d'abord, comme fait d'observation, l'action constante et multiple du corps sur l'âme, pour en conclure ensuite que l'âme n'est pas essentiellement différente du corps. On se tromperait. Galien ne met pas d'un côté les faits, de l'autre le système, pour les enchaîner par un lien logique ;

non, le système est pour lui identique aux faits, et
constater que les mœurs de l'âme suivent le tempérament du corps, c'est prouver que l'âme se confond
avec ce tempérament. Les mœurs de l'âme suivent
le tempérament du corps, l'âme est le tempérament
du corps : ces deux propositions n'en font qu'une à
ses yeux, et voilà pourquoi elles sont partout mêlées
dans son traité, qui n'en est que le confus développement.

Or, il n'est nullement évident que l'âme ne puisse
pas varier avec le tempérament, sans être le tempérament même. Cette explication de la correspondance
que l'on observe entre les états du corps et ceux de
l'âme est la plus simple, je le veux bien ; c'est aussi
la plus grossière, et surtout ce n'est pas la seule.
Admettez que l'âme soit une essence à part, d'une
nature spéciale, c'est-à-dire spirituelle, destinée à
vivre, à sentir, à penser, à agir dans le corps et par
le corps : ne doit-elle pas recevoir le contre-coup de
toutes ses modifications, différer avec des constitutions différentes, et varier quand elles varient? Elle
n'est pas le corps, c'est vrai ; mais elle a besoin du
corps pour vivre, pour sentir, pour penser, pour
agir ; il est donc naturel, nécessaire même que la
différence des tempéraments se retrouve dans sa vie,
sa sensibilité, sa pensée, son action. Ses mœurs doivent être en harmonie avec le tempérament du corps,
et cependant elle n'est pas le tempérament du corps.

Cette explication, on ne peut pas dire que Galien
l'ignore, car c'est celle de Platon, et il réfute Platon.
Il la connaît donc, et la repousse. C'est son droit ;
mais il devrait avoir de meilleurs arguments.

Si l'âme est une essence distincte, pourquoi émigre-t-elle, demande Galien, lorsqu'une perturbation grave a lieu dans l'encéphale ou quelque autre organe important? — Cette question pourrait embarrasser celui qui isole complètement l'âme du corps, ou qui va jusqu'à voir dans le corps et l'âme deux principes contraires, hostiles; elle pourrait embarrasser Platon et plus d'un spiritualiste moderne; elle n'embarrasserait guère Aristote; elle ne m'embarrasse pas du tout. L'âme diffère du corps, mais elle a dans le corps les conditions de son existence et de son développement terrestres. Remarquez que le corps, ici, c'est une organisation, une organisation très-déterminée, c'est-à-dire très-compliquée et tout ensemble très-parfaite. Ce n'est pas le corps en général, ni même l'organisation en général, c'est l'organisation du corps humain qui est nécessaire à l'existence actuelle et au développement de l'âme humaine. Aristote a dit excellemment que toute espèce d'âme ne peut résider dans toute espèce de corps. A une âme plus parfaite, il faut un corps plus parfait. Si le corps n'avait d'abord cette perfection relative, l'âme n'y pourrait entrer : comment donc y pourrait-elle demeurer, après qu'il l'a perdue? Qu'on y songe : ou il n'y a pas de rapport entre la nature de l'organisation et celle de l'âme, ou ce rapport ne peut être détruit sans que les deux principes, un instant unis, se séparent. Rien de si simple donc que l'effet ordinaire des maladies sans remèdes : l'âme abandonne le corps désorganisé, et l'homme a vécu; car si la mort n'est pas le terme de l'existence, comme c'est ma foi et mon espoir, elle en est du moins la métamorphose.

Galien insiste : si les accidents qui surviennent

dans l'organisation, sans la détruire, ne déterminaient qu'un simple affaiblissement, ou même une paralysie momentanée des facultés de l'âme, on pourrait croire encore à la distinction essentielle de l'âme ; mais comprend-on qu'un principe indépendant du corps, qu'une force indépendante de la matière, sous l'influence de la matière et du corps modifiés de telle ou telle façon, changent de nature et deviennent le contraire de ce qu'ils étaient ? — Sans doute, cela ne se comprend pas, mais cela n'est pas. En aucun cas, l'âme ne change de nature et ne devient le contraire de ce qu'elle était. Le délire ne s'oppose pas à la pensée, il en est le déréglement. Voir dans les ténèbres, entendre dans le silence, c'est toujours voir et entendre ; et l'âme se comporte dans l'hallucination comme dans la sensation. L'effronterie est l'excès du sentiment dont la pudeur est la mesure. Dans tous ces actes exceptionnels, anormaux, l'âme ne cesse pas d'être elle-même ; et si elle se développe d'une manière irrégulière et défectueuse, c'est que le corps lui fait obstacle au lieu de lui venir en aide. Encore une fois, l'âme ne s'exerce pas sans le corps ; elle s'exerce dans le corps, avec le corps, par le corps ; et pour qu'elle s'exerce convenablement, il est nécessaire que, bien disposée, elle trouve le corps également bien disposé,

. . . . . Mens sana in corpore sano.

Autre argument. — L'âme s'étend dans le corps : elle en fait donc partie. — Je veux croire la déduction rigoureuse, mais l'âme s'étend-elle en effet dans le corps ? Galien l'affirme, il ne le prouve pas. Est-ce évident? Point du tout. Si l'âme s'étendait dans le corps, elle n'en occuperait jamais qu'une portion; comment animerait-elle tout le reste? La vie, le mouvement, la sensation sont partout; et si c'est l'âme qui vit, qui meut, qui sent, il faut qu'elle soit partout et tout entière partout. Indivisiblement présente sur mille points à la fois, elle n'est donc ni un corps, ni une partie du corps humain. Qu'est-elle? Une force. Galien n'admet que la substance et les actes de la substance; la puissance n'est, selon lui, que la relation de l'acte à la substance. Il supprime donc les forces; mais l'esprit humain et la conscience réclament avec énergie contre cette suppression arbitraire. L'esprit humain : car il est ainsi fait qu'il croit irrésistiblement à la nécessité d'une cause pour expliquer la production d'un phénomène; la conscience : car nous avons le sentiment clair et distinct de notre causalité. Il y a donc des forces, quoi qu'en dise Galien, et l'âme est la force que nous sentons s'agiter en nous :

> . . . . Infusa per artus
> Mens agitat molem.

Autre argument. — Observez le corps, qu'y voyez-vous? Des organes divers, et, dans ces organes, divers degrés de chaud et de froid, de sec et d'humide. Y voyez-vous autre chose, par exemple une essence incorporelle? Non. Donc il n'en existe point. — Plaisante manière de raisonner! Une essence incorporelle est par là même une essence invisible; conclure qu'elle n'est pas de ce qu'on ne la voit pas, c'est se moquer. Mais la pensée de Galien est sans

-doute celle-ci : Rien n'existe que ce qui se voit. Or, j'en demande bien pardon à Galien, mais cette pensée-là est démentie par l'expérience de tous les jours. Le plaisir et la douleur, voilà des faits que personne n'a jamais vus, et voilà des faits dont personne ne conteste la réalité. Il en est de même de tous nos sentiments, de toutes nos pensées, de toutes nos déterminations volontaires ; rien de tout cela n'est visible, et tout cela est parfaitement réel, car tout cela c'est notre vie. De ce qu'on ne voit pas l'âme comme on voit les organes, il ne s'ensuit donc pas qu'elle n'existe point, ou qu'elle se confonde avec les organes, ce qui est la même chose, ou qu'elle en soit le tempérament, ce qui est la même chose encore. Il y a mieux : si les phénomènes de l'âme sont invisibles, n'y a-t-il pas lieu de croire que l'âme est invisible comme eux ? Et les forces de la Nature, que Galien nie, mais qui n'en existent pas moins, ne sont-elles pas invisibles ? Et Dieu, la force des forces, que Galien ne nie pas, dont il admire la sagesse dans le petit monde de l'homme, comme dans le grand monde de l'univers, n'est-il pas invisible ? Osons le dire : l'invisible est partout, en nous, autour de nous, au-dessus de nous, dans le ciel et sur la terre !

En résumé, l'influence du corps sur l'âme une fois constatée, on en peut rendre compte de deux manières : en identifiant l'âme avec le corps, ou bien en supposant que, indépendante des organes quant à son être, elle en est plus ou moins dépendante dans ses manières d'être. Galien affirme la première explication sans la prouver, et nie la seconde sans la réfuter. Il veut établir le matérialisme, et il bâtit sur le sable ; il veut renverser le spiritualisme, et il frappe dans le vide. De ses vains et stériles efforts, il ne résulte rien, si ce n'est cette présomption, que le matérialisme doit être bien faible et le spiritualisme bien fort, puisque un esprit de la trempe de Galien, à la fois médecin profond, philosophe érudit et dialecticien subtil, n'a rien pu faire pour l'un, et rien contre l'autre.

La théorie ci-dessus exposée et combattue est bien celle de Galien. Mais si c'est là sa pensée certaine, ce n'est pas sa pensée constante. Il lui arrive maintes fois de se contredire, notamment dans le traité *De l'usage des parties*. Or, ces contradictions sont importantes à relever, parce que, en même temps qu'elles nous font mieux comprendre l'esprit de Galien, elles apportent une confirmation aussi précieuse qu'inattendue à l'opinion que je défends comme la condition suprême et le gage de notre destinée future.

Galien, réduisant l'âme à n'être qu'une simple modification du corps, supprime par là même la cause efficiente, et ne laisse subsister que la substance, qui est le corps, et les actes divers que nous nous rapportons, à tort ou à droit. Il se moque même de certains philosophes qui vont s'imaginant que la puissance habite dans les substances, comme nous habitons dans les maisons (1). Cependant le même Galien, en d'autres circonstances, reconnaît les quatre causes déjà reconnues par Aristote. Que dis-je ? il ajoute à la liste péripatéticienne une cause

---

(1) *Que les mœurs...* II.

nouvelle, une cinquième cause, la *cause instrumentale*, qu'il distingue avec autant de soin que d'exactitude de la cause motrice, c'est-à-dire de la cause proprement dite, et de la cause matérielle, c'est-à-dire de la substance. Voici ses propres expressions :
« Pour éviter toute dispute de mots, nous accordons qu'il existe plusieurs espèces de causes. La première et la plus parfaite est la fin, τὸ δι' ὅτι ; viennent ensuite, la puissance, τὸ ὑφ' οὗ ; puis la matière, τὸ ἐξ οὗ ; puis le moyen, τὸ δι' οὗ ; et enfin la forme, τὸ καθ' ὅ (1). »

Sans doute, il en est des principes comme des êtres : il ne faut pas les multiplier sans nécessité. Cependant, l'instrument diffère incontestablement de la simple matière, et il est nécessaire à la cause dont l'effort, si on la réduit à elle-même, se perd dans le vide, sans produire aucun résultat. Archimède ne demandait qu'un point d'appui pour soulever le monde, mais il était déjà armé du levier. La distinction de Galien est donc fondée. D'un autre côté, Galien, en admettant la classification d'Aristote, reconnaît par là même que ni la matière ni l'instrument ne sauraient sortir du repos sans la cause motrice, et qu'une opération réclame, pour avoir lieu, outre la matière où elle s'accomplit, outre l'instrument par lequel elle s'accomplit, la force qui l'accomplit elle-même par sa vertu active et son énergie naturelle. Fort bien ! Mais appliquons ces idées à l'homme et nous trouverons que l'âme diffère essentiellement du corps, puisqu'il faut, pour rendre compte des fonctions et des facultés, une force vivante et pensante, aussi bien

(1) *De l'us. des part.*, VI, XII.

qu'un corps et des organes. Galien n'est donc plus de l'avis de l'auteur du traité *Que les mœurs de l'âme suivent le tempérament du corps*, et, pour lui comme pour nous, l'âme est la force qui pense et qui vit dans le corps et par les organes.

On me dira : Cette doctrine spiritualiste est la conséquence de la théorie des premiers principes, admise par Galien sur la foi d'Aristote; mais elle n'est pas pour cela la doctrine de Galien, qui ne voit jamais dans l'âme que le tempérament du corps. Je réponds par des textes :

« Toutes les parties du corps sont sous la dépendance de l'âme, car le corps est l'instrument de l'âme ; et si les mêmes parties diffèrent chez des animaux différents, c'est que les âmes sont elles-mêmes différentes. Il y a des âmes courageuses et des âmes lâches, des âmes sauvages et des âmes apprivoisées ; certaines sont propres à la vie publique et aux affaires, certaines à la vie solitaire et à la méditation. Or, le corps est invariablement accommodé aux habitudes et aux facultés de l'âme. Le cheval, animal rapide, fier, généreux, a le corps pourvu de sabots et de crinière ; le lion, animal hardi et vaillant, a le corps armé de dents et d'ongles ; le cerf et le lièvre, animaux timides, ont le corps prompt à la course, mais nu et sans défense. L'homme, animal doué de sagesse, semblable à un Dieu parmi les êtres terrestres, a reçu en partage les mains, qui se prêtent à tous les usages, et ne sont pas moins utiles aux arts de la paix qu'à ceux de la guerre. Ainsi la nature a façonné le corps pour l'âme (1). »

(1) *De l'us. des part.*, 1, II.

Un peu plus loin :

« L'homme est le plus sage des animaux, c'est pourquoi il lui a été donné des mains ; car il n'est pas sage, parce qu'il a des mains, comme le veut Anaxagore ; mais il a des mains, parce qu'il est sage, comme l'enseigne Aristote, juge excellent. C'est en effet à la raison, non aux mains, que l'homme doit d'avoir inventé les arts. Les mains sont un instrument pour nous, comme la lyre pour le musicien, comme la tenaille pour le forgeron. Or, ce n'est pas la lyre qui forme le musicien, ni la tenaille le forgeron ; mais, artistes par l'intelligence qui leur a été départie, ils exercent leurs arts par les instruments qu'ils se donnent. Ainsi de l'âme : elle est douée par son essence même de certaines facultés, mais elle ne les développe qu'au moyen d'instruments qu'elle se fait ou qu'elle reçoit (1). »

Galien insiste longuement sur ce point, que l'âme enferme dans son essence des facultés natives, préexistantes au corps, où elles ont leur siège, aux organes, où elles ont leurs instruments :

« Les animaux nouveau-nés cherchent déjà à agir, et manifestent ainsi des aptitudes et des instincts, dans un temps où les parties qui en seront les instruments n'existent pas encore : preuve de la subordination des organes aux facultés. C'est ainsi, dit Galien, que j'ai vu un jeune veau frapper de la tête avant que ses cornes fussent formées, un poulain ruer avant que ses sabots fussent durcis, etc. Comment donc les animaux apprendraient-ils des parties du corps la manière de s'en servir, lorsque, avant

---

(1) *De l'us. des part.*, I, III.

même de posséder ces parties, ils en connaissent déjà la destination? Prenez trois œufs, un d'aigle, un de canard, un de serpent, et regardez-les éclore : vous verrez les trois petits animaux, au sortir de la coquille, se comporter très-différemment, et s'efforcer, l'un de voler dans l'air, l'autre de nager dans la mare voisine, le dernier de ramper vers quelque trou. Ils s'efforceront vainement, parce que les organes sont trop imparfaits ; mais cette imperfection même démontre que les facultés, antérieures au corps, en sont indépendantes (1). »

Voilà donc un point incontestable : Galien admet que l'âme existe sans le corps, avant le corps ; elle existe comme une essence distincte, *sui generis*, pourvue de facultés qui lui sont propres, et qui n'attendent pas même pour s'exercer que le corps mette à leur disposition les organes, c'est-à-dire les instruments nécessaires. — Comment cette manière de voir s'accorde-t-elle avec la définition que l'âme est le tempérament du corps ? Il n'y a pas accord, mais contradiction. Ce que Galien a affirmé formellement dans un traité, il le nie formellement dans un autre, et il se montre tour à tour matérialiste convaincu et spiritualiste décidé.

Or, je crois savoir l'explication de ce singulier phénomène. Elle est toute dans la diversité des personnages qui se rencontrent dans Galien, mais quelquefois sans se pénétrer, ni même se toucher. Ici, du moins, le médecin semble ignorer le philosophe, et le philosophe le médecin. Séparés, ils pensent séparément. Pourquoi ne penseraient-ils pas contradic-

---

(1) *De l'us. des part.*, I, III.

toirement? L'âme est le tempérament du corps : voilà bien l'opinion d'un médecin. L'âme est une essence à part, douée de facultés originelles, et se servant du corps comme d'un instrument fait pour elle : voilà bien l'opinion d'un philosophe, et d'un philosophe péripatéticien. Ces deux opinions sont également celles de Galien, médecin et philosophe. Il est vrai qu'elles s'excluent; mais quoi d'étonnant, si le médecin et le philosophe sont étrangers l'un à l'autre, et comme deux personnes différentes?

CHAPITRE II.

DES FACULTÉS DE L'AME.

Il y a lieu de croire que Galien avait consacré un ouvrage exprès à cette question des facultés de l'âme, puisqu'il inscrit parmi ceux de ses livres qui concernent Platon une composition intitulée : *Des parties de l'âme et de ses facultés.* Ce traité est perdu. Mais nous avons la chance d'en retrouver la substance au cours du traité *Des dogmes d'Hippocrate et de Platon.* Là, en effet, Galien se propose d'exposer les doctrines communes au médecin et au philosophe. Or, l'une de ces doctrines, s'il faut l'en croire, c'est celle qui distingue dans l'âme trois parties ou facultés : l'Appétit, la Colère et la Raison. Et comme cette doctrine est la vraie, selon lui, et comme elle est tenue en échec par une doctrine fort différente, la doctrine stoïcienne, actuellement régnante, Galien fait deux choses : il réfute le stoïcisme, il affirme le platonisme en le confondant (fort arbitrairement, ai-je besoin de le dire?) avec l'hippocratisme. Cette critique et cette affirmation composent proprement ce qu'il est peut-être un peu ambitieux d'appeler la théorie galénique des facultés de l'âme.

Les stoïciens soutenaient une opinion nouvelle, sans exemple, sur la question des facultés de l'âme.

Avant eux, les philosophes s'étaient partagés sur le point de savoir si l'âme est divisible en parties séparables, ou si elle est vraiment indécomposable ; mais ceux-là mêmes qui tenaient pour l'unité de son essence y admettaient des facultés distinctes. Les stoïciens, au contraire, réduisaient l'âme à une faculté unique, solitaire, l'intelligence ou la raison. C'était à la raison, faculté directrice, qu'ils rapportaient les cinq sens, la parole et la génération, facultés secondaires. C'était à la raison qu'ils rapportaient même les passions. Une faculté unique dans une âme unique : telle est l'idée stoïcienne de l'homme.

C'est cette idée que Galien, partisan à outrance de Platon (sur ce point), combat non sans vivacité. Et comme Chrysippe, esprit ferme et vigoureux, même entre les stoïciens, l'avait formulée avec une rigueur inconnue avant lui, c'est à Chrysippe personnellement qu'il s'attaque.

Que les cinq sens fassent partie de la raison, Galien l'admet ; qu'il en soit de même de la parole et de la génération, il ne le croit pas sans doute, au moins en ce qui concerne la dernière de ces puissances, toutefois il passe outre ; mais qu'il en soit encore de même des passions, que les passions soient filles de la raison, cela il le nie de la manière la plus absolue ; et, dans une profonde et lumineuse argumentation, il établit que Chrysippe, en soutenant cette thèse manifestement erronée, est, quoi qu'il en ait, en contradiction avec lui-même.

Chrysippe définit les passions des opinions. La joie est l'opinion actuelle d'un bien présent, et le désir celle d'un bien futur ; la tristesse est l'opinion actuelle d'un mal présent, et la crainte celle d'un mal futur. — C'est à merveille, et il est facile de concevoir qu'on puisse faire rentrer des opinions dans la raison ; mais les passions sont-elles purement et simplement des opinions, des opinions telles quelles, en sorte que se réjouir ou désirer, s'affliger ou craindre, ce soit la même chose que juger, juger la même chose que se réjouir ou désirer, s'affliger ou craindre ?

Personne ne saurait admettre cette énormité, et Chrysippe lui-même ne l'admet qu'en se démentant à chaque pas. Il énumère en effet çà et là les principaux caractères des passions, et ces caractères en font tout autre chose que des opinions, tout autre chose que des parties de la raison.

1° Les passions, dit Chrysippe, sont contraires à la nature et irrationnelles. — Contraires à la nature, comment cela se peut-il, si les passions procèdent de la raison, et si la raison est l'homme même ? Irrationnelles. qu'est-ce à dire ? Irrationnel est un mot à double sens ; il exprime ou bien ce qui contredit la raison, c'est-à-dire l'erreur, ou bien ce qui la combat, c'est-à-dire un principe contraire et hostile. Or, les passions ne sont pas des erreurs. Elles sont donc des principes contraires et hostiles à la raison. Mais alors elles ne viennent pas de la raison ; mais alors il y a dans l'âme, à côté ou au-dessous de la raison, d'autres facultés, non moins réelles, quoique d'une nature différente.

2° Les passions, dit Chrysippe, sont excessives ; celui qui s'y livre n'est plus maître de soi-même, pareil au coureur qui, emporté par une course précipitée, ne peut plus s'arrêter. — A la bonne heure ! Mais l'excès dans les passions ne vient pas de la raison, source et principe de la mesure. Et ce qui nous ravit à nous-mêmes, ce ne peut être la raison, par laquelle, au contraire, nous nous possédons. Le coureur qui ne peut plus s'arrêter est emporté par la pesanteur, dont l'action aveugle s'ajoute à la décision éclairée de la volonté. La pesanteur est donc la cause de l'excès dans la course : quelle est celle de l'excès dans la passion ? Quelle qu'elle soit, elle est étrangère à la raison; et par conséquent il y a dans l'âme, à côté ou au-dessous de la raison, quelque autre puissance, également réelle, quoique d'une nature différente.

3° Les passions, dit Chrysippe, sont des mouvements de l'âme, des émotions. Ainsi la joie, qui est un transport ; la tristesse, qui est un abattement. — Fort bien ! Mais ces transports, ces abattements, ces contractions, ces expansions, toutes ces émotions reconnues par Chrysippe, comme par tous les stoïciens, d'où viennent-elles ? De la raison ? Impossible, puisqu'elles la combattent. Du hasard ? Mais ou le hasard n'est rien, et alors Chrysippe admet des effets sans cause, ce qui est absurde ; ou le hasard est une cause inconnue, indépendante de la raison ; et par conséquent il y a dans l'âme, à côté ou au-dessous de la raison quelque autre cause, tout aussi réelle, quoique d'une nature différente.

Cette cause irrationnelle qui est au fond de toutes les passions, ou plutôt qui en est le fond même, Chrysippe la reconnaît en mille endroits, par une de ces contradictions qui lui sont familières. C'est ainsi qu'il constate que l'âme est ferme ou chancelante, énergique ou faible, ce qui ne peut s'expliquer que par une force interne, qui tantôt se tend et tantôt se relâche; c'est ainsi qu'il compare l'action de cette force à celle des nerfs dans l'organisme; c'est ainsi qu'il pousse la précision jusqu'à la nommer d'un nom qui en exprime excellemment la vertu active, τόνος. Mais que devient la théorie que la raison est à elle seule l'âme tout entière; et, après cet aveu si explicite, de quel droit Chrysippe refuse-t-il son assentiment à la doctrine de Platon (1)?

La doctrine de Platon, qui distingue les passions de la raison, et dans les passions l'appétit de la colère; qui fait de la raison, de la colère et de l'appétit trois essences séparées, est, dans l'estime de Galien, la seule vraie réponse au problème des facultés de l'âme. Galien se borne donc à résumer avec fidélité l'important passage de la *République* où elle est exposée. Mais en répétant Platon, il croit répéter également Hippocrate qui, selon lui, aurait déjà professé sur le même sujet la même opinion.

Un principe incontestable est celui-ci : « Il est impossible que le même être fasse ou souffre des choses contraires dans le même temps et par rapport au même objet. » D'où il suit que si l'on constate dans l'âme plusieurs *passions* ou actions opposées, ce sera une nécessité d'y reconnaître plusieurs facultés différentes.

Or, il est certain que l'âme a en elle toute une classe de désirs, entre lesquels les plus manifestes sont la faim et la soif. Il est certain que la faim la porte uniquement à manger, la soif à boire, chaque désir à une fin spéciale. Par conséquent, si l'âme voulant manger ou boire, quelque chose l'en détourne,

---

(1) *Des Dogm. d'Hipp. et de Plat.*, IV, II, VI.

ce sera donc un autre principe que la faim, que la soif, que les désirs en général.

Or, n'arrive-t-il pas souvent qu'un homme a faim, et ne veut pas manger; soif, et ne veut pas boire? Et comment expliquer cette frappante contradiction, si ce n'est en supposant dans son âme deux différents principes, dont l'un lui ordonne de manger ou de boire, et l'autre le lui défend? Le premier de ces principes, étroitement uni au corps, irrationnel et concupiscible, c'est l'appétit. Le second, d'une tout autre nature, c'est la raison.

Faut-il voir dans la colère une troisième faculté? Faut-il la confondre soit avec l'appétit, soit avec la raison?

D'abord, la colère diffère de l'appétit.

Elle en diffère, puisqu'elle s'y oppose. C'est ce qui paraît visiblement dans l'anecdote suivante : « Léonce, fils d'Aglaïon, revenant un jour du Pirée, le long de la partie extérieure de la muraille septentrionale, aperçut des cadavres étendus sur le lieu des supplices. Il éprouva le désir de s'approcher pour les voir, avec un sentiment pénible qui lui faisait aussi détourner les regards. Il résista d'abord et se cacha le visage; mais enfin, cédant à la violence de son désir, il courut vers ces cadavres, et ouvrant de grands yeux, il s'écria : Eh bien ! malheureux, rassasiez-vous d'un si beau spectacle. » Voilà la colère aux prises avec l'appétit.

Se sent-on entraîné par ses désirs, malgré les conseils de la raison : on se fait des reproches à soi-même, on s'irrite contre cette violence intérieure, et dans ce conflit qui s'élève comme entre deux personnes, la colère prend parti pour la raison contre l'appétit.

Donc elle n'est pas l'appétit. Mais parce qu'elle se

range du côté de la raison, faut-il en conclure qu'elle ne s'en distingue pas?

Non, certes. Les enfants, dès leur naissance, sont pleins d'ardeur et de colère ; ils sont dépourvus de raison. Les animaux ne raisonnent jamais ; ils se portent sans cesse à l'action. Et que signifierait ce vers :

> Frappant sa poitrine, il gourmande ainsi son cœur ?

N'est-il pas évident qu'Homère représente ici, d'une part, la raison qui délibère sur le meilleur et le pire ; d'autre part, la colère qui s'emporte au-delà de la mesure ?

Donc il y a dans l'âme trois genres, espèces ou facultés : la raison, la colère et l'appétit (1).

Genres, espèces ou facultés : cette synonymie nous révèle la véritable pensée de Platon (2). La raison, la

---

(1) *Des Dogm. d'Hipp. et de Plat.*, V, VII.

(2) Cette pensée ressort avec la même évidence de la triple exposition philosophique, poétique et physiologique de la *République*, du *Phèdre* et du *Timée*. Dans le premier de ces dialogues, Platon pose la question en ces termes : « Apprenons-nous, faisons-nous effort, désirons-nous *par l'âme tout entière* ou *par trois parties différentes* de l'âme ? » Et comme c'est la dernière alternative qu'il admet et qu'il démontre, il s'ensuit qu'il reconnaît dans l'âme trois essences. Dans le second, il exprime symboliquement la même séparation fondamentale par la distinction du cocher et des coursiers, et par l'opposition du coursier blanc et du noir. Dans le dernier, il est plus explicite encore : les *espèces*, les *genres* de l'âme sont autant d'âmes distinctes. L'intelligence est une âme immortelle ; la colère et l'appétit composent une âme mortelle, laquelle se partage à son tour, en deux autres âmes, l'une mâle, l'autre femelle. Ces trois âmes sont à tel point différentes, qu'elles ont chacune leur siège. Il y a mieux : leur séparation est figurée dans les organes par l'isthme du cou et la cloison du diaphragme.

coléré et l'appétit ne sont pas les caractères, les aptitudes d'une seule et même essence, mais des essences différentes. Ce ne sont pas, à proprement dire, des facultés, mais des principes. Ce sont des âmes. Il y a trois âmes. Trois âmes distinctes, indépendantes, séparables, séparées : telle est l'idée platonicienne de l'homme.

On voit quelle distance sépare, sur ce point si grave, le stoïcisme et le platonisme. Ce sont précisément les deux opinions extrêmes. Chrysippe nie toute multiplicité : il n'y a qu'une âme, il n'y a qu'une faculté ; Platon nie toute unité : il y a trois facultés, il y a trois âmes. Et l'on voit que Galien, adoptant le platonisme, n'échappe à une exagération que pour se précipiter, tête baissée, dans l'exagération contraire.

On ne peut nier que Galien n'ait fait preuve d'un véritable tact psychologique dans sa critique de la théorie unitaire de Chrysippe. De toutes les facultés de l'âme, celle qui diffère le plus sensiblement de la raison, qui répugne le plus à s'y laisser réduire, c'est bien la passion. Les stoïciens eux-mêmes l'avaient parfaitement compris : Zénon avait mis tout son esprit à la faire naître de l'opinion, et Chrysippe à la confondre avec elle (1). Vains efforts ! La vérité, plus forte que les plus forts préjugés, leur arrache les aveux les plus compromettants, et Galien n'a besoin que d'invoquer Chrysippe lui-même pour lui prouver, et à tous les esprits de bonne foi, que la passion et la raison sont séparées par un abîme. Il nous révèle ainsi la partie la plus vulnérable du stoïcisme ; il nous le mon-

(1) *Des dogm. d'Hipp. et de Plat.*, IV, II.

tre contraint de nier ce qu'il affirme, et se réfutant lui-même. Non, la passion ne se confond pas avec la raison ; non, l'âme n'est pas tout entière dans la seule raison : voilà ce que Chrysippe ne peut s'empêcher de reconnaître d'une manière implicite, après avoir fièrement déclaré le contraire. L'âme a donc plusieurs facultés, profondément distinctes, véritablement irréductibles. Galien a su établir cela avec une clarté victorieuse.

Mais de ce qu'il y a dans l'âme des facultés distinctes, irréductibles, il ne s'ensuit pas que ces facultés soient séparées, qu'elles existent indépendamment les unes des autres, qu'elles soient des principes, des essences, des âmes. L'unité de l'âme n'est pas plus difficile à démontrer contre Platon et Galien, que la multiplicité des facultés contre Chrysippe et les stoïciens en général. Vérités purement psychologiques, elles sont exclusivement du ressort de la conscience et de la réflexion.

Pour savoir si les facultés sont multiples, si l'âme est une, il n'est pas nécessaire d'être un grand médecin, comme Galien, ou un grand philosophe comme Platon ; il suffit d'être homme et de s'interroger soi-même avec sincérité et attention. Je m'interroge donc et je sens très distinctement que autre chose est penser, autre chose désirer, autre chose vouloir, autre chose sentir du plaisir et de la douleur. J'aperçois ces différences, au dedans de moi, par la conscience et la réflexion, avec la même netteté, avec la même sûreté, que les différences des corps, au dehors de moi, par les cinq sens. — Mais je sens tout aussi distinctement que ces facultés, si diverses qu'elles soient, sont les facultés d'un seul et même principe,

Qui est-ce qui pense? Moi. Qui désire? Moi. Qui veut? Moi. Qui sent du plaisir et de la douleur? Moi. Toujours moi, le même moi, moi tout entier. Je me retrouve constamment, identiquement, indivisiblement dans chacun des actes de chacune de mes facultés. Si clair que soit le témoignage des sens, nous attestant que cette couleur, cette forme, ce volume, cette résistance, cette température appartiennent à un seul et même corps, il ne l'est certainement pas plus que celui de la conscience, de la réflexion, nous attestant que la raison, le désir, la volonté, la sensibilité appartiennent à une seule et même âme. Rien donc de si simplement établi, ni de si solidement, que la distinction des facultés, que l'unité de l'âme. Plusieurs facultés irréductibles dans une seule âme indivisible: telle est l'idée vraie de l'homme.

Cette idée, on ne saurait trop le redire, c'est dans la conscience qu'il faut la chercher, si on veut être sûr de la rencontrer, surtout si on veut l'établir d'une façon scientifique ; mais Galien, qui connaît si bien l'histoire de la philosophie, eût pu l'y recueillir aussi.

Un philosophe qu'il cite à chaque instant à côté d'Hyppocrate et de Platon, et bien digne en effet d'être associé à ces deux grands hommes, Aristote, eût dû lui ouvrir les yeux à la vérité ; et il y a également lieu de s'étonner, soit que Galien n'ait pas connu la théorie péripatéticienne, soit que, la connaissant, il n'ait pas jugé à propos de l'adopter. Placé, dans le temps, entre l'Académie et le Portique, le chef du Lycée a su choisir une théorie moyenne qui distingue les facultés, sans diviser l'âme, c'est-à-dire qui représente la nature humaine telle qu'elle est. Son seul tort, c'est d'avoir raisonné, quand il fallait observer, ou d'avoir observé les êtres inférieurs, par les sens, quand il fallait surtout s'observer soi-même, par la conscience et la réflexion. Mais s'il n'a pas pris le meilleur chemin, le droit chemin, il n'en est pas moins arrivé au but.

« Quelques-uns prétendent que l'âme est divisible, et, par exemple, qu'elle pense par une partie, et désire par une autre. Mais, si l'âme est divisible, qui donc maintient ses parties, et leur donne l'unité ? Le corps ? Mais n'est-ce pas plutôt l'âme qui, unissant les parties du corps, en fait un tout ? Dès qu'elle l'abandonne, ne le voit-on donc pas cesser de respirer, se dissoudre et se corrompre ? Veut-on que ce soit quelque autre principe qui rende l'âme une ; alors c'est ce principe qui est l'âme. Mais la question se pose de nouveau : ce principe est-il simple ou multiple ? S'il est simple, mieux valait reconnaître d'abord la simplicité de l'âme. S'il est multiple, la raison veut savoir qui assemble et unit ses parties, et se perd dans un progrès à l'infini.

« Mais divisons la difficulté, pour la mieux résoudre. L'observation ne permet pas de douter que l'âme, réduite à la faculté nutritive, soit vraiment une et indivisible. Qui ne sait que la plupart des plantes peuvent être coupées et partagées sans périr ? que, tout au contraire, chacun de leurs fragments, continuant de vivre, paraît posséder entière l'âme de la plante primitive ?

« Un fait du même genre prouve la simplicité de l'âme de l'animal, à la fois nutritive, sensible et motrice. Combien d'insectes peuvent être impunément divisés en plusieurs tronçons? Chacun de ces tronçons se comporte comme l'insecte lui-même, se nourrissant, sentant, se mouvant dans l'espace. D'où il suit que la nutrition, la sensibilité et la locomotion sont inséparablement unies dans les âmes où elles coexistent.

« Mais l'intelligence, mais l'intellect spéculatif? Avouons notre ignorance. Cette faculté semble être un autre genre d'âme. Peut-être est-elle séparable, peut-être diffère-t-elle des autres puissances, comme l'éternel diffère du périssable.

« Mais si les facultés forment une âme indivisible, si elles ne sont pas séparables, du moins sont-elles bien distinctes pour la pensée. Il reste toujours vrai que autre chose est se nourrir, autre chose mouvoir, autre chose penser. Et c'est ce qui paraît visiblement dans la série des êtres vivants, les uns possédant une seule faculté, les autres deux, les autres trois, les autres toutes (1). »

Le défaut capital de la théorie platonicienne, c'est d'avoir divisé l'âme humaine, essence indivisible. Mais ce n'est pas le seul. Elle a le double tort de distinguer des facultés facilement réductibles, et de confondre des puissances radicalement différentes.

Que penser, en effet, de la distinction de la colère et de l'appétit, du θυμός et de l'ἐπιθυμία? La ressemblance des mots grecs ne marque-t-elle pas celle des facultés; et les stoïciens n'ont-ils pas été mieux inspirés, en les réunissant sous le nom collectif de passions? Il est vrai que Platon, en déterminant les rapports du θυμός avec la raison, dont il suit les con-

---

(1) *De l'âme*, I, ix, 3, 4. — II, ii, 11.

seils, et l'appétit, dont il modère l'emportement, semble lui attribuer le rôle de la volonté; et que la volonté diffère profondément de tout ce qui n'est pas la volonté. Mais qu'on ne s'y trompe pas : dans la pensée de Platon, le θυμός n'est pas la puissance volontaire. C'est encore la passion, aussi bien que l'ἐπιθυμία. Le θυμός est la passion grande, généreuse, désintéressée, qui nous donne des ailes pour nous envoler vers les hautes régions ; l'ἐπιθυμία est la passion grossière, brutale, honteuse, quoique nécessaire, qui nous attache des poids, et nous contraint de ramper sur cette boue. Rappelez-vous le coursier blanc et le coursier noir du *Phèdre*. « Le premier, d'une noble contenance, droit, les formes bien dégagées, la tête haute, les naseaux recourbés, la peau blanche, les yeux noirs, aimant l'honneur avec une sage retenue, fidèle à marcher sur les traces de la vraie gloire, obéit, sans avoir besoin qu'on le frappe, aux seules exhortations et à la voix du cocher. Le second, gêné dans sa contenance, épais, de formes grossières, la tête massive, le col court, la face plate, la peau noire, les yeux glauques veinés de sang, les oreilles velues et sourdes, toujours violent et plein de vanité, n'obéit qu'avec peine au fouet et à l'aiguillon (1). » Certes, ces deux coursiers sont fort différents, mais ce sont deux coursiers. De même, le θυμός et l'ἐπιθυμία sont des passions fort différentes, mais ce sont des passions. Il ne fallait donc pas les distinguer en deux facultés, et bien moins les diviser en deux essences.

D'un autre côté, Platon, qui sépare violemment les

(1) *Phèd*, tr. Cous., t. VI, p. 48.

passions des passions, par une erreur contraire, confond les moins nobles d'entre elles avec les fonctions de la vie physique. Par l'appétit, il entend à la fois les instincts de l'animal et les aveugles puissances du végétal. « La troisième partie de l'âme a trop de formes différentes pour pouvoir être comprise sous un nom particulier; mais nous l'avons désignée par ce qu'il y a de remarquable et de prédominant en elle; nous l'avons nommée l'appétit, *à cause de la violence des désirs qui nous portent vers le manger, le boire, l'amour et tous les plaisirs de cette sorte* (1). » Voilà bien les instincts. « *La plante participe de la troisième espèce d'âme*, celle dont nous avons marqué la place entre le diaphragme et le nombril, etc. (2). » Voilà bien les fonctions ; et c'est ainsi que le comprend Galien, qui ne met aucune différence entre l'appétit et la faculté nutritive d'Aristote, entre l'appétit et les facultés naturelles des stoïciens (3). Or, cette confusion des instincts et des fonctions me paraît aussi contraire à la saine physiologie qu'à la saine psychologie.

L'instinct, ou le besoin, a sans doute les plus étroits et les plus constants rapports avec les fonctions, dont il est en quelque manière le porte-voix, puisqu'il les déclare, et le gardien, puisqu'il en assure l'accomplissement ; mais il en diffère de la façon la plus manifeste et la plus essentielle. Avoir faim et soif, ce n'est pas digérer, ce n'est pas réparer les pertes de l'organisme par l'assimilation d'élé-

---

(1) *Répub.*, t. X, p. 205, 206.
(2) *Timée*, t. XII, p. 212.
(3) *Des Dogm. d'Hipp. et de Plat.*, VI, III.

ments nouveaux. Aspirer à l'union sexuelle, ce n'est pas engendrer, ce n'est pas concevoir. Telle est même l'indépendance des instincts et des fonctions, que celles-ci existent sans ceux-là dans les plantes, et qu'ils se montrent maintes fois séparés dans l'animal et dans l'homme. Souvent l'instinct n'est pas suivi de l'exercice de la fonction; souvent la fonction s'exerce sans avoir été précédée par l'instinct. Il y a mieux : l'instinct, dont l'objet paraît être de sauvegarder la fonction, cesse de se faire sentir à mesure qu'elle sort du repos, et se retire pour ainsi parler de la scène, après l'y avoir annoncée et appelée. Certes, ces puissances-là ne sont ni identiques, ni semblables, ni analogues, et c'est tout brouiller que de les réunir en une puissance unique.

Non-seulement les fonctions ne sont pas les instincts, mais la distance qui les en sépare est cent fois plus grande que celle qui sépare les unes des autres les facultés de l'âme pensante. Ces facultés, quelle qu'en soit la diversité, ont une commune nature, qui permet de les appeler d'un nom commun. Elles ont essentiellement le sentiment d'elles-mêmes, et, comme on dit, elles se redoublent dans la conscience de leurs actes. La pensée se pense, la sensation se sent, sans qu'il en puisse être autrement; car c'est contre toute vérité que l'on fait de la conscience une faculté à part, originale, et dont la tâche est de percevoir après coup les actes des autres facultés, intellectuelles ou morales. La conscience est inséparable de toutes ces facultés; elle est indivisiblement unie à toutes leurs opérations, qui ne sont rien sans elle. Qu'est-ce, je vous prie, que penser, que sentir à son insu? Penser sa pensée n'est pas plus que penser ; sentir sa sensation, pas plus que sentir ; l'expression composée est un pléonasme, et ne dit rien au-delà de l'expression simple. Les facultés de l'âme ont donc ce caractère particulier, qui ne se retrouve nulle part ailleurs, de s'exercer avec conscience, de ne pouvoir s'exercer sans conscience (1). Elles en ont un second, également exclusif, et qui vient du premier : elles sont du ressort de la réflexion. Pensant avec conscience, sentant avec conscience, nous nous souvenons ensuite d'avoir pensé, d'avoir senti. Ces souvenirs demeurent en nous, d'autant plus distincts, d'autant plus profonds, d'autant plus ineffaçables, que les facultés dont ils sont les images s'exercent plus souvent. Or, il est incontestable que nous avons le pouvoir, par une sorte de *conversion sur nous-mêmes*, d'appliquer notre esprit à ces souvenirs, pour les analyser, à ces images, pour les observer, et d'atteindre ainsi, à travers les images, la réalité elle-même, à travers les souvenirs, les actes des facultés, et par conséquent les facultés. Ce pouvoir, c'est la réflexion. La réflexion est le seul procédé applicable à l'étude des facultés de l'âme, et il n'est applicable qu'aux facultés de l'âme. Et voilà pourquoi, ayant une nature spéciale, savoir : la conscience de leurs actes et d'elles-mêmes, et un procédé spécial, savoir : la réflexion, elles sont aussi l'objet d'une science spéciale, savoir : la psychologie.

(1) Voir le développement et la démonstration de cette thèse dans *La vraie conscience*, de M. F. Bouillier, ch. IV, V, VI. — Mon histoire *Des théories de l'entendement humain dans l'antiquité* n'est qu'une perpétuelle confirmation historique de cette vérité. Voir Conclusion, p. 610-612.

Ces traits distinctifs, qui n'appartiennent pas moins aux instincts les plus grossiers qu'aux facultés les plus élevées de l'âme pensante, vous les chercheriez en vain dans les fonctions. Elles s'exercent dans une ignorance absolue d'elles-mêmes et de leurs diverses opérations. Rien en elles n'appelle la conscience, que tout appelle dans les facultés, et il est dans leur nature de se développer pour ainsi dire en ligne droite, et de se fuir, comme il est dans celle des facultés de se replier sur elles-mêmes, de se toucher comme on se touche avec la main, et de se percevoir. N'ayant pas conscience d'elles-mêmes, elles ne laissent pas d'empreintes dans la mémoire, pour laquelle elles ne sont pas, et conséquemment n'offrent aucune prise à la réflexion, qui ne sort pas du cercle des souvenirs. Et voilà pourquoi, étant de même nature que les forces qui nous sont étrangères, relevant du même procédé d'observation extérieure et sensible, elles sont l'objet d'une science analogue aux sciences physiques, savoir : la physiologie.

On voit quelle erreur commet Platon en combinant en une faculté unique, — l'appétit, — les instincts et les fonctions, que tout sépare. Et volontiers je regretterais qu'il n'ait pas simplement reproduit la théorie pythagoricienne, qui faisait d'abord deux parts dans l'homme, celle de l'âme et celle de la vie, distinguant ensuite dans l'âme la pensée et la passion, dans la vie la nutrition et la génération (1). Car s'il n'est pas sûr que l'âme et la vie soient deux principes distincts (2),

---

(1) Diog. Laërce, VIII, *Vie de Pyth.* — Bœckh, *Phil.*, 21. — Voy. aussi mon histoire *Des théories de l'ent. dans l'ant.*, p. 57.

(2) Voir là-dessus le très-savant et très-intéressant ouvrage de M. F. Bouillier, *Du principe vital et de l'âme pensante.*

du moins n'y a-t-il aucun inconvénient à les séparer, tandis que, en les confondant absolument, on compromet la science de l'homme.

Division de l'âme en trois âmes, de la passion en deux facultés ; confusion des instincts et des fonctions : voilà les principales erreurs positives de la théorie que Galien emprunte à Platon. Ses erreurs positives : car cette théorie n'est pas moins défectueuse par ses omissions que dans ses affirmations. Il serait aisé d'y signaler les plus graves lacunes, et de montrer combien il s'en faut que les facultés inscrites sur la liste platonicienne soient toute l'âme. Mais il faut savoir se borner.

CHAPITRE III.

DU SIÈGE DE L'ÂME ET DE SES FACULTÉS.

Galien ayant entrepris de réfuter la théorie stoïcienne d'une faculté unique, et de confirmer la théorie platonicienne d'une faculté triple, devait suivre Chrysippe et Platon sur le terrain bien voisin du siège des facultés. Ces philosophes, en effet, conformément aux habitudes de toute l'antiquité, avaient pris à tâche de déterminer le domicile de l'âme dans les organes, et ils s'étaient montrés l'un et l'autre parfaitement conséquents. Chrysippe, réduisant l'âme à une seule faculté, la raison, l'avait logée dans un seul organe, le cœur; et Platon, divisant l'âme en trois facultés différentes, l'appétit, la colère et la raison, lui avait attribué trois demeures différentes, le foie, le cœur et le cerveau. Cette même marche, cette même logique s'imposaient à Galien. Il devait, ici encore, se déclarer l'adversaire de Chrysippe et combattre la doctrine qui concentre l'âme dans le cœur; il devait, ici encore, se déclarer le partisan de Platon et approuver la doctrine qui partage l'âme entre nos trois principaux viscères. Il n'y a pas manqué. Ce double travail remplit nombre de pages, et non les moins intéressantes, des deux traités *Des dogmes d'Hippocrate et de*

Platon et *De l'usage des parties* : du premier, parce que la question des facultés n'y pouvait guère se séparer de celle de leur siège ; du second, parce que l'auteur ayant pour objet de montrer l'appropriation des organes aux fonctions, devait nécessairement montrer le foie, le cœur et le cerveau appropriés à l'appétit, à la colère et à la raison.

Chrysippe avait consacré toute la seconde moitié du 1ᵉʳ livre de son traité *De l'âme* (1) à démontrer que l'âme, ou la faculté directrice, ou la raison, réside dans le cœur. Or, on voit à l'inspection de ses preuves, que l'objet du débat pour les stoïciens n'est point d'établir que l'âme n'a qu'un siège, mais quel est ce siège. C'est que la théorie d'un siège unique n'était plus contestée depuis Aristote. On était généralement d'accord sur ce point : l'âme n'habite qu'un organe. Mais on était, à ce qu'il semble, divisé sur cet autre point : quel est cet organe ? Si plusieurs philosophes antérieurs à Socrate avaient répondu : c'est le cœur, d'autres philosophes, ou peut-être des médecins, avaient répondu : c'est le diaphragme. L'auteur du traité *De la maladie sacrée*, Hippocrate, ou tout au moins l'un de ses disciples les plus immédiats, après avoir réfuté les deux opinions précédentes, avait répondu, à son tour : c'est le cerveau (2). Et cette dernière opinion, à laquelle Platon semble faire allusion dans un passage du *Phédon*, et qu'Aristote, qui tient pour le cœur, combat évidemment dans

---

(1) Voir, à la fin de cet ouvrage, le chapitre intitulé : *Galien historien de la philosophie*, où l'on a tenté une analyse et une restitution de ce traité perdu.

(2) Voir ci-dessus, *Physique hyppocratique*, p. 66-69.

son traité *Des parties des animaux* (1), était proposée de nouveau et défendue par les médecins Alexandrins (2) qui l'appuyaient sur des considérations physiologiques d'une valeur incontestable, comme il est facile de s'en convaincre par ces quelques lignes de Chrysippe, conservées par Galien : « Je demanderai si, en accordant que les nerfs ont leur origine dans la tête, il s'ensuit nécessairement que là aussi réside le principe de l'âme? Si l'on admet que, la voix partant de la poitrine et traversant le pharynx, l'origine du mouvement peut cependant être dans la tête, n'avons-nous pas, par la même raison, le droit de dire que le principe de l'âme peut résider dans le cœur, quoique le mouvement parte de la tête (3)? » Ainsi Chrysippe avait affaire à de nombreux adversaires, singulièrement à des médecins, et il devait, se plaçant sur le terrain de la physiologie, démontrer que ce n'est pas le cerveau, ou tel autre organe, mais le cœur, qui est véritablement le siège de l'âme.

Comment le démontre-t-il ?

D'abord, par le sens commun. Chrysippe cite des multitudes de vers d'Homère, d'Hésiode, d'Euripide, de Tyrtée, d'Empédocle, de Stésichore, d'Orphée, etc., en faisant remarquer que tous ces poëtes s'accordent à mettre dans le cœur tous les sentiments des personnages qu'ils font parler. Il atteste ensuite les locutions communes : « boire les injures »; — « ces paroles me serrent le cœur », — « sans cœur », etc. Il s'autorise enfin du mot καρδία, qui, venant de

---

(1) L. II, ch. x; l. III, ch. IV.

(2) Voir ci-dessus, introduction.

(3) *Des Dogm. d'Hipp. et de Plat.*, II, v.

κρατία, marque le lieu où l'âme a établi sa domination ; et du mot ἐγώ qui, commençant par un ε, et prononcé comme nous le prononçons, ne permet pas de douter que l'âme réside dans le cœur.

Ensuite, par un argument moitié psychologique, moitié physiologique, tiré de l'origine de la voix. La voix ne diffère pas du discours. Le discours vient de la raison, qui ne diffère pas de l'âme. Or, la voix vient évidemment de la poitrine et du cœur. Donc le cœur est le siège de l'âme.

Enfin, par un argument purement physiologique. Quel est l'immédiat instrument de l'âme, par lequel s'opèrent le mouvement et la sensation ? Les nerfs. Et où les nerfs ont-ils leur origine ? Au cœur. Donc le cœur est le siège de l'âme (1).

Galien attaque tous ces arguments avec une grande force, et même un peu de mauvaise humeur. Les vers des poëtes ne montrent que l'opinion des poëtes; qui ont fort bien pu se tromper. Et, d'ailleurs, qu'expriment ces vers ? Que le cœur est le siège des passions, et non pas qu'il est le siège de l'âme tout entière. Il en faut dire autant des locutions vulgaires, qui déclarent l'opinion vulgaire, laquelle peut être fausse comme elle peut être vraie, et qui se rapportent toutes à la passion exclusivement, pas du tout à la raison, pas du tout à l'âme humaine en général. Est-il bien certain que καρδία dérive de κρατία ? Et s'il en dérive, que suit-il de là, sinon que l'inventeur du mot a cru que le cœur est le siège de l'âme, sans que rien prouve qu'il ait eu raison de le croire ? Qu'importe que le pronom personnel ἐγώ commence par un ε, puisque

---

(1) *Des Dogm. d'Hipp. et de Plat.*, II, I, et III, passim.

le pronom ἐκεῖνος commence par la même lettre ; et n'est-il pas absurde d'attacher une valeur démonstrative aux gestes dont nous accompagnons la prononciation de ce mot? Aussi bien, ne faut-il pas s'exagérer l'autorité du sens commun. Cette autorité n'est pas universelle et n'est pas absolue. Sans doute, l'opinion générale mérite d'être prise en considération dans les questions très-simples, dont tous les hommes sont juges ; elle est insignifiante et de nul poids, dès qu'il s'agit de ces difficiles problèmes qui demandent, pour être résolus, des intelligences d'élite, et une culture spéciale. Dans les sujets où il est à sa place, le sens commun est bien moins une démonstration sans réplique qu'une utile confirmation. Il met le sceau de l'unanimité sur les vérités déjà établies par les procédés scientifiques, sans suffire à en établir aucune.

Rien de moins solide que le raisonnement par lequel Chrysippe prétend démontrer que l'organe qui est le point de départ de la voix, est nécessairement le siège de la raison, partant de l'âme. C'est un pur sophisme, bâti sur une équivoque. La voix, dit-il, étant identique au discours, vient de la raison; mais elle vient aussi de la poitrine : donc la raison, c'est-à-dire l'âme, est dans la poitrine, c'est-à-dire dans le cœur. — Pas du tout. Vous ne concluez pas rigoureusement, parce que dans les prémisses vous jouez sur l'expression *vient de*, prise tour à tour en deux sens très-différents. La voix vient de la raison, en ce qu'elle exprime ce que celle-ci pense, et de la poitrine, en ce qu'elle en sort : que suit-il de là, relativement au siège de la raison? Rien. La raison peut fort bien penser dans le cerveau, et la voix partir de la poitrine. Cela ne paraîtra pas seulement possible, mais certain, si l'on sait remonter jusqu'à l'origine première de la voix, qui n'est pas moins que le cerveau même. Oui, le cerveau. Pour qu'il y ait émission vocale, ne faut-il pas que certains muscles mettent en mouvement le thorax et le larynx? Pour que ces muscles impriment ce mouvement, ne faut-il pas que certains nerfs agissent sur eux? Et ces nerfs, comme tous les nerfs, n'ont-ils pas leurs racines au cerveau?

C'est, en effet, une insoutenable erreur de faire naître les nerfs du cœur. Tous ceux qui ne sont pas étrangers à l'art si essentiel de la dissection savent fort bien que le cœur est uniquement le principe des artères. Si Chrysippe professe une autre opinion, c'est que, n'ayant jamais disséqué, il copie en aveugle la théorie d'Aristote. Mais Aristote, s'il pouvait revivre, se corrigerait sans doute lui-même ; il ne confondrait pas les nerfs avec les ligaments et les tendons ; il ne croirait pas les trouver en si grand nombre dans le cœur ; il ne ferait pas de ce dernier organe le centre de tout le système nerveux. Ce centre, il le placerait dans le cerveau. Or, si le cerveau est le centre du système nerveux, le dernier argument de Chrysippe tourne contre Chrysippe. L'âme, dit-il, réside au centre du système nerveux. — Fort bien ! mais ce centre, c'est le cerveau. Donc l'âme réside dans le cerveau (1).

Voilà donc Chrysippe battu sur tous les points. L'âme n'habite pas le cœur, ou du moins ne l'habite

---

(1) *Des dogm. d'Hipp. et de Plat.*, II et III, *passim*.

pas tout entière. Comme elle se divise en trois facultés essentiellement différentes, elle réside dans trois organes distincts, indépendants. Chrysippe qui croit à une seule faculté dans une seule âme, et conséquemment à un seul siège, a doublement tort, et Platon qui croit à trois facultés qui sont trois âmes, et conséquemment à trois sièges, a doublement raison.

Galien accepte donc comme l'exacte expression de la vérité la théorie d'un triple siège. Mais Platon l'a exposée en poète, il va l'exposer en médecin et en philosophe ; Platon n'a voulu que la rendre vraisemblable, il se propose de la rendre scientifiquement certaine.

Commençant par où Platon finit, il examine successivement l'appétit, la colère, la raison, et, par des considérations anatomiques et physiologiques, établit que la première de ces facultés s'exerce par le foie, la seconde par le cœur, la troisième par le cerveau.

L'appétit est la faculté que l'animal a de se nourrir, et qui lui est commune avec la plante. La nutrition a lieu au moyen de l'aliment transformé en sang, et distribué à toutes les parties du corps par les veines. La question : quel est le siège de l'appétit ? peut donc se traduire ainsi : quel est l'organe d'où rayonnent toutes les veines, comme d'un centre, où se forme le sang, comme en un laboratoire ?

D'abord, c'est le foie qui est le principe et le point de départ des veines, bien qu'Aristote et, après lui, beaucoup de philosophes, et même de médecins, en aient placé l'origine dans le cœur. Pour se convaincre de cette vérité, il suffit de disséquer, et de disséquer avec soin. On voit alors deux veines partir du foie ; la veine-porte se rend au ventre : elle est à l'animal ce que les racines sont à la plante ; la veine-cave, en se divisant et se subdivisant, sillonne en tous sens le corps entier : elle correspond au tronc de la plante, à ses branches et à ses rameaux. Il est, du reste, facile de la suivre dans toutes ses ramifications, depuis le point peu éloigné du foie où elle se partage en deux autres veines, dont l'une plus volumineuse descend dans les parties inférieures, et l'autre d'un moindre diamètre s'élève vers les parties supérieures, jusqu'aux dernières extrémités de l'organisation où elle vient en quelque sorte mourir en imperceptibles filets. Cette démonstration tout expérimentale, et qui parle à l'œil, ne souffre aucune réplique et ne permet aucun doute. En sorte que l'origine des veines n'est pas moins certaine que celle des artères et des nerfs, encore bien qu'elles ne se prêtent pas au même genre d'expérimentation que les artères et les nerfs (1).

C'est encore le foie qui élabore les aliments, et, par une vertu particulière, en extrait ce liquide nutritif qui est le sang. Procédons par élimination. D'abord, ce n'est pas l'estomac. Si l'on veut comparer le corps humain à une cité, l'estomac n'en est que le grenier. Il reçoit les aliments introduits par la bouche et l'œsophage, et, s'il n'en est pas passivement le réservoir, il ne leur fait subir qu'une première élaboration, très-grossière et très-insuffisante (2). Ce n'est pas la membrane extérieure placée sur le foie (3) ;

---

(1) *Des Dogm. d'Hipp. et de Plat.*, VI, III. *De l'usage des part.*, IV, XII.

(2) *De l'us. des part.*, IV, I, II, III.

(3) *Ibid.*, II.

car elle n'est qu'un prolongement du péritoine, et son unique fonction est d'envelopper et de protéger l'organe (1). Ce ne sont pas les conduits de la bile; car ils naissent de la vésicule biliaire, sont de même nature qu'elle, et ne contiennent point de sang (2). Ce n'est pas le nerf, conducteur de la sensibilité; ce n'est pas l'artère, véhicule de la chaleur vitale. Donc c'est le foie, sa chair et sa substance (3).

En voici la preuve. Il y a nécessairement identité de nature entre la chose transformée et la chose qui transforme. Or, cette identité existe entre le sang et la substance du foie. C'est la même couleur et le même aspect. Épaississez le sang, et observez le résultat : vous le trouverez tout à fait semblable à la chair du foie. Donc c'est bien cette chair, c'est bien le foie qui opère la métamorphose de l'aliment, et produit le sang (4).

Ceci explique pourquoi les veines de l'estomac et de tous les intestins, formées de la chair du foie, ont la même vertu, en une certaine mesure, et pourquoi le chyme, parti de l'estomac, est déjà modifié avant d'arriver au foie, où s'achève l'hématose (5).

Quelques-uns veulent que le foie ait seulement pour fonction de préparer les matériaux du sang et de les transmettre au cœur, qui les transformerait définitivement. Mais les faits sont contre eux. La dissection montre que le foie envoie directement

---

(1) *De l'us. des part.*, x.
(2) *Ibid.*, xii.
(3) *Ibid.* — *Des Dogm. d'Hipp. et de Plat.*, VI, viii.
(4) *Ibid.*—*Ibid.*
(5) *De l'us. des part.*, IV, xii.

du sang à tous les organes situés au-dessous du diaphragme (1).

Remarquez, d'ailleurs, l'admirable disposition du foie, et avec quel art il est approprié à la transformation des aliments et à la production du sang. Ce n'est pas seulement une vaste capacité sanguine, avec une veine ouvrant entre elle et l'estomac une communication directe, et une autre veine se rendant par le chemin le plus droit dans toutes les parties de l'organisation. S'il en était ainsi, les aliments à l'état de chyme arriveraient d'abord de l'estomac dans le foie, et, n'y rencontrant aucun obstacle, le traverseraient comme un courant rapide, pour aller arroser tout le corps. Ne séjournant pas dans le foie, ils ne s'y transformeraient pas, ou ne s'y transformeraient qu'incomplètement. L'hématose serait imparfaite, et l'animal périrait ou languirait. La nature a merveilleusement pourvu à cela, en pliant et repliant les veines à la porte du foie et dans le foie même en un *plexus* très-compliqué. Le suc alimentaire, retardé dans sa marche, forcé de parcourir les milles détours de ce labyrinthe, dans un contact prolongé avec la chair de l'organe, en reçoit la forme, et devient un sang parfait. Nous verrons la nature employer toujours ce même procédé dans les mêmes circonstances (2).

On sait quel est le rôle de l'estomac dans le travail complexe de la nutrition. Il faut ajouter qu'il est, surtout à son orifice, le siège de l'instinct, ou du besoin. C'est là que nous sentons la faim, et c'est là que nous devions la sentir.

---

(1) *Des Dogm. d'Hipp. et de Plat.*, VI, IV.
(2) *De l'us. des part.*, IV, XIII.

Mais d'abord pourquoi cette sensation, qui n'existe pas dans la plante, existe-t-elle dans l'animal?

Les plantes ont sans doute besoin de se nourrir comme les animaux, mais il n'était ni nécessaire ni utile qu'elles sentissent ce besoin comme eux. Immobiles et fixées par leurs racines dans la terre, elles y trouvent sans cesse, comme en un réservoir inépuisable, l'aliment qu'elles s'assimilent sans cesse. La nutrition se fait d'elle-même, constamment et sans interruption. Elles n'avaient donc pas besoin d'être averties de réparer leurs pertes. Or, il n'en est pas ainsi des animaux. Sans rapport par leur substance avec la substance terrestre, où ils ne sauraient trouver leur nourriture ; capables de se mouvoir, c'est-à-dire de se déplacer ; chargés du soin de chercher l'aliment qui convient à leur nature, et de le prendre en temps opportun, il fallait que le besoin, en se faisant sentir, le leur marquât, et pour ainsi dire leur sonnât l'heure. Voilà la raison de la faim.

Pourquoi réside-t-elle à l'orifice de l'estomac plutôt qu'ailleurs? Parce que c'est l'estomac qui doit d'abord fonctionner. Les différentes parties du corps puisent leur nourriture dans les veines issues de la veine-cave, la veine-cave dans les veines du foie, les veines du foie dans la veine-porte, la veine-porte dans l'estomac. Mais l'estomac, où puise-t-il la sienne? Nulle part. C'est à lui de se remplir des premiers matériaux ; c'est donc à lui d'avoir faim.

C'est l'estomac qui sent la faim, mais il ne la sent pas par lui-même. Cette propriété lui vient du commun principe des sensations, à travers certains conduits, qui ne sont autres que les nerfs. En disséquant, on voit ces nerfs descendre à l'estomac, s'y diviser, enlacer d'abord l'orifice du viscère, et se ramifier ensuite sur toute sa surface. Voilà comment et par où il est sensible (1).

Le foie a bien reçu aussi un nerf qui lui est propre, et il a bien une certaine sensibilité ; mais ce nerf est très-petit et très-grêle, et cette sensibilité très-obtuse et très-faible. Elle n'est que la faculté de percevoir les lésions qui peuvent survenir dans l'organe. Il faut distinguer trois sortes de nerfs : ceux du mouvement, ceux de la perception proprement dite, ceux du sentiment interne des lésions organiques. C'est à cette dernière catégorie qu'appartient le nerf du foie. Le foie, en effet, est à peine sensible, et seulement dans les affections morbides (2). Mais cette quasi-insensibilité le rapproche encore de la plante totalement impassible, et prouve une fois de plus qu'il est bien le principe de la *nature* nutritive, ou de l'âme nutritive (3).

La Colère est cette énergie naturelle, ce feu intérieur, qui nous rend forts et capables d'action. C'est la vitalité même. Elle a lieu par l'air transformé en souffle vital, et distribué dans toutes les parties du corps par les artères. La question : Quel est le siège de la colère ? peut donc se traduire ainsi : Quel est l'organe où les artères ont leur commune origine, où le souffle vital a son foyer ?

La commune origine des artères, c'est le cœur. La dissection, qui nous a montré toutes les veines par-

---

(1) *De l'us. des part.*, IV, vii.
(2) *Ibid.*, ix, x.
(3) *Ibid.*, xiii.

tant du foie, nous montre également toutes les artères partant du cœur. C'est d'abord un gros tronc, qui se divise en branches, qui se divisent en rameaux, qui se divisent en ramuscules, qui finissent en filets imperceptibles. Cette preuve expérimentale par le scalpel et la vue pourrait dispenser d'en chercher une autre. Ce n'est cependant pas la seule, ni la plus frappante. Les artères ont un mouvement d'une nature spéciale, celui du pouls ; et c'est même par là qu'on les définit, bien qu'elles diffèrent encore des veines par l'épaisseur et la solidité de leur tissu. Or, ce mouvement, qui leur est commun avec le cœur, montre qu'elles en viennent. En effet, si vous séparez une artère du cœur, soit par une ligature, soit par une vivisection, l'artère cesse de battre, le cœur n'en bat pas moins. Si vous séparez toutes les artères du cœur, toutes les artères cessent de battre ; le cœur bat toujours. Donc le cœur est la cause du mouvement du pouls ; donc il est aussi le principe des artères (1).

Il ne faut pas oublier la conformation spéciale du cœur. C'est un organe double, composé de deux cavités, ou ventricules, l'une à droite, l'autre à gauche (2). Ces deux parties sont fort différentes d'aspect et de nature. Celle de droite est mince et molle, son tissu est celui des veines ; celle de gauche est épaisse et résistante, son tissu est celui des artères (3) : c'est qu'elles ont des destinations fort différentes.

---

(1) *Des Dogm. d'Hipp. et de Plat.*, II, III; VI, VII.
(2) *Ibid.*, VI, VI.
(3) *De l'us. des part.*, VI, XVI.

Le ventricule droit sert exclusivement à la nutrition du poumon : il reçoit le sang du foie, par un vaisseau, et le transmet au poumon, plus pur et plus léger, par un autre vaisseau (1). Il fallait, en effet, un aliment au poumon, comme à toutes les autres parties du corps. Cet aliment devait être le sang, mais non celui de la veine-cave, qui est épais et lourd. La fonction du ventricule droit est précisément, en épurant ce sang, de l'approprier à la substance du poumon (2). Ne contenant que du sang, il a pu être appelé *cavité sanguine*. Fait uniquement en vue du poumon, il manque aux animaux dépourvus de poumon (3).

Le véritable cœur, c'est le ventricule gauche. Il se comporte dans sa sphère, comme le foie dans la sienne ; et par des procédés analogues produit un résultat analogue. Comme le foie va chercher dans l'estomac l'aliment par la veine-porte, il va chercher l'air dans le poumon par l'artère-veineuse. Comme le foie distribue le sang dans toutes les parties du corps par la veine-cave, il distribue le souffle vital dans l'organisation tout entière par l'artère-aorte. Comme le foie élabore le sang, il élabore le souffle vital. Il a donc pu être appelé *cavité pneumatique* (4). Principe et source de la vie, il ne manque, sous une forme ou une autre, à aucun être vivant.

Quels sont les principes constitutifs du souffle vital ? D'abord l'air qui, aspiré du dehors par le poumon,

---

(1) *Des Dogm. d'Hipp.*, VI, vi. *De l'us. des part.*, VI, viii.
(2) *De l'us. des part., ibid.*, x.
(3) *Ibid.*, vii.
(4) *Ibid*

et du poumon par le cœur, tempère la chaleur innée de ce dernier organe (1) ; ensuite cette chaleur elle-même, sans laquelle la vie n'est pas (2) ; enfin le sang, mais le sang purifié, subtilisé, tel que le ventricule droit l'envoie au poumon. En ce sens, on peut dire que le souffle vital est une exhalation du sang (3).

Du reste, entre le sang et le souffle vital, la sépation n'est jamais complète. Dans le poumon, dans tout le corps, les extrémités des veines s'anastomosent avec celles des artères ; en sorte qu'il y a toujours quelque air dans les veines, et jusque dans le foie, et quelque sang dans les artères, et jusque dans le cœur. Il y a de tout en tout, disait Hippocrate (4).

Il ne faut donc pas croire qu'à l'état normal le cœur soit uniquement rempli par le souffle vital, comme le veut Érasistrate, et encore moins par le souffle animal, comme le prétend Chrysippe. Il n'y a pas du tout de souffle animal dans le cœur ; il n'y a que du sang dans le ventricule droit ; et le ventricule gauche lui-même renferme bien moins du souffle vital qu'un mélange de souffle et de sang (5).

C'est ce mélange, c'est ce sang *spiritualisé* qui porte partout, à travers les artères, la chaleur, la force et l'activité. Il anime l'être organisé que le sang nourrit, à travers les veines ; il en fait un animal (6).

Le poumon, qui est à cette faculté ce que l'estomac est à la précédente, n'est pas, comme ce dernier

---

(1) *De l'usage des part.*, ibid., II.
(2) *Ibid.*, VII.
(3) *Ibid.*, XVII.
(4) *Ibid.*
(5) *Des Dogm. d'Hipp.*, I, VI.
(6) *Ibid.*, VI, VIII.

organe, le siège d'un sentiment spécial, analogue à celui de la faim. Il ne reçoit aucun de ces nerfs que la nature a destinés à la sensation proprement dite. Quant au cœur, la nature a agi à son égard comme à celui du foie. Elle ne lui a accordé qu'un nerf très-ténu qui s'arrête à la surface de l'organe, seulement pour le distinguer de la plante et lui permettre de sentir les lésions organiques qui seraient un danger pour la vie (1).

La Raison est la faculté d'éprouver la sensation, et par suite d'imaginer, de se souvenir, de comprendre et de penser ; c'est aussi la faculté d'imprimer le mouvement volontaire (2). Nous sentons, nous mouvons nos membres au moyen du souffle vital transformé en souffle animal, et distribué à tous les organes par les nerfs. La question : Quel est le siége de la raison? peut donc se traduire ainsi : Quel est l'organe où les nerfs ont leurs racines, où le souffle animal se forme, se conserve et se renouvelle?

C'est encore la dissection qu'il faut d'abord interroger. Elle permet à l'œil de suivre les nerfs depuis l'encéphale, d'où ils partent tous, jusqu'aux extrémités de l'organisation, où ils s'arrêtent tous. On voit premièrement sortir de l'encéphale la moëlle rachidienne, semblable au tronc d'un arbre vigoureux. Puis de ce tronc s'échappent de chaque côté un grand nombre de nerfs, semblables à des rameaux, et de ceux-ci de nouveaux nerfs, semblables à des ramuscules. Et ces ramifications, en nombre infini, plus déliées à mesure qu'elles s'éloignent davantage du

---

(1) *De l'us. des part.*, XVIII.
(2) *Des Dogm. d'Hipp.*, VII, III.

point de départ, pénètrent toutes les parties de l'animal, et l'embrassent en d'imperceptibles liens. Voilà ce que constate clairement l'observation, qui montre toujours les petits nerfs sortant des gros, les gros de la moëlle épinière, et celle-ci de la moëlle encéphalique (1). C'est par une palpable erreur que Praxagore et Philotime considèrent l'encéphale comme un épanouissement de la moëlle épinière. Ils prennent l'effet pour la cause (2).

Cette donnée est d'ailleurs pleinement confirmée par l'expérimentation, qui a prise sur les nerfs comme sur les artères. De même que le pouls décèle l'origine des artères, qui reçoivent le mouvement du cœur, alternativement dilaté et contracté par la diastole et la systole, ainsi la sensation et le mouvement dénoncent celle des nerfs, qui ne sentent et ne meuvent que par la vertu de l'encéphale. En effet, si on tranche, si on ligature un nerf, on ôte tout mouvement ou toute sensation des parties où se rend le nerf tranché ou ligaturé ; si l'on détruit toute communication entre les nerfs et le cerveau, ou si l'on comprime le cerveau fortement, on rend tout l'animal insensible et immobile. Donc les nerfs reçoivent du cerveau la faculté de sentir et de mouvoir ; donc ils y ont leur principe (3).

Le cerveau, voilà la vraie origine des nerfs. Mais ceci n'est pas encore assez précis.

Il faut distinguer dans le cerveau et dans les nerfs, d'une part, la substance intérieure, semblable à la

---

(1) *De l'us. des part.*, XII, IV.
(2) *Ibid.*, VIII, XII.
(3) *Des Dogm. d'Hipp.*, II, III.

moëlle des arbres ; d'autre part, les membranes extérieures, semblables à l'écorce. La substance intérieure, voilà à proprement dire le cerveau, voilà les nerfs, voilà les instruments de la sensation et du mouvement. Érasistrate, après avoir professé l'opinion contraire, a eu la bonne foi de reconnaître et de rectifier son erreur. Ce qui prouve, du reste, qu'il en est bien ainsi, c'est qu'on peut blesser les membranes soit des nerfs, soit du cerveau, sans notable inconvénient. Au contraire, on ne saurait toucher à la substance qu'elles protègent sans les plus graves désordres (1).

Il faut encore distinguer dans le cerveau même, outre les membranes et la moëlle, les ventricules, savoir : les ventricules antérieurs par lesquels a lieu la respiration de l'encéphale ; le moyen, qui est comme leur point de jonction, et le postérieur par lequel ils communiquent avec la moëlle épinière, ce second encéphale. Rien n'égale l'importance de ces ventricules. Si vous blessez le cerveau sans atteindre les ventricules, il y a encore quelque sensation, quelque mouvement ; il n'y en a plus, si vous blessez les ventricules mêmes, surtout le moyen, et encore plus le postérieur. C'est que les ventricules sont chargés : 1° d'élaborer le souffle animal ; 2° de lui servir de réservoir (2).

Qu'est-ce que le souffle animal ? De quels éléments est-il formé, et par quel travail ?

Le souffle animal vient du souffle vital, comme celui-ci vient de l'air. Apporté par les artères au

---

(1) *Des Dogm. d'Hipp.*, VII, III.
(2) *De l'us. des part.*, VIII, X, XI.

cerveau, le souffle vital est tour à tour modifié, c'est-à-dire cuit et épuré, dans les artères et dans le cerveau ; de sorte qu'il change de forme et devient animal, de vital qu'il était. Mais, pour que cette métamorphose soit complète, il faut que le souffle vital séjourne le plus longtemps possible dans les artères avant de pénétrer dans les ventricules. De là cette complication d'artères qui se remarque à la base du cerveau, et qu'on nomme le *plexus réticulé*. Le but de cette disposition, dont nous avons déjà trouvé l'analogue dans le voisinage du foie, est de retenir plus longtemps le souffle vital en le forçant à parcourir mille détours, et de le modifier plus parfaitement par une plus lente élaboration. Du plexus, il passe enfin dans les ventricules antérieurs, pour y subir l'action particulière du cerveau, et de là, par le moyen, dans le postérieur. Le corps vermiforme, comme un portier vigilant, ne laisse arriver à cette dernière cavité que la quantité de souffle nécessaire. C'est du ventricule postérieur que le souffle animal se communique à la moelle épinière, et par elle à tous les nerfs, pour rendre l'animal capable de sentir et de mouvoir (1).

Comment l'âme, moyennant le souffle animal, sent-elle et meut-elle ? Faut-il croire que tous les nerfs sont constamment remplis par le souffle animal, qui s'y formerait comme il se forme dans les ventricules cérébraux, ou bien le souffle animal est-il envoyé par le cerveau aux nerfs qui le lui renverraient à leur tour ? Tous les nerfs sont-ils percés d'un conduit

---

(1) *Des Dogm. d'Hipp.*, VII, III. *De l'us. des part.*, VIII; X, XI, XII, XIV; IX, IV.

intérieur comme les nerfs optiques ? Le souffle animal parcourt-il lui-même les différentes parties de l'organisation, en se déplaçant et en se mouvant d'une extrémité à l'autre ; ou bien agit-il par une sorte d'*influx*, sa substance demeurant au cerveau et sa puissance seule se répandant dans tous les membres ? Voilà sans doute des questions fort délicates à résoudre ; nous les retrouverons plus loin. Mais, dussent-elles rester sans réponse, il serait toujours vrai que le souffle animal est l'agent de la sensation et du mouvement (1).

On ne saurait donc adopter l'opinion singulière d'Érasistrate. Il compare la composition du cerveau dans l'homme et les divers animaux, et croyant le trouver plus complexe dans le premier, il en conclut un rapport entre la variété de l'encéphale et le degré de l'intelligence. S'il n'eût pas circonscrit ses observations dans un cercle trop étroit, il eût reconnu que certains animaux ont tout ensemble un encéphale très-varié et une intelligence très-bornée. C'est bien moins le cerveau que le souffle qui préside à la pensée, et c'est bien moins l'abondance que l'excellence du souffle qui fait la perfection de la pensée (2).

Nous avons vu ci-dessus que le cerveau envoie des nerfs au cœur, au foie et en général aux viscères qui par là se distinguent des plantes, en même temps qu'ils ont un moyen d'être avertis des altérations auxquelles ils sont sujets. Le cœur et le foie ne sont pas en reste avec le cerveau : ils lui envoient, à leur tour, celui-ci des veines, celui-là des artères. Il fal-

---

(1) *Des Dogm. d'Hipp.*, VII, IV.
(2) *De l'us. des part.*, VIII, XIII.

lait bien que le cerveau fût nourri, et comment eût-il pu l'être sans communication avec le foie ? Il fallait bien qu'il eût sa part de la chaleur vitale, et comment eût il pu l'avoir sans communication avec le cœur (1)?

Notez bien ceci : le cerveau, principe des nerfs, reçoit des artères et des veines ; le cœur, principe des artères, reçoit des nerfs et des veines ; le foie, principe des veines, reçoit des nerfs et des artères. Et comme chacun de ces centres rayonne en tous sens, il s'ensuit que l'organisation est partout traversée par les nerfs, les artères et les veines, qui sont comme des organes communs à tout le corps. De cette manière, chaque organe particulier est en communication avec tous les autres, et participe à leurs propriétés en même temps qu'il les fait participer à la sienne. De cette manière, l'organisation entière végète par le foie, vit par le cœur, sent et meut par le cerveau. La plante est animal, l'animal est homme, comme l'homme est animal et l'animal plante. Tout est un, et tout est tout (2).

Je considère d'abord à un point de vue purement historique cette très-curieuse théorie du siège des facultés de l'âme, et je remarque qu'elle est comme une synthèse hardie où viennent se coordonner toutes les théories antérieures.

Des philosophes anciens, et sans doute des médecins, avaient mis l'âme dans le sang. Cette opinion paraît avoir eu des partisans pendant toute la durée de la période antésocratique. L'un des premiers

---

(1) *De l'us. des part.*, XVI, 1 et suiv.
(1) *Ibid.*, III, XII et *passim*.

philosophes de cet âge, Hippon, la combattait déjà, et l'un des derniers, Critias, la défendait encore. Dans l'intervalle, un puissant esprit, un philosophe-médecin, Empédocle, l'exposait dans son poëme *De la Nature*, en des vers qui n'ont pas péri : « L'intelligence humaine trouve son aliment dans les flots bouillonnants du sang ; c'est là que réside proprement la raison ; le sang qui environne le cœur, telle est la raison de l'homme. » L'âme est le sang, ou vient du sang, ou réside dans le sang, ou s'exerce par le sang : voilà, dans l'indétermination où il convient de la laisser, une première théorie de la nature et du siége de l'âme.

Diogène d'Appollonie, disciple d'Anaximène, avait tout naturellement confondu l'âme avec l'air, avec cette portion d'air qui, introduite par la respiration dans le cœur, parcourt sans cesse le canal des veines, et porte ainsi dans toute l'organisation le mouvement et la pensée. Puis des médecins et des philosophes, partant de cette idée, l'avaient plus ou moins modifiée. Hippocrate, s'il est bien l'auteur des traités *Des Airs* et *De la Maladie sacrée*, avait défini l'âme : le souffle, c'est-à-dire l'air approprié à la nature humaine ; et il l'avait fait passer d'abord par le cerveau, auquel il laisse, avec sa fleur, la sensibilité et l'intelligence, pour se répandre de là dans les diverses parties du corps, auxquelles il donne la vie. Plus tard, les médecins alexandrins, par exemple Érasistrate, avaient combiné avec la chaleur innée au cœur le souffle qui devient dès lors *vital*, et avaient défini l'âme : le souffle vital. De leur côté, les stoïciens, par exemple Chrysippe, en épurant le souffle de plus en plus, l'avaient rendu *animal*, et avaient défini l'âme : le souffle animal. On voit comment, par un progrès naturel, la théorie de Diogène, en passant par les mains d'Hippocrate, se partage, par les efforts d'Érasistrate et de Chrysippe, en deux théories analogues à la fois et différentes, dont l'une place l'âme dans le souffle vital qui remplit le cœur, et l'autre dans le souffle animal qui remplit le même organe.

Voilà donc à une même question : Par où l'âme agit-elle ? trois réponses : par le sang, par le souffle vital, par le souffle animal. Placé en face de ces trois théories, quel parti prend Galien ?

Il les accepte toutes à la fois, et de leur rapprochement compose une théorie nouvelle, qui est la sienne. Et cela est bien simple. Galien, sur la question des facultés de l'âme, s'était déclaré platonicien, c'est-à-dire avait reconnu dans l'âme trois facultés non-seulement distinctes, mais indépendantes et séparées, c'est-à-dire avait divisé l'âme en trois âmes. Il pouvait donc admettre trois définitions, trois théories par conséquent. Il pouvait dire aux partisans du sang : oui, l'âme est le sang, mais l'âme inférieure, l'âme nutritive; aux partisans du souffle vital : oui, l'âme est le souffle vital, mais l'âme moyenne, l'âme énergique ; et aux partisans du souffle animal : oui, l'âme est le souffle animal, mais l'âme supérieure, l'âme rationnelle ; et à tous ensemble : vos théories sont toutes vraies, mais toutes incomplètes; la mienne, qui les rassemble et les accorde, est la vérité.

La théorie de Galien est-elle en effet la vérité ? Il a été établi que l'âme n'est pas triple, mais une. Une, par conséquent indivisible. Mais de ce que l'âme est indivisible, s'ensuit-il qu'elle ne puisse occuper qu'une seule partie du corps ?

C'est l'opinion commune; mais le raisonnement sur lequel elle se fonde prouverait trop, s'il prouvait. On dit : l'âme ne siège pas dans plusieurs organes à la fois, car elle serait divisible et même divisée. Ne l'est-elle donc plus, lorsqu'on l'enferme dans l'encéphale? Si elle habite à la fois le cerveau et le cervelet, ou seulement les deux hémisphères, n'est-elle pas réellement divisée entre ces parties, qui sont comme des organes dans un organe ? Et si elle n'habite qu'une partie unique, telle que la glande pinéale, n'est-elle pas encore divisible comme cette glande elle-même ? Et ne le sera-t-elle pas toujours, quoi qu'on fasse, à moins de n'occuper qu'un point mathématique, c'est-à-dire d'être dans l'encéphale sans y être ?

Il faut bien comprendre que l'âme est tout à la fois indivisible en son essence, et divisible par rapport au corps auquel elle se communique. Cette contradiction, plus apparente que réelle, et qui est la loi même de la vie, a été fort bien saisie et développée par l'auteur des *Ennéades* :

« Si elle n'était indivisible, comment l'âme pourrait-elle sentir tout entière dans chaque sensation ? Chaque partie de l'âme serait comme une âme distincte, habitant un organe déterminé, et n'éprouverait que les sensations de cet organe, sans participer en rien à celles des autres. Répondre, comme font les stoïciens, par la continuité des parties de l'âme, et la transmission des impressions des extrémités au centre où réside la partie directrice, c'est accumuler les difficultés.

« Si elle n'était divisible, comment l'âme pourrait-elle embrasser le corps entier, et l'animer dans toutes ses parties? Supposez-la absolument une, elle s'enfermera au centre de la masse matérielle sans que la vie puisse sortir de ce foyer intérieur pour rayonner vers les extrémités. Pour que tous les organes aient la vie, il faut que tous les organes aient l'âme; il faut qu'elle se distribue à tous, qu'elle se fasse multiple, qu'elle se divise en quelque manière.

« Mais il n'y a nulle contradiction à admettre en même temps l'indivisibilité et la divisibilité de l'âme. En effet, l'âme est indivisible en son essence; mais elle devient divisible par son union avec le corps, parce que celui-ci, à cause de sa propre divisibilité, ne la peut recevoir d'une manière indivisible. Toutefois, en se divisant dans le corps, elle ne cesse pas d'être une. Elle devient divisible, étant dans toutes les parties du corps; elle reste indivisible, étant tout entière dans toutes ses parties et tout entière dans les parties de ses parties. Elle est toujours entière, elle est donc indivisible; elle est partout, elle est donc divisible; elle est partout entière, elle est donc divisible et indivisible : divisible selon le corps, et indivisible en soi. Elle se divise indivisiblement. Quelle merveille, quel divin trésor que l'âme! Elle n'a point de grandeur, et elle s'unit à la grandeur; elle se divise, sans rien perdre de son inaltérable unité; elle se donne toute à tous les organes, sans sortir d'elle-même (1). »

Mais c'est là la vue *a priori* d'un métaphysicien. — Qu'importe, si elle est vraie? D'ailleurs, c'est aussi une donnée de l'expérience.

Rappelez-vous les faits singuliers, vulgaires au-

---

(1) *Enn.*, IV, II.

jourd'hui, par lesquels Aristote prouve expérimentalement l'indivisibilité de l'âme (1) : ils établissent avec la même force qu'elle est en même temps divisible, c'est-à-dire présente à la fois à toutes les parties du corps.

Voici une plante. Je la divise en plusieurs fragments, qu'arrive-t-il ? Chacun de ces fragments continue de végéter, après comme avant l'opération, et, par un progrès plus ou moins rapide, devient semblable à la plante primitive. Or, je vous le demande, cela ne prouve-t-il pas que la puissance nutritive, l'âme du végétal, au lieu d'être concentrée en un certain point à l'exclusion de tous les autres, est au contraire répandue dans toutes les parties de la plante, partout entière, partout identique à elle-même ?

Ce qui est vrai de certaines plantes, l'est aussi de certains animaux. Prenez un polype, coupez-le en autant de parties que vous voudrez, et observez. Vous verrez chacune de ces parties continuer de vivre, de sentir, de se mouvoir, et reformer bientôt, par un accroissement successif et régulier, un nouveau polype, semblable au premier. Donc la puissance nutritive, sensitive et motrice, l'âme de l'animal, est répandue dans toutes ses parties, partout entière, partout identique à elle-même.

Je vais plus loin. Je considère l'homme même. On (2) a établi par d'ingénieuses et patientes expéri-

(1) Voir le chapitre précédent.
(2) M. Flourens. Voyez *Recherches expérimentales sur les propriétés et les fonctions du système nerveux*, et le résumé philosophique qu'il a donné de ce livre dans son ouvrage : *De la vie et de l'intelligence*.

mentations que la pensée et la volonté s'exercent par le cerveau proprement dit. Or, le cerveau se compose de deux hémisphères, en tout semblables ; et, soit que l'on fasse disparaître l'un ou l'autre, l'homme continue toujours de penser et de vouloir ; en sorte que l'on serait autorisé à dire qu'il pense et qu'il veut par deux cerveaux, comme il voit par deux yeux. Donc la force pensante et voulante, l'âme de l'homme, est à la fois dans les deux hémisphères, et tout entière, identique à elle-même dans chacun des deux hémisphères.

Ce n'est pas tout. La force qui pense et qui veut par le cerveau reçoit aussi les impressions des corps étrangers, et imprime le mouvement volontaire par le cervelet, par la moëlle, par les nerfs. Donc elle est à la fois et tout entière dans le cervelet, dans la moëlle, dans les nerfs, aussi bien que dans le cerveau. Peut-être ne serait-il pas impossible de prouver, par la même méthode, que l'âme humaine est ainsi, toujours entière, identique, jusque dans les moindres parties de l'organisation.

Ainsi, soit qu'on la considère dans la plante, ou dans l'animal, ou dans l'homme, l'âme, toujours essentiellement une, se communique, sans se partager, au corps, à ses parties, et aux parties de ses parties. Selon la forte parole de Plotin, elle se divise indivisiblement.

On me demandera si je comprends cette ubiquité d'une âme une et simple. A mon tour, je demanderai si l'on comprend bien tous les phénomènes de la vie et de la pensée avec une âme hermétiquement enfermée dans la glande pinéale, dans le corps calleux, ou dans quelque autre portion de la masse encéphalique. Mais je veux d'abord répondre directement.

On a jusqu'ici mal conçu le rapport de l'âme au corps, parce qu'on n'a pas su se tenir en garde contre les analogies tirées de la matière. Deux corps sont en rapport, ou parce qu'ils sont juxta-posés, ou parce que l'un est superposé à l'autre, ou parce que l'un est contenu dans l'autre. On a conclu de là que l'âme, ne pouvant être ni juxta-posée ni superposée, devait être enfermée dans le corps. Singulière logique! Il fallait conclure que l'âme, n'étant pas matérielle, n'a avec le corps aucun de ces rapports, pas plus le dernier que les deux premiers.

Le rapport de l'âme au corps n'est pas celui d'un corps à un autre, mais bien celui d'une force à une substance. Or, il n'est pas absolument impossible de se faire une certaine idée de ce rapport.

Il ne faut pour cela que jeter les yeux sur ce qui se passe autour de nous dans la nature. Là aussi se rencontrent des corps, et des forces unies à ces corps. En quoi consiste cette union? Les forces sont-elles enfermées dans les corps, qui auraient une cavité pour les recevoir? Siègent-elles en un point unique, à l'exclusion de tous les autres? Non. Nous les trouvons partout présentes, partout actives, à la surface comme à l'intérieur, aux extrémités comme au centre. Elles pénètrent les corps dans toutes leurs molécules, elles les enveloppent dans toute leur étendue. Loin d'en être possédées, elles les possèdent.

Il doit en être à peu près ainsi de l'âme humaine et du corps humain. Certes, je ne confonds pas ce corps avec un corps brut, tel qu'un métal; ni cette âme avec une force aveugle, telle que l'aimant; mais je dis qu'il y a ici une analogie réelle; car les corps les plus divers sont toujours des corps, et les forces les plus différentes sont toujours des forces. L'âme est donc présente à tous les organes à la fois, et partout agissante. Elle pénètre le corps intimement, elle l'enveloppe universellement. Et il ne faut pas dire, selon la formule grecque : le corps a l'âme ; mais : l'âme a le corps.

Sans cette pénétration de tout le corps par toute l'âme, que l'on ne peut comparer à rien dans l'ordre purement physique, que de faits inexplicables dans la nature humaine, et que les psychologues négligent ou méconnaissent! On a répété jusqu'à satiété que le moi est exclusivement dans l'âme, que le corps nous appartient, sans faire partie de nous-mêmes, comme une chose étrangère. N'est-ce pas là l'exagération d'une vérité? A coup sûr, mon corps m'appartient tout autrement que la maison que j'habite ; mes organes m'appartiennent tout autrement que les instruments dont je fais usage. Je me sens, je me reconnais dans chacun de ces organes, et ce corps, quoi qu'on en dise, c'est encore moi. En le frappant, ce n'est pas une chose que vous frappez, c'est ma personne. En le blessant, ce n'est pas à ma propriété que vous portez atteinte, c'est à ma dignité. Cherchez dans mon corps la dernière molécule, la plus humble : elle est vivante, elle est animée, elle est moi. Vous me retrouvez partout ; je suis partout (1). Voilà la vérité ; et cette vérité n'est que la conséquence la plus immédiate de mon

---

(1) Voir la même idée exprimée par M. Alexis Bertrand, dans *L'Aperception du corps humain par la conscience*, p. 15, 16.

système. Au contraire, je défie le plus habile homme de l'expliquer solidement dans le système ordinaire. Si l'âme, confinée dans un coin de l'encéphale, est absente du reste de l'organisation, on ne me fera jamais concevoir comment mon œil est plus à moi que la lunette qui en étend la portée à l'infini, comment mon bras est plus à moi que le levier qui en centuple la puissance. Ces choses ne me touchent pas. Machines admirables, mises à ma disposition par la nature, elles ne sont rien de moi, et je puis dire, les regardant avec indifférence : Que m'importe ?

Je vous entends : ce qui fait que l'âme se rapporte le corps d'une façon toute particulière, c'est qu'elle reçoit le contre-coup sensible de tout ce qui s'y passe. Platon l'a dit : chaque douleur, chaque plaisir a, pour ainsi parler, un clou qui attache l'une à l'autre ces deux parties de notre être. La sensation, voilà leur lien, et la cause de leur intimité. — Examinons.

Généralement on se représente la sensation ainsi : le corps est modifié de telle ou telle façon ; l'âme, à la suite de cette modification, sent le plaisir ou la douleur, mais en elle-même ou tout au plus dans le cerveau, ou dans la partie du cerveau qui lui sert de domicile. Le corps est seulement la cause de la sensation, l'âme en est à la fois le lieu et le sujet.

A la bonne heure ! Mais, s'il en est ainsi, l'âme, en sentant le plaisir ou la douleur, ne s'approprie pas pour cela la partie modifiée, à laquelle elle reste complètement étrangère. Retirée en elle-même, elle jouit ou souffre selon les états du corps, comme elle a chaud ou froid selon la température de l'atmosphère, sans avoir plus de raison de dire : mon corps, qu'elle n'en a de dire : mon atmosphère.

Est-ce à dire que la sensation n'est pour rien dans l'intimité de l'âme et du corps? Nullement. Mais les faits se passent autrement qu'on ne croit, et s'expliquent autrement qu'on ne veut.

C'est l'âme qui sent et c'est le corps qui est modifié, l'âme sent parce que le corps est modifié, tout cela est fort exact; mais ce qui ne l'est plus, c'est de séparer l'âme d'avec le corps, et la sensation d'avec la modification. L'âme sent dans le corps, et précisément dans la partie du corps modifiée. La sensation n'est pas moins locale que la modification, et elles ont lieu dans le même point, comme dans le même instant. J'approche une fleur de mes narines, et j'éprouve aussitôt une sensation. Où? Dans la membrane modifiée par les particules odorantes. J'appuie ma main sur un corps brûlant, et j'éprouve aussitôt une sensation. Où? Dans ma main modifiée par ce corps. Par une cause inconnue, un de mes viscères est lésé et j'éprouve aussitôt une sensation. Où? Dans le viscère modifié. Je sens donc là même où je suis modifié, ou, si l'on aime mieux, mon âme sent là même où mon corps est modifié. Voilà ce qu'atteste l'expérience.

Comment les psychologues contemporains rendent-ils compte de ce fait? Ils n'en rendent pas compte, et je ne conçois pas quelle explication ils en pourraient donner. Ils le nient tout simplement. S'il est interdit à l'âme de sortir du cerveau, elle ne peut évidemment sentir que dans le cerveau. La localisation des sensations est donc une illusion. — Singulière illusion, qui rapporte si exactement et si naturellement nos plaisirs et nos douleurs à leurs véritables causes! Ou bien elle n'est que l'effet d'une association d'idées.

— Étrange association d'idées, qui a lieu on ne sait quand, on ne sait comment, et à laquelle mille faits échappent nécessairement (1) ! Au contraire, si l'âme est à la fois dans le cerveau et dans toutes les parties du corps, nulle difficulté ; car, comme elle est partout présente, il est tout simple que la sensation soit éprouvée dans l'endroit précis où la modification a été reçue.

Il est un autre phénomène, fort embarrassant dans la théorie commune, fort naturel dans la mienne, celui de l'action réciproque de l'âme et du corps. Si elle est circonscrite dans l'étroite enceinte du cerveau, comment l'âme met-elle les membres en mouvement ? Comment les organes lui transmettent-ils l'impression des corps étrangers ? On n'a pu répondre à ces questions qu'en imaginant des hypothèses. Les uns font circuler du centre aux extrémités, des extrémités au centre, je ne sais quels *esprits* dans le canal des nerfs, qui n'ont pas de canal. Les autres assimilent les nerfs à des cordes vibrantes, bien qu'ils n'aient ni la tension ni la liberté d'action nécessaires pour vibrer. D'autres enfin rêvent un fluide spécial dont les filets nerveux sont les conducteurs, supposition plus vraisemblable que les précédentes, non moins gratuite. A quoi bon ces inventions que rien ne justifie? L'âme, présente au cerveau, veut mouvoir, et, présente aux membres, les meut; l'âme,

---

(1) Dans un remarquable article (*Séances et travaux de l'Académie des sciences morales*, janvier 1883), M. Janet montre fort bien que la théorie *empiristique* ne rend compte ni des sensations homogènes, ni de celles que nous éprouvons pour la première fois et que nous localisons immédiatement. — M. Alex. Bertrand prend également parti pour la théorie *innéistique*. *L'Aperception du corps humain*, p. 97.

présente aux extrémités, y reçoit elle-même l'impression, et, présente au centre, la perçoit en la rapportant aux organes. Quoi de plus simple ? Par conséquent, quoi de plus vrai ?

Ainsi tout prouve, rien ne combat l'ubiquité de l'âme. Mais de ce qu'elle est partout, il ne s'ensuit pas qu'elle y soit également, et qu'elle y manifeste indifféremment toutes ses puissances.

L'âme anime toutes les parties du corps, mais avec une intensité plus grande en certains points, dans certains organes. Elle est plus activement présente dans le système nerveux que dans les divers tissus de l'organisation, dans le cerveau que dans le cervelet, que dans la moëlle, que dans les nerfs. Dans certains cas particuliers, elle semble retirer son énergie aux autres parties, qui languissent, pour la concentrer en une seule, dont la vie se trouve momentanément élevée à la plus haute puissance.

Quant à ses facultés, elle les porte partout avec elle, mais sans pouvoir les exercer partout. Comme elles sont différentes, elles exigent des instruments différents. Chacune d'elles ne peut donc se développer que dans un organe spécial, approprié à sa nature. Ainsi, l'âme est tout entière dans chaque organe, mais elle ne s'y manifeste que partiellement.

Voilà, du moins, l'idée que je me fais du rapport de l'âme au corps. Je l'avais déjà indiquée, il y a longtemps de cela, à la fin d'un *Mémoire sur le traité de Galien, intitulé : Des dogmes d'Hippocrate et de Platon* (1), et l'honorable M. Mallet, en rendant compte de ce travail avec sa bienveillance ordi-

(1) Imprimé, en 1857, dans le compte-rendu de l'Académie des sciences morales et politiques.

naire, avait pris la peine de la discuter. Je ne sais si, en la développant, j'aurai répondu aux objections qu'il m'avait proposées ; mais je persiste. Malgré les raisons solides sur lesquelles je l'appuie, je me défierais fort, si j'étais seul de mon opinion ; mais, Dieu merci ! en pensant de la sorte, je pense en bonne compagnie.

J'ai déjà cité Plotin. C'est lui, en effet, qui, le premier, a conçu et exposé la théorie de l'ubiquité de l'âme ; et j'ai expliqué ailleurs (1) comment il y fut conduit. Depuis lors, elle a reparu à toutes les époques, sous le patronage des plus grands philosophes : saint Augustin, saint Thomas, Descartes, Bossuet, etc. Nous la verrons, j'espère, triompher avec l'animisme bien entendu.

Voici comment s'exprime Plotin, *Enn.*, IV, III, 20, 21, 22 :

« Comment l'âme est-elle dans le corps ?

« Elle n'y est pas comme en un lieu. Le lieu, c'est ce qui comprend un corps : il ne comprend donc pas l'âme. Le lieu, en lui-même, est incorporel : il ne saurait donc jouer, vis-à-vis de l'âme, le rôle du corps. Le lieu, c'est l'intervalle, c'est-à-dire le vide : il ne peut donc être assimilé au corps, dont il est la condition.

« Elle n'y est pas comme en un vase. En effet, dans cette hypothèse, ou le corps serait sans vie, ce qui n'est pas ; ou l'âme, recueillie en elle-même, lui communiquerait une partie de sa nature, et se trouverait amoindrie d'autant, ce qui ne peut être.

« Elle n'y est pas comme en un *sujet*. Ce qui est en

---

(1) *Des théories de l'entend. dans l'antiquité*, p. 480-481.

un sujet, qu'est-ce? Une manière d'être, une qualité, comme la couleur ou la figure dans le corps. Or, l'âme est distincte du corps, et peut s'en séparer.

« Elle n'y est pas comme une partie en un tout, car l'âme n'est pas une partie du corps ; ni comme un tout dans ses parties, car l'âme n'est pas la somme des parties du corps.

« Elle n'y est pas comme la forme dans la matière. La forme n'existe pas plus sans la matière que la matière sans la forme. En outre, c'est l'âme qui met la forme dans la matière. Or, si l'âme est le principe de la forme, elle n'est donc pas la forme.

« C'est que, à parler philosophiquement, *l'âme n'est en aucune manière dans le corps*. Voyant le corps, et comprenant qu'il est animé, puisqu'il se meut et qu'il sent, nous en concluons qu'il a l'âme, et nous disons : *l'âme est dans le corps*. Nous nous abusons. Si nous pouvions voir et sentir l'âme, si nous pouvions la voir embrassant le corps de toutes parts et lui communiquant la vie, nous comprendrions sans doute que c'est l'accessoire qui est dans le principal, le contenu dans le contenant, ce qui s'écoule dans ce qui ne s'écoule pas, et nous dirions : *le corps est dans l'âme*.

« Disons mieux : l'âme est présente au corps. Mais comment lui est-elle présente ?

« Comme le passager au navire? Oui, en ce sens que l'âme est distincte du corps, comme le passager du navire; non, en ce sens que le passager n'emplit pas le navire, tandis que l'âme pénètre le corps tout entier. Comme l'artiste aux instruments? A la bonne heure ! Mais il reste à expliquer comment l'âme fait usage de cet instrument naturel que vous lui attribuez. La seule comparaison juste est celle-ci : l'âme est présente au corps comme la lumière à l'air. En effet, la lumière s'unit à l'air, sans se mêler à la moindre de ses parcelles, comme l'âme au corps, sans se mêler à la moindre de ses parties. Sans sortir d'elle-même, la lumière illumine l'air, comme l'âme, sans sortir d'elle-même, anime le corps. Enfin, la lumière est bien moins dans l'air que l'air dans la lumière, comme l'âme est bien moins dans le corps que le corps dans l'âme.

« C'est donc par sa présence que l'âme donne la vie au corps, et le rend capable de tous les actes qui s'y rapportent. La diversité de ces actes ne vient pas de l'âme, qui est partout tout entière et partout la même ; mais des organes, c'est-à-dire des instruments, qui sont différents. »

Ainsi pense, ainsi parle Plotin. Saint Augustin pense-t-il, parle-t-il autrement, lui qui écrit au ch. VI de son traité *De la Trinité*, cette phrase significative : « *Anima, in quocumque corpore, et in toto est tota, et in qualibet ejus parte tota est ?* » C'est-à-dire : quel que soit le corps qu'elle habite, l'âme l'habite tout entière tout entier, et elle est tout entière dans chacune de ses parties.

N'est-ce pas aussi l'opinion de saint Thomas ? Ouvrez la *Somme de Théologie*, quest. VIII, art. 1 et lisez : « *Spiritualia continent ea in quibus sunt, sicut anima continet corpus.* » Les essences spirituelles contiennent les choses dans lesquelles elles semblent contenues, comme l'âme contient le corps.

Et plus loin, même question, art. 2 : « *Sicut anima est tota in qualibet parte corporis, ita Deus totus est in omnibus et singulis.* » Comme l'âme est tout entière dans chacune des parties du corps, ainsi Dieu est tout entier dans toutes choses et dans chaque chose.

Plus loin encore, question LXXVI, saint Thomas intitule ainsi l'art. 8 : « *Utrum anima sit tota in qualibet parte corporis ?* » et il répond affirmativement, dans les termes suivants :

« *Respondeo dicendum quod, si anima uniretur corpori solum ut motor, posset dici quod non esset in qualibet parte corporis, sed in una tantum, per quam alias moveret. — Sed quia anima unitur corpori ut forma, necesse est quod sit in toto, et in qualibet parte corporis.... Cujus signum est quod nulla pars corporis habet proprium opus, anima recedente....* » Je réponds que si l'âme était unie au corps simplement comme un moteur, on pourrait dire qu'elle n'est pas dans toutes ses parties, mais dans une seule, au moyen de laquelle elle imprimerait le mouvement à toutes les autres. Mais l'âme est unie au corps comme la forme à la matière : c'est donc une nécessité qu'elle soit dans le corps tout entier et dans chacune de ses parties. Et ce qui rend cela manifeste, c'est qu'aucune partie du corps n'est capable de fonctionner, dès que l'âme s'est retirée.

Descartes est connu pour avoir renfermé l'âme dans la glande pinéale : c'est pourtant Descartes qui a écrit ce passage, dans la première partie du traité *Des passions de l'âme :*

« Art. 30. Que l'âme est unie à toutes les parties du corps conjointement.

« Mais, pour entendre plus parfaitement toutes ces choses, il est besoin de savoir que l'âme est véritablement jointe à tout le corps, et qu'on ne peut pas proprement dire qu'elle soit en quelqu'une de ses parties à l'exclusion des autres, à cause qu'il est un, et en quelque façon indivisible, à raison de la disposition de ses organes, qui se rapportent tellement l'un à l'autre que, lorsque quelqu'un d'eux est ôté, cela rend tout le corps défectueux; et à cause qu'elle est d'une nature qui n'a aucun rapport à l'étendue ni aux dimensions ou autres propriétés de la matière dont le corps est composé, mais seulement à tout l'assemblage de ses organes, comme il paraît de ce qu'on ne saurait aucunement concevoir la moitié ou le tiers d'une âme, ni quelle étendue elle occupe, et qu'elle ne devient pas plus petite de ce qu'on retranche quelque partie du corps, mais qu'elle s'en sépare entièrement lorsqu'on dissout l'assemblage de ses organes. »

Bossuet abonde dans le même sens, je veux dire dans la même doctrine, au traité *De la connaissance de Dieu et de soi-même*:

« L'âme donc, qui se sert du bras et de la main comme il lui plaît, qui se sert de tout le corps qu'elle transporte où elle trouve bon, qui l'expose à tels périls qu'il lui plaît et à sa ruine certaine, est sans doute d'une nature de beaucoup supérieure à ce corps, qu'elle fait servir en tant de manières et si impérieusement à ses desseins.

« Ainsi, on ne se trompe pas quand on dit que le corps est comme l'instrument de l'âme. Et il ne faut pas s'étonner si, le corps étant mal disposé, l'âme en fait moins bien ses fonctions. La meilleure main du monde, avec une mauvaise plume, écrira mal. Si vous ôtez à un ouvrier ses instruments, son adresse naturelle ou acquise ne lui servira de rien.

« Il y a pourtant une extrême différence entre les instruments ordinaires et le corps humain. Qu'on brise le pinceau d'un peintre ou le ciseau d'un sculpteur, il ne sent point les coups dont ils ont été frappés; mais l'âme sent tous ceux qui blessent le corps, et au contraire elle a du plaisir quand on lui donne ce qu'il faut pour l'entretenir.

« Le corps n'est donc pas un simple instrument appliqué par le dehors, ni un vaisseau que l'âme gouverne à la manière d'un pilote. Il en serait ainsi si elle n'était simplement qu'intellectuelle; mais, parce qu'elle est sensitive, elle est forcée de s'intéresser d'une façon plus particulière à ce qui le touche, et de le gouverner non comme une chose étrangère, mais comme une chose naturelle et intimement unie.

« En un mot, l'âme et le corps ne font ensemble qu'un tout naturel, et il y a entre les parties une parfaite et nécessaire communication. »

Plus loin :

« Le corps, à le regarder comme organique, est un par la proportion et la correspondance de ses parties, de sorte qu'on peut l'appeler un même organe, de même et à plus forte raison qu'un luth ou un orgue est appelé un seul instrument. D'où il résulte que l'âme lui doit être unie en son tout, parce qu'elle lui est unie comme à un seul organe parfait dans sa totalité. »

Enfin :

« Vme Proposition. — Quoique le sentiment soit principalement uni à l'ébranlement du nerf au-dedans du cerveau, l'âme, qui est présente à tout le corps, rapporte le sentiment qu'elle reçoit à l'extrémité où l'objet frappe. »

Ajouterais-je, en terminant ces trop longues considérations, que la doctrine qui, suivant une autre expression de Bossuet, met l'âme « toute dans le tout, et toute dans chaque partie, » semble destinée à s'établir définitivement dans la science contemporaine? L'animisme corrigé (c'est-à-dire ramené à sa forme antique), en reconnaissant sous l'âme consciente qui préside à la pensée et aux facultés, une âme inconsciente qui préside à la vie et aux fonctions; les écoles physiologiques, en attribuant aux centres nerveux secondaires et aux actions réflexes un rôle plus considérable, en accordant la vie et même une certaine autonomie aux cellules constitutives de l'organisme, en distinguant des petites consciences partout répandues, tandis que la grande réside au centre des centres; mille autres nouveautés qui, avec plus ou moins de vraisemblance, semblent devoir renouveler de fond en comble la science de l'homme; tout ce mouvement enfin, si divers qu'il soit, me paraît accuser nettement une tendance uniforme à mêler l'âme avec le corps, grâce à une perpétuelle et universelle pénétration de celui-ci par celle-là. Ce spiritualisme nouveau qui, né autrefois dans une école de métaphysique, semble trouver des confirmations inattendues dans nos écoles expérimentales, pourrait bien être le spiritualisme de l'avenir.

CHAPITRE IV.

DE LA RAISON.

Puisque Galien distingue dans l'âme trois facultés différentes résidant en des organes différents, savoir l'appétit, la colère et la raison, il semble que nous devrions l'interroger successivement sur ces trois facultés, et prendre à cœur d'esquisser tour à tour la théorie galénique de l'appétit, la théorie galénique de la colère, et la théorie galénique de la raison. Mais notre tâche est plus simple que cela.

En effet, après avoir adopté sans réserve la division platonicienne, Galien, sans paraître s'en apercevoir, lui fait bientôt subir les plus graves altérations. La colère et l'appétit, qui représentent dans la doctrine du maître la partie passionnée de notre nature, et sont bien des facultés, changent de caractère dans le système du disciple infidèle, et ne sont plus que des fonctions. Il est même assez difficile de dire d'une manière précise ce que Galien entend par la colère (je parle du physicien, non du moraliste). C'est une sorte de feu, de fluide, qui va et vient dans les artères et porte dans toutes les parties de l'animal la force et la vie ; c'est je ne sais quelle activité aveugle et sans conscience. Galien rapporte le mouvement volontaire à la raison : peut-être cette obscure fonction serait-elle bien définie la cause du mouvement vital. Deux choses du moins sont certaines : c'est que Galien n'a pris souci de la faire connaître dans aucun de ses nombreux ouvrages ; c'est que, ne relevant pas de la conscience, elle n'est pas du ressort de la psychologie.

Ce qu'il entend par l'appétit, Galien l'explique au contraire de la façon la plus nette. C'est l'âme végétative ou nutritive d'Aristote, c'est la *nature* des stoïciens. C'est la fonction par laquelle l'homme, l'animal, la plante commencent d'être, s'accroissent, se conservent et se perpétuent. Les sensations qui s'y joignent dans l'animal et dans l'homme n'en font pas partie. La description et l'explication de cette faculté composent toute la physiologie de Galien et remplissent le traité *Des facultés naturelles*. La théorie de l'appétit, au sens galénique de ce mot, appartient tout entière à la cosmologie.

Reste la raison. La théorie galénique de la raison est une vraie théorie psychologique ; elle a un haut intérêt, une incontestable originalité. Elle nous arrêtera seule, mais elle nous arrêtera longtemps.

La raison est une faculté très-générale dans le système de Galien, puisqu'elle comprend tout ce qui, dans l'homme, n'est ni la nutrition ni cette activité sourde qui ne se révèle que par ses résultats. Il faut donc la diviser d'abord.

C'est ici surtout que l'on voit, non sans étonnement, à quel point Galien s'écarte de Platon, qu'il croit suivre, et comment, par la plus singulière confusion, il prête au chef de l'Académie les doctrines du Lycée et du Portique. Dans la pensée de Platon, la raison est surtout la faculté supérieure, et en quelque manière divine, qui nous élève des ombres de la sphère visible aux idées de la sphère intelligible, et, d'idée en idée, à celle qui les embrasse toutes en les dominant, le Bien ou l'Un. Que Galien est loin de cette sublime conception ! Il ne la combat pas, il ne la discute pas, il ne l'énonce pas : vous diriez qu'il ne l'a pas lue dans les *Dialogues*. La raison, à ses yeux, c'est tout simplement la faculté de sentir et celle de mouvoir en le voulant (1). Lui qui varie sans cesse dès qu'il s'agit de philosophie, ne varie jamais sur ce point (2). Sentir, mouvoir : voilà toute la raison. — Par conséquent, sentir, voilà toute l'intelligence. Galien écrit bien quelque part : « Dans l'opinion de leurs adversaires (les adversaires de ceux qui croient à quelque chose d'inné), rien de tel n'existe dans les êtres naturels : l'âme ne possède pas, dès le principe, une idée innée de la conséquence, de la contradiction, de la division, de la composition, du juste et de l'injuste, du beau et du laid; ils prétendent que *toutes les idées nous viennent par les sens*, et que les animaux sont gouvernés par leurs imaginations et leurs souvenirs (3). » Mais cette phrase n'est qu'une nouvelle preuve de l'inconsistance de Galien-philosophe; et il est impossible de douter qu'il ne soit lui-même un de ces esprits systématiques qui prétendent que toutes les idées nous viennent par les sens.

Dans la plupart des passages, trop rares, où il est

---

(1) *Des Dogmes d'Hipp.*, VII, III.
(2) *De l'usage des part.*, I, XVII; III, II; IV, XIII; V, IX, etc.— *Des facult. natur.*, I, I, etc.
(3) *Des facul. nat.*, I, XII. Traduction de Daremberg.

question de l'intelligence proprement dite, Galien ne cite que la mémoire et le raisonnement. Exemples :

« Enfants, nous nous exerçons d'abord à la grammaire ; plus tard, nous passons à l'étude de la rhétorique, de l'arithmétique, de la géométrie, de la logique : car, la *partie directrice de l'âme* étant naturellement apte à tous les arts, il faut qu'elle ait *une faculté qui nous fait distinguer ce qui est conséquent et ce qui est contradictoire, — et une autre à l'aide de laquelle nous nous souvenons*. La première est l'entendement, la seconde la mémoire (1). »

« Il était naturel que l'âme (rationnelle) résidât dans l'encéphale, *par qui se produit le raisonnement, — et se conserve le souvenir des images sensibles* (2). »

On voit que Galien réduit la faculté de connaître à la mémoire et au raisonnement, dont l'entendement ne diffère pas. Quelquefois il ajoute l'imagination à la mémoire :

« Cette modification resterait sans effet, si elle n'était connue du *principe directeur*, siège de l'*imagination*, — de la *mémoire*, — et de l'*entendement* (3). »

Quelquefois encore, il ajoute aux facultés d'imaginer et de se souvenir la compréhension (4) ; jamais il ne fait la moindre allusion à une puissance intellectuelle d'un ordre supérieur, dont la portée dépasserait les étroites limites de l'actuel et du possible. Loin de là, toutes ces facultés intellectuelles dont il constate l'existence, sans s'y arrêter, il les rattache

---

(1) *Des hab.*, v.
(2) *Des lieux affectés*, III, IX.
(3) *De l'usage des part.*, VIII, VI.
(4) *De la meil. secte*, IX.

positivement à la sensation, où elles sont comme en germe :

« Pour la substance, il (l'encéphale) ressemble beaucoup aux nerfs dont il est le principe ; s'il en diffère, c'est par une mollesse plus grande, qualité nécessaire dans un organe, *auquel aboutissent toutes les sensations, — où naissent toutes les représentations de l'imagination, — tous les concepts de l'entendement* (1). »

Et lors même qu'il n'exprimerait pas cette dépendance d'une façon plus formelle encore, ch. III, l. VII du traité *Des Dogmes d'Hippocrate et de Platon*, on ne pourrait conserver aucun doute sur le véritable caractère de la pensée de Galien. Les phrases qui viennent d'être transcrites sont manifestement d'un disciple des stoïciens, dont la théorie sur la connaissance est toute sensualiste (2). Galien qui a dit avec Platon : l'*âme rationnelle*, dit maintenant avec les stoïciens : *la partie directrice* (3), ou même, par une étrange combinaison : l'*âme directrice* (4). Pour indiquer le raisonnement, il écrit : *la faculté de discerner ce qui est conséquent et ce qui est contradictoire* (5). En plus d'un endroit, il parle de la *compréhension*. Enfin, sa liste des facultés intellectuelles est toute stoïcienne, sauf une lacune considérable : il ne nomme pas l'anticipation, qui se place entre la sensation et le raisonnement, formant avec les idées

---

(1) *De l'usage des part.*, VIII, VI.

(2) Voir mon histoire *Des théories de l'Entend. dans l'Antiq.* II, 5.

(3) Voir ci-dessus

(4) *De l'usage des part.*, XIII, III. — *Des lieux aff.*, III, V.

(5) Voir ci-dessus.

particulières de la première les idées générales qui servent de principes au dernier.

Ainsi, toutes les facultés de l'intelligence se rapportent à la sensation, qui en est le premier degré. Ainsi la raison est tout entière représentée par deux puissances seulement : 1° la sensibilité ; 2° l'activité motrice.

La théorie de la sensibilité et la théorie de l'activité motrice ne sont pas l'objet de traités spéciaux. Il y a bien le traité *Du mouvement des muscles*, qui renferme des considérations précieuses sur la faculté de mouvoir, et que nous interrogerons avec soin, mais il sera muet sur plus d'un point. Sur cette faculté et, à plus forte raison, sur celle de sentir, ce sont encore les deux traités, déjà maintes fois cités, *Des dogmes d'Hippocrate et de Platon* et *De l'usage des parties*, qui nous fourniront les indications les plus nombreuses et les plus intéressantes. Signalons cependant le chapitre vi du livre Ier du traité *Des lieux affectés*, où se trouve un très-curieux détail sur la sensibilité et la motilité, et l'opuscule *De l'organe de l'odorat*, où Galien expose avec complaisance ses singulières idées sur ce sens et son organe.

I. — LA SENSIBILITÉ.

On ne s'étonnera pas que la raison ait à la fois le pouvoir de sentir et celui de mouvoir, quand on saura qu'il y a lieu de distinguer deux parties très-différentes dans l'encéphale et en général dans tous les nerfs. D'abord, l'encéphale est double : il comprend l'encéphale proprement dit (le cerveau), situé en avant, et le parencéphale (le cervelet), situé en arrière. Or, quelle est la nature de l'encéphale? Il est mou, plus ou moins; il l'est surtout dans sa partie moyenne et profonde. Quelle est celle du parencéphale? Il est dur dans toutes ses parties, et relativement très-dur. Aussi la prévoyante nature, craignant que cet organe ne blessât l'autre, l'en a-t-elle séparé par une cloison solide et résistante (1).

La même différence se retrouve dans les nerfs. Les uns sont remarquables par leur mollesse, ils viennent de l'encéphale; les autres par leur dureté, ils viennent du parencéphale et de la moelle épinière (2).

Comme la sensation consiste dans *une impression éprouvée* (3), la sensibilité a un instrument parfaitement approprié à sa nature dans les nerfs mous (4); comme le mouvement consiste dans *une action produite* (5), l'activité motrice trouve dans les nerfs durs un instrument non moins convenable (6). Et la raison tantôt sent et tantôt meut, selon qu'elle s'exerce par l'encéphale ou le parencéphale, par les nerfs mous ou les nerfs durs.

C'est beaucoup de savoir que la sensibilité réside particulièrement dans l'encéphale, et reçoit les impressions par l'intermédiaire des nerfs qui y prennent naissance; de s'expliquer cette merveilleuse propriété de l'encéphale et de ses nerfs par leur mollesse. Ce n'est pas assez. Il faut entrer dans le détail

---

(1) *De l'usage des part.*, VIII, VI.
(2) *Ibid.*, IX, XIV.
(3) *Ibid.*, XIV, XIII.
(4) *Ibid.*, VIII, VI; IX, XIV; XVI, II, etc.
(5) *Ibid.*, XVI, III.
(6) *Ibid.*, VIII, VI; IX, XIV; XVI, II.

des diverses sensations, et, en montrant comment elles ont lieu, rendre compte de leurs différences.

Il existe trois espèces de sensations :

1° Les sensations accidentelles, qui résident dans les viscères et les organes, et qui, déterminées par les lésions de ces viscères, de ces organes, nous avertissent d'y porter remède. Comme elles sont généralement peu vives, elles ont lieu au moyen d'un nerf mou de faible dimension, dont une extrémité s'arrête à la partie sensible et l'autre plonge dans l'encéphale (1).

2° Les sensations périodiques, comme celles de la faim, dont le siège est à l'orifice de l'estomac, et par laquelle l'organisme réclame la nourriture qui lui est nécessaire. Ces sensations ont lieu au moyen de nerfs mous d'un volume plus considérable, et n'ont pas plus besoin que les précédentes d'un appareil organique spécial (2).

3° Les sensations proprement dites, sensations constantes, au moins pendant la veille, dont l'objet est bien moins de nous faire connaître l'état de notre corps que l'existence et les qualités des corps étrangers, et qui ont lieu au moyen de nerfs d'une nature

---

(1) *De l'usage des part.*, V, IX. — Galien passe en revue les plus importantes de ces sensations dans le IIe livre de son traité *Des lieux affectés*, exposant et réfutant les opinions d'Archigène sur ce sujet; mais, dans le traité *Des lieux affectés* comme dans le traité *De l'usage des parties*, Galien réduit ces sensations à des douleurs, ce qui est la vue incomplète d'un médecin : il en est d'agréables, il en est d'indifférentes, et la santé a les siennes aussi bien que la maladie. — Aujourd'hui encore, les médecins paraissent peu disposés à étudier le plaisir, par exemple M. Charles Richet, *L'homme et l'intelligence*, p. 5 et 6.

(2) *Ibid.*

spéciale, comme les nerfs optiques, et d'appareils formés exprès, comme les yeux (1).

Des sens. — Ces sensations sont de cinq sortes et se rapportent aux cinq sens.

Aristote prétend que l'encéphale a pour unique objet de rafraîchir le cœur. — A peu près comme le calcaneum qui, bien que situé à l'extrémité opposée, n'en est pas plus éloigné que l'encéphale. Et comment l'encéphale rafraîchirait-il le cœur, s'il est chaud lui-même, et si le cœur trouve sans cesse dans la respiration une source sans cesse renouvelée de fraîcheur? La vérité est que l'encéphale est le commun principe des cinq sens, auxquels il envoie des nerfs mous pour sentir, et même des nerfs durs, s'ils ont besoin de se mouvoir (2).

Mais il ne faut pas se laisser induire en erreur par le mot *encéphale.* L'encéphale ne doit pas ses merveilleuses propriétés à sa situation, mais à sa nature. Qu'il soit dans la tête, comme chez l'homme, ou dans le thorax, comme chez les crustacés, peu importe : c'est toujours la même substance douée des mêmes vertus (3).

Les sens ne sont pas non plus nécessairement placés à la tête. Ils sont et ils doivent être dans le voisinage du cerveau ; et il ne faut pas s'étonner de les trouver situés sur le thorax, quand celui-ci y est renfermé (4).

Tous les sens ont également un objet, un organe,

---

(1) *De l'usage des part.*, V, IX.
(2) *Ibid.*, VIII, II, III.
(3) *Ibid.*, VIII, IV.
(4) *Ibid.*, V.

un nerf : l'organe reçoit l'impression de l'objet ; le nerf la communique au cerveau, qui la perçoit. Ainsi a lieu la sensibilité. Mais l'objet, l'organe, le nerf varient avec les différents sens ; et de là vient la diversité des sensations (1).

Pourquoi tout sens n'est-il pas modifié par tout objet sensible? Parce que l'impression suppose, entre le sens et l'objet, un rapport de ressemblance. S'il n'était lumineux, le sens de la vue ne serait pas affecté par la couleur; ni le sens de l'ouïe par le son, s'il n'était aérien ; ni celui de l'odorat par l'odeur, s'il n'était vaporeux (2). Empédocle avait déjà énoncé cette incontestable vérité dans des vers bien connus :

> Par la terre, nous percevons la terre; par l'eau, l'eau ;
> Par l'air, l'air divin ; par le feu, le feu qui consume.

Seulement, il faut se garder d'une méprise qui serait grave : ce n'est pas la faculté qui est semblable à l'objet sensible, mais l'organe (3).

Dans le phénomène complexe de la sensation, l'impression et la perception sont bien distinctes. Ceux qui veulent tout réduire à la seule impression se trompent lourdement. Sentir, c'est percevoir dans le cerveau l'impression transmise par le nerf, après avoir été reçue par l'organe. L'impression n'est qu'un changement produit par un corps étranger dans l'organe qui cesse d'être en son état naturel : la sensation commence au moment où cette modification

---

(1) *De l'usage des part.*, VI. — *Des Dogm. d'Hipp.*, VII, v.
(2) *De l'usage des parties.*, VI.
(3) *Ibid.* — *Des Dogmes d'Hipp.*, VII, vi.

organique est perçue par l'âme présente au cerveau (1).

Comment le nerf transmet-il l'impression de l'organe, *sensorium* particulier, au cerveau, *sensorium* commun ? Par la vertu du souffle animal. Moyennant ce souffle, le cerveau est à la fois le point de départ et le point de retour de tous les phénomènes de l'organisation. Si tous les organes deviennent capables de recevoir des impressions diverses, c'est grâce au souffle animal; et si, après les avoir reçues, il les communiquent au cerveau, c'est encore grâce au souffle animal (2).

Mais quel est le rapport du souffle animal au nerf, et comment agit-il entre le cerveau et l'organe ? Grave question déjà posée et qu'il n'est plus possible d'ajourner.

S'il s'agissait uniquement du sens de la vue, l'observation répondrait d'abord. En effet, les nerfs optiques sont manifestement percés d'un conduit intérieur. On voit les extrémités de ce canal dans le cerveau et dans les yeux. Et si la première de ces ouvertures est moins aisée à distinguer, et par conséquent moins connue des anatomistes, elle n'est ni moins réelle, ni moins bien constatée par tous ceux qui ont eu soin d'opérer sur un grand animal, immédiatement après la mort. Ce canal est sans cesse rempli par le souffle animal, comme le prouvent des expériences nombreuses et diverses : par exemple, la dilatation de la pupille, lorsqu'on ferme l'œil. Tel est donc le rapport du souffle animal au nerf optique :

---

(1) *De l'usage des part.*, Ibid. *Des Dogm. d'Hipp.*, Ibid.
(2) *De l'usage des part.*, VII, VI. — *Des Dogmes d'Hipp.*, VII, IV.

il y est contenu ; telle est son action : il va du cerveau aux yeux et des yeux au cerveau (1).

Mais on ne peut admettre que le souffle animal se comporte dans les autres sens comme dans celui de la vue. On a beau observer les nerfs de l'ouïe, de l'odorat, etc., on n'y aperçoit pas la moindre trace d'un conduit intérieur. La raison même se refuse à y croire, car il faudrait supposer une enveloppe si mince qu'elle serait sans cesse déchirée, un canal si étroit qu'il serait sans cesse obstrué. Ainsi, point de conduit. Par conséquent, le souffle ne circule pas à l'intérieur. Par conséquent, il agit par une sorte d'*influx*, en suivant le nerf comme un fil conducteur. Telle est l'action du soleil, dont la vertu se répand dans l'air, le pénètre et le modifie, sans que sa substance en soit amoindrie (2).

Quelques-uns s'étonneront que la nature ait creusé certains nerfs, tandis qu'elle formait les autres d'une matière compacte ; que le souffle animal agisse ici par diffusion, et là par influx. Pourquoi donc la nature n'emploierait-elle pas des moyens différents pour des cas différents (3) ?

Comparés entre eux, les cinq sens diffèrent par le degré de subtilité de leurs objets et de leurs organes. Ils se rangent donc dans l'ordre suivant, en commençant par le plus grossier : le toucher, le goût, l'odorat, l'ouïe, la vue (4).

Du toucher. — L'objet du toucher est proprement

(1) *De l'usage des part.*, VIII, vi. — *Des Dogmes d'Hipp.*, VII, iv.
(2) *De l'usage des parties*, VIII, vi.
(3) *Ibid.*
(4) *Ibid.* — *Des lieux aff.*, IV, iii. — *De l'org. de l'ador.*, III.

la solidité. Toutefois, la sensation n'est pas unique. Au moment où nous touchons le solide, nous le percevons d'abord comme obtus ou aigu, et ensuite comme chaud ou froid. Quant à la grandeur, à la figure et au nombre, ce sens ne les perçoit qu'accidentellement, avec le concours du raisonnement et de la mémoire (1).

Le toucher a pour condition le contact entre l'organe et l'objet tangible (2).

Il s'exerce par tous les nerfs, dès là qu'ils sont mous, et par tous les organes, dès là qu'ils sont pourvus d'un nerf (3).

Cependant la main en est l'instrument le plus parfait, principalement dans ses parties internes. Elle joue ainsi un double rôle et sert, dans le même instant, à la préhension et au tact. Concours admirable, puisque l'on saisit mieux l'objet que l'on sent, puisque l'on sent mieux l'objet que l'on saisit, surtout par un organe comme la main, assez flexible pour embrasser les corps dans leurs contours, et se mouler sur leur forme (4).

Du goût. — L'objet du goût est proprement le genre des saveurs (5), et c'est par ce sens que nous percevons l'amer, l'âcre, l'acerbe, le doux, etc. (6). Ajoutons que nous percevons, en même temps que

---

(1) *Des Dogm. d'Hipp.*, VII, v, vi.
(2) *Ibid.*
(3) *Ibid.*
(4) *Ibid.*
(5) *De l'usage des part.*, II, vi.
(6) *Ibid.*, VIII, vi. — *Des Dogm. d'Hipp.*, VII. v.

la saveur et toutes ses qualités, le corps sapide lui-même (1).

Le goût a pour condition l'humidité. Toutes les fois que l'organe de ce sens se trouve desséché, quelle qu'en soit la raison, il n'y a plus ni impression, ni perception, ni sensation (2).

Le goût s'exerce par un nerf particulier, savoir, le nerf lingual, que la nature a pu faire très-mou sans inconvénient, à cause de sa situation; et par un organe particulier, savoir : la langue, enfermée dans la bouche, où elle est sans cesse arrosée par la salive (3).

De l'odorat. — L'objet de l'odorat est proprement le genre des odeurs. L'odeur, de nature vaporeuse, tient le milieu entre l'air et l'eau, et c'est ce qu'exprime Platon dans le *Timée*, disant de l'odeur qu'elle est une chose moyenne. Là est la raison d'un fait qui paraît d'abord étrange : il n'y a que quatre éléments, il a cinq sens (4).

L'odorat a pour condition le souffle vaporeux qui se trouve dans les ventricules antérieurs du cerveau. Quelle que soit la cause qui arrête la marche du corpuscule odorant, vaporeux lui-même, et l'empêche d'agir sur le souffle, la sensation manque toujours (5).

(1) *Des Dogm. d'Hipp.*, VII, VI.
(2) *Ibid.*, VII, V.
(3) *Des Dogm. d'Hipp.*, VII, VI. — *De l'usage des part.*, II, VI. — *De l'org. de l'odor.*, 3.
(4) *Des Dogm. d'Hipp*, Ibid.
(5) *Ibid.*—*De l'usage des part.*, II, VI.—*De l'org. de l'odor.*, III.

Il s'exerce par un nerf particulier, sorte d'apophyse allongée, qui s'étend des ventricules aux narines (1); il a pour organe, non pas, comme on le croit généralement, le nez ou quelqu'une de ses parties, mais les ventricules mêmes. C'est un point qu'il faut prouver.

Voici un fait. On ne perçoit jamais une odeur, quelque forte quelle soit, qu'après avoir aspiré. Ne faut-il pas conclure de là que le nez est le chemin des odeurs, mais que l'organe qui le perçoit est placé plus haut (2)?

Et quelle partie du nez serait donc chargée de percevoir? L'os? il est complètement insensible. La membrane? c'est l'opinion d'Aristote, mais considérez ceci : 1° elle ressemble à la membrane du palais, dont la sensibilité est fort obtuse; 2° elle devrait avoir plus de nerfs que la langue, puisque, dans l'ordre de subtilité, l'odorat vient avant le goût : or, elle en a moins ; 3° la nature de cette membrane n'est pas analogue à celle des objets odorants. L'organe du goût est spongieux, celui du toucher dur et terreux, parce que la nature, en fabriquant les organes des sens, les a rendus semblables à leurs objets respectifs. Il fallait donc que l'organe de l'odorat fût de la nature de la vapeur : or, telle n'est pas celle de la membrane pituitaire. D'où cette conséquence, contraire à l'opinion commune, mais établie par les faits, que l'organe de l'odorat n'est pas dans les narines (3).

---

(1) *De l'usage des part.*, II, VI.
(2) *De l'org. de l'odor.*, I.
(3) *Ibid.*, III.

Rappelez-vous ce qui a été dit : l'odeur n'est perçue qu'au moment de l'aspiration, et d'autant mieux perçue qu'on aspire plus fortement. D'où vient cela?

Il faut qu'on sache que le cerveau a un double mouvement de dilatation et de contraction, comme la poitrine. Il opère d'abord en lui-même le mouvement, qu'il communique ensuite à celle-ci. Enfin, il respire. Une partie du souffle parvient jusqu'aux ventricules du cerveau, qui l'attire dans l'inspiration et la rejette dans l'expiration. Ainsi a lieu le phénomène de l'odorat.

En voici la preuve expérimentale. Un homme était enrhumé. On lui fit aspirer par les narines un certain remède. Un jour qu'il avait aspiré plus fortement, il sentit une douleur cuisante au cerveau. Des esclaves, soumis à la même épreuve, sentirent la même douleur. Une partie du remède avait donc pénétré dans les ventricules antérieurs. C'est donc dans les ventricules antérieurs que réside le propre organe de l'odorat (1). Là se trouve un souffle vaporeux qui, modifié par la vapeur odorante, donne naissance à la sensation de l'odeur (2).

De l'ouïe. — L'objet de l'ouïe est proprement le son et toutes ses espèces, entre lesquelles la voix doit être mise au premier rang (3).

L'ouïe a pour condition le principe aérien enfermé dans l'intérieur de l'oreille. Si la voix, aérienne elle-

---

(1) *De l'org. de l'odor.*, IV.
(2) *Des Dogm. d'Hipp.*, VII, VI, VII.
(3) *Ibid.*

même, n'arrive pas jusqu'à ce principe, son semblable, pour le modifier, elle n'est pas entendue, et il n'y a aucune sensation (1).

L'ouïe s'exerce par un nerf particulier, par un prolongement de l'encéphale qui vient en quelque sorte recevoir dans l'oreille l'impression du dehors. Ce nerf, moins dur que ceux qui déterminent la locomotion et la préhension, n'est pas aussi mou qu'il devrait l'être, si la nature n'eût songé qu'à la sensation dont il est l'instrument. Mais elle a voulu le protéger contre les lésions qui pourraient l'atteindre, et elle lui a donné assez de mollesse pour sentir, assez de dureté pour résister (2).

L'ouïe a pour organe l'oreille, dont il importe de remarquer la merveilleuse constitution. Si le nerf acoustique eût été recouvert d'une membrane épaisse, elle eût opposé un obstacle au mouvement de l'air extérieur; si d'une membrane légère, elle ne l'eût pas suffisamment défendu. L'oreille a donc été creusée dans un os épais et dur, et formée de spirales contournées à la façon d'un labyrinthe. Les corps grossiers ne sauraient pénétrer dans ces conduits; et les corps mus d'un mouvement violent, en parcourant ces sinuosités, n'arrivent au nerf qu'avec une vitesse modérée. De cette manière le nerf est en sûreté, et la sensibilité demeure entière (3).

Quant au *comment* de l'impression, rien de si simple. Qu'est-ce que le son? Un mouvement de l'air. Ce mouvement, né d'un choc, s'avance onde

---

(1) *Des Dogmes d'Hipp.*, VII, v, vi.
(2) *De l'usage des part.*, VIII, vi.
(3) *Ibid.*, VIII, vi.

par onde jusqu'à l'oreille, jusqu'au nerf, jusqu'à l'encéphale, jusqu'à l'âme (1).

De la vue. — L'objet de la vue est proprement le genre des couleurs; c'est là pour elle le premier sensible. La couleur, voilà ce qu'elle perçoit d'abord, par elle-même, à l'exclusion de tous les autres sens; mais ensuite elle perçoit aussi, avec la couleur, le corps coloré, comme le goût perçoit, avec la saveur, le corps sapide. Il y a toutefois cette différence que le goût, comme les autres sens, attend que le sensible s'offre à lui, tandis que la vue se porte à travers l'air au devant de l'objet visible.

C'est ce qui fait que la vue perçoit, en même temps que la couleur de l'objet visible, sa grandeur et sa forme. Aucun autre sens ne fait cela, si ce n'est le toucher, mais seulement par accident. La vue a encore le privilège exclusif de distinguer la situation des objets et d'estimer leur distance. Ceux qui attribuent le même pouvoir à l'ouïe et à l'odorat sont les jouets d'une illusion (2).

La vue a pour condition le souffle lumineux qui, contenu dans les ventricules antérieurs, se rend constamment aux yeux par le canal des nerfs optiques (3).

On a déjà signalé la construction exceptionnelle de ces nerfs. Seuls, ils sont creux. Plus volumineux que ceux du cerveau, que ceux de l'épine dorsale, ils sont aussi plus mous à l'intérieur, plus durs à l'exté-

---

(1) *Des Dogmes d'Hipp.*, VII, v.
(2) *Ibid.*, ibid.
(3) *De l'usage des part*, VIII, vi; XVI, iii.

rieur (1). Ils partent de l'encéphale, s'épaississent et se durcissent dans leur trajet à travers les parties, s'amincissent et s'aplatissent dans les orbites, et là, reprenant leur nature primitive, laissent voir une substance semblable à celle du cerveau par la couleur, la consistance et les propriétés (2).

Les yeux, clos de toutes parts, renferment un grand nombre de parties très-diverses, et qui en font l'excellence ; la principale d'entre elles, le propre organe de la vision, c'est le cristallin. La preuve en est dans ces suffusions qui, venant se placer entre le cristallin et la cornée, nous empêchent de voir (3). La rétine, qui n'est que la terminaison du nerf optique, s'insère sur la capsule du cristallin, pour recevoir et transmettre à l'encéphale les impressions de ce dernier (4). Quant à la pupille, elle livre passage à la lumière du dedans et à celle du dehors, qui communiquent ainsi (5).

C'est, en effet, par cette communication que s'opère la vision. Mais cela veut être expliqué.

Il semble qu'on ne puisse faire que deux hypothèses : ou bien l'objet visible nous envoie quelque chose de lui-même, et se fait ainsi connaître ; ou bien il attend que quelque vertu sensitive aille de nous à lui, et que nous en prenions connaissance. Or, ces deux hypothèses sont également inadmissibles.

La première. Nous voyons par l'étroite ouverture

---

(1) *Des Dogm. d'Hipp.*, VII, v.
(2) *De l'usage des part.*, VIII, vi.
(3) *Ibid.*, X, i.
(4) *Ibid.*, II.
(5) *Ibid.*, IV.

de la pupille; par conséquent, si les objets extérieurs nous envoyaient leur image, leur qualité, leur forme, il nous serait impossible d'en percevoir la grandeur. Comment l'image d'une montagne pourrait-elle entrer dans nos yeux ? Autre impossibilité : ceux qui voient, à un moment donné, étant innombrables, il faudrait que la même image se multipliât à l'infini pour aller trouver chacun d'eux.

La seconde. Si le souffle visuel sortait de l'œil, il ne pourrait jamais se dilater au point d'embrasser tous les objets exposés à la vue. Une telle dilatation du souffle est aussi absurde que la goutte d'eau des stoïciens, qui se mêle à la mer tout entière.

Voici la vérité, qui n'a encore été dite par personne. A l'instant de la vision, l'air extérieur, modifié soudain, devient un instrument analogue au nerf. Ce que celui-ci est au corps, il l'est à l'œil. Comment a lieu cette singulière transformation ? Par la vertu du souffle visuel, qui produit dans l'air ambiant le même effet que le soleil. Le soleil a-t-il touché l'extrémité supérieure de l'air, aussitôt il répand dans toutes les parties de l'atmosphère sa puissance lumineuse. La substance du souffle, traversant les nerfs optiques, vient-elle frapper l'air ambiant, aussitôt il est modifié dans toute son étendue, et, dans une sorte de sympathie et de parenté avec ce souffle, devient comme lui capable de sentir et de voir (1).

L'erreur commune est de supposer que la principale partie de l'âme est seule sensible ; que les nerfs ne font que transmettre l'impression, sans rien

---

(1) *Des Dogm. d'Hipp.*, VII, v.

éprouver. On ne comprend pas que, dans ce cas, les organes devraient pouvoir être déchirés ou brûlés sans douleur. La vérité est que le nerf fait partie du cerveau, comme le rameau fait partie de l'arbre; que le nerf reçoit toute la puissance qui réside dans son principe, qu'il devient propre à sentir tout ce qui le touche. Il en est à peu près ainsi de l'air ambiant : mis en rapport avec le souffle visuel, il participe à sa nature et à sa vertu, il est un instrument qui s'ajoute à un instrument, il nous fait sortir de nous-mêmes et nous rend partout présents, pour percevoir les objets les plus vastes ou les plus éloignés.

Aristote s'est donc trompé. Il a raison de penser que nous voyons par le moyen de l'air; il a tort de croire que la forme des corps vient nous trouver par l'air comme par un chemin. Si les choses se passaient de cette façon, nous ne serions en état de percevoir par la vue ni la grandeur, ni la situation, ni la distance des objets.

Les stoïciens se sont donc trompés. L'air n'est pas comme un bâton avec lequel l'œil toucherait en quelque sorte les objets. Une opération de cette nature ne nous pourrait révéler que la résistance des corps. Or, le sens de la vue ne perçoit ni la solidité, ni la dureté, ni la mollesse; il perçoit la couleur et l'étendue, choses qui ne peuvent être rendues sensibles au moyen d'un bâton dont les extrémités joindraient les yeux aux corps (1).

Au contraire, Platon a vu juste. On lit, en effet, dans le *Timée* que l'instrument de la vue est le feu

---

(1) *Des Dogm. d'Hipp.*, VII, VII.

qui ne brûle pas, que la vision a lieu au moyen du feu intérieur et du feu extérieur, et que, en général, il n'y a de rapport possible qu'entre les semblables (1).

Tels sont les sens. Mais il ne faut pas oublier qu'ils se rapportent à un commun principe, d'où ils empruntent toute leur vertu. Ce commun principe, c'est la Raison. Cela a encore été parfaitement compris par Platon, qui a écrit :

« Il serait par trop étrange qu'il y eût en nous plusieurs sens, comme dans les chevaux de bois, et qu'ils ne se rapportassent pas tous à une seule essence intellectuelle capable de voir par l'œil, d'entendre par l'oreille et, en général, de sentir par tous les organes (2).

II. — L'ACTIVITÉ MOTRICE.

Il s'agit ici de la faculté d'imprimer le mouvement volontaire ; le seul qui puisse être rapporté à la Raison comme à sa cause. Il y a, en effet, une profonde différence entre le mouvement de l'artère, mouvement physique, sur lequel je n'ai aucune action directe, et le mouvement du bras, mouvement spontané, que je puis commencer, suspendre à mon gré. Le premier se fait en moi, le second par moi ; et la raison, qui n'est rien dans l'un, est tout dans l'autre (3).

Comment donc s'exécute le mouvement volontaire ? Au moyen des nerfs durs et des muscles.

---

(1) *Des Dogm. d'Hipp.*, VII, VI.
(2) *Ibid.*, ibid.
(3) *Des mouvem. des muscles*, I, I.

L'importante distinction des nerfs durs et des nerfs mous a déjà été signalée. Elle devait l'être. En effet, ces deux sortes de nerfs ont des rôles fort différents, et qu'ils n'échangent jamais entre eux. Un nerf mou est absolument impuissant à mouvoir; un nerf dur est radicalement incapable de sentir. A tel point que, si par hasard l'organe d'un sens a besoin d'être mû, comme l'œil, comme la langue, il a, outre le nerf mou par lequel il sent, un nerf dur par lequel il se meut. Et les parties mobiles ne sont en même temps sensibles que parce que la nature leur a donné à la fois un nerf dur et un nerf mou (1).

On conçoit, du reste, sans peine la nécessité de la mollesse dans un cas, et de la dureté dans l'autre. Sentir, c'est recevoir une impression : un nerf destiné à sentir ne saurait donc être trop mou; mouvoir, c'est produire une action : un nerf destiné à mouvoir ne saurait donc être trop dur. Aussi l'observation montre-t-elle un rapport constant entre la consistance des nerfs et l'aptitude des parties à éprouver la sensation et à imprimer le mouvement (2).

La ligne de démarcation entre les nerfs durs et les nerfs mous peut se tracer ainsi. Imaginez deux nerfs, le plus dur et le plus mou de tout le corps, et un troisième à égale distance des deux extrêmes. Sont durs, tous les nerfs situés entre l'intermédiaire et le plus dur; sont mous, tous les nerfs compris entre l'intermédiaire et le plus mou (3).

Les nerfs durs jouent dans le mouvement le même

---

(1) *De l'usage des part.*, VII, vi; XVI, ii.
(2) *Ibid.*, XVI, iii.
(3) *Ibid.*, IX, xiv.

rôle que les nerfs mous dans la sensation. Mais, sans les muscles, il n'y a pas plus de mouvement que de sensation sans les organes des sens. Le muscle est proprement l'organe du mouvement volontaire.

Qu'il faille faire une part aux muscles dans la production du mouvement, c'est ce que l'expérience ne permet pas de contester. En effet, toutes les parties mobiles ne sont-elles pas pourvues de muscles? N'y a-t-il pas un rapport constant entre le volume, la disposition du muscle et la nature du mouvement qui doit être accompli? Une incision faite au muscle ne paralyse-t-elle pas le membre, si elle est profonde; ne le rend-elle pas lent à se mouvoir, si elle est légère?

C'est donc le muscle qui meut, comme c'est l'œil qui voit; mais il meut par la vertu du nerf. Tranchez, comprimez, ligaturez le nerf, vous frappez le muscle d'impuissance. La force motrice lui vient du nerf. Mais les nerfs eux-mêmes la puisent dans le cerveau. En effet, dès qu'un nerf est séparé de ce centre, il devient inerte. Le cerveau, voilà le véritable moteur; le nerf n'est qu'un intermédiaire et le muscle un instrument (1).

Le nerf est le ministre du cerveau; le muscle est le levier du nerf (2).

Comme on le voit, le muscle est pour ainsi dire arrosé par trois canaux différents : les veines, les artères et les nerfs. En lui-même, ce n'est qu'un lieu; grâce aux veines et aux artères que lui envoient le cœur et le foie, il devient plante; les nerfs en font

---

(1) *De l'usage des part.*, IX, XVI.
(2) *Des Dogm. d'Hipp*, I, X.

un animal, c'est-à-dire un être capable de sentir et de se mouvoir (1).

C'est à tort que quelques-uns prétendent distinguer dans les muscles six différents mouvements. Cette grande variété paraît d'abord contraire à la loi que la nature semble s'être faite de procéder toujours simplement. Dans les artères, par exemple, on n'observe qu'un seul mouvement, et le même partout : n'en doit-il pas être ainsi pour les muscles ?

Voici un membre qui se meut tour à tour dans six directions différentes ; certains se hâtent de conclure que le muscle a six mouvements distincts : moi, je dissèque, j'examine, et je compte six muscles.

Que l'on prenne la peine de ne considérer qu'un seul muscle à la fois, et de le considérer avec attention, on sera bientôt convaincu que chaque muscle n'a rigoureusement que les deux mouvements de contraction et d'extension. Tels sont les muscles des bras et des jambes ; tels sont les muscles temporaux. Voilà les six mouvements de nos adversaires réduits à deux.

Maintenant qu'on observe le mouvement de contraction et celui d'extension, qu'on les observe dans le membre où ils s'accomplissent : on verra que le premier seulement est produit par le muscle, qui reçoit le second passivement. Le muscle agit lorsque, en se contractant, il tire à lui la partie mobile ; mais il n'agit plus lorsque cette partie est ramenée à sa place par un autre muscle, qui se contracte à son tour. Ce que vous appelez extension dans le premier muscle n'est que l'effet de la contraction du second.

(1) *Du mouvem. des muscles*, I, 1.

Il n'y a donc d'autre mouvement actif et inné dans les muscles que la contraction. Et voilà nos deux mouvements réduits à un seul (1).

Exprimons cela en disant que les muscles sont contractiles.

Les muscles se meuvent donc et meuvent les membres en vertu de leur contractilité naturelle. Mais cela-même semble souffrir quelque difficulté ; car, si la contractilité est propre au muscle, et si elle rend compte du mouvement volontaire, on ne voit plus quel est le rôle de la volonté, c'est-à-dire de la raison.

Les membres sont bien mus parce que les muscles se contractent ; les muscles ont bien le pouvoir de se contracter, et même de se contracter par leur propre vertu, comme on s'en assure en coupant transversalement tel d'entre eux après la mort ; mais, pendant la vie, la volonté ajoute beaucoup à cette puissance contractile et la gouverne (2).

Dans les idées dont on vient de lire l'exacte analyse, il faut faire la part du passé et celle de Galien lui-même. Il est clair que Galien emprunte beaucoup aux philosophes et médecins antérieurs. La théorie des semblables (3), la distinction profonde de l'impression et de la sensation (4), la théorie du souffle animal, lequel se partage lui-même en souffle vaporeux, souffle lumineux et d'autres souffles plus par-

(1) *Du mouv. des muscles*, I, IV et V.
(2) *Ibid.*, I, VIII.
(3) Voir, sur cette théorie et sur celle des contraires, mon histoire *Des théories de l'Entendement dans l'antiquité*, p. 31, 32.
(4) Voir *ibid.*, p. 204 et suiv.

ticuliers (1), etc. : ce ne sont pas là, à coup sûr, des nouveautés. Parmi ces vues anciennes, que Galien s'approprie peut-être un peu légèrement, il en est de vraies, il en est de fausses, et malheureusement plus de fausses que de vraies. Il est à regretter que la source à laquelle il puise le moins soit précisément la plus pure et la plus abondante, je veux dire la psychologie d'Aristote, à laquelle il ne prend guère çà et là que quelques expressions dont il ne paraît même pas comprendre toute la portée.

Dans les idées originales de Galien, il y a encore à faire la part de la vérité et celle de l'erreur. Cette dernière, je le constate avec satisfaction, est de beaucoup la moins considérable. Je signalerai seulement, comme un frappant exemple des aberrations où peut entraîner l'esprit de système, la très-singulière théorie galénique du sens de l'odorat. Certes, s'il est une chose évidente, et connue de tout le monde, c'est que le nez, avec ses diverses parties constitutives, est le propre organe de l'odorat. C'est cependant ce que Galien nie intrépidement. Et pour prétendre quoi? Que l'organe de l'odorat consiste essentiellement dans les ventricules antérieurs du cerveau! Ajoutons que cette incroyable thèse est soutenue par les raisons les plus ingénieusement nulles que l'on puisse imaginer.

Mais en mettant de côté les emprunts de Galien

---

(1) Les médecins Alexandrins, tels qu'Erasistrate; les philosophes stoïciens, tels que Chrysippe, s'étaient beaucoup occupés du souffle vital et animal. Dans ce dernier, Chrysippe avait distingué un souffle *directeur*, un souffle *acoustique*, un souffle *optique*, un souffle *phonétique*, un souffle *générateur*. Voir, *Des Dogm d'Hipp*., I, VI; V, III.

et ses erreurs personnelles, je trouve beaucoup à louer et à admirer dans la théorie générale de ce qu'il lui convient de nommer la Raison. Pas un philosophe avant lui, pas un seul n'avait soupçonné ni la vraie nature des nerfs, ni leur rôle dans la sensation et la locomotion. Les médecins Alexandrins, qui avaient tant et si bien observé le cerveau, et en général le système nerveux, étaient sans doute beaucoup plus avancés sur ce point; ils avaient des lumières qui avaient totalement manqué aux stoïciens et aux épicuriens, aussi bien qu'à Platon et à Aristote; mais je doute qu'ils fussent arrivés à la précision et à la netteté supérieure de Galien. Il ne fallait pas moins que le génie de Galien pour séparer ainsi le mouvement volontaire et la sensation, pour assigner aux nerfs leur véritable et légitime fonction dans ces deux phénomènes, et consacrer à tout jamais ce double résultat, scellé de l'inviolable sceau de la vérité.

Galien, notez-le bien, ne s'arrête pas à ces sommités; il descend dans le fond des détails. Là, il fait une nouvelle découverte, qui devait demeurer inaperçue, ou du moins peu appréciée pendant de longs siècles, jusqu'au moment où des contemporains la référaient sous nos yeux. Je fais allusion, on le devine, à la distinction des nerfs mous, affectés à la sensation, et des nerfs durs, affectés au mouvement. Si les médecins Alexandrins avaient plus ou moins compris le rôle psychique des nerfs, ce que je ne conteste pas, ils n'avaient certainement pas soupçonné que les uns sont exclusivement des instruments de sensation, et les autres exclusivement des instruments de mouvement. On en verra les preuves ci-après, chapitre VII, *De la maladie*. C'est donc une doctrine toute nouvelle introduite par Galien au sein de l'Alexandrinisme médical. Et cette doctrine a toute la netteté scientifique. Il y a deux espèces de nerfs absolument différents. Les uns, qui sont mous, sortent de l'encéphale, se rendent dans les organes des sens et les viscères, et y font naître la sensation. Les autres, qui sont durs, sortent du parencéphale et de la moelle épinière, se rendent dans les organes locomoteurs, dans les muscles, et y déterminent le mouvement. Et cette qualité d'être mous ou durs s'accorde parfaitement avec leur différente propriété de sentir ou de mouvoir, ce qui est mou étant plus particulièrement propre à subir une impression, et ce qui est dur à produire une action.

Il y a donc les nerfs de la sensation et les nerfs du mouvement ; Galien ne manque pas une occasion de l'affirmer. Et il insiste. Ces nerfs ne peuvent échanger leurs propriétés, et ne les échangent jamais. Les nerfs de la sensation sont inhabiles au mouvement ; les nerfs du mouvement sont inhabiles à la sensation ; et il est tout aussi impossible de mouvoir par les premiers que de sentir par les seconds. A tel point, dit Galien, que si le même organe qui est fait pour sentir doit aussi être mû, il a les deux sortes de nerfs : l'un pour la sensation, qui demeure étranger au mouvement ; l'autre pour le mouvement, qui demeure étranger à la sensation. Et il cite des exemples. Il cite ceux de nos sens dont l'organe est mobile, l'œil et la langue, distinguant dans l'œil le nerf moteur du nerf optique, dans la langue le nerf moteur du nerf gustatif. — Je demande comment un physiologiste contemporain pourrait s'y prendre pour distinguer plus nettement, plus catégoriquement, plus radicalement les nerfs sensitifs et les nerfs moteurs.

Il est vrai que Galien appelle nerfs mous les nerfs qui président à la sensation, et nerfs durs ceux qui président au mouvement, et qu'il explique par la mollesse des uns, leur propriété de sentir, par la dureté des autres, leur propriété de mouvoir. — J'en suis fâché, je l'avoue; mais l'erreur, en se mêlant à la vérité, n'empêche pas celle-ci d'être la vérité. Mous ou non, il reste toujours que les nerfs sensitifs sont purement sensitifs; durs ou non, il reste toujours que les nerfs moteurs sont purement moteurs; et, que leurs propriétés irréductibles s'expliquent par leur consistance, ou s'expliquent autrement, ou ne s'expliquent pas, elles n'en sont pas moins des faits parfaitement constatés par le médecin Alexandrin, et parfaitement incontestables. Nous verrons d'ailleurs ci-après que Galien paraît avoir fait bon marché de ces fausses dénominations et de la fausse idée à laquelle elles répondent.

Il est vrai que Galien se méprend sur l'origine différente des nerfs sensitifs et des nerfs moteurs, faisant naître arbitrairement et inexactement les premiers de l'encéphale et singulièrement de ses parties profondes, les seconds du parencéphale et de la moelle épinière. — J'en suis encore fâché, je l'avoue; mais de ce qu'il se trompe sur le point de départ et le trajet des deux espèces de nerfs, il ne s'ensuit pas qu'il se trompe sur leur nature et leurs attributs. Et malgré tout, ce fait demeure à la gloire de Galien : il a vu comme on la voit aujourd'hui, il a affirmé comme on l'affirme aujourd'hui, la radicale distinction du système nerveux sensitif et du système nerveux moteur.

Non-seulement Galien a compris que les nerfs en général sont l'agent essentiel de la sensibilité et de l'activité motrice ; que les uns se rapportent exclusivement à la première de ces deux facultés, les autres à la seconde : il a compris encore qu'il leur faut un certain appareil, sans lequel ils seraient impuissants, à ceux-là les organes des sens, à ceux-ci les muscles. Otez l'œil sans toucher au nerf optique : plus de vision ; ôtez les muscles du bras sans toucher aux nerfs moteurs de ce membre : plus de mouvement de préhension.

C'est surtout dans la théorie particulière de l'activité motrice que Galien excelle de tout point. Dans la sphère des cinq sens, il est un peu troublé par ses souvenirs des philosophes de l'antiquité, et par la tentation d'ajouter ou de substituer à leurs divagations des divagations analogues ; de sorte que le vrai rôle du nerf et de l'appareil organique disparaît quelquefois, ou du moins s'efface au milieu d'hypothèses fantastiques. Mais dans le cercle de l'activité motrice, rien de semblable. Galien ne se souvient de personne, pas même d'Aristote, qui eût cependant pu lui enseigner quelque chose, et ne s'inspirant que de son propre génie, il détermine avec une clarté, avec une rigueur parfaites, le rôle du nerf et du muscle dans la production du mouvement. Peut-on mieux dire ce que le muscle est au nerf, et le nerf au muscle. Peut-on mieux montrer, par la discussion des six mouvements attribués au muscle, que tout se réduit en dernière analyse à celui de contraction ; que le muscle a pour propriété unique la contractilité, et que tout s'explique à merveille par la seule contractilité?

J'ai dit que Galien, même sur ce point où il est si fort, eût pu profiter à l'école d'Aristote. C'est qu'en effet, dans cette théorie de l'activité motrice, le dedans est un peu sacrifié au dehors, la partie psychologique à la partie physiologique. Galien rend compte à merveille de la double fonction des nerfs et des muscles dans la production du mouvement; mais ce qu'il oublie, c'est que, s'il faut remonter du muscle au nerf, il faut aussi remonter du nerf à la volonté et à l'activité; c'est que la volonté et l'activité ont leur principe dans l'âme, et que, s'il est utile, nécessaire de mettre en lumière la part de l'organisme, il n'est ni moins utile ni moins nécessaire de mettre en évidence celle de l'âme même. Or, Galien lisant ou relisant Aristote eût été averti de cette lacune, et mis sur la voie de la combler.

Mais ne soyons pas trop exigeants : sachons nous contenter de ce qu'on nous donne, puisque ce qu'on nous donne laisse si peu à désirer.

Voulez-vous, pour finir et pour conclure, une preuve de la solidité de toute cette théorie galénique de la Raison ? Elle a survécu jusqu'à l'heure où nous sommes, et représente à peu près aujourd'hui encore, toute la philosophie de nos naturalistes. En quoi consiste en effet cette philosophie ? En trois points, ni plus ni moins, que voici : division de la vie organique et de la vie de relation ; distinction, dans celle-ci, de la sensibilité et de la motilité; explication de la sensibilité par les nerfs sensitifs et les organes des sens ; de la motilité par les nerfs moteurs et les muscles. C'est le pur galénisme.

Pas plus que Galien, nos naturalistes ne se soucient de placer au-dessus de la sensibilité la raison pure, au-dessus de la motilité la volonté libre, c'est-à-dire les deux facultés par la vertu desquelles l'homme est l'homme.

III. — LA VOLONTÉ; LE LIBRE ARBITRE.

Galien, comme cela ressort des recherches qui précèdent, n'a nulle part étudié la volonté, d'ailleurs fort négligée par les anciens (1). L'admet-il, ne l'admet-

(1) On chercherait vainement une analyse quelconque de la volonté dans les Dialogues de Platon, et ce n'est que par voie d'interprétation qu'on arrive à se convaincre qu'elle se confond, dans sa pensée, avec l'intelligence, bien que de savants esprits aient cru la trouver soit dans θυμός, soit dans les trois facultés à la fois, lesquelles auraient chacune leur volonté propre (H. Martin, *Etude sur le Timée*, note CXXXIV). Diogène Laërce nous assure, dans la *Vie de Xénocrate*, que ce philosophe avait écrit un livre: *De la volonté*; mais Diogène Laërce est-il bien renseigné? — Aristote ne s'arrête pas à la volonté dans le traité *De l'âme*, car ce qu'il en dit aux chapitres IX, X et XI du IIIe livre, spécialement consacrés à l'étude de la locomotion, se réduit à deux ou trois énigmes; c'est dans des ouvrages qui n'ont rien de psychologique, *Les Topiques* (IV, IV, 4), *La Rhétorique* (I, I, 4), le traité *Du mouvement* (VII, 1, 2, 5), et surtout *La Morale à Nicomaque* (II, V; III, I, II, III, IV, V; VI, II; VII, II), qu'il exprime clairement sa pensée, et l'on y voit qu'il rapporte la volonté à l'appétit et à l'intelligence tout ensemble, puisqu'il la définit: « un appétit raisonnable », ou: « l'appétit raisonnable du bien. » Diogène Laërce nous assure encore que Théophraste avait écrit un livre: *Des choses volontaires*, où l'on retrouverait sans doute les mêmes idées avec plus d'enchaînement et de développement. — Les stoïciens ont-ils consacré quelques traités à l'analyse de la volonté? Il n'y en a toujours pas trace dans les catalogues, d'ailleurs incomplets, de Diogène Laërce. Il ne sem-

il pas? La première hypothèse est la plus vraisemblable, puisque nous l'avons vu distinguer très-nettement les mouvements volontaires de ceux qui ne le sont pas. Mais ce qu'il nie expressément, catégoriquement, avec explications à l'appui, c'est qu'elle soit libre. Il est l'adversaire décidé de la doctrine du libre arbitre.

J'ai déjà dit comment Galien fut conduit à faire profession de fatalisme. Il avait employé tout un traité *(Que les mœurs de l'âme suivent le tempérament du corps)* à démontrer que les mœurs n'étant que la suite du tempérament, l'âme n'est que le résultat des éléments organiques et de leur proportion. D'où cette conséquence que, étant donné le corps, constitué de telle ou telle manière, l'âme est nécessairement telle ou telle, sans modification possible, à moins que l'organisme ne soit lui-même modifié.

Cette conséquence fataliste ne pouvait échapper à la sagacité de Galien, et il a consacré à la justifier le onzième et dernier chapitre du traité précité.

La doctrine qui identifie l'âme avec le tempérament, affirme Galien, en supprimant le libre arbitre, laisse subsister la moralité. La bonté et la méchanceté des

---

ble pas qu'ils se soient livrés sur ce sujet à des recherches originales, puisqu'ils reproduisent la définition péripatétitienne sans nulle modification. Pour eux comme pour Aristote, la volonté est toujours « un appétit raisonnable. » — Inutile de parler des néoplatoniciens, postérieurs à Galien. Plotin ne s'occupe d'ailleurs de la volonté qu'un instant, tout au commencement du IVe livre de la VIe Ennéade, et pour répéter Aristote, en se rapprochant toutefois de Platon.

hommes, l'amour et la haine qu'elles nous inspirent, l'éloge et le blâme, les châtiments comme les récompenses, tout s'explique, mais autrement que ne le veulent les philosophes (1).

Il y a des hommes bons, c'est incontestable; il y en a de mauvais, c'est incontestable. Mais c'est le tempérament qui les fait ce qu'ils sont. Les bons sont naturellement bons, les mauvais naturellement mauvais. Où les philosophes voient le libre arbitre, il n'y a que la nature.

Nous aimons cependant les bons et nous haïssons les mauvais, mais la raison de ce double sentiment n'est pas celle qu'on croit. Nous avons la faculté innée d'aimer le bien, de haïr le mal, sans égard aux personnes, ni à la volonté, absente ou présente. Il n'importe comment et pourquoi les bons sont bons: il suffit qu'ils soient bons; il n'importe comment et

---

(1) Quels philosophes? Un peu plus loin, Galien dit : *les philosophes du jour*, et il les oppose aux *philosophes anciens qui prenaient les phénomènes évidents pour base de leurs démonstrations*. Il s'agit très-certainement ici des stoïciens. Nous avons vu, à maintes reprises, Galien les accuser de discuter dans le vide, subtilement et puérilement. Leur école dominait à l'époque de Galien. Ils sont, dans l'antiquité, les tenants par excellence du libre arbitre, car s'ils ne sont qu'un écho d'Aristote sur la question de la volonté, ils ont une incontestable originalité sur celle du libre arbitre. Cette question du libre arbitre, jusque-là restée dans l'ombre, entre en scène avec les épicuriens, les stoïciens et les nouveaux académiciens. Mais le stoïcisme, par la main de Chrysippe, la frappa fortement à son empreinte (voir Plutarque, *De stoïc. repugn.*; *De placit. philos.*; Aulu-Gelle, VII, 2; et surtout Cicéron, *De fato*). Enfin, plus loin, Galien nomme les stoïciens par leur nom, et les combat, même avec impertinence, puisqu'il va jusqu'à les accuser d'ineptie.

pourquoi les mauvais sont mauvais : il suffit qu'ils soient mauvais. A proprement parler, ce n'est pas eux que nous aimons, que nous haïssons, c'est le bien et le mal qui s'y trouvent, d'où qu'ils viennent. C'est ainsi que nous nous élançons avec amour vers Dieu, bon par essence, que nous nous détournons avec horreur d'un scorpion, mauvais par nature.

L'éloge, suite de l'amour, le blâme, suite de la haine, s'expliquent de la même façon.

Quant aux peines, elles ont aussi leur raison d'être dans le système fataliste. Même la peine de mort. Nous infligeons la mort aux scélérats incorrigibles par trois motifs, qui la légitiment : afin qu'ils ne puissent désormais nous nuire ; afin d'effrayer ceux qui seraient tentés de les imiter ; afin de les protéger contre eux-mêmes, contre une perversité que ne sauraient amender ni les Muses, ni Socrate ni Pythagore.

Voilà la vérité. Par conséquent les stoïciens sont dans l'erreur, qui, sans tenir compte de la différence des tempéraments, estiment tous les hommes pareillement capables d'atteindre à la vertu. A les en croire, les vicieux ne le sont pas naturellement, mais par la contagion de l'exemple ou par l'attrait du plaisir. Deux vues démenties par les faits et par l'évidence.

Rendre compte de la perversité humaine par l'action sur nous de nos semblables, de nos parents, de nos maîtres, de nos amis, c'est se moquer ; car si la perversité peut se propager ainsi, on ne conçoit pas qu'elle naisse ainsi. Il faut nécessairement admettre des hommes pervers sans prédécesseurs, et conséquemment pervers par eux-mêmes, c'est-à-dire par leur nature. L'observation d'ailleurs nous montre de petits enfants méchants dès les premiers commencements de la vie, alors que personne n'a pu leur apprendre la méchanceté. Elle nous montre aussi dans une même famille, par conséquent dans un même milieu, parmi les mêmes influences, des enfants très-différemment doués, les uns allant au bien, quoi qu'on fasse, les autres au mal. Ce n'est donc pas l'exemple qui les fait ce qu'ils sont, mais la nature.

L'explication par l'attrait du plaisir n'est pas plus satisfaisante. On ne nie pas la séduction du plaisir, on ne nie pas ce que cette séduction peut avoir de fâcheux, on nie qu'il soit possible par là de rendre compte des faits ; car, de deux choses l'une : ou l'amour du plaisir l'emporte sur l'amour du bien, ou c'est l'inverse. Dans le premier cas, tous les hommes seront méchants : or, il y a des bons, quoique en fort petit nombre ; dans le second, tous les hommes seront bons : or, il y a des méchants, et à foison.

La doctrine des stoïciens ne supporte donc pas l'examen, comme l'a reconnu le plus savant d'entre eux, Posidonius, qui professe de tout autres opinions ; et il reste que c'est le tempérament qui nous détermine au bien ou au mal, comme il nous rend capables ou non de discerner le vrai du faux.

Cette esquisse fidèle montre le fatalisme de Galien sous son vrai jour. Il ne s'est pas proposé de traiter la question du libre arbitre. Il est fataliste par la vertu de la logique, c'est-à-dire que, rencontrant le fatalisme au bout de son matérialisme, il l'accepte franchement, résolûment. Mais, moraliste convaincu et sévère, il ne croit pas pour cela mettre la morale en danger, et, sans y insister beaucoup, il interprète à sa manière les faits moraux. Sa critique de la doctrine stoïcienne du libre arbitre est dans le même rapport à son système matérialiste des tempéraments, et il n'en attaque que cette proposition contradictoire à ses principes, que tous les hommes sans distinction sont capables de vertu. Or, que faut-il penser et de l'interprétation galénique des faits moraux et de la réfutation galénique de la thèse stoïcienne ?

C'est la première fois dans l'histoire, sauf erreur, que le fatalisme tente de se concilier avec les faits moraux et de s'accommoder avec la conscience du genre humain. Cette tentative, qui n'est qu'une ébauche, a, à cause de cela, un certain intérêt. Mais elle est vaine, comme toutes celles, beaucoup plus approfondies, qui ont suivi; et ces faits, inexplicables dès lors qu'on supprime le libre arbitre, demeurent l'éternelle pierre d'achoppement du matérialisme sous toutes les formes.

Ce que Galien nous dit de l'amour et de la haine que nous ressentons pour les bons et les méchants est absolument inadmissible. Sans doute il nous est naturel d'aimer le bien et de haïr le mal, mais à cela ne se borne pas la conscience. Nous savons gré aux bons de leur bonté et nous en voulons aux méchants de leur méchanceté ; nous estimons les premiers et nous méprisons les seconds ; nous croyons au mérite des uns et à la faute ou au crime des autres : toutes choses qui ne peuvent s'expliquer que par la liberté de l'agent qui fait bien, pouvant faire mal, qui fait mal, pouvant faire bien.

Les exemples cités par Galien prouvent contre Galien. Nous n'éprouvons pas le même sentiment en contemplant l'inaltérable perfection de Dieu et la vertu d'un honnête homme aux prises avec la mauvaise fortune. Nous n'éprouvons pas le même sentiment à la vue d'un scorpion et d'un scélérat; et la réflexion trouve dans la différence de ces sentiments celle du bien et du mal naturels ou volontaires.

Les peines et le dernier supplice sont encore plus inexplicables dans le système fataliste. Cependant Galien les explique, mais comment? Nous mettons à mort les scélérats, dit-il, pour n'avoir plus à redouter leurs coups et pour effrayer leurs semblables. — Alors les peines sont utiles à ceux qui les infligent, mais elles sont souverainement injustes à l'égard de ceux qui les subissent. On ne peut punir celui qui fait le mal par nature sans une féroce iniquité. — Mais, ajoute Galien, la mort est ce qu'il y a de mieux pour un scélérat, que ni les Muses ni Socrate ni Pythagore ne sauraient corriger. — A quelle marque certaine reconnaissez-vous qu'un scélérat est incorrigible? Supposez-le tel, pourquoi faut-il qu'il meure? Pour satisfaire à la justice? Mais il n'est pas libre, donc irresponsable. Dans son intérêt? Comment cela? En faisant le mal, il agit selon sa nature. Parce qu'un scorpion est venimeux, est-il de son intérêt d'être écrasé?

Quant à la théorie stoïcienne que tous les hommes sont susceptibles d'être vertueux, je vois bien qu'elle contredit la thèse galénique que les uns sont bons par tempérament, les autres mauvais par tempérament; mais en est-elle moins vraie pour cela? Je ne le crois pas.

A considérer les choses sans préjugé et sans système, les hommes ne naissent ni bons, ni méchants; ils deviennent l'un ou l'autre, suivant qu'ils se déterminent au bien ou au mal, ou, si l'on veut, suivant qu'ils gouvernent leurs penchants ou leur lâchent la bride. La bonté et la méchanceté sont des qualités morales, partant acquises; elles dépendent uniquement de l'exercice de la raison et de la volonté. Elles sont le fait de l'homme, et pas du tout un don de la nature. Voilà une première vérité que je considère comme incontestable.

Si Galien a seulement voulu dire que, entre les hommes, les uns naissent avec des penchants qui les inclinent au bien, les autres avec des penchants qui les inclinent au mal, il s'est encore trompé. Les hommes naissent tous avec les mêmes penchants naturels, et ces penchants ont tous une fin légitime. Que veulent les appétits? Le bien du corps. Les désirs? Le bien de l'âme. Les affections? Le bien de nos semblables. Toujours le bien. Les penchants primitifs, dans l'institution de la nature, sont tous excellents : seconde vérité incontestable.

Ils diffèrent cependant. D'abord, ils sont plus ou moins nobles, selon la nature de l'objet qu'ils poursuivent. La faim, qui nous pousse vers un grossier aliment, sans avoir rien de honteux, a quelque chose de bas, comparée au désir de connaître, qui nous élève à la science. Ensuite, ils sont plus ou moins énergiques. La faim peut être plus exigeante que la soif. Le désir de connaître peut être plus impérieux que le désir de commander. L'amour maternel peut l'emporter sur l'amour conjugal. Les penchants naturels, également bons, sont inégalement nobles, inégalement énergiques : troisième vérité incontestable.

Ces différences des penchants en mettent entre tous les hommes. Chez l'un, c'est tel penchant qui prédomine; chez un autre, c'est tel autre penchant. Chez l'un, c'est un penchant moins noble; chez un autre, c'est un penchant plus noble. De là les vocations, et même une sorte de prédestination. « Les grandes passions font les grands hommes », a dit un écrivain du dernier siècle. Les hommes se distinguent, en se caractérisant, par le penchant prédominant : quatrième vérité incontestable.

Voilà l'homme naturel. Je ne ferme pas les yeux aux exceptions. Il peut se faire qu'un homme apporte en naissant un penchant violent, irrésistible, indomptable : il y a des monstruosités physiques, pourquoi n'y aurait-il pas des monstruosités morales? La loi d'hérédité trouve d'ailleurs place ici. Il y a des héritages moraux comme il y en a de physiques, et ils peuvent être détestables comme ils peuvent être excellents. Mais ne parlons que de l'homme naturel et normal : que voyez-vous de mauvais en lui? Pour moi, je n'y vois que des éléments excellents, qui concourent à une fin excellente, et n'attendent, pour aboutir à la vertu, que la direction libre de la volonté et les salutaires avertissements de la conscience.

Mais si l'homme, sans être naturellement bon, est cependant fait pour le devenir, d'où vient qu'il y a des méchants?

Répondre par la contagion des mauvais exemples, ce n'est répondre qu'à demi. Galien triomphe outre mesure en démontrant une chose si claire, et je soupçonne qu'il altère quelque peu la pensée des stoïciens. Répondre par l'attrait du plaisir, c'est, au contraire, à mon avis, dénouer très-philosophiquement le nœud brutalement tranché par Galien.

Oui, le plaisir est bien, selon la parole de Platon, le plus grand appât du mal : non qu'il ait rien de mauvais en lui-même ; mais la séduction qu'il exerce sur notre volonté a pour effet d'altérer notre nature primitive et de transformer des penchants innocents en de coupables passions.

Tels sont nos penchants que leur satisfaction est invariablement suivie d'un plaisir, et que, plus ils sont énergiques, plus grand est le plaisir qu'ils nous procurent. Mais le plaisir ne fait pas partie des penchants ; il s'y ajoute par surcroît. Il n'est pas le but des penchants ; il est un de leurs effets. Primitivement, les penchants s'exercent, comme si le plaisir ne devait pas venir après, et nous inclinent avec plus ou moins de force vers leurs objets respectifs, comme si ces objets ne devaient pas nous être agréables. L'enfant a soif, parce que c'est sa nature, et il boit, parce qu'il a soif. L'enfant est curieux, parce que c'est sa nature, et il interroge, parce qu'il est curieux. Il est vrai qu'il éprouve du plaisir en se désaltérant, en apprenant, mais ce plaisir n'a pas plus été cherché qu'il n'a été prévu. Le penchant s'est développé de lui-même, *proprio motu*, et, en allant droit à son objet, il ne s'est proposé que cet objet.

Mais il n'en va pas toujours ainsi. La raison et la volonté, en apparaissant dans l'homme, apportent souvent de graves modifications à cet état primitif. La raison est proprement la faculté de se rendre compte, de réfléchir. Elle ne tarde donc pas à reconnaître que le plaisir se montre toujours à la suite des penchants satisfaits. Elle ne tarde donc pas à comprendre qu'un sûr moyen d'éprouver du plaisir, c'est de satisfaire un penchant ; qu'un sûr moyen d'éprouver le plus grand plaisir, c'est de satisfaire le penchant le plus énergique. A ce moment, une révolution morale est sur le point de s'accomplir. L'âge d'innocence finit, l'âge des passions va commencer.

En effet, le plaisir a pour nous un attrait souverain. Il est donc bien difficile que la raison nous montre le chemin qui y mène, sans que la volonté s'y précipite. Concevoir qu'on éprouvera infailliblement tel plaisir, plus vif que les autres plaisirs, en satisfaisant tel penchant, plus énergique que les autres penchants, c'est presque vouloir le satisfaire. De la pensée à la décision, il n'y a qu'un pas, et ce pas, l'expérience prouve que nous le franchissons presque toujours. Voilà donc le penchant qui change de destination. Jusque-là, il avait eu pour but la santé du corps, le perfectionnement de l'âme, le bien-être de nos semblables ; maintenant il n'aspire qu'à une fin unique : le plaisir, notre plaisir. C'était un besoin naturel, c'est un instrument de volupté.

Renforcé de l'attrait toujours croissant du plaisir (car plus on jouit, plus on veut jouir), le penchant acquiert ainsi une puissance qui sera peut-être un jour irrésistible. Excessif, il devient par là même exclusif ; il opprime, il réduit à néant tous les autres penchants ; il règne d'une manière absolue, et sur l'âme déconcertée et sur la volonté impuissante. Après avoir changé de destination, il change de caractère et de nature. C'était déjà un instrument de plaisir, c'est enfin une passion, dans la plus fâcheuse acception de ce mot.

Or, c'est évidemment la passion qui rend l'homme mauvais. C'est elle qui promène l'homme sensuel d'orgie en orgie, le voluptueux de débauche en débauche. C'est elle qui pousse l'ambitieux à tout rapporter à soi, à tout sacrifier à ses criminels desseins, et à dire dans son orgueil : périsse ma famille, ma patrie, l'humanité, pourvu que je triomphe ! C'est elle qui donne des chaînes à la liberté, qui étouffe la voix de la conscience, qui bannit la vertu, qui justifie le vice, qui glorifie le crime !

Ainsi, la nature humaine est parfaite de toute la perfection qu'elle comporte ; l'homme seul est mauvais, parce qu'il le devient, et il le devient, parce qu'il le veut bien. « Tout est bien sortant des mains de Dieu, tout dégénère entre les mains de l'homme. » La seconde partie de cette pensée est l'exagération d'un esprit chagrin ; la première, la vue nette et juste d'un esprit pénétrant. Le cœur humain, en particulier, est digne du divin ouvrier ; c'est à nous de ne pas le ravaler à la poursuite de misérables plaisirs, *sursum corda !*

CHAPITRE V.

DE L'HABITUDE.

L'âme et ses facultés connues, soit en elles-mêmes, soit dans leurs rapports aux organes, il s'en faut bien que la psychologie soit arrivée à ses extrêmes limites. Il reste encore un vaste espace ouvert à d'importantes recherches. Les facultés de l'âme, comme l'âme elle-même, ont des manifestations fort diverses, parce qu'elles peuvent s'exercer et s'exercent en effet dans des conditions fort différentes. A l'état originel s'oppose l'habitude, à la veille le sommeil, à la santé la maladie. Et l'âme et ses facultés sont tout autres, vivent et se développent tout autrement sous le régime originel et sous le régime habituel, pendant la veille et pendant le sommeil, dans la plénitude de la santé et sous l'influence fatale de la maladie. D'où suivent ces deux conséquences : 1° Que celui qui ne connaît l'âme et ses facultés que dans les premiers de ces états, ne les connaît qu'à moitié ; 2° Qu'il les connaît mal.

Ce sont donc de très-intéressants problèmes et qui ont leur place marquée dans un système psychologique exact et complet, que ceux-ci : qu'est-ce que l'habitude et comment se modifient l'âme et ses facultés en passant du régime de la nature à celui de l'habitude ? Qu'est-ce que le sommeil et comment se modifient l'âme et ses facultés en passant de la veille au sommeil? Qu'est-ce que la maladie et comment se modifient l'âme et ses facultés en passant de la santé à la maladie ?

Si donc Galien avait étudié l'habitude, le sommeil, la maladie, au point de vue psychologique que je viens de signaler, il faudrait bien se garder de passer de telles recherches sous silence. L'a-t-il fait, en partie du moins? Il y a lieu de le penser. D'abord il a un petit traité *Des habitudes*, que tout le monde connaît par le titre, sinon par le contenu. Le sommeil a aussi attiré son attention. Outre l'opuscule *Du coma*, le fragment *Du diagnostic par les songes*, il a exprimé sur ce sujet quelques idées originales dans trois chapitres du IIe livre de son ouvrage *Du mouvement des muscles* ; ce sont les chapitres iv, v et vi. On pourra consulter aussi le chapitre v du IIIe livre du traité *Des lieux affectés*. Enfin il n'est pas impossible de recueillir quelques vues sur la maladie considérée psychologiquement dans le même livre du même traité, ch. v et suivants. Galien a donc une certaine théorie de l'habitude, une certaine théorie du sommeil, une certaine théorie de la maladie et de ses effets psychiques, et il ne nous convient pas d'y rester indifférents. Nous allons en tracer une esquisse fidèle.

Ce qui frappe Galien dans l'habitude, c'est la puissance de l'habitude. Elle est si grande, et en même temps si manifeste, qu'il faut être aveugle ou de mauvaise foi pour la méconnaître. C'est ainsi qu'un homme qui, mangeant de la viande de bœuf pour la première fois, ne la digère qu'avec de vives douleurs, s'il continue ce régime pendant plusieurs mois, trouvera dans l'habitude la force de la digérer sans peine et sans effort. C'est ainsi que le remède qui sauve un malade, parce qu'il s'accorde avec ses habitudes, en tue un autre, parce qu'il les heurte brusquement. Aristote de Mytilène, disciple d'Aristote de Stagyre, le savait bien. Il avait toujours bu chaud : atteint d'une maladie qui ne pouvait être guérie que par des boissons froides, il refusa de boire froid, ne jugeant pas qu'il valût mieux mourir du remède que de la maladie.

Cette puissance de l'habitude a, du reste, été constatée par tous les médecins, qui en ont tenu grand compte. Elle l'a été surtout par Hippocrate, dans le traité *Du régime dans les maladies aiguës* et dans les *Aphorismes*, et par Erasistrate, dans le IIe livre de son traité *De la Paralysie.*

Voici comment s'exprime Hippocrate :

« Il est facile de constater qu'un régime mauvais pour le boire et le manger, mais toujours le même, est ordinairement plus salutaire à la santé que s'il était tout à coup et notablement changé en un meilleur, puisque, soit chez les personnes qui font deux repas par jour, soit chez celles qui n'en font qu'un, les changements subits sont nuisibles, et occasionnent des maladies. Ainsi, ceux qui n'ont pas l'habitude de faire un repas au milieu du jour, s'ils en font un, s'en trouvent incommodés... »

Plus loin :

« On pourrait, relativement aux organes digestifs, ajouter encore bien des choses analogues. Par exemple, on supporte facilement les aliments solides auxquels on est habitué, lors même qu'ils ne sont pas bons par nature, et il en est de même des boissons. Au contraire, on digère difficilement les aliments solides auxquels on n'est pas habitué, lors même qu'ils ne sont pas mauvais, et il en est de même des boissons. »

Telle est la puissance de l'habitude sur le corps. Mais Hippocrate semble en avoir également constaté la puissance sur l'âme dans l'*aphorisme* suivant :

« Les individus habitués à supporter les travaux qui leur sont familiers, les supportent plus aisément, quoique débiles ou vieux, que les hommes forts ou jeunes qui n'y sont pas habitués. »

Quant à Erasistrate, il a très-nettement exposé cette double puissance de l'habitude sur l'âme et sur le corps dans un passage déjà mentionné, au IIe livre de son traité *De la Paralysie*. Voici ce passage, tel que Galien a eu l'heureuse inspiration de nous le conserver :

« Celui qui veut traiter les malades selon les règles ne doit pas manquer de prendre en grande considération l'habitude ou le défaut d'habitude. Je dis en conséquence : les individus qui se livrent à des travaux pénibles, nombreux, auxquels ils sont accoutumés, les supportent longtemps sans fatigue ; et ceux qui se livrent à des travaux peu nombreux, auxquels ils ne sont pas habitués, éprouvent de la fatigue. Certains individus digèrent plus facilement les aliments habituels, lors même qu'ils sont malaisés à digérer, que les aliments auxquels ils ne sont pas accoutumés, lors même qu'ils sont d'une digestion peu laborieuse. Le corps réclame les évacuations habituelles, même celles qui sont désavantageuses par elles-mêmes, par la raison qu'il y est accoutumé, et il devient malade s'il en est privé..... On voit des particularités analogues se produire pour d'autres espèces d'habitudes. Ainsi, pour les vers iambiques que nous savons, si l'on nous demande, quand nous n'y sommes pas habitués, de réciter deux ou trois vers pris au milieu de la pièce, nous ne pouvons le faire que difficilement ; mais quand nous récitons la pièce de suite, et que nous arrivons à ces mêmes vers, nous les disons immédiatement et facilement ; et lorsque nous y sommes habitués, nous exécutons sans peine le premier exercice. On constate aussi cet autre phénomène : ceux qui ne sont pas accoutumés à étudier apprennent peu et lentement ; mais quand ils ont acquis plus d'habitude, ils apprennent plus et plus vite. Cela arrive également pour les recherches. En effet, ceux qui sont à peu près inaccoutumés aux recherches, ont, aux premiers mouvements de l'intelligence, l'esprit aveuglé et comme enveloppé de ténèbres ; ils s'arrêtent aussitôt dans leurs investigations, ayant l'esprit fatigué et rendu impuissant, comme ceux qui commencent à courir pour la première fois. Mais celui qui est habitué à chercher, pénétrant partout, cherchant par l'intelligence, et portant son esprit successivement sur divers sujets, n'abandonne pas sa recherche : ne cessant ses investigations ni pendant une partie du jour, ni pendant toute la vie, et ne dirigeant pas sa pensée vers des idées étrangères à l'objet de sa recherche, il les poursuit jusqu'à ce qu'il arrive à son but. Nous avons donc reconnu jusqu'ici que la puissance de l'habitude a une grande influence dans toutes nos affections, aussi bien celles de l'âme que celles du corps. »

Notons en passant que Galien nous fournit une indication précieuse ; malheureusement, ce n'est qu'une indication. Le même Erasistrate, dont on vient de lire une page intéressante, avait composé un traité *De l'habitude*, et dans ce traité il exposait avec le plus grand soin *la puissance de l'habitude sur la mémoire, le raisonnement, et en général les opérations de notre âme.*

Telle est donc l'incontestable puissance de l'habitude ; et Galien ne craint pas de terminer cet ordre de considérations par cette déclaration énergique, même un peu brutale : « Ce ne sont pas seulement les médecins qui savent combien l'habitude a de pouvoir sur les fonctions de notre corps et les opérations de notre âme, mais tous ceux d'entre les hommes qui ne vivent pas comme des porcs ou des ânes, et qui font attention à ce qui leur est utile ou nuisible, physiquement ou moralement (1). »

Maintenant, d'où vient cette puissance de l'habitude ? Quelle en est la cause, c'est-à-dire la raison, et comment peut-on en rendre compte ?

Pour répondre avec méthode à cette question, il faut d'abord considérer la *matière* de l'habitude. La matière de l'habitude, c'est ce qui en est le sujet, ce à quoi elle se rapporte. Or, ce sujet est variable. C'est en premier lieu, comme on a pu le voir par les détails qui précèdent, l'alimentation. C'est ensuite l'action diverse des objets extérieurs sur nos organes et sur notre âme. C'est enfin l'exercice. Examinons

---

(1) Dans cette citation et les précédentes, j'emprunte l'excellente traduction de Daremberg.

cette triple matière, et cherchons la raison qui rend l'habitude si puissante dans chacun de ces trois cas.

Relativement à l'alimentation, il faut commencer par une remarque. Les aliments sont toujours dans un certain rapport à l'organisme : ils lui sont conformes ou non-conformes ; et, dans le premier cas, plus ou moins conformes. Y a-t-il conformité ? l'aliment nous agrée, et nous le digérons à la fois avec facilité et avec plaisir. Y a-t-il non-conformité ? l'aliment nous répugne, et nous le digérons à la fois avec effort et avec douleur. Comment donc se fait-il que, par l'effet de l'habitude, l'aliment qui nous répugnait nous agrée ensuite ? Comment se fait-il que l'aliment péniblement et difficilement digéré le soit ensuite facilement et heureusement ? La réponse se présente d'elle-même : évidemment c'est que, après avoir été non-conforme à la nature de notre organisme, il lui devient conforme. La puissance de l'habitude réside dans ce changement qu'elle opère, de la non-conformité en conformité. Reste à expliquer ce changement lui-même.

Or, cette explication est toute simple. On sait bien que l'aliment introduit dans l'estomac, et en général dans les voies digestives, y est sensiblement modifié ; mais ce qu'on ne sait pas assez, ou du moins ce qu'on oublie trop, c'est que cet aliment modifie lui-même l'organisme dans une certaine mesure. Si on prend un certain aliment une seule fois, ou un très-petit nombre de fois, ou à de grands intervalles, cette modification de l'organisme est insignifiante et sans effet appréciable ; mais si on en fait un usage souvent répété, ou constant, alors l'organisme, modifié de jour en jour par l'aliment, lui devient conforme; et de là les effets de l'habitude. On peut donc dire que la puissance de l'habitude, ici du moins, a sa cause dans la conformité de nature, laquelle a elle-même sa cause dans l'usage fréquent d'un aliment déterminé.

Pour ce qui concerne l'action des agents extérieurs, la puissance de l'habitude s'explique d'une façon tout à fait analogue.

D'où vient en effet que nous souffrons du froid et du chaud, si nous n'y sommes pas habitués? C'est que l'organisme étant fait pour une température modérée, toute température excessive lui est contraire. Mais supposez qu'il se modifie sous l'action incessante du chaud ou du froid, il viendra un moment où il se trouvera conforme soit au chaud, soit au froid, et par conséquent où il ne souffrira pas soit du chaud, soit du froid. Voilà tout le secret de la puissance de l'habitude. Elle nous soustrait à la souffrance produite par un état contraire à notre nature, en changeant notre nature, en substituant à notre première nature une seconde nature, qui est en quelque sorte celle de l'objet qui agit sur nous d'une manière prolongée et identique.

Enfin, la puissance de l'habitude dans l'exercice des parties tient à un fait souvent observé, et qui se comprend de reste : c'est que l'exercice fortifie les parties. En les fortifiant, il les rend plus aptes à produire les mouvements et les opérations qui leur sont propres. Non-seulement l'exercice fortifie les parties, mais il les modifie dans un certain sens, dans le sens du mouvement ou de l'opération qu'on leur fait répéter. Là encore il s'établit à la longue une certaine analogie, une certaine conformité entre les parties et les mouvements, les opérations; de sorte que nous retrouvons toujours pour le même effet, savoir, la puissance de l'habitude, la même cause, savoir, la conformité de nature.

Du reste, il ne faut pas perdre de vue que ce ne sont pas seulement les parties du corps que l'habitude rend plus puissantes par l'exercice : ce sont aussi les parties de l'âme, c'est-à-dire les facultés intellectuelles et morales. C'est, dit Galien, ce que Platon a bien compris, et ce qu'il a parfaitement exposé dans le passage suivant du *Timée* :

« Nous avons dit et redit qu'il existe en nous trois âmes qui habitent des lieux différents et qui ont des mouvements propres. Ajoutons maintenant, en peu de mots, que celle d'entre elles qui demeure dans l'inaction et ne se meut pas comme elle doit le faire, devient nécessairement la plus faible, et celle qui s'exerce, la plus forte. Quant à la plus parfaite des trois âmes, il nous faut nous dire que Dieu nous l'a donnée comme un génie, car elle occupe le faîte du corps, et, grâce à sa parenté avec le ciel, elle nous élève au-dessus de la terre, comme des plantes qui n'ont rien de terrestre, mais toutes célestes. En dressant vers les lieux où elle a sa première origine l'âme, qui est comme la racine de notre être, Dieu dresse notre corps tout entier. Celui qui s'abandonne aux passions et aux querelles, sans souci du reste, n'enfante nécessairement que des opinions mortelles, et devient mortel lui-même, autant que possible; et comment en serait-il autrement, lorsqu'il travaille sans cesse à développer cette partie de sa nature? Mais celui qui applique son esprit à l'étude de la science et à la recherche de la vérité, et dirige à ce but tous ses efforts, n'aura certainement que des pensées immortelles et divines ; s'il parvient au terme de ses désirs, il participera à l'immortalité dans la mesure permise à la nature humaine ; et comme il donne tous ses soins à la partie divine de lui-même et honore le génie qui réside dans son sein, il sera au comble du bonheur. »

Les lacunes de cette théorie de l'habitude sautent aux yeux. D'abord, Galien ne s'inquiète nullement de nous dire comment les facultés de l'âme et l'âme elle-même s'exercent et se développent sous l'empire de l'habitude ; et cependant l'habitude opère en nous une véritable transformation dans l'ordre intellectuel comme dans l'ordre moral. A notre première nature, qu'elle efface, elle substitue une seconde nature, suivant l'expression d'Aristote, répétée à l'occasion par Galien. Or, nul doute qu'il n'y ait un grand intérêt à décrire cette seconde nature et à la comparer à l'autre. Mais il n'entrait ni dans le plan, ni dans les intentions de Galien, surtout préoccupé de physiologie, de se livrer à ces recherches psychologiques.

Galien a donc absolument omis d'étudier l'âme et ses facultés sous le régime de l'habitude, et de noter leurs modifications. Son analyse de l'habitude en elle-même est-elle du moins complète ?

Non. Lorsque Galien décrit ce qu'il appelle la puissance de l'habitude, et que nous appellerions plutôt sa nature, il constate fort bien un élément, et en oublie tout à fait un autre. Il montre on ne peut mieux que l'habitude nous met en état de faire ou de souffrir des choses dont nous étions naturellement incapables ; en d'autres termes, qu'elle crée en nous des aptitudes nouvelles. Il fait plus, il ajoute qu'elle ne crée pas seulement des aptitudes physiques dans notre corps, mais aussi des aptitudes morales et intellectuelles dans notre âme. Sur ce premier élément de l'habitude, il ne laisse rien à désirer, ou tout au plus des détails et des développements. Mais il est un second élément, non moins réel, et qui paraît avoir échappé à la perspicacité de Galien.

En même temps que l'habitude nous rend aptes à souffrir ou à faire une chose, elle met en nous le besoin, s'il s'agit du corps, le désir, s'il s'agit de l'âme, de la souffrir ou de la faire encore. Chacun sait qu'un plaisir tourné en habitude devient un véritable besoin, dont on souffre, même cruellement, s'il n'est pas satisfait. Otez son verre à un ivrogne, vous le mettrez au supplice. Chacun sait qu'un mouvement tourné en habitude devient un véritable désir, qui punit par la douleur quiconque résiste. L'écrivain, sans plume et sans livres ; le peintre, sans palette et sans pinceau ; l'astronome, sans lunette, sans chiffres et sans étoiles, ne trouveraient plus de prix à la vie. Voilà donc, à côté de l'aptitude acquise, un penchant factice, qui s'y ajoute et la renforce ; et c'est là l'habitude. Mais Galien, qui a très-bien vu l'aptitude, n'a pas vu le penchant ; en sorte qu'il n'a décrit que la moitié de l'habitude.

Il fallait signaler ces lacunes ; il ne faudrait pas s'en préoccuper au point de méconnaître les réels mérites de la théorie de Galien. Sans être complète, tant s'en faut, j'ose dire qu'elle est excellente. Pour nous en convaincre, concevons bien qu'elle se compose des trois propositions suivantes, logiquement enchaînées avec une parfaite rigueur :

1° L'habitude met en nous une puissance qui n'y était pas primitivement, celle de digérer sans peine un aliment qui nous répugnait, celle de recevoir sans douleur l'action d'une cause étrangère qui nous était contraire, celle de produire sans effort un acte que nous accomplissions laborieusement ;

2° Cette puissance provient d'une conformité de nature qui s'établit entre nous et l'aliment, entre nous et la cause étrangère, entre nous et l'acte produit par nous ;

3° Cette conformité de nature se réalise peu à peu par l'usage prolongé de l'aliment, par l'action fréquente de la cause étrangère, par la reproduction souvent renouvelée de l'acte, en un mot, par la répétition.

Qu'on prenne la peine de méditer ces propositions et leur suite, et l'on sera bientôt convaincu de la sérieuse valeur de la théorie dont elles sont la substance et l'abrégé. On admirera d'abord le lien qui conduit de la première à la seconde, et de celle-ci à la troisième ; car d'où vient la puissance ou l'aptitude nouvelle ? de la conformité de nature ; et d'où vient la conformité de nature ? de la répétition. On sera ensuite frappé du grand sens et de l'incontestable vérité de chacune de ces propositions prises une à une. On a déjà vu ce qu'il faut penser de la première. Elle met dans le plus beau jour l'un des deux éléments essentiels de l'habitude une fois formée ; et si elle néglige l'autre élément, elle n'en est pas pour cela moins vraie dans ce qu'elle affirme. La seconde est, selon moi, d'une singulière profondeur. J'ai lu avec soin les remarquables mémoires de Maine de Biran et de M. Ravaisson, et leurs explications de l'habitude m'ont moins satisfait que celle de Galien, lequel prétend en rendre raison par la conformité de nature, conformité qui se réalise par un lent progrès. Il est même digne de remarque que cette conformité lentement acquise n'explique pas seulement l'aptitude nouvelle constatée par Galien, mais aussi le penchant factice, qu'il n'a pas su observer. Car il est tout simple que notre âme soit *apte* et *penche* à produire une opération ou à recevoir une modification auxquelles elle est devenue conforme. Enfin, la troisième proposition, où la conformité de nature est elle-même expliquée par la répétition, ne fait qu'exprimer une vérité déjà vieille, et pour ainsi dire banale, du temps de Galien.

Ceci me fait songer que Galien n'a pas dû créer de toutes pièces cette théorie de l'habitude, qu'il a sans doute empruntée plus ou moins à ses devanciers, et, en suivant cet ordre d'idées, je me trouve conduit à un problème délicat. En effet, Galien atteste, nous l'avons vu, entre les médecins, Hippocrate et Erasistrate; parmi les philosophes, Platon. Or, je ne m'étonne pas qu'il cite seulement Hippocrate et Erasistrate entre les médecins : ce sont les deux plus grands, l'un chez les Grecs proprement dits, l'autre chez les Grecs Alexandrins; et rien ne prouve, d'ailleurs, que d'autres médecins aient traité avec profondeur et développement la question de l'habitude. Mais je m'étonne qu'il cite seulement Platon entre les philosophes, et ne fasse nulle mention d'Aristote (1). C'est à peine si Platon s'est occupé de l'habitude, qu'il ne nomme même pas ; au contraire, Aristote a semé dans ses ouvrages des vues originales, ingénieuses, profondes sur l'habitude ; mieux que cela, des vues qui ont la plus frappante analogie avec les idées de Galien. La preuve en est dans les deux phrases qui suivent, et que je choisis entre beaucoup d'autres :

« C'est toujours de la *répétition de certains actes que naissent les habitudes*, et tels sont nos actes, telles sont aussi nos habitudes. »

« C'est une vérité d'expérience journalière que la répétition fréquente de certains actes *produit une manière d'être conforme à ces actes eux-mêmes*; et c'est en vue de ce résultat que ceux qui s'adonnent à un exercice quelconque le pratiquent sans cesse. »

Nous retrouvons ici les deux idées les plus fondamentales de la théorie galénique de l'habitude, savoir : la répétition des actes, qui donne naissance à l'habitude ; la conformité de nature, qui l'explique. La ressemblance est manifeste et complète. Qu'est-ce à dire ? et supposerons-nous que Galien a voulu nous cacher la source où il puisait, pour nous faire croire à une originalité qu'il n'avait pas ?

Non, certes. Il ne faut pas légèrement accuser de plagiat un grand homme. J'ai la conviction que Galien s'inspire ici d'Aristote à son propre insu. Il le reproduit par réminiscence, sans se douter qu'il le reproduit. Il croit tirer de son esprit ce qu'il tire de

(1) On peut aussi s'étonner à bon droit qu'il ne nomme pas non plus Chrysippe, qu'il connaissait si bien, s'il est vrai, comme le rapporte Diogène Laërce, que Chrysippe eût écrit trois livres sur l'habitude.

sa mémoire. Sa bonne foi est entière. Et que savons-nous si ces idées, à force d'avoir cours, n'étaient pas alors tombées dans le domaine public : je parle du domaine public des médecins et des philosophes, surtout des médecins, qui devaient souvent rencontrer cette question de l'habitude sur leur chemin, et en traiter plus ou moins à leur point de vue particulier ? Enfin, il est juste d'ajouter que Galien a développé en médecin ce que Aristote avait seulement effleuré en moraliste, et de membres épars composé un corps vivant, c'est-à-dire une théorie dont les parties, fortement liées les unes aux autres, sont de plus confirmées par une vaste et sûre observation physiologique et pathologique.

CHAPITRE VI.

DU SOMMEIL.

Galien n'a pas composé un traité sur le sommeil, comme il en a composé un sur l'habitude. Le fragment *Du diagnostic par les songes* est, sans doute, un débris d'un traité plus ou moins étendu sur cette question ; mais c'est là une question particulière, et, si intéressant qu'il soit, un détail. L'opuscule *Du coma* est surtout médical, le coma étant un accident de certaines maladies ; ce qu'il nous a laissé sur ce sujet de plus considérable, ce sont sans contredit les chapitres déjà signalés du traité *Du mouvement des muscles*. Ce n'est pourtant pas à dire que les vues de Galien sur le sommeil soient sans valeur. S'il ne s'est nulle part proposé d'embrasser la question du sommeil dans sa complexité et sa diversité ; s'il n'en a pas fait une étude suivie, complète, savante ; si enfin il n'a guère enfoncé la charrue qu'en un coin de ce vaste champ, ce coin, il l'a du moins profondément labouré. Même ici, il a son incontestable originalité. Il importe donc de le suivre sur ce terrain, qu'il n'a pas pris la peine de reconnaître, où il ne lui a pas plu de s'arrêter. — Mais auparavant, renouons le fil un instant brisé de l'histoire des théories du sommeil, et exposons en une revue rapide, mais complète, les idées des anciens sur ce mystérieux état où s'écoule, dans l'ombre et le silence, la moitié de notre vie. Si l'on trouvait que c'est faire un bien long détour pour arriver à une étude aussi imparfaite que l'est celle de Galien, et que l'introduction est hors de proportion avec le sujet, on me pardonnerait d'avoir tracé au prix de ce défaut un chapitre d'histoire qui me paraît n'avoir encore été écrit par personne.

Les théories d'Héraclite et d'Hippocrate sur le sommeil, ci-devant exposées (1), nous amènent au seuil de l'Académie et du Lycée. Or, Platon n'a jeté les yeux sur le sommeil qu'à deux reprises et en passant. Au commencement du livre IX de *La République*, il constate que le sommeil est agité de passions violentes, ou exempt d'images impures et de mouvements déréglés, selon que la veille a été employée à satisfaire la partie appétitive de notre nature ou à en exercer la partie raisonnable. C'est l'influence du jour sur la nuit, de la vie éveillée sur la vie endormie notée, à ma connaissance, pour la première fois. — Dans le *Timée* (2), Platon effleure, avec un peu plus de développement, la question de la divination par les songes. C'est le même problème qui avait déjà éveillé l'attention d'Hippocrate; mais le médecin l'avait réduit aux choses de la médecine, recherchant seulement quelles indications les rêves peuvent nous fournir sur nos maladies et la manière de les

---

(1) Hippocrate, chap. III, *Physique hippocratique*, p. 84-93.
(2) Édit. Charpentier, t. VI, p. 258-261.

traiter; le philosophe, lui, l'embrasse dans toute sa généralité, examinant ce que les rêves peuvent nous apprendre, en tout ordre d'évènements, sur le passé, le présent et l'avenir.

C'est à la dernière des trois âmes par lui reconnues que Platon rapporte la divination par les songes. La divination est en quelque manière la raison de cette âme naturellement irraisonnable. Reflet de l'intelligence, elle fait pénétrer dans ces régions inférieures toute la perfection avec toute la lumière qu'elles peuvent recevoir. Or, voici comment elle a lieu.

Le foie est son propre organe. Il est dense, poli, brillant, doux avec un mélange d'amertume. Ainsi fait, la pensée, au sortir de l'intelligence, va se réfléchir sur sa surface comme sur un miroir. Cette pensée est-elle d'une nature fâcheuse, elle met en mouvement la partie amère du foie, le comprime, courbe le grand lobe qui était droit, et nous éprouvons de la douleur et du dégoût. Cette pensée est-elle sereine, elle met en mouvement la partie douce du foie, le dilate, le redresse, et nous avons, pendant la nuit, le calme et la tranquillité, pendant le sommeil cette sorte de substitut de la sagesse refusée à la troisième âme, la divination.

Telle est la divination, qui ne se rencontre jamais dans le libre et plein exercice de la raison, mais seulement lorsqu'elle est empêchée par le sommeil, égarée par la maladie ou transportée par l'enthousiasme.

Mais la divination, dans le sommeil comme ailleurs, ne doit pas être acceptée aveuglément. Il faut qu'elle soit interprétée. C'est à l'homme éveillé et sain qu'il appartient d'examiner les paroles prononcées en rêvant; de discuter et de mettre à l'épreuve du raisonnement les visions, les apparitions; de rechercher comment et à qui elles annoncent un bien ou un mal présents, passés ou futurs.

Dans une théorie complète du sommeil, tel que l'a compris l'antiquité, il y a trois points à considérer: 1° le sommeil en lui-même; 2° le rêve; 3° la divination par le rêve. Chacun de ces points a été étudié par Aristote dans un traité spécial.

En effet, Aristote a écrit un traité *Du sommeil et de la veille*, un traité *Des rêves* et un traité *De la divination dans le sommeil*.

Dans le premier de ces traités, Aristote pose et résout trois questions, qui sont bien en effet les principales que soulève le sommeil, considéré en lui-même et indépendamment des rêves.

Voici ces questions:

Quel est le principe du sommeil? ou, en d'autres termes, qu'est-ce qui dort dans l'homme? Est-ce le corps? est-ce l'âme? est-ce un principe commun au corps et à l'âme, et par conséquent le corps et l'âme à la fois, mais seulement dans une certaine mesure?

Quelle est la raison d'être du sommeil? Pourquoi cette perpétuelle alternative de la veille et du sommeil? Pourquoi ne trouve-t-on nulle part ni une veille perpétuelle ni un sommeil perpétuel?

Quelle est la cause déterminante du sommeil? Est-elle physiologique ou psychologique? et si elle est physiologique, en quoi consiste-t-elle?

Voici maintenant les réponses:

I. — Le principe du sommeil est le même que celui de la veille, car le sommeil est le contraire de la veille, comme la maladie est le contraire de la santé, la cécité le contraire de la clairvoyance; et telle est la nature des choses que les contraires appartiennent nécessairement au même sujet. Quel est donc le principe de la veille ?

La sensibilité. En effet, celui-là veille qui reçoit quelque sensation du dehors ou qui éprouve quelque mouvement intérieur, qui sent enfin. La veille est donc un état de la sensibilité. Le sommeil est donc un état de la sensibilité.

La sensibilité s'exerçant librement et sans entraves, voilà la veille; la sensibilité enchaînée, immobile, rendue impuissante par l'excès de la veille, voilà le sommeil.

Mais ceci demande à être exprimé avec une précision plus grande encore.

En effet, il faut distinguer deux choses dans la sensibilité : les sens particuliers, situés à la circonférence du corps, qui en sont le rayonnement ; et le sens commun, situé au centre du corps, qui en est le foyer. La veille et le sommeil sont deux états du sens commun, c'est-à-dire de la sensibilité prise à sa source. La veille est le sens commun en mouvement, le sommeil est le sens commun en repos.

On comprendra l'importance et la vérité de cette distinction, si l'on songe que les sens particuliers dépendent du sens commun, et ne peuvent s'exercer sans lui, tandis que le sens commun ne dépend pas des sens particuliers, et peut s'exercer sans eux. Il arrive souvent que les sens particuliers sont en repos, et ne perçoivent plus, et que le sens commun est en mouvement, et perçoit encore. Il y a alors défaillance, évanouissement ; il n'y a pas sommeil. Le sommeil est le repos, non pas d'un sens quelconque, mais du sens commun, par lequel nous sommes premièrement sensibles.

Or, la sensibilité n'est propre ni au corps ni à l'âme, mais commune aux deux : d'où il suit que ce qui dort, ce n'est ni le corps ni l'âme séparément, mais le corps et l'âme à la fois ; le corps en tant qu'il sert d'organe à la sensibilité, l'âme en tant qu'elle est la sensibilité.

Le sommeil étant le repos de la sensibilité est commun à tous les animaux, car il n'est pas un animal qui n'ait au moins le sens du toucher et même celui du goût, et par conséquent aussi ce que nous avons appelé le sens commun. C'est même la sensibilité qui fait que l'animal est animal. Il est donc en quelque sorte dans l'essence de l'animal de dormir. Aussi observe-t-on le sommeil dans toutes les espèces d'animaux terrestres et aquatiques. Et si on n'a pu encore le constater dans les coquillages, on l'y constatera certainement un jour, car certainement il y existe.

Les animaux dorment, parce qu'ils sont sensibles ; au contraire, les végétaux ne dorment pas, parce qu'ils ne sont pas sensibles. Ils n'ont que la faculté nutritive, qui est si peu propre au sommeil que, dans le repos de la sensibilité, elle s'exerce avec une activité plus grande.

II. — Mais pourquoi l'homme dort-il ?. Pourquoi l'animal dort-il ? Quelle est enfin la raison du sommeil ?

La veille. Il vient de la veille, qui nous fatigue et

nous rend le repos nécessaire ; il y va, parce qu'il répare nos forces, et nous met en état de veiller de nouveau, c'est-à-dire de sentir et de penser effectivement.

Il est la conséquence de la veille qui précède. Un organe, quel qu'il soit, ne peut fonctionner impunément. A force de fonctionner, il s'épuise, et, passé certaines limites, tombe dans l'impuissance. Les yeux, à force de voir, ne voient plus. La main, à force de toucher, ne touche plus. Les organes de la sensibilité, à force de sentir, ne sentent plus. De là le sommeil.

Il est en même temps la préparation à une veille nouvelle ; car si l'action prolongée ôte aux organes leur puissance naturelle, l'inaction prolongée doit la leur rendre. Redevenus capables de fonctionner, ils fonctionnent de nouveau. Et voilà comment le sommeil aboutit à la veille.

Ceci nous explique pourquoi le sommeil et la veille se succèdent dans un cercle sans fin, sans que l'un de ces états puisse jamais devenir, dans un animal quelconque, exclusif et constant. Impossible de veiller toujours : la veille conduit par l'épuisement au sommeil. Impossible de dormir toujours : le sommeil conduit par la réparation à la veille. L'alternative de la veille et du sommeil est donc une véritable nécessité de la nature animée et sensible, une loi de la vie.

III. — Quant à la cause du sommeil, elle n'est pas psychologique ; elle est purement physiologique On sait que la sensibilité a son organe central et son véritable siège dans le cœur. Voici donc comment elle y est atteinte, et dans quelles circonstances. Lorsque nous prenons de la nourriture, il se forme du sang, et le sang se porte au cœur. Il s'y produit alors un dégagement de chaleur, et comme une évaporation. Cette évaporation monte naturellement vers les parties élevées de notre organisation, et vers le cerveau, de toutes la plus élevée. Or, le cerveau est essentiellement froid. Il refroidit donc les vapeurs qui lui arrivent, et qui, redescendant alors, par un mouvement semblable à celui de l'Eurype, refroidissent à son tour le cœur, paralysent la sensibilité, et déterminent le sommeil.

Le sommeil, considéré physiquement, est donc une sorte de refroidissement des parties les plus intérieures et les plus centrales de l'organisation.

Quel est le principe des rêves, et dans quelles circonstances se produisent-ils? Cette question complexe fait l'objet même du traité *Des rêves*.

Aristote procède ici, comme en bien d'autres endroits, par élimination, et prouve d'abord que le rêve ne se rapporte ni à la sensibilité ni à l'intelligence.

Le rêve ne se rapporte pas à la sensibilité. En effet, outre que rêver, ce n'est pas voir, entendre, sentir véritablement, on ne peut ni voir, ni entendre, ni sentir véritablement quoi que ce soit dans le sommeil; or, on ne rêve que dans le sommeil.

Il est vrai qu'il arrive quelquefois à l'homme endormi de voir quelque lumière, comme celle de sa lampe, d'entendre quelque bruit, comme le chant du coq, ou même de répondre aux questions qu'on lui fait; mais c'est que son sommeil est incomplet, et qu'il s'y mêle quelque veille; car ce sont là des sensations imparfaites, non des songes.

Le rêve ne se rapporte pas à l'intelligence (1). En effet, dans nos rêves, nous ne disons pas simplement : ceci est un cheval, ceci est un homme (2) ; mais encore : ceci est blanc, ceci est beau. Or, le blanc, le beau et toutes les choses de cette sorte ne sont pas du ressort de l'intelligence.

Il est vrai qu'il arrive quelquefois à l'homme endormi de concevoir quelque pensée tout intellectuelle. Mais cette pensée ne fait pas partie de nos songes : elle s'y ajoute, comme dans la veille elle s'ajoute à nos sensations.

A quoi donc se rapporte le rêve, et qu'y a-t-il encore dans l'âme, outre la sensibilité et l'intelligence ? Il y a une faculté en quelque sorte intermédiaire, et qui comble l'intervalle ; il y a l'imagination. C'est précisément par l'imagination que nous rêvons. Rêver, n'est-ce pas voir une image, un spectre, un fantôme ? Et cela même, n'est-ce pas imaginer ?

C'est donc l'imagination qui produit le rêve. Mais comment ?

Reportons-nous à l'état de veille. Tandis que nous sommes éveillés, les choses sensibles qui nous entourent déterminent incessamment en nous des sensations diverses, selon nos divers sens et nos divers organes. C'est là un premier fait bien connu. Un second fait, moins facile à constater, mais non moins réel, c'est que l'impression produite dans l'organe, à l'instant de la sensation, y demeure après que celle-ci

---

(1) Il faut entendre par là l'intelligence proprement dite, νοῦς, c'est-à-dire la faculté de penser, par opposition aux facultés de sentir et d'imaginer.

(2) Ce qui implique abstraction et généralisation.

s'est évanouie. L'organe n'est plus en rapport avec l'objet, la sensation n'a plus lieu ; mais l'impression reçue persiste néanmoins. C'est ainsi qu'un projectile lancé avec une certaine force continue à se mouvoir dans l'air, après que le moteur a cessé d'agir. C'est ainsi que la chaleur produite dans une partie d'un corps, s'y maintient et même se communique aux parties voisines, après que le corps a été éloigné du foyer.

Cette durée de l'impression en l'absence de la sensation, à laquelle elle survit, est particulièrement manifeste dans les cas où la sensation s'est prolongée un certain temps avant de disparaître. Par exemple, a-t-on longtemps marché au soleil, et passe-t-on tout à coup à l'ombre, on ne peut d'abord rien voir, pourquoi? Parce que le mouvement sourdement produit par la lumière dans les yeux y continue encore. A-t-on longtemps considéré une certaine couleur, rouge ou bleue, et en détourne-t-on les regards pour les porter sur d'autres objets, on les voit d'abord rouges ou bleus, pourquoi ? Parce que le mouvement causé dans l'organe visuel par l'une ou l'autre couleur y persiste encore. On pourrait multiplier ces exemples à l'infini. Il en résulte cette vérité incontestable que, en l'absence de l'objet sensible disparu, et de la sensation effacée, les impressions, les mouvements demeurent dans les organes, et y demeurent sensibles.

Or, ces impressions persistantes, ces mouvements durables, fondement et principe de l'imagination, existent également et pendant la veille et pendant le sommeil; mais, pendant la veille, il sont presque comme s'ils n'étaient pas. Tout contribue à les effacer, les sensations en acte et la pensée en exercice. Telle une lueur s'efface devant une flamme ardente ; tel un chagrin se perd dans une douleur profonde. Pendant le sommeil, c'est tout le contraire qui a lieu. Grâce à l'inertie des sens particuliers, rendus impuissants par le reflux de la chaleur du dehors au dedans, les impressions, les mouvements restés dans les organes, arrivent au centre de la sensibilité, où réside le sens commun, et y deviennent clairs et facilement perceptibles. Nombreux et divers sont ces mouvements, nombreuses et diverses sont ces impressions. Elles s'agitent, se détruisent et se reforment à peu près comme ces petits tourbillons que l'on remarque sur les eaux courantes. Et voilà comment l'imagination fonctionne dans le sommeil ; et voilà comment se forme le rêve.

Par là s'expliquent tous les phénomènes du rêve. On ne rêve guère immédiatement après le repas ; on ne rêve guère dans l'enfance. La raison en est simple. C'est qu'il y a alors une trop forte agitation, causée par la chaleur qui provient de la nourriture, ou par le travail interne d'une organisation en voie de formation et de croissance ; dans ces conditions, les impressions survivantes restent inaperçues. C'est ainsi que, dans un liquide vivement agité, nulle image ne paraît, ou s'il en paraît une, elle est déformée, dispersée, et représente l'objet tout autre qu'il est.

Mais, quand l'opération digestive est accomplie, quand l'organisme est arrivé à tout son développement, les choses se passent d'une manière toute différente. Le cours du sang se fait avec lenteur ; dans le calme et le repos organiques, les impressions laissées par les sensations apparaissent comme des sensations véritables, s'unissent et se séparent, affectent mille formes, comme les nuages dans le ciel, et, en l'absence de tout contrôle devenu impossible, donnent lieu aux plus complètes illusions. De là ces hallucinations, ordinaire substance des rêves, et qui sont les jeux fantastiques d'une imagination que rien ne modère et ne gouverne dans le silence et l'immobilité universelle.

Tels sont les rêves. Quelle en est la valeur et la légitime autorité? Et que faut-il penser de la divination dans le sommeil? Voilà une question que Aristote trouvait toute posée autour de lui, et à l'examen de laquelle il a consacré le petit traité *De la divination dans le sommeil.*

On croit généralement, dit Aristote, que les rêves nous sont envoyés par les dieux comme des avertissements de l'avenir. Que les dieux nous envoient nos songes, on peut l'admettre, en ce sens que tout nous vient d'eux ; mais qu'ils veuillent par là nous révéler les évènements futurs, c'est ce qu'il est difficile de croire. Indépendamment de mille autres absurdités qu'entraîne cette supposition, il y aurait celle-ci, que les dieux accorderaient cette faveur aux hommes qui en sont les moins dignes, et même aux animaux, car les animaux rêvent.

Cependant, nos rêves se rapportent quelquefois, souvent même, aux évènements qui surviennent.

Aristote reconnaît ce fait, et l'explique. Les rapports entre les rêves et les évènements subséquents sont presque toujours de simples *coïncidences.* Ce n'est pas parce que je rêve que l'évènement a lieu, ce n'est pas parce que l'évènement a lieu que je rêve ; mais il se trouve, par une rencontre toute fortuite, que je fais tel rêve, et que tel évènement analogue s'accomplit. Et faut-il s'étonner de ce concours? Ce qui serait étonnant, ce serait que, parmi tant de rêves que nous faisons, et tant d'évènements qui arrivent, il n'y eût jamais de ces coïncidences accidentelles.

Maintenant, dans certains cas particuliers, le rapport que l'on observe entre tel rêve et tel évènement n'est pas une simple coïncidence : il peut se faire que le rêve soit la *cause* ou le *signe* de l'évènement.

Voici comment il en peut être naturellement la cause. Chacun sait combien les pensées et les actions de la veille influent sur les pensées et les actions du sommeil, c'est-à-dire sur les rêves : pourquoi la réciproque ne serait-elle pas vraie? Certains rêves ne peuvent-ils pas mettre nos esprits dans telle ou telle voie? Certains sentiments, qui nous ont vivement agités pendant le sommeil, ne peuvent ils pas mettre notre volonté dans telle ou telle direction? Cela paraîtra incontestable à quiconque y réfléchira sérieusement.

Les rêves peuvent aussi être naturellement les signes des affections morbides qui se déclarent plus tard chez le rêveur. Nos maladies, en effet, sont évidemment précédées de toute sorte de mouvements insolites dans notre organisation. Ces mouvements sont souvent imperceptibles durant le jour et la veille, parce qu'ils sont effacés, masqués par des mouvements plus considérables, par des impressions plus vives. Mais, durant la nuit et le sommeil, ces petits mouvements, en l'absence des autres, nous paraissent très-grands, et ces impressions très-énergiques. C'est ainsi qu'on s'imagine entendre la foudre et les éclats du tonnerre, parce qu'un petit bruit a lieu dans l'oreille ; traverser un brasier ardent, parce qu'on éprouve une petite cuisson dans quelque partie du corps. Le rêve alors est un véritable symptôme, et, si l'on veut, un avertissement.

Voilà la vérité sur la portée des rêves ; et celui qui y cherche autre chose qu'une cause ou un signe dans les cas particuliers que nous venons de dire, et qu'une coïncidence dans tous les autres, est dupe de son imagination et de sa crédulité (1).

L'école épicurienne a sa théorie du sommeil, conforme à ses doctrines générales. Épicure l'avait sans doute exposée dans l'un des trente-sept livres de son traité *De la nature*, et plus spécialement dans le traité *Des présages* que lui attribue Diogène Laërce. Il n'en reste aujourd'hui d'autres traces qu'une phrase de la lettre d'Épicure à Hérodote (encore cette phrase est-elle une sorte d'interpolation de Diogène), et les vers où Lucrèce l'a esquissée à grands traits.

Le sommeil a lieu lorsque, des parties de l'âme disséminées dans l'organisation, les unes fuient au dehors, tandis que les autres, refoulées à l'intérieur, s'entassent et s'agglomèrent. — Cette indication d'Épicure, interprété par Diogène Laërce, Lucrèce n'a fait que la développer, avec ses principales conséquences.

(1) Dans l'école d'Aristote, Théophraste et Ariston avaient aussi écrit des traités sur le sommeil et les rêves, mais il n'en subsiste que les titres, conservés par Diogène Laërce *(Vies de Théoph. et d'Arist.)*.

Qu'est-ce que le sommeil? Un amoindrissement de l'âme. L'âme se compose d'une multitude d'atomes extrêmement subtils, et elle est principalement située au centre de l'organisation. Quand vient avec la nuit l'instant du repos après la fatigue, une partie de ces atomes se disperse dans les membres, une autre partie s'échappe au-dehors, ce qui reste s'agglomère au dedans. Cette âme, ainsi diminuée, ne soutient plus le corps, qui s'affaisse; elle ne sent plus que très-imparfaitement; et voilà le sommeil.

D'où vient cet amoindrissement de l'âme? De l'action incessante de l'air, qui pénètre en nous par la respiration, et, venant frapper les atomes dont l'âme est composée, force les uns de fuir dans les membres, les autres de sortir de la poitrine et du corps, et les autres de se condenser en résistant.

Le sommeil succède au repas comme à la fatigue. C'est que les aliments liquéfiés pénètrent dans les veines, et produisent sur les atomes de l'âme le même effet que l'air. On peut même dire qu'ils agissent plus fortement, et voilà pourquoi le sommeil est alors plus profond.

Mais dans le sommeil, si l'âme ne pense pas, si l'âme ne sent pas, elle rêve. Rêver, c'est imaginer. L'âme endormie imagine, comme l'âme éveillée, par l'introduction des images qui, répandues dans l'air, pénètrent en nous par les pores, et arrivent jusqu'à l'âme. Les images semblables à celles qui ont déjà pénétré par ces pores y pénètrent plus aisément; et ceci explique pourquoi nous rêvons surtout des choses qui nous ont préoccupés pendant la veille.

Tout ce qui vient d'être dit est vrai de l'animal comme de l'homme. L'animal dort aussi, rêve aussi;

et l'animal revoit aussi dans ses rêves les objets qui l'ont intéressé pendant la veille.

Il est certain que les stoïciens se sont beaucoup occupés du sommeil et de la divination dans le sommeil. Zénon, sans exposer de tout point une doctrine philosophique sur cette double question, en avait au moins déposé le germe dans ses ouvrages; et Cléanthe était déjà entré dans des développements. Leurs successeurs firent davantage. Chrysippe composa un livre sur les rêves, et deux livres sur la divination en général, laquelle comprend nécessairement la divination dans le sommeil. Diogène de Babylone écrivit à son tour un livre sur la divination, Antipater deux et Posidonius cinq. De ces traités et de ces livres, il ne nous est rien resté, mais leur existence nous est formellement attestée par Cicéron, l. I, § 3 du *De divinatione*.

Il n'est pas moins certain que les philosophes de la nouvelle Académie et singulièrement Carnéade, attaquant les stoïciens sur ce point comme sur tous les autres, s'efforçaient de démontrer que la divination en général, que la divination dans le sommeil en particulier, n'ont aucun fondement solide et doivent être abandonnées comme la chimère d'esprits dépourvus de jugement et de critique. C'est encore Cicéron qui nous fournit cet intéressant détail, même ouvrage, même livre, paragraphe 4. Parlant de la divination, il dit en propres termes que « sur ce point, Carnéade a écrit avec beaucoup de force et de fécondité contre les stoïciens. » Dans quel ouvrage? Nous ne savons, notre auteur étant muet là-dessus, mais le fait est incontestable.

Or, malgré la disparition de tous les livres qui viennent d'être mentionnés, il ne nous est pas interdit de savoir quelque chose des idées des stoïciens, sinon sur le sommeil, au moins sur la divination dans le sommeil, et quelque chose de la polémique des académiciens sur le même point, grâce au traité de Cicéron. Le *De divinatione*, en effet, passant en revue tous les genres de divination, méthodiquement classés, n'a garde d'oublier la divination dans le sommeil ; et nous avons cette chance que, dans le premier livre, Quintus, représentant le stoïcisme, expose là-dessus la pensée stoïcienne, et que, dans le deuxième livre, Cicéron, partisan de l'Académie, expose à son tour la pensée contraire des académiciens. Nous n'avons donc qu'à prêter l'oreille tour à tour à Cicéron et à son frère pour nous renseigner sur ce double objet.

Apprenons d'abord de Quintus comment les stoïciens démontrent la réalité, la solidité, la légitimité de la divination dans le sommeil.

Quand il s'agit de la divination artificielle, dit Quintus, il n'y a pas lieu de chercher des raisons, c'est-à-dire d'expliquer pourquoi tel prodige est le signe ou le présage de tel évènement. Les raisons, le pourquoi nous échappent. La divination artificielle se prouve par l'expérience. L'expérience établit que certains prodiges sont invariablement suivis de certains évènements : donc ils les annoncent. Quand le prodige paraît, on peut être certain que l'évènement arrivera. La divination artificielle n'a pas d'autre fondement, mais celui-là suffit, et rien ne saurait l'ébranler.

Il n'en est pas autrement dans les arts, et par

exemple dans la médecine. Savez-vous pourquoi telle herbe, telle racine guérit les morsures dangereuses? Non ; mais l'expérience vous a appris que la guérison a constamment lieu. Vous constatez le fait, vous ignorez la cause. Vous croyez sans comprendre.

Ainsi de la divination artificielle. Dans une victime, une fissure des entrailles, une certaine manière d'être du foie sont les invariables antécédents de tels et tels évènements déterminés. Savez-vous pourquoi ? Non ; mais l'expérience vous a appris cette liaison. Ici encore, vous constatez le fait, vous ignorez la cause. Vous croyez, ou vous devez croire sans comprendre.

La divination artificielle repose donc sur l'expérience, qui montre ce qui est, pas du tout sur le raisonnement, impuissant à découvrir pourquoi ce qui est, est.

Or, la divination naturelle, et particulièrement la divination dans le sommeil, a un avantage singulier : on la prouve par les faits, c'est-à-dire on la constate, et de plus on la prouve par des raisons, c'est-à-dire on l'explique.

Et d'abord la divination dans le sommeil a un appui solide dans les faits. Ils sont en effet innombrables les songes confirmés par l'évènement ; et quand on en veut citer, on est embarrassé de choisir dans la multitude de ceux qui se présentent.

Quintus choisit cependant, et il a la main heureuse. Il raconte avec complaisance toute une série de songes plus ou moins piquants, et qui n'ont pas manqué de se réaliser. Il serait aussi inutile que peu intéressant de donner ici un abrégé décoloré de ces récits ; passons.

Donc, l'histoire qui nous montre mille et mille songes, et qui nous les montre toujours suivis de l'évènement, ne permet pas de douter qu'il n'y ait en eux une valeur prophétique. Mais cette valeur, nous ne sommes pas réduits à l'affirmer expérimentalement ; nous pouvons en rendre compte et en donner l'explication philosophique.

D'abord, il faut bien concevoir que le sommeil est un état particulièrement favorable à l'esprit, qui s'élève alors fort au-dessus de lui-même. En effet, pendant le sommeil, l'esprit, affranchi en quelque manière du commerce et de la société du corps, en devient plus libre, plus apte à accomplir ses plus hautes opérations, à se souvenir du passé, à juger le présent, à prévoir l'avenir. Le corps pendant le sommeil est comme mort : l'esprit en est plus plein de vie et de force. Ce phénomène s'observe souvent dans les maladies mortelles, lorsque le terme fatal approche, lorsque l'âme est pour ainsi dire délivrée de ce corps qui s'en va. Les mourants ont alors une singulière clairvoyance. Leurs sentiments s'ennoblissent, leurs pensées s'élèvent, ils revoient les images de ceux qui ne sont plus, ils pressentent l'avenir. Or, il en est du sommeil comme du moment de la mort : c'est presque une délivrance pour l'esprit, qui retrouve toute sa vivacité, toute sa pénétration, toute sa puissance, toute cette noble essence enfin qu'il tient de sa divine origine.

La valeur prophétique des songes s'explique donc par l'affinité de l'esprit humain avec l'esprit divin. Cette affinité est empêchée d'avoir tout son effet pendant le jour, pendant la veille, parce que le corps est à l'âme un perpétuel obstacle ; mais la nuit, le corps étant pour ainsi dire comme s'il n'était pas, notre esprit, rendu à lui-même, recouvre sa divine énergie, sa divine lucidité, et aperçoit sans peine, sans erreur, les choses futures, aussi bien que le présent et le passé.

La valeur prophétique des songes a encore une autre cause. Il faut qu'on sache en effet qu'il existe partout, autour de nous, au-dessous de nous, dans l'air, dans l'espace, des âmes immortelles sans cesse en action et en mouvement. Elles savent la vérité. Or, nos âmes communiquent naturellement avec ces âmes immortelles, et, grâce à ces communications, auxquelles le sommeil est plus propice, parce qu'il nous affranchit en quelque mesure des liens corporels, tout ce qui nous intéresse nous est certainement révélé.

Enfin la valeur prophétique des songes a une troisième et dernière cause. Il arrive, en effet, que les dieux même conversent avec les hommes pendant le sommeil. Dans ce dernier cas, les songes sont de véritables révélations; des révélations directes, la divinité en personne prenant la peine de nous dévoiler l'avenir.

Telle est la thèse stoïcienne, exposée par Quintus; voici maintenant l'antithèse académique, exposée par Cicéron.

Lorsqu'on soutient la doctrine de la divination dans le sommeil, on ne peut apporter à l'appui que l'une de ces trois raisons : ou bien les dieux, protecteurs de l'espèce humaine, nous avertissent eux-mêmes dans nos songes; ou bien les choses ont entre elles une certaine convenance, une certaine sympathie, par laquelle se dirigent les interprètes; ou bien enfin une longue et constante observation a montré que certains songes et certains évènements s'enchaînent, sans qu'on sache ni comment ni pourquoi. Or ces trois raisons sont trois mauvaises raisons qui tombent au premier choc de la critique.

Comment croire que les dieux nous envoient eux-mêmes les songes pour nous avertir? Réfléchissez à la manière dont la plupart des hommes se comportent relativement à leurs rêves. Ils ne les entendent pas, ils ne s'en souviennent pas, ils n'y attachent aucun prix. Cette façon d'agir et de penser, les dieux la connaissent sans nul doute. Mais alors, en faisant de nos songes des présages, ils feraient donc la chose la plus vaine et la plus absurde, c'est-à-dire la plus indigne d'eux-mêmes, de leur sagesse et de leur puissance !

Si les dieux veulent nous avertir par des visions de ce genre, pourquoi ne le font-ils pas plutôt tandis que nous sommes éveillés? Quelle que soit la cause des rêves, si on la suppose extérieure à l'âme, cette cause pourrait produire les mêmes effets pendant la veille; et si c'était une attention des dieux pour nous, ils préféreraient ce moment, puisque les visions hors du sommeil sont beaucoup plus nettes et plus certaines que celles qu'on a en dormant. Il eût été plus digne de la bonté divine de choisir la veille pour nous donner des visions claires que le sommeil pour nous en donner d'obscures.

On n'a jamais prétendu que tous les songes soient vrais: donc les uns sont vrais, les autres faux. Mais que signifie cette distinction dans l'hypothèse que nous examinons? Si les vrais seulement viennent des dieux, d'où viennent les autres? Ou si les faux en viennent aussi, comment peut-il convenir à la Divinité de troubler l'esprit des hommes par des visions mensongères? D'autre part, à quelle marque reconnaître quels songes sont vrais, quels faux? Et si nous en sommes incapables, comment les interprètes y réussiraient-ils mieux, eux les plus méprisables des hommes et les plus ignorants?

Lequel est le plus probable, le plus raisonnable, ou que les dieux immortels, les souverains arbitres du monde, ne fassent que courir aux lits et aux grabats des hommes, pour leur présenter des visions absurdes et embarrassées, que le lendemain ils iront raconter au devin; ou que les songes ne soient qu'un effet naturel de l'agitation de l'âme, laquelle croit voir dans le sommeil ce qui a frappé les sens éveillés? Est-il donc plus philosophique d'expliquer ces choses par des imaginations de bonnes femmes que par la nature même de notre âme? Qu'on y songe : telle est la nature et la puissance de l'âme qu'elle se meut continuellement, sans avoir besoin d'impulsion étrangère, par sa propre énergie et son inépuisable activité. Est-elle aidée du corps et des organes, elle voit, elle sent, elle pense distinctement. Est-elle privée de ce secours, elle crée en elle-même des images, des manifestations de toute sorte ; mais comme c'est dans un moment de faiblesse et d'abandon, toutes ces apparences sont troubles et contradictoires. Ce ne sont que d'informes débris ou des amalgames des pensées et des actions de la veille. Telle est la vraie nature et la vraie origine de nos rêves, phénomènes imparfaits d'un état imparfait, et dans lesquels les dieux n'ont absolument rien à voir.

Si les songes ont une valeur prophétique, ce n'est donc pas aux dieux qu'ils la doivent. La devraient-ils à cette convenance, à cette sympathie qu'une chose peut avoir avec une autre, et qui ferait par exemple qu'un œuf désignerait un trésor? Mais de bonne foi, quel rapport naturel peut-il y avoir entre un héritage, une dignité, une victoire et un songe! Cherchez, et vous ne trouverez pas. Aussi les conjectures des devins marquent-elles bien plutôt la subtibilité de leur esprit que les rapports de la nature. Un homme qui se proposait de disputer le prix aux jeux olympiques rêve qu'il est traîné dans un char à quatre chevaux. Le matin, l'interprète lui donne cette réponse : vous serez vainqueur ; ces quatre chevaux signifient que vous dépasserez vos concurrents. Mais il va ensuite trouver Antiphon, qui lui dit : Vous serez vaincu ; ne voyez-vous pas que ces quatre chevaux indiquent que quatre de vos rivaux vous ont laissé derrière eux? — Un autre coureur rêve qu'il est devenu aigle. Vous vaincrez, lui dit l'interprète, car quel oiseau a le vol plus rapide que l'aigle! Eh, non! lui dit Antiphon, vous serez vaincu, l'aigle étant toujours à la suite des autres oiseaux, puisqu'il leur donne la chasse. Au milieu de ces contradictions, où sont les rapports des songes avec les évènements? Ils n'en ont qu'avec l'imagination du trompeur et du trompé.

Quant au dernier argument, qu'une longue suite d'observations a fait voir certains songes enchaînés à certains évènements, et a permis de coordonner ces différentes remarques en un art de conjecturer l'avenir, il n'est pas plus solide que les précédents. Quoi! on a pu observer les songes? et par quel moyen? C'est une matière d'une variété infinie, et il n'est rien de si extravagant, de si ridicule, de si prodigieux dont on ne puisse rêver. Comment donc noter et retenir des espèces innombrables et toujours nouvelles? Les astronomes ont calculé le cours des planètes, et, contre l'opinion vulgaire, ils y ont trouvé un ordre invariable. Mais quelle règle peut-on suivre pour les rêves, et comment est-il possible de les interpréter, lorsque des songes pareils, soit chez plusieurs personnes, soit même chez une seule, ne sont pas suivis d'évènements pareils? Et comme un homme reconnu pour menteur n'est point cru lors même qu'il dit vrai, il faut s'étonner que les stoïciens, au lieu de reconnaître pour menteurs les songes qui mentent presque toujours, s'imaginent qu'ils disent toujours vrai, parce qu'ils se seront trouvés véridiques une fois entre mille.

Conclusion. Si donc les songes ne viennent pas des dieux, s'ils n'ont aucun rapport avec la nature, si l'art de les interpréter n'a pu naître de l'observation, il en résulte logiquement qu'ils ne méritent aucune créance.

Voilà, si toutefois je ne commets pas quelque grave omission sans m'en douter (1), voilà tout ce qui nous reste des théories des anciens sur le sommeil, dans l'intervalle qui sépare Hippocrate de Galien. On remarquera sans doute que les philosophes figurent seuls dans les pages qui précèdent, que les médecins en sont absents. Est-ce à dire que ceux-ci aient né-

---

(1) Il y a bien le chapitre VII du livre Ier de Valère Maxime, lequel est intitulé *De somniis*. Mais V. Maxime n'est ni médecin ni philosophe, et son chapitre *De somniis* n'est qu'une compilation sans critique ni valeur.

gligé un fait si considérable et qui, sous plus d'un rapport, intéresse si fort leur art? Il est plus vraisemblable que leurs traités sur le sommeil ont disparu dans le naufrage de leurs œuvres en général. Il est toutefois digne d'observation que Galien, qui a embrassé et la médecine et la philosophie dans leur universalité, a fait assez peu de place, dans ses études et dans ses livres, à la question du sommeil.

Dans un chapitre du traité *Des lieux affectés* (liv. III, ch. v) où Galien parle du sommeil dans ses rapports avec le cerveau, on s'attend à le voir exposer la cause physiologique du sommeil. Il explique, en effet, que le sommeil provient d'un excès de refroidissement ou d'un excès d'humidité; mais c'est bien moins le sommeil normal que le sommeil morbide qu'il a en vue, et l'explication qu'il donne ne s'applique en effet qu'à ce dernier. — Dans l'opuscule *Du coma d'après le sentiment d'Hippocrate*, il distingue le coma vigile et le coma somnolent. Et comme ce dernier se confond avec la léthargie, laquelle est une espèce de somnambulisme, on s'attend à voir Galien émettre quelques idées psychologiques sur cet étrange état de l'âme et du corps; mais point. La critique médicale règne ici exclusivement, et l'auteur n'a d'autre souci que de commenter la pensée d'Hippocrate et d'interpréter les termes dont il s'est servi. — Le fragment *Du Diagnostic par les songes* a une portée philosophique, et il est regrettable que ce ne soit qu'un fragment, et même très-court. C'est la même pensée que Hippocrate avait développée dans son traité *Des rêves*, mais avec des restrictions qui lui donnent plus de valeur avec plus de vraisemblance. Galien admet (comme l'avait admis Aristote) que nos songes révèlent quelquefois l'état pathologique du corps et des organes, mais ceux-là seulement qui présentent quelque analogie avec les affections corporelles, comme il arrive lorsque un homme dont le sang est glacé, rêve de neige et de frimas. Il faut aussi distinguer si le songe n'est pas un présage envoyé par les Dieux (ce qui nous montre, pour le dire entre parenthèse, que Galien est stoïcien sur ce point), ou s'il n'est pas le résultat des actions et des pensées de la veille : deux cas où il ne nous révèlerait pas nécessairement l'état du corps ; deux cas, ajoute Galien, qui ne sont pas toujours faciles à discerner. Mais ce sont là des affirmations, moins les preuves ; de sorte qu'il y a dans ce fragment les thèses d'une théorie philosophique, mais non cette théorie même. — Il reste, comme il a déjà été dit, que Galien ne développe sur le sommeil des idées d'un véritable intérêt que dans les chapitres plusieurs fois signalés du traité *Du mouvement des muscles*.

Voici comment, dans ce traité dont l'objet est tout différent, Galien est amené à s'occuper du sommeil. Il traitait du mouvement des muscles. Il constatait qu'il n'y a repos complet, c'est-à-dire absence complète de mouvement, que dans le cas où les muscles sont dans la position moyenne. Or ce cas est très-rare, même dans le sommeil ; en sorte que le repos est très-rare, même dans le sommeil. On comprend à présent comment Galien est conduit à parler du sommeil, et qu'il n'en parle que pour prouver que durant le sommeil, l'âme meut le corps et le meut volontairement.

Suivant Galien, le sommeil n'est qu'une moindre

action. L'âme endormie n'agit pas comme l'âme éveillée, mais elle agit encore. Par exemple, ceux qui dorment ne sont pas entièrement privés de sensation, quoiqu'ils sentent plus difficilement et plus faiblement. S'il n'en était ainsi, comment entendraient-ils, quand on les appelle? Comment ouvriraient-ils les yeux, quand on approche de la lumière? Comment tressailleraient-ils, quand on les touche? L'âme sent donc pendant le sommeil. Elle meut aussi, c'est-à-dire qu'elle fait effort sur les muscles pour mettre ou maintenir le corps dans telle ou telle position déterminée.

Cela est d'abord prouvé par les faits les plus ordinaires. Combien peu de personnes dorment couchées sur le dos, ce qui serait la position moyenne pour le corps; et la bouche médiocrement ouverte, ce qui serait la position moyenne pour la mâchoire inférieure! Nous faisons donc un continuel effort pour fermer la bouche et pour nous maintenir soit sur le côté droit, soit sur le côté gauche. Et si quelqu'un doutait de l'effort nécessaire pour garder cette position, qu'il essaie d'y placer un cadavre, il le verra aussitôt retomber lourdement.

Mais cette activité motrice de l'âme pendant le sommeil se montre d'une manière bien plus frappante dans certaines circonstances particulières. Qui n'a vu des personnes dormir assises? Plusieurs même en ont vu dormir en marchant! « Quand j'entendais raconter cela naguère, dit Galien, je n'y ajoutais pas foi; mais obligé moi-même de marcher pendant une nuit entière, et ayant reconnu le fait par une expérience personnelle, je me suis trouvé forcé d'y croire. En effet, je marchai presque la distance d'un stade endormi et distrait par un songe, et ne me réveillai qu'en heurtant contre une pierre. »

L'âme opère donc des mouvements dans le sommeil comme dans la veille, et les mêmes.

Mais cette opinion n'est pas du goût de tout le monde. Il est des personnes qui rapportent les mouvements et les actes du sommeil, non à l'âme, mais à ce principe inférieur que les stoïciens appellent la *nature*. — Comme il leur plaira! Mais mouvoir le bras, la jambe, c'est bien le fait de l'âme, pas du tout de la *nature*; et dans le sommeil, on meut le bras, on meut la jambe. Mais parler, c'est bien le fait de l'âme, pas du tout de la *nature*; et dans le sommeil on parle.

Il y a d'ailleurs un sûr *criterium* pour distinguer les mouvements qui ont leur principe dans la *nature* de ceux qui ont le leur dans l'âme, les mouvements physiques, automatiques, des mouvements psychiques et volontaires.

Soit un mouvement quelconque : pouvez-vous, à votre gré, commencer ce mouvement, le suspendre, puis le recommencer; pouvez-vous l'exécuter avec plus de vitesse ou plus de lenteur, plus souvent ou plus rarement? il est volontaire, il appartient à l'âme. Ne le pouvez-vous pas? il est involontaire, il appartient à la *nature*. Je ne puis pas, à mon gré, commencer, suspendre, recommencer le mouvement de l'artère; je ne puis pas le rendre plus vif ou plus lent, plus fréquent ou plus rare : il est involontaire; c'est la nature qui le produit, ce n'est pas moi. Je puis commencer, suspendre, recommencer le mouvement de la respiration; je puis le ralentir, le précipiter, le rendre plus fréquent ou plus rare : il est volontaire; c'est l'âme qui le produit, c'est moi.

Mais, objecte-t-on, comment ces mouvements accomplis pendant le sommeil peuvent-ils demeurer volontaires, puisque nous cessons d'en avoir conscience?

Galien répond qu'il en est ainsi d'une multitude d'actes accomplis pendant la veille, et qui sont volontaires, bien que nous paraissions n'en pas avoir conscience. L'homme dont les yeux sont ouverts a-t-il conscience du perpétuel mouvement des paupières? C'est bien cependant un mouvement volontaire. L'homme qui parle a-t-il conscience du mouvement de toutes les parties qui sont en jeu dans l'articulation de la parole? C'est bien cependant un mouvement volontaire. L'homme qui se rend à pied du Pyrée à Athènes a-t-il conscience du mouvement des muscles qui fonctionnent dans la marche? C'est bien cependant un mouvement volontaire.

D'ailleurs, est-il bien certain que les actes du sommeil soient accomplis sans conscience? Est-il bien certain, d'une manière plus générale, que la conscience manque à tous les actes auxquels elle paraît manquer? Il est permis d'en douter.

Il y a des foules d'actes dont nous avons conscience au moment où nous les accomplissons, et que nous oublions totalement l'instant d'après; des actes, par conséquent, sur la nature desquels nous ne savons rien; car pour les connaître, il faudrait s'en souvenir, afin d'y réfléchir (1). Et d'où vient que nous

---

(1) Ce passage, que j'abrège comme tout le reste, est très-net et très-précis : il prouve que Galien se rendait parfaitement compte des conditions de l'observation psychologique, qui sont, comme je l'ai expliqué maintes fois : 1° la conscience; 2° la mémoire; 3° la réflexion.

oublions ces actes ? C'est que nous sommes inattentifs en les produisant. Ne faisant sur notre imagination qu'une impression légère, ils n'y laissent pas de traces, et nous ne nous en souvenons pas.

Voilà pourquoi celui qui a la fièvre ne garde aucun souvenir de tout ce qu'il fait. « J'ai connu quelqu'un dit Galien, qui pendant huit jours extravagua de la manière suivante: Il s'imaginait être, non pas à Rome, mais à Athènes ; il appelait continuellement son esclave ordinaire, et lui commandait d'apporter tout ce qu'il faut pour le gymnase ; puis, au bout d'un instant : « Holà ! criait-il, il faut me conduire au *Ptolemœum*, je veux m'y baigner longtemps. » — Parfois même, entre deux questions, il s'élançait, et, couvert de ses vêtements, il se dirigeait droit vers la porte du vestibule. Les esclaves le retenant à l'intérieur et l'empêchant de sortir : « Pourquoi m'arrêtez-vous, leur demandait-il ? » — Ceux-ci lui expliquaient qu'il avait eu la fièvre, et qu'il l'avait encore. A ces observations notre homme répondait, avec beaucoup de convenance : — « Je sais bien que j'ai un reste de fièvre, mais c'est très-peu de chose, et l'on ne peut craindre qu'un bain me fasse du mal ; car toute cette fièvre vient de mon voyage. » — Se tournant alors vers son esclave : — « Ne te rappelles-tu pas quel mal nous avons eu hier, en venant de Mégare à Athènes ? » — Ainsi parlant et ainsi agissant, une hémorrhagie abondante du nez lui survint, puis une sueur, et il guérit rapidement ; mais il ne se souvint d'aucun de ces faits (1). »

Il en arrive de même dans l'ivresse, dans la peur,

---

(1) Traduction de Daremberg.

dans une méditation profonde. Dans tous ces états, comme dans la fièvre, nous faisons toute sorte d'actes dont nous ne conservons pas le moindre souvenir : cependant nous les faisons avec conscience. Pourquoi n'en serait-il pas de même des actes accomplis pendant le sommeil? L'âme agissant d'une façon obscure, l'imagination, peu impressionnée, ne garde pas la trace des faits, et nous les oublions. Mais nous en avons eu conscience, et nous les avons volontairement exécutés.

La conclusion de toutes ces observations, c'est que l'âme est bien certainement active et motrice dans le sommeil (1).

Si je ne me trompe, cette étude de Galien sur le sommeil n'est pas médiocrement intéressante. Elle a peu d'étendue, restreinte qu'elle est à une seule question, c'est vrai; mais combien elle a de profondeur! Elle est surtout très-psychologique, et par le procédé et par l'objet. De quoi s'agit-il, en effet? De rechercher si l'âme, dans le sommeil, meut ou ne meut pas, si elle meut volontairement ou involontairement. Or, c'est là un point de vue particulier d'un problème éminemment psychologique et d'une importance capitale, savoir : que devient l'âme pendant le sommeil, et comment se comporte-t-elle dans cet état extraordinaire, bien que quotidien? Il est même juste de remarquer que ce point de vue particulier était alors le plus obscur et le plus neuf; car Aristote avait noté que l'on sent encore dans le sommeil, tout en ayant le tort de renvoyer ces sensations

(1) *Du mouv. des muscles*, II, IV, V, VI.

à la veille ; et les rêves, déjà maintes fois analysés, ne permettaient pas de douter que la pensée ne s'exerçât aussi bien ou mieux que la sensibilité dans l'ombre et la torpeur des nuits. Restait le mouvement. On ne s'était pas demandé si l'âme endormie exerce encore sa faculté motrice en de certaines limites, et c'était un point peut-être assez difficile à élucider. Galien l'a mis en pleine lumière, et je ne m'étonne que d'une chose, c'est qu'il n'ait pas fait mention du somnambulisme.

Galien a donc eu la bonne fortune d'écrire un chapitre de la psychologie du sommeil, et celui-là même auquel ses devanciers avaient laissé toute son originalité avec sa primitive et naturelle obscurité. Il a eu, de plus, le bon esprit de résoudre une question toute psychologique par l'observation psychologique. J'admire sincèrement toute cette fine, solide et profonde analyse ; comment il établit, par les faits exactement interprétés, que l'âme opère des mouvements jusque dans le sommeil le plus complet ; avec quelle précision, quelle sûreté il marque la différence des mouvements volontaires et des involontaires ; comment il fait voir que les mouvements volontaires du sommeil pourraient être destitués de conscience, puisqu'on observe cette anomalie dans certains actes volontaires de la veille ; par quelles inductions il montre que la conscience a pu, a dû éclairer les mouvements du sommeil, comme elle éclaire ceux du délire, et que ce qui manque dans les deux cas et fait l'illusion, c'est le souvenir ; enfin, avec quelle vérité et quelle netteté il paraît concevoir cette observation intérieure qu'il pratique si bien.

Notons que, sans avoir égard à ses devanciers, et

sans sortir de la question très-spéciale où l'ont conduit et le confinent ses recherches sur le mouvement des muscles, Galien réfute implicitement deux très-graves erreurs d'Hippocrate et d'Aristote.

Par une illusion que Jouffroy devait reproduire de nos jours avec tant de vraisemblance et d'esprit, Hippocrate avait affirmé que le sommeil, exclusivement circonscrit dans les limites du corps, respecte l'âme, qui continue d'exercer ses facultés la nuit comme le jour. Il avait encore exagéré cette thèse déjà excessive. Il avait prétendu que le sommeil du corps laissant à l'âme toute sa liberté, celle-ci atteint alors, dans ses opérations diverses, à une perfection dont elle est incapable pendant la veille. C'est justement l'opinion contraire que professe Galien, et à juste titre. Il sait si bien que l'âme, en tant que puissance motrice, n'est dans le sommeil ni supérieure ni égale à elle-même dans la veille, que ce n'est qu'à force d'observer, de raisonner, de distinguer, qu'il parvient à établir que le premier de ces états n'abolit pas entièrement la faculté d'imprimer le mouvement volontaire. Il se montre donc convaincu que l'âme endormie meut encore, mais dans une mesure notablement moindre. Et de même de la pensée, de même de la sensibilité, quoique cela ne soit qu'implicitement contenu dans ses paroles : l'âme endormie pense encore, sent encore, mais dans une mesure notablement moindre. Et c'est ainsi qu'Hippocrate se trouve heureusement corrigé sur l'un des points les plus fondamentaux de la science du sommeil.

Aristote, expliquant le rêve, le fait exclusivement consister dans l'imagination, les illusions et les hallucinations auxquelles elle donne lieu pendant le silence et l'obscurité des nuits. Or, cette théorie si ingénieusement présentée par ce pénétrant esprit, sans être fausse, est loin d'être vraie de tout point. Nul doute que l'imagination ne fournisse au rêve ses plus nombreux et plus saillants éléments. Mais qu'elle en fasse à elle seule tous les frais, dans l'inertie absolue de toutes les autres facultés de l'âme, c'est ce qu'on ne peut admettre, c'est ce que Galien n'admet pas. En prouvant que l'âme meut encore, meut volontairement pendant le sommeil, il prouve du même coup que l'activité motrice contribue pour une certaine part à la formation et au développement de nos rêves. Et l'on voit de reste, par certains détails, que Galien ne doute pas que nos autres facultés, intellectuelles et morales, n'apportent leurs divers fils aux trames que nous ourdissons dans l'ombre et le repos nocturnes. Et c'est ainsi qu'Aristote se trouve heureusement corrigé sur l'un des points les plus essentiels de la science du sommeil.

D'où il paraît que Galien, tout en ne traitant ici qu'une seule question très-particulière de cette science du sommeil, la possédait tout entière, avec une netteté, une sûreté et une vérité qui nous font regretter que l'occasion, ou le temps, ou la volonté, lui aient manqué pour l'exposer tout au long dans un ou plusieurs ouvrages exprès.

CHAPITRE VII.

DE LA MALADIE.

On chercherait vainement, dans les traités de Galien, même une ébauche quelconque de ce qu'un médecin de ce temps-ci a appelé la *Psychologie morbide*. Galien n'a pas étudié la question de la maladie en philosophe. Il ne s'est nulle part proposé de suivre les maladies du corps jusque dans l'âme, ou, si l'on veut, d'observer et de décrire les contre-coups psychiques des maladies corporelles. C'est en médecin, dans un livre exclusivement médical, qu'il a effleuré le problème de la maladie regardée du côté psychologique, et voici comment.

Le traité *Des lieux affectés* a un objet très-nettement déterminé. Il s'agit de rapporter les diverses maladies à leurs sièges organiques et de les localiser afin de localiser aussi le traitement. Car, si dans chaque cas il est des remèdes généraux, qu'il ne faut pas négliger, il en est de particuliers, qui sont essentiels, et ceux-là doivent être appliqués à la partie anormalement modifiée. Les remèdes spécifiques sont nécessairement des remèdes *topiques*. Galien passe donc en revue les diverses maladies pour déterminer scientifiquement leurs sièges, les *lieux affectés*, suivant son langage; et, afin de mettre de l'ordre dans cette longue et difficile recherche, il commence par les maladies du cerveau et de la moelle épinière, pour continuer par celles du poumon, du foie, etc., descendant pas à pas des sommets de l'organisme à ses extrémités.

Or il ne distingue pas entre les maladies du corps et les troubles de l'esprit. Les troubles de l'esprit sont encore des maladies du corps, parce que l'esprit est encore le corps. Il les étudie donc pêle-mêle, les lésions de la mémoire, par exemple, avec les céphalalgies, les unes et les autres étant également et au même titre des maladies cérébrales. Et c'est ainsi que tout naturellement et tout médicalement Galien note dans le groupe des maladies qui ont leur siège dans le cerveau, et dans la moelle épinière, qui en est une dépendance, certaines perturbations de la raison, de la mémoire, de la sensation et du mouvement.

Sur la raison considérée dans sa généralité et sa supériorité, il est aussi bref que possible. Tout se réduit à trois ou quatre remarques sans développement. Les lésions ou même l'abolition de la raison ont évidemment leur siège dans le cerveau, et leur cause dans ses modifications anormales, puisque cette faculté réside en cet organe, ainsi qu'il a été démontré. Les médecins mêmes qui mettent l'âme ou sa partie principale dans un autre organe, malgré l'inconséquence, rapportent au cerveau les altérations et les éclipses de la raison, puisqu'on les voit arroser alors la tête de leurs malades. Il faut se souvenir, du reste, que si la raison lésée ou abolie suppose le cerveau anormalement modifié, ces modifications peuvent être sympathiques comme elles peuvent être directes. Ces perturbations de la faculté raisonnable, ces aliénations se montrent quelquefois seules, et font quelquefois partie d'une autre maladie cérébrale, qu'elles compliquent, par exemple la manie et la mélancolie. Tantôt elles laissent intactes les autres facultés, telles que la mémoire et la sensibilité, et tantôt, plus graves, plus profondes, plus durables, ou même définitives, elles les entraînent toutes dans un commun et universel cataclysme (1).

Les lésions particulières de la mémoire semblent avoir préoccupé Galien et même les médecins antérieurs. Galien nous fait à ce propos une confidence. Il était jeune et se tourmentait à découvrir le traitement propre à restituer la mémoire lésée ou abolie, ni les maîtres ni les livres ne lui ayant rien enseigné là-dessus, lorsqu'il apprit qu'Archigène avait écrit un traité sur ce sujet. A partir de ce moment, il n'eut pas de cesse qu'il ne se le fût procuré. Plus loin, il nous fournit ce renseignement, qu'Archigène avait écrit onze livres de lettres, et que dans le premier il s'en trouvait une adressée à Marsus, qui l'avait consulté sur les moyens de rendre la mémoire à son père. Le livre d'Archigène dont parle d'abord Galien et la lettre dont il parle ensuite sont-ils un seul et même ouvrage, ou deux ouvrages différents? La première hypothèse semble bien être la vraie : toujours est-il que la mémoire et ses lésions avaient été étudiées et discutées par des prédécesseurs de Galien, avant de l'être par Galien lui-même.

Mais, j'ai hâte de le dire, dans ces recherches médicales sur les maladies de la mémoire, la psychologie

(1) *Des lieux affectés*, III, I, V, VII.

a bien peu de chose à revendiquer. Archigène paraît bien n'avoir eu souci que du traitement, et Galien, qui s'occupe d'abord de localiser la faculté, afin de localiser du même coup le mal à guérir, n'y insiste guère. Il procède par le raisonnement, comme il l'a fait pour déterminer le siège des maladies qui intéressent la raison même : Puisque la mémoire fait partie de la puissance rationnelle, elle est logée comme elle dans le cerveau, et ses lésions sont des affections du cerveau. Sur la nature même de ces lésions, Galien n'est pas moins laconique. Il se borne à constater d'une part qu'elles peuvent aller jusqu'à l'abolition complète de cette faculté, et d'autre part qu'elles ont lieu tantôt seules, tantôt simultanément avec l'intelligence, atteinte elle-même. Toute mémoire sombre-t-elle avec toute intelligence, c'est l'idiotisme ; dans les cas moins graves, c'est seulement le délire, partiel ou général, momentané ou durable (1).

Les lésions de la sensibilité et de la motilité avaient sans doute occupé l'attention des devanciers de Galien, singulièrement des anatomistes de la secte dogmatique ; mais Galien entre ici en des détails et des précisions qui sont bien à lui. Il nous signale d'ailleurs en maints endroits l'aveuglement et l'ignorance de ces anatomistes. Il appartenait à celui qui avait si nettement distingué entre la sensation et le mouvement, entre leurs nerfs respectifs, d'étudier avec sagacité et de décrire avec exactitude les altérations de ces deux opérations, en les rapportant à

---

(1) *Des lieux affectés*, III, III, IV.

leurs causes et à leurs sièges. Galien n'a pas manqué à cette tâche.

Il y a ici une division à établir. On peut considérer la sensibilité et la motilité en général, c'est-à-dire dans toute l'étendue de l'organisation, faite pour sentir et se mouvoir; on peut les considérer dans les cinq sens en particulier, qui sont des manières très-spéciales de sentir et de se mouvoir. Galien s'est livré à l'une et l'autre recherche.

Il est des cas où la sensation et le mouvement sont abolis dans tout le corps, devenu insensible et immobile : c'est l'apoplexie. Il en est où cette abolition n'a lieu que d'un côté, soit le droit, soit le gauche : c'est la paralysie et plus précisément la *paraplégie*. Il en est où elle n'a lieu que dans un membre : c'est la paralysie partielle, locale. Mais la sensation et le mouvement ne sont pas toujours atteints ensemble; il peut arriver et il arrive qu'un sujet perde la sensation en conservant le mouvement, ou inversement perde le mouvement en conservant la sensation. Or toutes ces anomalies s'expliquent par l'état de la moelle épinière et du cerveau, des paires de nerfs qui s'échappent de la moelle épinière, et par les différentes qualités de ces nerfs, les uns sensibles, les autres moteurs.

Il faut se rappeler les résultats fournis par la dissection. La dissection nous apprend que, sauf la face, toutes les parties du corps situées au-dessous de la tête, et qui sont soumises à l'empire de l'intelligence et de la volonté, ont des nerfs, lesquels tirent leur origine de la moelle épinière. La dissection nous apprend que la face a aussi ses nerfs, lesquels procèdent directement du cerveau. Elle fait plus : elle nous apprend encore que si l'on incise transversalement dans toute sa largeur la moelle épinière, toutes les parties du corps situées au-dessous sont aussitôt privées de sensibilité et de mouvement, la moelle recevant du cerveau et transmettant la faculté de sentir et de mouvoir; elle nous apprend que si l'on incise seulement la moitié droite ou gauche de la moelle, alors ce ne sont plus toutes les parties situées au-dessous qui perdent la sensibilité et le mouvement, mais seulement celles qui correspondent à l'incision. Or ces faits expliquent parfaitement les lésions ci-dessus relatées. En effet, qu'une modification anormale ait lieu tout au commencement de la moelle et empêche le cerveau de lui communiquer ses facultés, il est évident que le mouvement et la sensibilité devront disparaître de tout le corps, sauf de la face. Si la modification n'atteignait que la moitié droite ou gauche de la moelle à son origine, il est évident qu'une moitié seule du corps serait paralysée du haut en bas. Que si le cerveau même, et non plus la moelle, était modifié, il est évident que la paralysie n'épargnerait plus la face, n'épargnerait rien : elle serait universelle. Ce serait l'apoplexie, où toutes les fonctions psychiques sont abolies, parce que le cerveau, leur centre et leur principe, est atteint dans sa constitution même.

Galien ajoute, mais en passant, qu'aux différentes régions de la moelle anormalement modifiée, correspondent les différentes paralysies locales ; qu'il importe donc de déterminer par la dissection l'origine des nerfs qui se rendent aux diverses parties, afin de leur rendre plus sûrement la sensibilité et le mouvement par un traitement approprié ; que Hérophile et Eudème, les premiers médecins, après Hippocrate, qui aient écrit avec soin sur la dissection des nerfs, ont négligé ce travail ; qu'il a été au contraire l'objet des recherches des médecins désireux de connaître comment certaines paralysies détruisent la sensibilité seule, d'autres le mouvement seul, et d'autres les deux à la fois. Il ne donne pas l'explication de ces derniers phénomènes, mais il semble bien la posséder tout entière lorsqu'il dit, à propos d'un malade : « Les médecins ne savent pas qu'il y a *des racines spéciales* qui se distribuent au derme du bras entier, et auxquelles il doit la sensibilité, et d'autres qui donnent naissance aux rameaux qui meuvent les muscles (1). »

Il n'est pas sans intérêt de rapprocher de ces explications trop succinctes, vu leur importance, un long passage du Ier livre de ce même traité, où elles reçoivent une sorte d'illustration du récit d'un cas que Galien emprunte à sa pratique médicale, et qu'il accompagne de réflexions singulièrement précieuses.

Galien vient de faire le procès aux médecins qui introduisent les subtilités de la dialectique dans le domaine des faits et de l'expérience, et, pour mieux faire comprendre comment on arrive à découvrir le traitement quand il y a lésion des fonctions sans lésion des parties, il cite l'exemple suivant :

Un malade vint me trouver, raconte Galien, et me montrant trois doigts de sa main (les deux petits doigts et la moitié du doigt du milieu — voir l. III, ch. XIV), me dit que depuis trente jours il avait perdu la sensibilité dans ces doigts sans que le mouvement

---

(1) *Des lieux affectés*, III, x.

fût aucunement atteint. Il ajouta que les remèdes prescrits ne lui avaient été d'aucun secours. Je fis venir son médecin, je m'informai du traitement, et le trouvant convenable, je cherchai pourquoi il avait été sans effet. M'enquérant près du malade des accidents qui avaient précédé, je constatai qu'il n'y avait eu ni inflammation, ni refroidissement, ni coup, mais qu'il avait perdu la sensibilité peu à peu. Étonné, je lui demandai si quelqu'une des parties supérieures n'avait pas été frappée. Il me répondit qu'il n'avait pas reçu de coup à la main, mais au commencement du dos. Il était tombé de voiture, et l'affection de ses doigts avait suivi de près cette chute. D'où je conjecturai qu'à l'origine du nerf qui sort au-dessous de la septième vertèbre cervicale un coup avait produit une inflammation et déterminé une disposition squirrheuse. L'anatomie m'avait appris que, au sortir du cerveau et de la moelle, les cordons nerveux semblent n'être qu'un nerf unique, mais qu'ils sont en réalité composés de nombreux filets pressés et enfermés dans une seule enveloppe. De sorte que la partie inférieure du dernier des nerfs sortis du cou se rend aux petits doigts en se distribuant au derme qui les entoure, et, de plus, à la moitié du doigt médius. Les médecins s'étonnaient que cette moitié du médius fût seule affectée. Cela même me prouvait que cette partie-là seule du nerf avait souffert qui, se détachant du tronc à l'avant-bras, aboutit aux doigts indiqués. Je fis donc retirer le médicament des doigts, l'appliquai moi-même sur la partie de l'épine intéressée, et, à l'émerveillement des témoins, je guéris les doigts en traitant le rachis.

Alors cette question s'éleva entre les médecins :

Quelle est cette particularité des nerfs qui maintient le mouvement, tandis que la sensibilité périt?

Je leur proposai d'abord, continue Galien, l'explication de certains médecins qui exposent que, la sensation consistant dans une impression reçue et le mouvement dans une action produite, celui-ci réclame une énergie dont le nerf n'est capable qu'à la condition d'être intact, au lieu que celle-là, moins exigeante, est encore possible lorsque le nerf est altéré, mais incomplètement. Et comme ils applaudissaient : eh quoi? leur dis-je, n'avez-vous donc jamais rencontré le cas inverse, c'est-à-dire la perte du mouvement sans dommage pour la sensibilité? Non, répondirent-ils, sauf l'un d'eux, qui déclara avoir constaté ce fait une fois, nomma son malade et offrit de faire venir des témoins. Il fallut se rendre. Et tous de me demander la raison de cet étrange phénomène.

Pour la trouver, dit Galien, c'est à la dissection qu'il faut recourir. Tout mouvement volontaire réclame l'office des muscles; car il n'est pas de nerf qui, sans le concours de quelque muscle, puisse produire une action de ce genre dans les parties d'un être animé. C'est toujours grâce aux muscles que s'accomplissent les mouvements auxquels président l'intelligence et la volonté. Si donc le nerf qui se rend à tel ou tel muscle est lésé, le muscle ne fonctionne plus, et le mouvement n'a plus lieu. Si tous les nerfs de tous les muscles étaient lésés, l'immobilité serait complète, comme l'insensibilité serait complète, si tous les nerfs de la peau étaient lésés. Ce serait la paralysie générale. — Mais pour connaître ces choses, ajoute Galien, pour discerner quels nerfs sont lésés, quelles modifications doivent s'en suivre dans la sensibilité et le mouvement, il faut lire les descriptions que j'ai données dans l'*Anatomie des nerfs*, personne avant moi n'ayant exposé nettement cette anatomie, mais tous ayant commis des erreurs plus ou moins graves (1).

Arrivant aux lésions de la sensibilité et de la motilité propres aux cinq sens et à leurs organes, Galien s'occupe d'abord des yeux, non sans insistance et sans originalité.

Les faits sont les suivants. C'est quelquefois la sensibilité, quelquefois la motilité, quelquefois l'une et l'autre conjointement, qui sont paralysées, soit dans un œil seulement, soit dans les deux ensemble. Cette paralysie, double ou simple, qui attaque le globe même de l'œil, ne doit pas être confondue avec celle qui frappe quelquefois les paupières.

L'explication est la suivante. Est-ce la sensation visuelle qui disparaît? la cause en est évidemment dans le nerf mou qui descend du cerveau, le nerf optique, ou *conduit*, et qui est empêché d'accomplir sa fonction ; soit parce qu'il est atteint d'une inflammation ou d'un squirrhe, soit parce qu'il est altéré par un écoulement d'humeur, soit parce que le canal intérieur dont il est percé se trouve obstrué par quelque corps étranger, soit parce que le souffle lumineux ne lui arrive plus, ou en trop petite quantité.

Est-ce le mouvement de l'œil qui disparaît? la cause en est évidemment, non plus dans le nerf mou de la première paire, comme tout à l'heure, mais dans le

---

(1) *Des lieux affectés*, I, VI.

nerf dur de la deuxième (3ᵉ des modernes), lequel est affecté à son tour. Et comme six muscles sont employés au mouvement du globe de l'œil, sans compter ceux qui entourent la racine du nerf optique, et que le nerf moteur de la deuxième paire envoie des filets à ces différents muscles, il en résulte autant d'altérations possibles qu'il y a de mouvements naturellement produits par ces muscles et ces filets nerveux. Est-ce le muscle releveur qui est affecté dans son nerf ? l'œil paraît abaissé ; est-ce le muscle abaisseur ? il paraît relevé. Si l'affection atteint le muscle qui tire l'œil vers le petit angle, l'œil paraît tiré vers le grand, et réciproquement ; si la paralysie frappe l'un des muscles rotateurs, l'œil éprouve une distorsion oblique (strabisme). Cette dernière déviation peut avoir pour effet de faire voir les objets doubles. Enfin la paralysie des muscles qui entourent le nerf mou, ou optique, rend l'œil tout entier saillant, sans altérer la vision, du moins dans les cas ordinaires.

Ces lésions du sens de la vue ont toutes leur cause dans des affections directes des nerfs et du cerveau ; d'autres proviennent d'affections sympathiques des mêmes organes. On sait ce qui se passe dans les *suffusions* (cataractes) : des sortes de mouches semblent voltiger devant les yeux, qui voient sans voir (myiodopsie). Des visions analogues se produisent sympathiquement dans les affections de l'orifice de l'estomac ; et il convient de distinguer ces deux cas, car si les effets sont les mêmes, les causes étant différentes, aussi bien que le siège du mal, le traitement doit être différent. On remarque également des lésions sympathiques de la vue dans la maladie appelée *Phrénitis* (inflammation du diaphragme). Et il y a même ici trois variétés à noter. Certains *phrénétiques* aperçoivent les choses visibles telles qu'elles sont, mais à l'occasion de ces sensations vraies, portent des jugements faux ; d'autres, tout en jugeant bien, voient mal ; et d'autres sont à la fois victimes de ces deux aberrations réunies. Non content d'avoir signalé ces deux phénomènes, tantôt isolés, tantôt conjoints, Galien donne de chacun d'eux un exemple.

Exemple de la vue saine, l'intelligence étant troublée. A Rome, un individu en proie à la phrénitis était enfermé dans sa maison avec un esclave filandier. Il sort de son lit, se met à la fenêtre, et montrant aux passants des vases en verre, il leur demande s'il faut les jeter. Ceux-ci lui font signe que oui en riant, et il les jette. Il leur demande s'il faut jeter l'esclave aussi, et sur leur réponse affirmative, il le jette, au grand effroi des assistants, qui ne rient plus, et relèvent le malheureux brisé.

Exemple de la vue troublée, l'intelligence étant saine. Celui-là, Galien l'emprunte à sa propre histoire. J'ai moi-même éprouvé l'affection inverse, nous dit-il. C'était l'été et j'avais la fièvre. Je croyais voir voltiger sur mon lit des fétus de couleur sombre, et sur mes vêtements des flocons de même couleur. J'essayais de les saisir, et ne trouvant rien sous mes doigts, je redoublais d'efforts. J'entendis deux de mes amis qui se disaient : Vois-tu, il fait la chasse aux flocons et aux fétus ? Mais comme j'étais en possession de toute mon intelligence, je compris mon état : C'est vrai, leur dis-je ; veillez à ce que la phrénitis ne s'empare pas de moi.

Quant aux visions sans objet dont le point de départ est dans une affection de l'estomac, Galien en donne la singulière explication que voici. Lorsque l'encéphale a été envahi par une humeur bilieuse, avec accompagnement de fièvre, il souffre quelque chose de semblable à ce qui arrive aux objets rôtis devant le feu ; il s'y produit une fumée comme en dégage l'huile des lanternes. Cette fumée s'insinue par les vaisseaux qui aboutissent à l'œil, nerfs, artères et veines, et détermine les visions dont il s'agit.

Du sens de la vue, Galien passe à ceux du goût et du toucher. Il réunit ces deux sens parce que, si l'on ne regarde qu'à la sensation, ils n'emploient pas des nerfs différents. Ce sont les nerfs issus de la troisième paire (portion de la 5ᵉ paire des modernes), qui apprécient à la fois la tactilité et la sapidité des objets en contact avec la langue.

Ceci posé, voici ce que l'on observe dans l'exercice de ces deux sens. C'est tantôt le mouvement qui est lésé, et tantôt la sensibilité. Dans ce dernier cas, deux choses peuvent arriver, ou que la sensibilité du goût seul soit lésée, ou que celle du toucher le soit simultanément. Quand les deux sensibilités sont lésées à la fois, cela s'explique par la communauté des nerfs; quand la sensibilité du goût seulement est lésée, ce qui est le cas le plus fréquent, cela vient de ce que ce sens exige un discernement plus délicat. Il y a en effet une échelle de subtilité pour les sens: la vue au sommet, le toucher au dernier degré, et dans l'intervalle, l'ouïe plus près de la vue, le goût plus près du toucher, et l'odorat au milieu. La sensibilité de la langue a son principe dans la troisième paire, « que les anatomistes nomment nerf mou », laquelle s'insère et se distribue dans la tunique qui enveloppe la langue.

Le sens du goût a ses nerfs moteurs particuliers. La langue reçoit le mouvement de la septième paire des nerfs (12ᵉ des modernes), issus du cerveau, non loin du commencement de la moelle épinière. La gauche et la droite du cerveau sont-elles affectées dans cette région? il faut s'attendre à l'apoplexie; l'un des côtés seulement est-il affecté? ce sera la paraplégie; il pourra arriver que le mouvement soit aboli dans la langue seulement, et même dans une seule de ses moitiés. Cependant la sensation du goût, comme la sensibilité générale, restera intacte dans la langue et dans tout le corps, les nerfs qui s'y rapportent restant indemnes (1).

Galien ne se livre ici à aucune étude particulière sur le sens de l'ouïe : il se borne à dire qu'on y observe des lésions analogues provenant de causes analogues. Quant à l'odorat, il ne le nomme même pas. Mais il est conduit par le fil des idées à noter la regrettable ignorance des médecins, qui ne savent pas distinguer les deux espèces de nerfs, sensitifs ou moteurs, distinction sans laquelle il est impossible de voir clair dans toutes les anomalies où le système nerveux est en jeu. Ce passage est trop important et de trop grave conséquence pour que je ne le cite pas tout entier.

« Je ne puis assez m'étonner, dit Galien, quand je vois des hommes instruits en anatomie tout surpris que, dans les paralysies, la sensibilité et le mouvement ne soient pas toujours lésés ensemble. Ils suent sang

---

(1) *Des lieux affectés*, IV, IV.

et eau à chercher pourquoi il y a abolition tantôt du mouvement seul, tantôt de la sensibilité seule, et tantôt des deux à la fois. Ils finissent par vous dire que si les nerfs ramifiés dans les muscles, et qui ne s'arrêtent qu'au derme, sont très-gravement affectés, le mouvement et la sensibilité disparaissent en même temps; que si l'affection est légère, la sensibilité, dont l'exercice ne suppose pas un grand déploiement de force, persiste, tandis que le mouvement, qui en exige davantage, s'évanouit. Ils insistent sur la différence de gravité des affections, sur la différence d'énergie nécessaire pour remuer un membre, tel que la jambe, ou pour recevoir simplement une impression. C'est fort bien, et l'explication paraît admissible dans les cas de paralysie où c'est le mouvement qui périt et la sensation qui survit. Mais comment rendre compte des cas inverses, où c'est le mouvement qui demeure dans l'évanouissement de la sensibilité ? Quelques-uns les nient, au mépris de l'expérience ; les autres balbutient de telles pauvretés qu'ils feraient mieux de se taire. La vérité est que le mouvement et la sensibilité ont leurs nerfs propres, qui partent soit du cerveau, soit de la moelle, pour se répandre partout, et qu'il n'y a de traitement efficace qu'à la condition de rapporter les lésions aux nerfs qui en sont l'origine, afin d'appliquer là un remède qui ne peut opérer que là (1). »

Cette étude des maladies de la raison, de la mémoire, des facultés de sentir et de mouvoir, des cinq sens, malgré ses lacunes, malgré quelques erreurs

(1) *Des lieux affectés*, IV, IV, *sub fine*.

de détails, me paraît singulièrement intéressante et instructive. Elle jette une vive lumière sur ce qu'il y a de plus ignoré à la fois et de plus original dans le génie inventeur de Galien, et nous met sur la trace de ses procédés d'investigation.

Je ne m'arrête pas à sa description et à son explication des troubles de l'intelligence et de la mémoire. La description est superficielle et incomplète. L'explication, qui consiste à les rapporter au cerveau, est vraie, sauf en ce qu'elle a de matérialiste (car ils peuvent être des contre-coups, aussi bien que des affections cérébrales pures, et Galien adopte la seconde thèse sans la prouver). Mais Galien a le tort de présenter cette explication comme une conséquence de sa théorie du siège des facultés, au lieu de la faire reposer sur l'observation et l'expérimentation. Disons cependant que ses vues si nettes, et, à tout prendre, si exactes, lui font encore grand honneur, comparées aux divagations de la plupart de ses devanciers (1).

(1) Parmi ces devanciers, dont Galien parle peut-être avec trop de mépris, il semble bien que quelques-uns avaient eu quelque soupçon des rapports de la folie au cerveau. Je citerai Arétée, singulièrement méconnu de Galien et des anciens en général, qui ne le mentionnent jamais. Ses deux principaux ouvrages (*Des causes et symptômes des maladies aiguës et chroniques,* — *Du traitement des maladies aiguës et chroniques*), parvenus presque intacts jusqu'à nous, nous le montrent sous un jour très-favorable. Dans le premier de ces ouvrages, dans la partie qui a pour objet les maladies chroniques, il consacre les chapitres v et vi du Ier livre à la mélancolie et à la manie. Après avoir distingué l'une de l'autre ces deux maladies de la raison, et décrit leurs espèces, il pose la question de leur siège, et la résout ainsi : « Ces maladies ont leur siège à la fois dans le

Mais où Galien me paraît aussi admirable qu'il est méconnu, c'est dans ses vues *personnelles* sur la sensibilité et la motilité, considérées tour à tour dans l'organisme en général et dans les cinq sens en particulier.

Je ne m'étonne pas qu'il ait connu comme les connaissent les modernes toutes les différentes formes de la paralysie : perte totale de la sensation et du mouvement; pertes partielles de l'une et de l'autre; perte totale et partielle de la sensibilité, le mouvement restant intact; perte totale ou partielle du mouvement, la sensibilité restant intacte. Ce sont là des faits cliniques qui ne peuvent échapper à l'observation d'un médecin, et il ne paraît pas qu'ils fussent moins connus des contemporains et des devanciers de Galien que de Galien lui-même (1). Mais ce qui m'étonne, je l'avoue, ce qui me ravit, c'est

cerveau et les entrailles, mais surtout dans les entrailles. » Voilà bien le rôle du cerveau en partie reconnu. Il fait sans doute trop belle la part des viscères, mais qui oserait soutenir que cette part soit nulle? Peut-être, pour être tout à fait dans le vrai, eût-il suffi à Arétée de distinguer, comme Galien, entre le cerveau directement affecté et le cerveau affecté par sympathie avec les viscères. Notons que cette question du siège de la folie, si nettement tranchée par Galien, était encore débattue dans ces temps-ci, comme on peut le voir dans *L'Aliéné* d'Albert Lemoine.

(1) Cela ressort en effet avec évidence de toutes les discussions et explications de Galien. Cela se lit d'ailleurs dans le chapitre VII du Ier livre de l'ouvrage déjà mentionné d'Arétée, où l'on voit énumérées toutes les espèces de paralysies de la sensibilité et de la motilité : apoplexie, paraplégie, parésis, etc. La paralysie de la sensibilité seule, la motilité restant intacte, que Galien reproche à ses contemporains de méconnaître, est

de voir Galien les expliquer absolument comme on les explique au XIX° siècle.

Il expose fort bien, en effet, que toutes ces anomalies de la sensibilité et de la motilité ont leurs causes dans les lésions des nerfs, de la moelle et du cerveau ; que lorsqu'elles s'étendent au corps entier, la lésion est dans le cerveau entier ; que lorsqu'elles atteignent seulement une moitié du corps, la lésion est dans la moitié correspondante du cerveau ; que lorsqu'elles sont circonscrites dans une certaine partie exclusivement, la lésion est dans les nerfs propres à cette partie ou dans la région de la moelle qui les lui envoie ; que lorsqu'elles sont restreintes à la sensibilité seule ou au mouvement seul, la lésion est dans les nerfs sensitifs seuls ou dans les nerfs moteurs seuls. Je vous prie, que pourrait dire de mieux un médecin contemporain ?

Ce qu'il y a de plus extraordinaire en tout ceci (extraordinaire n'est pas trop fort), c'est l'explication des paralysies de la sensibilité à l'exclusion du mouvement, et des paralysies du mouvement à l'exclusion de la sensibilité, par la distinction des nerfs sensitifs et des nerfs moteurs. Cette distinction, nous l'avons déjà rencontrée dans les traités *De l'usage des parties* et *Du mouvement des muscles*, où elle sert de base aux théories des facultés de sentir et de mouvoir ; nous la retrouvons ici, dans le traité *Des lieux affectés*, où elle rend compte des maladies de ces facultés, et nous l'y retrouvons avec

clairement signalée par Arétée, qui dit en propres termes : « Quand la sensibilité seule est paralysée, ce qui est rare, on appelle de préférence cette affection *anesthésie*. »

des détails qui nous en expliquent la découverte en même temps qu'ils en confirment la réalité.

C'est en effet la même théorie constante exposée à deux points de vue différents dans les deux premiers traités et dans le dernier. On pourrait presque dire qu'elle s'est perfectionnée dans le passage du premier point de vue au second, des premiers traités au dernier. En effet, dans le traité *Des lieux affectés*, les nerfs de la sensation et du mouvement sont moins souvent désignés par les appellations de nerfs mous et de nerfs durs ; Galien dit plus volontiers de ceux-ci : les nerfs des muscles, de ceux-là : les nerfs du derme. Il y a même un passage (IV, III) où, parlant des nerfs sensitifs de la langue, il s'exprime ainsi : « ... la troisième paire, *que les anatomistes nomment nerf mou.* » Ce qui prouve que cette dénomination de nerfs mous n'est pas de lui, ni par conséquent celle de nerfs durs ; et ce qui permet de penser que l'explication de la propriété de sentir par la mollesse du nerf, de la propriété de mouvoir par sa dureté, pourrait bien aussi être un legs et un préjugé du passé. La distinction des nerfs sensitifs et des nerfs moteurs, purifiée de cet alliage, nous apparaît alors dans toute sa netteté et sa clarté, digne absolument du plus beau génie médical de l'antiquité, après ou avec Hippocrate.

Impossible donc d'en douter : Galien avait découvert dès le deuxième siècle de notre ère, l'essentielle distinction des nerfs sensitifs et des nerfs moteurs. Mais quel chemin l'avait conduit à ce résultat ?

Quand on lit dans le traité *De l'usage des parties* les passages relatifs à la distinction des deux espèces de nerfs, on est doublement surpris de rencontrer une telle théorie à cette date et sous cette plume, et de ne pas voir du tout comment Galien a pu y être conduit : il semble qu'elle lui soit tombée du ciel. Car on ne peut pas supposer que la dissection sur le cadavre lui ait montré des nerfs assez *durs* et des nerfs assez *mous* pour ne pouvoir être confondus. C'est là une vue *a priori*, qu'il a trouvée plus ou moins en vogue autour de lui, et qu'il a adaptée à sa découverte, mais qui n'y a pas contribué; une vue sans réalité comme sans valeur. Mais le traité *Des lieux affectés*, sans lever complètement le voile, nous permet de l'écarter et d'entrevoir la vérité.

On pourrait d'abord supposer que c'est au lit du malade et par la réflexion que Galien est arrivé peu à peu à l'idée de deux espèces de nerfs douées de propriétés différentes. Rappelez-vous ces scènes racontées par Galien où des médecins se battent les flancs pour expliquer ces pertes de sensibilité sans que le mouvement soit atteint, de mouvement sans que la sensibilité soit atteinte ; ces beaux raisonnements sur le degré de force ou de faiblesse que supposent, la sensation pour être éprouvée, le mouvement pour être produit ; la triomphante réfutation de Galien par les faits. N'y a-t-il donc rien de suggestif dans de telles expériences, dans de telles discussions ? Serait-il invraisemblable d'admettre que Galien a pu être mis ainsi sur la voie, et arriver par la vertu du raisonnement à cette conclusion si naturelle : Puisque la sensibilité et la motilité s'exercent indépendamment l'une de l'autre, il faut qu'elles soient servies par des nerfs indépendants, doués de propriétés différentes ? Cette supposition ne paraîtra pas étrange si l'on se rappelle à quel point les anciens en général, et Galien en particulier, excellaient dans la dialectique. Je ne m'y arrête pas toutefois, car j'ai mieux à proposer au lecteur.

J'ai la conviction que Galien est arrivé à l'idée de deux espèces de nerfs de nature différente par le même chemin que devaient suivre les modernes, celui de la dissection sur le vif, c'est-à-dire celui de la vivisection.

Si la physiologie contemporaine a fait un emploi inusité de la vivisection, si elle lui doit ses plus belles découvertes et ses plus notables progrès, ce n'est pas à dire qu'elle l'ait inventée. La vivisection est de tous les temps, et elle a été connue et pratiquée des anciens, philosophes et médecins, avant de l'être des modernes.

On sait que les anciens, par un respect exagéré de la dépouille des morts, étaient réduits à étudier l'anatomie humaine sur des cadavres d'animaux : se les représente-t-on passant leur vie à opérer sur des animaux morts, sans songer jamais à opérer sur des animaux vivants ? Comment l'idée ne leur serait-elle pas venue de regarder fonctionner ces organes si souvent observés à l'état inerte ? Et comment auraient-ils rencontré cette idée sans la mettre à exécution ?

La tradition rapporte que des médecins alexandrins auraient obtenu des rois d'Égypte la permission d'instituer sur des condamnés à mort des expériences sur le vif : et ces mêmes médecins qui, le scalpel en main, cherchaient le secret de la vie sur l'homme vivant, n'auraient pas eu la pensée de le chercher sur l'animal vivant !

Qu'on relise, de ce point de vue, l'*Histoire des animaux* d'Aristote comme aussi ses traités de physiologie, on y trouvera mille descriptions qui impliquent nécessairement des études par la vivisection. Si nous possédions les écrits d'Hérophile, d'Erasistrate, de tous les grands alexandrins, sans nul doute nous y trouverions pareillement de nombreuses et visibles traces d'expériences sur le vif.

Or, ce qui est vrai des anciens en général l'est à plus forte raison de Galien, héritier de leurs travaux et de leurs exemples, non moins curieux qu'eux des choses anatomiques et physiologiques, avec plus de génie ou de ressources pour se satisfaire. Et ici nous avons cette chance de sortir du sable mouvant des conjectures et de sentir sous nos pieds le roc inébranlable des faits. Nous avons le droit de dire, non pas : Galien a dû pratiquer la vivisection, mais : Galien a pratiqué la vivisection. La preuve ne laisse rien à désirer, car ce n'est pas moins qu'un *traité de la vivisection*. Galien connaissait si bien et pratiquait si bien la vivisection qu'il a écrit un traité *De la vivisection*. Il est vrai que ce traité est perdu ; mais comment douter de son existence, lorsque Galien lui-même, dans un autre traité, parfaitement authentique, et parfaitement conservé, celui-là, le mentionne en ces termes, nullement obscurs : « J'ai étudié cette question dans le IIe livre de mon traité *De la dissection des animaux vivants* (1). » Galien avait donc composé un traité *De la dissection des animaux vivants*, lequel comprenait au moins deux livres. Le

---

(1) *Des lieux affectés*, l. III, ch. II; traduction Daremberg, ch. III.

moyen de douter, après cela, et qu'il ait disséqué sur le vif, et qu'il n'ait pas été le premier à disséquer sur le vif ?

Mais ce procédé de vivisection, l'a-t-il appliqué à l'étude des nerfs dans leur rapport à la sensation et au mouvement ? C'est ici, sur ce point capital, que l'exposition qui précède, empruntée au traité *Des lieux affectés*, jette une vive et précieuse lumière. Que le lecteur veuille bien se rappeler le passage où Galien, voulant rendre compte des paralysies totales et partielles, s'exprime à peu près ainsi :

« Il faut se remettre en mémoire les résultats fournis par la dissection. La dissection nous apprend que, sauf la face, toutes les parties du corps situées au-dessous de la tête, et qui sont soumises à l'empire de l'intelligence et de la volonté, ont des nerfs, lesquels tirent leur origine de la moelle épinière. La dissection nous apprend que la face a aussi ses nerfs, lesquels procèdent directement du cerveau... »

Jusqu'ici, la dissection dont il s'agit, c'est la dissection de l'anatomiste qui opère sur le cadavre ; mais lisez et pesez la suite :

« Elle fait plus : elle nous apprend que si l'on incise transversalement dans toute sa largeur la moelle épinière, *toutes les parties du corps situées au-dessous sont aussitôt privées de sensibilité et de motilité ;* elle nous apprend que si l'on incise seulement la moitié droite ou gauche de la moelle, *alors ce ne sont plus toutes les parties situées au-dessous qui perdent la sensibilité et la motilité, mais seulement celles qui correspondent à l'incision.* »

Est-ce en incisant diversement la moelle épinière sur des animaux morts que Galien a pu constater ces abolitions diverses de la sensibilité et de la motilité ; ou n'est-il pas trois fois évident qu'il a dû opérer sur des animaux vivants ?

Je relis le dernier passage que je viens de transcrire, et je suis sous l'illusion de croire entendre Ch. Bell, F. Magandie, ou Flourens ; ils ne procédaient pas autrement, et ils ne parlaient pas autrement.

Ainsi Galien disséquait sur le vif ; ainsi c'est en disséquant sur le vif qu'il avait découvert les causes des paralysies simultanées de la sensibilité et de la motilité : comment douter que ce ne soit encore en disséquant sur le vif qu'il en vint à comprendre les causes des paralysies de la sensibilité exclusivement et de la motilité exclusivement ? Et si l'on me dit : pourquoi donc décrit-il les expériences qui lui ont révélé l'origine des paralysies simultanées, et ne décrit-il pas celles qui lui ont révélé l'origine des paralysies exclusives ? je répondrai que l'objet du traité *Des lieux affectés* ne l'y obligeait pas ; que, chez Galien, comme d'ailleurs chez les anciens en général, la composition n'a jamais la même rigueur que chez les modernes ; et qu'enfin l'exposition qui manque ici devait se trouver tout au long dans le traité *De la dissection des animaux vivants*, auquel il renvoie une fois le lecteur, en disant : « J'ai étudié cette question dans le IIe livre de mon traité *De la dissection des animaux vivants* (1). »

Telle est donc la découverte de Galien : la distinction des nerfs moteurs et des nerfs sensitifs, et tel est le procédé qui l'y conduit : les expériences de la

(1) On dira peut-être que j'enfonce des portes ouvertes ; qu'on

vivisection. Et cette découverte est bien *sa* découverte, ce procédé est bien *son* procédé ; car on ne peut admettre qu'il les doive à ces devanciers dont il stigmatise sans cesse l'ignorance ; à ces praticiens qui s'émerveillent des faits qu'il oppose à leurs préjugés, de l'explication qu'il substitue à la leur ; à ces médecins enfin à qui il recommande la lecture de son traité *De l'anatomie des nerfs*, où, dit-il, il a comblé tant de lacunes et corrigé tant d'erreurs commises avant lui (1).

Comme la distinction des deux espèces de nerfs a servi à Galien à éclairer les anomalies générales de la sensibilité et de la motilité, elle lui sert encore à rendre compte de celles qui sont spéciales aux

---

sait fort bien que les anciens et Galien en particulier ont pratiqué la vivisection, et que c'est par des expériences sur le vif que ce dernier a pu distinguer comme il l'a fait les nerfs sensitifs et les nerfs moteurs. — Peut-être ! Je suis loin d'avoir lu tous les auteurs qui ont écrit là-dessus. Mais, pour ne parler que des plus récents, d'où vient que M. B. Saint-Hilaire, dans sa savante introduction à l'*Histoire des animaux* d'Aristote, que M. Ch. Richet, dans son beau livre *La Physiologie des muscles et des nerfs*, où il est fort question de Galien, parlent sans cesse des *expérimentations* du philosophe et du médecin, sans jamais préciser? Même en physiologie, il y a expérimentation et expérimentation, et la vivisection est un genre d'expérimentation qui vaut la peine d'être nommé par son nom. Je ne puis m'empêcher de regretter que le D\` Richet qui rapporte à Galien, non sans quelque tergiversation, la découverte des deux espèces de nerfs, n'ait pas dit nettement (si toutefois c'est sa pensée): cette découverte, il la fit de la seule manière dont elle pouvait être faite, en opérant sur le vif.

(1) Si l'on veut avoir une idée de l'état de la question chez les meilleurs des prédécesseurs de Galien, on n'a qu'à lire le ch. vii, déjà cité en note, du I\`\` livre *Des causes et symptômes des ma-*

sens. Il distingue la perte de la sensibilité visuelle de la perte des mouvements oculaires, et il les attribue aux lésions de nerfs différents ; il répète les mêmes distinctions et les mêmes attributions à propos du goût et du toucher, et il les répèterait encore, s'il le jugeait utile, à propos des autres sens. Cette grande et lumineuse vérité, il en éclaire toutes les parties de l'organisme, toutes les opérations de la

ladies chroniques d'Arétée. J'en extrais les deux passages suivants :

« Quelquefois les nerfs qui ont leur origine dans la tête sont lésés ; ils perdent alors la sensibilité, mais ils ne perdent pas facilement la motilité, du moins par eux-mêmes. S'ils sont lésés sympathiquement avec les nerfs employés à mouvoir, ils perdent une partie de leur motilité, mais non toute motilité, car ils en possèdent quelque peu par eux-mêmes.

« Quelquefois les nerfs qui se rendent d'un muscle dans un autre sont lésés : ceux-là possèdent surtout la puissance motrice, et ils la communiquent aux nerfs de la tête, qui tirent de là la plus grande partie de leur motilité, quoiqu'ils possèdent par eux-mêmes une certaine motilité, mais en moindre proportion. Les nerfs de cette espèce sont particulièrement sujets à perdre le mouvement ; il est rare ou même il n'arrive jamais qu'ils soient par eux-mêmes privés de sensibilité. »

Il semble bien résulter de ces deux passages que Arétée distinguait deux espèces de nerfs, ceux qui ont leur origine dans la tête, ceux qui se rendent d'un muscle dans un autre, et qu'il attribuait la sensibilité et la motilité à la fois aux uns et aux autres, mais avec cette différence qu'il considérait les premiers comme plus particulièrement sensitifs, et les seconds comme plus particulièrement moteurs. On peut voir là comme un acheminement à la distinction galénique des nerfs exclusivement sensitifs et des nerfs exclusivement moteurs, mais non cette distinction même. L'intervalle à franchir était encore assez considérable, et ne pouvait l'être sans doute que par le génie de Galien. — Seulement, on peut trouver celui-ci un peu dur à l'égard de ses devanciers, quand parmi ces devanciers il y a Arétée.

vie ; elle est, entre ses savantes mains, la glaive qui tranche tous les nœuds, la clé qui ouvre tous les mystères.

Mais en dehors de la distinction des nerfs sensitifs et moteurs, et des faits morbides qui s'y rattachent, Galien, on l'a vu, a émis sur les sens, et singulièrement sur la vue, quelques idées qui, sans être absolument neuves, sont fort dignes d'attention. Je veux parler des fausses sensations si connues et si étudiées aujourd'hui sous le nom d'hallucinations (1). Il avait observé de fausses sensations visuelles dans les suffusions, et, sympathiquement, dans les maladies de l'orifice de l'estomac et dans les accès de la Phrénitis. Il avait noté que ces fausses sensations visuelles se produisent dans deux cas différents : celui où l'intelligence demeure intacte, celui où elle est elle-même altérée. Et, à l'appui, il citait et racontait des faits soigneusement constatés ; de sorte que là comme précédemment, nous trouvons en Galien un consciencieux et sagace observateur et expérimentateur de la nature humaine.

Après avoir ainsi exposé et apprécié dans sa totalité la psychologie de Galien, si je jette un regard rétrospectif sur les théories générales et sur les

---

(1) Ce qui prouve qu'elles étaient connues des prédécesseurs de Galien, c'est que Arétée en parle comme d'une chose toute simple, *Des causes et des sympt. des maladies chroniq.*, I, VI, où il dit au sujet des mélancoliques : « Ils ont les sens pervertis, voient présent ce qui n'est pas présent ; ce qui n'apparaît pas aux autres, ils l'ont devant les yeux, » et plus loin, au sujet des maniaques : « Certains ont des bruits et des tintements dans les oreilles, ou croient entendre des trompettes. »

théories particulières dont elle se compose, je suis frappé de ceci : les premières sont à peu près complètement fausses, les secondes à peu près complètement vraies.

Sur la nature de l'âme, malgré des velléités spiritualistes répandues dans plusieurs de ses ouvrages, et à profusion dans le traité *De l'usage des parties*, Galien est très-certainement et très-véritablement matérialiste. Il définit l'âme en général : le tempérament du corps ; et l'âme considérée tour à tour dans ses trois parties : le tempérament du foie, le tempérament du cœur, le tempérament de l'encéphale. Or, il est impossible d'exprimer avec plus de netteté et de force une plus capitale erreur.

Sur la distinction des facultés de l'âme, il réfute à merveille Chrysippe, et dans sa personne tous ceux de la secte, qui prétendaient confondre toutes les facultés particulières dans l'unité et l'identité de la Raison ; c'est fort bien ! Mais, en substituant à la théorie des stoïciens celle de Platon, laquelle divise l'âme en trois facultés, qui sont trois parties, trois essences, trois âmes, il ne fait que remplacer une erreur dans le sens de l'unité par une erreur dans le sens de la multiplicité, celle-ci non moins regrettable que celle-là.

Sur le siège des facultés de l'âme et de l'âme elle-même, il suit encore les errements de Platon, plaçant comme lui la raison dans la tête, la colère dans la poitrine, l'appétit dans la cavité abdominale. En cela Galien se montre d'accord avec lui-même, aussi bien qu'avec la logique : je ne saurais l'en blâmer ; mais, qu'est-ce que la conséquence d'une première erreur ? une erreur nouvelle.

Ainsi, à ces trois questions générales, Galien répond par trois erreurs.

Au contraire, sur le terrain des questions particulières, Galien se montre fort à son avantage.

La théorie de la Raison, par où il lui plaît d'entendre les facultés de sentir et de mouvoir, est excellente, si l'on oublie certains détails, pour ne considérer que les parties essentielles. Sur la distinction de la sensibilité et de la motilité, sur le rôle des nerfs, sur la distinction des deux espèces de nerfs, sur le rôle des muscles, nos naturalistes, qu'ils le sachent ou non, sont encore galénistes aujourd'hui, et je ne vois pas comment ils pourraient ne pas l'être.

La théorie de l'habitude n'est pas complète, je l'avoue; mais on ne peut lui reprocher que ses lacunes. Il est certain que l'habitude consiste dans une aptitude acquise, et si ce n'est pas là toute sa nature, c'en est du moins une partie, et la première. Je ne connais pas de meilleure explication de l'habitude que la *conformité de nature*, même après avoir lu le mémoire de Maine de Biran et la thèse de M. Ravaisson. Et je m'assure que tout le monde aujourd'hui, comme toujours, la rapporte à la répétition comme à son incontestable origine.

La théorie du sommeil ne porte guère que sur un point, mais ce point est traité de main d'ouvrier. Le fait du mouvement volontaire dans le sommeil est analysé, élucidé avec une finesse à la fois et une solidité admirables. Et si Galien se tait ou à peu près sur les autres parties de la science du sommeil, il laisse néanmoins entrevoir les idées les plus saines et les plus exactes.

La théorie des lésions de la raison en général, de la mémoire, des facultés de sentir et de mouvoir, des cinq sens, est aussi exacte et solide qu'elle est originale ; car ces lésions ont bien leur origine dans le cerveau, la moelle et les nerfs ; car les paralysies totales et partielles sont bien les résultats des affections soit du cerveau entier, soit de l'une de ses moitiés, soit de l'une des sections de la moelle ; car la perte de la sensibilité seule, celle de la motilité seule, ont bien leur raison d'être dans les affections des nerfs exclusivement sensitifs et des nerfs exclusivement moteurs ; car c'est bien par la dissection et la vivisection que Galien a su mettre au-dessus du doute ces vérités qu'on n'avait pas soupçonnées avant lui, qu'on a oubliées ensuite, et qu'il nous a fallu chercher de nouveau et retrouver de nos jours.

Ainsi, à ces quatre questions particulières, Galien répond par quatre vérités.

Quelle est la raison de cette différence ou plutôt de cette anomalie ? Galien se trompe-t-il sur les questions générales, parce qu'elles sont générales ? Voit-il juste sur les questions particulières, parce qu'elles sont particulières ? Évidemment non. Tout autre est le mot de cette énigme.

Galien a deux manières fort différentes de philosopher : en érudit et en médecin.

Or, l'érudit chez lui est tout à fait dépourvu de critique. Tour à tour, vous le voyez emprunter à Platon, emprunter à Aristote, emprunter aux stoïciens. D'où vous ne devez pas conclure qu'il pratique l'éclectisme ; car, d'abord, il ne se met nullement en peine d'accorder entre elles, et de fondre dans une harmonieuse synthèse, ces doctrines diverses. Ensuite, il n'en a ni l'intelligence ni le respect. Quelquefois il les exagère ; plus souvent, il les altère et les défigure. En un mot, n'étant pas maître des systèmes, il les emploie sans discernement, sans profit pour la science, et sans honneur pour lui-même.

Mais, si Galien est un très-médiocre érudit, c'est, au contraire, un médecin éminent : non-seulement parce qu'il possède, à la manière d'un esprit supérieur, tout le passé de la médecine, mais parce qu'il excelle dans cet art d'observer, d'expérimenter et de raisonner qui enfante les découvertes. Héritier des Hérophile, des Érasistrate, de tous les maîtres de l'école médicale d'Alexandrie, il porte dans l'observation et l'expérimentation encore plus de patience et de pénétration, dans le raisonnement encore plus de fermeté et de sagacité. C'est à la fois un observateur et un logicien de génie. A tel point que s'il lui arrive, par exception, de transporter l'observation et le raisonnement du corps à l'âme, il conserve sur ce terrain étranger la même supériorité que sur celui où il a coutume de se mouvoir.

Il faut donc s'attendre que Galien traitera faiblement toutes les questions qu'il traitera en érudit, et remarquablement toutes celles qu'il traitera en médecin.

Dès lors, ce qui nous étonnait tout à l'heure n'a plus rien que de fort simple et de naturel. Dans les théories de la raison, de la maladie, du sommeil, de l'habitude, qui a la parole ? le médecin. De là leur excellence. Dans les théories du siège de l'âme, de ses facultés, qui a la parole ? l'érudit. De là leurs défauts et leurs imperfections.

Je n'ai pas cité, à dessein, la théorie de la nature

de l'âme. C'est qu'elle est à la fois l'œuvre du médecin et fausse. Mais on conçoit qu'un médecin, même éminent, n'est pas infaillible, surtout quand il s'agit de savoir si l'âme est matérielle ou spirituelle. De plus, si Galien se trompe sur la nature de l'âme, encore est-il juste de remarquer qu'il se trompe avec rigueur, avec profondeur, en observateur attentif et en logicien habile. Son matérialisme est le plus savant, le plus développé, le plus fortement lié dans toutes ses parties que je connaisse dans l'antiquité. En sorte que, ici encore, l'exception confirme la règle, et il reste vrai de dire que tout ce qui recommande la psychologie de Galien est l'ouvrage du médecin, et tout ce qu'elle renferme de médiocre ou de fâcheux, celui de l'érudit.

Telle est la psychologie de Galien ; telles sont ses vérités et ses erreurs, sa force et sa faiblesse ; telle est l'explication de ces contrastes.

THÉOLOGIE.

Galien a-t-il une doctrine sur Dieu comme il en a une sur l'homme, une théologie aussi bien qu'une psychologie ?

Il est naturel de chercher d'abord la réponse à cette question dans le catalogue que Galien a lui-même dressé de ses OEuvres. Si, parmi tous ces ouvrages, rangés dans un ordre savant, il s'en trouvait un dont le titre indiquât clairement des recherches théologiques, le doute ne serait pas permis, et notre tâche se bornerait à l'analyse critique de ce précieux écrit. Malheureusement, il n'en est pas ainsi. Il ne paraît pas que Galien ait jamais songé à rassembler les idées qu'il concevait de la Divinité et à les coordonner en une exposition didactique. Il n'a pas un traité *De Dieu*. On se demande alors s'il n'aurait pas répandu çà et là, dans ses livres si nombreux et si divers, quelques aperçus sur l'Auteur ou l'Ordonnateur des choses qu'un historien-philosophe pourrait recueillir, pour former ensuite de ces membres épars un corps vivant ? Ce que nous avons appelé la psychologie de Galien n'existe pas autrement, et ce n'est pas par un autre procédé que nous avons pu en proposer au lecteur la rédaction fidèle. Mais cette supposition, si elle est vraisemblable, ne se trouve pas vraie (1); et Galien, sans pratiquer dans ses écrits une extrême sobriété, ne s'y élève jamais des divers objets qu'il étudie vers Celui qui les domine tous. Cette manière, qui est celle d'autres grands hommes, n'est pas la sienne. Voilà des faits incontestables. En faut-il conclure que Galien n'a absolument aucune sorte de théologie?

Non; il en a une, au contraire, qui lui est propre et dans le plus étroit rapport à ses préoccupations médicales.

Galien a écrit sur l'anatomie, à laquelle il a fait faire, comme chacun sait, de singuliers progrès : tels sont les traités particuliers *Des os*, *Des muscles*, *Des nerfs, des artères et des veines*. *Si les artères contiennent naturellement du sang*, un traité plus général en neuf livres *Des préparations anatomiques*, etc. Il a écrit, d'autre part, sur la physiologie, d'un esprit très-systématique, d'une façon aujourd'hui surannée, mais cependant avec force et profondeur : tel est le traité *Des facultés naturelles*. Mais, entre les premiers ouvrages et le dernier, il y avait place pour un ouvrage intermédiaire, d'un ordre plus philosophique et plus élevé. En effet, les organes décrits et les fonctions déterminées, il restait à montrer que ces organes sont merveilleusement appropriés à ces fonctions, et que, entre ces moyens et ces fins, l'harmonie est telle qu'il ne se peut rien concevoir de plus parfait. Ce travail ne pouvait guère ne pas se présenter à la pensée de Galien, et il devait le séduire. De là l'un de ses ouvrages les

(1) Sauf un passage du traité *Des dogmes d'Hippocrate et de Platon*, dont il sera question plus loin, dans une note qui sera mieux à sa place qu'ici.

plus considérables, non-seulement par le développement et l'étendue, mais par l'intérêt du fonds et l'excellence de la forme; de là le traité *De l'usage des parties*.

Or, tel qu'il vient d'être défini, le traité *De l'usage des parties* est nécessairement un livre d'une haute portée ; et, si Dieu même n'en est pas l'objet, il en est, du moins, le terme et la suprême conclusion.

En effet, le traité *De l'usage des parties* n'est pas moins qu'un traité des causes finales dans l'ordre physiologique. L'auteur admet, déclare, proclame que les organes sont faits pour les fonctions, c'est-à-dire pour certaines fins ; et prend à cœur et à tâche de démontrer que chaque partie est constituée de la meilleure manière possible pour atteindre ces fins. Toute autre structure, toute autre disposition ou n'irait plus au but, ou irait moins bien. Mais, pour concevoir, arrêter, exécuter cette perfection, dans les détails comme dans l'ensemble, il faut une intelligence supérieure unie à une volonté et une puissance supérieures : il faut une Providence, il faut un Dieu. D'où il paraît que le traité *De l'usage des parties*, parce qu'il est un traité des causes finales dans l'ordre physiologique, est aussi, conséquemment, un traité de l'Être divin.

Galien, du reste, l'a vu avec netteté et l'a déclaré avec précision : « La recherche de l'usage des parties, écrit-il en propres termes, ne renferme pas moins que les principes d'une théologie parfaite, laquelle est une œuvre plus grande et beaucoup plus importante que toute la médecine (1). » En un

---

(1) *De l'usage des parties*, XVII, I.

autre endroit, il dit du même ouvrage qu'il est « un discours sacré, un hymne à l'Auteur des choses, et qu'à le composer il y a plus de vraie piété qu'à immoler des hécatombes et à brûler des parfums (1). » Et il a une comparaison heureuse pour exprimer la même pensée. Son ouvrage comprenant dix-sept livres, et le dernier résumant tout ce qui précède et concluant en dernière analyse, il l'appelle l'*épode* de l'œuvre. Je cite encore : « Les poëtes lyriques composent leurs poëmes de trois parties, la strophe, l'anti-strophe, et enfin l'épode, qu'on chante debout devant les autels pour célébrer les dieux. Ce dernier livre aussi célèbre les dieux ; c'est une épode (2). »

Tel est le traité *De l'usage des parties*. Ce n'est pas une théologie, mais il aboutit à une théologie. Il la contient comme, dans un syllogisme, les prémisses contiennent la conséquence. Et c'est bien là qu'il faut étudier Galien, si l'on veut être assuré de trouver le théologien dans le médecin.

Sans être très-rigoureux, ni surtout très-scientifique, le plan du traité *De l'usage des parties* est assez simple, et l'ordonnance de l'ouvrage facile à saisir. Galien considère, en commençant, le corps tout entier dans ses rapports à l'âme, et ensuite les divers organes et les parties de ces organes dans leurs rapports aux fonctions. Entre les organes, la main (et le bras, bien entendu) attire d'abord son attention, parce qu'elle est, dans l'homme physique, ce qu'il y a de plus proprement humain (3). De la

---

(1) *De l'usage des parties*, III, x.
(2) *Ibid.*, XVII, III.
(3) *Ibid.*, II, x.

main, du bras, il passe à la jambe, conduit par l'analogie de structure (1). Après les extrémités, le centre, c'est-à-dire le tronc, c'est-à-dire les organes essentiels à la vie : 1° les organes alimentaires ou abdominaux, comprenant l'estomac, le foie, la rate, les intestins, etc. ; 2° les organes respiratoires ou thoraciques, comprenant le cœur, le poumon, leurs vaisseaux, etc.; 3° les organes vocaux, comprenant le poumon encore, le larynx, la trachée-artère, etc. Après le tronc, la tête, qui le surmonte et domine tout le reste, la tête et par conséquent la face, qui en est la partie vivante et animée, et par conséquent l'encéphale, qu'elle porte et qu'elle protège, et les sens, prolongement de l'encéphale. Après la tête et l'encéphale, la colonne vertébrale et la moelle. Ensuite, les organes génitaux, par lesquels l'individu se reproduit. Ensuite, les parties du fœtus, première ébauche du corps. Et enfin, pour terminer cette longue revue et enchaîner ces détails, les organes communs à tout le corps, savoir : les nerfs, les artères et les veines.

Or, dans le corps tout entier, et dans les divers organes; dans le bras, dans la jambe ; dans les organes alimentaires, respiratoires, vocaux ; dans la tête et l'encéphale, la colonne vertébrale et la moelle ; dans les organes génitaux; dans les parties du fœtus ; dans les nerfs, les artères et les veines, en un mot, partout, Galien constate la plus admirable disposition, en vue de fins préconçues. Le corps est précisément tel qu'il devait être pour offrir à l'âme un instrument parfaitement accommodé à ses besoins et à sa destinée; les organes, les parties des organes, et jus-

(1) *De l'usage des parties*, II, XVIII.

qu'aux moindres entre ces parties, sont précisément tels qu'ils devaient être pour offrir aux diverses fonctions des instruments particuliers et des instruments si parfaits, qu'ils ne pouvaient l'être davantage. Ce n'est pas seulement la forme, c'est la place des organes et des parties, c'est leur nombre, c'est leur grandeur ou leur petitesse, c'est leur proportion, qui sont comme un défi à l'intelligence humaine de rien concevoir de mieux que ce qui est. D'où il paraît clairement que la Nature a déployé un art infini, une justice parfaite, une habileté et une puissance souveraines dans la formation de l'homme, comme des animaux en général (1).

Cette puissance et cette habileté, cette justice, cet art de la Nature, Galien en est tellement frappé, et il y attache tant d'intérêt, qu'il les signale à toute occasion avec une insistance qui ne serait pas sans monotonie, si l'on pouvait se lasser d'admirer ce qui est si fort admirable, si l'on ne trouvait dans la méditation de cette consolante vérité autant de satisfaction pour le cœur que pour l'intelligence. Citons quelques passages, sans plus redouter les redites que notre auteur lui-même.

A propos des doigts : « J'ai montré que toutes leurs parties révèlent un art admirable. Leur nombre et les différentes positions qu'ils prennent, leur grandeur et leurs connexions les uns avec les autres font voir qu'ils sont si excellemment construits en vue des fonctions de tout le membre, qu'on ne saurait imaginer une structure meilleure (2). »

---

(1) *De l'usage des parties*, passim.
(2) *Ibid.*, II, I.

A propos des muscles de la main, de l'avant-bras et du bras : « La Nature a si bien ordonné chacun d'eux, en les plaçant dans le lieu favorable, en mettant leur origine à l'abri de tout danger, en conduisant leur extrémité là où il fallait, en leur donnant en partage la grandeur, la proportion et le nombre le plus convenables, que le plus habile ouvrier n'eût pu ni mieux concevoir ni mieux exécuter (1). »

A propos du diaphragme et de certains muscles du tronc : « Jamais la Nature ne néglige rien en quoi que ce soit, car elle sait, elle prévoit les conséquences nécessaires et accessoires des dispositions prises en vue d'un but déterminé, non sans corriger tout ce qui pourrait donner prise à la critique. Ainsi, admirez comme certaines parties, outre leur utilité propre, fondamentale, en ont encore de secondaires, sans préjudice des principales. Le diaphragme est créé pour une autre fin : la Nature le fait servir à l'expulsion des excréments. Les muscles du thorax et du larynx sont destinés à d'autres fonctions : elle les fait servir encore au même but. Les muscles abdominaux ont pour objet de protéger et d'envelopper les parties inférieures : elle en use en même temps pour aider à l'insufflation, à la production de la voix et même à l'enfantement. Où trouver plus de sagesse dans une plus féconde combinaison (2) ? »

Ailleurs : « Si l'office de la justice est de procéder avec mesure et d'attribuer à chacun selon son mérite, comment la Nature ne serait-elle pas supérieure à tout en équité ! N'a-t-elle pas comparé entre eux

---

(1) *De l'usage des parties*, II, I.
(2) *Ibid.*, V, xv.

tous les organes de même espèce, les organes de sensation avec les organes de sensation, les muscles avec les muscles, calculé le volume des organes, la valeur des fonctions, l'énergie ou la faiblesse des mouvements, la continuité ou la discontinuité de leur action, et finalement, selon l'importance des diverses parties, attribué à l'une un grand nerf, à l'autre un nerf moindre, à chacune ce qui lui était dû (1)? »

Ailleurs : « Les œuvres de la Nature, toujours si justes, si équitables, sinon au regard des sens, du moins à celui de l'intelligence, il faut les célébrer par des hymnes. Je dis : au regard de l'intelligence, car la Nature choisit l'égalité, non quant à l'apparence extérieure, mais quant à la puissance de l'organe. Or, c'est là la marque d'une justice véritable et divine. En effet, lorsque l'utilité de l'action de deux organes, comme les deux yeux, les deux oreilles, est égale, la Nature crée l'organe droit exactement identique au gauche. Dans le cas où l'un des deux organes possède une utilité propre qui manque à son congénère, elle ajoute quelque partie accessoire (2). »

Ailleurs : « Célébrons l'habileté de la Nature, comme Hippocrate, qui, dans son admiration, la qualifiait toujours d'équitable, parce qu'elle a choisi, non pas ce que suggère la première idée, mais ce que réclame le plus grand intérêt de la fonction et de la vie. Or, c'est l'œuvre d'une divine équité d'inventer ce qui est nécessaire, de le distribuer à chacun selon

---

(1) *De l'usage des parties*, V, ix.
(2) *Ibid.*, IV, iv.

son mérite et de ne rien créer de plus ou de moins que ce qui est convenable (1). »

Ailleurs : « S'il apparaît clairement qu'il en a été donné (des nerfs, veines et artères) plus à certaines parties, moins à d'autres, selon la valeur de chacune d'elles, si cette règle est observée dans tout le corps, la Nature est donc juste, selon le mot d'Hippocrate. Si ces organes se dirigent vers chaque partie en toute sécurité, elle n'est donc pas seulement juste, mais habile et puissante (2). »

Ailleurs enfin : « Mais où paraît plus qu'en tout le reste l'excellence de la Nature, c'est qu'elle enseigne à l'être naissant les usages de toutes ses parties. Elle n'a pas seulement disposé une bouche, un œsophage et un estomac comme organes de l'alimentation, mais elle a rendu l'animal, à peine né, capable de s'en servir, en le mettant, par son enseignement, en possession d'une certaine faculté instinctive, qui le dirige vers l'aliment qui lui convient. C'est ainsi que, les mamelles de la mère étant gonflées de lait, le nouveau-né est porté par un mouvement spontané à user de ce lait. Plus tard, en même temps que les dents, l'instinct de la mastication paraît à son tour. Ainsi de tous les autres, qui se manifestent dans le temps même où la partie se forme ou achève de se former (3). »

Telle est la Nature ; telles sont les qualités supérieures dont témoignent ses œuvres, et l'homme singulièrement. La distraction et l'ignorance pourraient seules nous les faire méconnaître ; car la Na-

(1) *De l'usage des parties*, XI, II.
(2) *Ibid.*, XVI, I.
(3) *Ibid.*, XV, XVII.

ture ne procède pas à notre façon. Nous, nous recherchons inconsidérément l'utile, même lorsqu'il en doit résulter de plus grands inconvénients. La Nature a une autre manière d'opérer : en toute chose, elle vise au plus grand bien définitif ; elle admet le mal en quelque mesure, mais pour en faire sortir maints avantages. Il faut donc, avant de l'accuser, attendre d'avoir démontré que ce qu'on nomme un défaut n'est pas la condition d'une qualité, qui le rachète. Or, voilà ce qu'on ne démontrera jamais (1).

Une autre chose, qu'on ne saurait aussi avoir trop présente à la pensée, c'est que la Nature ne crée pas la matière, mais la façonne seulement ; d'où il suit qu'elle a fait tout ce qu'elle peut, tout ce qu'elle doit, quand elle l'a douée des attributs qu'elle comporte. Il est des gens qui goûtent comme il le mérite le bel ordre qui règne dans le soleil, la lune, le cortège des astres, qui contemplent avec ravissement leur grandeur, leur éclat, leur mouvement éternel, leur retour périodique, et qui, comparant ensuite à ces merveilles le corps humain et ses parties, les trouvent misérables ; mais ils se trompent. Une sagesse, une puissance, une prévoyance égales règnent ici. Ce n'est pas à la matière qu'il faut regarder, mais au travail. Il faut se comporter à l'égard de la Nature, comme à l'égard de Phidias. Ce qui frappe le spectateur intelligent dans le Jupiter Olympien, ce n'est pas l'ivoire brillant, le poids de l'or, les dimensions de la statue ; il ne l'admirerait pas moins, fût-elle d'argile et haute d'une coudée, car ce qu'il admire, c'est la beauté de l'œuvre.

(1) *De l'usage des parties*, V, IV.

Donc, vous tous qui considérez le corps humain, faites abstraction de la matière, et ne soyez attentifs qu'à l'art seul. Ne reprochez pas à l'œil, au pied, de ne pas être de la même substance que le soleil ; ne cherchez dans l'un que l'organe de la vision, dans l'autre que l'organe de la marche, et vous ne les trouverez pas moins dignes d'éloges que les corps célestes. L'art de la Nature éclate également ici et là.

Le pied est une partie de l'animal petite et abjecte : qui le nie ? Le soleil est immense, c'est le plus beau des corps de l'univers : nous ne l'ignorons pas. Mais le soleil est-il mieux ordonné que le pied ? et celui-ci n'est-il pas aussi bien à sa place dans l'animal que l'autre dans le monde ? Si le soleil devait tenir le milieu entre les planètes, il n'était pas moins convenable que le pied occupât la partie inférieure de notre corps. Déplacez le soleil : si vous l'abaissez, vous incendiez la terre ; si vous l'élevez, vous la glacez ; dans les deux cas, elle est inhabitable. La Nature a mis le soleil précisément où il devait être. Il en est de même du pied : vous ne sauriez le déplacer sans absurdité ; excellent où le voilà, il serait un non-sens risible partout ailleurs. Il en est de même du calcaneum, qui fait merveille où il se trouve ; il en est de même de ce qui vous paraîtra le plus vil dans notre corps : la sagesse de la Nature ne brille pas moins dans ce petit monde que dans le grand. C'est partout la même science sans défaut (1).

Il ne faut donc que savoir regarder la Nature (2)

---

(1) *De l'usage des parties*, III, x.
(2) *Ibid.*, VI, xx.

pour apercevoir, pour admirer l'excellence de cet incomparable Artiste. Ceux qui ne l'admirent pas, qui ne l'aperçoivent pas, sont tout simplement des insensés, des descendants de ce Corœbe, de ce niais des niais, mis en scène par le poëte Euphorion ; ou, s'ils n'ont pas perdu l'esprit, il faut qu'ils soient aveuglés par quelque intérêt particulier, qu'ils aient sur les yeux l'épais bandeau d'un faux système (1).

Il existe, en effet, un système erroné, absurde, qui met le hasard à la place de l'art (2) et ne veut voir dans la Nature qu'une puissance brutale qui ne sait ce qu'elle fait et se joue à l'aventure. Et Galien, après avoir salué les nobles esprits qui ont compris le grand spectacle étalé sous leurs yeux, Hippocrate, qui proclame si haut la justice de la Nature (3); Platon, qui a dit : Dieu est bon, exempt d'envie, et ce qu'il a fait, il l'a fait le mieux possible (4) ; Aristote, qui blâme si judicieusement ceux qui combattent contre eux-mêmes, en s'efforçant de ravaler cette âme humaine si bien douée, ce corps humain si bien constitué (5) ; après avoir reproché à Érasistrate, qui répète sans cesse, et à juste titre, que la Nature ne fait rien en vain, d'être infidèle à son principe, de déclarer tel organe (la rate) sans but et sans raison, ou plus souvent de dissimuler ce qu'il ne peut expliquer (6) ;—Galien prend à partie les esprits mal-avisés qui se font les champions du hasard et des

---

(1) *De l'usage des parties*, VI, xx.
(2) *Ibid.*, XI, vii.
(3) *Ibid.*, II, xvi; III, x; V, ix; XI, ii.
(4) *Ibid.*, III, x.
(5) *Ibid.*, I, xxii.
(6) *Ibid.*, IV, xv; V, v; XIII, viii.

atomes, Épicure et les philosophes de son école, Asclépiade et les médecins de sa secte, et, par une argumentation solide comme les faits, puissante comme un raisonnement en forme, réduit à néant leurs spécieuses, mais vaines théories.

On connaît la doctrine d'Épicure et des siens, d'Asclépiade et des siens. Toutes choses sont substantiellement formées d'éléments indivisibles, atomes ou molécules. Ces atomes sillonnent le vide en tous sens dans leur éternel mouvement. Ils se rencontrent, s'unissent, forment des tourbillons, des groupes, des corps. Dans tout cela, rien de prévu, rien de voulu ; l'art nulle part, le hasard partout. L'inutile n'est pas plus rare que l'utile ; et les merveilles que certains admirent si fort ne sont pas si merveilleuses : ce sont les effets tout simples de causes toutes matérielles (1).

Or, cette doctrine, Galien l'attaque doublement : dans ses conséquences, c'est-à-dire dans ses explications particulières, et dans ses principes, c'est-à-dire en elle-même.

Ainsi, un fait bien constaté est le suivant : il y a un rapport invariable entre les tendons et les fonctions ; aux fonctions énergiques correspondent des tendons épais, aux fonctions faibles des tendons grêles. C'est là, sans doute, une marque de prévoyance et de sagesse ; la Nature a voulu que les premiers tendons fussent épais, parce qu'elle voulait rendre les fonctions énergiques ; que les seconds fussent grêles, parce qu'elle voulait rendre les fonctions faibles. Mais Épicure, Asclépiade et leurs dis-

---

(1) *De l'usage des parties*, XVII, I.

ciples n'admettent pas cela et ne peuvent l'admettre. Ils expliquent tout par une cause matérielle. Les tendons sont ce que les fait l'usage. Leur volume est en raison de la quantité de mouvement. Les exerce-t-on? ils sont mieux nourris, ils se développent; les laisse-t-on dans le repos? ils s'atrophient : c'est on ne peut plus simple. Il n'y a dans la constitution des atomes d'autre science et d'autre réflexion que celle que des esprits chimériques y introduisent arbitrairement.

A quoi Galien répond avec une éloquente vivacité :

« O hommes admirables ! que dites-vous là? Est-ce que les tendons ne sont pas invariablement volumineux, et qui plus est, doubles, là où les fonctions sont énergiques? Est-ce qu'ils ne sont pas volumineux et doubles à tous les âges? Est-ce que les tendons qui doivent être volumineux, qui doivent être doubles, ne sont pas déjà volumineux, déjà doubles chez l'enfant, chez le fœtus, qui ne remplissent aucune fonction à l'aide de ces tendons? Avouez-le, il n'y a pas moyen de rendre compte de cette disposition par l'exercice et le mouvement.

« Il serait, en vérité, trop étrange que, par l'exercice et le mouvement, les parties, d'abord simples, devinssent doubles ensuite; que, par le défaut d'exercice et de mouvement, les parties doubles devinssent simples ! Et ne voyez-vous pas qu'il suivrait de là que ceux qui se fatiguent beaucoup devraient finir par avoir quatre pieds et quatre mains, tandis que ceux qui demeurent oisifs se verraient réduits à n'avoir plus qu'une seule main et un seul pied ! Quelle sottise ! Et voilà où vont fatalement les pérsonnes qui, de parti pris, ferment les yeux pour ne pas voir la vérité qui les condamne.

« Considérez ceci, de grâce. Les doigts des deux mains réunies offrent trente articulations. Chaque articulation a des insertions de tendons sur ses quatre faces, sauf le pouce, dont la première articulation n'a d'insertion tendineuse que sur les côtés et en dehors, l'insertion interne manquant. Cela fait un total de cent dix-huit insertions, à la fois nécessaires et suffisantes. Il ne fallait ni que les autres doigts en eussent moins, car les mouvements qu'ils doivent exécuter eussent été compromis, ni que le pouce en eût davantage, car il n'en avait nul besoin. Quel ordre! quelle prévoyance! quel art! Et comment refuser la science et la réflexion à la Nature, qui a pourvu de toute façon cent dix-huit régions qui réclamaient des tendons, et qui a laissé vide aux deux pouces une seule place, où ils eussent été superflus (1)! »

Un autre fait analogue au précédent, et où ne paraît pas avec moins de clarté l'admirable sagesse de la Nature, c'est la différence de volume des veines du corps en général et des veines du poumon en particulier. L'explication d'Asclépiade est toujours la même. Les veines du corps, dit-il, dénuées de mouvement, se rapetissent par là même, comme un esclave paresseux perd ses forces, faute de s'en servir. Les veines du poumon, au contraire, qui obéissent au mouvement du viscère, acquièrent de l'épaisseur, comme les gens actifs se fortifient par l'exercice. La réponse de Galien est aussi la même.

---

(1) *De l'usage des parties*, I, XXI.

Comment ne voyez-vous pas, s'écrie-t-il, que la différence en question existe chez l'enfant comme chez l'adulte, et que, si votre raisonnement a quelque vraisemblance appliqué au second, il n'en a aucune appliqué au premier? Bien plus, cette différence, vous la trouvez déjà dans le fœtus; or, le fœtus ne respire pas! Et il conclut par cette réflexion générale :

Ici, comme partout, il y a aux faits une raison profonde, à savoir le but que l'Intelligence s'est proposé d'atteindre. Et, en effet, c'est une intelligence supérieure qui règle, qui ordonne toutes ces choses. Si les artères du poumon ont les caractères des veines, les veines ceux des artères, c'est que cela était mieux ainsi. De même encore, si le cœur présente deux cavités chez les animaux pourvus d'un poumon et une seule chez ceux qui n'en ont pas, c'est que cela était mieux ainsi. Il ne faut pas prétendre rendre compte des corps et de l'univers par un seul genre de causes, et encore par le dernier. Il y a cinq genres de causes, qui se rapportent au but, à l'action, aux moyens, à la forme et à la matière. L'erreur essentielle d'Asclépiade, c'est de se préoccuper de celle-ci uniquement. Il veut exposer la raison d'être des artères et des veines du poumon, et il la demande à la cause matérielle. C'est se moquer. Il fallait invoquer l'espèce divine de cause, comme l'appelle Platon. Là est toute lumière avec toute vérité (1).

Les explications particulières d'Épicure et d'Asclépiade ne supportent pas l'examen; leur système, pris en lui-même, n'est pas plus admissible. Si tout

(1) *De l'usage des parties*, VI, xiii.

se réduit aux atomes de l'un, aux molécules de l'autre, l'art n'existe nulle part, ni chez l'homme, ni chez les animaux. En effet, pour façonner avec art un objet, il faut de deux choses l'une : ou le travailler extérieurement, ou le pénétrer et le modifier tout entier. Or, de l'aveu même de ses partisans, ni l'une ni l'autre opération n'est possible dans le système des atomes. Donc, ce système exclut l'art absolument et c'est par le hasard qu'il doit rendre compte de toutes choses (1).

Mais est-ce que le hasard peut expliquer quoi que ce soit ? Voici un chœur de trente-deux danseurs qui exécute les plus merveilleuses évolutions avec la plus parfaite harmonie : que quelqu'un ose dire que ces danseurs se meuvent au hasard, vous crierez à l'insensé. Vous aurez mille fois raison ; mais combien n'êtes-vous pas plus insensé, vous qui prétendez nous persuader que la Nature agit au hasard, et que tant de belles œuvres, de parties si excellemment appropriées à des fins excellentes sont le fatal produit du hasard !

Considérons seulement l'homme, et dans celui-ci seulement les dents. Direz-vous que c'est par l'effet d'une heureuse rencontre des atomes que les unes sont aiguës, les autres émoussées ; celles-ci polies, celles-là raboteuses ? Direz-vous que c'est par l'effet d'une heureuse rencontre que les plus petites ont une seule racine, les autres deux, et d'autres trois ou quatre ? Il serait bien étrange, en vérité, que les atomes fussent aussi chanceux qu'ils sont aveugles, et que le hasard ne fût pas moins habile sans

---

(1) *De l'usage des parties*, XVII, I.

le savoir que l'artiste le plus intelligent et le plus expérimenté!

Et ces minces prolongements des os de chaque mâchoire, que l'on nomme râteliers par analogie avec les râteliers qui servent aux troupeaux (1), n'est-ce pas encore là une œuvre qui fait trop d'honneur au hasard? Quoi! c'est le hasard qui a si bien enveloppé, emboîté chacune des dents qu'elles ne sauraient plus être ébranlées; qui a proportionné les cavités aux racines, les faisant grandes pour les grandes racines, petites pour les petites? Non, il n'est pas d'artisan, ni parmi ceux qui avec des chevilles attachent les poutres les unes aux autres, ni parmi ceux qui taillent la pierre, qui ait jamais eu la main si heureuse que l'heureux tourbillon des atomes qui a fait les racines des dents! Car, quoique privé de raison, il savait que les cavités, trop larges, rendraient lâche l'emboîtement des dents; trop étroites, ne laisseraient pas pénétrer leurs racines jusqu'au fond!

Et ces ligaments solides qui attachent les dents aux alvéoles, principalement à la racine où viennent s'insérer les nerfs (2) ; et cette exacte correspondance des dents inférieures aux supérieures, quoique les deux mâchoires ne se ressemblent pas, tout cela et le reste, n'est-ce encore que le résultat fortuit de l'aveugle concours de fortunés atomes ? trop fortunés, car l'artiste le plus consommé ne réussirait pas mieux.

Voilà pour les dents ; voilà pour l'homme, car

---

(1) Les alvéoles, sans doute.
(2) Le périoste, probablement.

ce qu'on vient de dire des dents, on peut le répéter de toutes les parties de l'homme. Mais tous les animaux et toutes leurs parties ne montrent pas une moindre perfection : la rapporterez-vous encore au hasard? Prétendrez-vous encore en rendre compte par ce mot vide de sens?

Est-ce un aveugle tourbillon qui a pourvu les carnassiers de nombreuses dents, acérées et fortes? qui, tandis que ceux-ci ont tous des griffes semblables, comme des épées données par la nature, a laissé sans armes les animaux inoffensifs, qui n'en avaient pas besoin?

Qu'aucun animal n'ait à la fois des griffes fortes et des dents faibles; que les animaux qui, nantis de doigts, peuvent porter les aliments à leur bouche aient le col plus court; que ceux qui ont des cornes et des sabots l'aient plus long, afin d'être en état d'atteindre leur pâture; que les poissons, qui ne doivent ni émettre de sons ni marcher, n'aient ni col ni membres, est-ce à des atomes, à des tourbillons, au hasard, à rien, que vous ferez honneur de dispositions, de combinaisons qui supposent tant de sagacité, d'attention et de mémoire? Voilà, certes, des atomes qui ont plus de sens, un hasard qui a plus d'intelligence, un rien qui a plus d'esprit qu'Épicure et Asclépiade eux-mêmes, que tous leurs disciples passés, présents et futurs (1).

De tout cela, de ces observations, de ces considérations, de ces réfutations, que conclure? Ce que conclut Galien, non sans force et sans éloquence, à savoir qu'un art admirable, souverain, divin, paraît,

---

(1) *De l'usage des parties*, XI, VIII.

éclate dans la Nature entière, et dans chacune de ses œuvres, et dans l'homme en particulier; que l'intelligence, la sagesse, la justice se montrent partout, resplendissent partout, dans les détails et dans l'ensemble, dans la juste proportion et le concert des organes et des parties des organes, dans l'universelle harmonie; enfin, et en moins de mots, qu'il existe des dieux, un Dieu, et qu'il faut l'honorer. Mais ce sont les propres accents de Galien que le lecteur doit entendre ici.

« Comment nier l'art de la Nature, lorsque l'on confesse celui des statuaires? Comment louer ceux-ci d'avoir fait le côté droit exactement semblable au gauche, et ne pas louer la Nature qui, outre l'égalité des parties, donne encore les fonctions à ces parties et à l'animal l'instinct de s'en servir? Est-il permis d'admirer Polyclète pour la symétrie des formes dans le Doryphore, son chef-d'œuvre, et de ne pas célébrer la Nature qui, non contente de créer les parties proportionnelles à l'extérieur, comme le font les statuaires, a encore établi à l'intérieur la même proportion? Et Polyclète, qu'a-t-il fait autre chose qu'imiter la Nature dans les parties visibles dont il a pu démêler l'artifice? Quelle contradiction n'est-ce pas de refuser à l'original l'admiration que l'on prodigue à l'image, et de mépriser l'inventeur en chantant les louanges du copiste!

« Oui, l'égalité, la symétrie, la proportion, la mesure, tout cela prouve, atteste, proclame l'art de la Nature! Voyez le bras, et comme sa grandeur a été habilement, justement calculée. Plus long, il saisirait des objets plus éloignés, mais il pèserait trop et serait difficile à remuer; plus court, il serait plus aisé à mouvoir, mais d'une portée insuffisante. Il en est de même de la jambe. Diminuez-la de moitié, combien le corps est incommode à porter et lourd, combien la marche est chancelante et la course impossible! Allongez-la, l'animal marchera peut-être plus vite, mais se fatiguera certainement plus tôt. C'est la même mesure, la même symétrie, la même proportion dans les différentes parties de ces deux membres, soit qu'on les regarde en elles-mêmes ou qu'on les compare. Et l'on ne reconnaîtrait pas que celui qui a conçu et exécuté de telles œuvres est un artiste, ou plutôt le premier des artistes!

« Ah! il faut laisser là les atomes, le hasard, tous ces vains mots, tous ces non-sens, et confesser qu'une Intelligence douée d'une puissance admirable plane sur la terre et pénètre dans toutes ses parties! Les animaux, leurs fonctions et leur structure le déclaront hautement. Cette Intelligence, elle procède sans doute des corps supérieurs, le soleil, les étoiles, où habite sans doute une Nature d'autant plus parfaite que la substance de ces corps est plus pure. Les animaux démontrent une Intelligence terrestre, et celle-ci une Intelligence céleste, d'où elle émane.

« Quels génies que les Platon, les Aristote, les Hipparque, les Archimède, et tant d'autres! Or, quand on voit dans un tel bourbier (car quel autre nom donner au corps, assemblage de sang, de chair, de phlegme, de bile jaune et de bile noire?), quand on voit dans un tel bourbier une Nature si excellente, quelle supériorité ne doit-on pas supposer à celle qui habite le soleil et les étoiles! Oui, tout homme sensé doit comprendre, admirer, célébrer la perfection de la grande Intelligence qui est dans le ciel, d'où elle anime, ordonne et gouverne tout. Et c'est ainsi que la recherche de l'usage des parties ne renferme pas moins que les principes d'une théologie parfaite, laquelle est une œuvre plus grande et beaucoup plus importante que toute la médecine (1). »

(1) *De l'usage des parties*, XVII, IV. — Cette démonstration de l'existence du divin artiste par l'étude du corps humain, Galien l'a indiquée et résumée, en passant, dans un autre de ses ouvrages, le traité *Des dogmes d'Hippocrate et de Platon*, IX, II. Il la donne comme un exemple de la manière dont il faut s'y prendre pour discerner les ressemblances et les différences.

Parmi les philosophes et les médecins, quelques-uns attribuent la formation de notre corps au hasard, et la plupart à l'art. Pour réfuter la première opinion et confirmer la seconde, il suffit de reconnaître les caractères distinctifs du hasard et de l'art. Et Galien énumère les caractères de l'art en opposition à ceux du hasard ; et il fait voir que tous les caractères de l'art apparaissent clairement dans la constitution de notre corps ; et il en conclut que notre corps est une œuvre d'art, œuvre parfaite, art excellent, et qu'il y a donc, au-dessus de nous, au-dessus de la nature, un artiste divin.

En tout cela, rien qui ne se trouve avec plus de développement et d'intérêt dans le traité *De l'usage des parties*. Voici un dernier trait qu'on y chercherait vainement et qui mérite peut-être d'être recueilli.

Qu'on ne nous fasse pas, dit Galien, cette objection : nous ne voyons pas l'artiste divin, donc il n'existe pas. Le fait est vrai, la conclusion fausse. Dans l'espèce humaine, ce n'est pas la vue de l'artiste lui-même qui nous révèle sa qualité, c'est la vue de son œuvre. Nous aurons beau voir un homme travailler ; s'il n'a fait rien qui vaille, nous ne dirons jamais : voilà un artiste. Mais si nous rencontrons une belle œuvre, frappée à l'empreinte de l'art, lors même que nous ne verrions pas son auteur, nous ne douterions pas que ce ne soit un artiste. C'est ainsi que le monde nous atteste l'invisible artiste qui est Dieu.

Tel est ce qu'il serait trop ambitieux d'appeler le système théologique de Galien. J'y remarque deux choses, le procédé et le résultat.

Le procédé n'est certes pas une nouveauté dans la science. C'est la démonstration par le principe du mieux ou des causes finales. Il consiste à faire voir que tout est le mieux possible dans l'univers ou dans telle de ses parties, en d'autres termes, que tout est disposé excellemment en vue de fins excellentes, pour conclure de là l'existence d'une Intelligence ordonnatrice, d'une Providence, d'un Dieu. Or, cette méthode n'est pas seulement celle d'Hippocrate, de Platon, d'Aristote (voire même un peu d'Érasistrate), cités par Galien; elle était déjà celle de Socrate (1), que Galien oublie trop; elle était encore celle de Zénon et des stoïciens en général, qu'on peut s'étonner de ne pas voir mentionnés ici une seule fois (2). C'est, on peut le dire, on doit le dire, la grande tradition philosophique et scientifique de l'antiquité.

Il n'y a donc pas lieu de discuter, à l'occasion de Galien, un procédé si général, presque universel (3). Ce n'est pas le moment de développer cette pensée, qu'il est aussi inutile que peu judicieux de prétendre faire violence à l'esprit humain, et que les penseurs systématiques, excessifs, qui, après avoir proscrit la recherche des causes finales, en sont venus aujour-

---

(1) Xénophon, *Mém. sur Socrate*, I, IV.

(2) Cicéron, *De nat. Deor.*, II, passim.

(3) Ai-je besoin de renvoyer le lecteur au savant et profond ouvrage de M. P. Janet sur *Les causes finales?* — On lira aussi avec profit un très-intéressant article sur les causes finales et la physiologie dans la *Revue des Deux-Mondes*, 15 février 1873.

d'hui jusqu'à proscrire celle des causes proprement dites elles-mêmes, tentent une entreprise impossible. Ce n'est pas le moment d'expliquer que, si certaines sciences ont pour condition de ne pas dépasser la sphère des phénomènes et de leurs lois immédiates, il n'en est pas moins vrai que ces phénomènes ont à leur origine des causes qui les produisent, à leur terme, des fins qui les rallient; qu'il est dans la nature de notre intelligence et de notre âme de ne pouvoir être satisfaites que par la découverte de ces causes et de ces fins; et que c'est là le légitime objet, l'éternel objet de la philosophie en général, de la philosophie de chaque science en particulier. Non : ces considérations nous entraîneraient trop loin de notre auteur, et il nous faut nous borner à ce qui est propre à Galien personnellement.

Or, ce qui est personnellement propre à Galien, c'est la façon dont il *use* et *abuse* du procédé en question.

Il y a deux manières de considérer les causes finales dans l'univers et ses parties : l'une, que j'appelle la manière populaire; l'autre, la manière savante.

La manière populaire, c'est de s'en tenir à ce qui frappe les regards plus ou moins attentifs, ou même distraits. Il suffit, en effet, d'avoir des yeux pour apercevoir tout autour de soi un ordre incontestable, c'est-à-dire des rapports, des enchaînements, des analogies, un concert. La manière populaire est celle de Socrate, de Platon, des Stoïciens, de Cicéron, leur interprète; ce n'est pas celle de Galien.

La manière savante, c'est d'étudier la Nature de près et de très-près; c'est de considérer les êtres ou l'un d'eux de préférence, avec une attention soutenue, à la lumière de la science, de façon à obtenir des notions exactes, précises, profondes. On arrive par ce chemin, à constater avec netteté et rigueur un admirable accord entre les moyens et les fins, entre les moyens les plus particuliers et les fins les plus particulières. La manière savante est celle d'Aristote, parmi les philosophes ; d'Hippocrate, d'Érasistrate, parmi les médecins ; c'est aussi celle de Galien.

Galien est un médecin qui se fait sa part et celle qui convient à sa spécialité dans l'univers. Loin de prétendre embrasser tous les êtres sans exception, il s'attache à l'homme exclusivement : s'il lui arrive quelquefois de détourner son attention vers les *animaux sans raison*, il s'en excuse (1). Loin de se complaire dans les vues superficielles, partant plus ou moins banales, à la façon d'un philosophe qui n'est que philosophe, ou d'un écrivain qui se confie à son imagination, il approfondit son sujet, il en étudie tous les détails, avec suite, avec méthode, avec rigueur, à la façon d'un anatomiste, d'un physiologiste, qui ajoute à l'héritage de ses devanciers ses propres observations et ses découvertes. Son livre est littéralement un traité scientifique. Je dis plus : il trouve Dieu sans le chercher. Ce qu'il se propose, son but avoué, déclaré, ce n'est pas de démontrer l'existence de la Divinité, c'est de compléter la science de l'homme, déjà connu dans ses organes et ses fonctions, en exposant, en faisant toucher du doigt la parfaite appropriation de ceux-là à celles-ci. Si

(1) *De l'usage des parties*, XIII, II.

l'Intelligence divine sort resplendissante du milieu de cette longue et pénétrante description, ce n'est pas Galien qui le veut, c'est la nature des choses qui le fait. En un mot, Galien est un savant qui va à la philosophie, c'est-à-dire à la théologie, par la science, par celle qui est la sienne, et parce qu'elle l'y mène nécessairement ; et, sans blâmer ceux qui marchent avec la foule dans la large voie de l'expérience vulgaire, il faut lui rendre justice en le louant d'avoir suivi et même tracé cet autre chemin, plus étroit, plus ardu, que gravissent seulement les esprits distingués et cultivés.

Mais Galien n'abuse-t-il jamais, dans ses recherches particulières, du procédé dont il use généralement si bien ?

C'est un tort dont je ne saurais le justifier. Il abonde, il surabonde dans son sens, et pèche gravement par excès. Il a mille fois raison, sans doute, d'affirmer et de répéter que la Nature agit avec une prévoyance et une sagesse qui ne se démentent jamais, d'emprunter le mot d'Érasistrate (qui était déjà le mot d'Aristote), que *la Nature ne fait rien en vain*, de blâmer ce médecin de ce qu'il nie l'utilité des parties dont le rôle lui échappe ; mais quelle ambition n'est-ce pas de sa part, et quelle intolérable outrecuidance de prétendre savoir le pourquoi de tout, de vouloir expliquer la raison d'être, non-seulement des organes, non-seulement de leurs principales parties, mais des plus accessoires et, au moins en apparence, des plus insignifiantes ! Le fait est que Galien n'ignore rien. Il sait, mais parfaitement, cent choses que nous ne savons pas encore et quelques-unes que nous désespérons de jamais savoir : la fonction de la rate (1), la nécessité de la luette (2), le rôle propre de chacune des parties du cerveau, si diversement conformé (3) ! Il vous déduira longuement et pertinemment les raisons qui exigeaient que l'homme fût barbu et la femme imberbe (4). Il vous exposera très-sérieusement que la nature se devait à elle-même de ne pas placer derrière la tête les yeux qu'elle a mis avec tant de convenance en avant (5) ! Il discutera avec une prodigieuse richesse d'arguments des problèmes tels que le suivant : Pourquoi l'homme n'a-t-il pas quatre jambes et deux bras comme les centaures (6)? On souffre, en vérité, de voir ce grand esprit s'égarer et se perdre misérablement dans ces inanités. C'est là le côté faible de ce savant et beau travail, qui n'en reste pas moins, à mon gré, le chef-d'œuvre de Galien.

Le résultat n'est ni sans importance ni sans grandeur, mais il est fort incomplet et surtout fort incomplètement exprimé.

Ce que l'homme, j'entends l'étude de l'homme, révèle à Galien, c'est une Nature intelligente, prévoyante, juste et équitable dans ses œuvres, avec la puissance nécessaire pour exécuter ce qu'elle a conçu. Ce n'est pas un Créateur, car la matière est éternelle ; c'est un être supérieur, doué des attributs que nous réunissons ordinairement sous le mot *Pro-*

---

(1) *De l'usage des parties*, IV, IV, XV et XVI.
(2) *Ibid.*, XI, XI.
(3) *Ibid.*, VIII, VIII-XIV.
(4) *Ibid.*, XI, XIV.
(5) *Ibid.*, X, I.
(6) *Ibid.*, III, I.

vidence, et que Galien, qui ne se sert guère de ce mot (1), appelle le plus souvent, selon l'usage des anciens, depuis Anaxagore, l'Intelligence. Or, cette Intelligence, qu'est-elle précisément? quelle est sa nature propre? où réside-t-elle? dans quelle mesure est-elle unie au monde, à l'homme, ou séparée de l'homme et du monde? Voilà ce que Galien ne prend pas la peine d'expliquer avec une clarté suffisante.

J'ai cité littéralement le seul passage où Galien semble vouloir donner quelque lumière sur cette Intelligence, à chaque instant proclamée, célébrée par lui, jamais définie, jamais décrite : or, qu'y voit-on? Qu'une intelligence plane sur la terre et pénètre dans toutes ses parties; qu'une autre intelligence, supérieure, parfaite, habite le ciel, le soleil, les étoiles; qu'entre cette intelligence terrestre et cette intelligence céleste, il y a un rapport qu'on ne détermine pas, car les mots *procéder*, *émaner*, dont j'ai dû me servir, sont plus précis que le texte grec. C'est tout. Mais ce n'est pas assez. Je ne sais, en effet, comment me représenter l'intelligence terrestre, ignorant jusqu'à quel point elle est ou n'est pas indépendante de l'autre; et je ne sais comment me représenter l'intelligence céleste, ignorant son essence, sa manière d'être, son action, si du sein des sphères infinies elle gouverne notre misérable monde et notre « bourbier » par délégation ou par elle-même. Le Dieu que l'on propose

(1) Si je ne me trompe pas, je n'ai rencontré la Providence nommée par son nom qu'une seule fois dans toute l'étendue du traité *De l'usage des parties*. Quant au mot *Créateur*, qui paraît souvent dans l'excellente version de Daremberg, c'est une traduction trop chrétienne d'un texte tout païen.

à ma foi et à mes hommages, ce n'est pas un théorème devant lequel s'incline ma raison, c'est un problème devant lequel elle se tourmente.

Il est vrai qu'il n'est pas impossible (quoique ce soit une méthode périlleuse) de développer les indications trop rapides de Galien par ses affinités philosophiques ordinaires. Sa prétention est de continuer la tradition de Platon et d'Hippocrate, qu'il aime à rattacher l'un à l'autre par une filiation dont il est fort permis de douter ; mais presque toujours, comme on l'a vu ci-devant, il dérive sans le savoir du platonisme vers le péripatétisme, et de celui-ci vers le stoïcisme. Le système théologique qu'il laisse à peine entrevoir doit donc être bien moins platonicien que péripatéticien, et bien moins péripatéticien que stoïcien. Or, si le Dieu du Portique s'appelle encore l'Intelligence ou même la Providence, il est toutefois descendu des inaccessibles hauteurs où l'avaient placé Platon et même Aristote. Ce n'est plus, par-delà le ciel et la terre, cette suprême unité, supérieure même à l'être, cette sublime idée du bien, supérieure même à l'essence ; ce n'est plus ce moteur immobile, cette pensée de la pensée, qui agit sur le monde qu'elle ne connaît pas, par une attraction dont elle n'a pas conscience ; c'est tout simplement la force universelle, la vie universelle, l'âme universelle. Dieu n'est pas au-dessus du monde ; il est dans le monde, mêlé au monde, et séparable seulement par abstraction. Il est partout, en tout, et, s'il domine, c'est de la supériorité de l'élément actif sur l'élément passif. Les stoïciens, pleins de cette idée, ne craignent pas, pour la rendre plus sensible, d'assimiler Dieu au feu ou à l'éther et de l'appeler le feu artiste, l'éther raisonnable. Que dis-je assimiler? C'est le feu même, l'éther même, qui pénètrent, agitent, meuvent et ordonnent toutes choses, avec art, car l'art est partout visible; avec raison, car l'art ne se comprend pas sans la raison. Et cet éther, ce feu, cette intelligence, ce Dieu enfin, si étroitement uni au monde, qu'il en diffère à peine et que les stoïciens vont jusqu'à dire que le monde est Dieu ou que Dieu est le monde, il est plus particulièrement uni aux astres. Les astres, en effet, sont formés de l'éther le plus pur, et l'ordre y apparaît plus manifestement. Les stoïciens estiment donc que, si la Divinité se confond avec le monde entier, elle se confond encore plus intimement avec les astres et le ciel (1). Tel est l'exact sommaire de leur doctrine théologique. Or, à cette lumière, ne voyez-vous pas sortir de l'ombre et paraître distinctement tout ce qu'il y a d'obscur dans l'esquisse de Galien? On ne savait pas si l'intelligence terrestre diffère essentiellement de l'Intelligence céleste; plus de doute maintenant: terrestre ou céleste, c'est la même intelligence, ici plus éclatante, parce qu'une matière incorruptible la laisse briller de tout l'éclat qui lui est propre; là plus effacée, parce qu'une matière, qui est la corruption même, l'empêche et l'offusque. On ne savait pas quelle est l'intelligence céleste, d'où elle vient et ce qu'elle fait; plus de doute maintenant: c'est l'Intelligence universelle même, ou plus simplement l'Intelligence même. Et quant à l'Intelligence, nul doute non plus: elle n'est qu'une propriété du feu,

---

(1) Voir Cicéron, *De nat. Deor.*, I, XIV et XV; II, XV.

un attribut de l'éther; comme le feu et l'éther, elle enveloppe tout, pénètre tout, se confond avec tout, pour tout vivifier, animer, ordonner et gouverner. Et c'est là la Providence, et c'est là Dieu.

Mais qui ne voit combien la théologie de Galien, même ainsi éclaircie, ainsi commentée, est loin de satisfaire l'esprit? Qu'est-ce qu'un Dieu-feu, un Dieu-éther? Qu'est-ce qu'un Dieu inséparable de la matière et du monde, tellement inséparable, qu'on peut le définir et qu'on le définit « le monde » ? On a beau répéter : C'est la force, c'est l'intelligence, c'est la Providence ; je ne comprends pas, en vérité, comment cette force, cette intelligence, cette Providence peuvent diriger et administrer le monde, veiller avec sollicitude, sagesse et justice sur le monde, si elles sont le monde lui-même. Dans cette hypothèse, on ne peut pas dire que le monde est gouverné, il faut dire qu'il se gouverne ; et on ne voit pas où s'adressent les hommages de l'humanité, qui, en adorant une telle Divinité, s'adore elle-même.

Le grand problème théologique a toujours été et sera longtemps encore le suivant : Dieu et le monde étant posés en regard l'un de l'autre, déterminer leur vrai rapport; comme le grand problème psychologique a toujours été et sera longtemps encore celui-ci : l'âme et le corps étant posés en regard l'un de l'autre, déterminer leur naturelle relation. Le spiritualisme a souvent trop séparé l'âme du corps, surtout depuis Descartes; il se peut qu'il ait quelquefois trop séparé Dieu du monde; je ne sais; mais ce que j'affirme hardiment, c'est que le matérialisme, philosophique et scientifique, qui confond ces deux derniers termes, est loin d'avoir démontré cette triste thèse. Or, j'aurais besoin qu'elle me fût démontrée avec une évidence invincible pour l'accepter. Ce n'est pas à des arguments comme ceux des stoïciens (1), admis implicitement par Galien, qu'on fait le sacrifice de ses plus chers et plus nobles instincts. Et, pour résister à l'élan de ma nature, pour étouffer les mouvements les plus doux et les plus forts de mon cœur, j'attends d'y être contraint par la toute-puissance de preuves inéluctables. Jusque-là, je demande qu'on me permette d'aimer, de prier et d'espérer.

(1) Voir, par exemple, les incroyables arguments de Zénon, reproduits littéralement par Cicéron, *De nat. Deor.*, II, VIII.

GALIEN HISTORIEN DE LA PHILOSOPHIE.

Comme on l'a dit dans l'introduction de ce livre, Galien a cultivé l'histoire de la science, non moins que la science elle-même, et il y a en lui, en même temps qu'un médecin et un philosophe, un historien de la médecine et un historien de la philosophie. C'est celui-ci que je voudrais présenter au lecteur dans cette dernière étude.

L'œuvre de Galien comme historien de la philosophie était très considérable. Il n'est pas une grande école, il n'est pas un philosophe notable, maître ou disciple, qu'il n'eût pris pour objet de ses études et de ses réflexions, et sur lesquels il n'eût écrit un ou plusieurs traités. Il nous donne lui-même, dans l'opuscule *De mes propres écrits*, des listes qui ne comprennent pas moins de dix ouvrages relatifs à Platon, douze relatifs à Aristote, huit relatifs à Épicure et aux épicuriens, six relatifs aux stoïciens et et particulièrement à Chrysippe. Il est permis de supposer que cette énumération n'est pas complète, puisqu'on peut citer plus d'un traité authentique de Galien qu'il a négligé d'inscrire sur ses catalogues. Ces compositions historiques avaient probablement peu d'originalité. On doit croire, d'après certaines explications de Galien (1), que c'étaient des *exercices*, à l'effet de se former pratiquement à la dialectique, tout en se pénétrant des principales doctrines philosophiques antérieures. Quoi qu'il en soit, il n'en subsiste rien, à notre grand dommage. Les études de Galien sur le platonisme et le péripatétisme pourraient nous laisser indifférents, les écrits de Platon et d'Aristote étant sous nos yeux ; mais combien ses études sur l'épicurisme et le stoïcisme nous seraient-elles précieuses, en l'absence des écrits originaux de ces deux écoles à jamais perdus !

Mais outre les écrits galéniques qui se rapportent à une école ou à un philosophe exclusivement, et où l'histoire de la philosophie seule est en jeu, il en est un qui s'offre avec ce caractère particulier d'intéresser à la fois l'histoire de la philosophie et celle de la médecine, parce qu'il n'est pas moins qu'un parallèle entre le plus grand médecin et le plus grand philosophe de l'antiquité : je veux parler du traité *Des Dogmes d'Hippocrate et de Platon*, en neuf livres, et qui, sauf les premières pages, nous est parvenu tout entier.

Ce traité historique *Des Dogmes d'Hippocrate et de Platon* a une grande importance, et dont V. Cousin, peu enclin à mêler la médecine à la philosophie, avait été frappé (2). Non qu'il soit de nature à nous faire mieux connaître ou apprécier soit Hippocrate,

---

(1) Dans l'opuscule ci-dessus mentionné et dans celui *De l'ordre de mes écrits*.

(2) Il avait même, dans une note sur le *Timée*, exprimé un vœu qu'on ne s'est guère empressé de réaliser : « Une édition spéciale de cet écrit précieux, dit l'illustre traducteur de Platon, serait un grand service rendu à la philosophie ancienne. »

soit Platon. D'abord, nous avons le bonheur de pouvoir lire ces deux maîtres dans leurs propres ouvrages. Ensuite, le parallèle qu'en fait Galien n'est ni complet ni exact. Il les compare seulement sur trois points : la théorie des facultés de l'âme, celle des éléments, celle de la méthode. Et pour ne pas parler de la théorie des éléments, d'un médiocre intérêt aujourd'hui, il ne paraît pas démontré que les deux autres aient été communes aux chefs de l'école de Cos et de l'Académie (1). Le véritable intérêt du traité *Des Dogmes d'Hippocrate et de Platon*, on ne s'y attendrait guère, est dans les nombreuses et précieuses indications qu'il nous fournit sur la théorie des facultés de l'âme du stoïcien Chrysippe.

Voici l'explication de ce phénomène.

Le traité *Des Dogmes d'Hippocrate et de Platon* est très-inégalement partagé entre les trois théories ci-dessus mentionnées. Des neuf livres dont il se compose, le dernier a trait à la méthode, l'avant-dernier aux éléments, et les sept premiers à l'âme, c'est-à-dire à ses facultés et à leurs sièges. Pourquoi cette disproportion ? La raison en est à la fois dans les circonstances et dans la liberté de composition habituelle à Galien. Son véritable objet est de montrer que la théorie de trois facultés résidant en trois organes, ordinairement considérée comme exclusivement platonicienne, est commune à Hippocrate et à Platon. Mais les stoïciens sont là, dans la personne des disciples de Chrysippe, qui soutiennent la thèse contraire d'une faculté unique résidant en un organe unique. Et Galien de partir en guerre. Et comme,

(1) Voir ci-devant *Log. hipp.*, p. 23, et *Phys. hipp.*, p. 81.

paraît-il, l'ennemi, attaqué, riposte, et que Galien prétend rester maître du terrain, l'affaire se prolonge indéfiniment. De là les chapitres s'ajoutant aux chapitres, et les livres aux livres. De là une discussion acharnée, et qui, quand on la croit finie, recommence de plus belle. De là tous les arguments de Chrysippe reproduits, pour être réfutés. De là, non pas sans doute une exposition suivie de la théorie de Chrysippe, mais une exposition libre, à bâtons rompus, très-étendue toutefois et très-variée, bien faite pour nous instruire et nous édifier dans la pénurie où nous sommes.

Mais ce n'est pas tout. Si Galien se bornait à reproduire le fond de l'argumentation de Chrysippe, nous n'aurions rien à ajouter à l'analyse que nous en avons donnée dans une autre partie de ce livre (1), et nous n'aurions pas lieu d'écrire ce chapitre. Mais Galien fait plus. Il interroge deux traités de Chrysippe : l'un *De l'âme* (Ier livre), l'autre *Des passions*, où ce philosophe avait soutenu la thèse stoïcienne en la renouvelant et la corroborant; et, pour plus d'exactitude, il prend la forme avec le fond et cite textuellement son auteur. Il nous donne ainsi de nombreux extraits de deux ouvrages perdus, et nous permet de nous en faire quelque idée. Il est vrai que le médecin, dans ses citations, ne s'astreint pas toujours à l'ordre suivi par le philosophe; mais il y a tel passage où cet ordre est assez clairement indiqué, et, sur quelques-uns des points obscurs, Diogène Laërce et Cicéron nous fournissent, sinon une pleine lumière, du moins des lueurs encore bien précieuses.

(1) Voir ci-devant, *Psychologie de Galien*, ch. III, p. 322.

Il n'est donc pas impossible, avec les données de Galien et les éclaircissements de Cicéron et de Diogène Laërce, de restituer en quelque mesure le premier livre du traité *De l'âme* de Chrysippe, et les quatre livres de son traité *Des passions* : c'est ce délicat et curieux travail que je vais mettre sous les yeux du lecteur.

I.

ANALYSE ET FRAGMENTS DU TRAITÉ *DE L'AME* DE CHRYSIPPE

(1er livre).

On croirait volontiers qu'Aristote est le seul philosophe grec qui ait écrit un traité *De l'âme*. On se tromperait. Il est le plus grand : il n'est ni le seul, ni le premier, ni le dernier. Démocrite lui avait donné l'exemple (1), et il le donna à son tour aux stoïciens, qui l'imitèrent à l'envi (2).

Diogène Laërce attribue un traité *De l'âme* à Antipater (3). Cela prouve que Antipater a composé un traité *De l'âme*, et ne prouve point que les autres stoïciens n'en aient pas composé. Chrysippe a écrit sur l'âme un ouvrage qui comprend au moins douze livres, comme on le verra ci-après ; et Diogène Laërce ne le porte point au catalogue des œuvres de ce philosophe (4). Diogène de Babylone a écrit un traité

---

(1) Diogène Laërce, IX, *Democ.*
(2) Rappelons que les néoplatoniciens Porphyre et Jamblique ont également écrit des traités *De l'âme*. Némésius a écrit un traité *De la nature de l'homme*.
(3) VII, *Zenon*, sub fine
(4) Id., *Ibid.*, *Chrys.*

De l'âme (1), et Diogène Laërce n'en dit mot. Lorsqu'on songe que tous les stoïciens ont à peu près traité les mêmes sujets, et sous les mêmes titres (2), on se sent fort enclin à penser qu'il n'en est peut-être pas un qui n'ait discuté dans un ouvrage exprès toutes les questions relatives à la nature et aux facultés de l'âme. Autant de stoïciens, autant de traités *De l'âme*: cette proposition n'est pas certaine, mais elle est vraisemblable au dernier point.

De tous ces traités, dont plusieurs existaient certainement encore au IIe siècle de notre ère, pas un n'est parvenu jusqu'à nous. Celui de Chrysippe est le seul qui n'ait pas complètement péri, grâce à Galien. On comprendra mieux le prix des épaves que nous allons recueillir et mettre en ordre, si l'on veut bien faire cette remarque que les stoïciens, qui écrivent les mêmes ouvrages, suivent encore le même plan (3), sauf les exceptions, et ne diffèrent que dans

(1) Galien, *Des Dogm. d'Hipp. et de Plat.*, II, I.
(2) Cela est frappant. Ainsi, Zénon, Chrysippe, Hécaton, Hérille, Sphærus écrivent tous un traité *Des passions*; Zénon, Posidonius, Panætius, Sphærus un traité *Des devoirs*; Cléanthe, Chrysippe, Hécaton, un traité *Des fins*, un traité *Des vertus*, un traité *Des biens*; Zénon, Cléanthe, Chrysippe, Sphærus, un traité *Des discours*; Chrysippe, Apollodore, Posidonius, Apollophane, un traité de *Physique*; Chrysippe, Archidème, Posidonius, un traité *Des éléments*; Chrysippe, Cléanthe, Posidonius, un traité *Des Dieux*, etc. (Voy. Diog. Laërce, VIII, *passim*.) Notez que les indications bibliographiques de Diogène Laërce sont extrêmement imparfaites. Il y a tout lieu de croire que des catalogues complets et exacts nous montreraient les principaux stoïciens écrivant les mêmes livres. C'est l'usage des philosophes anciens en général, et c'est encore celui des scolastiques. Ce n'est pas le nôtre.
(3) C'est ce qui paraît visiblement dans les traités *Des devoirs*.

les détails. De sorte que, en rendant à la littérature philosophique le premier livre du traité *De l'âme* de Chrysippe, je lui rendrai, en quelque manière, le premier livre de tous les traités *De l'âme* de l'école.

Chrysippe avait divisé le premier livre de son traité *De l'âme* en deux parties très-distinctes.

Galien se borne à nous faire connaître l'objet de la première partie, ou, plus précisément, *de la première moitié*. Elle était tout entière consacrée à l'étude de l'essence de l'âme, ὑπὲρ οὐσίας ψυχῆς ἔχει τὴν σκέψιν (1).

Si les mots première moitié doivent être pris à la rigueur, le laconisme de Galien nous condamne à ignorer de bien longs et bien intéressants développements sur la nature de l'âme. Quant au sens général de ces développements, il est facile à deviner. Tous les stoïciens ont sur ce point la même opinion, et, ce qu'ils pensent, Chrysippe le pense (2).

Cicéron adopte le plan de Posidonius, qui avait adopté celui de Panétius (*De offic.*, liv. I et II, *sub initio*), et Panétius lui-même avait très-probablement emprunté le sien aux stoïciens antérieurs (Diog. Laërce, VII, *Chrys.*). Diogène de Babylone, au témoignage de Galien, traitait, comme Chrysippe, *de la faculté directrice* au premier livre de son traité *De l'âme* : ce qui indique un plan identique.

(1) Gal., *Du Dogm. d'Hipp. et de Plat.*, II, I.

(2) Un détail cependant qui a échappé à l'oubli où sont ensevelis les autres. Il paraît que Chrysippe insistait plus que ses prédécesseurs sur la nature corporelle de l'âme, et qu'il ajoutait à la preuve générale que tout est corporel parce que tout agit et pâtit, un argument nouveau, qui lui est propre, et qui nous a été conservé par Némésius :

« La mort n'est que la séparation de l'âme d'avec le corps. Or l'incorporel ne peut se séparer du corporel, parce qu'il ne saurait jamais être en contact avec lui. Mais l'animal meurt, l'homme

Dans la deuxième partie, Chrysippe passait, par une transition naturelle, de la question générale de l'essence de l'âme à une question déjà plus particulière, celle de la *faculté directrice*, qu'il discutait longuement, curieusement, ajoutant les preuves aux preuves, les citations aux citations, ὑπὲρ ἡγεμονικοῦ διαλεγόμενος (1). Précisons d'abord le sens de cette nouvelle question; nous en comprendrons mieux ce qui va suivre.

Les philosophes anciens, en cela bien différents des psychologues modernes (jusqu'à notre époque exclusivement), ne croient pas pouvoir faire abstraction du corps dans l'étude de l'âme. En la définissant, il la distinguent des organes ; mais ils n'oublient pas qu'elle ne s'exerce que par les organes, qu'elle n'existe que dans les organes, et ils mettent leur ambition à découvrir, parmi ces organes, celui qui en est principalement le siège. Or, dans cette recherche commune, ils arrivent à des résultats fort différents.

Les uns, comme les Ioniens, les Atomistes, ne divisant pas l'âme, renferment ce principe unique dans un organe unique ; et il leur semble, par des raisons un peu grossières, mais naturelles, que cet organe ne peut être que le cœur (2). Les autres, comme les Pythagoriciens, distinguant quatre parties dans l'âme, pensent devoir placer ces parties différentes dans des organes différents : l'intelligence dans le cerveau, la passion dans le cœur, la nutrition vers

---

meurt : donc l'âme se sépare du corps, donc l'âme est en contact avec le corps, donc l'âme est un corps (*De la nat. de l'homme*, II). »

(1) *Des Dogm.*, II, I, et *pass.*
(2) Voy. mon hist. *Des théories de l'Entendement*, I, I, *pass.*

l'ombilic (c'est-à-dire dans le foie), et la génération dans l'organe générateur (1). Platon reproduit, en les modifiant, les idées de l'école Italique. Il ne reconnaît que trois parties dans l'âme, savoir : l'intelligence, la colère et l'appétit ; et trois compartiments dans le corps, savoir : la tête, séparée du tronc par le cou, la partie supérieure et la partie inférieure du tronc, séparées par le diaphragme (2). Aristote emprunte quelque chose à tous ses prédécesseurs, et, de leurs doctrines corrigées et combinées, forme une doctrine nouvelle. Il admet plusieurs facultés dans l'âme, comme Platon et les Pythagoriciens ; mais ces facultés n'étant pas des parties, et laissant à l'âme son unité essentielle, il les renferme toutes dans le cœur, comme les Ioniens et les Atomistes (3). C'est alors que paraissent les Stoïciens, qui, dès le premier pas, rencontrent le même problème. Quel parti prennent-ils ?

On croirait d'abord qu'ils copient simplement Aristote ; mais, à un examen plus attentif, on reconnaît qu'ils rétrogradent jusqu'aux Ioniens, jusqu'à Diogène d'Apollonie (4). A leurs yeux, l'âme n'a ni parties séparables, ni facultés irréductibles. C'est une unité, mais une unité indistincte, où les puissances les plus diverses se perdent et se confondent, une sorte de chaos que l'analyse n'a pas su débrouiller. On y signale bien les sens, la parole, la génération ; mais ce ne sont que les dépendances, ou, si l'on peut

(1) Voy. mon hist. *Des théories de l'Entendement*, l. I, ch. II, pass.

(2) *Ibid.*, l. II, ch. II, p. 160 et suiv.

(3) *Ibid.*, l. II, ch. III, p. 260 et suiv.

(4) *Ibid.*, l. I, ch. I, p. 7 et suiv.

ainsi dire, les prolongements d'une faculté unique et centrale, d'une faculté maîtresse et directrice, laquelle est tout ensemble raison, puissance motrice, nutrition, appétit, etc. (1). La faculté directrice réside au cœur, c'est-à-dire au centre, et les facultés secondaires aux extrémités. Mais il est facile de déterminer les organes de ces dernières facultés, parce qu'elles s'y montrent sensiblement, et difficile de déterminer celui de la première, parce qu'elle s'y cache (2).

Quel est l'organe qui sert de siège à la faculté directrice ? Tel est le problème que se posait Chrysippe au commencement de la 2ᵉ partie du Iᵉʳ livre du traité *De l'âme*, ὑπὲρ ἡγεμονικοῦ διαλεγόμενος. Cet organe est le cœur. Telle est la solution qu'il se promettait d'établir par des preuves nombreuses et solides. Essayons de le suivre dans l'exposition de ces preuves.

Il débutait ainsi :

« L'âme est un souffle inné, répandu sans discon-
« tinuité dans toute l'étendue du corps disposé pour
« vivre. Des différentes parties de cette âme, qui se
« distribue à tous les organes, celle qui se répand
« dans la trachée-artère, constitue la voix ; celle qui
« se répand dans les yeux, la vue ; celle qui se
« répand dans les oreilles, l'ouïe ; celle qui se répand
« dans les narines, l'odorat ; celle qui se répand dans
« la langue, le goût ; celle qui se répand d'une ma-
« nière égale dans toute la chair, le toucher ; celle
« qui se répand vers les testicules, la *puissance sper-*

---

(1) *Des dogm.*, II et III, *pass.*
(2) *Ibid.*, II, 1.

« *matique*, ou la génération. Quant à la partie direc-
« trice, de laquelle dépendent toutes les autres, elle
« réside dans le cœur. Sur le siège des autres parties,
« on est d'accord ; il n'y a de dissentiment que sur
« la partie directrice, que les uns mettent dans la
« poitrine, les autres dans la tête, et d'autres ailleurs.
« Ceux-là mêmes qui la mettent dans la poitrine ou
« dans la tête, ne s'entendent pas sur la partie de la
« poitrine ou de la tête qu'elle occupe. Platon divise
« l'âme en trois parties et place la raison dans la
« tête, la colère dans la poitrine et l'appétit vers
« l'ombilic. Ainsi, le siège de la partie directrice ne
« semble pas pouvoir être sûrement déterminé,
« parce que nous ne pouvons ni le constater par la
« sensation, comme celui des autres parties, ne le
« sentant pas, ni le démontrer par le raisonnement,
« faute de preuves. Et s'il n'en était ainsi, les philo-
« sophes et les médecins disputeraient-ils si fort (1) ? »

Sans discuter le moins du monde les théories auxquelles il vient d'être fait allusion (2), Chrysippe en-
treprenait immédiatement d'établir la sienne, et il
continuait :

« Nous examinerons d'abord, sur cette question,
« la propension commune, et tous les discours où
« elle se manifeste.

« Or, tous les hommes penchent naturellement
« vers cette opinion que c'est dans la poitrine, et
« dans cette partie de la poitrine où est situé le cœur,
« que nous ressentons en quelque sorte toutes les
« manières d'être de la raison. C'est ce qui est évi-

---

(1) *Des dogm.*, III, i.
(2) *Ibid.*, i.

« dent dans la douleur, dans la crainte, dans la
« colère, et plus évident encore dans la fureur, la-
« quelle s'exhalant du cœur comme une vapeur, est
« ensuite chassée vers certaines parties extérieures,
« telles que les mains et la face, qui enflent et se
« gonflent (1). »

Cette unanimité, tous les poëtes l'ont consacrée par leurs vers. D'abord Homère :

« Son cœur aboie au dedans de sa poitrine. »
« Frappant sa poitrine, il gourmande ainsi la colère de
« son cœur :
« Souffre ceci, mon cœur ; tu as supporté de pires maux. »
« Atride soupirait ainsi du fond de son cœur,
« Redoutant la perte de ses vaisseaux et celle des Grecs. »
« Mon cœur est tout gonflé de bile. »
« Junon ne put contenir sa colère dans sa poitrine. »
« Il conserve sa haine dans sa poitrine jusqu'au moment
« Où il se venge. »
« La colère qui fait bondir le cœur même du Sage. »
« La colère et la fureur du héros, qui, plus douce que
« le miel,
« Se glisse, comme une fumée, dans sa poitrine géné-
« reuse. »
« Il allume dans son cœur un insatiable amour des
« combats. »
« Une plus grande confiance entra dans son cœur. »
« La colère pénètre dans le cœur d'Ulysse, fils de Laërte. »
« Il mit dans sa poitrine l'ardeur de son père. »
« Achille est furieux,
« Et il ressent dans sa poitrine magnanime une colère
« farouche. »
« Une colère fatale, une poitrine impitoyable,

---

(1) *Des Dogm.*, III, II.

« Voilà ce que t'ont donné les Dieux, à cause d'une belle
« jeune fille. »

« La colère s'élève dans la poitrine généreuse d'Énée. »

« La poitrine du puissant Jupiter brûle de colère. »

« Son âme est enflée de colère dans sa poitrine,
« Et il brûle d'un plus violent amour des combats. »

« Poussant une grande clameur, il affaiblit la colère
« Dans les poitrines, et déjà Hector cherche un chemin
« à la fuite. »

« Fils de Nélée, mon cœur brûle d'une généreuse ardeur. »

« Son cœur soupire après la guerre, et son âme est d'un
« héros. »

« Plût aux Dieux que, comme tu as dans ta poitrine une
« généreuse ardeur,
« Tes membres, ô Nestor, fussent pleins de force et de
« vie ! »

« Tu sais quelle colère peut renfermer dans sa poitrine
« Une femme. »

« Que plein de fermeté dans ta poitrine,
« Ton cœur supporte cela, quoique tu me voies souffrir
« aujourd'hui
« Beaucoup de maux. »

« Il dit, et par ses paroles ranime sa poitrine. »

« Télémaque ressentit une grande douleur dans son
« cœur. »

« Il parle ainsi, gourmandant par ces mots son cœur
« dans sa poitrine. »

« Son cœur lui obéit, et apaise son bouillonnement (1). »

Ce ne sont pas là les seuls vers d'Homère cités par Chrysippe ; mais Galien ne pourrait les rappeler tous sans en remplir son livre (2).

---

(1) *Des Dogm.*, III, II.
(2) *Ibid.*

Ensuite Hésiode :

« L'ardeur et le courage s'accroissent dans sa vaillante
« poitrine. »
« Il semble que la bile torture son âme dans sa poitrine. »
« La colère s'enflamma dans leur généreuse poitrine à
« tous. »

Et cœtera. Car il paraît que Chrysippe faisait à Hésiode d'aussi nombreux emprunts qu'à Homère. Mais Galien ne donne que ces échantillons (1).

Puis Euripide, dans *Médée :*

« Je sais combien est criminel ce que je vais faire,
« Mais la colère de mon cœur est plus forte que la
« raison (2). »

Chrysippe se bornait si peu à ces deux vers, qu'il citait la pièce presque tout entière ; à tel point que au témoignage de Diogène Laërce, on disait : *La Médée de Chrysippe* (3).

Puis Tyrtée :

« Ayant dans la poitrine la colère et la force d'un lion. (4). »

Puis Empédocle, puis Stésichore, puis Orphée, et tant d'aures poëtes (5), que Chrysippe citait à satiété, se faisant une sorte de point d'honneur d'aligner le plus grand nombre possible de vers, et intercalant

---

(1) *Des Dogm.*, III, II.
(2) *Ibid.*, III.
(3) Diog. Laërc., *Chrys.*
(4) *Des Dogm.*, III, III.
(5) *Ibid.*, VIII.

çà et là quelques mots seulement, soit pour en expliquer, soit pour en résumer le sens (1).

Il paraît toutefois qu'il avait commenté plus longuement un certain vers d'Empédocle, où il est parlé de la voix et du discours, et qu'il avait trouvé, dans l'origine de la voix, dans la nature du discours et dans l'étymologie de certains mots, des preuves spécieuses à l'appui de sa thèse, que la faculté directrice réside au cœur (2).

« Il est conforme à la raison de croire que c'est
« dans la maîtresse partie de l'âme que sont impri-
« mées les notions des choses, et que c'est par cette
« maîtresse partie qu'a lieu le discours. En effet,
« autre n'est pas la source du discours, autre celle de
« la pensée ; autre n'est pas la source du discours,
« autre celle de la voix. D'où il suit que la voix a
« précisément son origine dans la maîtresse partie
« de l'âme. Et c'est ce qu'exprime la définition de
« ceux qui disent que l'intelligence est le principe
« du discours.

« Le lieu d'où part le discours est donc nécessai-
« rement celui où se forment les raisonnements, les
« notions, les réflexions. Et comme il est évident
« que la voix et le discours partent du cœur et che-
« minent à travers le pharynx, c'est une nécessité
« que toutes ces choses se forment dans le cœur (3). »

(1) *Des Dogm.*, VII.
(2) *Ibid.*, V.
(3) *Ibid.*, II, V.

Il n'est pas sans intérêt de comparer à cet argument de Chrysippe les arguments correspondants de Zénon et de Diogène de Babylone, également conservés par Galien. Celui de Zénon est antérieur, et celui de Diogène, postérieur. On suit facilement le

Il faut croire que, sur ce terrain, Chrysippe rencontrait des adversaires, certainement des médecins, qui, ayant établi que tous les nerfs ont leur point de départ dans la tête, en concluaient que la tête est le siège de l'âme; c'est du moins ce que donne à penser ce passage qui suivait de près (1), dans son livre, l'argument que je viens de rapporter :

« Je demanderai si, en accordant que les nerfs ont
« leur origine dans la tête, il s'ensuit nécessairement
« que là aussi réside le principe de l'âme? Si l'on

progrès du premier au second, et de celui-ci au troisième; et l'on a un exemple de la manière dont procédaient les Stoïciens, écrivant, sous les mêmes titres, les mêmes livres, et répétant jusqu'aux mêmes arguments, mais en les perfectionnant. Voici comment s'exprimait Zénon :

« La voix sort à travers le pharynx. Or, si elle sortait du (ἀπό)
« cerveau, elle ne sortirait pas à travers le pharynx.

« D'où sort le discours, de là sort aussi la voix. Or, le discours
« sort de (ἀπό) l'intelligence. L'intelligence n'est donc pas dans
« le cerveau (II, v). »

Voici maintenant comment s'exprimait Diogène :

« D'où part la voix, de là part aussi la voix articulée; la voix
« articulée est expressive, la voix expressive est le discours : le
« discours part donc du même lieu que la voix.

« Or, la voix ne part pas des régions de la tête, mais, comme
« il est évident, des régions inférieures ; sans aucun doute, elle
« chemine à travers l'artère : le discours ne part donc pas de la
« tête, mais des régions inférieures.

« Or, il est incontestable que le discours part de l'intelligence,
« et quelques-uns le définissent même : une voix expressive
« partie de l'intelligence. On comprend, du reste, que le dis-
« cours a son principe dans les notions formées par l'intelli-
« gence. L'intelligence elle-même n'est donc pas dans la tête,
« mais dans les régions inférieures, et plus précisément dans le
« cœur. » (*Des Dogm.*, II, v.)

(1) *Des Dogm.*, II, v.

« admet que, la voix partant de la poitrine, et tra-
« versant le pharynx, l'origine du mouvement peut
« cependant être dans la tête, n'avons-nous pas, par
« la même raison, le droit de dire que le principe de
« l'âme peut résider dans le cœur, quoique le mou-
« vement parte de la tête (1) ? »

Est-ce en parlant du discours, est-ce à propos de quelque autre vers, que Chrysippe s'expliquait ainsi sur les mots ἐγώ et καρδία :

« Lorsque nous disons ἐγώ, c'est toujours avec un
« mouvement du bras et de la main vers une cer-
« taine partie de notre corps, la poitrine, mouvement
« naturel, et qui montre que c'est là que réside la
« pensée. Les syllabes mêmes du mot, et la manière
« dont nous les prononçons, sont une nouvelle
« preuve de cette vérité. En énonçant la première
« syllabe de ἐγώ, nous abaissons la lèvre inférieure
« vers nous-mêmes, comme pour nous montrer ; et
« la prononciation de la seconde syllabe est accom-
« pagnée d'un mouvement du menton, qui s'incline
« vers la poitrine, et dont la signification n'est pas
« équivoque (2).

« Ce qui s'accorde encore avec tout cela, et même
« lui prête une nouvelle force, c'est le mot par
« lequel nous désignons le cœur, καρδία. C'est, en
« effet, le même mot que κρατία, et il indique en
« quelque manière le royaume où règne la maîtresse
« partie de l'âme (3).

« C'est par cette partie que nous imprimons le

---

(1) *Des Dogm.*, I, v.
(2) *Ibid.*, II, i.
(3) *Ibid.*, III, v.

« mouvement, que nous donnons notre assentiment;
« c'est à cette partie que se rapportent tous les or-
« ganes de nos sens (1). »

Quoi qu'il en soit, après avoir cité et commenté des foules de vers, où l'on voit surtout que la colère se fait sentir au cœur, dans la poitrine, Chrysippe concluait de la manière suivante :

« Si la colère réside en cet endroit, il paraît con-
« séquent que les passions, les affections, les pensées,
« et toutes les facultés de cette nature y soient aussi
« placées (2). »

Puis il continuait :

« Comme on le croit généralement, la plupart des
« hommes disent beaucoup de vérités, en se laissant
« aller à cette propension naturelle dont il a déjà été
« parlé. Pour commencer par là, on dit tous les
« jours que la colère *monte au visage*, que l'on *avale*
« son ressentiment (sa bile). On dit que l'on *avale*,
« ou que l'on *n'avale pas* les invectives, les injures,
« ou que ces choses *n'entrent pas, ne descendent pas;*
« et c'est ainsi que Zénon répondit à ses adversaires :
« Votre blâme arrive bien jusqu'à mes oreilles, mais
« il s'y arrête; il *ne descend pas*. Or, comment pour-
« rait-on dire des paroles qu'elles *descendent*, ou
« non, qu'on les *avale*, ou non, si la partie directrice,
« à laquelle elle se rapportent, ne résidait pas dans
« la poitrine? Supposez-la dans la tête, au lieu de
« *descendre*, les paroles *montent*, et notre langage
« est précisément le contre-pied de la vérité. Si donc
« l'âme réside dans la poitrine, *descendre* sera dit

---

(1) *Des Dogm.*, III, v.
(2) *Ibid.*

« avec propriété; si dans la tête, d'une manière aussi
« absurde qu'impropre.

« On remarque quelque chose d'analogue dans
« les femmes, lorsqu'on leur adresse des reproches,
« auxquels elles demeurent insensibles ; elles
« portent souvent la main vers la région du cœur,
« montrant ainsi que les paroles ne *descendent* pas
« jusque-là.

« C'est encore ainsi qu'il nous arrive de dire que
« nous *rejetons* (vomissons) ce que nous avions
« d'abord faussement admis. Il faut mettre au même
« rang toutes les paroles qui placent l'intelligence
« à une certaine profondeur. Si, après nous être
« persuadés, et avoir déposé dans notre esprit
« l'idée qu'il fait jour, nous reconnaissons ensuite
« qu'il ne fait pas jour, il n'y a ni impropriété ni
« absurdité à dire que nous *rejetons* notre première
« opinion.

« Le même penchant naturel qui fait dire aux
« femmes que les menaces et les injures ne *descen-*
« *dent* pas, de manière à les atteindre et à les frap-
« per, fait dire encore à quelques-unes qu'elles
« ont l'intelligence *placée trop profondément*, pour
« que toutes ces choses descendent jusqu'à elles, et
« les touchent (1). »

Je ne trouve rien dans Galien qui puisse faire même conjecturer par quelle suite d'idées Chrysippe, après avoir écrit ce qui précède, se trouvait conduit, en se répétant, à écrire ce qui suit :

« En résumé, comme je l'ai dit en commençant,
« voilà ce que montrent les craintes, les douleurs,

---

(1) *Des Dogm.*, III, v.

« lesquelles existent et se manifestent dans cette
« partie (le cœur) (1).

« Les palpitations du cœur, et le concours de l'âme
« entière vers cet organe, sont choses évidentes dans
« les frayeurs : les faits ne se passent pas lentement
« et successivement, comme il arrive lorsque les par-
« ties se correspondent d'une manière sympathique.
« C'est ainsi que les hommes qui tremblent se con-
« centrent sur eux-mêmes, vers le cœur, comme
« vers la partie principale, vers l'intelligence, comme
« vers la partie conservatrice. Le sentiment de la
« peine s'y montre aussi fort bien, aucune autre
« partie du corps ne la recevant si ce n'est par con-
« tagion. Et dans toutes les douleurs violentes, c'est
« le cœur qui est en jeu (2).

« Il y a égale absurdité à nier que la tristesse,
« l'inquiétude, le chagrin, sont des douleurs, et à
« prétendre que les douleurs ont lieu autre part que
« dans la faculté directrice. Il en faut dire autant de
« la joie et de la confiance, qui ont évidemment leur
« siège dans le cœur. Comme la douleur du pied, de
« de la tête, est ressentie au pied, à la tête ; ainsi,
« nous sentons que la douleur qui résulte de la tris-
« tesse a lieu à la poitrine, car on ne peut contester
« que la tristesse soit une douleur, ni prétendre
« qu'elle soit ressentie ailleurs que dans la faculté
« directrice (3). »

Ici le fil est de nouveau rompu, et tout ce que
nous apprend Galien, c'est que, plus bas, Chrysippe,

---

(1) *Des Dogm.*, III, v.
(2) *Ibid.*, v.
(3) *Ibid.*, III, vii.

continuant à examiner les discours où nous incline la propension naturelle, s'exprimait ainsi :

« C'est toujours par l'effet de cette même propen-
« sion naturelle que l'on dit : J'ai *le cœur serré*, en
« parlant de l'âme. Nous disons : ces paroles *me*
« *serrent le cœur*, non que nous pensions que les
« paroles puissent pénétrer dans le cerveau, dans le
« foie, ou dans quelque autre viscère, mais parce
« que par le cœur nous entendons l'âme. Lorsque
« nous parlons de la sorte, c'est comme si nous di-
« sions : vous me touchez au plus profond de moi-
« même, tant l'injure me pénètre. Bref, c'est notre
« coutume de dire le cœur pour l'âme (1).

« Aux façons de parler que je viens de rappeler, on
« en peut ajouter quelques autres. C'est ainsi que
« l'on dit de certains hommes qu'ils sont *sans en-*
« *trailles* (sans viscères). Comme on dit d'un homme
« qu'il a ou n'a pas de cœur, on dit aussi qu'il a ou
« n'a pas de cervelle. Un homme *sans entrailles* est
« celui qui ne s'apitoie pas sur les malheurs d'autrui,
« et on dit plus communément qu'il est *sans cœur*.
« Si l'on met quelquefois en cause le cerveau, c'est
« qu'il a quelque chose de semblable à ces organes,
« ou même qu'il a une extrême importance entre les
« organes (2).

(1) *Des Dogm.*, III, VII.
(2 *Des Dogm*, l. III, ch. IV. — Si ce passage manque de netteté, ce n'est pas ma faute. Voici le jugement qu'en porte Galien : « Lorsqu'on a lu trois et quatre fois avec la plus grande attention ces phrases de Chrysippe, on ne peut s'empêcher de leur appliquer le proverbe : « Ne saisis rien et garde-le bien. » Je n'ai jamais vu de phrases plus dépourvues de sens que celles-là ; c'est une énigme inintelligible, courte et concise à contre-temps. »

« Ils me paraissent toujours céder à la même pro-
« pension ceux qui, dans leur colère et leur désir de
« vengeance, veulent arracher le cœur à leur enne-
« mi, et qui, leur fureur augmentant, s'en prennent
« aussi aux autres viscères (1). »

Reste encore un long et curieux passage sur la naissance de Minerve, et dont il est impossible, avec les renseignements fournis par Galien, de déterminer la place dans l'ordonnance générale du livre de Chrysippe. Le voici. Si l'on en trouve la traduction peu élégante, on voudra bien se souvenir que, dans ce morceau, comme dans tous ceux qui précèdent, ne pouvant donner le texte grec, j'ai dû sacrifier tout le reste à l'exactitude littérale.

« J'entends dire que quelques-uns s'expriment

---

(1) *Des dogm.*, III, vii.

On peut trouver très-étrange et même puérile cette argumentation de Chrysippe. Qu'on veuille bien lire, dans l'ouvrage du docteur Gall, la partie consacrée à la *Mimique des facultés*: c'est le même genre de preuves, à l'appui d'une autre thèse (il s'agit des fonctions psychologiques des circonvolutions cérébrales), non moins étranges, non moins puériles. Notre grand Bichat lui-même a versé dans la même ornière. Il veut prouver que les passions ont leurs sièges dans les viscères de la vie organique, et il atteste des expressions comme celles-ci : « *Sécher d'envie, être rongé de remords, être consumé par la tristesse*, etc. » Il atteste également le geste. « Le geste, expression muette du sentiment et de l'entendement, en est une preuve remarquable : si nous indiquons quelques phénomènes intellectuels relatifs à la mémoire, à la perception, au jugement, etc., la main se porte involontairement sur la tête ; voulons-nous exprimer l'amour, la joie, la tristesse, la haine, c'est sur la région du cœur, de l'estomac, des intestins qu'elle se dirige. » Voir *Recherches physiologiques sur la vie et la mort*, 1re partie, art. 14, § 2.

« ainsi, pour prouver et persuader que la faculté
« directrice est dans le cerveau : Minerve, qui est la
« sagesse, étant née du cerveau de Jupiter, il faut
« bien que la faculté directrice réside dans cette
« partie ; car la sagesse ne pourrait prendre nais-
« sance dans le cerveau, si la faculté directrice n'y
« avait son siège.—Bien que ce raisonnement ne soit
« pas sans vraisemblance, ils se trompent, et ils
« ignorent ce que nous ont transmis les histoires, et
« que je vais rapporter avec quelques détails, afin
« d'éclaircir cette difficulté. Quelques-uns se bornent
« à dire que Minerve est née du cerveau de Jupiter,
« sans expliquer ni comment ni pourquoi. Hésiode
« expose plus longuement ce fait dans la généalogie
« des Dieux. Les uns racontent que Jupiter ayant eu
« commerce avec Métis, puis avec Thémis, procréa
« Minerve ; les autres, qu'une querelle s'étant élevée
« entre Jupiter et Junon, celle-ci enfanta Vulcain
« par sa seule vertu, et Jupiter, Minerve, après avoir
« dévoré Métis. La coopération de Métis et la géné-
« ration de Minerve se retrouvent dans les deux
« récits, la différence est dans les circonstances. Or
« c'est ce qu'il y a de commun aux deux récits qui
« nous intéresse. Voici les vers d'Hésiode :

« Jupiter, roi des Dieux, épousa d'abord
« Métis, qui, par son extrême prudence
« Et sa sagesse, surpassait les Dieux et les hommes.
« Comme il devait enfanter la blonde Minerve,
« Il la trompe par de douces paroles et par ruse,
« La dévore, et la renferme dans son corps et ses flancs,
« Afin d'apprendre d'elle la distinction du bien et du mal.

« Un peu plus loin, le poëte dit :

« Jupiter enfanta de son cerveau sacré Minerve,
« La blonde, belliqueuse, et amie des cruels combats,
« Qui conduit la guerre, invincible, et que le bruit des
« trompettes,
« Le frémissement des armes et la clameur réjouissent.

« Il est évident que Métis fut enfermée dans la
« poitrine du Dieu; et qu'ainsi Minerve put sortir
« de son cerveau. Le poëte continue, car il n'omet
« aucune des circonstances de ce fait :

« Après cette querelle, la belle Junon
« Enfanta Vulcain, sans entrer dans la couche
« De son époux, Vulcain, supérieur par son génie et
« dans l'art de forger,
« A tous les immortels. Jupiter va trouver
« La jeune fille de l'Océan et de la belle Thétys,
« Abandonnant Junon, et trompe par la ruse,
« Et la sagesse, Métis qui roulait mille pensées.
« La saisissant, il la renferme dans son corps et ses flancs.
« Il craignait d'enfanter quelque chose de plus violent
« Que la foudre. C'est pourquoi tout à coup
« Jupiter qui tonne et régit l'Ether
« La dévora. Il conçut aussitôt la vaillante Minerve
« Qu'ensuite le père des Dieux et des hommes
« Mit au jour, en la faisant sortir de sa tête sur les bords
« Du fleuve Triton. Mais, dans le sein de Jupiter, Métis,
« Noble mère de Pallas, résidait en secret, source de
« l'honnête
« Et du juste, supérieure aux Dieux et aux hommes
« Par ses connaissances. Une autre épouse
« Était venue, la sainte déesse Thémis, qui, dans les
« flancs du Dieu,
« Avait armé Minerve de la divine égide,
« L'égide redoutable, qui met en fuite les guerriers et
« les camps.

GALIEN HISTORIEN DE LA PHILOSOPHIE. 543

« Et dont fut armée la vierge issue d'un premier enfan-
« tement.

« Voilà ce qu'on dit de la naissance de Minerve.
« Ce que le poëte appelle Métis, c'est la sagesse, la
« prudence, et un certain art relatif à toutes les
« choses de la vie. C'est cet art qu'il nous faut dé-
« vorer, et renfermer en nous-mêmes. C'est ainsi
« que nous disons : dévorer des paroles injurieuses.
« Une fois dévorées, il est assez naturel qu'elles
« soient cachées dans notre sein. De même, cet art,
« cette sagesse dévorée, il est assez naturel qu'une
« fille, semblable à sa mère, se forme au dedans de
« nous. Maintenant, il est facile de voir comment
« et par quelle partie peuvent sortir les choses
« qui naissent en nous des arguments scientifiques.
« Il est certain que ces choses sortent avec le dis-
« cours, par la bouche, c'est-à-dire par la tête. Tête
« est dit ici comme on dit couper la tête à quel-
« qu'un. Après cette explication, on conçoit que les
« anciens aient pu faire naître Minerve du sommet
« de la tête : c'est la partie pour le tout, ou une
« partie pour une autre. On pourrait aussi discuter
« cette expression : née de la tête, et faire voir que
« le poëte ne dit pas que Minerve est née de la tête,
« mais qu'elle en est sortie, après avoir pris nais-
« sance ailleurs. Ce peut n'être qu'une métaphore,
« comme nous disons, conformément à cette fable,
« que les choses d'art tirent leur origine de la
« tête (1). »

Voilà, dans l'ordre marqué par Galien, tous les

(1) *Des Dogm.*, III, VII.

fragments qu'il nous a transmis. Voilà, par conséquent, dans ce qu'elle renferme de plus essentiel, toute la seconde partie du Iᵉʳ livre du traité *De l'âme* de Chrysippe. En fait d'arguments sérieux, il n'en manque que deux, indiqués, mais non reproduits par notre auteur. L'un, tout physiologique, consiste à établir (autant qu'on peut établir une erreur), conformément à la doctrine d'Aristote, et à l'encontre des médecins du temps, que les nerfs ont leur origine dans le cœur (1). Il y a lieu de penser que Chrysippe l'exposait à l'article où il discutait sur la voix, et combattait l'opinion que les nerfs partent du cerveau pour se rendre en ramifications nombreuses dans toute l'étendue de l'organisation. L'autre est moins une preuve nouvelle qu'une conséquence fatale de la doctrine stoïcienne. Les animaux étant dépourvus de raison n'ont, selon Chrysippe, ni la colère, ni l'appétit, ni aucune passion que ce soit ; car toutes ces choses font partie de la raison. Ce sont de pures machines (2). Galien nous dit même ailleurs (3) que Chrysippe était fort embarrassé des enfants. Comment en faire des machines ? Comment leur accorder la raison ? Comment leur refuser l'appétit, la colère, la passion ?

Sur la suite du traité *De l'âme* de Chrysippe, Galien ne nous apprend plus rien. Mais on trouve dans Diogène Laërce (4) une indication doublement

---

(1) *Des Dogm.*, II, 1, et *pass.*

(2) *Ibid.* Ces deux arguments étaient exposés et réfutés dans le Iᵉʳ livre du traité *Des Dogmes d'Hippocrate et de Platon* dont nous n'avons que la fin, dans l'édition latine seulement.

(3) *Ibid.*, V, v.

(4) VII, *Chrys.*

précieuse : Chrysippe pensait que l'impression des objets extérieurs sur les organes et sur l'âme n'est pas une empreinte formée de creux et de reliefs, comme celle qu'un cachet dépose sur la cire, mais un changement interne, une modification substantielle (1), et cette opinion, il l'exposait dans le XIIe livre de son traité *De l'âme.*

Le traité *De l'âme* de Chrysippe ne comprenait donc pas moins de douze livres. On peut inférer avec certitude qu'il en comprenait davantage. En effet, dans les ouvrages des Stoïciens, et singulièrement de Chrysippe, chaque livre a un objet bien déterminé, et un seul. Les sens : voilà celui du douzième livre du traité *De l'âme.* Mais on sait (2) que les Stoïciens distinguaient dans la faculté de connaître, outre les sens, l'anticipation et le raisonnement ; qu'ils ajoutaient l'assentiment à la représentation sensible, pour en former la compréhension ; qu'ils assignaient un rôle important à la mémoire dans la formation des idées générales ; et qu'enfin ils avaient introduit mille raffinements dans la théorie péripatéticienne du raisonnement, théorie déjà complète jusqu'à la subtilité. Voilà bien des objets différents, et qui, ne pouvant être traités qu'après les sens, ont dû l'être dans plusieurs livres placés à la suite du douzième. On n'hésite plus à attribuer au traité *De l'âme* un treizième, un quatorzième, un quinzième livre, ou même plus, lorsqu'on voit des numéros aussi élevés

---

(1) Voy. mon hist. *Des Théor. de l'Entend. dans l'antiq.*, l. II, ch. v, p. 427.

(2) *Ibid.*, ch. v, *pass.*

cités par Diogène Laërce, à propos d'autres traités de Chrysippe ou des Stoïciens en général (1).

Mais, sur quoi roulaient les livres intermédiaires entre le premier et le douzième? Impossible de répondre à cette question autrement que par des conjectures. Il faut se souvenir que la faculté directrice est fort complexe. C'est la raison, disent les Stoïciens; mais ils rapportent à la raison ce que Platon appelait la colère et l'appétit, et qu'ils appellent les passions. Il est donc vraisemblable que Chrysippe aura traité des passions, qui sont encore la faculté directrice, avant d'entreprendre l'étude de ses différentes parties. J'inclinerais même à penser que les quatre livres connus sous le titre de traité *Des passions*, appartiennent au traité *De l'âme*, et viennent immédiatement après le premier livre de ce traité. Les biographes, les commentateurs, les historiens ont souvent pris pour des traités différents les diverses parties d'un même traité.

Maintenant a-t-on remarqué, dans les citations qui précèdent, que Chrysippe, énumérant les facultés particulières qui dérivent de la faculté directrice, nomme en premier lieu la faculté vocale? S'il la nomme d'abord, on peut croire qu'il l'étudiait d'abord, c'est-à-dire avant les cinq sens, c'est-à-dire avant le douzième livre. Et comme à la faculté vocale se rapporte le Discours, et au Discours la Grammaire, et même la Rhétorique, et même la Poétique, peut-être ce sujet suffit-il, avec la théorie des passions, à combler la lacune qui nous embarrasse.

(1) VII, *Zén.*, *Chrys.*

II.

ANALYSE ET FRAGMENTS DU TRAITÉ *DES PASSIONS*, DE CHRYSIPPE.

C'est peut-être en s'inspirant d'Aristote que les Stoïciens ont écrit leurs traités *De l'âme*; c'est certainement en s'inspirant d'eux-mêmes, je veux dire de leur point de vue particulier, qu'ils ont écrit leurs traités *Des passions*. Aristote, Platon, la plupart des devanciers de ces deux grands hommes, avaient reconnu et analysé cet élément essentiel de notre nature : ils n'en avaient pas fait l'objet d'études spéciales, d'ouvrages à part. La théorie des passions ne pouvait être qu'un détail dans des doctrines dont l'ambition était de tout embrasser. Mais en y réfléchissant, on conçoit que les passions durent prendre une importance extraordinaire aux yeux de philosophes exclusivement moralistes, et moralistes à la manière d'Épicure et de Zénon. Quelle est, en effet, la règle d'un Épicurien ? Satisfaire les passions : le bonheur est à ce prix. Celle d'un Stoïcien ? Les combattre, les vaincre, les détruire : la vertu est à cette condition. Après cela, vous étonnerez-vous si Zénon, si Chrysippe, si Posidonius, si vingt Stoïciens (1),

> Vingt fois sur le métier *remettant cet* ouvrage,

traitent tous expressément *des passions ?*

---

(1) Outre les philosophes que je viens de citer, Diogène Laërce cite encore, comme ayant écrit sur les passions, Hécaton, Hé-

Malheureusement il en est de ces traités *Des passions* comme des traités *De l'âme* : ils ont disparu. Les plus instruits d'entre nous connaissent seulement la pensée des Stoïciens en général sur ce grave sujet, pour avoir lu l'exposition libre qu'en fait Cicéron dans les *Tusculanes*. Mais quelles étaient les opinions particulières de tel ou tel philosophe de cette école ; comment se divisait son traité, c'est-à-dire en combien de livres ; quels problèmes y étaient posés, résolus, et dans quel ordre ? Voilà ce que nous ignorons. Et voilà, cependant, ce que Galien nous apprend en quelque mesure.

Il est vrai que, entre tous les traités *Des passions* rédigés par les Stoïciens, Galien ne cite (1) que celui de Chrysippe (2). Mais c'est évidemment un des principaux, et connaissant celui-là, nous pourrions jusqu'à un certain point deviner les autres. Il est vrai, que les citations de Galien sont trop rares, surtout pour certains livres ; qu'il n'en marque pas toujours l'ordre et la suite ; qu'il en est plus d'une dont on ne saurait déterminer la place ; et qu'enfin le plan général de l'ouvrage n'est pas assez complètement indiqué. Mais nous pourrons tirer d'utiles secours des *Tusculanes* ; et d'ailleurs, si nous voulons bien nous souvenir que nous étions dans la plus absolue ignorance relativement au traité de Chrysippe, nous

---

rille, Sphœrus. Il ne nomme pas le traité de Posidonius, dont Galien nous a conservé quelques fragments, ce qui prouve combien ses catalogues sont incomplets.

(1) L. IV et V. — Les trois premiers livres sont consacrés à l'examen des arguments tirés du Ier livre du traité *De l'âme.*

(2) Il cite encore, comme je viens de le dire, trois ou quatre passages de celui de Posidonius.

nous estimerons heureux d'en savoir quelque chose, au terme de ces recherches, si peu que ce soit.

Chrysippe avait divisé son traité *Des passions* en quatre livres (1).
Les trois premiers étaient spécialement consacrés à des recherches spéculatives, sur la nature des passions et leurs variétés, δι' ὧν ἐπισκέπτεται τὰ λογικὰ περὶ αὐτῶν ζητήματα (2). Le quatrième avait au contraire un caractère tout pratique; c'était comme une thérapeutique morale, θεραπευτικόν (3), et quelques-uns lui donnaient un titre à part, l'éthique, ἠθικόν (4). C'est évidemment à l'inégalité de ce partage que fait allusion Cicéron écrivant (5) : « Chrysippe et les Stoïciens, traitant des passions, ne se lassent pas de les diviser et de les définir; ils sont au contraire d'une extrême concision sur les moyens d'en calmer la violence, et de guérir les âmes. Tel n'est pas le procédé des Péripatéticiens, qui s'étendent longuement sur les remèdes; quant aux épines de la division et de la définition, ils ne s'y embarrassent point. »

(Ier livre). Galien nous fait connaître avec une grande netteté l'objet et le caractère général du Ier livre. Il y a, dit-il (6), trois théories possibles sur la nature et l'origine des passions. On peut, comme

---

(1) *Des Dogm.*, IV, I.
(2) *Ibid.*
(3) *Ibid.*, IV et V. — Nous trouvons ce IVe livre désigné de la même manière dans le traité *De la colère* de l'épicurien Philodème : Χρύσιππος ἐν τῷ περὶ παθῶν θεραπευτικῷ, p. 17.
(4) *Ibid.*
(5) *Tuscul*, IV, V.
(6) *Des Dogm.*, IV, I.

Platon, distinguer dans l'âme, au-dessous de la puissance rationnelle, la colère et l'appétit, et rapporter toutes les passions à ces deux dernières facultés. On peut, comme Épicure (1), comme Zénon (2), définir les passions des mouvements de l'âme, contraires à la nature, irrationnels, et qui se produisent à la suite de l'opinion. On peut enfin les confondre avec l'opinion elle-même, et les faire rentrer bon gré mal gré dans la raison, qu'elles combattent. Cette dernière doctrine, jusque-là sans exemple, est précisément celle de Chrysippe.

C'était aussi le propre objet du Ier livre de son traité *Des passions*. Comme dans le traité *De l'âme*, Chrysippe s'y montrait peu soucieux de l'histoire. Il ne réfutait pas, il ne rappelait même pas la théorie de Platon, contraire à la sienne, et celle de Zénon, qui, au témoignage de Galien, en différait sensiblement. Il établissait, dès l'abord, d'une manière directe et dogmatique, que les passions sont des opinions, c'est-à-dire des faits de l'ordre rationnel, que l'on peut bien distinguer, mais non séparer de la faculté directrice (3). Les passions se rapportent à la raison, qui est toute l'âme, tout l'homme : voilà, dans une seule proposition, l'exact résumé de ce Ier livre.

Toutefois, il ne faudrait pas croire que Chrysippe s'y bornait à exposer la nature de la passion, considérée d'une manière générale et abstraite. Il en faisait déjà connaître les grandes divisions. Il prouvait sa

---

(1) *Des Dogm.*, IV, II.

(2) La définition de Zénon nous a été conservée textuellement par Diog. Laërce : « Un mouvement de l'âme, irrationnel et contraire à la nature, un élan excessif. »

(3) *Des Dogm.*, IV, I, II.

thèse, en s'efforçant de retrouver et de montrer l'élément rationnel au fond des quatre passions générales, γενικῶν παθῶν, mère de toutes les autres. Qu'est-ce que la tristesse? l'opinion actuelle d'un mal présent.—La crainte? l'attente d'un mal futur.—La joie? l'opinion actuelle d'un bien présent.—Le désir? la recherche d'un bien futur, ou encore, une sorte d'appétit rationnel, ayant pour objet le plaisir, dans la mesure de la convenance (1).

Mais Galien nous apprend que Chrysippe n'était pas toujours conséquent. Tantôt il se séparait de Zénon, et tantôt s'en rapprochait. Ainsi, après les passages qui viennent d'être analysés et dont le sens non équivoque est que les passions générales sont tout simplement des opinions, on en trouve d'autres, où Chrysippe définit la tristesse : l'*abattement* à la vue de ce qu'il faut fuir, et la joie, le *transport* à la vue de ce qu'il convient de rechercher (2).

Voici des phrases qui se trouvent également dans le I⁰ʳ livre de Chrysippe, et où il semble qu'il s'efface pour laisser parler Zénon :

« Il faut bien savoir que le propre de l'animal rai-
« sonnable, c'est de suivre naturellement la raison,
« et de la prendre pour guide dans ses démarches;

---

(1) *Des Dogm.*, IV, II.
Rapprochez de ces définitions celles de Cicéron :
« Est igitur Ægritudo, opinio recens mali præsentis, in quo demitti contrahique animo rectum esse videatur. — Lætitia, opinio recens boni præsentis, in quo efferri rectum esse videatur. — Metus, opinio impendentis mali, quod intolerabile esse videatur. — Libido, opinio venturi boni, quod sit ex usu, jam præsens esse atque adesse. » (*Tusc.*, l. IV, VII.)

(2) *Des Dogm.*, IV, II.

« toutefois, il lui arrive souvent de se laisser em-
« porter inconsidérément vers certaines choses, et
« fermant l'oreille aux conseils de la raison, de
« s'abandonner à d'aveugles entraînements. Par
« là s'expliquent ces définitions de la passion : un
« mouvement contraire à la nature et irrationnel,
« un appétit excessif et sans mesure. Par irrationnel,
« il faut entendre ce qui n'est pas conforme à la rai-
« son, ce qui la combat, ce qui fait les mœurs vio-
« lentes et les conduites déréglées. Si quelqu'un est
« induit en erreur, et, faute de soin, use mal de la
« raison, ce terme ne lui est pas applicable. Il lui
« conviendra seulement s'il se laisse ravir à d'impé-
« tueux mouvements, parce que l'animal raisonnable
« est fait pour céder, non à la force, mais à la
« raison (1). »

Et plus loin :

« Tel est l'excès de la passion, lorsqu'elle a franchi
« les barrières de la nature. Un exemple rendra cela
« plus clair. Lorsque nous marchons avec le simple
« désir de marcher, le mouvement des jambes n'a
« rien d'excessif ; il est, au contraire, tellement
« mesuré, qu'il nous est facile de nous arrêter, si
« nous le voulons. Mais il en est tout autrement de
« ceux qui marchent, qui courent, emportés par un
« élan passionné. Contre leur désir, le mouvement
« des jambes s'accélère jusqu'à l'excès, et il ne
« dépend plus d'eux de le modérer. Il arrive quelque
« chose d'analogue à ceux qui, dans leurs passions,
« s'écartent de la mesure prescrite par la raison : il
« n'est plus en leur pouvoir d'y revenir. Cet excès

(1) *Des Dogm.*, IV, II.

« qui, dans la course, est contraire au désir, dans la
« passion est contraire à la raison ; car la vraie me-
« sure des passions est dans leur conformité à la
« raison. Et c'est ainsi que la passion est tout à la
« fois excessive, contraire à la nature et irration-
« nelle (1). »

En résumé, le Ier livre du traité *Des passions* ren-
fermait une théorie générale de la passion et des
quatre principales passions : ne renfermait-il rien de
plus ? Diogène Laërce (2) et Cicéron (3) nous apprennent que les Stoïciens rattachaient à chacune des
quatre grandes passions un certain nombre de passions secondaires (4). Chrysippe a dû étudier ces passions secondaires. Dans quel livre, le premier ou le
second ?

J'avoue n'avoir aucun moyen de résoudre cette
question. Galien dit bien quelque part (5) que Chrysippe *commençait* par la définition des passions géné-

---

(1) *Des Dogm.*, IV, II.

(2) *Vie de Zénon.*

(3) *Tusc.*, IV, VII.

(4) Voici la liste des passions secondaires, telles que la donne Cicéron.

Au-dessous de la tristesse : Invidentia, — Æmulatio, — Ob-
trectatio, — Misericordia, — Angor, — Luctus, — Mœror, —
Ærumna, — Dolor, — Lamentatio, — Sollicitudo, — Molestia,
Afflictatio, — Desperatio, etc.

Au-dessous de la crainte : Pigritia, — Pudor, — Terror, — Ti-
mor, — Pavor, — Exanimatio, — Conturbatio, — Formido, etc.

Au-dessous de la joie : Malevolentia, — Delectatio, — Jactatio, etc.

Au-dessous du désir : Ira, — Excandescentia, — Odium, —
Inimicitia, — Discordia, — Indigentia, — Desiderium, etc. (*Tusc.*
l. IV, ch. VII.)

(5) *Des Dogm.*, IV, II.

rales ; mais cela ne prouve point qu'il réservait pour le second livre la définition des passions particulières. Galien ne cite, d'ailleurs, qu'un seul passage relatif à ces passions particulières, et ce passage, que voici, ne nous fournit aucune lumière :

« Il convient de mettre la terreur dans la famille
« des passions ; car elle est pleine d'agitation et s'em-
« porte au hasard (1). »

(II⁰ livre.) Si le II⁰ livre était spécialement consacré à l'étude des passions secondaires (2), c'est donc chose douteuse. Ce qui ne l'est pas, c'est que Chrysippe s'y livrait à quelques considérations intéres-

---

(1) *Des Dogm.*, IV, v.

(2) Voici comment Cicéron les définit :

« Invidentiam esse dicunt ægritudinem susceptam propter alterius res secundas, quæ nihil noceant invidenti..... — Æmulatio autem dupliciter illa quidem dicitur, ut et in laude, et in vitio nomen hoc sit. Nam et imitatio virtutis, æmulatio dicitur, sed ea nihil hoc loco utimur; est enim laudis : et est æmulatio ægritudo, si eo, quod concupierit, alius potiatur, ipse careat. — Obtrectatio autem est, ea quam intelligi zelotypiam volo, ægritudo ex eo, quod alter quoque potiatur eo, quod ipse concupiverit. — Misericordia est ægritudo ex miseria alterius, injuria laborantis..... — Angor est ægritudo premens. — Luctus ægritudo ex ejus, qui carus fuerit, interitu acerbo. — Mœror, ægritudo flebilis. — Ærumna, ægritudo laboriosa. — Dolor, ægritudo crucians. — Lamentatio, ægritudo cum ejulatu. — Sollicitudo ægritudo cum cogitatione. — Molestia, ægritudo permanens. — Afflictatio ægritudo cum vexatione corporis. — Desperatio, ægritubo sine ulla rerum exspectatione meliorum.

« Quæ autem subjecta sunt sub Metu, ea sic definiunt : Pigritiam, metum consequentis laboris. — Pudorem et terrorem, metum concutientem, ex quo fit, ut pudorem rubor, terrorem pallor, et tremor, et dentium crepitus consequatur. — Timorem metum mali appropinquantis. — Pavorem, metum mentem loco moventem... — Exanimationem, metum subsequentem, et quasi

santes, non pas sur telle ou telle passion, mais sur la passion en général. Par exemple, il constatait, il expliquait l'action du temps sur nos passions; il s'efforçait d'accorder ce fait avec sa doctrine.

« Quelqu'un demandera, disait-il, comment la tris-
« tesse se calme. Est-ce parce que nos opinions
« changent? Ou bien, si elles demeurent, comment
« cela a-t-il lieu? »

Et il répondait :

« Je crois que l'opinion qui a établi que telle chose
« est un mal, demeure ; mais lorsqu'elle devient an-
« cienne, nous nous trouvons moins remués, comme
« si elle avait moins de force pour nous agiter.
« Peut-être, bien qu'elle demeure, a-t-elle moins
« d'action sur nous, parce que d'autres passions sur-
« viennent. Tout cela, je l'avoue, est fort obscur. On
« voit ceux qui pleurent ne plus pleurer, et pleurer
« ceux qui ne pleuraient pas, lorsque certaines
« images leur représentent une certaine réalité. Nos
« passions s'apaisent et prennent fin, comme nos
« larmes et nos gémissements. Les choses nous

comitem pavoris. — Conturbationem, metum excutientem cogitata. — Formidinem, metum permanentem.

« Voluptatis autem partes hoc modo describunt, ut Malevolentia sit voluptas ex malo alterius sine emolumento suo. — Delectatio, voluptas suavitate auditus animum deleniens..... — Jactatio est voluptas gestiens, et se efferens insolentius.

« Quæ autem Libidini subjecta sunt, ea sic definiunt, ut sit Ira libido puniendi ejus, qui videatur læsisse injuria. — Excandescentia, ira nascens, et modo exsistens; quæ θύμωσις græce dicitur. — Odium, ira inveterata. — Inimicitia, ira ulciscendi tempus observans. — Discordia, ira acerbior, intimo odio et corde concepta. — Indigentia, libido inexplebilis. — Desiderium, libido ejus, qui nondum adsit, videndi. » (*Tusc.*, l. IV, VIII, IX.)

« touchent plus vivement en commençant, comme
« les objets risibles nous font rire davantage (1). »

Bien qu'il ne paraisse guère approfondir ce sujet, Chrysippe devait y insister, car voici encore deux passages du même livre, cités par Galien, et qui s'y rapportent manifestement :

« C'est de la même manière que des hommes pour
« ainsi dire saturés de chagrin semblent tout à coup
« se calmer. Ce qui fait que le poëte dit d'Achille
« pleurant Patrocle :

« Après qu'Achille, à force de pleurer, se fut satisfait,
« Qu'il eut raffermi son âme et retrouvé sa vigueur,

« il s'occupa à consoler Priam, en lui montrant
« tout ce qu'il y a d'irrationnel dans un chagrin
« excessif (2). »

Et plus loin :

« C'est pourquoi il ne faut pas désespérer, après
« que les évènements auront vieilli, et que le feu de
« la passion se sera modéré, de voir la raison rentrer
« dans l'âme, et, reprenant le terrain perdu, mettre
« sous nos yeux tout ce qu'il y a d'irrationnel dans
« la passion (3). »

(IIIe livre). Rien sur le IIIe livre : pas une citation, pas une allusion, ni directe, ni indirecte. On dirait qu'il n'a pas existé, ou que Galien ne l'a pas lu. Sans vouloir pénétrer les motifs de cette regrettable omission, essayons de la réparer, en demandant à Cicéron les renseignements que Galien nous refuse.

(1) *Des Dogm.*, IV, v.
(2) *Ibid.*
(3) *Ibid.*

Une chose digne de remarque, bien qu'on semble l'ignorer, c'est que Cicéron, dans le IVᵉ livre des *Tusculanes*, copie en les abrégeant les traités *Des passions* des Stoïciens, comme dans ses *Offices*, il copie en les développant leurs traités *Des devoirs*. D'abord, il emprunte leurs idées : « Je me servirai, dit-il, pour décrire les passions, des définitions et des distinctions des Stoïciens, qui me paraissent avoir traité ce sujet avec une rare pénétration (1). » Il répète à tout propos cette formule : « Les Stoïciens, et surtout Chrysippe, estiment que... » Et s'il mentionne Pythagore, Platon et les Péripatéticiens ; s'il consulte volontiers ces derniers sur l'art de guérir les maux causés par les passions ; s'il se réserve le droit d'avoir un avis, le fond de sa pensée n'en est pas moins bien certainement, bien constamment stoïcien. J'ajoute qu'il emprunte leur plan et leurs divisions générales. Le IVᵉ livre des *Tusculanes* comprend, en effet, deux parties très-distinctes : l'une, *où il avance lentement, avec les rames de la dialectique* (2) ; l'autre, *où il ouvre ses voiles au vent, et précipite sa course* (3). Or, on voit assez que la seconde partie correspond exactement au IVᵉ livre du traité *Des passions* de Chrysippe, à celui que quelques-uns appelaient *l'éthique*, par la nature des questions que Cicéron y examine ; et l'on ne peut douter que la première corresponde aux trois premiers livres du même traité, puisque Cicéron la termine par ces propres paroles : « Voilà ce que les

---

(1) Cic., *Tusc.*, IV, v.
(2) *Ibid.*
(3) *Ibid.*, xiv.

Stoïciens exposent sur la nature des différentes passions, et c'est ce qu'ils appellent la *partie logique* de leur théorie (1). » Il est donc permis de considérer jusqu'à certain point le IV° livre des *Tusculanes* comme un abrégé du traité de Chrysippe, où les mêmes problèmes sont abordés dans le même ordre, et presque toujours résolus dans le même sens. Ceci posé, je crois entrevoir l'objet du III° livre de Chrysippe, et deviner ce que cache le silence de Galien.

En effet, après avoir classé et défini les passions générales, énuméré et décrit les passions particulières qui s'y rattachent, Cicéron, sur le point de passer de la *logique* à la *thérapeutique* des passions, s'arrête à considérer leurs effets, et comment elles deviennent des maladies dans l'âme. Voilà une question toute nouvelle et fort importante. Je dis plus : voilà une question qui est comme la transition naturelle entre celles qui ont été discutées et celles qui vont l'être ; car il faut connaître les passions en elles-mêmes, pour comprendre comment elles dégénèrent en maladies, et il faut connaître ces maladies, pour être en état d'en découvrir les remèdes. Tout porte donc à penser que l'ordre adopté par Cicéron est celui-là même que les Stoïciens avaient adopté avant lui, et que Chrysippe plaçait cette question à l'extrême limite de ses recherches spéculatives, c'est-à-dire dans le III° livre de son traité.

Des effets des passions, des maladies de l'âme : voilà donc, j'ose l'affirmer, le véritable objet du III° livre du traité de Chrysippe. Quant aux considérations qui devaient le remplir, on ne peut s'en faire qu'une

(1) Cic., *Tusc.*, IV, xiv.

bien imparfaite idée, en lisant Cicéron et Diogène Laërce, comme aussi en méditant quelques-uns des fragments du IV° livre que Galien a cru devoir citer.(1).

(IV° livre). On n'est pas peu surpris, en rassemblant ces fragments, d'ailleurs assez nombreux, de ne leur trouver aucun rapport direct avec l'objet du

(1) Voici quelques points hors de doute :
Chrysippe assimilait complètement — et longuement — les maladies de l'âme et celles du corps (Gal., l. V, ch. II) : ce que blâme Galien (*ibid.*), et ce qui fait dire à Cicéron (XIV) : « Il y a entre le corps et l'âme cette différence qu'une âme saine ne saurait jamais être atteinte de maladie, et que le corps le plus sain le peut toujours. Les maladies du corps peuvent arriver, sans qu'il y ait de notre faute : il n'en est pas de même de l'âme, dont toutes les maladies dérivent de quelque révolte contre la raison. »

Les maladies du corps proviennent : 1° d'un défaut d'équilibre entre le chaud et le froid, le sec et l'humide, et en général tous les éléments qui entrent dans sa constitution (Gal., l. V, II); 2° d'un relâchement, d'un affaiblissement du système nerveux, d'une atonie. Il en est de même de celles de l'âme.

L'âme a des parties : le concert de ces parties et leur accord, voilà la santé ; de la guerre qu'elles se font, et de leurs discordes, naît la maladie. « La perturbation, dit Cicéron (X), paraît au milieu du conflit et du tumulte d'opinions contradictoires : cet état d'effervescence et d'excitation s'invétère-t-il, s'établit-il jusque dans les veines et la moelle, la maladie est déclarée. » — Il y a aussi dans l'âme une certaine puissance analogue à celle des nerfs dans le corps, ce qui fait qu'elle peut se raidir ou se relâcher, se fortifier ou s'affaiblir : elle est bien portante dans le premier cas, et dans le second, malade. La maladie de l'âme est encore une atonie, encore un défaut d'équilibre. (Gal., *ibid.*)

C'est ce qu'exprime à son tour Diogène Laërce (*Zen.*) par cette courte formule : « Les maladies de l'âme sont des dérangements accompagnés d'affaiblissement. »

C'est peut-être aussi à ce double point de vue que se rapporte

IVᵉ livre, dont ils font cependant partie, Galien l'affirmant expressément. Ce IVᵉ livre, en effet, selon des expressions consacrées, était une *thérapeutique* des passions, une *éthique;* l'auteur s'y proposait de faire connaître les remèdes qui peuvent être appliqués avec fruit aux maladies de l'âme. Après avoir exposé, dans le livre précédent, comment, sous l'empire des passions, l'âme perd la santé, il voulait montrer, dans celui-ci, comment, par un bon usage de la raison, elle la recouvre. Voilà son but. Or, aucun des fragments reproduits textuellement par Galien ne répond à cette pensée. Ceux-ci nous apprennent que les passions sont des opinions, et,

la distinction stoïcienne des νοσήματα et des ἀρρωστήματα (Cic., *ibid.*) : le premier de ces mots exprimant surtout un état de trouble, une maladie proprement dite, le second un état d'affaiblissement, une *infirmité*.

Toutes ces maladies, quels qu'en soient le caractère et le nom, naissent des passions, les unes de la joie et du désir, — les autres de la tristesse et de la crainte. (Cic., *ibid.*)

Les premières se définissent : l'opinion intime, profonde et véhémente qu'une chose non désirable est extrêmement désirable ; telles sont l'avarice, l'amour des femmes, la gourmandise ; etc. (*Ibid.*, XI.)

Les secondes : l'opinion intime, profonde et véhémente, qu'une chose qui n'est pas à éviter doit être évitée ; telles sont la haine des femmes, la misanthropie, l'*inhospitalité*, etc. (*Ibid.*)

Mais comment la passion devient-elle maladie ? Je réponds par un exemple. Si vous désirez de l'argent et que vous n'appliquiez pas immédiatement la raison, comme un remède socratique, pour guérir cette passion, elle s'infiltre dans vos veines, s'attache à vos entrailles, se change en une maladie, en une infirmité qui, une fois invétérée, ne peut plus être arrachée. Cette maladie a le nom d'avarice. (*Ibid.*) La maladie n'est que la passion devenue exclusive et permanente. (XII.)

à ce titre, font partie de la raison ; ceux-là, qu'elles sont en révolte contre la raison, sans se confondre pour cela avec l'erreur ; d'autres, qu'elles troublent l'harmonie de l'âme, l'affaiblissent en même temps qu'elles la déconcertent, et y font naître toute sorte de maladies : il ne s'en trouve point pour parler de remèdes et de guérison. Comment expliquer cette singularité ? Et d'abord, peut-elle s'expliquer ?

Je le crois. Rappelez-vous le but poursuivi par Galien. Il veut prouver qu'il y a trois facultés dans l'âme, trois facultés résidant en trois organes différents, contre Chrysippe, qui n'en reconnaît qu'une, résidant dans un seul organe. C'est pourquoi il examine, en les citant, les deux traités *De l'âme* et *Des passions*. Le traité *De l'âme*, pour réfuter les arguments par lesquels Chrysippe s'efforce d'établir que l'âme est tout entière dans la raison, et la raison dans le cœur ; le traité *Des passions*, pour faire voir qu'il est impossible de rapporter les passions à la raison, et que Chrysippe, qui tente d'abord cette réduction, ne tarde pas à se contredire lui-même. Peu lui importent donc les remèdes applicables aux maladies de l'âme ; et il n'y a véritablement pas lieu de s'étonner s'il ne cite aucun passage relatif à ces remèdes. La nature des passions, leurs effets, c'est-à-dire les maladies qui en viennent, voilà ce qui intéressait son dessein, et toutes ses citations devaient naturellement se rapporter à ce double objet.

— Mais, dira-t-on, comment des citations de cette nature peuvent-elles appartenir au IVe livre de Chrysippe ?

Ma réponse est fort simple. Ce IVe livre était bien plus indépendant du IIIe que celui-ci du IIe, ou le IIe

du Ier. C'était presque, dans le traité total, un traité à part. Les trois premiers livres étaient tout spéculatifs, et formaient comme une *logique* des passions ; le quatrième était tout pratique, et formait comme une *thérapeutique* des passions. Tel était son objet, son caractère, son originalité, que plusieurs ont cru pouvoir ou devoir lui donner un titre distinct, comme à un ouvrage distinct : *l'éthique*. Cela étant, n'est-il pas bien naturel de supposer que Chrysippe, avant d'aborder dans un dernier livre un sujet nouveau, avait résumé, au moins dans ses généralités, le sujet traité dans les livres précédents ; qu'il avait rappelé quelles sont ces maladies, qu'il s'agit maintenant de guérir, et remonté des maladies aux passions, qui en sont les causes ? Et ne comprend-on pas qu'il a dû paraître à Galien aussi commode qu'avantageux d'emprunter une partie de ses citations à un résumé, où la pensée plus resserrée est aussi plus précise, plus catégorique, et la contradiction, si elle existe, plus manifeste ?

Il faut encore dire que ces citations se présentent au lecteur dans un certain désordre. Si Galien en marque souvent l'enchaînement, souvent aussi il ne le marque pas. Nous ferons comme lui, ne pouvant faire mieux. Nous transcrirons de suite les passages qui se suivent, et, quand il y aura solution de continuité, nous l'indiquerons par un trait.

« C'est à bon droit que quelques-uns définissent la
« passion un mouvement contraire à la nature,
« comme il arrive dans la crainte, le désir et les faits
« semblables. Tous les mouvements, toutes les émo-
« tions de cette sorte ne se conforment pas, en effet,
« à la raison ; ils la combattent. Aussi, disons-nous

« de ceux qui s'en laissent dominer, qu'ils sont em-
« portés irrationnellement : non pas qu'ils se trom-
« pent en raisonnant, par opposition à ceux qui
« voient juste et bien, mais parce qu'ils se révoltent
« contre la raison.

« C'est pourquoi toutes ces émotions sont consi-
« dérées comme intempérantes (1), attendu qu'elles
« ne se tempèrent pas plus que ceux qui, s'étant pré-
« cipités en avant avec trop de violence, ne peuvent
« plus retenir ni maîtriser leur course. Quant à ceux
« qui, prenant la raison pour guide, règlent leurs
« mouvements par ses conseils, ils dominent leurs
« passions et n'en connaissent ni le trouble ni les
« écarts (2). »

« Proprement, la passion est un élan excessif,
« comme on dirait d'un mouvement immodéré, que
« c'est une agitation excessive et irrationnelle. Ce
« qui est sans excès est salutaire. La passion ne se
« renfermant pas dans les bornes de la raison, mais
« se mettant en révolte, c'est à bon droit qu'on la dit
« excessive, et elle est bien véritablement contraire
« à la nature et irrationnelle (3). »

(1) « On regarde comme la source commune de toutes les passions l'intempérance, qui est une révolte contre toute la partie
intellectuelle de l'homme, et contre la droite raison, de telle
sorte que les appétits de l'âme ne connaissent plus l'empire de
la raison, et ne se laissent plus ni guider ni contenir. »(Cicéron,
Tusculanes, l. IV, IX.)
(2) *Des Dogm.*, IV, IV.
(3) *Ibid.*, V.

« Ce ne sont pas nos jugements sur les biens par-
« ticuliers qui font nos maladies morales, mais c'est
« notre emportement vers ces choses, contrairement
« à la nature (1). »

« Comme on dit qu'il y a dans les nerfs de notre
« corps une certaine force qui peut se tendre ou se
« relâcher, ce qui fait que nous pouvons ou ne pou-
« vons pas accomplir tel ou tel mouvement; ainsi, il
« y a dans l'âme une certaine puissance, qui fait que
« nous sommes fermes ou chancelants.

« De même que dans le tremblement, dans l'effort
« et les autres mouvements ayant lieu par le minis-
« tère des nerfs, on remarque dans les nerfs une
« certaine constitution, en vertu de laquelle ils cèdent
« ou résistent; ainsi, il y a, en quelque manière,
« dans l'âme, quelque chose qui tient de la nature
« des nerfs; en sorte que nous disons métaphorique-
« ment de certains hommes qu'ils ont l'âme énervée,
« ou, au contraire, qu'ils l'ont nerveuse.

« L'un se laisse abattre par la terreur, l'autre
« succombe, vaincu par l'aspect du gain ou du dom-
« mage, un autre éprouve la même impression dans
« une autre circonstance; car mille objets ont le
« pouvoir de nous bouleverser, et de réduire notre
« âme en esclavage; de nous rendre traîtres à nos
« amis, à notre patrie ; de nous jeter dans toute
« sorte de turpitudes et de crimes, comme on le voit
« sur le théâtre. Tel est Ménélas, dans la tragédie
« d'Euripide. L'épée nue, il court vers Hélène, pour

(1) *Des Dogm.*, IV, IV.

« l'en frapper, mais il l'a vue à peine que, saisi
« d'admiration pour tant de beauté, anéanti, il laisse
« tomber le glaive que sa main ne peut plus retenir.
« Aussi, lui dit-on dans la pièce du poëte :

> « A peine as-tu aperçu ses beaux yeux, aussitôt
> « Le glaive étincelant échappe à ta main,
> « Et tu reçois le baiser de l'infâme qui te trahit. »

« Ainsi tous les méchants abandonnent leur entre-
« prise commencée, et succombent ; et il y a bien
« des causes à cette faiblesse, et par conséquent à
« leurs mauvaises actions (1). »

« Rien de si commun, je pense, que ce transport
« irrationnel, en opposition à la nature, et qui nous
« fait dire de quelques-uns, qu'ils sont transportés
« de colère.

« Un homme est-il emporté par la passion, nous
« lui parlons comme à un homme hors de lui, tota-
« lement changé, et qui ne se possède pas.

« Ce changement, ce mouvement violent, qui nous
« emportent hors de nous-mêmes, d'où proviennent-
« ils, si ce n'est de ce que nous méprisons les con-
« seils de la raison.

« De là vient que les hommes, en proie à quelque
« désir ou à la colère, ont coutume de dire qu'ils
« veulent se satisfaire ; que, soit qu'ils agissent bien
« ou mal, il faut leur laisser le champ libre ; que
« toute exhortation est inutile, et que, si cou-

(1) *Des Dogm.*, IV, VI.

« pable ou si vaine que puisse être leur conduite,
« le sort en est jeté (1). »

« C'est ce même mouvement aveugle que ceux qui
« sont aimés veulent trouver dans leurs amants :
« ceux-ci n'ont aucun souci de la raison dans leur
« conduite, ils n'obéissent pas à ses avertissements,
« ils ferment l'oreille à sa voix.

« Ils se tiennent à une telle distance de la raison,
« qu'ils ne veulent souffrir ni entendre aucune re-
« montrance ; et on peut dire d'eux à bon droit :

« L'amour rebelle aux avis ne s'apaise point.
« Plus on le combat, plus il se raidit contre l'effort.
« Réprimé, il redouble de violence. »

« Ces mêmes hommes fuient la raison, parce
« qu'elle leur est importune, parce qu'elle les blâme,
« parce que, à leur gré, elle n'entend rien à l'amour.
« Ainsi on fuit un conseiller incommode (1). »

« Ce même transport, ce même changement, cette
« même désobéissance à la raison, se remarquent
« dans la volupté.

« Nous sommes tellement bouleversés, nous sor-
« tons tellement de nous-mêmes, nous nous laissons
« tellement aveugler par l'erreur que, si nous tenons

---

(1) *Des Dogm.*, IV, vi.
(2) *Ibid.*

« à la main une éponge ou de la laine, nous la bran-
« dissons, comme si nous pouvions nous en servir
« pour nous défendre ou pour attaquer. Nous n'agi-
« rions pas autrement si c'était un glaive, ou quel-
« que autre arme.

« Il nous arrive souvent, dans notre aveuglement,
« de mordre des clefs, d'ébranler les portes, si elles
« ne s'ouvrent assez vite, de frapper ou lancer
« au loin la pierre contre laquelle nous nous sommes
« heurtés, de nous répandre absurdement en malé-
« dictions contre tous ces objets.

« Il est donc facile de reconnaître qu'il y a un em-
« portement irrationnel dans la passion, à voir com-
« bien elle nous aveugle, combien elle nous détourne
« des desseins que nous avions d'abord formés (1). »

« Il y a un art pour le corps malade, savoir, la
« médecine. De même, il doit y avoir un art pour
« l'âme malade; car il ne serait pas juste que l'âme
« fût inférieure au corps, je ne dis pas seulement
« quant aux recherches, mais quant aux traite-
« ments (2). Comme le devoir du médecin du corps

---

(1) *Des Dogm.*, IV, vi.
(2) Ces paroles font inévitablement penser au début du IIIe livre des *Tusculanes* : « Puisque l'homme est composé d'une âme et d'un corps, comment se fait-il, mon cher Brutus, qu'on ait cherché l'art de guérir et de conserver le corps, qu'on l'ait même considéré, à cause de son utilité, comme un présent des Dieux immortels ; tandis que la médecine de l'âme n'a été ni si fort désirée, avant d'avoir été découverte, ni si fort honorée après? Peu de personnes l'ont pour agréable ; elle est même suspecte et odieuse à plusieurs. »

« est d'appliquer le traitement qui convient à cha-
« cune des maladies du corps, celui du médecin de
« l'âme est d'appliquer aux maladies de l'âme les
« meilleurs remèdes possibles (1).

(1) On ne saurait trop regretter l'absolu silence de Galien sur ces remèdes, sur cette médecine morale. Diogène Laërce ne nous en apprend rien non plus. Cicéron seul nous fournit quelques données, qui, pour être incomplètes, n'en sont pas moins fort précieuses.

Dans la deuxième partie du IVe livre des *Tusculanes*, il déclare d'abord que le remède commun à toutes les maladies de l'âme est dans la vertu (XV); mais la vertu est moins le moyen de vaincre les passions, que le résultat de la victoire remportée sur elles. Il faut donc des remèdes plus directs, si non plus efficaces.

Ces remèdes existent. La nature n'a pas été à tel point ennemie de l'espèce humaine que, fournissant au corps des choses si salutaires, elle n'en ait pas donné à l'âme. Telle a été au contraire sa bienveillance, que le corps est obligé de chercher son salut au dehors, au lieu que l'âme le porte en elle-même (XVII).

Un premier remède, c'est d'examiner l'opinion d'où dérive la passion qui nous tourmente, la maladie que nous voulons guérir, et de nous convaincre de sa fausseté. Démontrons-nous que la pauvreté n'est pas un mal : nous n'en souffrirons plus; que les honneurs ne sont pas un bien : nous n'en serons plus transportés. « Ce qui cause la joie ou le désir n'est pas un vrai bien; ce qui cause le chagrin ou la crainte n'est pas un vrai mal » : il n'est pas de maladie morale que ce principe, devenu notre conviction, ne puisse guérir (XVII, XVIII).

Un autre remède plus radical et plus général, c'est de bien comprendre que les passions sont vicieuses par elles-mêmes, qu'elles ne sont ni inspirées par la nature, ni commandées par la nécessité, et que, eussent-elles pour objet la vertu même, elles devraient encore être réprimées par cela seul qu'elles troublent l'équilibre et l'harmonie de l'âme (XVIII, XIX).

Du reste, Cicéron déclare, avec raison, qu'il faut approprier ces remèdes à chaque passion, et que chaque maladie réclame

« Comme on distingue dans le corps la force et
« la faiblesse, la tension et le relâchement, la fer-
« meté, et en outre la santé et l'état valétudinaire, la
« bonne et la mauvaise disposition, les dérange-
« ments, les maladies : ainsi les états analogues se
« montrent dans l'âme, et on les appelle du même
« nom.

« Nous disons de certaines âmes qu'elles sont
« fortes, qu'elles sont faibles, qu'elles se tendent et
« qu'elles se relâchent ; de même elles sont malades
« ou bien portantes : les indispositions, les affec-
« tions, et le reste, ne se comportent pas autrement
« vis-à-vis de l'âme que du corps. »

« Les paroles de Zénon sont de toute justesse : la
« maladie de l'âme, dit-il, est tout à fait semblable à
« celle du corps. Or, la maladie du corps se définit :
« un défaut d'équilibre entre le chaud et le froid, le
« sec et l'humide, et, en général, tous les éléments
« qui entrent dans sa constitution (1). »

« Quant à la santé du corps, elle consiste dans le
« tempérament et l'exact équilibre des choses ci-
« dessus nommées.

« Tout cela est parfaitement vrai, appliqué au
« corps, puisque c'est bien l'équilibre ou le défaut

---

un traitement particulier (xvii). C'était la méthode de Chrysippe,
qui s'occupait, par exemple, de la tristesse, puisque Cicéron
nous apprend (l. III, xxxi) qu'il regarde comme un point essentiel de nous ôter *le préjugé qui met la tristesse au rang des
choses légitimes et raisonnables.*

(1) *Des Dogm.*, l. V, ch. ii.

« d'équilibre qui fait, dans l'organisation, la santé
« ou la maladie ; dans les nerfs, la force ou la fai-
« blesse, la tension ou le relâchement ; dans les
« membres, la beauté ou la laideur.

« Ce qui fait la beauté ou la laideur de l'âme, c'est
« une certaine proportion résultant de l'équilibre ou
« du non-équilibre de ses parties.

« Les parties de l'âme, c'est tout ce qui constitue
« la raison et ses manières d'être ; elle est belle ou
« laide, selon leur rapport à la faculté principale et
« directrice (1). »

Résumons ces recherches bibliographiques, dont l'inévitable aridité a peut-être une suffisante compensation dans le légitime intérêt qu'inspirent et l'auteur et les ouvrages.

Entre beaucoup d'autres écrits, tous perdus, Chrysippe avait composé un traité *De l'âme* et un traité *Des passions*.

Le traité *De l'âme* comprenait incontestablement douze livres, et très-probablement un plus grand nombre.

Le premier de ces livres, consacré à des questions générales, se divisait en deux parties très-distinctes : l'une, où Chrysippe exposait la vraie nature de l'âme, qui n'est nullement immatérielle, étant capable d'agir et de pâtir, étant en contact avec le corps, et qui, considérée dans son essence, est une force, dans sa substance, un souffle ; l'autre, où il établissait que toutes les facultés se confondent en une faculté directrice, la raison, résidant en un organe unique, le

---

(1) *Des Dogm.*, V, II.

cœur, par des multitudes d'arguments tirés du consentement unanime, — du témoignage des poëtes, — de mille locutions proverbiales, — de l'origine de la voix, qui s'élance de la poitrine, chemine par le pharynx, se module dans la bouche, et résonne sur les lèvres, — du point de départ des nerfs, qui sortent tous du cœur, — de la nature de l'animal, qui, privé de raison, l'est aussi de tout ce qui constitue l'âme.

Les livres suivants, jusqu'au XIIe exclusivement, autant qu'on peut le conjecturer, devaient d'abord traiter des passions, qui font encore partie de la raison, et que les anciens avaient eu le tort d'en séparer; puis, montrer comment la faculté directrice se développe par sept facultés secondaires; enfin, exposer la théorie complète de la faculté vocale, et de tout ce qui s'y rapporte, langage, éloquence, poésie.

Les sens : tel était indubitablement l'objet du XIIe livre. L'auteur, qui s'attachait à déterminer la vraie nature de l'*impression*, et, sur ce point, se séparait de Zénon et de Cléanthe, y devait également analyser la *représentation*, l'*assentiment* et la *compréhension*, c'est-à-dire la connaissance sensible dans tous ses éléments. On peut croire qu'il descendait des vues d'ensemble aux observations de détail, et que, la sensation décrite d'une manière générale, il en décrivait encore les espèces.

Connaître, ce n'est pas seulement sentir : c'est encore *anticiper*, c'est-à-dire généraliser les idées sensibles; c'est encore raisonner, c'est-à-dire déduire des idées générales les idées particulières qu'elles enveloppent. L'anticipation, qui implique la mémoire, le raisonnement, qui fonde la science, ces importantes facultés n'avaient guère pu être étudiées dans le XII⁰ livre; elles l'avaient donc été dans d'autres livres, ajoutés à celui-là. Il en faut dire autant de la faculté génératrice. — Tel était le traité *De l'âme.*

Le traité *Des passions* comprenait quatre livres.

Les trois premiers livres, marqués d'un même caractère spéculatif, composaient, dans leur ensemble, une sorte de *logique des passions.* Leur commun objet était de nous en montrer la nature, les divisions, les modifications, les effets.

Dans le premier, Chrysippe s'efforçait d'établir que les passions sont des opinions, qu'elles dépendent de la raison, qu'elles la combattent, qu'elles sont contraires à la nature, et toujours dans l'excès. Il définissait les quatre passions générales, et peut-être aussi les particulières.

Dans le second, il agitait certaines questions, où toutes les passions, particulières ou générales, sont intéressées, et qui, nettement résolues, jetteraient un nouveau jour sur leur nature. Par exemple : pourquoi, et comment le temps ôte-t-il aux passions leur pointe et leur vivacité? L'opinion s'évanouit-elle, et alors comment la passion peut-elle persister? Ou bien demeure-t-elle, et alors comment la passion peut-elle s'affaiblir?

Dans le troisième, il décrivait les effets des passions ; comment telle ou telle devient exclusive, permanente, trouble l'harmonie de l'âme, rompt l'exact équilibre de ses parties, détend son ressort, et la conduit fatalement à un état de désordre et de langueur, qui constitue une maladie véritable, analogue aux maladies du corps.

Le quatrième livre différait essentiellement des précédents par son caractère tout pratique. C'était comme une *thérapeutique des passions* ; c'était comme une *éthique*. Chrysippe, après avoir résumé les résultats acquis, y exposait les remèdes applicables aux maladies de l'âme, et traçait à grands traits l'art précieux de revenir à la santé morale, et de retrouver la beauté dans l'harmonie, la vertu dans la force. — Tel était le traité *Des passions*.

Les fragments de ces deux traités, rapportés ci-dessus, ne nous feraient peut-être pas deviner, mais confirment ce que Galien nous apprend du style et de la manière de Chrysippe. C'est un écrivain prolixe entre tous. Il exprime longuement sa pensée, et l'exprime à dix reprises ; il la noie dans une mer de mots et de phrases. Ce qu'il a dit surabondamment dans un livre, il le répète sans nécessité, sans utilité, au livre suivant, et quelquefois dans le même livre. Il ne se rassasie pas d'écrire.

Notez que Chrysippe a les inconvénients de la prolixité, sans en avoir les avantages. Il est diffus, il n'est pas clair. Il est interminablement long, il n'est pas complet. Au témoignage de Galien (1), dans des livres qui ne finissent pas, il passe sous silence des choses essentielles, et que n'omettrait pas l'écrivain le plus concis. Il est obscur. Il glisse même à dessein sur les difficultés, si toutefois il n'y a pas exagération dans ces paroles de son critique : « Lorsqu'on a lu trois et quatre fois ces phrases de Chrysippe, on ne peut s'empêcher de leur appliquer le proverbe : « Ne saisis rien, et garde-le bien. » Je n'ai jamais vu de

---

(1) *Des Dogm.*, IV, III.

phrases plus dépourvues de sens que celles-là. C'est une énigme inintelligible, courte et concise à contretemps. L'obscurité, on peut dire que c'est un des défauts ordinaires de son esprit; mais la concision n'est pas son habitude, à lui qui pousse la prolixité jusqu'à se répéter plusieurs fois dans le même livre, et toujours longuement. Mais il est à remarquer qu'il n'use de cette brièveté que lorsqu'il se trouve embarrassé de répondre à une objection, qu'il ne veut pas cependant passer sous silence, de peur d'en paraître accablé (1). »

Son constant procédé, c'est de citer; et il aime surtout à citer les poëtes. On en a vu des exemples, singulièrement dans la deuxième partie du Ier livre *De l'âme*. Galien reproduit un assez grand nombre de vers d'Homère, quelques vers d'Hésiode, d'Euripide, de Tyrtée; mais en nous avertissant que Chrysippe mettait tous ces poëtes à pillage, et qu'il faisait également contribuer, sans plus de mesure, Empédocle, et Stésichore, et Orphée, et tous les autres. Cet abus des citations poétiques était si grand, si visible, qu'il avait frappé tous les lecteurs. Il était devenu de mode de dire : *La Médée de Chrysippe*.

Tout ceci explique la merveilleuse fécondité de ce philosophe. Cette fécondité n'est qu'apparente. Chrysippe écrit de volumineux ouvrages, tels que le traité *De l'âme,* qui comprenait une quinzaine de livres, mais c'est à force de citations sans nombre, de répétitions sans but, de longueurs sans fin. Ces ouvrages, il les multiplie, ce semble, au-delà des forces humaines, mais il lui coûtent si peu ! Bref, c'est un des

---

(1) *Des Dogm.*, III, IV.

plus féconds écrivains et l'un des esprits les plus stériles. On dirait que, ne pouvant prétendre à la gloire de bien écrire, il a du moins voulu écrire vite, afin de s'en faire une excuse, et beaucoup, afin de s'en faire un honneur. Mauvaise excuse, qui est plutôt sa condamnation ! Triste honneur, qui n'a pu défendre contre le temps et la fortune ses indigestes compilations !

Au reste, tous ces défauts sont encore plus ceux de l'époque où vivait Chrysippe que de Chrysippe lui-même. Il ne faut pas oublier que Chrysippe est le premier des Stoïciens, après Zénon, qui n'a peut-être sur lui d'autre avantage que de l'avoir précédé. Dans l'école rivale d'Épicure, on n'écrivait ni moins, ni mieux, ni autrement. C'est partout la même décadence dans le style, dans la composition, parce que c'est partout le même affaiblissement dans la pensée. Le style n'est que la pensée rendue sensible. Le génie de l'homme ne se laisse pas partager. Le penseur et l'écrivain ne sont qu'un seul personnage ; ils ont toujours même fortune. C'est pourquoi, lorsque la philosophie se sera retrempée aux sources primitives de la civilisation, en Orient, nous retrouverons de belles pages dans les *Ennéades*.

ORIGINES DE LA PHILOSOPHIE GALÉNIQUE.

Au terme de ces longues études sur Galien-philosophe, je voudrais, comme je l'ai fait après avoir étudié Hippocrate-philosophe, poser et essayer de résoudre la question d'originalité. Dans cette doctrine si vaste, si riche, si diverse, où sont représentées toutes les parties de la philosophie en général, et de la philosophie médicale en particulier, où tous les plus grands problèmes de logique, de morale, de physique sont abordés et discutés, quelle est la part des devanciers, médecins et philosophes, et quelle est celle de Galien? Qu'a-t-il emprunté, qu'a-t-il inventé, et quelle est la mesure de gloire à laquelle il a droit?

Le problème, extrêmement difficile en ce qui concerne Hippocrate et les hippocratistes, est encore fort délicat, et par des raisons semblables, en ce qui concerne Galien. Si nous connaissons bien Platon et Aristote, nous sommes fort ignorants des épicuriens et des stoïciens, dont les ouvrages ont disparu : comment savoir ce que Galien doit ou ne doit pas aux épicuriens et aux stoïciens? Si les écoles médicales de l'époque alexandrine se déroulent devant nous dans leur suite et leur enchaînement, où sont les œuvres, où sont les doctrines, surtout en ce qu'elles ont de philosophique? C'est la nuit, avec quelques lueurs, que nous avons à grand'peine recueillies dans notre introduction : comment savoir ce que Galien doit ou ne doit pas aux médecins alexandrins, ses prédécesseurs et plus ou moins ses maîtres? Nous allons cependant tenter l'entreprise, et, à défaut des certitudes qui nous fuient, indiquer les vraisemblances qui se laissent entrevoir.

Logique. — Elle comprend une théorie générale de la méthode universelle et une théorie spéciale de la méthode médicale. Quant à la première, il n'est pas impossible de démêler, sans pouvoir toutefois entrer dans les détails, ce qui est et ce qui n'est pas de Galien. Le fond est tout péripatéticien et stoïcien ; Aristote et Chrysippe en font les frais. C'est Galien lui-même qui nous l'apprend. Mais ce qu'il nous apprend aussi, et avec quelle insistance! c'est que ce fond, il l'avait modifié, grâce aux habitudes d'esprit et aux lumières que lui avaient données l'étude et la pratique des mathématiques. De l'ancienne méthode de démonstration il avait fait la méthode de démonstration par les lignes et les figures, la méthode de démonstration géométrique. Et cette méthode, qu'il est impossible de restituer et par conséquent de juger, c'était bien sa découverte personnelle, puisqu'il nous raconte qu'il y avait été conduit par cette réflexion, que les mathématiques étant les seules sciences certaines, leur méthode devait être la seule méthode vraie. Vue bien faite pour nous frapper, non-seulement par sa nouveauté, mais par ce qu'elle nous montre un précurseur de Descartes dans ce médecin du second siècle de notre ère.

Quant à la théorie particulière de la méthode médicale, il n'est guère possible de savoir en quoi Galien l'avait renouvelée et amendée. Il l'avait reçue de ses grands ancêtres de l'école de Cos et de la secte dogmatique, cela n'est pas douteux. C'était le legs de la tradition. Mais ce legs, comment croire qu'il s'était borné à le recueillir simplement, ou à le défendre contre les entreprises de l'empirisme et du méthodisme, avec la vigueur d'esprit et la force de dialectique que l'on sait? Conséquent avec lui-même, il avait certainement introduit là la même réforme que dans la méthode générale, et transformé mathématiquement, *géométriquement*, la vieille méthode dogmatique. Et cette innovation plus ou moins heureuse, suite de l'autre, lui appartenait au même titre. De sorte que, nonobstant les ténèbres où nous tâtonnons péniblement, nous pensons être autorisé à dire que Galien, sans rompre avec la logique traditionnelle, a prétendu la réformer plus ou moins notablement, afin de réformer du même coup la philosophie et la médecine. Mieux connu, je n'en puis douter, l'auteur du traité *De la démonstration* ferait grande figure dans la famille des législateurs de la science.

Morale. — De la morale générale ou philosophique de Galien nous ne connaissons que sa manière de concevoir les exercices corporels, la culture de l'intelligence et le perfectionnement moral de l'âme. Ses vues sur les exercices du corps comprennent une critique de la gymnastique et un éloge des jeux. Il n'est pas le premier qui ait fait le procès à la gymnastique : l'exemple lui en avait été donné par Platon et Aristote, par Hippocrate et les grands médecins de l'époque Alexandrine. Mais on peut croire que la gymnastique ayant de plus en plus dégénéré, comme l'atteste Philostrate, Galien avait beaucoup ajouté aux griefs de ses devanciers. Il y a donc ici une certaine part à faire à sa personnalité. J'estime toutefois qu'il est beaucoup plus original dans son excellente apologie des jeux. Je ne vois, en effet, rien qui l'annonce, rien qui la prépare dans les œuvres médicales ou philosophiques antérieures. Il est vrai que la plupart de ces œuvres ne sont pas entre nos mains. Mais pourquoi Galien, qui s'autorise de ses prédécesseurs pour blâmer la gymnastique, ne s'en autoriserait-il pas pour vanter les jeux, s'ils les avaient vantés avant lui? Il a donc ouvert là une voie nouvelle, où il eût mérité d'être suivi. — La culture de l'intelligence avait toujours été fort en honneur chez les Grecs, qui sont restés comme les types de l'intelligence humaine ; mais n'était-ce pas cependant une nouveauté de montrer le développement intellectuel, dans l'ordre philosophique, scientifique et artistique, comme un devoir universel ; et cette véhémente objurgation aux jeunes hommes qui, fiers de leur noblesse, de leur richesse ou de leur beauté, dédaignent de s'instruire et d'orner leur esprit, ne nous apparaît-elle pas comme le fruit tout à la fois de cette époque de décadence politique et du génie particulier de Galien? — Sur la question des soins à donner à l'âme pour la protéger contre les passions, pour la purger des vices, Galien suit des sentiers battus. Sans parler d'Aristote et des péripatéticiens, on sait que les épicuriens et les stoïciens, particulièrement adonnés à la morale, s'étaient singulièrement préoccupés de l'état moral de l'âme, de son progrès dans le bien et la vertu. Ils en avaient fait l'objet de traités spéciaux, et Galien nous cite, entre autres, celui d'un épicurien, qu'il prétend corriger en écrivant le sien. Il n'est donc lui-même qu'un anneau d'une longue chaîne traditionnelle. Mais on peut du moins lui rapporter comme son bien propre, et cette méthode sévère qui, distinguant les choses naturellement distinctes, fait la lumière où d'autres avaient fait les ténèbres ; et cette fermeté à ne verser ni dans le rigorisme des uns ni dans la mollesse des autres ; et cette haute aspiration, non-seulement à la vertu, mais à la perfection ; et enfin cet accent personnel, cet accent filial qui font de ce livre de Galien l'un des livres les plus vivants et les plus édifiants qu'on puisse lire.

De la morale spécialement médicale de Galien, il ne nous reste que les titres énigmatiques d'un certain nombre de traités perdus, et sur lesquels ni Galien ni aucun ancien ne nous fournit les moindres renseignements. Si nos conjectures sur l'objet et le contenu de ces traités sont exactes, l'originalité de Galien sur ce terrain des devoirs professionnels du médecin devait se borner à approprier les préceptes des hippocratistes au caractère de l'époque où il vivait et des médecins contemporains.

Physique. — La physique de Galien, si l'on met à part la cosmologie, se compose d'une psychologie et d'une théologie. Original en logique et en morale, Galien l'est fort peu en psychologie, du moins dans les questions où n'interviennent ni l'investigation ni la science médicales. Cette grande force du dialecticien, cette grande rectitude du moraliste semblent s'évanouir dès que Galien pose le pied sur le terrain de la pure philosophie. Et l'on est désagréablement surpris de le voir mettre à contribution l'Académie, le Lycée et le Portique sans un discernement suffisant, amalgamant des doctrines différentes et les altérant les unes par les autres, singulièrement le platonisme par le stoïcisme. Ainsi, il emprunte de toutes pièces, forme et fond, preuves et résultats, la théorie platonicienne des trois facultés ; mais, entre ses mains, ces facultés, qui étaient des âmes chez Platon, ne sont plus que des tempéraments ; mais l'appétit n'est plus qu'une fonction ; mais la colère n'est plus qu'une puissance vitale mal déterminée ; mais la raison n'est plus, à ses premiers degrés, que la sensibilité et la motilité, aux plus élevés, que l'anticipation et la compréhension, c'est-à-dire la faculté de généraliser, enveloppant celle d'affirmer. Ainsi, après avoir pris à l'Académie la théorie des trois facultés, il lui prend celle des trois sièges, ce qui est fort conséquent ; mais il fait jouer au souffle animal et vital et au sang un rôle qui n'a rien de platonicien. Il faut avoir le courage de le dire, Galien n'est ici qu'un copiste, et un copiste qui allie bon gré mal gré des idées qui jurent de se rencontrer ensemble. Pour se retrouver lui-même, pour reparaître avec ses hautes qualités, il faut qu'il sorte de la sphère purement philosophique de la psychologie pour entrer dans celle où la médecine a voix au chapitre. Là le médecin, doublant le philosophe, le relève de ses passagères défaillances. L'explication de la sensation par les nerfs exclusivement sensitifs, du mouvement par les nerfs exclusivement moteurs et les muscles ; la définition de l'habitude ; la constatation de la mesure d'activité qui persiste pendant le sommeil ; la description (incomplète, il est vrai) des maladies intellectuelles et morales qui ont leurs causes dans le cerveau et la moelle anormalement modifiés : autant de théories neuves, aussi bien que vraies, et que personne, ni parmi les philosophes, ni parmi les médecins, ne peut disputer à Galien.

Sa théologie n'est qu'une téléologie restreinte aux limites de la physiologie : il n'en faut pas plus exagérer l'originalité que l'importance. Ce n'est que la conclusion philosophique d'un traité scientifique, conclusion qui vient se placer comme d'elle-même au bout de la plume de Galien au moment où il va la déposer. Or, à coup sûr, Galien n'est ni le premier qui ait cherché et trouvé des fins, soit dans les corps organisés en général, soit dans le corps humain, ni le premier qui ait inféré des fins naturelles une intelligence universelle et divine. La voie avait été ouverte par Aristote, élargie par les Stoïciens, et des médecins alexandrins lui avaient donné l'exemple d'y marcher. Il faut toutefois rappeler à l'honneur de Galien l'ingéniosité qu'il porte partout dans les recherches de détail, la force avec laquelle il réfute les doctrines de ces deux grands anti-finaliers, Épicure et Asclépiade, et cette noble émotion religieuse avec laquelle, parvenu au terme de son ouvrage, il incline l'intelligence qui vient de décrire ces finalités devant celle qui les conçut et les réalisa.

Somme toute, la part personnelle de Galien dans son œuvre médico-philosophique est considérable. Et si l'on ajoute aux découvertes la constante inspiration de ce beau génie, inspiration faite d'amour du vrai et du bien, de passion pour l'humanité et surtout l'humanité souffrante, on conviendra que Galien n'a pas dégénéré de son grand ancêtre, et que la philosophie galénique, plus étendue que la philosophie hippocratique, n'est pas moins haute, moins digne d'être méditée et admirée.

CONCLUSION.

A cette restitution, malheureusement incomplète, de la philosophie des médecins grecs, il y a une conclusion naturelle et qui s'impose, c'est de noter sommairement les idées philosophiques ajoutées par les médecins à celles des philosophes, la contribution médicale, si je puis ainsi dire ; c'est de déterminer en quelle mesure la médecine grecque a concouru au développement et au progrès de la philosophie grecque.

Il est juste de mettre en première ligne, entre les questions philosophiques traitées par les médecins, celles dont les philosophes n'ont pas jugé à propos de s'occuper. J'entends par là la logique médicale et la morale médicale.

Dans l'antiquité, la logique philosophique (c'est-à-dire la logique des philosophes), plane invariablement au sein des généralités. Elle embrasse la science tout entière, sans distinguer les différentes sciences particulières, auxquelles elle impose une méthode commune, uniforme, qui n'est pas telle ou telle méthode, mais la méthode absolument. Cette théorie de la méthode a sans doute son utilité, et, si l'on veut, sa nécessité. Mais elle laisse ouvert, inexploré, le chapitre des applications, c'est-à-dire des méthodes spéciales propres aux différentes sciences spéciales. Or l'une de ces méthodes spéciales est celle que réclame la médecine ; et les écoles médicales, les sectes médicales, en s'efforçant d'en déterminer les procédés, ont rendu à la philosophie le service de lui donner une théorie qu'elle avait négligée, et qu'elle n'eût pu d'ailleurs édifier avec la même compétence.

Car il ne faut pas s'y tromper : à proprement dire, les savants spéciaux ont seuls qualité pour édifier les méthodes spéciales. Les philosophes, même modernes, se font volontiers l'illusion de considérer la logique comme leur propriété exclusive. Oui, si l'on entend par la logique une science qui, de la connaissance psychologique des facultés, déduit certaines règles propres à en assurer l'exercice ; non, si l'on entend une science qui, étant donnés tel objet à connaître, tel problème à résoudre, approprie les procédés applicables à la nature et aux caractères de l'objet, aux difficultés du problème. La philosophie serait en vérité mal venue à vouloir enseigner à un chimiste l'art d'analyser un corps et d'en faire la synthèse, à un physiologiste expérimentateur l'art de la vivisection et ses infinies délicatesses. Il appartient donc à chaque ordre de savants de discuter et de construire la méthode de chaque science, et il appartient à la philosophie de recueillir ces méthodes, complément nécessaire et singulièrement précieux de ses hautes et vagues spéculations.

C'est l'honneur des médecins grecs d'avoir fourni à la logique philosophique un de ces chapitres complémentaires, en travaillant de siècle en siècle à la constitution de la vraie méthode médicale. Or, ce chapître n'est pas moins intéressant par son contenu qu'important par son objet. Empiriques, dogmatiques, méthodiques ont tourné et retourné leur sujet en tous sens, avec un zèle infatigable, une science inépuisable; ils ont mis en pleine lumière tous les procédés de leur art, toutes les ressources et toutes les formes de l'expérience appliquée aux faits morbides, tous les secrets et tous les modes du raisonnement appliqué à la recherche des causes et des remèdes. Cette logique médicale, dans ses limites restreintes et sa spécialité, n'a rien à envier à la logique générale des philosophes, même des plus grands; il ne lui manque rien pour figurer dignement à côté d'elle.

Ce qui vient d'être dit de la logique médicale, il faut le redire de la morale médicale. En morale comme en logique, la philosophie aime les hauteurs et n'en descend pas volontiers. Et cela dans tous les temps, mais encore plus dans l'antiquité. La philosophie grecque discute savamment sur le souverain bien; elle détermine en une certaine mesure les devoirs relatifs aux principales situations de la vie, non sans un souci particulier de la vie civile et politique. Mais elle ne s'inquiète nullement des professions, qu'elle a d'ailleurs en médiocre estime. Il est juste d'ajouter que la philosophie manquerait de l'expérience, des lumières spéciales nécessaires pour entrer dans le détail des devoirs professionnels. Il n'est que l'exercice d'une profession pour nous mettre dans le secret de tout le bien et de tout le mal dont elle peut être l'occasion, des dangers qu'elle peut présenter, des obligations qu'elle peut imposer; pour nous rendre aptes enfin à rédiger une liste de préceptes qui prévoient tout et règlent tout. La médecine grecque, en traitant des devoirs professionnels du médecin, a donc fourni à la morale philosophique un chapitre que nul philosophe n'a écrit, que nul philosophe n'eût si bien écrit : car telle est l'élévation, la précision et la vérité de la morale médicale des anciens qu'il n'est pas un système philosophique, fût-ce celui d'un Platon, d'un Aristote, qui n'eût lieu de s'en faire honneur.

Si nous nous transportons sur le terrain propre à la philosophie, celui où elle a prétendu se développer et où elle s'est développée, nous avons d'abord à nous demander si la médecine s'est bornée à ajouter la logique médicale à la logique générale des philosophes, sans rien faire pour cette logique générale ; s'est bornée à ajouter la morale médicale à la morale générale des philosophes, sans rien faire pour cette morale générale.

Autant qu'on en peut juger, ni les écoles médicales de l'âge grec ni les sectes médicales de l'âge alexandrin n'ont franchi l'enceinte de leur art pour jeter un regard sur la méthode universelle. Galien, curieux des choses philosophiques pour elles-mêmes, fait seul exception. Il a exposé, en même temps qu'une méthode spéciale propre à son art, une méthode générale propre à tout. Mais cette méthode générale, modification dans le sens des mathématiques de la méthode péripatéticienne et stoïcienne, nous échappe, et, dans l'impuissance d'en apprécier ni l'originalité ni la valeur, nous ne pouvons savoir dans quelle mesure elle a pu accroître et enrichir le domaine des théories logiques des philosophes. Ce qui nous porterait à croire que ce n'était pas une acquisition sans importance, c'est d'une part l'extrême cas qu'en fait Galien, excellent juge dans l'ordre des choses logiques; c'est d'autre part cette connaissance approfondie et cette longue pratique des mathématiques qui devaient le mettre en état de conférer à la méthode de ses devanciers un caractère véritablement scientifique.

Mais, sans contribuer à l'avancement de la logique générale par des additions, il pourrait se faire que la médecine y eût concouru par l'influence qu'elle aurait eue sur l'esprit des philosophes. Elle eût pu inspirer et féconder leurs méditations par l'exemple des procédés qu'elle préconisait et qu'elle employait sous leurs yeux. Or cette hypothèse est mieux qu'une hypothèse, car elle me paraît vérifiée. On se souvient du passage, longuement discuté ci-devant, où Platon déclare appliquer à la question qu'il débat la méthode d'Hippocrate. Ce qui ne veut pas dire, comme le prétend Galien, que le philosophe a emprunté la *dialectique* au médecin, mais ce qui semble bien prouver qu'il a connu la méthode de celui-ci, qu'il l'a goûtée et qu'il en a profité en quelque manière. On se souvient peut-être également des frappantes analogies que nous avons constatées entre la méthode hippocratique et la méthode aristotélique : mêmes procédés, disposés suivant le même ordre, pour aboutir au même résultat; même usage de l'histoire de la science dans l'intérêt de la science : d'où il suit, à ce qu'il semble bien, qu'Aristote, nourri des livres des hippocratiques, a recueilli là des indications, qu'il lui appartenait de développer et de perfectionner. Il est permis de supposer qu'une connaissance plus complète des méthodes médicales et des méthodes philosophiques laisserait apercevoir d'autres traces d'une certaine action exercée par les premières sur les secondes ; et cela paraîtra d'autant plus vraisemblable qu'on se rappellera mieux et la grande notoriété des écoles et des sectes médicales, et l'originalité, la profondeur, la subtilité, les qualités supérieures enfin de leurs théories logiques.

En morale générale comme en logique générale, il y a tout lieu de penser que la médecine grecque n'aurait rien fourni à la philosophie sans Galien. Il ne paraît pas en effet qu'aucun autre médecin se soit préoccupé ni de la règle des mœurs, ni des mœurs extra-médicales. Que pouvaient avoir de nouveau et d'original les spéculations de Galien sur le souverain bien et la fin de la vie ? C'est ce que ne nous apprennent pas les titres de ses livres, qui sont tout ce qui en reste. On croit voir qu'il combattait et amendait la définition épicurienne du plaisir, réduit à n'être que la négation de la douleur; mais acceptait-il simplement ou modifiait-il plus ou moins les vues des stoïciens sur le bien et l'honnête ? Tout ce qu'on peut conjecturer, non sans une grande vraisemblance, c'est que son extrême droiture d'esprit et son bon sens ne lui permettaient de tomber dans aucune des exagérations chères au portique. Dans tout cela, rien qui ressemble à une réforme ou à une innovation assez caractérisées pour avoir fait faire un pas à la pensée philosophique. Sur le terrain de la pratique, il en est un peu différemment. L'opuscule *De l'exercice de la courte paume* introduit une idée nouvelle, celle des jeux substitués à une gymnastique tombée dans des abus de toute sorte. Et n'est-ce pas aussi une idée nouvelle, celle de la culture intellectuelle imposée comme un devoir *universel*; idée qui semble bien porter la double marque de cette époque d'énervement politique et du génie qui l'a conçue et proclamée dans l'*Exhortation à la jeunesse*. Et, si ce n'est pas une idée nouvelle, n'est-ce pas du moins une idée rajeunie, celle du perfectionnement moral auquel tout homme doit travailler incessamment, et qui remplit le traité *Du discernement et du traitement des passions* des considérations les plus justes, les plus saines et les plus belles? Les stoïciens et les épicuriens contemporains ont-ils lu ces pages du médecin? J'ose affirmer qu'ils n'eussent pu les lire sans en recevoir la plus profonde impression et sans y profiter notablement.

Reste la physique, commune à la médecine et à la philosophie, qu'elle intéresse également, quoique diversement; et c'est surtout sur ce terrain qu'il convient d'examiner en détail ce que les recherches des médecins ont pu ajouter à celles des philosophes.

Psychologie. — L'âme. — Sur la nature et l'essence de l'âme, il n'y a dans la médecine grecque telle qu'il nous est donné de la connaître, que trois théories, celle des hippocratistes, celle des méthodiques et singulièrement d'Asclépiade, celle de Galien.

Les hippocratistes, représentés par l'auteur du traité *Des airs*, confondent l'âme avec l'air respiré, avec le souffle, lequel, mêlé au sang, porte dans toute l'économie la pensée avec la vie. Or, ce n'est pas là une théorie étrangère à la philosophie. Si elle ne vient pas en droite ligne de Diogène d'Apollonie, elle est à coup sûr très-proche parente de ses idées sur le même sujet. Il faut toutefois noter qu'elle est le point de départ de cette doctrine du souffle appelée à jouer un rôle considérable dans la philosophie grecque, qui pourrait bien l'avoir empruntée à la médecine. Les stoïciens en particulier ont usé et abusé de cet agent psychique, distinguant le souffle vital et le souffle animal, et dans celui-ci autant de souffles particuliers qu'on peut compter de facultés subordonnées dans la faculté directrice. — Asclépiade réduit l'âme à un seul élément, c'est-à-dire à une seule espèce de molécules, et se refuse à y reconnaître aucune virtualité d'aucune sorte. Mais, pour être aussi excessive que possible, cette théorie n'est pas nouvelle ; on y reconnaît l'épicurisme. Plus épicurien qu'Épicure, Asclépiade n'en est pas moins son disciple. — Galien semble bien avoir traité la même question d'une manière plus personnelle. Il se fonde sur l'observation des tempéraments, et l'accord parfait qu'il constate entre ceux-ci et les mœurs de l'âme lui paraît dénoncer leur identité. L'âme n'est que le tempérament du corps. Or c'est là, si je ne me trompe, la première apparition de cette forme du matérialisme. Galien essaie bien de lui trouver un antécédent dans la doctrine d'Aristote, mais quoi qu'il dise, entre ce qu'il appelle le tempérament et ce que Aristote appelle la forme, la différence est essentielle. Si Andronique le péripatéticien ne l'a pas vue, cela prouve contre Andronique et non pour Galien. J'estime donc que la médecine galénique a renouvelé le matérialisme des philosophes, en fondant cette doctrine sur un nouvel ordre de considérations, comme aussi, chose à noter, en la complétant par une réfutation en règle du spiritualisme platonicien.

L'âme dans ses rapports à la nature. — La médecine n'a pas seulement étudié les rapports de l'âme au corps, pour aboutir finalement à l'illégitime conclusion de Galien ; elle a aussi étudié ses rapports à la nature, c'est-à-dire aux climats, dans la personne des hippocratistes, si ce n'est d'Hippocrate lui-même. Or, cette doctrine des climats, adoptée et plus ou moins reproduite par les médecins postérieurs, n'est pas restée enfermée dans la sphère médicale. Elle a frappé par sa profondeur et sa vérité les philosophes, qui n'ont pas hésité à se l'approprier, cela est certain du moins pour Aristote, qui s'est visiblement inspiré d'Hippocrate dans un passage de *La Politique* que nous avons cité en son lieu. Ici la communication entre les deux sciences est manifeste, et c'est la philosophie qui puise aux sources médicales, et par les mains d'Aristote lui-même.

L'âme dans son unité ou sa multiplicité. — Si l'on excepte Galien, qui reproduit la théorie platonicienne d'une âme triple, sans la comprendre, ou tout au moins en l'altérant essentiellement, tous les médecins grecs, à partir d'Hippocrate, n'admettent qu'une âme unique, principe à la fois des fonctions de la vie et des facultés de la pensée. Cela est vrai même d'Asclépiade, qui confond l'*animus* et l'*anima* de Lucrèce. Mais en cela la médecine grecque ne prête rien à la philosophie, où domine la même doctrine. On peut même dire que cette doctrine d'une âme unique a reçu d'Aristote une précision scientifique que n'eussent pu dépasser ni Galien lui-même, s'il eût été mieux inspiré, ni Hippocrate lui-même, s'il eût jugé à propos d'approfondir une question où la médecine est moins intéressée que la philosophie.

Siège de l'âme. — Ici la médecine triomphe. C'est elle qui enseigne la vérité à la philosophie égarée. Tous les philosophes en effet, jusqu'à Plotin exclusivement, se trompent de l'une ou de l'autre de ces manières. Les uns, qui divisent l'âme en plusieurs parties, lui attribuent plusieurs sièges : ce qui est une erreur ; les autres, qui lui laissent son unité, lui attribuent un siège unique, mais placent ce siège unique au cœur : ce qui est une autre erreur. La médecine, Galien mis à part, ne tombe ni dans la première ni dans la seconde. Elle comprend à merveille qu'une âme indivisible ne peut être logée en des organes différents, et elle ne comprend pas moins bien que si elle réside en un point de l'organisme plutôt qu'en un autre, ce doit être au cerveau. C'est l'honneur de la médecine grecque d'avoir révélé le rôle psychique du cerveau, si étrangement méconnu d'Aristote, et plus ou moins de tous les philosophes grecs. Déjà l'auteur du traité *De la maladie sacrée* avait mis en lumière cette capitale vérité ; les médecins alexandrins n'ont pas cessé de la confirmer, de la développer, d'en dérouler les conséquences physiologiques et psychologiques. L'un d'eux, Érasistrate, avait même eu cette vue de génie (trop légèrement rejetée par Galien), que nous croyons toute moderne, à la vérification et au développement de laquelle travaillent d'un grand cœur quelques-uns de nos physiologistes contemporains, à savoir, que les différentes régions du cerveau paraissent bien avoir des affectations psychiques différentes. Voilà qui laisse loin les spéculations en l'air des philosophes. Il est vrai que, après la mort de Galien, après que la médecine grecque eut accompli sa destinée, Plotin eut à son tour une grande pensée, celle de l'âme indivisible pénétrant et enveloppant indivisiblement le corps entier ; mais cette conception tardive ne contredit pas la conception médicale, et, si elle a, comme je le crois, une incontestable valeur métaphysique, elle est loin de porter la même lumière dans les phénomènes de la vie et de la pensée.

Facultés. — Les médecins grecs n'ont plus ou moins observé que les facultés de sentir, de mouvoir, de se déterminer, ou plus exactement, d'être déterminé. Si le raisonnement est nommé çà et là dans quelques traités hippocratiques, il n'est ni analysé ni même défini dans aucun. Si Galien adopte dans tel ou tel traité la division platonicienne de la raison, de la colère et de l'appétit, c'est pour dénaturer ces facultés au point de les supprimer ; et si ailleurs il cite la mémoire, l'imagination, le raisonnement, et quelquefois la compréhension, confondant par un mélange adultère le stoïcisme avec le platonisme, c'est sans s'y arrêter. Restent donc les facultés susnommées.

Quant à la faculté de sentir, il n'est que juste de dire que la médecine grecque a sur ce chapitre singulièrement corrigé et enrichi la philosophie. Elle lui a donné, comme il lui appartenait de le faire, la théorie des sensations accidentelles et des sensations périodiques, ajoutant ainsi à la sensibilité externe, étudiée par les philosophes, la sensibilité interne, qu'ils avaient totalement négligée. De l'une et l'autre sensibilité, elle a fourni l'explication vraie, que n'avait soupçonnée aucune école philosophique, ni parmi les plus grandes, ni parmi les plus récentes. Elle a renouvelé de fond en comble la théorie des cinq sens, en rapportant la sensation à l'organe, c'est-à-dire au nerf sensitif, qui en est la partie essentielle ; et la théorie de la sensibilité en général, en rapportant toute espèce de plaisirs et de douleurs aux branches sensitives de l'arbre nerveux. Découverte immense, qui fait la lumière là où les philosophes n'avaient fait que les ténèbres, et que n'amoindrissent pas, s'ils la déparent, quelques errements qui sont comme le résidu du passé philosophique.

L'apport de la médecine est plus remarquable encore en ce qui concerne la faculté motrice. Là elle n'emprunte rien aux systèmes philosophiques et tout aux faits. Et c'est ainsi qu'elle construit de toutes pièces, par les mains de Galien, une théorie excellente, où sont parfaitement déterminés et décrits le rôle capital des nerfs moteurs et le rôle non moins capital des muscles doués de contractilité. Tout cela, qui est la vérité même et, à ne regarder les choses que par le côté objectif, la vérité complète, est la propre découverte de la médecine. Sans doute, ici comme dans la théorie de la sensibilité, la part de l'âme est omise ; mais celle du corps n'avait pas été faite, ou du moins bien faite, et c'est de la médecine que la lumière sur ce point est venue à la philosophie.

La philosophie n'a pas les mêmes obligations à la médecine relativement à la volonté. Mal déterminée, mal définie par les philosophes anciens, qui en méconnaissent à l'envi l'irréductible originalité, la volonté, dont le rapport aux organes est moins étroit, ou moins évident, n'avait guère de titres à l'attention des médecins. On ne voit pas qu'ils s'en soient occupés, du moins directement. Ce n'est pas en effet de l'analyse de la volonté en elle-même, mais de la définition de l'âme confondue avec le tempérament, que Galien tire par voie de conséquence cette sorte de déterminisme, qu'on pourrait appeler le déterminisme physiologique. Notons toutefois ce déterminisme physiologique, dont c'est, si je ne me trompe, la première manifestation dans l'histoire. Il est l'une des réponses que l'on peut faire à la question du libre arbitre, et s'il manque de vérité, il ne manque pas d'intérêt. La philosophie, avant Galien, ne savait pas encore ce qu'elle sait si bien aujourd'hui : interpréter les notions morales de bonté et de méchanceté, de mérite et de démérite, de récompense et de punition, avec assez d'esprit et de subtilité pour les concilier avec la négation de la liberté morale qui les fonde.

Habitude. — Voilà une question que les philosophes grecs n'ont pas complètement négligée. Elle n'a pas préoccupé Platon, nonobstant le passage cité par Galien. Mais Aristote, à qui rien n'échappe, sans beaucoup s'y arrêter, avait noté les traits les plus essentiels de ce fait capital ; et si Diogène Laërce est bien informé, Chrysippe avait consacré trois livres à l'étudier. Toutefois la médecine, ici encore, me paraît avoir fort ajouté aux recherches de la philosophie. L'habitude, qui joue un rôle si considérable dans l'exercice de nos fonctions, qui contribue pour une si grande part à la santé et à la maladie, et dont il importe si fort de tenir compte en pathologie et en thérapeutique, ne pouvait manquer de fixer l'attention des médecins. Mais ce qui est à noter, c'est que les médecins, toujours animés de l'esprit philosophique, ne considèrent pas l'habitude du côté médical seulement. Si Hippocrate se borne à noter l'influence de l'habitude sur la vie physique, d'autres ont la curiosité de noter son influence sur la vie psychique. Au témoignage irrécusable de Galien, Érasistrate avait écrit un traité *De l'habitude* où il exposait longuement *la puissance de l'habitude sur la mémoire, le raisonnement et en général les opérations de notre âme;* et même dans son traité tout à fait spécial *De la paralysie*, on retrouve la trace de ce noble souci. Voilà, ce me semble, une recherche originale, et qui manquait à la philosophie, qu'elle intéresse si particulièrement. Mais ce n'est pas tout. La médecine ne se contente pas de décrire les effets de l'habitude dans la double sphère du corps et de l'âme ; elle veut encore en pénétrer la nature et en expliquer l'origine : ce qu'elle fait par les mains de Galien, qui s'inspire d'Aristote, je le veux bien, mais qui substitue aux vues éparses de son devancier une théorie complète et fortement liée dans toutes ses parties. C'est donc bien moins les philosophes que les médecins qui, dans l'antiquité, ont écrit la psychologie de l'habitude.

Sommeil. — J'ai déjà fait cette remarque : les philosophes, d'Héraclite aux nouveaux académiciens, ont beaucoup écrit sur le sommeil ; les médecins au contraire, à en juger par les documents qui nous restent, ont peu écrit sur le sommeil. Un traité hippocratique, un traité de Galien, dont il ne subsiste qu'un fragment, quelques chapitres du même dans un ouvrage étranger à cette question : voilà le bilan médical. Il faut ajouter que les études des médecins ne sont en rien comparables à l'étude magistrale d'Aristote en un triple traité correspondant à une triple division du sujet; ni peut-être à celui de Carnéade, si nous en jugeons par l'analyse de Cicéron. Et cependant, même en cette infériorité, la médecine n'est pas sans avoir ajouté quelque chose aux systèmes des philosophes. La question capitale dans l'antiquité, c'est celle de la valeur prophétique des songes. Cette valeur prophétique, on peut la nier absolument, et c'est ce qu'a fait Carnéade; on peut la restreindre en de très-étroites limites et l'expliquer par des raisons psychologiques et physiologiques, et c'est ce qu'a fait Aristote. Mais on peut aussi l'admettre complètement et en chercher une explication raisonnable. C'est le sens et l'objet du traité *Des rêves* attribué à Hippocrate. Le médecin qui a écrit cet opuscule a mis dans le monde scientifique une idée que les stoïciens devaient recueillir et développer, et qui a trouvé des partisans jusque dans les temps modernes et jusqu'à nos jours; celle de l'affranchissement et par suite de la supériorité de l'esprit pendant le sommeil, restreint au corps. Je ne crois pas que ce soit là une vérité, tant s'en faut; mais c'est une des solutions possibles du problème, et la médecine, en la donnant à la philosophie, lui a encore rendu service. — Une seconde question à laquelle l'antiquité s'est moins intéressée, mais sans la négliger, c'est celle du contenu du sommeil, c'est-à-dire des rêves et des facultés qui en font les frais. Or les philosophes ont une commune tendance à restreindre fort le nombre de ces facultés, et par suite les éléments des rêves. Aristote, qui a approfondi cette question, compose les rêves avec des images exclusivement, et les rapporte exclusivement à l'imagination. Rêver, c'est imaginer dans des circonstances particulières qu'il analyse avec une grande finesse d'observation. Même doctrine, mais superficielle et quelque peu grossière chez les épicuriens. Là-dessus, la médecine a un avantage considérable : elle corrige la philosophie. Elle démontre, avec Galien, que la faculté motrice, nonobstant l'apparence contraire, n'est nullement abolie par le sommeil, qu'elle s'exerce dans tous les cas en quelque mesure, et dans certains cas particuliers d'une manière très notable. D'où il semble bien résulter que dans l'opinion de notre profond médecin le sommeil diminue l'exercice de nos facultés, sans en supprimer aucune, ce qui paraît être aujourd'hui une vérité acquise. Les philosophes grecs ne l'avaient pas soupçonnée ; il était réservé à la médecine de la leur apprendre.

Maladie. — Ici la médecine triomphe encore. Elle introduit dans le monde scientifique une recherche à laquelle les philosophes étaient restés absolument étrangers ; elle écrit, pour l'édification des esprits curieux des choses psycho-physiologiques, un chapitre dont ils ne paraissent même pas avoir soupçonné l'objet. Car dire que le corps est l'instrument de l'âme, les fonctions, les conditions des facultés, et que le corps ne peut être lésé, les fonctions troublées, sans que l'âme et les facultés en reçoivent le contre-coup, ce n'est rien dire au-delà des données du sens commun. Mais comment les philosophes grecs, ignorant la vraie nature et le vrai rôle du cerveau et des nerfs, eussent-ils pu expliquer les conséquences psychiques des anomalies cérébrales et nerveuses ? On peut même douter, quelque intérêt qu'ils prissent aux choses médicales, qu'ils fussent en état d'en donner des descriptions exactes, ce qui ne se peut faire sans l'observation clinique. On ne trouve donc rien à noter, ni chez Démocrite, malgré sa réputation de s'être préoccupé de la folie; ni chez Platon, malgré sa classification pythagoricienne des maladies proprement dites; ni chez Aristote, malgré ses attaches médicales et ses connaissances anatomiques et physiologiques; ni chez les stoïciens, malgré leur voisinage des écoles d'Érasistrate et d'Hérophile. Il appartenait aux médecins alexandrins et singulièrement à Galien de poser, de discuter et même de résoudre ces nouveaux et intéressants problèmes. On a vu avec quelle originalité, quelle profondeur, quelle vérité ils se sont acquittés de cette glorieuse tâche.

Théologie. — Sur le terrain de la psychologie, la médecine est encore sur son terrain, ou tout au moins sur un terrain limitrophe : le lecteur sait maintenant tout ce qu'elle y a découvert, tout ce qu'elle a prêté de lumières à la philosophie. Sur le terrain de la théologie, c'est autre chose. La médecine est bien là en pays étranger. On ne peut donc attendre d'elle de grandes nouveautés. Est-ce à dire que son actif se réduise à néant? Il ne faut rien exagérer. Elle n'a pas creusé à des profondeurs inexplorées. Elle n'a pas apporté une nouvelle conception de la Providence, de la nature et de l'existence de Dieu : il faut même dire qu'en se faisant stoïcienne là-dessus, elle a été médiocrement inspirée. Mais en entrant dans la voie péripatéticienne des causes finales, où le stoïcisme avait marché avant elle, elle a dans ce champ déjà labouré, à côté des anciens sillons, tracé le sien. Comme Aristote, mais avec une science bien autrement avancée, dans un enchaînement qui embrasse tout son objet, elle s'est enfermée dans l'ordre physiologique, pour déterminer une à une les finalités organiques, indices irréfutables de l'intelligence cosmique que nous appelons Dieu. Ébauchée par Érasistrate, consommée par Galien, cette démonstration physiologique n'est pas sans valeur, et c'est une page intéressante à ajouter à toutes celles qu'ont écrites les théologiens de la philosophie.

Voilà, en résumé, dans l'état des documents, ce que la médecine grecque nous paraît avoir apporté à la philosophie. On peut affirmer, sans crainte d'erreur, que la lecture des œuvres médicales d'Alexandrie, qui ont sombré, nous montrerait des doctrines philosophiques que nous ne soupçonnons pas. Mais, tout se bornât-il à ce que nous savons, il nous semble que la médecine grecque aurait encore bien mérité de la philosophie. On a écrit une thèse latine sous ce titre : *De l'origine de la médecine, et comment la philosophie a concouru à ses développements.* La thèse inverse n'est pas moins vraie ; et si la philosophie a ses origines dans l'esprit humain lui-même, elle ne s'est pourtant pas faite toute seule : elle a reçu de la médecine autant qu'elle lui a donné, par une réciprocité qui était dans le génie de la Grèce comme elle est dans la nature des choses.

FIN.

TABLE

	Pages.
Préface	I
Introduction	V
Hippocrate	1
Ch. Ier. Logique hippocratique	8
Ch. II. Morale hippocratique	42
Ch. III. Physique hippocratique	60
Origines de la philosophie hippocratique	94
Galien	101
Logique	109
Morale	170
Ch. Ier. La culture physique	172
Ch. II. La culture intellectuelle	198
Ch. III. La culture morale	219
Physique	282
Psychologie	284
Ch. Ier. De l'Ame	286
Ch. II. Des Facultés de l'âme	304
Ch. III. Du Siège de l'âme et de ses facultés	322
Ch. IV. De la Raison	362
I. La Sensibilité	367
II. L'Activité motrice	383
III. La Volonté; le libre arbitre	394

Ch. V. De l'Habitude. 406
Ch. VI. Du Sommeil. 421
Ch. VII. De la Maladie. 455

Théologie. 487

Galien historien de la philosophie. 519

    I. Analyse et fragments du traité *De l'Ame* de Chrysippe 523
    II. Analyse et fragments du traité *Des Passions* de Chrysippe. 547

Origines de la philosophie galénique 576

Conclusion. 584

Caen, Typ. F. Le Blanc-Hardel.

ERNEST THORIN, ÉDITEUR

AUBÉ (B.). — **Saint Justin philosophe et martyr.** — Étude critique sur l'apologétique chrétienne au IIe siècle. 1 vol. in-8 . . . . 7 fr.

BERTRAND (Ed.). — **Un critique d'art dans l'antiquité.** — Philostrate et son école, avec un appendice renfermant la traduction d'un choix de tableaux de Philostrate l'ancien, Philostrate le jeune, Choricius de Gaza et Marcus Eugenicus. 1 beau vol. gr. in-8 . . . . 5 fr.

CAILLEMER (E.), doyen de la Faculté de Droit de Lyon, correspondant de l'Institut de France. — **Études sur les antiquités juridiques d'Athènes. Le droit de succession légitime à Athènes.** 1 vol. in-8 . . . . 8 fr.

CROISET (A. et M.). — **Histoire de la Littérature grecque**, par MM. Alfred Croiset, professeur à la Sorbonne, et Maurice Croiset, professeur à la Faculté des Lettres de Montpellier. 4 vol. in-8 *(sous presse)*.

DENIS (J.), doyen et professeur de littérature ancienne à la Faculté des Lettres de Caen. — **Histoire des théories et des idées morales dans l'antiquité.** Deuxième édition. 1879, 2 vol. in-8 . . . . 10 fr.
  Ouvrage couronné par l'Institut de France (Académie des sciences morales et politiques).

— **De la Philosophie d'Origène.** 1 fort vol. gr. in-8° . . . . 10 fr.
  Ouvrage couronné par l'Institut.

DESDOUITS (Th.). — **La Métaphysique et ses rapports avec les autres sciences.** Deuxième édition. 1 vol. in-18 jésus . . . . 3 fr. 50
  Ouvrage couronné par l'Institut de France (Académie des sciences morales et politiques).

— **La Philosophie de Kant**, d'après les trois critiques, 1 vol. in-8 . . 8 fr.
  Ouvrage couronné par l'Institut de France (Académie des sciences morales et politiques).

— **De la liberté et des lois de la nature.** Discussion des théories panthéistes et positivistes sur la volonté. 1 vol. in-8 . . . . 5 fr.

DUGIT (Ernest), doyen de la Faculté des Lettres de Grenoble. — **Étude sur l'Aréopage athénien.** In-8. . . . . 4 fr.

FIALON (E.). — **Étude historique et littéraire sur saint Basile**, suivie de l'Hexaméron traduit en français. *Deuxième édition.* 1 beau vol. in-8. . 7 fr.
  Ouvrage couronné par l'Académie française.

— **Saint Athanase**, étude littéraire, suivie de l'apologie à l'empereur Constance et de l'apologie de sa fuite, traduites en français. 1 vol. in-8 . . . . . . 6 fr.

HUMBERT (Jean). — **Mythologie grecque et romaine**, ou introduction facile et méthodique à la lecture des poëtes. *Nouvelle édition*, revue et corrigée avec soin. 1 vol. in-8. . . . . 5 fr.

JEANNEL (C.-J.). — **La morale de Molière.** In-8. . . . . 4 fr. 50

JOLY (Henri). — **L'instinct, ses rapports avec la vie et avec l'intelligence.** Essai de psychologie comparée. *Deuxième édition*, revue, corrigée et augmentée. 1 beau vol. in-8. . . . . 7 fr. 50
  Ouvrage couronné par l'Académie française.

— **Traité de morale**, de Malebranche, réimprimé d'après l'édition de 1707, avec les variantes des éditions de 1684 et 1697, et avec une introduction et des notes. 1 beau vol. in-18 jésus. . . . . 3 fr. 50
  Ouvrage prescrit pour le concours d'agrégation de philosophie.

MARTIN (Albert). — **Le manuscrit d'Isocrate Urbinas CXI de la Vaticane**; description et histoire. Recension du Panégyrique. Gr. in-8. . . . . . 1 fr. 50

— **Les scolies du manuscrit d'Aristophane**, à Ravenne. Étude et collation. 1 vol. gr. in-8. . . . . 10 fr.

PERROT (Georges), membre de l'Institut. — **Essai sur le droit public d'Athènes.** 1 vol. in-8. . . . . 7 fr. 50
  Ouvrage couronné par l'Académie française.

PETIT DE JULLEVILLE (L.). — **Histoire de la Grèce sous la domination romaine.** *Deuxième édition*, revue et augmentée. 1 vol. in-18 jésus. 3 fr. 50
  Ouvrage couronné par l'Académie française et par l'Association pour l'encouragement des études grecques en France.

www.ingramcontent.com/pod-product-compliance
Lightning Source LLC
Chambersburg PA
CBHW050054230426
43664CB00010B/1314